dtv

Seit Adam und Eva gehören Intrigen zu unserer Zivilisation. Mit souveräner Leichtigkeit führt uns Peter von Matt ihre zahlreichen Facetten anhand von Perlen aus der Weltliteratur vor: das Kuckucksei und das Trojanische Pferd, Lady Macbeth und die Marquise de Merteuil, der durchtriebene Fuchs, Mr. Ripley und viele mehr. Wir lesen von der Verkleidung und der Verstellung, von der Geld-und-Macht-Leidenschaft der Frauen und der sexuellen Leidenschaft der Männer, vom Verliebtsein, daß es knallt, und vom Kollaps der Vernunft. Es geht um die Täter, ihre Helfer und die Opfer, das Wesen der Intrige und das ihres Hauptakteurs: des Menschen.

»Auch heute noch, behauptet Peter von Matt, biete die Literatur der Philosophie ›Widerpart‹ im ›Geschäft der Welterklärung‹. Er hat Recht. Seine Studie ist der beste, ein glänzender Beweis.«

Die Welt

Peter von Matt, geboren 1937 in Luzern, ist emeritierter Professor für Neuere Deutsche Literatur in Zürich. Zahlreiche Veröffentlichungen und Auszeichnungen, zuletzt: Heinrich-Mann-Preis (2006), Brüder-Grimm-Preis (2007). Bei dtv ist von ihm u. a. erschienen: ›Liebesverrat‹, ›Verkommene Söhne, mißratene Töchter‹.

Peter von Matt

Die Intrige

Theorie und Praxis der Hinterlist

Deutscher Taschenbuch Verlag

Der Verfasser dankt der Carl Friedrich von Siemens Stiftung in München für die Gastfreundschaft im Winterhalbjahr 2001/02.

Von Peter von Matt sind im
Deutschen Taschenbuch Verlag lieferbar:
Liebesverrat (30143)
Verkommene Söhne, mißratene Töchter (30647)
Die verdächtige Pracht (30826)
Öffentliche Verehrung der Luftgeister (34283)

Ungekürzte Ausgabe
Juni 2008
Deutscher Taschenbuch Verlag GmbH & Co. KG,
München
www.dtv.de
Lizenzausgabe mit Genehmigung des Carl Hanser Verlags

Umschlagkonzept: Balk & Brumshagen
Umschlagbild: ›Das Trojanische Pferd‹ (1600)
aus der Schule von Paul Bril (Corbis/Araldo de Luca)
Satz: Satz für Satz. Barbara Reischmann, Leutkirch
Druck und Bindung: Druckerei C. H. Beck, Nördlingen
Gedruckt auf säurefreiem, chlorfrei gebleichtem Papier
Printed in Germany · ISBN 978-3-423-34485-2

We work by wit, and not by witchcraft.

Jago

An die Stelle des Schicksals tritt in der modernen Tragödie zuweilen Gott der Vater, noch öfter aber der Teufel selbst. Wie kommts, daß dies noch keinen Kunstgelehrten zu einer Theorie der diabolischen Dichtart veranlaßt hat?

Friedrich Schlegel

Inhalt

Vorspiel mit der Teufelsmantis

Lüge und Verstellung in der Natur. Simulation und Dissimulation. Der Schock des Bösen angesichts der Teufelsmantis. Ist die menschliche Verstellung biologisch gesteuert? Der Kuckuck erobert ein fremdes Nest und die Griechen Troja. Odysseus wird kreativ. List – ein Schwächezeichen? Sinon der Intrigenhelfer. Das große Mechánema im Vollzug. 19

Erster Teil
ENTWICKLUNG DES INTRIGENMODELLS

I Der Plan und die Planszene

Im Akt der Planung liegt die Differenz zur Verstellung in der Natur. Zwischen Noterfahrung und Zielvision. Das Beispiel der euripideischen Iphigenie. Bruder und Schwester beim Aushecken. Erste Anzeichen einer Geschlechterdifferenz: die Frauen sind listiger. 33

II Von der Planszene zum Intrigenvollzug

Vom Nutzen einer Intrigen-Morphologie. Notsituation, Zielvision und Planszene beim heimkehrenden Odysseus. Die schöne Helferin. Skizze zweier Elemente: Verkleidung und Körperverstellung. Seitenblick auf Botho Strauß. Zum Verfahren: das Intrigenmodell ist nicht das Hauptziel. Ist die Intrige eine anthropologische Konstante oder historisch determiniert? Die Notwendigkeit der doppelten Sicht. 38

III Erster Schritt in der Erforschung des Akts der Verkleidung

Eine Szene aus dem Leben des talentierten Mr. Ripley. Merkwürdige Begabung eines kleinen Ganoven. Die Substanz einer Null. Ripleys Identitätswechsel. Die Intrigenstimme. Die somatische Täuschung. Ripley vor dem Spiegel. Eine Figur der literarischen Moderne. 46

IV Die Verkleidung im Märchen – einfach

Ein Urereignis der Literatur. Einfachheit und Komplexität als Polarität aller Kunst. Der Akt der Verkleidung in seiner einfachsten Gestalt: die böse Königin. Die Deutlichkeit der Intrigenelemente im Märchen. Ripleys Verkleidung als unbewußte Planszene. 54

V Die Verkleidung im Märchen – komplex

Das Märchen und die Wahrscheinlichkeitsregel. Differenz zum Roman. Die Einfachheit kann täuschen. Seelische Verwicklungen einer schlichten Geschichte. Der Mantel des Mädchens Allerleirauh. Das Begehren des Vaters. Die Tochter kann nicht lassen, wovor sie flieht. Die Geschichten von den verkleideten Königen und ihr Hintergrund: die verkleideten Götter. 60

VI Ein Menschheitsziel

Warum der Mensch die Verkleidungskraft der Götter erreichen will. Freuds Theorie vom Prothesengott. Anwendung auf die Kunst der Verkleidung. Von der Magie zur Technologie. Die Kriminellen und die Kriminalistik. Der historische Vidocq und der literarische Vautrin. Verkleidung wird Wissenschaft. 66

VII Ein Virtuose der Verkleidungstechnik

Andauernder Welterfolg eines Romans. Ripley und der Schakal als Inhalte der Weltphantasie. Der perfekt gemachte Thriller als literarische Form. Der Grundeinfall des »Schakal«-Romans. Unmerklicher Übergang vom Dokumentarbericht in die Fiktion. Erstmals: die Gegenintrige. Das Doppelgefüge der Handlung. Ein strukturalistischer Roman. Die Person als Leerstelle hinter den Masken. Sorgfältige Herstellung eines Sets künstlicher Identitäten. 72

VIII Zur Anthropologie der Kleider und der Verkleidung

Die Faszination der Verkleidung ist mit dem Geheimnis der Kleider überhaupt verbunden. Warum wir uns über die Gewalt der Kleider täuschen. Die Gewalt der Kleider als Folge des Sündenfalls. Die Freiheit in der Verkleidung, singulär. Verkleidung und Fest. Die eingestandene und die verheimlichte Verkleidung als Verhältnis von Ironie und Lüge. Meine Kleider sind der Blick der Andern. Über den Grund des Vergnügens an den Verkleidungen in der Literatur. Einkleidung und Ritual. Erste Andeutung zur Freiheit des Intriganten. 80

IX Nochmals der Virtuose der Verkleidungstechnik

Die Identitätswechsel überstürzen sich. Der Männerroman und die Spezifika des männlichen Schreibens. Gibt es Waffen im weiblichen Schreiben? 89

X Intrige und Gegenintrige als Spektakel der Moral

Homöopathie der Hinterlist: Gleiches mit Gleichem. Die Gegenintrige verschärft die Frage nach Recht und Unrecht. Vernichtende vs. rettende, schwarze vs. weiße Intrige. Ist die Gegenintrige moralisch einwandfrei? Die erste Intrigentragödie der Weltliteratur als Schauspiel der sittlichen Ambivalenz. Ehrlichkeit und Lüge vormoralisch. Langsame Entwicklung einer Ethik der Lüge. »Philoktet« als Beispiel. List und Verstellung einst eine Gottesgabe. Odysseus wechselt seine Vorfahren. Die Opposition von List und Gewalt als Konstante. Unhaltbarkeit eines schönen Gedankens: schwarze und weiße Intrige bilden keine klare Opposition. 93

XI Das Doppelgesicht der Freiheit in der Verkleidung

Menschsein heißt Gesehenwerden. Große Verkleidungsintrige in einem Roman des 20. Jahrhunderts. Herrn Gantenbeins experimenteller Versuch, dem Gesehenwerden zu entkommen. Die versteckte Planszene. Die Zielphantasie einer neuen Freiheit. Adam beim Wort genommen. Kleid und Name. Die Freiheit in der Verkleidung: Erlösung oder Barbarei? Freiheitsvision und Befreiungsakt bei Philip Roth. 99

XII Gut und Böse in der Literatur

Wer entscheidet? Sind die Sympathischen auch die Guten? Zwei Ordnungen, die sich nicht decken dürfen. Das moralische Subjekt des Lesers vor der Zweideutigkeit der Intrige. Die Jakob-Esau-Affäre. Thomas Manns Nacherzählung. Turbulenzen der Moral bei Autor, Leser und Figuren. Zwei Brüder. Der »große Jokus« und die Einmischung einer Frau. Das mythische und das aufgeklärte Denken, verheddert. Thomas Manns Erzählspiel. Genese der Ironie. Nochmals Magie und Technik der Verkleidung. 108

XIII Übersicht über die Elemente des Intrigenmodells 118

XIV Anagnórisis – der Augenblick der Wahrheit

Wenn alles herauskommt. »Gar lustig und gräßlich«. Wie Thomas Mann den Lesergenuß steuert. Die Anagnorisis-Strategien bei Forsyth, Highsmith und Frisch. Schafft die Anagnorisis sittliche Eindeutigkeit? Anagnorisis als Gericht. Die unheimlichste Variante: Molières »Tartuffe«. 122

XV Die Anagnorisis-Theorie bei Aristoteles

Die Differenz zwischen der Anagnorisis in der Tragödientheorie und in der Intrigenästhetik. Merkwürdige Abwertung der aristotelischen Anagnorisis zugunsten der Peripetie in Literaturkritik und Literaturwissenschaft. Selbständigkeit der Anagnorisis schon bei Aristoteles. Die Rolle der Dinge und Erkennungszeichen. Das Gnorisma als Begriff. Anagnorisis aus logischer Schlußfolgerung. Aristoteles formuliert eine Grundregel des Detektivromans. Ästhetik und Anthropologie der ausbrechenden Wahrheit. Das Kind und die Welträtsel. 133

Zweiter Teil
ANWENDUNGEN. AUSWEITUNGEN

XVI Medea

Was setzt in der Literatur das Ganze in Bewegung? Die Frage nach dem Primum movens. Das erste Wort der Ilias. Die Planszene als Ort, wo das Primum movens aufscheint. Warum sehr genau gelesen werden muß. Die versteckte Planszene in der Jakob-Esau-Affäre. Die Liebe einer Mutter, skrupellos. Der Eros als Primum movens in der »Medea« des Euripides. Die schöne Hexe im Land der Vernunft. Raserei von Liebe und Haß. Gendertheorien als Waffen im Geschlechterstreit. Entwicklung der weiblichen Racheintrige. Frauen unter sich. Verstellungskunst im Vollzug. 141

XVII Das Primum movens und die Motivierung

Medea: »Ein schweres Übel ist die Liebe für die Sterblichen.« Jasons rhetorischer Trick. Das Primum movens als elementare Gewalt, die Motivierung als schriftstellerische Aufgabe. Allgemeine Unterschätzung eines literaturtheoretischen Schlüsselbegriffs. Die Motivierung als Anwendung der Wahrscheinlichkeitsregel. Eikos bei Aristoteles. Der Dramatiker Euripides vor der schwierigsten Motivierungsaufgabe überhaupt. Medeas Passion, Medeas Stolz, Medeas Wille zum Ruhm. Psychologie und Gendertheorien versagen gegenüber dem antiken Ruhmbegriff. 154

XVIII Eros und Ökonomie: Das Doppelte Primum movens in der Komödie

Die Komödie schaut der Tragödie die Intrigentechnik ab. Intrigenkunst und Intrigenroutine. Plautus entzündet Lenz, Lenz entzündet Büchner, Büchner entzündet das moderne Drama. Warum die deutschen Theater die Plautus-Adaptionen von Lenz übergehen: Prüderie und Ignoranz. Ein fröhliches Hurenstück in drei Fassungen. Die finanzielle Leidenschaft der Frau, die sexuelle Leidenschaft der Männer. Verliebt, daß es knallt – welch ein Geschäft! Die männliche Vernunft kollabiert. Die Intrigantin im Wochenbett. Hohe Kunst der Plünderung. Das warme Herz der erotischen Unternehmerin. Die Mäuschen-Parabel. 161

XIX Eros und Ehre: Die Komödie mit dem verrücktesten Intrigenrequisit

Aussichtsloser Versuch, eine schöne Frau einzusperren. Von der riskanten Intrige zur riskanten Ehrlichkeit. Der Glasschrank. Patriarchatskritik in der spanischen Komödie. Die unerschütterliche Vernunft verdient die Liebe. 170

XX Der epochale Intrigant

Analyse eines scheinbaren Klischee-Intriganten. Der grobe Umriß und die Feinstruktur. Sprung in die Intrigenstimme: eine Bühnensekunde unter dem Mikroskop. Wie Nadeln auf dem Papier: das Wort »I« im Auftrittsmonolog Richards III. Die plakative Exposition und ihr komplexer Hintergrund. Das zweite Gesicht des Täters. Denkarbeit eines Mißgeborenen. Der schiefe Körper macht den freien Geist. Die Schlußfolgerung. Der Wille zur Macht ersetzt den christlichen Heilsweg. Registerarie aller Verstellungskünstler. 175

XXI Von der Geburts- zur Todesszene

Die Geburtsszenen in der Literatur. Der Fall Richard Gloucester. Entwicklungspsychologische Diagnose einer Mutter gegenüber ihrem Sohn. Der philosophische Verbrecher angesichts des Todes. Körper vs. Bewußtsein. Letzte Steigerung und Scheitern der Selbstvergewisserung durch die reine Logik. Das Rätsel des symmetrischen Satzes: »I am I«. Im Hintergrund erscheint Hamlet. 187

Dritter Teil
THEORIE DER »DIABOLISCHEN DICHTART«

XXII Der Intrigant als Abtrünniger

Die Trivialisierung des Bösewichts hat die Probleme nicht gelöst, die er stellt. Krisenzeiten schaffen Intriganten. Vom Zweifel als Sünde zum Zweifel als Pflicht. Verwandtschaft des Zweiflers mit dem Intriganten. Der Intrigant und sein Verhältnis zum Schicksal. Weltliche Gestalt der verhüllten Steuerung. Lenkung von oben vs. Selbstlenkung. Intrige und Wissenschaft. Die Intrige im Zivilisationsprozeß. Akt der Apostasie. Usurpation des Schicksals. Sicut Deus. Tamburlaine und Semiramis. 195

XXIII Die »diabolische Dichtart«

Der Teufel als Vorläufer des Intriganten. Affe des Affen: von der Simia Dei zur Simia Diaboli. Jago als Übergangsfigur. Jagos Parole: Wit vs. Witchcraft. Schicksal metaphysisch und schreibtechnisch. Friedrich Schlegel fordert eine »Theorie der diabolischen Dichtart«. Zwei Kulturepochen: das Schicksal in Götterhand – das Schicksal in Menschenhand. Die Intrigentheorie aus dem Mund der Intriganten. Das »C'est moi« des Vicomte de Valmont. Marquise de Merteuil: »Me voilà comme la Divinité«. Eine leibhaftige Allegorie der Intrige. 204

XXIV Schiller dekonstruiert die Vorsehung

Schiller und die Anagnorisis der Weltgeschichte. Kritik der göttlichen Vorsehung. Der metaphysische Hintergrund der Schillerschen Intriganten. Wallenstein zwischen transzendenter und immanenter Vorsehung. Der Machinator auf der Schwelle. Schiller träumt Napoleon. Der Dichter verrät den eigenen Helden. 211

XXV Nietzsche attackiert die Intrige fundamental

Die Intrige als Krebsgeschwür der Tragödie. Intrigenschwemme in der europäischen Oper. Nietzsches Theorie von der biologischen Notwendigkeit der menschlichen Verstellung. Widerspruch zu seiner Intrigenkritik? Die euripideische »Helena«. Der Zerfall der tragischen Kunst als Kulturkatastrophe. Wissenschaft gegen Musik. Schauspiel als Schachspiel. Die Schlauheit liquidiert die Tragödie. Was die Tragödie war: Einheit von Musik und Sprache, Lust und Schrecken, Ekstase und Erkenntnis. Sokrates als Vater der Logik. Die Unheilsfigur: »Vernichtung des Unbewußten«. Die Intrige als zivilisationsgeschichtliches Symptom. Kulturheroen. Genese der Intrige, Genese der Logik. 218

XXVI Die Geburt des Intellektuellen aus dem Teufel

»Der Teufel ist ein Logiker.« Dante besucht die Intriganten im 8. Kreis der Hölle. Die redende Flamme. Ein Logiker als Opfer schärferer Logik. Heine ist begeistert. Der Teufel als »Repräsentant der Vernunft«. Zwei Geschichtstheorien. Fortschreitende Aufklärung oder Wechsel zwischen Epochen des Glaubens und des Unglaubens? Geburt des Intellektuellen aus dem Teufel. Das erschütternde Beispiel: Dantes Odysseus. Libido sciendi – Erkenntnis als Begehren. »Wie's ein andrer wollte«. 228

XXVII Die Provokation von »Gottes Mummerey«

Schicksal ist, was ICH will – Schicksal ist, was ER will. Luthers Lehre von »Gottes Mummerey«. Gott als oberster Intrigant. Der komödiantische Aspekt. Nobodaddy. Nietzsche und der Absconditus. Eine Intrige verändert die Geschichte der europäischen Musik. Der Frauenmythos Armida. Die Parole Satans. Luther neben Tasso. Auf dem Weg zur transzendentalen Obdachlosigkeit. Der Intrigant als Übergangsfigur. 236

XXVIII Der Weltintrigant

Die Entstehung der modernen Wissenschaften aus der Distanz zur Heilsgeschichte. Die Vorsichtsformel: Etsi deus non daretur. Die Phantasien von globalen Großintrigen als Gegenzug zur wissenschaftlichen Welt. Professor Moriarty. Sherlock Holmes als säkularer Heiland. Moderne Mythen in der Trivialliteratur. Von Prof. Moriarty zu Dr. Fu Manchu. Die Illuminaten-Legende. Der Dollar-Schein als Beweisstück. Vom großen Satan zum Weltintriganten. 245

Vierter Teil
VOM FUCHS

XXXIX List und Lüge in Philosophie und Literatur

Ist jede Lüge sittlich schlecht? Kants Rigorismus. Der Denker aus Königsberg versucht sich als Erzähler. Goethes Iphigenie ein Pendant zu Kants Theorie. Eine Intrigantin wird absolut. Fundamentalismus der Humanität. Die Figur des krassen Gegenteils. Goethe liebt beide. Fuchsgeschichten auf der ganzen Welt. Äsop, der angebliche Erfinder. Seine Lebensgeschichte als Roman. Die Schönheit des Verwachsenen. Die Fabel als Form des Widerstands. Domestizierung zur Kinderliteratur. Luthers Fabeltheorie. 253

XXX Der Fabelfuchs

Die Fabel von den sauren Trauben. Alltagsmoral und höhere List. Der Düpierte: »Immer ga! ga!« Verschärfung des Fuchscharakters im Mittelalter. Die Funktion des »Physiologus«. Die Fuchs-Teufel-Connection. Doppelbedeutung des Fuchses: sittliche Existenz als Abbild des Menschen, außersittliche Existenz als Tier. Wie man damit spielen und das Spiel genießen kann. Der europäische Fuchsroman als Tanz auf der Grenze zwischen Sittlichkeit und Amoralität. Goethe macht mit. 261

XXXI Goethe, Fuchs und Teufel

Die tantenhafte Germanistik. Goethes Teufelskonzept. Nichthandeln ist schlimmer als böses Handeln. Die Wahrheit des Fuchses und die Wahrheit Iphigenies. Der Fuchs als Fausts Bruder. Die Physiologus-Fabel bei Goethe. Der Fuchs und die Mythen vom schlauen Gott. Was fasziniert überhaupt an der Intrige? Schillers Theorie. Sein Kneifen vor der Konsequenz. Wie er gegen sich selbst argumentiert und an der Intrigentheorie scheitert. Wie Goethe in der Praxis reüssiert. 267

XXXII Der Trickster tritt auf

Wer ist der Trickster? Wissenschaftliche Vertracktheit. Seitenblick auf den Vice. C. G. Jung lanciert die Tricksterforscher. Mit dem deutschen Namen geschieht eine Panne. Ein Wesen vor der Ordnung, jenseits der Moral. Der Trickster und der Fabelfuchs: Verwandtschaft und Differenz. Der Trickster stellt jedes System in Frage. Versuche, den Trickster wissenschaftlich einzufangen. Wie Canetti mit ihm umgeht. Vom Trickster zum Intriganten. 277

XXXIII Wie man mit dem Fuchs philosophiert

Der Fuchs ermöglicht ein Denken an den Grenzen der Abstraktion. Machiavelli und die Machiavelli-Klischees. Ein Grundakt neuzeitlicher Wissenschaft.

Die Frage, die noch niemand zu stellen wagte. Die Antwort, die niemand hören will. Politikwissenschaft streng empirisch. Unsittlich oder außersittlich? Die Löwe-Fuchs-Differenz und die kentaurische Natur des Menschen. Der Fuchs in Potenz. Ehrlichkeit als höchste Kunst der Verstellung. Ethik und Politologie: zwei Systeme. 288

XXXIV Max Weber neben Machiavelli

»Wie steht es denn aber mit der wirklichen Beziehung zwischen Ethik und Politik?« Auch Weber muß das System spalten. Gesinnungsethik und Verantwortungsethik. Der Staat und die Gewalt. Differentia spezifica zur Familienmoral. Verantwortungsethik: ein Begriff aus dem Wörterbuch des Fuchses. Wo Machiavelli anthropologisch argumentiert, argumentiert Weber dämonologisch. Der zeitgeschichtliche Hintergrund. Die Bedeutung Machiavellis für Theorie und Geschichte der Intrige. Eine neue Gestalt des Tragischen. 297

XXXV Wie man mit dem Fuchs Theater spielt

Ein Bühnenwunder. Nochmals die Fabel vom scheintoten Fuchs. Kann man aus einer Fabel ein Stück machen? Die einfache Anlage macht das große Drama. Ben Jonsons Kunstgriff. Volpones Goldarie. Eine Genealogie der Moral um 1600. Geld schafft Recht. Parallele zu Richard Gloucester. Differenz zu den Geizigen. Selbstgenuß. Planszene mit Ausblick auf die Intrigenopfer. Volpone im Intrigenvollzug: Verkleidung, somatische Verstellung, Intrigenstimme. 304

XXXVI Ein Intrigenhelfer

Jubelschreie im Intrigenrausch. Der Virtuose liebt sein Instrument. Engel und Schlange. Exquisite intellektuelle Unzucht. Zu Figur und Geschichte des Parasiten. Der Helfer wird zum Gegenspieler. The fox outfoxed. Exemplarische Darstellung einer bedeutenden Intrigenvariante: der Fuchs in der eigenen Falle. Momente der Schändlichkeit. Peripetie und neue List. Intrigengenuß ist mehr als Frauenliebe. Stolze Anagnorisis. 313

XXXVII Zur Beziehung zwischen Intrigant und Helfer

Der freie Mensch in der Fuchsmaske. Die Autonomie der Kunst ist verknüpft mit der Autonomie der Wissenschaft. Über den Intriganten als Künstler: »my genius«. Seitenblick auf einen andern Intrigenhelfer: der Mohr im »Fiesko«. Pulp fiction von Rang. Ein Schuft, an dem man sich freut. Warum denn? Geheimnis eines Intrigantenpaars. Das Schatten-Ich des Helden. Zur Dynamik der Intrigant-Helfer-Beziehung. Hierarchie und Egalität in Bewegung. Leicester und Mortimer. Sprache der Liebe zwischen Intrigant und Helfer. Liebespaare können in die Doppelrolle geraten. 323

XXXVIII Das Paar als Täter. Ein Exkurs

Ein Typus tragischer Liebesgeschichten. Bonnie and Clyde, sprichwörtlich und historisch. Das gemeinsame Grab. Seneca zwischen Aischylos und Shakespeare. Die Wiederkehr der Szenen. Mikrostrukturen der gemeinsamen Tat. Das Apfelballett. Implosion der Geschlechterrollen beim Täterpaar. »Semivir«: warum der Mann der Schwächere ist. Das Ballett der Dolche. Geschlechterrollen und -reflexionen im »Macbeth«. Geheimnis eines Satzes: »She should have died hereafter.« Ein Krimi als Jahrhundertroman. Die Liebe schaltet alle Normen aus. Eros, Mord und Ekstase. Psychologie allein reicht nicht. Das böse Ende, unweigerlich. Varianten des Gerichts. Der zerstörte Schlaf. Polizei und Pocken. Gericht und Anagnorisis. Das Finale bei Zola. 330

Fünfter Teil
ZUR LITERATURGESCHICHTE DER FRAUENINTRIGE

XXXIX Vertreibung einer großen Intrigantin aus der deutschen Kultur: Das Lessing-Schiller-Komplott

Wie große Werke aus dem gemeinsamen Gedächtnis gelöscht werden. Lessings Verdammungsaktion gegen Corneilles »Rodogune«. Sozialer Tod eines Meisterwerks. Schillers verleugnetes Vorbild. Porträt einer Intrigantin. Die Maske. Politik und Liebe. Große Komposition. Vitium und Virtus. Das Finale: höfisches Zeremoniell und Kriminalistik. Grandeur des Bösen. 349

XL Kleine Schule der Dramaturgie

Einfühlungsschwierigkeiten. Das Problem der Spontaneität im ästhetischen Urteil. Die Intrigantin auf dem Seziertisch. Triumphale Rezeption bis zum 7. August 1767. Zur Geschichtlichkeit der Kategorie »Größe«. Machiavellis Konzept: Größe im Guten, Größe im Bösen. Vorbürgerlich und außerchristlich. Jacob Burckhardt schwankt, Nietzsche allerdings nicht. Lessings strategische Anlage. »Natürlichkeit« wird zum ästhetischen Schlüsselbegriff. Eine kostbare Sekunde deutscher Theatertheorie. Die Dramaturgie und das physikalische Weltbild einer Epoche. Die Idee der Maschine. Der Dichter als Abbild des göttlichen Maschinenbauers. »Genie« vs. »Witz«. 362

XLI Frauentheorie und Ästhetik

Keine Epoche ohne Frauentheorie. Die neue Norm. Konstruktion der »natürlichen Frau«. Die Wahrheit wird befohlen. Das Medea-Argument. Die Theorie der Größe im bürgerlichen Zeitalter. Seitenblick auf Stifter. Natur vs. Größe, Mitleid vs. Horror. Intimisierung der Macht. Was geschieht bei Schiller mit Lessings Frauentheorie? Elisabeth von England als Feministin. Ihre Bestra-

fung. Schiller bedient den emotionalen Mainstream. Eingrenzung des Weiblichen in der deutschen Kunst seit Lessing. 372

XLII Der polemische Höhepunkt

Ein Stück deutscher Prosa, deutscher Polemik, deutscher Intrigentheorie. Die theatralische Anlage. Virtuose Ironie. Das System von Lessings Witz. Der Herzgedanke des 18. Jahrhunderts. Vision einer »natürlichen Intrige«. Die erotische Verführung als Beispiel. Literarischer Boom. Die Heldinnen im Diminutiv. 382

XLIII Zwei Haß-Arien im Vergleich

Die Rückkehr feudaler Formen am Ende der bürgerlichen Kunst. Die Frau als Monstrum in der frühen Moderne. Hofmannsthals Elektra gegen Goethes Iphigenie. Elektras Haß-Arie als Echo auf Corneilles Cléopâtre. Der Haß als allnächtlicher Lover. Ende des »Natürlichen« als ästhetischer Norm. Der alte Phobos kehrt zurück. Cléopâtres Hymne an den Haß. Ich hasse, also herrsche ich. Verstellung als höfische Kultur. Norbert Elias und die »höfische Rationalität«. Funktion der Intrige im Modernisierungsprozeß. Verwandlung der direkten Gewalt in die Taktik der »haine dissimulée«. 388

XLIV Das Endspiel der höfischen Intrige

Der Hof als Experimentalsituation für die Genese von sozialer Ordnung. Goethes Tasso und die höfische Affektkontrolle. Tasso lernt, und wie! Die Intrige der Sanvitale. Tassos phantastische Gegenintrige. Intrigenstimmen überall. Wahnsinn als letzter Ausweg. Ein verschwiegener Skandal der deutschen Literaturgeschichte: Ächtung einer großen Tragödie. Schillers Satz und Goethes Schweigen. Der Hof als Ort der Handlung wird obsolet. Die moderne Metropole als Tragödienschauplatz in Schillers Vision. Schiller denkt filmisch vor der Erfindung des Kinos. Verwandlung der Intrige in den Überwachungsapparat des modernen Staates. Der Kriminalroman als Nebenprodukt. 396

Sechster Teil
DIE INTRIGE AUF DEM WEG IN DIE MODERNE

XLV Der weibliche Jago

Balzacs Roman »La Cousine Bette«. Ein Bauerntrampel kommt nach Paris. Affektkontrolle und Intrigengeduld. Scheinbare Zähmung einer Wilden. Raserei der Betrogenen. Zielphantasie und Vernichtungsplan. Von der Helferin zur Intrigenschwester: ein Frauenbündnis. Erotische Fixierungen. 411

XLVI Die zwei Ziele der Intrigenschwestern

Reichtum und Rache. Balzacs Haßtheorie und Bettes Intrigengenuß. Differenz zu Volpone. Wenn die Anagnorisis ausbleibt. Die napoleonische Natur der Familienziege. Der Roman als Geschichtsschreibung. 420

XLVII Die Krise des Intrigensubjekts in der frühen Moderne

»Je t'aime comme un million!« Die Subjektstruktur des hochbürgerlichen Intriganten und ihre Krise in der frühen Moderne. Der Rittmeister in Strindbergs Stück »Der Vater«. Ein Mann im Frauenreich. Weiblicher Jago zum zweiten. Strindbergs Frauenhaß verwandelt sich in Kunst. Das Werk korrigiert die Ideologie seines Autors. Eine Intrige, wie es sie noch nie gegeben hat. Das Opfer lenkt die Intrigantin. Self-fulfilling prophecy. Eine Gender-Tragödie. Terror der Männerrolle über den Mann. Die Uniform und die Zwangsjacke. 425

XLVIII Die Täter im Hades

Das »Täterprofil« als Begriff der Literaturwissenschaft. Drei Geschwister in verriegelter Wohnung: Thomas Bernhards »Vor dem Ruhestand«. Die Existenzregel der »Verschwörung«. Paradoxe Strukturen. Die Frage nach den Elementen des Intrigenmodells. Die Verstellungsarbeit. Das pervertierte Abendmahl. Warten und Wiederholen als elementare Gesten der Moderne. Anagnorisis als latente Bedrohung. Die Rolle regiert das Subjekt, das Spiel die Spieler. Ein Hadesritual. Der historische Hintergrund. »Von deutscher Seele«. Kläglichkeit des Kaputtgehens. Deckt die Krise des autonomen Subjekts in der Literatur der Moderne die Wahrheit über den Menschen auf? 435

Nachspiel mit dem Secret Intelligence Service

Der Begriff »Moderne« in der deutschen Literaturwissenschaft und Kritik. Die Intrigenkultur des Spionageromans. Intrigenhandeln des Autors. Warum »plot« und »intrigue« sowohl Intrige wie Handlungsanlage bedeuten. Die Intrigenpotenzierung im Spionageroman. Graham Greenes »The Human Factor«. Moral und politische Loyalität. Mit der Liebe beginnt das Verderben. Seitenblick auf den historischen Hintergrund. Greene als Moralist. Der Mensch kann sich selber nicht am Denken hindern. 453

Anmerkungen 466

Register 492

Vorspiel mit der Teufelsmantis

Lüge und Verstellung in der Natur. Simulation und Dissimulation. Der Schock des Bösen angesichts der Teufelsmantis. Ist die menschliche Verstellung biologisch gesteuert? Der Kuckuck erobert ein fremdes Nest und die Griechen Troja. Odysseus wird kreativ. List – ein Schwächezeichen? Sinon der Intrigenhelfer. Das große Mechánema im Vollzug.

Die Schöpfung lügt. Der Kosmos des Lebendigen, an dem wir uns freuen, weil er alles enthält, was schön ist, und weil er uns selbst wieder am Leben erhält, ist ein unabsehbarer Zusammenhang von Lüge, Täuschung, Tücke und todbringender Hinterlist. Jahrmillionen vor dem ersten Menschen gab es auf dem blauen Planeten schon die praktizierte Falschheit in allen denkbaren Variationen. Die Geschöpfe brauchen sie, um sich von anderen Geschöpfen zu ernähren und um sich fortzupflanzen.

Was lebt, muß Leben töten. Daher ist, was lebt, selbst immer in Gefahr, getötet zu werden, und sucht sich zu schützen. Das Töten wird dadurch schwieriger. Also muß, was lebt, Wege finden, das lebenerhaltende Töten einfacher zu machen.

Was lebt, muß sich vermehren. Dazu braucht es ein zweites Lebewesen. Also muß das erste zum zweiten gelangen oder Mittel finden, die Kopulation über größere Distanzen hin zu vollziehen. Es muß unter Umständen einen Go-between einsetzen. Der macht das nicht freiwillig; denn nichts, was lebt, ist von Natur aus hilfreich. Kuppeldienste werden nur geleistet im Gefolge einer Verlockung, einer Bestechung, einer Falle, einer List.

So gibt es Blumen, die ahmen Insekten nach, und Insekten, die ahmen Blumen nach, täuschend genau. Die Fliegenragwurz, Ophrys insectifera, eine kleine, zauberhaft elegante Pflanze, selten, aber in Mitteleuropa doch noch zu finden, hat ihre Blüte der Gestalt einer schmalen Fliege angeglichen, so überzeugend für wirkliche Fliegen, daß sie kopulieren wollen und sich an dem winzigen Phantom abarbeiten. Dabei stoßen sie mit dem Kopf an die Pollenpakete der Blume, Pollen bleiben am Kopf haften, und die erregten Tierchen befruchten damit beim nächsten aussichtslosen Versuch die nächste Ophrys insectifera.

Das ist eine komödiantische List. Den Gegenzug des Trauerspiels inszeniert die afrikanische Teufelsmantis, Idolum diabolicum. Ihr hat man mit dem wissenschaftlichen Namen schon zu verstehen gegeben, was von ihr moralisch zu halten sei. Sie spielt die schöne Blume, eine hängende, farbige, leis im Winde spielende Orchideenblüte mitten unter vielen wirklichen Orchideenblüten. Die langen Fangarme hält sie, wie es bei den Mantisarten, den Gottesanbeterinnen, üblich ist, neben den kleinen, dreieckigen Kopf erhoben. Diese Fangarme sind beim Idolum diabolicum breit und weich gelappt und farbig leuchtend wie Blütenblätter. Ein Insekt, das auf Nektarsuche von Blume zu Blume schwirrt, schwirrt bei dieser besonders schönen Blüte genau vor das hungrige Maul und zwischen die blitzartig zugreifenden Krallen.

Wie bei den Menschen erscheinen Lüge, List und Täuschung in der Natur auf zweifache Weise, bald als Simulation, bald als Dissimulation. Die Simulation spiegelt etwas vor, was nicht der Fall ist. Harmlose Fliegen geben sich das giftiggelbe Ansehen von stechenden Wespen, die ja ihrerseits nur deshalb so giftiggelb aussehen, damit man sie von weitem erkennt und meidet. Der Trick der wirklichen Wespen ist also die Bekundung der Wahrheit, und zwar so deutlich wie möglich, damit man sie nicht für eine angenehme Nahrung hält, während jene Fliegen, die tatsächlich eine angenehme Nahrung abgeben würden, diesen Wahrheitstrick simulieren. Die Dissimulation wiederum spielt nichts vor, sondern verbirgt und verheimlicht die wahre Beschaffenheit. Sie entzieht so das mögliche Opfer den gierigen Blicken. Fische gibt es, die liegen flach auf dem Seegrund, von Sand und Schlamm überspült. Das Wiesel oder Hermelin, ein schnelles kleines Raubtier, ist im Winter weiß, im Sommer erdfarbig. Das hilft beim Töten und schützt gegen das Getötetwerden zu jeder Jahreszeit. Nur die Schwanzspitze bleibt unverändert schwarz. Der Schulterumhang aus weißem Hermelin mit dem Kranz der baumelnden schwarzen Spitzen gehört zur Krönungstracht der Könige. Das ist schön und ominös zugleich. Die indonesische Schwester der Teufelsmantis, die Orchideenmantis, trägt quer über den Unterleib einen einfachen grünen Strich. Dadurch erscheint sie wie zwei übereinander hängende Blumen, und der Mantisumriß, der im Gehirn der potentiellen Opfer als Gefahrensignal gespeichert sein könnte, ist aufgelöst.

So simuliert in der Menschenwelt der Hochstapler den reichen Mann, mit allen Zeichen der Vornehmheit und der begüterten Lebensführung. So dissimuliert der Spion oder der »schlafende« Terrorist seine wahre Beschaffenheit, indem er unauffällig und freundlich unter freundlichen Nachbarn lebt, bis seine Stunde kommt. Hamlet simuliert den Verrückten; Jago dissimuliert seinen tödlichen Haß.

Die Schöpfung lügt. Wohin man blickt, ist Täuschung. Selbst so gutmütige Geschöpfe wie die Erdbeere und die Sonnenblume geben etwas vor, was sie nicht sind. Die Erdbeere tut, als wäre sie eine einzige Frucht, die Sonnenblume, als wäre sie eine einzige Blüte. Denn nur so werden die Go-betweens, die für die Fortpflanzung sorgen müssen, auf die beiden überhaupt aufmerksam.

Dennoch wird das Monopol der Lüge seit alters dem Menschen zugesprochen. Hat er es nicht beim Sündenfall vom Teufel erworben und so eigenhändig in seine Welt gebracht? Oder soll man sich das Idolum diabolicum etwa schon im Garten des Paradieses denken, freundlich nickend vom Orchideenbaum? Wahr sei die ganze kreisende Natur, meinte Grillparzer, und unwahr sei nur der Mensch. In der Komödie »Weh' dem, der lügt!« läßt er den Bischof Gregor eine Predigt über Lüge und Wahrheit entwerfen, skizzierend, notierend, memorierend. Da erscheint die Differenz zwischen Mensch und Natur eindeutig genug:

> Was, Mensch, zerstörst du deines Schöpfers Welt?
> Was sagst du, es sei *nicht*, da es doch ist;
> Und wiederum, es sei, das es doch *nie gewesen*?
> [...]
> Wahr ist die ganze kreisende Natur;
> Wahr ist der Wolf, der brüllt, eh' er verschlingt,
> Wahr ist der Donner, drohend, wenn es blitzt,
> Wahr ist die Flamme, die von fern schon sengt,
> Die Wasserflut, die heulend Wirbel schlägt;
> Wahr sind sie, weil sie sind, weil Dasein Wahrheit.
> Was bist denn du, der du dem Bruder lügst,
> Den Freund betrügst, dein Nächstes hintergehst?
> Du bist kein Tier, denn das ist wahr;
> Kein Wolf, kein Drach', kein Stein, kein Schierlingsgift:
> Ein Teufel bist du, der allein ist Lügner,
> Und du ein Teufel, insofern du lügst.[1]

»Dasein ist Wahrheit« – in seiner reinen Existenz, heißt das, in seiner einfachen Kreatürlichkeit ist jedes Lebewesen ganz wahr und wahrhaftig. Sein und Wahrsein sind eines und dasselbe. Deshalb verstößt der Mensch, der als einziger lügen, täuschen und betrügen kann, gegen das Wesen der Schöpfung und gegen den in dieser Schöpfung verkörperten Willen des Schöpfergottes. Und Grillparzer zögert nicht, das Stichwort fallen zu lassen, das für die skrupellosen Lügner und Ränkeschmiede seit Jahrhunderten gebraucht wird: Teufel. So kompliziert und zusammengesetzt die Geschichte des Teufels in der abendländischen Welt auch ist[2], eines Tages stand er für das Prinzip Lüge, und zwar sowohl als Urbild wie auch als konkrete Ursache in seiner Funktion des Anstifters und Verführers. Als »Vater der Lüge« wird er im Johannes-Evangelium bezeichnet.[3] Selbst heute, da der Teufel zum bloßen Schlagwort geworden ist, zu einem leeren Umriß, kommen wir nicht ohne ihn aus, wenn wir unter dem Schock einer böswilligen Täuschung nach dem unzweideutigen Exempel suchen.

Was wäre geschehen, wenn Grillparzers Bischof das Idolum diabolicum in seine Predigt hätte einbauen müssen? Hätte er immer noch sagen können: »Wahr ist die ganze kreisende Natur«? Insofern als zur Lüge das Bewußtsein gehört, zum Betrug der böse Wille, hätte er bei seiner Aussage bleiben können. Die Natur lügt, aber sie will nicht lügen und weiß nicht, daß sie lügt. Die unabsehbaren Simulations- und Dissimulationsmanöver alles Lebendigen, vom harmlosen Bluff der Sonnenblume bis zur erlesenen Tücke des Ameisenlöwen, sind Ergebnisse der Evolution, nicht gewollt also, nicht beabsichtigt, sondern eines Tages durch Mutation und Selektion entstanden und durch erhöhte Überlebenschancen erhalten, ohne Absicht. Die ganze Tirade über die lügende Schöpfung ist also eine einzige naive Projektion menschlicher Kategorien auf die Natur. So weiß und sagt es die Naturwissenschaft, seit Darwin die Lehre von der Unveränderlichkeit der Geschöpfe widerlegt und die langsame Evolution an die Stelle der plötzlichen Kreation gesetzt hat.

Aber wenn nun auch hinter der Evolution ein Schöpfer stünde? Wenn Gott, der die Welt nachweislich nicht in sieben Tagen angefertigt hat, immer noch an der Arbeit sein sollte, sowohl in der weiterlaufenden natürlichen Evolution wie auch in den Evolutionsschritten, die im Labor der Stammzellenforscher bald einmal von den Menschen selbst bewerkstelligt werden? Dann würde sich das alte Problem der Theodizee wieder stellen, das Problem, wie man die Gottesvorstellung retten und rechtfertigen kann angesichts des Bösen und Schrecklichen in seiner Welt, und die Theologen hätten zu erläutern, inwiefern hinter der Teufelsmantis zwar nicht deren eigener Wille, wohl aber der Wille Gottes stecke und wie das charmante Tierchen mit dessen Allgüte denn vereinbar sei. Auch Grillparzers Bischof Gregor, der ausdrücklich von eines »Schöpfers Welt« ausgeht, geriete nun wieder in Schwierigkeiten.

Die Wissenschaftler des 19. Jahrhunderts, die reisenden Forscher, die die Teufelsmantis entdeckt und ihr den Namen Idolum diabolicum gegeben haben, was soviel heißt wie teuflisches Gespenst oder diabolisches Trugbild, hatten keine theologischen Probleme. Diese waren längst in besser geeignete Fakultäten ausgelagert. Ebensowenig machten sie das Insekt für sein Treiben verantwortlich. Und dennoch steckt in dem Namen der Reflex eines moralischen Schocks angesichts solcher Verbindung von Blütenschönheit und Mord, von Mord durch die Vorspiegelung von Blütenschönheit. Das Ereignis der Verstellung, der Verkleidung, der planvollen Simulation streift unser moralisches Gefühl auch dort, wo wir wissen, daß der böse Plan nicht in einem vorlaufenden mentalen Akt besteht, sondern in der reinen Logik des Geschehens. Der Name beweist, daß die Teufelsmantis diese Erfahrung im Beobachter auslöst. Es ist die sekundenschnelle Evidenz eines diabolischen Betrugs. Evidenz, das unmittelbar Einleuchtende, braucht keine zusätzliche Begründung. Evidenz fragt nicht weiter nach Warum und Woher und ob überhaupt. Evidenz kann auch noch da sein, wenn sie wissenschaftlich bereits widerlegt ist. So entspringt die Evidenz des Diabolischen auch im Alltag, etwa beim Opfer eines bösen Mobbings, obwohl der verabscheute Vorgang psychologisch leicht erklärbar ist. Und so entspringt Evidenz auch in der Literatur, angesichts der zielgerichteten Intrige.

Tatsächlich hat die Teufelsmantis literarische Qualität. Sie verkörpert eine Geschichte. Sie ist von novellistischem Wert. Literarisch gesehen, besteht zwischen den Berichten über die Täuschungs- und Betrugsstrategien in der Natur und den Berichten über die entsprechenden Vorgänge in der Menschenwelt keine absolute Differenz. Beide können die schockartige Erfahrung des Bösen auslösen, und diese Erfahrung ist Realität, ganz unabhängig vom Wissen über die Prozesse der evolutionären Mutation und Selektion, die hinter dem Naturereignis stehen. Diese sind Gegenstand der theoretischen Überlegung, welche sich an die schockartige Erfahrung anschließt. Aber so geschieht es ja auch angesichts der Literatur. Auch da gibt es die Differenz zwischen dem Moment der schockartigen Erfahrung und der anschließenden Reflexion. Auch da kann die Reflexion die moralische Qualität eines Ereignisses oder einer Figur im Nachhinein verändern, kann sie sogar ins Gegenteil verkehren. Ein Beispiel wäre Shakespeares Shylock. Die Voraussetzung der in der Reflexion gewonnenen Erkenntnis aber – was wir dann gern als den »Sinn« eines Werks bezeichnen – ist immer jener vorgängige Schock. Er stellt das erste und grundlegende ästhetische Ereignis dar und also die höhere ästhetische Wirklichkeit, als was er an Nachdenken auslöst.

Das Nachdenken, welches Jago ausgelöst hat, füllt heute eine mittlere Bibliothek. Dennoch ereignet sich der Schock, die entsetzliche

Evidenz des Bösen und der dämonischen Tücke dieser Gestalt, immer neu und wie zum ersten Mal auf den Bühnen der Welt.

Es ist also nicht nur naiv und anthropomorphisierend, wenn uns vor der Teufelsmantis einen Moment lang moralisch schaudert. Und es ist nicht nur das Anzeichen eines schlichten Gemüts, wenn von den Berichten über die Strategien dieses Insekts eine Faszination ausgeht, die sich berührt mit der Faszination vor den großen Bösewichten und Ränkeschmieden der Literatur oder des Films. Schließlich gehören auch wir zu dieser Welt des Lebendigen, zur Natur, die gekennzeichnet ist durch Lüge, Täuschung und tödliche Hinterlist. Die biologische Programmierung, die zum Treiben des Idolum diabolicum führt, unterscheidet sich nicht fundamental von der biologischen Programmierung des Menschen. In dem Maße, in dem der Satz: »Die Schöpfung lügt« Geltung hat, in dem Maße müssen auch wir an der biologisch gesteuerten Hinterlist partizipieren. Vielleicht nährt sich die dunkle Bezauberung, die seit jeher von der planvollen Täuschung, der souverän geführten Intrige ausgeht, aus unserem angeborenen Anteil an der universalen Fallenstellerei. Vielleicht sind die Erzählungen der Naturwissenschaftler, die uns von den Strategien der Tiere und Pflanzen berichten, auch auf biologischer Ebene verwandt mit den Geschichten der Dichter und Dichterinnen aller Zeiten, die uns von den Täuschungsmanövern bald böser und bald guter, bald verliebter und bald machtgieriger, bald verfolgender und bald verfolgter Leute berichten.[4]

Es gibt den Bericht über den Kuckuck, und es gibt den Bericht über die Eroberung der Stadt Troja. Beides sind großartige Geschichten aus dem Leben auf dem blauen Planeten. Hier wie dort will einer in des andern Nest.

Wie macht es der Kuckuck? Jedermann weiß das, und doch bleibt es eine gute Geschichte. Zu einer guten Geschichte gehört, daß man sie gerne wieder hört, auch wenn man sie seit vielen Jahren kennt.

Der Kuckuck läßt seine Eier von andern Vögeln ausbrüten, läßt seine Nachkommen von andern Vögeln aufziehen, und er muß dazu die Nachkommen dieser andern Vögel nach und nach ums Leben bringen. In das besetzte Nest eines brütenden Vogelpaars ein fremdes Ei zu legen, ist nicht einfach. Der männliche Kuckuck, der von Natur aus recht massig aussieht und in mancher Hinsicht an die Konturen eines Raubvogels erinnert, tut zunächst so, als wolle er das ausgewählte fremde Nest angreifen. Er täuscht eine eierräuberische Attacke vor. Dadurch lenkt er das Brutpaar ab. Die beiden müssen ihr Gelege verteidigen und das Nest für kurze Zeit verlassen. Dies ist der

Moment für das Kuckucksweibchen. Es fliegt unauffällig an den Tatort, wirft eines der legitimen Eier aus dem fremden Nest und legt ein eigenes zu den verbliebenen. Dieses Kuckucksei hat die Größe, die Farbe und die Sprenkelung der andern Eier; in einem Rotkehlchennest ist es also anders beschaffen als im Nest einer Grasmücke. Wenn das brütende Paar zu seinem Nest zurückkehrt, nachdem es den vermeintlichen Räuber vertrieben hat, setzt es seine Bruttätigkeit fort – und das Kuckuckspaar macht sich über das rausgeschmissene Ei her und frißt es leer. Der junge Kuckuck, obwohl später gekommen, schlüpft dann etwas früher als die Nestgenossen und wirft diese, als erste große Arbeit seines noch ungefiederten Lebens, aus dem Nest. Er schiebt sich unter die Geschwister und kippt sie über den Rand. Die unfreiwilligen Stiefeltern aber füttern alles, was einen Schnabel aufsperrt, auch wenn zuletzt nur noch ein einziges, riesiges offenes Maul da ist.[5]

So erobert der Kuckuck das fremde Nest. In ähnlicher Weise eroberten die Griechen nach zehn Jahren Belagerung die Stadt Troja. Auch diese Geschichte ist bekannt; das trojanische Pferd gehört zu den zähesten Restbeständen klassischer Bildung. Das deutet auf eine Story von elementarer Bannkraft.[6]

Am Anfang steht eine Naturbeobachtung. Kalchas, der Priester und Seher der Griechen, teilt deren allgemeine Verzweiflung über das immer aussichtslosere Unternehmen. Troja ist einfach nicht zu erstürmen. Da sieht Kalchas, der von Berufes wegen stets nach Zeichen und Orakeln Ausschau hält, wie ein Raubvogel eine Taube verfolgt. Diese flüchtet sich in eine Felsspalte. Der Raubvogel rennt vergeblich an den schmalen Riß an, stößt sich fast den Schädel ein dabei. Schließlich zieht er sich zurück und versteckt sich in einem Baumwipfel, um dort still zu warten. Die Taube verläßt ihre Burg, weil die Luft wieder rein scheint, und jetzt erwischt sie der Räuber.

Ist das ein Zeichen der Götter, oder ist Kalchas ein früher Ornithologe? Jedenfalls zieht er aus der Beobachtung den Schluß, daß auch Troja nur durch eine List zu erobern sei. Das teilt er den griechischen Heerführern mit. Die glauben das gern, aber wissen dennoch nicht weiter.

Unter den Generälen sitzt auch Odysseus. *Polymétis* nennt man ihn und *polyméchanos*. Das eine heißt, daß er eine schwierige Situation rasch analysierend durchdenken kann, das andere, daß er sie mit unerwarteten Mitteln zu lösen versteht. Odysseus ist der einzige, der auch in Wut und Leidenschaft nie blind attackiert. Jetzt macht ihn die Erzählung des Priesters schöpferisch. Er entwirft einen Plan. Er erfindet die List mit dem hölzernen Pferd. Ein riesiges Roß soll gebaut werden, höher als die Stadtmauern von Troja. Dieses soll eines Morgens einsam auf den leeren Feldern vor der Stadt stehen, als Abschiedsgruß der abgezogenen griechischen Heerhaufen. Die Trojaner sollen es für ein segenbringendes Weihegeschenk an die Götter halten und in ihre Stadt hereinziehen. Der Pferdebauch aber wird hohl sein, und in ihm werden die besten griechischen Krieger stecken.

Die Idee leuchtet den vernarbten Kämpfern ein. Nur zwei besonders ausdauernde Kämpfer, Neoptolemos und Philoktet, finden sie beschämend, unehrenhaft, unsoldatisch. Sie wollen weiterhin gegen die Mauern anrennen wie der Raubvogel gegen den Fels.

Die beiden werden überstimmt, aber ihr Einwand bleibt wichtig für die Geschichte der moralischen Beurteilung von List, Verstellung und Intrige. So sehr der unvergleichliche Intellekt des Odysseus immer wieder gerühmt wird, vor allem bei Homer, gibt es doch auch früh schon Vorbehalte gegen das Prinzip der Verstellung überhaupt. Auch Achill, der Unbezwingbare, dem im offenen Zweikampf keiner gewachsen ist, formuliert die Maxime seines Lebens so:

> Denn der Mann ist mir so verhaßt wie die Pforten des Hades,
> Der ein anderes birgt im Sinn und ein anderes ausspricht.[7]

Das ist gewiß mehr der Ausdruck von Stolz und Überlegenheit als das Zeichen eines sittlichen Empfindens, welches die Wahrheit als höchsten Wert begreift und daraus die Pflicht zur Ehrlichkeit und die Verwerflichkeit der Lüge ableitet. Ich bin so stark, daß ich nicht zu lügen brauche, dürfte das heißen. Wer lügt, ist schwach, und was schwach ist, verachte ich. Aber was immer der Beweggrund sein mag, der klare Gegensatz ist damit begründet, aus dem sich mit der Zeit dann tatsächlich die Systeme der Sittlichkeit entwickeln werden. Überaus aussagekräftig indessen ist, daß Achill, der Täter, seinen Grundsatz in einer direkten Gegenrede zu Odysseus, dem Planer, äußert.

Das Intrigenprojekt ist also entworfen. Der Plan steht fest, aber damit ist Troja noch lange nicht erobert. Erstens muß das Roß gebaut werden. Dafür, weiß wieder Odysseus, haben wir den Epeios, den besten aller Holzbaumeister. Und dieser bringt das Ungetüm tatsächlich in kurzer Frist zustande, nachdem die Griechen gewaltig Bäume geschlagen haben auf allen umliegenden Bergen. Das kunstreiche Gebilde, das so natürlich erscheint, daß man denken muß, gleich wird das Pferd wiehern, weist Klappen und Türen auf, die nur von innen zu öffnen sind, und Zugleitern, die ein lautloses Aussteigen ermöglichen. Auch steht es bereits auf Rollen, damit der Plan nicht etwa noch an der technischen Unbeholfenheit der Trojaner scheitert.

Zum andern aber muß dafür gesorgt werden, daß die Trojaner auf die Sache hereinfallen. Die Information, was das Ganze zu bedeuten habe, muß also auf irgendeine Art mitgeliefert werden, und sie muß so überzeugend sein, daß die Trojaner das Pferd auch tatsächlich in die Stadt schaffen. Denn sie könnten es ja auch einfach stehen lassen oder zur Feier des Tages anzünden, was dem eingeschlossenen Elitetrupp heiße Stunden bescheren würde. Ohne eine Zusatzintrige wäre also das Roß so chancenlos wie ein der Größe des Kuckucks entsprechendes Ei im Nest eines Zaunkönigs.

Odysseus selbst kann nicht gut hingehen und die Trojaner bereden. Er ist einschlägig zu gut bekannt. Hat er sich doch noch vor kurzem als Bettler verkleidet in die Stadt geschlichen und aus dem Tempel das höchste Heiligtum gestohlen, das Palladium, ein wunderbar vom Himmel gefallenes Bild der Pallas Athene. Dabei hat er tüchtig gemordet. Man haßt ihn. Und noch Dante wird ihn viele Jahrhunderte später für diesen Diebstahl in die Flammen der untersten Hölle stecken.[8]

Der große Intrigant braucht also einen Helfer. Und wie er es auch in der Sophokles-Tragödie »Philoktet« tut, instrumentalisiert Odysseus gerade diese seine eigene Verhaßtheit, um die Hasser zu überlisten. Er sucht einen Mann, der ein Meister der Verstellung, der Lüge und des Heuchelns ist, der aber zugleich bereit ist, sein Leben zu riskieren und sogar eine mögliche Folter in Kauf zu nehmen. Den findet er in der Person des Sinon.

Dieser Sinon war einst so sprichwörtlich wie das trojanische Pferd selbst. Heute kennt ihn niemand mehr. Aber er gehört zu den herausragenden Intrigenhelfern der Weltliteratur, begabt wie Tartuffe, und kein geringerer als Shakespeares Richard III. nimmt ihn sich ganz explizit zum Vorbild.[9] Bevor nun Sinon loszieht, gibt ihm Odysseus die Lügen ein, die er zu erzählen habe.

Wie der Kuckuck seinen Scheinangriff, machen die Griechen ihren Scheinrückzug. Eines Tages steht vor den Mauern Trojas nur noch ein riesiges Roß, und wo zehn Jahre lang das Heer der Griechen lagerte und mordete, ist alles leer. Kein Mensch weit und breit. Nur am Boden neben einem der Pferdefüße bewegt sich etwas, da kauert ein Mann, unbewaffnet, zitternd, ein verlorener Grieche. Sinon. Er erwartet, wie er gleich zugibt, den Tod von den Feinden. Er sei ein Opfer des tückischen Odysseus, erklärt er. Um für die Heimfahrt der griechischen Schiffe das Wohlwollen der Götter zu gewinnen, habe man ein Menschenopfer beschlossen – wofür es ja als Vorbild die Affäre mit Iphigenie in Aulis gibt –, und Odysseus habe aus einer alten Abneigung gegen ihn vorgeschlagen, daß ... – Hier unterbricht sich Sinon, schluchzt, sagt, sie sollten ihn doch gleich töten, er sei ja für sie nichts als ein Feind, was brauchten sie da die ganze Geschichte zu hören.

Doch, doch, rufen die Trojaner, erzähl weiter, wir haben Mitleid mir dir, uns interessiert dein Bericht ...

Ein kleiner Trick also, aber sehr wirksam. Er steigert augenblicklich die Glaubwürdigkeit des Lügners. So fährt Sinon denn fort. In geheimer Absprache mit dem Priester Kalchas habe der den Trojanern so verhaßte Odysseus ihn, Sinon, zum Menschenopfer bestimmt. Man sei bereits mit der weißen Binde und dem gesalzenen Mehl angerückt, um ihn, das menschliche Opfertier, nach den Gebräuchen zu weihen und dann zu schlachten. Da habe er im letzten Moment seine Fesseln zerreißen und fliehen können, habe sich im Sumpf versteckt, bis die Griechen abgezogen waren, und jetzt sei er da und wisse, daß er sterben müsse. Das Pferd aber hätten die Griechen gerade wegen jener Schandtat des Odysseus bauen müssen, die die Trojaner so gekränkt habe. Athene selbst sei nämlich erzürnt über den Diebstahl des Palladiums, und als Sühnezeichen für die Göttin habe man dieses Roß gebaut und am Platz des Verbrechens aufgestellt. Kalchas, der Seher, habe jedoch genau gewußt, welch gewaltigen Segen das Gebilde den Trojanern bringen könnte, falls sie es in die Stadt hereinzögen, und daher befohlen, es so groß zu machen, daß es durch kein Stadttor zu bringen wäre.

Jetzt nimmt die Sache ihren allgemein bekannten Gang. Laokoon warnt zwar die Trojaner vor dem Danaergeschenk, und Kassandra sagt alles kommende Unheil detailgetreu voraus. Sie rast sogar mit einer Fackel auf das Roß zu, um es anzuzünden, und Laokoon versucht, es mit einem Speer aufzuschlitzen, doch beide werden gehindert und finden keinen Glauben. Die Trojaner brechen ihre Mauer auf und schleppen das Tier herein. Selbst als es beim Überrollen der Schwellen sehr merkwürdig klirrt in dem Holzbau, merken sie nichts.

Ein letztes Mal wird es brenzlig für die Eingeschlossenen, als auch Helena, um die der ganze Krieg sich ja dreht, die entlaufene Gattin des Menelaos, die Liebliche, das Luder, von einem Verdacht beschlichen wird. Sie bewegt sich tastend um das Roß herum und ruft dabei zärtlich die unterschiedlichsten griechischen Anführer an, indem sie bei jedem die Stimme seiner Gattin imitiert. Einige der Eingeschlossenen werden in der Tat von Liebe und Sehnsucht erfaßt. Sie stürzen im Dunkeln auf die Luken zu. Doch Odysseus, *polymetis*, reißt sie zurück. Dennoch will einer der geliebten Frau wenigstens antworten. Da preßt ihm Odysseus den Mund mit Gewalt zu – etwas zu lang, wird gesagt, der eifrige Gatte sei daran erstickt.

In der Nacht, als Troja schläft, schwer vom Wein der Siegesfeier, gibt Sinon von der Stadtmauer aus ein Fackelzeichen an die fern lauernden Griechen, dann pocht er behutsam an das Pferd und flüstert, es sei Zeit. Die Luken öffnen sich. Als erstes erscheint der Kopf des Odysseus. Die Schlächterei, grausiger als jede vorhergegangene, kann beginnen.

So verläuft das große Mechánema, die List und Intrige der Belagerer, und was man daran studieren kann, ist nicht nur die Verwandtschaft mit dem Kuckuck, der das eroberte Nest leermordet, sondern auch und vor allem, wie verflochten und vielschichtig ein solches Unternehmen ist. Je mehr das trojanische Pferd zum bloßen Sprichwort wurde, um so mehr verkümmerte der komplexe Vorgang, von dem dieses sich herleitet, im heutigen Bewußtsein zu einem bloßen Trick.

Auch das Zusammenspiel von Simulation und Dissimulation, ihre gegenseitige Verstricktheit, ist an der berühmten Geschichte abzulesen. Das Pferd simuliert ein Weihegeschenk, gibt also etwas vor, was es nicht ist, und es dissimuliert die Krieger, verbirgt also, was es in Wahrheit ist. So simuliert die Teufelsmantis die schwebende Blüte und dissimuliert zugleich das zum tödlichen Biß bereite Insekt. So simuliert das Kuckuckspaar den Angriff eines Raubvogels und dissimuliert dabei die parasitäre Eiablage. Simulation und Dissimulation, so sauber sie logisch trennbar scheinen, sind die sich schneidenden Koordinaten im Grundakt der Verstellung.

Die Fortpflanzung des Kuckucks, die Nahrungsbeschaffung der Teufelsmantis und die Eroberung von Troja begegnen uns als drei Geschichten, wurde gesagt. Es gibt eine durchaus legitime *literarische* Optik auf alle drei Ereignisse, ganz unabhängig von der jeweiligen Intention des Berichterstatters. Der Entomologe, der Ornithologe und der Altphilologe verfolgen ihre spezifischen Interessen. Das hindert die literarische Erfahrung nicht an der ganz eigenen Aufnahme und seelischen Verarbeitung der drei Vorgänge. Auch der Sternenhimmel gehört ja nicht den Astronomen, und das Entzücken am Kreiselspiel der Jupitermonde, das schon ein gutes Fernglas bescheren kann, ist nicht einfach dilettantisch im Vergleich zur wissenschaftlichen Arbeit hinter den Teleskopen von Mount Palomar. Es kann durchaus eine starke und gültige Erfahrung des Kosmos sein.

Es gibt den Akt der Verstellung, und es gibt deren Zweck. Das gilt bei der Teufelsmantis, es gilt beim Kuckuck, und es gilt bei den Griechen vor Troja. Ebenso gibt es in allen drei Fällen unterscheidbare Phasen der Durchführung. Und in allen drei Fällen wird der Zweck nur durch eine schwere Schädigung des Opfers erreicht, durch Tötungsarbeit. So geht es, muß man sagen, auf dem blauen Planeten zu.[10]

Erster Teil

ENTWICKLUNG DES INTRIGENMODELLS

I
Der Plan und die Planszene

Im Akt der Planung liegt die Differenz zur Verstellung in der Natur. Zwischen Noterfahrung und Zielvision. Das Beispiel der euripideischen Iphigenie. Bruder und Schwester beim Aushecken. Erste Anzeichen einer Geschlechterdifferenz: die Frauen sind listiger.

Ein Vorgang aber setzt nun doch die große Differenz. Von ihm aus driftet alles, was hier gleichgesetzt wurde zwischen Tieren und Menschen, weit auseinander. Literarisch gesehen, ist dieser Vorgang nur ein Element von vielen im dramatischen Prozeß der zielgerichteten Verstellung, doch dieses Element begründet den kategorialen Unterschied – bei allen Ähnlichkeiten – zwischen dem Täuschungstreiben in der Natur und dem Täuschungstreiben der Menschen. Dieser Vorgang ist der Plan, der Akt der Planung, ist, dramaturgisch gesprochen: *die Planszene.*

Für alles, was in der vorliegenden Studie Intrige genannt und untersucht wird, ist die Planszene ein Schlüsselereignis. Sie kann breit entfaltet sein wie im Zusammentreten der Verschwörer vor einem Aufstand; sie kann kammerspielartig leise geschehen wie im Gespräch zwischen dem Anstifter und seinem Helfer; sie kann intim sein bis zur Lautlosigkeit wie im Monolog und entwerfenden Denken des Einzeltäters, heiße er nun Richard Duke of Gloucester, oder heiße sie Medea, oder heiße sie Cousine Bette.

Mit der Planszene ist ein erstes Einzelelement im strukturellen Aufriß der Intrige benannt. Es ist ein Vorgang von anthropologischer und moralischer Brisanz. Angesichts der Planszene verflüchtigt sich die Gleichsetzung der Verstellung in Natur und Menschenwelt zu einem bloßen Phantasiespiel. Nicht in der Raffinesse der Täuschung, nicht im geduldigen Warten neben der Falle, nicht in der Unerbittlichkeit der Tötungsarbeit erscheint der Mensch als einzigartig gegenüber der ihn umgebenden Natur, sondern im Plan, im überlegten Entwurf. Die Teufelsmantis trägt den Plan in ihrer genetischen Programmierung. Der Mensch aber macht ihn selbst, und er kann ihn so oder anders machen. Er wählt die Simulation oder die Dissimulation. Er berechnet auch das Abwehrverhalten des Gegners und kann dieses im Voraus schon in den Plan integrieren. So gehört zur Erfindung des trojanischen Pferdes die weit schwierigere Aufgabe, die Trojaner von dessen Segenskraft zu überzeugen.

Was die Teufelsmantis tut, hat einen Zweck. Was der Mensch tut, hat ein Ziel.

In der Intrige als einem elementaren literarischen Geschehen ist die Planszene der Moment, wo die intellektuelle Kapazität des Intriganten zugleich mit seinem sittlichen Profil zum ersten Mal in Erscheinung tritt. Dahinter zeigt sich stets auch das sittliche Profil des Autors. Denn dieser qualifiziert ja das von ihm erzählte Geschehen direkt oder indirekt. Er stützt den Intriganten moralisch, oder er verwirft ihn. Er zeigt ihn als Helden oder Schurken. Und falls er sich neutral verhält, was ebenfalls möglich ist, stellt dies für die Untersuchung eine nicht minder wichtige Tatsache dar. Auf welche Art das moralische Urteil des Autors den Lesern übermittelt wird, welche Kanäle es für solche Botschaften überhaupt gibt, das ist hier noch nicht zu fragen.

Sobald wir einmal angefangen haben, modellhaft zu denken und die Phasen der Intrige als Teile einer abstrakten Struktur zu unterscheiden, treten weitere Differenzierungen in Sicht. Der Planszene voraus geht die *Erfahrung einer Not* und die *Vision eines Ziels.* Das Ziel ist die Rettung aus der Not. Die griechischen Heerführer erfahren die Not, daß Troja nicht zu erstürmen ist, bis in ihre vielfach angehackten Knochen hinein. Das ist noch keine Leistung. Das ergibt sich von selbst. Und sie kennen auch das Ziel, das diese Not beheben würde, sehr genau. Auch das zu wissen, ist noch keine Leistung. Das Erlebnis der Not und die Vision des Ziels sind aber die Voraussetzungen dafür, daß überhaupt ein Plan entstehen kann. Also müssen, modellhaft gesehen, die Erfahrung der Not und die Vision des Ziels als der Planszene vorauslaufende und von dieser zu unterscheidende Momente begriffen werden.

Ein Werk, wo dies exemplarisch deutlich wird, ist die »Iphigenie bei den Taurern« des Euripides. Orest ist mit seinem Freund Pylades ins Barbarenland zu den Taurern gekommen, wo seine vermeintlich tote Schwester Iphigenie Priesterin ist. Er wird von den Rachegeistern verfolgt, weil er die Mutter, die seinen Vater tötete, umgebracht hat. Das Orakel hat ihm Rettung versprochen, wenn er das Götterbild der Artemis aus dem taurischen Tempel stiehlt und nach Athen bringt. Die beiden Männer werden gefangengenommen und sollen geopfert, vor der Hinrichtung aber von der Priesterin noch feierlich gesegnet und geweiht werden. In einer ergreifenden Szene erkennen die Geschwister Orest und Iphigenie einander. Nach diesem Glücksmoment aber fällt die Not mit um so größerer Macht in ihr Bewußtsein. Der König hat das Opfer befohlen, die Vorbereitungen sind im

Gange. Orest steht vor seinem Tod, und Iphigenie muß dabei mitwirken. Dies ist die Noterfahrung. Über ihr schwebt wie eine Fata Morgana das Ziel: zusammen auf das versteckte Schiff gelangen und heimwärts segeln ins ferne Griechenland, das gestohlene Götterbild im Gepäck.

Noterfahrung, Zielbenennung und Planszene ereignen sich in diesem Stück in trennscharfem Abstand. Dabei ist auffällig, daß die Frau, Iphigenie, ganz selbstverständlich davon ausgeht, wenn es denn einen Ausweg gäbe, so habe sie ihn zu finden. Ganz knapp, sagt sie, sei der Bruder einem grausigen Tod durch ihre Hand bis jetzt entkommen, und fährt fort:

> Und was wird das Ende sein?
> Welch ein Los wird noch zuteil mir?
> Wo entdeck ich für dich nur den Pfad,
> Der dich fort von hier, von dem Blutaltar,
> Heim nach Argos führt,
> Noch bevor dein Blut das Messer färbt?[11]

Das ist noch eine rhetorische Frage. Sie spricht mehr von der Aussichtslosigkeit als von der Möglichkeit einer Rettung, wenn sie das Ziel, Argos in Griechenland, konkret geographisch benennt. Zu Fuß wie zur See erscheine eine Rettung unmöglich. Und doch geistert bereits der Gedanke an einen Plan durch den Kopf der Frau. Einerseits fragt sie, ob wohl ein Gott oder ein Sterblicher hier einen Ausweg wissen würde, andererseits spricht sie sich selbst an:

> Ja, das ist es, das ist es, du armes Herz,
> Was du noch finden mußt.[12]

Vom Entwurf eines konkreten Rettungsverfahrens kann also noch keine Rede sein. Nur die Not ist da und die fahrenden Phantasien von der Heimat. Orest bettelt seine Schwester um Rettung an. Dabei ist doch er selbst bisher immer der Planer und Täter gewesen. Iphigenie resümiert das Ziel: »Ich will, was *du* willst: dich befrein von dieser Not.« Dann benennt sie erstmals ganz klar die Aufgabe:

> Wie aber täusch
> Ich Artemis, wie auch den König, wenn er leer
> Den Marmorsockel findet, der das Bildnis trägt?
> Wie dann dem Tod entfliehen und was sag ich ihm?[13]

Das sind nun keine rhetorischen Fragen mehr. Vielmehr äußert sich hier ein präzises Bewußtsein, daß es um Verstellung geht, um List und um Lüge: »Was sag ich ihm?« Geradezu unheimlich aber mutet an, daß die Artemispriesterin ohne Bedenken ins Auge faßt, auch ihre eigene Göttin auszutricksen. Die Planszene ist das noch nicht, aber nun muß sie endlich folgen, und sie folgt tatsächlich und zwar in drei Ansätzen.

Der erste Vorschlag stammt von Orest, dem Mann. Ihm kommt nichts Besseres in den Sinn als das Totschlagen: Könnte es uns gelingen, den König zu ermorden? Hier hat Iphigenie sittliche Bedenken, und darin zeigt sich bereits die erwähnte moralische Bedeutung der Planszene. Daß ein Gast den Gastgeber ermordet, das gehe nicht an. Wobei sie mit dem Gast nicht den Bruder meinen kann, der ja wenig gastlich aufgenommen wurde, sondern sich selbst, die seit langem hier lebt. Es gibt also ein unbedingtes sittliches Gebot, an das auch die Hinterlist nicht rühren kann. Sinon, der von den Trojanern ebenfalls gastfreundlich aufgenommen wurde, hat hier anders gedacht. Zwar hält Orest dagegen, wenn der Königsmord der Rettung diene, solle man ihn wagen, aber Iphigenie verwirft die Idee.

Nun kommt Orest mit dem zweiten Vorschlag: Die Schwester könnte ihn im Tempel verstecken, und in der Nacht würde er dann das Bild stehlen. Geht nicht, meint sie, im Tempel sitzen immer Wächter. Jetzt verzweifelt der Mann. So sei denn halt alles verloren. Darauf, großartig, Iphigenie:

> Ich habe, dünkt mich, einen neuen Plan erdacht.[14]

Den entwickelt sie jetzt, zum Staunen des Bruders, der sich eine kleine geschlechtertheoretische Bemerkung nicht versagen kann:

> Gilt's Listen zu ersinnen, sind die Fraun geschickt.[15]

Der Moment ist insofern kostbar, als er einen ersten Hinweis darauf gibt, daß die Planszene als moralisch und anthropologisch aufschlußreiches Ereignis auch die Reflexion auf die Geschlechter und ein geschlechterspezifisches Verhalten im Intrigenprozeß enthalten kann. Es besitzt ja jede Gesellschaft und jede Epoche nicht nur ihre moralisch-ethischen Normen, sondern auch ihre Theorien über die Beschaffenheit der Geschlechter – welche Theorien meistens eng verflochten sind mit den moralisch-ethischen Normen. Was Orest, dem Mann, in der Planszene in den Sinn kommt, ist in der Tat eher läppisch, während die Idee der Frau, Iphigenie, von herausragender Schlauheit ist. Sie denkt ja auch keinen Moment daran, wie später einst ihre sehr anders beschaffene Nachfolgerin bei Goethe auf die Verstellung zu verzichten und die reine Wahrheit zum höchsten Maß zu setzen. Sie ist ganz das, was Odysseus vor Troja ist und die Lady Macbeth auf Schloß Inverness: die Erfinderin des großen Betrugs, Machinatrix doli.

Ihre Idee ist der auch von den Wespen her bekannte Trick mit der Wahrheit. Orest trägt als Muttermörder schwere Schuld. Das wird sie dem König bekanntgeben, wird aus dieser Wahrheit aber ableiten, daß der Tempel und das Götterbild durch diesen Blutbefleckten entweiht worden seien. Der Gefangene müsse daher, bevor man ihn opfern könne, im Meer reingewaschen werden und das Götterbild desgleichen, und zwar an geheimer Stelle und durch Zeremonien, die so heilig seien, daß niemand sie mit ansehen dürfe. Die geheime Stelle aber soll der Ort sein, wo Orests Schiff verborgen vor Anker liegt. So könnte die famose Priesterin eigenhändig das Heiligtum fortschleppen, in dessen Dienst sie steht, und mit dem Bruder zusammen in See stechen.

Es folgt der Übergang von der Planszene in die *Intrigenpraxis*, und zwar als erstes das Reden in der Intrigensprache, mit der *Intrigenstimme*. Das ist hier noch nicht weiter zu diskutieren. Immerhin sei festgestellt, daß die Durchführung bei Euripides zum Teil so komödiantisch wird wie ein Molière-Stück, obwohl das Ganze eine Tragödie bleibt. Der König nimmt sich zeitweise aus wie ein vom schlauen Diener düpierter Pantalone. Auch daß die Flüchtigen im letzten Moment entdeckt werden und nur durch die Erscheinung einer Dea ex machina, Athene, mit ihrem Leben davon und nach Griechenland kommen, ist hier noch nicht zu erörtern.

So also steht der Plan, steht die Planszene zwischen Noterfahrung und Zielvision einerseits, der konkreten Täuschungstätigkeit, der Intrigenpraxis, andererseits.

II
Von der Planszene zum Intrigenvollzug

Vom Nutzen einer Intrigen-Morphologie. Notsituation, Zielvision und Planszene beim heimkehrenden Odysseus. Die schöne Helferin. Skizze zweier Elemente: Verkleidung und Körperverstellung. Seitenblick auf Botho Strauß. Zum Verfahren: das Intrigenmodell ist nicht das Hauptziel. Ist die Intrige eine anthropologische Konstante oder historisch determiniert? Die Notwendigkeit der doppelten Sicht.

Die ersten Beispiele aus der Weltliteratur, die hier vorgestellt wurden, haben deutlich gemacht, daß es möglich ist, den elementaren Vorgang der Intrige in der Literatur einer morphologischen Anatomie zu unterziehen, die einzelnen Teile zu trennen und je für sich zu studieren. Von nun an können wir jedem Text gegenüber, der von einer zielgerichteten Verstellung grundlegend bestimmt wird, die Frage nach der Planszene aufwerfen. Und es gibt Fälle, da entdeckt sich dieser Schlüsselvorgang überhaupt erst auf Grund dieser Frage. Wie Goethe den menschlichen Zwischenkieferknochen nur finden konnte, weil er ein morphologisches Modell vom Knochenbau besaß, welches diesen Bestandteil des Skeletts grundsätzlich überall voraussetzte, läßt sich in der Literatur die Planszene gelegentlich nur vom Postulat ihrer systematischen Unabdingbarkeit her ausmachen, so blitzartig-flüchtig kann sie in der konkreten Erscheinung sein. Man liest anders, wenn man sie sucht, und indem man anders liest, stößt man wiederum auf weitere morphologische Elemente.

Nochmals ein Beispiel aus der Frühzeit des europäischen Erzählens. Fast so berühmt wie das trojanische Pferd ist die Heimkehr des Odysseus. Mutterseelenallein landet er am Strand von Ithaka und hat nun die Aufgabe, seinen Palast von der Horde schwerbewaffneter Männer zu befreien, die alle um Penelope werben, die schöne, reiche Frau des verschollenen Odysseus, und dabei den Palast bewohnen und den Besitz langsam leerfressen. Diese Aufgabe ist schwer. Sie kann nicht gelöst werden, indem Odysseus einfach über die Schwelle tritt und sagt: »Da bin ich wieder; geht jetzt alle schön nach Hause.« Er würde von der Bande sogleich totgeschlagen, unter dem Vorwand, er sei ein Betrüger. Also muß er zunächst selber den Betrüger machen. Vonnöten ist ein zielgerichteter Täuschungsvorgang, eine praktizierte List, eine Intrige. Daher wird es, dürfen wir nun annehmen, auch eine Planszene geben. Man kann sie suchen, und tatsächlich ist sie auch zu finden. Wie sieht sie aus? Was macht sie aus? Kommt etwas Neues zum Bekannten hinzu?

Es kommt etwas hinzu, ein Element der Literatur, das uralt ist und immer jung, auch wenn unsere Moderne, die inzwischen auch nicht mehr so jung ist, sich davor scheut, als fürchte sie, darüber ihre Unvergleichlichkeit, die so unvergleichlich gar nie war, zu verlieren.

Der Adler ist also gelandet. Odysseus, nach zehn Jahren Krieg und zehn Jahren Irrfahrt, hat den Boden Ithakas wieder betreten. Aber er erkennt die Heimat nicht und beginnt gleich einmal zu heulen aus neuer Verlassenheit und schlägt sich verzweifelt auf die Schenkel, daß es zum hohen Himmel hallt. Aber da ist auch schon seine Freundin, seine Beschützerin, Athene, die Göttin des klaren Denkens, die den Meister des Scharfsinns nie ganz im Stich läßt. Als hübscher Hirte begegnet sie ihm. Sie liebt es nämlich, ihre Gestalt zu wechseln. Er sei in Ithaka, sagt der hübsche Hirt, und Odysseus atmet auf. Endlich. Nach all den Jahren! Aber er wäre nicht *polymetis*, der jede Lage sofort Analysierende, wenn er sich diesem Burschen da einfach zu erkennen gäbe. Auf der Stelle beginnt er mit einer seiner Lügengeschichten, erfindet aus dem blauen Himmel herab einen reich verschlungenen Lebenslauf. Ist er doch ein so großer Erzähler wie Homer, der ihn, den großen Erzähler, erzählt. Nun muß Athene lachen. Der Göttin selbst will er etwas vormachen! Und in einer wunderbar zärtlichen Szene gibt sie sich ihm zu erkennen.

Das ist die Voraussetzung zur Planszene. Die Not, in der Odysseus steckt, und das Ziel, das ihm vorschwebt, sind beiden bekannt. Was fehlt, ist der Weg. Wie zwei vertraute Freunde oder ein behutsames Liebespaar setzen sie sich nun zusammen, um über diesen Weg zu beraten:

> Und dann saßen sie beide am Fuß des heiligen Ölbaums
> Und ersannen den übermütigen Freiern Verderben.[16]

Doch wer soll die eigentliche Planungsarbeit leisten? Athene fordert zunächst Odysseus dazu auf und nimmt ihn bei der Eigenschaft des nie um einen Einfall verlegenen Mannes: »Erfindungsreicher Odysseus, denke nach, wie du Hand anlegst an die schamlosen Freier.«[17] Er aber tut so, als käme ihm jetzt zum ersten Mal einfach gar nichts in den Sinn, und schmeichelt ihr, daß es eine Art hat. Denn was immer er sich ausdenken mag, ihre Hilfe braucht er trotzdem. Er erklärt, es wäre ihm jetzt beinahe ergangen wie dem Agamemnon, seinem alten Kriegsherrn. Der nämlich wurde gleich nach der Heimkehr, beim ersten warmen Bad zu Hause, von der Gattin und ihrem Liebhaber umgebracht. Ihn aber, Odysseus, habe Athene gewarnt. Dabei hat die reflexartig erfundene Lügengeschichte kurz vorher gezeigt, daß er keinesfalls der Mann ist, der so unbedacht wie Agamemnon in eine Falle treten würde. Ob die Göttin die berechnende Schmeichelei merkt, wird nicht klar. Sie gefällt ihr so oder so. Und es scheint ihr auch zu gefallen, daß er jetzt den Plan bescheiden von ihr erbittet:

> Aber entwirf einen Plan, wie ich die Freier bestrafe,
> Stehe mir selber bei und flöße mir Mut ein, wie damals,
> Als wir den glänzenden Mauerkranz von Troja zerstörten.
> Stündest du mir mit solchem Eifer zur Seite, o Göttin,
> Nähme sogar den Kampf ich auf mit dreihundert Männern,
> Mit dir im Bunde, o Herrin, wenn du mir vorausblickend beistehst.[18]

In der Bitte steckt auch schon, was geschehen muß und wird: ein Kampf mit vielen Gegnern gleichzeitig. Athene verspricht ihm ihren Beistand; sie werde ihn nie aus den Augen lassen und immer in seiner Nähe sein. Sie freut sich auch bereits auf das große Töten. In dieser Zustimmung – »Wenn dies Werk wir vollbringen, da wird, so meine ich, mancher mit seinem Blut und Hirn den weiten Boden besudeln«[19] – steckt implizit die moralische Rechtfertigung, das sittliche Element also der Planszene. Zur eigentlichen Debatte steht dieses allerdings nicht. Für Odysseus gibt es da gar keinen Zweifel. Und auch für Homer nicht. Und ebensowenig für seine Zuhörer.

Der Plan, mit dem Athene nun endlich herausrückt, ist ihr Entschluß, Odysseus unkenntlich zu machen. Er soll als abgetakelter Landstreicher erscheinen, als Tramp, als Vagant, und zwar nicht nur durch die entsprechenden Kleiderlumpen, sondern durch eine Verwandlung des lebendigen Leibes. Die Haut wird greisenhaft verschrumpeln; die braunen Haare werden einem kahlen Schädel weichen; die scharfen, funkelnden Augen werden matt und wäßrig im grauen Gesicht sitzen; stumpf und abstoßend wie ein Bahnhofsäufer des 21. Jahrhunderts wird er aussehen. Und so soll er zuerst zu seinem alten Sauhirten Eumaios gehen, um diesem die nötigen Informationen zu entlocken – »frage ihn alles«[20] –, und sich dann langsam, umsichtig dem Palaste nähern.

Was eine Göttin verspricht, das tut sie auch, und zwar sofort, und der Mann hat nichts dagegen:

> Sprach's und berührte ihn mit dem Zauberstabe, Athene,
> Und ließ schrumpfen die schöne Haut der geschmeidigen Glieder,
> Tilgte am Haupte die braunen Haare und legte dann ringsum

> Ihm um all seine Glieder die runzlige Haut eines Greises.
> Und sie machte die Augen ihm trüb, die früher so schönen;
> Warf einen schlechten Lumpen um ihn sowie einen Leibrock,
> Ganz verschmutzt und zerschlissen, entstellt von häßlichem Rauche,
> Legte um ihn das abgewetzte Fell eines großen
> Hirsches, gab einen Stab ihm und einen schäbigen Ranzen,
> Einen ganz zerlöcherten, mit einer Kordel als Tragband.
> So berieten sich beide und trennten sich.[21]

Eine Szene ist das wie aus dem Lehrbuch für Undercoveragenten. Und dieser Vorgang, welcher Teil der Planszene ist und doch auch schon darüber hinaus geht, enthält nun das erwähnte neue, bisher nicht erwähnte Element des Intrigenmodells: *die Verkleidung*. Die Verkleidung ist eine ganz eigene, exquisite und großartige Dimension der Verstellung. Von ihr wird noch viel zu sagen sein.

Zunächst aber ein Seitenblick auf die jüngste literarische Gestaltung der Heimkehr des Odysseus. Botho Strauß hat 1996 das Schauspiel »Ithaka« als genaue szenische Paraphrase der letzten Gesänge der Odyssee geschrieben und auf die Bühnen gebracht. Während Homer breit dahinerzählt, mit allen Abschweifungen, die sich ein Epiker erlauben darf, muß das Bühnenstück raffen, verdichten, sich der Ökonomie einer schnellen, linearen Handlung unterwerfen. Kann dabei die Planszene geopfert werden? Und wie sieht sie andernfalls aus?

Strauß opfert das zauberhafte Bild vom vertrauten Paar unter dem Ölbaum. Die Begegnung zwischen Athene und Odysseus ist bei ihm kurz, nicht mehr als elf Wortwechsel lang. Und doch wird darin die Planszene manifest und sogar noch weiter entwickelt als bei Homer. Das beweist ihr Gewicht in einer universalen Dramaturgie. Auch die Verwandlung vollzieht sich mit der leichthändigen Magie des Originals. Überdies aber kommt bei Strauß noch ein Detail hinzu, das Aufmerksamkeit verdient.

Kaum hat Athene dem Odysseus Auskunft gegeben, wo er sei und wer sie sei und was in seinem Hause für Zustände herrschten – »Greuliches Interregnum. Du aber bist heimgekehrt und wirst es beenden«[22] –, fordert er auch schon von ihr einen Plan, und zwar demütig und diesmal unbezweifelbar im Bewußtsein, daß ihm selbst nichts Taugliches in den Sinn käme. Dabei ist auffällig zum einen, daß der moderne Autor die kommenden Greuel noch blutrünstiger schildert als der antike, und zum andern, daß Athene den Plan weit über die erste Phase beim Sauhirten Eumaois hinaus entwickelt, bis hin zur ersten Begegnung mit Penelope.

ODYSSEUS: Du Hohe, Göttin mit den Augen der Eule,
erwirk einen Plan, ich will ihn verrichten.
Stehst du mir bei, denk ich, die lüsternen Männer liegen schon bald in ihrem Blut und Gedärm auf dem Boden. Gerne schichte ich die Leichen dann auf, und wären es über dreihundert!

ATHENE: Sorgsam müssen wir planen, wir beide.
Heimlich und unkenntlich gemacht, betrittst du dein Haus. Im Saal und in den Kammern darf nicht einer die Ankunft des Herrschers bemerken. Nicht einmal, bis zuletzt, die kluge Penelope darf es vermuten. Komm nun, ich muß dich verwandeln. [...]

Athene berührt ihn mit ihrem Stab, Rüstung und Kleidung des Odysseus werden an Drähten in die Luft gehoben. [...] *Im Vordergrund erscheint mit dem Rücken zur Rampe Eumaios* [...]

ATHENE: Glatze und Greisenhaut leg ich dir zu, und deine hellen Augen werden nun träge ... einen zerrissenen Leibrock bekommst du, befleckt und verräuchert, das schmutzige Fell eines Hirschs, Stecken und Ranzen des Bettlers.
Dort steht Eumaios, der Sauhirt. Von ihm wirst du Neues erfahren aus dem Palast.

Odysseus als Bettler tritt zu Eumaios. Er spricht mit verstellter Stimme, ein Nuschler, der immer ein wenig zu laut und wie unter erhöhtem Druck artikuliert.[23]

Das Nuscheln ist neu. Davon ist bei Homer nicht die Rede. Und es erscheint bei Strauß auch nicht als Teil der durch Athene veranstalteten Verwandlung, sondern ist bereits planvolle mimische Verstellungsaktivität des Odysseus, die Stimme in der Verstellung, die Intrigenstimme. Dem Schauspieler wird sie vom Autor nachdrücklich abverlangt als wichtiges szenisches Zeichen.

Wenn die vorliegende Studie eine Morphologie der literarischen Intrige versucht, soll dies nicht so geschehen, daß zuerst ein Modell vorgestellt wird, dessen einzelne Teile anschließend der Reihe nach zu kommentieren und an Beispielen zu veranschaulichen wären. Vielmehr versteht sich das Unternehmen als einen Prozeß der fortlaufenden Erkundung und Entdeckung grundlegender Elemente des Modells. Das morphologische Muster soll sich in langsamer Summierung erst ergeben. Denn das Modell macht nur Sinn in seinem Bezug auf konkrete Texte. In seiner kahlen Abstraktheit ist es nahezu einfältig. So ist auch ein Vorgang wie die Planszene als abstrakter Bestandteil des Modells banal. Als konkretes literarisches Ereignis aber gibt sie in jedem neuen Fall neuen Aufschluß. Sie zeigt unerwartete Binnenstrukturen wie das Element der moralischen Reflexion –

nach welchem in neuen Fällen wieder gefragt werden kann –, und sie muß auf eine je einmalige Weise den Übergang schaffen in die konkrete Verstellungsarbeit. Das morphologische Modell der Intrige ist also nicht das dominante Erkenntnisziel dieser Studie, sondern im Prozeß seiner Gewinnung soll es die Einsichten in die immense Komplexheit menschlicher Verstellungs- und Täuschungsaktivitäten erst ermöglichen. Die Studie will das Modell gewinnen, um es von Anfang an heuristisch einzusetzen, als Mittel also zu einem übergreifenden Erkenntnisgewinn.

Wir dürfen davon ausgehen, daß die Literatur aller Zeiten darüber nachdenkt und davon handelt, in welcher Weise der Mensch an dem ungeheueren Verstellungstreiben alles Lebens auf dem blauen Planeten partizipiert. Sie handelt davon, wie im Verstellungstreiben des Homo sapiens dessen Freiheit erscheint – im Gegensatz zum Handlungszwang der Teufelsmantis –, Freiheit zunächst als Entschluß zur zielgerichteten Verstellung überhaupt, Freiheit dann in der Wahl der Mittel, der je andern Mischung von Simulation und Dissimulation, Freiheit aber auch in der moralischen Reflexion auf das eigene Handeln und im Entschluß, geltende Normen durch Täuschung zu umgehen oder aber geltende Normen, die verletzt wurden, durch Täuschung wieder in Kraft zu setzen. Mögen die Philosophen die Freiheit des menschlichen Willens in Zweifel ziehen, mögen sie die autonome Entscheidungskraft des Subjekts als eine mythische Konstruktion betrachten, der Literatur und einem neugierigen Literaturwissenschaftler ist diese Frage sekundär angesichts dessen, was in den erzählten und gespielten Werken an Akten der Wahl, der Entscheidung, des Entschlusses zum Guten oder Bösen geschieht. Der Kern aller Literatur ist Handlung, Action durchaus im Sinne Hollywoods. In der Beobachtung der Handlung, der Action, und der Agierenden, der Täterinnen und Täter, ihrer Helfer und ihrer Opfer, ihrer Erfolge und ihrer Niederlagen, ihrer Skrupellosigkeit und ihres schlechten Gewissens, erscheint insgesamt das riesenhafte Schattenbild, das wir als Wesen des Homo sapiens bezeichnen dürfen, des wissenden und wählenden und sich entschließenden Tiers. Ob man ihm zuletzt das Etikett der Willensfreiheit anhängt oder nicht, ist so belanglos wie die vergilbte Beschriftung eines Mammutskeletts im naturhistorischen Museum.

Das ist universalistisch gedacht und gesprochen. Man darf das tun, wenn man das Gegenteil nicht unterläßt. Das Gegenteil ist das historische Denken und die entschlossene geschichtliche Spezifizierung aller literarischen Vorgänge. Unter diesem Aspekt führt die Frage nach der Freiheit der Wahl, nach der Sittlichkeit des Entschlusses, sich zu verstellen, nach der Autonomie oder Determiniertheit des in der Intrige handelnden Subjekts zu Auskünften über die je besondere Anthropologie, das je besondere Menschenverständnis, den je besonderen Ethikbegriff der verschiedenen literarischen Zeitalter. Wenn die Euripideische Iphigenie die Intrige voll durchzieht, mit Lug und Trug und Heuchelei, die Goethesche Iphigenie aber nach den ersten Schritten der Verstellung schon innehält, die Frage der sittlichen Berechtigung aufwirft, sich zur Wahrhaftigkeit als einer höchsten Norm bekennt und den Entschluß faßt, auf Tod und Leben wahrhaftig zu sein, dann ist diese Goethesche Iphigenie nicht der bessere Mensch als die Euripideische, sie folgt nur anderen Gesetzen. Die Euripideische Iphigenie weiß, daß ein Gott, Apollo, ihrem Bruder befohlen hat, das Bild der Artemis zu stehlen und so Erlösung zu finden. Also ist alles, was sie zur Beförderung dieses Zweckes tut, von einem Gott gewollt und im voraus gebilligt. Sie gewinnt die Kraft zur unerhörten List aus dem Vertrauen in die Gottheit, während ihr Bruder, als er gefangen wird, an den Göttern verzweifelt: »Die Götter sind lügenhaft«, schreit er, und Apollo, der Sehergott, habe ihn durch seinen Spruch getäuscht.[24] Weil Orest den Glauben verliert, ist er bereit zu resignieren. Weil Iphigenie den Glauben behält, hat sie die Kraft zur Erfindung und Durchführung der Intrige. Die Gottheit der Goetheschen Iphigenie hingegen wohnt nicht mehr auf dem Olymp und überhaupt in keinem Himmel, sondern ist das sittliche Wissen, das in der fühlenden Menschenbrust wohnt. Beide Iphigenien gehorchen also ihren Göttern, nur sind diese eben von je anderer Art, und daraus entspringt auch die je andere Bewertung der zielgerichteten Verstellung.

Und was schließlich die Freiheit des Willens und die Autonomie des Subjekts betrifft, so ist in der griechischen Welt, insbesondere derjenigen Homers, nie klar auszumachen, ob einer der vielen Götter den Entscheid in die Brust des Einzelnen wirft oder dieser selbst sich autonom entschließt. Vieles deutet darauf hin, daß bei Homer die Freiheit des Subjekts so illusionär ist, wie sie es erst wieder in der Literatur der Moderne sein wird. Das hindert die Krieger allerdings nicht, sich immerzu lauthals ihrer unerhörten Taten zu rühmen und diese für sich allein in Anspruch zu nehmen.

Die historische Betrachtung, welche die universalistische Betrachtung immer zu korrigieren hat – wie diese jene –, wird also das Subjekt in der Entscheidung, in der Planszene zum Beispiel, stets auch als den Versuch einer bestimmten Epoche lesen, mit dem Begriff des Menschen zu Rande zu kommen, einem neuen Begriff unter Umständen, wie ihn die maßlosen Täterinnen und Täter der englischen und französischen Renaissance, ein Gloucester, eine Rodogune, verkörpern. Diesen neuen Begriff, mindestens was die Frau als Handelnde betrifft, muß dann die bürgerliche Aufklärung wieder einer strengen Kritik unterwerfen, um *ihres* Menschen- und vor allem Frauenbegriffes willen. So kann die Intrigenforschung im langsamen Versuch, ein morphologisches Modell zu gewinnen und dieses in jeder Phase erkenntnisfördernd einzusetzen, einen Beitrag leisten zur alten Frage, was gleichbleibt in den von der Literatur aller Zeiten erdachten und geformten Menschen und was immer wieder anders ist. Wenn nichts gleichbliebe, wie könnten wir von den zweitausend-, dreitausendjährigen Texten noch berührt, erschüttert, erheitert werden? Wenn sich nichts änderte, wie hätte dann die Oberfläche des blauen Planeten so umgestaltet werden können?

III
Erster Schritt in der Erforschung des Akts der Verkleidung

Eine Szene aus dem Leben des talentierten Mr. Ripley. Merkwürdige Begabung eines kleinen Ganoven. Die Substanz einer Null. Ripleys Identitätswechsel. Die Intrigenstimme. Die somatische Täuschung. Ripley vor dem Spiegel. Eine Figur der literarischen Moderne.

Jedes Teilelement des Intrigenmodells kann zum Gegenstand eines eigenständigen Forschungsvorhabens werden. Allein über die Intrigenstimme ließe sich ein Buch schreiben. Erst recht aber über jenen Vorgang, in den die Planszene des heimkehrenden Odysseus bei Homer wie auch bei Botho Strauß so spektakulär übergeht: die Verkleidung. Die Verkleidung, die optisch frappante Simulation einer andern sozialen Rolle und damit einer andern Identität, durchzieht die Weltliteratur als ein ununterbrochenes Spektakelgeschehen, vom trivialsten Poltertext bis zum vergeistigten Spiel. In der Verkleidung radikalisiert sich die Verstellung. Sie erfordert einen ganzen Fächer von Begabungen. Denn mit der Wahl der falschen Kleider ist es noch lange nicht getan. Man muß in diesen Kleidern auch entsprechend leben können, reden können, sich benehmen können. Wer die soziale Rolle wechselt, muß die Codes beherrschen, die in der andern gesellschaftlichen Schicht den Umgang regeln. Odysseus als Landstreicher muß mehrmals seine angestammten kriegerisch-noblen Reflexe unterdrücken, wenn ihn die Freier als den hergelaufenen Lump behandeln, den er spielt, wenn sie ihn beschimpfen, ihm einen Schemel nachwerfen oder einen Kuhfuß.

Um einen ersten Einblick zu gewinnen in die Verkleidung als hervorragendes, wenn auch nicht unabdingbares morphologisches Element der Intrige, sei hier ohne weitere Vorbereitung eine einzelne Szene aus der Literatur der Gegenwart herausgegriffen. Es geht nicht um den ganzen Roman, nicht um dessen Sinn und nicht um dessen Rang, es geht um einen kurzen erzählten Vorgang.

1955 ist eine Gestalt der modernen Literatur erstmals aufgetaucht, die heute weltweit fast jeder Leser und Kinogänger kennt. Tom Ripley, the talented Mr. Ripley, der begabte Mr. Ripley. Und solange seine Erfinderin, Patricia Highsmith, the talented Mrs. Highsmith, als Autorin an der Arbeit blieb, ist er immer neu in ihren Büchern erschienen und hat sein Wesen oder Unwesen getrieben. Die erwähnte

Szene findet sich im ersten Ripley-Roman, und sie soll hier auf das hin befragt werden, was an ihr einmalig ist und was zum Akt der Verkleidung in der Literatur generell gehört.

Um den Vorgang zu begreifen, braucht es ein paar Rahmeninformationen. Tom Ripley, ein junger Amerikaner, wohnt in Italien bei seinem Freund Dickie. Dieser ist eines reichen Vaters Sorgenkind, und Ripley soll im Auftrag dieses Vaters dafür sorgen, daß der Sohn und Erbe wieder in die Staaten zurückkehrt und in das Familienunternehmen einsteigt. Aber weder hat der verlorene Sohn Lust auf die Rückkehr, noch hat der Sendbote Lust, diese Rückkehr auch tatsächlich zu bewirken. Ripley läßt es sich wohl sein an dem kleinen Küstenort südlich von Neapel und denkt nicht daran, die erzieherische Überzeugungsarbeit zu leisten, für die er aus den USA bezahlt wird. Es ist ihm nämlich noch nie so gut gegangen wie hier.

Nach amerikanischen Maßstäben und auch nach seiner eigenen Auffassung ist Ripley eine Null. Er wird es nie zu mehr bringen als zu einem kleinen, braven Job in einem kleinen, braven Winkel oder zu einer kleinen, billigen Gaunerexistenz in einer sinistern Ganovenecke. Nur eine seltsame Begabung hat er. Sie ist halb ein Hobby und halb ein Zwang: Er kann andere Leute nachahmen, in Haltung, Gang und Stimme, selbst in der Schrift, selbst im Ausdruck des Gesichts. Das kann er einfach, es ist ihm gegeben. Gelegentlich unterhält er seine Freunde damit. Aber ein Geschäft daraus zu machen und etwa als Entertainer ins Show-Business einzusteigen, dazu ist er nicht fähig. Da ist er zu sehr eine Null, lebt er zu sehr im Bewußtsein, eine Null ohne Zukunft zu sein. Auch die Aufgabe, den abtrünnigen Sohn eines Unternehmers aus Italien zurückzuholen, hat er nicht auf Grund persönlicher Qualitäten erhalten, sondern zufällig. Der Vater wußte, daß dieser Ripley seinen Sohn kannte, und fand keinen andern Ausweg mehr, als ihn nach Italien zu schicken. Es ist Ripley so passiert, und jetzt hat er es und genießt er es, und er möchte diesen Zustand so lange aufrechterhalten, als es irgendwie geht.

Dabei weiß er nicht so recht, in welchem Verhältnis er zu seinem Freund Dickie eigentlich steht. Mehr als gleichaltrige Bekannte waren sie auch in den USA nicht. Als Ripley eines Tages in Italien auftauchte wurde er halb gutmütig, halb gleichgültig aufgenommen; es sei Platz da, er könne schon eine Zeitlang bleiben, er störe nicht. Eine Distanz ist da zu diesem Dickie, der von einer angenehmen Rente lebt, und diese Distanz irritiert nun Tom Ripley, die Null, das talentierte Nichts. Er lebt im Haus, und gehört doch nicht recht dazu. Er weiß auch nicht, ob er irgendwie erotisch auf Dickie bezogen ist. Verliebt ist er jedenfalls nicht, so wie andere Leute unzweideutig verliebt sind. Es irritiert ihn nur außerordentlich, daß Dickie eine Freundin hat. Obwohl sie offenbar keine richtige Geliebte ist, mehr eine vertraute Nachbarin. Aber es reizt Ripley schubartig, wenn Dickie sie mal wieder besucht, oder wenn er beim Gehen den Arm um sie legt, oder wenn er sie auf die Backe küßt.

Auch hat diese Freundin einen ziemlich dicken Hintern, und wenn Ripley die beiden zusammen sieht, dann schüttelt es ihn vor Wut, sobald er diesen Hintern sieht und daneben seinen Freund Dickie.

Es geht hier nicht um eine psychologische Diagnose. Das sei ausdrücklich festgehalten. Es geht um eine Szene in einem Roman und um die Frage, wie es zu dieser Szene kommt. Sobald man eine psychologische Diagnose stellt auf die heute geläufige Weise, verpufft die geheimnisvolle Mitte des Romans. Sie wird aufgefüllt mit theoretischem Schrott und verliert die alles durchwirkende Energie. Die geheimnisvolle Mitte des Romans ist nämlich der Inhalt der Null Ripley. Die Substanz des Nichts. Das, was diese Null ausfüllt wie ein ungreifbares Gas. Das, was diese Null zu plötzlichen, unvorhersehbaren Handlungen treibt.

Die Szene, die zur Diskussion steht, beginnt damit, daß Ripley den Freund und seine Freundin aus der Ferne beobachtet, wobei der oben erwähnte Körperteil der jungen Frau bei ihm die oben erwähnte Wirkung auslöst. Plötzlich dreht Ripley durch. Er rennt zurück in Dickies Haus und sitzt für einen Moment keuchend im Atelier des Freundes. Dieser beschäftigt sich nämlich, weil er sonst nichts zu tun hat, als dilettierender Maler. Irgendwo liegt ein abgenutzter Radiergummi. Ripley packt ihn und schleudert ihn weit gegen das Meer hin. Und angesichts der nun folgenden Szene dürfte deutlich werden, warum vorhin keine psychologische Diagnose gestellt wurde. Eine solche müßte nämlich, falls sie etwas taugt, alles, was da geschieht, plausibel machen. Das aber gelingt keiner noch so feinen Erklärung. Es heißt:

Er riß noch mehr Radiergummis von Dickies Tisch, Haarpinsel, Spachteln, Kohlestifte und Farbreste, eins nach dem andern schmiß er in die Zimmerecken oder aus dem Fenster. Er hatte das eigenartige Gefühl, daß sein Kopf ruhig und vernünftig dachte, während sein Körper tat, was er wollte. [Im Original: He had a curious feeling that his brain remained calm and logical and that his body was out of control.[25]] Er rannte auf die Terrasse hinaus in dem dumpfen Verlangen, auf die Brüstung zu springen und einen Tanz aufzuführen oder einen Kopfstand zu machen, aber der leere Raum auf der anderen Seite der Brüstung rief ihn zur Besinnung.[26]

Gemäß unserer Alltagspsychologie wäre nach dem Wegschmeißen der Dinge ein weiterer Akt der Aggression, vielleicht auch der Selbstaggression zu erwarten. Man könnte sich denken, daß er ein Bild zerschneidet oder mit dem Kopf gegen die Wand rennt. Statt dessen aber will er auf der Brüstung über der Tiefe einen Tanz aufführen oder ein equilibristisches Kunststück produzieren. Wie geht das mit der Wut zusammen? Was hat die Kränkung mit einer Zirkusnummer zu tun? Und was die Zirkusnummer wieder mit den fortgeschleuderten Pinseln und Radiergummis? Es ist dieses Rätsel, was uns überhaupt erst empfänglich macht für das, was gleich darauf geschieht, für die Szene, um die es hier ganz allein geht:

Er ging in Dickies Zimmer hinauf und raste einige Minuten im Kreise herum, die Hände in den Taschen. Er fragte sich, wann Dickie wohl wiederkommen würde. Oder ob er dort blieb und einen Nachmittag daraus machte, wirklich mit ihr schlafen ging? Er riß Dickies Schranktür auf und guckte hinein. Da hing ein frischgebügelter, neu aussehender grauer Flanellanzug, den er noch nie an Dickie gesehen hatte. Tom nahm ihn heraus. Er zog seine knielangen Hosen aus und zog die graue Flanellhose an. Er zog ein Paar von Dickies Schuhen an. Dann öffnete er die unterste Schublade und nahm sich ein sauberes, blau-weiß gestreiftes Hemd.
Er wählte eine dunkelblaue Seidenkrawatte und band sie mit Sorgfalt. Der Anzug paßte. Er kämmte sich das Haar und zog den Scheitel etwas mehr seitlich, so wie Dickie seinen Scheitel trug.[27]

Ohne einen entsprechenden Entschluß zu fassen, verkleidet sich Ripley in den Freund. Er paßt auch die Frisur an und beginnt sogleich, sich wie dieser andere zu verhalten, so zu handeln, wie er handelt, so zu sprechen, wie er spricht. Er redet Dickies Freundin an, als wäre sie hier im Zimmer:

»Marge, du mußt wissen, daß ich dich nicht *liebe*«, sagte Tom zum Spiegel mit Dickies Stimme, mit Dickies höherem Ton bei den betonten Worten, mit dem kleinen Grollen hinten in der Kehle am Ende eines Satzes, das freundlich oder unfreundlich, vertraulich oder kühl sein konnte, je nach Dickies Stimmung.[28]

Daß der zu Dickie gewordene Tom der Freundin den Laufpaß gibt, ist hier weniger wichtig als der Vorgang der Übernahme einer fremden Identität. Die Schwierigkeiten, die sich für den ergeben, der das versucht, erscheinen an dieser Stelle auch als die Schwierigkeiten der Autorin, die es beschreiben will. Es geht um das ganz und gar Individuelle einer menschlichen Stimme. An der Stimme erkennen wir jeden Bekannten, auch wenn wir ihn nicht sehen und er seinen Namen noch nicht genannt hat. Die Stimme ist so einmalig wie das Gesicht. Aber für das Gesicht hat sich im Lauf der Kultur- und Sprachgeschichte ein Vokabular entwickelt, das es einigermaßen beschreibbar macht. Das Vokabular für die Stimme ist demgegenüber sehr karg; *kehlig* sagt man etwa oder *knarrend* oder *hohl;* man sagt *hoch* oder *tief*, auch *klar* und *hell* oder *dunkel* oder *piepsend*. Aber keiner dieser Ausdrücke, auch in der Kombination nicht, vermag das Einmalige einer Menschenstimme, das, woran wir sie augenblicklich erkennen, zu vermitteln. So wird auch Patricia Highsmith beim Schreiben dieser Passage an eine bestimmte, ihr bekannte Stimme als Modell gedacht haben; bis zur imaginären Hörbarkeit vermag sie sie dennoch nicht zu beschreiben. Wir können uns etwas denken bei der Wendung: »mit Dickies höherem Ton bei den betonten Worten«, im Original: »with Dickie's higher pitch on the emphasized words«[29], aber das bewirkt keine unmittelbare akustische Vorstellung. Woran die eminente Autorin Highsmith scheitert, daran scheitern wir alle im Alltag, wenn wir die Stimme eines Bekannten zu imitieren versuchen. Dessen dialektale Färbung ist wohl zu erreichen; das eigentümliche Timbre der Stimme selbst aber wiederzugeben, gelingt nur den seltenen imitatorischen Talenten. Diese machen dann gern ein kabarettistisches Geschäft daraus.

Um ein solches imitatorisches Talent handelt es sich bei Tom Ripley. Wobei er hier, in dieser plötzlichen, triebhaften Verkleidungsszene, die Imitation nur für sich selbst betreibt. Er täuscht oder unterhält damit keinen. Er verstellt sich, aber vor niemandes Augen und Ohren. Das macht die Szene so außerordentlich in der Geschichte der literarischen Verkleidung. Die fremden Kleider treiben Ripley förmlich in die Weiterführung der Verstellung, in die Verstellung auch im körperlichen Bereich, die somatische Täuschung. Hier und jetzt, wo er es betreibt, ohne es gewollt zu haben, merkt er, daß er es kann. Er kann leibhaftig Dickie werden.

Man muß auch im folgenden den Aspekt der Verstellung – fast wäre man versucht zu sagen: der Verwandlung – von der gleichzeitigen Handlung unterscheiden. Zur Handlung gehört, daß Ripley, in der Kleidung und mit der Stimme Dickies zu dessen Freundin sprechend, nun ohne Überlegung, wieder aus dem aufzuckenden Moment heraus, auf sie zugeht, in die leere Luft greift, als packte er sie an der Kehle, sie würgt und schüttelt, schließlich erdrosselt und schlaff auf den Boden sinken läßt. Dann heißt es:

Er keuchte. Er wischte sich die Stirn, so wie Dickie es machte, langte nach dem Taschentuch und holte, als er es nicht fand, ein Taschentuch aus Dickies oberstem Schubfach. Dann nahm er seinen Platz vor dem Spiegel wieder ein. Sogar sein offener Mund sah aus wie Dickies Mund, wenn Dickie außer Atem war vom Schwimmen, er ließ ein bißchen von den unteren Zähnen sehen.[30]

Der imaginäre Mord scheint ihn weniger zu interessieren als der Prozeß der Dickie-Werdung. Sofort nach der kriminellen Pantomime kehrt er vor den Spiegel zurück. Und da entdeckt er, daß nun auch sein keuchender Mund derjenige des Freundes geworden ist. Beides treibt er so weiter: die gespielte Mordhandlung und die Selbstbeobachtung. Vor dem Spiegel stehend, sich selbst als den andern fixierend, spricht er zur toten Frau am Boden: »Du weißt, warum ich das tun mußte, – du hast dich zwischen Tom und mich gedrängt.« Weiter kümmert er sich nicht um das Opfer, immer heftiger aber kümmert er sich um die Vervollkommnung seiner Verkleidung und Verwandlung:

Tom sauste hinüber zum Schrank und nahm einen Hut vom Hutboden. Es war ein kleiner grauer Tirolerhut mit einer grünweißen Feder an der Krempe. Er setzte ihn verwegen auf ein Ohr. Erstaunlich, wie er Dickie glich, wenn sein Kopf oben bedeckt war. Eigentlich war es nur sein dunkleres Haar, das ihn sehr von Dickie unterschied. Aber sonst – seine Nase, jedenfalls ihre Form so ganz allgemein, seine schmalen Backenknochen, seine Augenbrauen, wenn er sie richtig hinschob ...[31]

Hier ist nicht alles ganz präzis ins Deutsche übersetzt. Man könnte denken, der Satz: »Erstaunlich, wie er Dickie glich« sei eine Aussage der Erzählerin; diese stelle das überraschende Phänomen fest. Der Originaltext macht aber klar, daß Ripley überrascht ist: »It surprised him how much he looked like Dickie«.[32] Das heißt, daß er dem Zwang, sich in den Freund zu verwandeln, nicht im Bewußtsein nachgegeben hat, dies virtuos zu können, sondern daß er erst jetzt erkennt, wie virtuos es ihm tatsächlich gelingt. Wobei die letzte Wendung des Zitats: »seine Augenbrauen, wenn er sie richtig hinschob ...« [im Original: »his eyebrows if he held them right –«[33]] die nun wirklich aufregende Fähigkeit bezeugt, das Gesicht selbst, dessen gegebene Struktur, nicht nur den Ausdruck, zu manipulieren. Er kann die Augenbrauen so verschieben und dann halten, daß sie die angeborene Stellung der Augenbrauen seines Freundes einnehmen. Wenn das Gesicht die höchste Manifestation menschlicher Individualität ist, so gelingt es also der talentierten Null, etwas von dieser Individualität zu rauben und an die Stelle der eigenen zu setzen.

So steht Ripley vor dem Spiegel, hingerissen von der Tatsache, daß er der andere geworden ist, spielend, was er beobachtet, und beobachtend, was er spielt, ohne zu überlegen, warum er das denn überhaupt tut. Er steht da und sieht, daß er Dickie ist – und genau in dem Moment tritt Dickie selbst ins Zimmer. Überrascht, dann gereizt sieht er den Mann in den eigenen Kleidern und fragt, was zum Teufel er da mache.

Ein peinlicher Moment. Ripley ist hilflos, möchte sich entschuldigen, kann aber keinen vernünftigen Grund für sein Treiben angeben. Unbeholfen folgt er der Aufforderung, sofort wieder aus den fremden Kleidern zu steigen.

Soweit der Abschnitt. Soweit der kleine Fetzen Literatur. Dieser ist für den ganzen Roman insofern von Bedeutung, als Ripley später den Freund Dickie ermorden und dessen Identität auch in der Gesellschaft übernehmen wird. Er wird ihn spielen, verkleidet wiederum in die authentischen Kleider, wird seine Stimme am Telefon imitieren, seine Schrift nachahmen und mittels der in dieser Schrift, der *Intrigenschrift*, gefälschten Bankdokumente zu Geld kommen. Die zitierte Verkleidungszene ist also eine *Mise en abyme* der Haupthandlung, ein Mikromodell des Ganzen.

Dieses Ganze ist hier nicht im Detail zu referieren. Zu sagen ist nur, daß Ripley in den späteren Mord und in die zentrale Intrige einer Identitätsübernahme auf ähnliche Art hineinrutscht wie in der zitierten Szene in Kleider und Gebärden, in Stimme und die Gesichtszüge des Freundes. Was hinter der zitierten Szene, hinter dem späteren Mord, hinter der anschließenden Hauptintrige der Identitätsübernahme steckt, ist eine unauflösbare Mischung von Männerliebe, Selbstverachtung und Selbstauslöschungswunsch – schließlich ist er ja eine Null, und eine Null möchte irgendwann zur Zahl werden, und diese Zahl ist sein selbstsicherer Freund –, und dazu tritt noch eine halbverkommene künstlerische Dimension, die artistische Lust und Fähigkeit, zu imitieren.[34] Man mag versucht sein, alles auf die latente Homosexualität zurückzuführen, aber diese ist, genau betrachtet, nur ein Faktor unter andern. Der Inhalt einer Null, um das Paradox wieder aufzugreifen, kann nicht erschlossen werden, indem man dieser Null eine einzelne Eigenschaft definitorisch zuschreibt. Dieser Tom Ripley ist im streng Musilschen Sinn ein »Mann ohne Eigenschaften«, weit mehr ist er in Tat und Wahrheit »ohne Eigenschaften« als Musils Ulrich es ist. Dies ließe sich unter anderem nachweisen am Phänomen der durchaus fehlenden moralischen Gefühle. Ripley hat sehr wohl Empfindungen, Stimmungen, auch

Ängste aller Art, aber ihm fehlt das, was wir doch für ein jedermann angeborenes, naturhaft gewachsenes Gefühl halten: das Rechts- und Unrechtsbewußtsein als lenkende, warnende, strafende Instanz im Innern – sei es nun im Sinne von Kants »moralischem Gesetz in mir« oder im Sinne von Freuds Über-Ich. Auch diese anthropologische Möglichkeit – ein ungreifbares Fluidum an Stelle des Gewissens – ist übrigens bei Musil bereits angelegt, sehr drastisch in der Figur des Mörders Moosbrugger im »Mann ohne Eigenschaften«, eminent komplex und fast geisterhaft in der Gestalt Anselms in der Komödie »Die Schwärmer«. Die Verweise mögen zusätzlich bezeugen, daß Patricia Highsmith mit ihren Romanen nicht Exemplare einer routinierten Massenproduktion vorlegt, sondern verbindliche Werke der literarischen und philosophischen Moderne. Es dürfte mehr als ein Zufall sein, daß das Erscheinen des ersten Ripley-Romans zeitlich zusammenfiel mit der weltweiten Wiederentdeckung Robert Musils.

IV
Die Verkleidung im Märchen – einfach

Ein Urereignis der Literatur. Einfachheit und Komplexität als Polarität aller Kunst. Der Akt der Verkleidung in seiner einfachsten Gestalt: die böse Königin. Die Deutlichkeit der Intrigenelemente im Märchen. Ripleys Verkleidung als unbewußte Planszene.

In welchem Maße auch immer die schwierige Psychologie und die verschlungenen Moraltheorien der Moderne zu diesem Ripley geführt haben, der in den Kleidern seines Freundes vor dem Spiegel steht, die Szene handelt doch auch von einem der energischsten Elemente aller literarischen Intrigenkultur: der Verkleidung. Genauer gesagt: der Verstellung in Gestalt der Verkleidung. Es gibt keine Intrige, die nicht zusammengeht mit Verstellung.

Intrige ist geplante, zielgerichtete und folgerichtig durchgeführte Verstellung zum Schaden eines anderen und zum eigenen Vorteil. Und man darf sagen, daß die Art und Weise der Verstellung das je Besondere einer Intrige ausmacht.

In der Literatur gehört die Verkleidung zu den ältesten Formen der Verstellung. Zu den ältesten und einfachsten, aber nicht zu den einfachsten *weil* ältesten. Keineswegs nämlich wird alles einfacher, je weiter wir in der Literaturgeschichte zurückgehen. Von der Komplexheit der Ripley-Szene aus könnte die Überlegung naheliegen, daß diese Komplexheit sich der Moderne verdanke und daß mithin auch die literarische Moderne sich auszeichne durch höhere Komplexheit, die literarische Vergangenheit indessen durch entsprechend größere Einfachheit. Gewiß ist die Komplexheit der Ripley-Szene von spezifisch moderner Prägung, gewiß ist sie undenkbar ohne die Erfahrungen des 20. Jahrhunderts mit den systematisierten Theorien des Unbewußten, aber daraus auf ein Komplexitätsmonopol der Moderne zu schließen, wäre verfehlt und historisch ignorant. In der Moderne wie in der Renaissance, in der Antike wie im Mittelalter, wo immer wir die schriftlichen Überlieferungen einer Zivilisation vor uns haben, stehen Einfachheit und Komplexität nebeneinander. Es gehört zum unausrottbaren Narzißmus der Gegenwart[35], sich selbst eine unbedingte Singularität gegenüber aller Vergangenheit zuzuschreiben, unreflektiert und zwanghaft.

Das gilt auch vom Vorgang der Verkleidung. Es gibt ihn seit je als ganz simplen und als vielschichtig-vertrackten Ablauf.

Wie sieht die einfachste denkbare Form aus? Ich greife zu einem Text, der für viele die erste Begegnung mit einer entfalteten literarischen Intrige überhaupt darstellte und ihnen die frühste Erfahrung mit der Ästhetik der Hinterlist vermittelte:

Die Königin aber, nachdem sie Sneewittchens Lunge und Leber glaubte gegessen zu haben, dachte nicht anders, als sie wäre wieder die erste und Allerschönste, trat vor ihren Spiegel und sprach

›Spieglein, Spieglein an der Wand,
Wer ist die Schönste im ganzen Land?‹

Da antwortete der Spiegel

›Frau Königin, Ihr seid die Schönste hier,
aber Sneewittchen über den Bergen
bei den sieben Zwergen
ist noch tausendmal schöner als Ihr.‹

Da erschrak sie, denn sie wußte, daß der Spiegel keine Unwahrheit sprach, und merkte, daß der Jäger sie betrogen hatte und Sneewittchen noch am Leben war. Und da sann und sann sie aufs neue, wie sie es umbringen wollte; denn solange sie nicht die Schönste war im ganzen Land, ließ ihr der Neid keine Ruhe. Und als sie sich endlich etwas ausgedacht hatte,

das ist der Plan, die Planszene, mit dem klaren Bewußtsein der Not (nicht die Schönste zu sein) und des Ziels (die Schönste zu beseitigen) als der doppelten Voraussetzung zur praktizierten Intrige,

färbte sie sich das Gesicht

das ist ein erstes Element der Verstellung,

und kleidete sich wie eine alte Krämerin

das ist das zweite Element der Verstellung, die Verkleidung im wörtlichen Sinn,

und war ganz unkenntlich. In dieser Gestalt ging sie über die Berge zu den sieben Zwergen, klopfte an die Türe und rief ›schöne Ware feil! feil!‹

das ist das dritte Element der Verstellung, die Verwandlung der Stimme in die Intrigenstimme,

Sneewittchen guckte zum Fenster heraus und rief ›guten Tag, liebe Frau, was habt Ihr zu verkaufen?‹ ›Gute Ware, schöne Ware‹, antwortete sie, ›Schnürriemen von allen Farben‹, und holte einen hervor, der aus bunter Seide geflochten war.

Hier erscheint ein viertes, bisher nicht benanntes Element der Verstellung, das Werkzeug, das *Intrigenrequisit.*

›Die ehrliche Frau kann ich hereinlassen‹, dachte Sneewittchen, riegelte die Türe auf und kaufte sich den hübschen Schnürriemen. ›Kind‹, sprach die Alte, ›wie du aussiehst! Komm, ich will dich einmal ordentlich schnüren.‹ Sneewittchen hatte kein Arg, stellte sich vor sie, und ließ sich mit dem neuen Schnürriemen schnüren: aber die Alte schnürte geschwind und schnürte so fest, daß dem Sneewittchen der Atem verging, und es für tot hinfiel. ›Nun bist du die Schönste gewesen‹, sprach sie und eilte hinaus.[36]

Damit ist für die Intrigantin das Ziel erreicht. Sie ist überzeugt vom Tod der Konkurrentin und kann zufrieden nach Hause gehen. Daß Sneewittchen in Wahrheit nur scheintot ist, folgt einer andern Logik, der auf den guten Ausgang und die Vernichtung der bösen Person angelegten Logik des Märchens.

Nun ist das alles wirklich so einfach, wie man es sich einfacher nicht denken könnte. Diese Einfachheit läßt die morphologische Struktur des Intrigengeschehens schön und deutlich erkennen. Sie zeigt auch die Unabdingbarkeit der einzelnen Elemente. Aber neben dieser Unabdingbarkeit etwa der Planszene und ihrer Voraussetzung im Bewußtsein einer Not und eines Ziels erscheint hier auch das ästhetisch eminente Phänomen einer je eigenen Wirkungskraft der einzelnen Teile. Es ist nicht einfach die Intrige als Ganzes, was fasziniert; vielmehr geht von der Planszene eine Faszination für die Lektüre aus, die sich deutlich unterscheidet von der vielschichtigen Faszination der Durchführung, der Intrigenpraxis.

In der Planszene taucht beides vor den lesenden Augen auf: die Möglichkeit des Gelingens und die Möglichkeit des Scheiterns. Dadurch wird Zukunft aufgetan. Eine freudige und eine ängstigende Erwartung entstehen gleichzeitig und nebeneinander. Von nun an hoffen wir und fürchten wir beim Lesen. Diesen eigentümlichen Einklang von Hoffnung und Furcht auf ein Ereignis in der Zukunft nennen wir Spannung. Mit der Planszene ist die Spannung da als ein grundlegendes Phänomen linear angelegter Literatur, im Erzählen oder auf der Bühne oder auf der Filmleinwand oder auf der Mattscheibe. Das spezifische Faszinosum der Planszene ist mit dem Phänomen der Spannung verknüpft, während das spezifische Faszinosum der Intrigenpraxis in der unmittelbaren Anschauung der Aktion besteht, im Spektakel der Tat. Die böse Königin vor dem sprechenden Spiegel ist nur deshalb so berühmt, weil die Situation zusammenfällt mit einer Planszene. Sonst liefe der Moment auf eine zwar interessante, aber nicht weiter aufregende Form von Wahrsagerei hinaus.

Unter diesem Aspekt der Spannungsproduktion wird die Verkleidungsszene Tom Ripleys zusätzlich aufschlußreich. Ripley erleidet, was er tut, wie einen Anfall. Auch die Ermordung von Dickies Freundin spielt er unreflektiert und aus dem Moment heraus. Dennoch ist für die Lektüre des Romans mit dieser Szene eine starke Spannungssteigerung verbunden. Der Vorgang ist so rätselhaft und peinlich, daß wir ihn als eine Vorausdeutung empfinden, ohne aber zu wissen, was denn genau hier angekündigt wird. Für die emotionale Bewegung der Lektüre besitzt das Geschehen den Charakter einer Planszene, während alle wesentlichen Informationen, die sonst zu dieser gehören, die klare Not, das klare Ziel und die Erfindung eines klaren Weges zum Ziel, fehlen.

Und zwar fehlen sie alle dem Subjekt der Intrige selbst, dem Akteur, dem Machinator. Sie werden nicht einfach nur dem Leser vorenthalten. Eine häufige und durchaus konventionelle Variante der Spannungsproduktion in der Planszene besteht ja darin, daß der Intrigant einen Plan faßt, ohne ihn mitzuteilen. Wir wissen dann, er hat ein Projekt, und müssen nun herausfinden, worin dieses besteht.

Ripley hat in der Verkleidungsszene keinen Plan, den er – oder eben die Autorin – einer interessierten Leserschaft mitzuteilen sich weigerte. Vielmehr spielt er den Plan, ohne ihn zu kennen. Wie im hysterischen Schub ein verbotener Wunsch vom lebendigen Körper vorgeführt und durchgespielt wird, ohne daß der Hysterikus oder die Hysterika etwas von diesem Antrieb weiß, verwirklicht Ripley mimisch, in ungeheurer Konzentration und Genauigkeit aller Gesten, eine ihm unbekannte Vision: in die Existenz des Freundes einzutreten, dessen Person zu werden. In einer unbewußten Planszene, und um dieses Paradox handelt es sich hier, kann kein durchdachtes Projekt entstehen; das Projekt wird aus dem Augenblick heraus gespielt, zur Überraschung des Spielenden selbst. Dieses Spiel verkörpert sowohl das Ziel wie den Weg dazu. Zum Weg gehört der Akt der Verkleidung, gehört das veränderte Gesicht und gehört die Intrigenstimme.

Kurz bevor Ripley seinen Freund tatsächlich ermordet, seine Kleider erneut anzieht und nun auch seine ökonomischen Ressourcen übernimmt, findet sich dann allerdings doch noch eine nahezu klassische Planszene. Sie steht im 12. Kapitel des Romans. In ihr geschieht der Übergang vom rein reflexhaften Verhalten in die überlegte Projektierung. Wobei auch der klaren Planung noch ein irrationaler Grund unterlagert bleibt, eine instinkthafte Bereitschaft und Begeisterung, welche die talentierte Null von nun an immer neu in die höchste Gefahr bringt und auch wieder aus der Gefahr heraus. Ripley sitzt im Zug seinem schlafenden Freund gegenüber. Da steigt etwas in ihm hoch:

Er starrte auf Dickies geschlossene Augenlider. Ein wirres Gefühl aus Haß und Zuneigung, Ungeduld und Verzweiflung schwoll in ihm, machte ihm das Atmen schwer. Er wollte Dickie töten. Nicht zum ersten Mal dachte er daran. Schon früher, einmal, zweimal, dreimal, hatte dieser Gedanke ihn durchzuckt, wenn er verärgert war oder enttäuscht, ein Gedanke, der sich gleich darauf wieder verflüchtigte und ihn beschämt zurückließ.[37]

Das ist so ungesteuert wie vorher die Verkleidungsszene. Aber während der böse Gedanke ihn sonst nur streifte, denkt er jetzt »eine volle Minute, zwei Minuten darüber nach«.[38] Und plötzlich wird aus der diffusen Vorstellung eine Strategie:

Wenn er ihn auf der Reise tötete, dachte Tom, dann könnte er einfach sagen, es sei ein Unfall passiert. Er könnte – jetzt war ihm ein geradezu glänzender Einfall gekommen: er selber könnte Dickie Greenleaf werden. Er könnte alles das tun, was Dickie tat. Er könnte zunächst nach Mongibello zurückfahren und Dickies Sachen zusammenholen, könnte Marge irgendeine verdammte Geschichte erzählen, könnte sich eine Wohnung in Rom oder Paris einrichten, jeden Monat Dickies Scheck in Empfang nehmen und darauf Dickies Unterschrift fälschen. Er könnte direkt in Dickies Fußstapfen treten. Er könnte Mr. Greenleaf senior so zahm machen, daß er ihm aus der Hand fräße. Daß die Sache gefährlich war, ja, daß ihr unvermeidlich zeitliche Grenzen gesetzt waren, wie ihm verschwommen zum Bewußtsein kam, das steigerte nur noch seine Begeisterung. Er begann, über das *Wie* nachzudenken.[39]

Der Übergang aus dem Reflex in die Reflexion ist seinerseits ein Sekundenereignis und wird von der Autorin mit einem verblüffend einfachen Mittel, durch einen Gedankenstrich und eine Veränderung des grammatischen Tempus, veranschaulicht. Vor dem Gedankenstrich ist alles Tagtraum; der Gedankenstrich markiert den Umschlag in das scharfe Nachdenken. Im englischen Original lautet der Satz: »He could – He had just thought of something brilliant: he could become Dickie Greenleaf himself.«[40]

Mit dem Nachdenken über das *Wie*, über das auch im englischen Original kursiv gesetzte *How*, setzt dann die eigentliche Ausarbeitung des Plans ein. Ihr folgt wenig später die Verwirklichung.

Die unbewußte Planszene ist eine so extreme Form dieses morphologischen Elements, daß offenbar auch Patricia Highsmith es nicht bei ihr allein belassen wollte. Indem sie die unbewußte Planszene aber einer bewußten vorhergehen läßt, gelingt es ihr, das triebhaft Plötzliche auch des strategisch agierenden Ripley von Anfang an deutlich zu machen und so diese markante Gestalt der literarischen Moderne von den stereotypen Mördern und Betrügern der landläufigen Kriminalschreiberei weit abzuheben.

V
Die Verkleidung im Märchen – komplex

Das Märchen und die Wahrscheinlichkeitsregel. Differenz zum Roman. Die Einfachheit kann täuschen. Seelische Verwicklungen einer schlichten Geschichte. Der Mantel des Mädchens Allerleirauh. Das Begehren des Vaters. Die Tochter kann nicht lassen, wovor sie flieht. Die Geschichten von den verkleideten Königen und ihr Hintergrund: die verkleideten Götter.

Und nun denn also nochmals zur Frage der Einfachheit: Nichts scheint sich vom vertrackten Verkleidungs- und Verstellungsverhalten Tom Ripleys mehr zu unterscheiden als das ganz einfache Verkleidungs- und Verstellungsverhalten des Märchens. »Sie färbte sich das Gesicht und kleidete sich wie eine alte Krämerin und war ganz unkenntlich«, das genügt, damit *ist* die böse Königin unkenntlich. Das Märchen muß nicht weiter beweisen und begründen. Es gibt da keinen Einspruch mit dem Argument der Unwahrscheinlichkeit. Einem Roman würden wir so etwas nicht abnehmen. Eine Verkleidung, die die Mitglieder der eigenen Familie erfolgreich täuscht, müßte dort sehr genau begründet sein. Sonst tritt beim Leser jene charakteristische ästhetische Enttäuschung ein, die aus der Verletzung der Glaubwürdigkeit entspringt und die schon Boileau im 17. Jahrhundert mit zwei präzisen Versen auf den Begriff gebracht hat:

> Jamais au spectateur n'offrez rien d'incroyable:
> Le vrai peut quelquefois n'être pas vraisemblable.[41]

Boileau richtet sich hier an die Tragödiendichter: »Nie dürft ihr dem Zuschauer etwas Unglaubwürdiges vorsetzen: Und sogar das Wahre kann gelegentlich unwahrscheinlich sein«.

Unsere Anforderung an die Wahrscheinlichkeit, an die überzeugende Plausibilität aller Ereignisse in der Literatur, ist also abhängig von der literarischen Gattung. Wir akzeptieren im Märchen vergnügt, was uns einen Roman mißvergnügt in die Ecke schmeißen ließe. Davon später mehr.

Trotzdem ist auch die Einfachheit des Märchens weit weniger eindeutig, als sie scheint. Man muß nur den Blickwinkel etwas verschieben, das Interesse von dem eines lauschenden Kindes zu dem eines beobachtenden Erwachsenen wechseln lassen, und schon ist es mit der Schlichtheit vorbei. Allein die Frage, warum ein Märchen wie »Sneewittchen« so überaus beliebt ist und bei jedermann als bekannt vorausgesetzt werden kann, führt rasch in schwierige Zusammenhänge. Warum ist der brutale Haß der bösen Königin und Stiefmutter auf das liebe junge Mädchen für das Märchenpublikum so faszinierend? Warum kann ich diese Faszination als Faktum unterstellen? Warum werden im Märchen alle innerfamiliären Tabus hinfällig, sobald an die Stelle einer Mutter die Stiefmutter tritt? Als ob es nicht ebensowohl abscheuliche Mütter und liebevolle Stiefmütter gäbe. Warum darf unter dem Zeichen »Stiefmutter« ein ganzer Wuchergarten zwischenweiblicher Aggressionen aufblühen? Und ist der Erfolg von »Sneewittchen« damit verbunden, daß dieses Aufblühen verbotener Gefühle zwischen Müttern und Töchtern hier einmal möglich und gestattet ist, daß die tabuisierten Aggressionen unter dem Deckmantel des Stiefmutter-Klischees durchphantasiert und ausgelebt werden können? Bis hin zu dem schrecklichen Schluß, wo es heißt: »Aber es waren schon eiserne Pantoffeln über Kohlenfeuer gestellt und wurden mit Zangen hereingetragen und vor sie hingestellt. Da mußte sie in die rotglühenden Schuhe treten und so lange tanzen, bis sie tot zur Erde fiel.«[42]

Hier wird deutlich, daß das liebliche Märchen vom Schneewittchen mit seinen sieben Zwergen und dem reizenden Prinzen auch eine Geschichte ist vom Kampf zwischen zwei Frauen, Kampf auf Tod und Leben wie zwischen Elektra und Klytaimnestra, wie zwischen Brunhild und Kriemhild, wie zwischen Maria Stuart und Elisabeth. Und also ist denn doch wohl nicht mehr alles so einfach.

Solche hintergründige Komplexheit läßt sich an einem anderen Verkleidungsmärchen noch deutlicher zeigen. Hier hat die besondere Art der Verkleidung sogar den berühmten Titel abgegeben: »Allerleirauh«. Die Geschichte steht harmlos in allen Grimm-Ausgaben und ist doch eine unheimliche Inzest-Affäre zwischen einem Vater und seiner Tochter. Ein König will nach dem Tod der Königin seine schöne Tochter heiraten. Einfach so. Weil ihm eben der Sinn danach steht. Die Tochter erschrickt und will das nicht, und auch die Räte warnen den König vor dieser Tat, ohne ihn allerdings von dem Vorhaben abbringen zu können. Um dem Begehren zu entkommen, stellt das Mädchen eine unmögliche Bedingung: »Eh ich euren Wunsch erfülle (...) verlange ich einen Mantel von tausenderlei Pelz und Rauhwerk zusammengesetzt, und ein jedes Tier in eurem Reich muß ein Stück von seiner Haut dazu geben.«[43]

Das Operieren mit unmöglichen Bedingungen ist in der Märchenwelt beliebt. Sehr oft sind es die Sympathieträger, die guten Mädchen und Burschen, denen sie gestellt werden, und sie können sie dann in der Regel mit dem Beistand von Helferfiguren gegen alle Erwartung erfüllen. Hier aber ist es die Sympathieträgerin selbst, die diese Bedingung stellt. Trotzdem gelingt es ihrem Widersacher, dem Vater, der Forderung nachzukommen. Er schickt alle Jäger seines Reiches aus, und diese fangen alle Tiere ein und bringen ein kleines Stück von deren Pelz auf das Schloß, und daraus wird ein Mantel hergestellt. Die Tochter hat nun kein Argument mehr gegen das väterliche Begehren, der Inzest steht unmittelbar bevor. Da flieht sie und verstellt und verkleidet sich. Mit Ruß schwärzt sie ihr schönes weißes Gesicht, und sie verkleidet sich – ja worin nun wohl? Sie verkleidet sich in eben diesen Mantel aus tausend Pelzen und sieht darin selbst aus wie ein merkwürdiges Pelztierchen. So finden sie die Jäger eines andern Königs, bringen sie in dessen Schloß, und man schickt sie in die königliche Küche, wo sie die niedrigsten Arbeiten übernehmen muß. Weil sie aber immer diesen Mantel aus allerlei Pelzen trägt, nennt man sie Allerleirauh, das heißt: in vielerlei Art bepelzt, von vielerlei Art Fell. Den Rest kann man sich denken: Irgendwann wird sie entdeckt, und die schöne weiße Haut kommt wieder zum Vorschein, und die Küchenmagd wird Königin.

Das Faszinosum der Verkleidung ist hier verknüpft mit einem der größten Tabus unserer Zivilisation, der sexuellen Liebe zwischen Vater und Tochter. Dieses Tabu wird im Symbol des Kleidungsstücks aus tausend Fellchen, tausend Pelzchen der phantasierenden Bearbeitung freigegeben. Die tausend Pelzchen meinen deutlich genug jenes eine, wonach dem Vater der Sinn steht.

Und genau genommen gibt dieser Mantel dem König auch das Recht, die Tochter in sein Bett zu holen. Denn im Rechtsdenken und in der Rechtspraxis des Märchens schafft die möglich gewordene Unmöglichkeit gültiges Recht. So wird in »Rumpelstilzchen« das Mädchen Königin, weil es die unmögliche Bedingung erfüllt, einen Haufen Stroh zu Gold zu spinnen. Im Grunde verstößt der Verlauf des Märchens von Allerleirauh also gegen geltendes Märchenrecht. Im Grunde gehört die Tochter jetzt dem begehrenden Vater. Und aufregenderweise ist das Unterpfand dieses Rechtsanspruchs gerade dieser Mantel, in den sich die Tochter verkleidet, mit dessen Hilfe sie ihre Identität wechselt und die Fluchtintrige ins Werk setzt. Das Mädchen verkuschelt sich in diesen Mantel und schläft, darein verkuschelt, in hohlen Bäumen. »In dem hohlen Baum liegt ein wunderliches Tier, wie wir noch niemals eins gesehen haben: an seiner Haut ist tausenderlei Pelz; es liegt aber und schläft«[44], sagen die Jäger, die es finden. Und später nennen sie es »Rauhtierchen«[45].

Indem dieser Mantel zur Hauptsache der Fluchtintrige wird, Verkleidung und Intrigenrequisit zugleich, gerät er zum beherrschenden Zeichen der ganzen Geschichte und macht unübersehbar deutlich, worum es in der Tiefenerfahrung dieses Märchens geht: Die Tochter gehört dem Vater. Solange sie den Mantel trägt, gehört sie als Frau diesem Mann. Das wird großartig einleuchtend im Moment der *Anagnorisis*, der Aufdeckung der Wahrheit. Erst als der andere, der junge König ihr diesen Mantel mit Gewalt vom Leib reißt, ist sie frei für die neue Liebe:

> Der König faßte den Mantel und riß ihn ab. Da kamen die goldenen Haare hervor und sie stand da in voller Pracht und konnte sich nicht länger verbergen. Und als sie Ruß und Asche aus ihrem Gesicht gewischt hatte, da war sie schöner, als man noch jemand auf Erden gesehen hatte. Der König aber sprach »du bist meine liebe Braut, und wir scheiden nimmermehr voneinander«. Darauf ward die Hochzeit gefeiert, und sie lebten vergnügt bis an ihren Tod.[46]

Die äußerliche Einfachheit des Märchens verdeckt also eine Komplexheit, die sich durchaus mit der Komplexheit der Szene vergleichen läßt, wo Tom Ripley vor dem Spiegel steht und sich in seinen Freund verkleidet. Indem Allerleirauh sich nicht von dem Mantel trennt, der ihrem Vater das Bettrecht auf sie gibt, diesen Mantel vielmehr zum Zeichen ihrer Identität macht, wird ihre Flucht zu einem Ritual der Bewahrung dessen, wovor sie flieht. Indem Ripley in die Kleider und den Körper des Mannes kriecht, den er später ermorden wird, führt er vor, daß dieser Mord nicht einfach die Beseitigung eines Gegners ist, sondern die Einverleibung eines bewunderten und geliebten Menschen.

Verkleidung kann also jederzeit und unabhängig von der literarischen Gattung aus einem simplen Trick zu einem vielschichtigen Vorgang werden. Die Leidenschaft, die innige Bewegtheit, mit der die Literatur aller Zeiten vom Sich-Verkleiden und vom Tun und Treiben der Verkleideten berichtet, zeigt, daß auch die Leser und Zuschauer hier von tieferen Erfahrungen gestreift werden als dem bloßen Vergnügen am Trick. Die Verkleidung fährt in die Mitte der Person. Was wir – unbeholfen genug – Identität nennen, wird im Akt der Verkleidung und im verkleideten Handeln zu einer dramatisch verschärften Erfahrung.

So hat es zum Beispiel die erzählende Menschheit immer besonders bewegt, daß auch Könige sich verkleiden. Vom Kalifen Harun Ar Raschid (oft auch Harun Al-Raschid oder al Raschid geschrieben) weiß alle Welt, daß er als Herrscher von Bagdad verkleidet durch seine Stadt zu wandern pflegte, um das wahre Denken, das Wohl und Weh des Volkes zu erkunden. In dieser Rolle wird er in der arabischen Erzähltradition und ihren vielen europäischen Ablegern zum Inbegriff des guten Regenten, der sich nicht auf Zuträger und Höflinge verläßt. In der dunklen Komödie »Maß für Maß« operiert Shakespeare grimmig und bitter mit diesem Motiv. Auch bei ihm ist der verkleidete Herrscher, der Herzog von Wien, der exemplarisch Gerechte, dem es nur durch diese Form der Verstellung gelingt, die Wahrheit über seine Untertanen herauszufinden und entsprechend Gericht zu halten.

Hinter dem Motiv des verkleideten Königs aber steht das ältere und mächtigere Motiv vom verkleideten Gott. Wenn die Götter unter den Menschen erscheinen, erscheinen sie meist in Gestalt und Tracht von Menschen. In der griechischen Mythologie gibt es das tausendfach. Zeus, der olympische Don Juan, verfolgt so seine erotischen Zwecke. Um mit der schönen Alkmene zu schlafen, tritt er als ihr Ehemann Amphitryon auf. Um mit der schönen Semele zu schlafen, erscheint er als attraktiver Herr. Allerdings geht die Verkleidung der Götter weit über das Operieren mit Kleidern und Schminke hinaus; sie ist immer Verwandlung, reale körperliche Umgestaltung und Inkarnation in einen menschlichen, gelegentlich auch tierischen Leib. Als Stier verlockt Zeus die Europa. Athene schaut ihrem Schützling Odysseus als Schwalbe hoch vom Dachgebälk beim Kampf gegen die Freier zu.[47] Die Griechen rechneten damit, daß sich die Götter zum Zweck der Prüfung und Beobachtung jederzeit unter die Menschen mischen konnten. Als einer der Freier dem angeblichen Bettler Odysseus einen Schemel an die Schulter schmettert, machen ihm die Kumpane Vorwürfe. Es könnte ja ein verkleideter Gott sein:

> Unrecht war's, Antinoos, daß du den elenden Bettler
> Trafst, Unseliger; wenn es nun einer der Himmlischen wäre!
> Denn oft gleichen die Götter von fernher kommenden Fremden
> Und durchstreifen die Städte in mannigfachen Gestalten,
> Um nach der Menschen Frevel zu sehn oder rechtem Verhalten.[48]

Eine der schönsten Geschichten von der »Erdenwanderung der Götter«, wie das Motiv in der Erzählforschung genannt wird, erzählt Ovid im achten Buch der »Metamorphosen«. Zeus und Hermes (für die Römer Jupiter und Merkur) wandeln wie der Kalif Harun Ar Raschid und sein Wesir durch die Menschenwelt. Nirgends finden sie Obdach. Überall werden sie abgewiesen. Nur das alte Ehepaar Philemon und Baucis nimmt sie auf, bewirtet sie, will sogar die einzige Gans, die Wächterin ihres Gütchens, für sie schlachten. Dafür werden die beiden Greise großartig belohnt, als sich die Götter schließlich zu erkennen geben. Das ungastliche Land aber versinkt in Sumpf und Schlamm.

VI
Ein Menschheitsziel

Warum der Mensch die Verkleidungskraft der Götter erreichen will. Freuds Theorie vom Prothesengott. Anwendung auf die Kunst der Verkleidung. Von der Magie zur Technologie. Die Kriminellen und die Kriminalistik. Der historische Vidocq und der literarische Vautrin. Verkleidung wird Wissenschaft.

Es scheint ein wesentliches Insigne der Götter zu sein, sich jederzeit in jede Gestalt, in jeden lebendigen Körper verwandeln zu können. Und es gehört ohne Zweifel zur ursprünglichen Erfahrung des Göttlichen, daß man als Mensch mit einer entsprechenden Begegnung jederzeit zu rechnen hat.

Diese Fähigkeit der Götter und Geister – es gibt da viele Vermischungen und Übergänge – gehört zu jenen übermenschlichen Kräften, um welche der Mensch die Götter nicht nur seit je beneidet hat, sondern die er auch auf technischem Wege für sich selbst gewinnen will – mit der Leidenschaft, mit der das Kind erwachsen zu werden, »groß« zu werden sich sehnt. In den abertausend Verkleidungsgeschichten der Weltliteratur steckt somit etwas von dem luziferischen Ziel des Homo sapiens, der sich zuerst seine Götter so allmächtig wie möglich denkt, um ihnen anschließend und bis auf den heutigen Tag und weit über diesen hinaus mit aller Erfindungskraft, allen feinmechanischen Tricks nachzueifern. Freud hat bei seiner These über den Stachel, der die Menschheit auf ihrem Weg in die technische Zivilisation vorantreibt, vor allem die Maschinen im Sinn, die immer zahlreicheren Apparate, an die sich der Mensch ankoppeln, die er sich auf- und untersetzen kann, um jene Fähigkeiten zu gewinnen, die einst nur die Götter besaßen. Fliegende und dahinrasende Fahrzeuge, Mikroskope und Teleskope, Telefon und Radio, das kannte Freud alles schon, und er extrapolierte daraus, was alles noch kommen werde. Zwar wird der Mensch auf diese Weise nicht zum Gott, aber die Summe aller an seinen Leib und seine Sinne anschließbaren Geräte macht ihn zu dem, was Freud den »Prothesengott« nennt:

Es klingt nicht nur wie ein Märchen, es ist direkt die Erfüllung aller – nein, der meisten – Märchenwünsche, was der Mensch durch seine Wissenschaft und Technik auf dieser Erde hergestellt hat, in der er zuerst als ein schwaches Tierwesen auftrat und in die jedes Individuum seiner Art wiederum als hilfloser Säugling – *oh inch of nature!* – eintreten muß. All diesen Besitz darf er als Kulturerwerb ansprechen. Er hatte sich seit langen Zeiten eine Idealvorstellung von Allmacht und Allwissenheit gebildet, die er in seinen Göttern verkörperte. Ihnen schrieb er alles zu, was seinen Wünschen unerreichbar schien – oder ihm verboten war. Man darf also sagen, diese Götter waren Kulturideale. Nun hat er sich der Erreichung dieses Ideals sehr angenähert, ist beinahe selbst ein Gott geworden. Freilich nur so, wie man nach allgemein menschlichem Urteil Ideale zu erreichen pflegt. Nicht vollkommen, in einigen Stücken gar nicht, in anderen nur so halbwegs. Der Mensch ist sozusagen ein Prothesengott geworden, recht großartig, wenn er alle seine Hilfsorgane anlegt, aber sie sind nicht mit ihm verwachsen und machen ihm gelegentlich noch viel zu schaffen. Er hat übrigens ein Recht, sich damit zu trösten, daß diese Entwicklung nicht gerade mit dem Jahr 1930 A.D. abgeschlossen sein wird. Ferne Zeiten werden neue, wahrscheinlich unvorstellbar große Fortschritte auf diesem Gebiet der Kultur mit sich bringen, die Gottähnlichkeit noch weiter steigern. Im Interesse unserer Untersuchung wollen wir aber auch nicht daran vergessen, daß der heutige Mensch sich in seiner Gottähnlichkeit nicht glücklich fühlt.[49]

Im Moment, heißt das, als der Mensch sich seine allmächtigen Götter erstmals dachte, setzte er auch schon das Ziel der ganzen technischen Zivilisation. *Eritis sicut Deus* sagt also nicht nur der Teufel zu Adam und Eva unter dem legendären Apfelbaum, *Eritis sicut Deus* sagt auch der Homo sapiens zu seinen imaginären Nachkommen, sobald er seine Götter erkennt und deren Eigenschaften begreift. Auch wenn es zunächst nur um die Bändigung des Feuers, die Erfindung des Pfeilbogens und das erste Rad geht.

Zum Prothesengott in seiner vollendeten Gestalt würde auch die Fähigkeit der Verwandlung in jedes andere Lebewesen gehören. Die Teufelsmantis und die Ophrys insectifera spielen es bereits vor. Solange von einer technischen Zivilisation im modernen Sinne noch nicht geredet werden konnte, versuchte der Mensch, durch magische Praktiken zum Prothesengott zu werden. Er flog auf Zaubermänteln und geweihten Teppichen, aber eben nur in der Literatur, im unablässigen Erzählen, das sowohl die Götter schilderte wie auch die Schleichwege zum Erlernen ihrer Fähigkeiten. Die Prothese als Zauber blieb ein langer Wunsch- und Angsttraum. Noch vor vierhundert Jahren verbrannte man in Europa zahllose Frauen, weil sie angeblich fliegen konnten. Sie kannten Salben, die strichen sie sich auf den nackten Leib, und so, nackt und weiß, flogen sie lotrecht den Kamin hoch und hinaus in die Lüfte, ohne die rußige Wand zu berühren – »oben us und nienent an« lautete der Spruch. Das war die Vision vom Fliegenkönnen, eine kollektive Paranoia in den Zeiten der Hexenverfolgung.

Der Glaube an die Magie, welche den Menschen bestimmte Fähigkeiten der Götter erreichbar machte, war immer noch ein Teil des mythischen Denkens, des bloßen Erzählens also von den Eigenschaften der Götter und Dämonen. Aber im Glauben an die Magie steckte der Glaube an die Machbarkeit, und der begann sich gewaltig auszuwirken, als die Wissenschaften von der reinen Theorie zur konsequenten Verbindung von Theorie und Experiment übergingen und bald einmal jede naturwissenschaftliche Erkenntnis auch in Technik, in praktische Anwendung übersetzt wurde. Als im 18. Jahrhundert die Luft plötzlich nicht mehr eines der vier alten Elemente war, sondern eine Zusammensetzung aus Gasen, die sich trennen ließen, blieb diese Erkenntnis nicht die kostbare Wahrheit wissenschaftlicher Lehre, sondern führte auf der Stelle zur Erfindung des tragfähigen, industriell und militärisch einsetzbaren Ballons. Jetzt konnte der Mensch fliegen. Ohne Hexensalbe. Mit der Prothese einer riesigen gasgefüllten Kugel.

So gibt es auch in der Geschichte der gezielten Verwandlung des Menschen in einen andern Menschen, der perfekten körperlichen Verstellung, eine lange Tradition des Erzählens von magischen Praktiken. Ein Zaubertrank macht den vergreisten Faust wieder zum attraktiven Lover. Athene verwandelt den mächtigen Odysseus mit einer Handbewegung in einen triefäugigen Bettler. Wer mit Geistern umzugehen weiß, kann die Möglichkeit solcher Verwandlung gewinnen, sei es zum Zweck eines erotischen Ziels, sei es als Mittel im Kampf um Macht und Vermögen. Und in den Geschichten von den verkleideten Königen steckt ein Echo der Geschichten von den verkleideten Göttern, ein Anhauch von deren Macht zu völliger Verwandlung.

So war es denn unausweichlich, daß der Ehrgeiz der technischen Zivilisation auch diese Kompetenz der Götter und Geister, der Magier und Hexen ins Visier zu nehmen begann. Der Vorgang ist nicht so spektakulär wie die Fähigkeit, zu fliegen oder die eigene Stimme ans andere Ende der Welt zu schicken oder ein krankes Herz durch ein gesundes zu ersetzen. Aber in der erzählenden Literatur beginnen doch in der Zeit der großen naturwissenschaftlichen Durchbrüche auch die Berichte über technisch immer perfektere Verstellungsmethoden, und zwar sowohl im kriminellen wie im gegenkriminellen, das heißt im polizeilichen Bereich. In den ersten Jahrzehnten des 19. Jahrhunderts überschneiden sich die beiden Zonen sogar insofern, als die besten und innovativsten Kriminalisten aus Leuten rekrutiert werden, die eine erfolgreiche Verbrecherkarriere mit vielen

Gefängnisaufenthalten und weitläufigen Beziehungen in der Unterwelt hinter sich haben. In der Welt der französischen Justiz ist die archetypische, aber historisch dokumentierte Figur Eugène François Vidocq; in der Welt der französischen Literatur ist die archetypische, mit wissenschaftlicher Präzision beschriebene, aber gleichzeitig auch ins Dämonische gesteigerte Figur Balzacs Vautrin (alias Jacques Collin, alias Trompe-la-Mort, alias Carlos Herrera). Wobei Balzac jenen Vidocq, der 1811 erster Chef der Pariser Sûreté[50] geworden war, persönlich gekannt hat. Er hat ihn zuerst – im Roman »Le père Goriot« – zum Vorbild für den Polizeiagenten genommen, der Vautrin ein erstes Mal entlarvt und gefangennimmt, später aber – im Roman »Splendeurs et misères des courtisanes« – wird er zum Modell für Vautrin selbst. Denn wie Vidocq in der Wirklichkeit steigt in Balzacs Romanwerk dieser gewaltige Kriminelle zuletzt zum Polizeichef der Stadt Paris auf.

Vidocq gilt als der Begründer der modernen Kriminologie. Er hat zu seinen Lebzeiten nicht nur Balzac, sondern auch Edgar Allan Poe und Victor Hugo inspiriert. Und insofern als Poes Detektiverzählungen, die ja in Paris spielen, den modernen Detektivroman begründeten, also auch Sherlock Holmes und alles Folgende initiierten, steht die historisch belegte Gestalt Vidocqs, 1775–1857, der sein Leben mit einer sensationellen Autobiographie krönte, auch hinter einem unabsehbaren Kontinent des trivialen wie des anspruchsvollen Erzählens.

Dies alles gehört in den Themenbereich der Intrige in der modernen Metropole, von dem noch zu reden sein wird. Es darf aber jetzt schon festgehalten werden, daß die wissenschaftliche Kriminologie, die im frühen 19. Jahrhundert in den Großstädten beginnt, kein Produkt des Justizapparates allein war, sondern daß sie auch die von den Kriminellen selbst erfundenen Verfahren aufnahm und weiterentwickelte.

Es gibt eine Stelle in der von Balzac beschriebenen Karriere des Großkriminellen Vautrin, wo explizit davon gesprochen wird, daß die perfekte körperliche Verstellung, die man sich bislang nur als magischen Akt zu denken vermochte, nun durch wissenschaftlich-technische Verfahren erreichbar sei. Der Passus findet sich im ersten Teil des Romans »Splendeurs et misères des courtisanes« – »Glanz und Elend der Kurtisanen«. Vautrin hat sich nach jener früheren, im Roman »Le père Goriot« geschilderten Entlarvung und Gefangennahme nach Spanien abgesetzt. Sein Aufenthalt in den Gefängnissen war kurz. Denn er ist der geheime Bankier der Verbrecherwelt, der mit unbedingter Zuverlässigkeit die Gelder der freilaufenden wie auch der gefangenen Kriminellen verwaltet. Daher arbeiten alle Häftlinge daran, ihn wieder in Freiheit zu setzen, wenn er denn einmal erwischt und eingesperrt wird.

Nun muß er wieder nach Paris zurück. Paris ist sein Reich. Die Unterwelt von Paris ist der Urwald, wo er selbst als ein Stück ungezähmter Natur lebt und herrscht. Der Tiger ist nicht zufällig eine rekurrente Metapher für Vautrin. Auch sein Verhältnis zu den Helfershelfern erklärt er einmal ganz ähnlich: Er sei ein Dompteur wilder Tiere – »Je suis un dompteur de bêtes féroces«.[51] Und mit ausdrücklichem Blick auf Rousseau definiert er sich stolz und philosophisch als einen, der außerhalb des *Contrat social* stehe und sich gegen dessen Verlogenheiten auflehne. Ganz allein befinde er sich gegenüber der Regierung mit ihren vielen Gerichten, ihrem Polizeiapparat und ihren finanziellen Mitteln – und er haue sie doch übers Ohr: »Enfin, je suis seul contre le gouvernement avec son tas de tribunaux, de gendarmes, de budgets, et je les roule.«[52]

Vautrin will also aus Spanien nach Paris zurück und braucht dazu eine neue Identität. So tötet er denn einen spanischen Priester namens Carlos Herrera, der in politischer Mission nach Frankreich unterwegs ist. Aber er zieht nicht bloß dessen schwarze klerikale Tracht an, übernimmt nicht bloß dessen Pässe und Briefe, sondern bearbeitet auch den eigenen Körper. Da er auf dem Rücken noch immer das Brandmal des Galeerensträflings trägt, bringt er sich quer über beide Schulterblätter Verletzungen bei, die den Anschein erwecken, er sei mehrfach angeschossen worden. Dieses Feld genau gesetzter Narben macht das alte Brandmal unsichtbar. Sein Gesicht verändert er, indem er neben der Leiche des Ermordeten dessen Züge studiert und ihnen die seinen mit chemischen Mitteln anpaßt. Mit Hilfe von Schwefelsäure imitiert er überdies die zerstörte Haut eines Blatternarbigen.[53] Die Beschreibung all dieser Maßnahmen ist naturwissenschaftlich nicht so präzis, daß sie auch im letzten Detail überzeugend wäre – Balzac ist noch nicht Zola. Aber sie ist wichtig, weil sie die Verfahren technischer Verstellung explizit in Vergleich bringt mit der Tradition magischer Praktiken: »Um diese Verwandlung [transmutation] zu vollenden, die beinahe so wunderbar war wie jene in dem arabischen Märchen, wo der Derwisch mittels magischer Worte die Macht gewinnt, als alter Mann in einen jungen Körper einzugehen [...].«[54]

Der Satz ist gewiß kein Beweis für den erreichten Durchbruch in die moderne Technologie der Verstellung. Er belegt indessen das Bewußtsein eines zivilisationsgeschichtlichen Wendepunktes: Von nun an geht es darum, mit wissenschaftlichen Mitteln zu erreichen, was früher nur Götter und Geister einem Menschen verschaffen konnten. Der Prothesengott nimmt die Macht der körperlichen Verwandlung weit über die Operationen mit Kleidern und Schminke hinaus in die eigenen Hände.

Wenn hinter den Erzählungen vom verkleideten König, der durch seine Hauptstadt wandert, um die Wahrheit über seine Untertanen herauszufinden, die viel älteren Berichte von den verkleideten Göttern stehen, die aufmerksam und unerkannt durch die Welt der Menschen ziehen, so darf man sagen, daß diese beiden archetypischen Vorgänge in der Moderne – in der Wirklichkeit und im Erzählen der Moderne – abgelöst werden von der universalen Präsenz einer mit allen Raffinessen der Technik getarnten Polizei. Balzac nennt sie einmal »cette providence sociale«[55] – die gesellschaftliche Vorsehung. Was erneut auf einen Vorgang der Säkularisierung verweist.

Wie sich in der Entstehungsphase der Kriminologie die Innovationen der Polizei von den Innovationen der Kriminellen nähren, so werden auch im Erzählen die Raffinessen naturwissenschaftlich fundierter Verstellung bei den Verfolgern wie bei den Verfolgten vorangetrieben. Vautrin etwa hat eine chemisch geschulte Frau als Helferin zur Seite, Asie,[56] die nicht nur alle tödlichen Gifte kennt und sie ihrem Meister jederzeit zur Verfügung stellt, sondern die diesen auch auf seine Anordnung hin mit einer realen Krankheit infiziert, damit er im Gefängnis nicht vernehmungsfähig ist. Er simuliert dann also nicht einfach den Totkranken, wie es etwa Ben Jonsons Volpone so exemplarisch tut, sondern produziert die Symptome eines Totkranken unwiderlegbar – ohne daß ihm dies längerfristig gefährlich werden könnte.

VII
Ein Virtuose der Verkleidungstechnik

Andauernder Welterfolg eines Romans. Ripley und der Schakal als Inhalte der Weltphantasie. Der perfekt gemachte Thriller als literarische Form. Der Grundeinfall des »Schakal«-Romans. Unmerklicher Übergang vom Dokumentarbericht in die Fiktion. Erstmals: die Gegenintrige. Das Doppelgefüge der Handlung. Ein strukturalistischer Roman. Die Person als Leerstelle hinter den Masken. Sorgfältige Herstellung eines Sets künstlicher Identitäten.

Unter diesen Aspekten ist ein Roman besonders aufschlußreich, der wie der Ripley-Roman in der zweiten Hälfte des 20. Jahrhunderts um die Welt gegangen ist, den alle Welt gelesen hat und gemäß den Auflagenzahlen weiterhin liest und der ebenfalls bereits zweimal verfilmt wurde. In diesem Roman gewinnt der Akt der Verkleidung und körperlichen Verstellung eine Bedeutung, nimmt er einen Raum ein, besetzt er die Phantasie der Leser in einem Maße, daß der Zweck der Intrige hinter dem Schauspiel dieses Mittels zeitweise sogar zurücktritt. Die Prozeduren der Verkleidung und ihres technischen Standards werden für die Leser zu einem Spektakel sui generis.

Zu reden ist vom Thriller »Der Schakal«, im englischen Original »The Day of the Jackal«, von Frederick Forsyth, erschienen in London 1971, auf deutsch ein Jahr später. Die deutsche Taschenbuchausgabe kletterte in den ersten zehn Jahren auf dreizehn Auflagen. Damit ist der Roman auch zu einem Teil des deutschsprachigen literarischen Bewußtseins geworden. Er hat den Bekanntheitsgrad jener Texte erreicht, an denen man andere Texte wieder mißt. »Der talentierte Mr. Ripley« und »Der Schakal« sind beide durch ihre globale Rezeption, ihre unablässigen Neuauflagen, ihre Verfilmungen und Wiederverfilmungen zu Gegenständen der Weltphantasie geworden. Ihre Auswirkungen und Fortpflanzungen kann niemand mehr überblicken. Was einmal Gegenstand der Weltphantasie ist, muß als Produktionsfaktor auch innerhalb der Einzelliteraturen in Rechnung gestellt werden.

»The Day of the Jackal« ist der Paradefall eines perfekt gemachten Thrillers, ein Well-made thriller, um den Begriff des Well-made play, der Pièce bien faite zu variieren. Er ist in seiner erzähl- und spannungstechnischen Perfektion kaum zu übertreffen. An die seelische Vielschichtigkeit des Highsmith-Romans reicht er zwar nicht heran, aber das ist weniger eine Einschränkung als eine Charakterisierung. Während man bei Patricia Highsmith durchaus an Dostojewski denken darf oder mindestens an Graham Greene, darf man bei Forsyth an Conan Doyle denken und an Hitchcock. »Der Schakal« ist also nicht Massenware, kein Routineprodukt. Er ist ein mit stupender Könnerschaft konstruierter Roman. In der Figurenzeichnung erscheint er zwar stereotyper als die Highsmith-Romane, aber das ist im reinen Thriller legitim. Der Komplexitätsgrad einer literarischen Figur wird auch durch die Regeln der literarischen Gattung bestimmt.

Forsyths »Schakal« steht im folgenden allein unter dem Aspekt der Verkleidung zur Debatte. Dennoch muß der ganze Roman zunächst umrissen werden, weil die außerordentlichen Verkleidungsoperationen ohne die Rahmenhandlung nicht zu verstehen sind.

Der Grundeinfall des Romans ist ein verblüffendes Spiel mit dem Dokumentarischen. Die Erzählung setzt ein mit einem detaillierten Tatsachenbericht über ein bekanntes historisches Ereignis: das Attentat auf den französischen Staatspräsidenten Charles de Gaulle am 22. August 1962, bei dem de Gaulle nur um Haaresbreite mit dem Leben davonkam. Mit kleistischer Knappheit werden die Hintergründe jenes Attentats berichtet, werden die rechtsgerichteten Armeekreise gezeigt, die es planten und durchführten, wird der Zusammenhang mit dem Algerienkrieg dargelegt und mit der Loslösung Algeriens von Frankreich, die de Gaulle ja gegen sein ursprüngliches Versprechen betrieben und erreicht hatte und wofür ihn ein Teil der französischen Armee auf den Tod haßte. Auch die historisch bezeugte Hinrichtung des Haupttäters wird in Großaufnahme geschildert. Soweit ist alles Faktum und wird vom Leser, je nach seinem persönlichen Kenntnisstand, als solches aufgenommen. Dann geschieht der eigentümliche erzählerische Kunstgriff. Unmerklich und ohne den Gestus eines dokumentarischen Berichts aufzugeben, geht der Roman über in die Schilderung, wie nach jenem gescheiterten Attentat von den gleichen Armeekreisen ein zweiter Mordversuch am Staatspräsidenten geplant, in die Wege geleitet und tatsächlich durchgeführt wird, durchgeführt bis zum Schuß auf de Gaulle mitten in Paris, auf dem Platz vor der Gare Montparnasse.

Das ist nun nicht mehr historisch wahr. Aber es wird erzählt, als wäre es dies. Wir verfolgen, wie eine Gruppe von verbitterten nationalistischen Militärs zusammenkommt und den Entschluß zu einer neuen Verschwörung faßt. Ein einzelner Mörder wird gesucht. Es muß der beste Killer der Welt sein. Er wird gefunden. Den Leistungsnachweis hat er in Mittelamerika erbracht, an einem dortigen Diktator. Wir verfolgen, wie er angeheuert, wie die immense Geldsumme, die er verlangt, aufgetrieben wird, und wie sich der Starkiller dann langsam, in winzigen, minuziös beschriebenen Schritten, von England auf den Kontinent und nach Frankreich und nach Paris und an den Ort der Tat heranbewegt.

Gleichzeitig aber kriegt die französische Abwehr Wind von der Verschwörung und dem geplanten Attentat. Und ebenso behutsam, ebenso gezielt und in ebenso minuziös beschriebenen Schritten macht sie nun Jagd auf den Killer, von dem sie zunächst nur weiß, daß es ihn geben muß. Dieser Killer ist der Schakal, the jackal. So wird er genannt; der wahre Name bleibt in einer auch den Leser irritierenden Weise verborgen.

Die Art, wie diese zwei Handlungsstränge, die Intrige mit dem Ziel der Liquidierung des Staatspräsidenten und die *Gegenintrige* mit dem Ziel der Liquidierung des Schakals, parallel exponiert und dann aus der parallelen Position übergeführt werden in zwei sich gleichmäßig nähernde Ereignislinien, ist von stupendem erzählerischem Geschick. Wobei – und da liegt ein bemerkenswerter Punkt – die intrigentechnische Perfektion des Schakals ihre auffällige Analogie findet in der erzähltechnischen Perfektion des Autors.

Der Roman entstand um 1970. Es war die große Zeit des Strukturalismus, der die Humanwissenschaften bis zum Einsetzen der Postmoderne geprägt und methodisch geleitet hat. Wenn man diesen »Schakal« heute liest, erscheint er wie ein Stück Strukturalismus, in Romankunst übersetzt. Alles nur Individuelle, Einzelne, Zufällige, alles Ungefähre, der unfaßbare Wirbel dessen, was eben auch noch passiert, ohne daß es irgendwelchen Sinn macht, alles unberechenbar Hereinschneiende des täglichen Lebens verflüchtigt sich auf dem Hintergrund der zwei konvergierenden Handlungsachsen. Es ist ein Roman ohne Kontingenz. Jede Figur, die auftaucht, gewinnt ihren Sinn und ihre Notwendigkeit allein aus ihrer Position auf der Achse der Intrige oder der Gegenintrige. Hat sie ihre Aufgabe erfüllt, verschwindet sie aus dem Erzählsystem. Zwar wird jede Figur individualisiert, mit einem Charakter und einer Biographie versehen, aber auch diese Feinstrukturen stehen durchweg im Dienste der großen Konstruktion. Nichts läuft dem Erzähler je aus der Hand. Nichts kann sich verselbständigen und ein Eigenleben gewinnen, welches einen Kontrast bildete zum maschinenmäßigen Ablauf des Erzählapparats. Das dynamisiert die Lektüre. Es besitzt den Effekt des Effizienten. Es läßt die zentrale Spannung in keinem Moment abbrechen. Wenn es ein Merkmal anderer und oft größter Erzählungen ist, daß sich Teile verselbständigen und Nebensachen plötzlich aufstrahlen, als ginge es nur um sie, dann ist es ein Merkmal, ja vielleicht das Wesen des Thrillers, daß er seinen Hauptzweck, *to thrill*, nie aus den Augen verliert. Seine Kunst verlangt die unbedingte Kontrolle jeder Erzählpartikel. Unter diesem Gesetz steht er nun einmal, und er hat es zu erfüllen.

Wie sieht nun in einem Roman dieser Art der Vorgang der Verkleidung aus? Er wird zum wissenschaftlich-technischen Akt auf dem neusten Stand der Kunst. Verkleidung als pathologischer Anfall eines Mannes, der wie Tom Ripley selbst nicht weiß, was er da macht, ist in dieser Erzählwelt ausgeschlossen. Die Verstellungspraxis des Schakals, die Art wie er sich eine Reihe unterschiedlicher Identitäten mit der zugehörigen textilen und kosmetischen Ausrüstung verschafft, wie er sie mit sich führt, in Koffern und Köfferchen, und die Spuren der Beschaffungsarbeit hinter sich verwischt, ist eine Hightech-Veranstaltung. Verkleidung erscheint beim Schakal nie als ein Symptom, das aus einer schwierigen Seele seltsam hervorblüht. Die virtuose Technik der Tarnung hat mit der Person des Schakals als einem einmaligen Subjekt nichts zu tun. Von dieser Person erfahren wir fast gar nichts. Er soll einst den Diktator Trujillo zur Strecke gebracht haben und gilt seither als der Beste seines Fachs – ein Hired killer der Spitzenklasse. Und obwohl man die Hauptintrige aus seiner Perspektive miterlebt, wird er nie zu einem einfühlbaren Gegenüber. Auch dies ist kein Defizit der Erzählung. Es ist Teil des Systems.

Die personale Unzugänglichkeit der Hauptfigur gipfelt am Schluß des Romans. Als der Schakal in der tatsächlich letzten Sekunde, bevor er sein Ziel erreicht hätte, niedergestreckt wird und jeder Leser denkt, nun werde und müsse über seine wahre Identität endlich mehr zu erfahren sein, stellt sich heraus, daß jener zurückgezogen lebende Engländer, den die Abwehr aufgrund vieler Beweise als die mit dem Schakal identische Person erkannt zu haben glaubte, munter am Leben ist und irgendwo auf der Insel ein ehrliches Dasein fristet. Selbst die Spitze der Polizei weiß also von dem virtuosen Verbrecher zuletzt nur, was er im Verlauf seiner Attentatsarbeit getan hat, und daß er nun tot ist und daliegt. Der Lebenshintergrund des Toten, die Antwort auf die Frage: Wer war er eigentlich? bleibt ein weißer Fleck im Erzählganzen. Es ist, als habe sich die Person in Nichts aufgelöst, sobald der Erzählapparat selbst zum

Stillstand kam. Wenn die Null Ripley eine eminent substantielle Null ist, als seelisches Phänomen das dauernde Faszinosum der ganzen Ripley-Serie, dann markiert die Person des Schakals einen eigentlichen Nichtort, nur bestimmbar aus den Funktionen im Erzählsystem. Nichts könnte deutlicher vor Augen führen, wie in der Literatur, unter gegebenen Umständen und aufgrund der Gesetze einer Gattung, die reine Struktur über alle Individualität und Personalität dominieren kann.

Dies alles bestätigt sich nun in der Verkleidungspraxis des Schakals, in seinen Verfahren der Herstellung artifizieller Identitäten. Das muß im Detail studiert werden. Erst so ergibt sich ein Meßpunkt für den Akt der Verkleidung in der literarischen Intrige generell und für die historische Variabilität dieses Geschehens.

Der Schakal betreibt alles, was er tut, emotionslos. Wie ein Chirurg eine schwierige Operation angeht, geht er die Aufgabe an, den Staatspräsidenten von Frankreich zu töten. Dazu braucht er Masken, einen Fächer von falschen Identitäten. Denn er muß mit der Abwehr rechnen, mit einer großaufgezogenen Gegenaktion. Diese wird der ersten falschen Identität auf die Spur kommen, bevor er am Ziel angelangt ist. Also ist eine zweite nötig, eine dritte, eine vierte. Einen ganzen Vorrat falscher Identitäten muß er sich beschaffen und alle in Griffnähe halten, wenn er sich auf den Tatort zubewegt.

Daß der Täter in einem Thriller vier verschiedene Tarnungen bereitstellt, daß er Pässe, Kleider und Lebensdokumente von vier unterschiedlichen Personen beibringt, ist gewiß kein an sich schon aufregender Vorgang. So etwas kann jedem durchschnittlichen Autor in den Sinn kommen. Und vorstellbar wäre, daß es dabei einfach hieße: »Der Mann hatte Beziehungen zur Londoner Unterwelt und also keine Schwierigkeiten, vier verschiedene Pässe mit den entsprechenden Kleidern und Requisiten aufzutreiben.« Das hätten die Leser dann so zu schlucken. Sie würden es auch ohne weiteres tun und angeregt auf die große Aktion warten.

Forsyth aber macht aus dem, was er mit einem einzigen Satz erledigen könnte, einen breiten Erzählkomplex aus mehreren durchgeformten Teilgeschichten. Jede der vier Identitäten kommt auf andere Weise zustande, und jedes Zustandekommen wird beschrieben, als gälte es ein Handbuch für Berufskriminelle abzufassen – oder für Berufskriminalisten. Die extreme Genauigkeit dieser Berichte gibt dem Ganzen einen hyperrealistischen Zug, der an die Beschreibungsverfahren des Nouveau roman erinnert. Diese Form hat kurz vor der Entstehung des »Schakals« die literarische Welt bewegt. Und es ist kein ungewöhnliches Phänomen, daß einzelne Techniken der Avantgarden von der breit gelesenen Literatur übernommen werden, daß die neuartigen Effekte der experimentellen Literatur plötzlich unter den Kunstgriffen der Erfolgsromane auftauchen. Der Vorgang ist nicht plagiatorisch. Er gehört zum komplizierten Stoffwechsel, der sich unablässig zwischen den unterschiedlichen Formen und Ebenen der Literatur abspielt. Und wie sich die Erfolgsliteratur gerne bei der Avantgarde mit wirksamen Formelementen eindeckt, kann auch die Avantgarde aus populären Mustern überraschende Verfahren gewinnen.

Der zweite Aspekt dieses extensiven Erzählens von der Verkleidungs- und Verstellungspraxis eines gedungenen Mörders geht über die formalen und ästhetischen Effekte hinaus. Die Detailliertheit der Vorgänge bis hin zum einzelnen Handgriff verleiht der Selbstverwandlung des Intriganten einen rituellen Zug. Je perfekter sich der Ich-Tausch des Schakals in die Praxis der modernen technischen Zivilisation zu fügen scheint, um so seltsamer regt sich dahinter eine archaisch-schamanenhafte Erfahrungsmasse.

So geht der Schakal vor: Zum Gewinn fremder Identitäten begibt er sich zunächst auf die Zuschauerterrasse des Londoner Flughafens und beobachtet mit dem Fernglas die Menschen, die aus den gelandeten Maschinen treten und das Leiterchen herunterklettern. Er selbst ist großgewachsen und breitschultrig. Daran läßt sich wenig ändern. Also wartet er, bis großgewachsene und breitschultrige Exemplare, die ihm auch im Gesicht nicht ganz unähnlich sehen, angeflogen kommen. Denen heftet er sich an die Fersen und versucht als erstes, in den Besitz ihres Passes zu gelangen. Der zweite Schritt besteht in der Beschaffung einer Garderobe, die der Herkunft, dem Typus und dem Beruf des Ausgewählten entspricht, worauf als Drittes die Feinarbeit an den körperlichen und physiognomischen Einzelheiten wie Haar- und Augenfarbe, Hautbeschaffenheit, Alterszeichen etc. folgt. Das Ziel der Selbstverwandlung des Intriganten besteht beim Thriller ja nicht einfach darin, daß einer auf der Straße oder im Hotel tatsächlich für den Kaufmann aus Amerika oder den spanischen Touristen gehalten wird, der er zu sein vorgibt, sondern daß die artifizielle Identität auch der mißtrauischen Kontrolle und sogar der Leibesvisitation durch die Polizeiorgane standhalten muß. Die Technik des Kriminellen muß die Technik des Kriminalisten schlagen: zwei Künste, die immerzu von einander lernen.

Als der achte Fluggast aus der Tür ins Helle hinaustrat, beugte sich der Mann auf der Terrasse unwillkürlich vor, während sein Blick dem Ankömmling die Treppe hinunter folgte. Der Passagier aus Dänemark, ein Priester oder Pastor, war mit einem dunkelgrauen geistlichen Anzug und steifem hohem Kragen bekleidet. Dem aus der Stirn gekämmten eisengrauen Haar nach zu urteilen, das er mittellang trug, mochte er Ende Vierzig sein, aber sein Gesicht wirkte entschieden jünger. Er war hochgewachsen, hatte breite Schultern und sah körperlich fit aus. Seine Figur glich annähernd derjenigen des Mannes, der ihn von der Terrasse aus beobachtete.[57]

Der Schakal erwartet diesen Mann nun bei der Zollkontrolle, steigt neben ihm in den Flughafenbus und fährt in der Stadt, als der Däne ein Taxi nimmt, in einem zweiten Wagen hinter ihm her zum Hotel. Dort setzt er sich mit einer Zeitung ins Foyer, mit Blick auf die Rezeption, und wartet, bis der Mann sein Zimmer bezogen hat und wieder herunterkommt und seinen Schlüssel abgibt. Er merkt sich dessen Nummer – der Schlüssel pendelt nach dem Aufhängen noch ein wenig, das erleichtert die Wahrnehmung der Ziffer. Nun bewegt sich der Schakal unauffällig, ein Gast wie jeder andere, zum Zimmer des Reisenden, öffnet es mit Hilfe eines »biegsamen kleinen Palettenmessers«, findet den Paß auf dem Nachttisch und nimmt ihn an sich.

Der Reisende ist ein dänischer Pastor namens Jensen, 48 Jahre alt, blauäugig, grauhaarig, und beim Lesen trägt er eine goldgefaßte Brille.

Der nächste Tag sieht den Schakal in diversen Spezialgeschäften, wo er sich blaugefärbte Kontaktlinsen kauft, eine goldgefaßte Brille und »ein weißes Hemd mit gestärktem hohem Kragen und schwarzer Krawatte, wie sie von Geistlichen getragen zu werden pflegen«[58]. Dabei trennt er jeweils das englische Firmenschild sorgfältig heraus. Anschließend erwirbt er in einem »von zwei Homosexuellen« geführten Laden »eine Tinktur, die das Haar mittelgrau [...] tönte, zusammen mit ebenso präzise wie diskret erteilten Instruktionen darüber, wie die Flüssigkeit aufzutragen sei, um eine möglichst echt aussehende Färbung innerhalb kürzester Zeit zu erzielen. Er kaufte auch mehrere kleine Haarbürsten zum Auftragen der Tinkturen.«[59] Wenig später fliegt er tatsächlich auch noch nach Kopenhagen. Und es heißt:

Am nächsten Tag kaufte er bei einem der besten Herrenausstatter Kopenhagens einen leichten Anzug in klerikalem Dunkelgrau, ein Paar schlichte schwarze Schuhe, ein Paar Socken, eine Garnitur Unterwäsche und drei weiße Hemden mit festem Kragen. Er achtete sorgfältig darauf, nur solche Artikel zu kaufen, die auf der Innenseite den Namen ihres dänischen Herstellers auf einem kleinen Stoffschild trugen. Bei den drei weißen Hemden, die er nicht benötigte, ging es ihm lediglich um die Schildchen, die er heraustrennen und an das priesterliche Hemd, den runden hohen Kragen und das Bäffchen annähen würde – drei Bekleidungsartikel, die er sich unter der Vorspiegelung, er sei ein kurz vor dem Empfang der Weihen stehender Theologiestudent, in London besorgt hatte. – Sein letzter Einkauf in Kopenhagen war ein in dänischer Sprache verfaßtes Buch über die bedeutendsten Kirchen und Kathedralen Frankreichs.[60]

So kann er denn in Frankreich, sollte es nötig sein, als ein bis auf die Unterhosen echter dänischer Pastor auftreten, der eine Bildungsreise tut und mit besonderer Hingabe kirchliche Bauten besichtigt.

Auf ähnliche Weise adaptiert der Schakal Identität und Ausstattung eines amerikanischen Studenten sowie eines altgedienten französischen Soldaten, eines Veterans aus dem Zweiten Weltkrieg, der gerne in seiner abgewetzten Uniform mit den Ehrenmedaillen an der Brust auftritt. Dieser letzten Gestalt ist eine dramatische Funktion im Showdown zugedacht.

Der Killer, der als Privatmann bereits über eine legitime Identität und einen authentischen Paß verfügt, kann in dieser seiner wahren Existenz nicht auftreten. Er braucht also auch für seine unverstellte Erscheinung einen zweiten Paß, der ihn als eine andere Person ausweist, mit allen Stempeln und Besiegelungen. Keine Maske ist so zuverlässig wie das eigene Gesicht. Die Beschaffung dieses Dokuments wächst sich in ihrer raffinierten Umständlichkeit zu einer förmlichen kleinen Komödie innerhalb des Romans aus. Der andere, ebenso unabdingbare Vorgang aber, die Anpassung des Pastorenpasses mit dem Dänenkopf auf seine eigene Physiognomie, wird im Gegenzug zu einer grausamen kleinen Kriminalnovelle.

So reist denn also dieser Schakal, von dem wir nie wissen, wer er in Wahrheit ist, am Ende mit einigen Köfferchen über den Kanal nach Belgien, Ziel Frankreich, Ziel Paris, Ziel Gare Montparnasse – wo in naher Zukunft eine patriotische Feier mit Teilnahme des Staatspräsidenten General de Gaulle angesagt ist –, und in diesen Köfferchen stecken vier Identitäten, und seinen eigenen Paß besitzt er auch noch. Das macht zusammen fünf griffbereite Wechselexistenzen.

VIII
Zur Anthropologie der Kleider und der Verkleidung

Die Faszination der Verkleidung ist mit dem Geheimnis der Kleider überhaupt verbunden. Warum wir uns über die Gewalt der Kleider täuschen. Die Gewalt der Kleider als Folge des Sündenfalls. Die Freiheit in der Verkleidung, singulär. Verkleidung und Fest. Die eingestandene und die verheimlichte Verkleidung als Verhältnis von Ironie und Lüge. Meine Kleider sind der Blick der Andern. Über den Grund des Vergnügens an den Verkleidungen in der Literatur. Einkleidung und Ritual. Erste Andeutung zur Freiheit des Intriganten.

Bei diesem Nachbericht, der die ausgedehnten Schilderungen des Schakal-Romans rabiat verkürzt, drängt sich irgendwann die Frage auf, warum die Prozeduren der Verkleidung, der Verstellung *als* Verkleidung, eine solche Anziehungskraft auf die Leser ausüben – Leser, welche doch von einem Thriller Aktionen erwarten, Konfrontationen, Männerkämpfe mit Männersiegen und Männerniederlagen. Warum langweilen diese Prozeduren die Leser nicht? Da wird ihnen ein Attentat auf einen Staatspräsidenten versprochen, ein Stoff, aus dem die Männerträume sind, und dann diese kapitellangen Umständlichkeiten! Sie könnten sich wie eine unkontrolliert wachsende Nebenhandlung ausnehmen, etwas Lästiges und Unangenehmes also, wirken aber offenkundig ganz anders. Sie beflügeln die Lektüre und befördern den weltweiten Erfolg des Romans.

Die Antwort ist nicht mit zwei Sätzen zu geben. Die Faszination des Geschehens muß mit den Geheimnissen von Kleidern und Kleidung, Kleidung und *Ver*kleidung auf fundamentaler Ebene zusammenhängen. Tatsächlich liegt hier ein anthropologischer Komplex vor, der allen vertraut ist, vertraut bis auf die Haut im wörtlichen Sinn, und worüber wir doch wieder merkwürdig wenig wissen.

Natürlich gibt es die Regel: Kleider machen Leute. Sie ist abgegriffen, aber gleichwohl zuverlässig wahr und wird täglich von jedermann erlebt. Ich bin, wie ich mich kleide. Ich werde zu dem, als der ich mich kleide. Der Rocker weiß und fühlt sich erst als Rocker, wenn er die Bomberjacke und die Stiefel trägt. Und als was die Frauen sich fühlen, erst dann fühlen, wenn sie das oder dies oder jenes andere angezogen haben, braucht man ihnen nun ganz gewiß nicht eigens zu sagen. Das Verhältnis zu Tuch und Stoff ist bei den zwei Geschlechtern deutlich verschieden. So wie das Verhältnis zur

Haut, zur ganzen Körperoberfläche, auch zu Berührungen der Körperoberfläche bei den beiden Geschlechtern verschieden ist. Sogar zu den Stoffen, die andere Leute tragen, haben die Geschlechter ein anderes Verhältnis. Während die Männer am Gegenüber etwas hängen sehen, das vielleicht Falten wirft oder eher straff ist, scheinen die Frauen ein taktiles Erlebnis allein schon aus dem Blick auf einen bestimmten Stoff zu gewinnen, der sich um irgendeine Schulter legt. Doch davon ist hier nicht zu handeln, ist im Zusammenhang mit einem bis zum Skandalösen exemplarischen Männerroman am wenigsten zu handeln.

Die Hauptwahrheit, um die es hier geht, lautet: Ich werde zu dem, was ich trage. Um ich selbst zu sein, muß ich daher tragen, was mich zu mir selbst macht. Erst die Kleidung macht mich zu dem, der ich bin, als der ich mich weiß oder fühle, als der ich mich wissen oder fühlen möchte. Insofern haben die Kleider eine Gewalt, die den einzelnen bis in den Kern seiner Person berührt. Sie besitzen das Potential einer realen Magie, wirklich und wahrhaftig, Magie im Sinne einer Kraft der unausweichlichen Verwandlung. Das ist uns einerseits völlig klar; andererseits täuschen wir uns doch wieder über die Macht, die in den Kleidern steckt. Der Grund kann benannt werden: Wir täuschen uns deshalb so leicht über die Macht der Kleider, weil wir die Kleider in unserer Macht haben. Wie soll etwas mich beherrschen, was ich selber beherrsche? Wie kläglich liegt das nicht allnächtlich auf dem Stuhl, hingeschmissen, ein Häufchen, und ich kann es am Morgen nach Belieben wieder anziehen oder liegen lassen oder zur Wäsche stopfen oder in den Abfalleimer werfen. Da passiert nichts. Da tritt kein rächender Gegenzauber in Aktion. An Magie zu denken, wenn man sich am Morgen ächzend aus dem Bett wälzt und das Zeug am Stuhl hängen sieht, zur Hälfte am Boden und eine Socke fehlt wieder, da an geheime Macht und Magie zu denken, kommt wirklich keinem in den Sinn.

Dennoch gibt es da ein großes Aber. Ganz ohne Zweifel haben wir die unumschränkte Macht über alle Kleider, aber dem Prinzip des Bekleidetseins gegenüber sind wir nicht frei. Hier stehen alle unter einer gewaltigen Herrschaft. Auch die Nacktheit macht keine Ausnahme. Die Nacktheit ist vielmehr eine Extremform der Bestimmung der Person durch die Körperoberfläche. So groß unsere Macht über alle Kleider ist, so gänzlich machtlos sind wir doch gegenüber der Tatsache, daß unsere soziale Existenz – und es gibt für den Homo sapiens keine andere – bestimmt wird durch die äußerste Schicht der körperlichen Erscheinung. Ich kann nicht anders, ich muß mich in

Textiles stecken und mich so dem Blick, dem Erkennen, dem Bestimmen der andern preisgeben, und wenn ich mich in gar nichts stecke, stecke ich mich eben in die Nacktheit und gebe mich so in extremer Weise dem Blick, dem Erkennen, dem Bestimmen der andern preis. Genau genommen ziehe ich mit meiner Kleidung nicht so sehr eine Kombination von Geweben an als bereits schon den fremden Blick, der auf mich fallen wird.

Dies alles hat das Urelternpaar, haben Eva und Adam aufs Leibhaftigste erfahren müssen. Wir sagen, die beiden seien nackt gewesen im Paradies. Das stimmt nicht. Der Paradieseszustand wird nicht von der Tatsache her bestimmt, daß die Menschen dort nackt waren, sondern daß es für sie weder Nacktheit noch Kleidung gab. Dies ist ein Zustand, der, einmal verloren, nie mehr zu gewinnen ist. Ein ganz und gar anderer, eminent merkwürdiger Zustand ist das, über den nachzudenken sich mindestens so sehr lohnt wie über die näheren Umstände des Sündenfalls. Nach dem Biß in die verbotene Frucht heißt es:

Da wurden ihrer beider Augen aufgetan, und sie wurden gewahr, daß sie nackt waren, und flochten sich Feigenblätter zusammen und machten sich Schürze.[61]

Das ist das Bekannteste, aber nicht das Interessanteste an der Geschichte. Es heißt nämlich weiter:

Und sie hörten die Stimme Gottes des Herrn, der im Garten ging, da der Tag kühl geworden war. Und Adam versteckte sich mit seinem Weibe vor dem Angesicht Gottes des Herrn unter die Bäume im Garten. Und Gott der Herr rief Adam und sprach zu ihm: Wo bist du? Und er sprach: Ich hörte deine Stimme im Garten und fürchtete mich; denn ich bin nackt, darum versteckte ich mich.

Worauf erst der Satz folgt, auf den es ankommt: »Und er [also Gott der Herr] sprach: Wer hat dir's gesagt, daß du nackt bist?«[62] Dieser Satz, über den alle hinweglesen, ist der Beweis dafür, daß Eva und Adam vor dem Sündenfall nicht nackt waren, sondern weder nackt noch bekleidet, in einem Zustand gänzlich außerhalb dieser Kategorien. Das besagt aber, daß mit dem Sündenfall nicht nur der Zwang zur täglichen Wahl zwischen Gut und Böse beginnt, sondern auch der Zwang zur täglichen Kleiderwahl. Im biblischen Bericht sind es zuerst geflochtene Feigenblätter, dann sind es Felle, die merkwürdigerweise der Herr selbst herstellt: »Und Gott der Herr machte Adam und seinem Weibe Röcke von Fellen und kleidete sie.«[63]

Gott der Herr wird so nicht nur zum ersten Schneider der Weltgeschichte, sondern er muß dafür auch Tiere töten. Die ersten Kleider bedingen den ersten Mord an einem Tier. Das steht nicht im Text. Man kann es ihm aber entnehmen, auch wenn es theologisch fragwürdig sein mag. Und immerhin folgt in der biblischen Erzählung gleich anschließend der erste Mord eines Menschen an einem andern Menschen.

Mit dem Sündenfall beginnt die Macht der Kleider über die menschliche Existenz. Und es beginnt damit die Selbsttäuschung des Menschen über diese Macht, weil ihm die Freiheit der Wahl stets eine Freiheit an sich vorspiegelt. Er muß aber eine Wahl treffen. Er steht unter dem unbedingten und absoluten Zwang zur Kleiderwahl, und falls ihm die Kleider durch eine äußere Macht aufgezwungen werden wie dem Soldaten die Uniform oder dem Sträfling die gestreifte Jacke, ist das nur eine Variante des allgemeinen Zwangs.

Das heißt, daß die Kleider, mittels deren ich mich selbst zu dem mache, der ich bin oder sein will, zum Homeboy oder Banker oder Banker-in-der-Freizeit oder Altachtundsechziger oder Country-Girl oder Königin von England mit den Königin-von-England-Hüten, daß diese Kleider immer auch mich selbst unterwerfen. Ich stehe in ihrer Macht. Wie ein Gefangener, der die Wahl hat zwischen sieben Zellen, aber eben nicht zwischen den Zellen und der Freiheit, bleibe ich, was immer ich anziehe, der Gefangene meiner Kleider. Auch der Freizeit-Dress unterwirft mich sogleich dem Zwang, Freizeit zu betreiben. Und selbst wenn ein Senn auf einer abgelegenen Alp den ganzen Sommer lang die gleiche alte Militärhose trägt und das gleiche alte Militärhemd, ist er zwar das tägliche Auswählen los, nähert sich aber um so mehr dem völligen Zusammenfall von Kleidung und Bestimmung der Person durch dieses eine Kleid, ist er in ganz besonderer Weise frei den Kleidern gegenüber und deren Gefangener zugleich. Allerdings kümmert ihn dies ganz und gar nichts.

Erst jetzt sind die Voraussetzungen geklärt, unter denen der Akt der *Ver*-Kleidung begriffen werden kann. Wenn jede Kleidung ein Zugriff auf meine Person ist, wenn diese meine Person als soziales Wesen, das sie auf Tod und Leben ist, durch sie bestimmt wird, dann wird jede *Ver*-Kleidung zu einem Akt der Freiheit gegenüber dem Grundzwang. Hinter der Verkleidung bin ich weder nackt noch angezogen, bin ich, wie Adam war.

Wenn das stimmen sollte, dann besäße die Verkleidung eine paradiesische Dimension. Es gibt Gründe, die dafür sprechen. Einer dieser Gründe ist die auffällige Verbindung der Verkleidung mit dem

Fest. Das Fest, die große, ausgelassene Veranstaltung vieler zusammen, tendiert von Natur aus dazu, ein tanzendes Zusammensein von Verkleideten zu werden. Der Karneval und die Street-Parades und Love-Parades sind nur die nächstliegenden Beispiele. Keineswegs aber ist es so, daß das Fest insgeheim dazu tendiert, ein tanzendes Zusammensein von lauter Nackten zu werden. Die bis zur Erschöpfung hüpfenden Frauen und Männer an den Love-Parades und Street-Parades sind zwar oft nahezu unbekleidet, gerade deswegen aber schminken sie wieder den ganzen Körper ein und bekleben ihn mit allerlei Glimmer und Glitzer. Nacktheit im sozialen Raum kann nie die Freiheit geben, nie die Freiheitserfahrung vermitteln, wie die Verkleidung es tut.

Sigmund Freud hat das Fest bestimmt als die zeitlich begrenzte Freigabe des Verbotenen, als temporäre Aufhebung sozialer Normen.[64] Wenn also das Fest die Verkleidung sucht, muß dies einen Bezug zum gesellschaftlichen Verbot haben. Er ist leicht aufzudecken. Außerhalb des Festes oder des durch Spielregeln gesteuerten Spiels ist jeder Verkleidete verdächtig oder verrückt. Im öffentlichen Raum muß in beiden Fällen die Polizei eingreifen. Die Erlaubnis zur Verkleidung, die zum Fest gehört, ist also eine Form der Freigabe von Verbotenem. Die Wirklichkeit dieses Verbots zeigt sich in der gesetzten Grenze des Festes. Ohne Aschermittwoch keine Fastnacht. Auch der neue Brauch, daß vielerorts am 11. 11. jedes Jahres um 11 Uhr 11 die erst im neuen Jahr tatsächlich kommende Fastnacht eingeläutet, eintrompetet wird, durch Maskierte und Geschminkte buntester Art, verweist auf die Grenze des Festes. Die Grenze als solche ist schon Genuß, weil dieser ohne die Grenze gar nicht wäre. So fiebert ganz Basel jedes Jahr dem Glockenschlag entgegen, mit dem am Montag früh um vier Uhr die Woche der Basler Fasnacht beginnt: Genuß der Grenzsekunde. In der Grenze aber steckt das Verbot, und nur das Verbot ermöglicht das Fest. Alle Verkleidung muß also mit fundamentalen Verboten verknüpft sein.

Eine interessante Gegenform stellt die ernste Feier dar. Auch diese ist vom Alltag abgehoben, aber zu ihr erscheint niemand verkleidet. Vielmehr tritt man hier in der Tracht auf, welche die tatsächliche soziale Identität am klarsten, gewissermaßen gesteigert zum Ausdruck bringt. Bei Männern geht das meistens nur in Schwarz. Etliche hängen sich dazu ihre Orden um oder stecken die entsprechenden Rosetten ins Knopfloch: Insignien des gesellschaftlichen Ranges. Das senkrecht gebügelte Schwarz der ernsten Feier steht in einem untergründigen Bezug zu den wilden Farben des Festes. Die ernste Feier ist dessen äußerste Negation. Sie inszeniert rituell das Gesetz, das im Fest außer Kraft gesetzt wird.

In Hinsicht auf die Verkleidung als Element der Intrige, der zielgerichteten Verstellung, muß nun ein wesentlicher Unterschied festgehalten werden. Die Verkleidung im Fest, im Karneval, im Spiel der Kinder oder auf der Bühne, die Verkleidung also, die ihre zeitlichen Grenzen hat und ihre Spielregeln, ihre immanenten Verbote auch noch in dem von Verboten freigegebenen Raum, diese Verkleidung gibt sich stets als solche zu erkennen. Ich weiß vielleicht nicht, wer hinter der Maske steckt, aber daß die Maske eine Maske ist und kein wahres Gesicht, das weiß ich immer ganz genau. Die Verkleidung im Fest lügt also nicht, während die Verkleidung in der Intrige eine körperhafte Form der Lüge ist. Die Verkleidung im Fest verhält sich zur Verkleidung in der Intrige wie die Ironie zur Lüge. Auch die Ironie sagt die Unwahrheit, sagt sehr oft das genaue Gegenteil der Wahrheit. Die »schöne Bescherung« ist alles andere als eine schöne Bescherung. Aber die Ironie sagt die Unwahrheit so, daß diese vom Angesprochenen sofort erkannt wird. Wäre das nicht der Fall, müßte sich der Sprecher entschuldigen, denn der Angesprochene erlebt die Ironie dann als Lüge. Die Ironie ist nur deshalb keine Lüge, weil durch zusätzliche Signale irgendwelcher Art, die berühmten Ironiesignale, gleichzeitig mitgeteilt wird: Der wörtliche Sinn ist nicht der gemeinte. Die Scherben am Boden machen sofort klar, daß die »schöne Bescherung« häßlich ist.

Ironie ist eine Spielform der menschlichen Kommunikation und, als Variante des »uneigentlichen Redens«, eine Kategorie schon der antiken Rhetorik, ähnlich wie die Metapher, die Hyperbel oder die Litotes. Die Verkleidung im Fest ist inszenierte Ironie. Die Verkleidung in der Intrige ist praktizierte Lüge. Von daher aber, von der praktizierten Lüge gezielter Tarnungen, leitet sich jener Grundverdacht gegenüber auch der spielerischen Verkleidung her, der diese in zeitliche Grenzen zwingt.

Damit sind die Bedingungen abgesteckt, unter denen die Frage nach der grundsätzlichen Faszination, die in der Literatur von der Verkleidung ausgeht, beantwortet werden kann. Das Faszinosum der Intrige als eines elementaren Geschehens, eines eigentlichen Motors der Literatur, ist mit dem Faszinosum der Verkleidung verknüpft. Denn es wird kaum eine Verkleidung in der Literatur geben, die nicht zu einem intrigenähnlichen Geschehen, einer geplanten und zielgerichteten Verstellung, gehört. In der Verkleidung, die nicht inszenierte Ironie ist, die also nicht durchschaut wird und nicht durchschaut werden soll, vielmehr täuschen soll und also lügen, in dieser Verkleidung, und nur in ihr, bin ich allen andern gegenüber nicht mehr ich selbst. Ich ist jetzt tatsächlich ein anderer, um Rimbauds Diktum zu zitieren. Erfolgreich verkleidet, kann ich zusehen, wie die andern in mir einem ganz andern als mir begegnen. Ich selbst bin dahinter, bin unsichtbar hinter diesem andern. Ich bin also da und nicht da zugleich. Ich bin, wie einst Adam, weder bekleidet noch nackt. Es gibt den Zwang, meine Kleider zu wählen und meine Person in den fremden Blick zu hüllen, nicht mehr, den Zwang, der mit dem Sündenfall begonnen hat. Ich bin frei wie niemals sonst, frei, wie nur einer in der Tarnkappe es sein kann, der ja ebenfalls weder nackt ist noch bekleidet. Aber die Tarnkappe, die gänzliche Unsichtbarkeit mitten unter den Leuten, ist Magie und Märchen. Die erfolgreiche Verkleidung indessen ist Realität, eine Realität, die sich insgeheim mit den Reizen von Magie und Märchen berührt. Die Verkleidung geht in ihrem Wesen also weit über den konkreten Zweck hinaus, zu dem sie veranstaltet wird. Das Beobachten, das Mitverfolgen und Miterleben der Prozesse der Verkleidung in der Literatur, auf der Bühne, im Film wird damit zum Mitverfolgen und Miterleben des Gewinns einer Freiheit, welche der täglichen Existenz versagt bleibt.

Von da aus wäre nun auch wieder zurückzublenden auf die Fähigkeit der alten Götter, sich in jede Gestalt zu verwandeln und unerkannt unter die Menschen zu treten. Diese Fähigkeit ist eine Dimension ihrer Freiheit, die über alle Menschenfreiheit hinaus liegt. Sie berührt sich mit der Freiheit des ersten Menschenpaars im Paradies. Auch Adam und Eva lebten noch nicht unter einem fremden Blick. Sie erfuhren sich weder als Gesehene noch als Nichtgesehene. Erst mit dem Sündenfall tritt die Erfahrung des auf mich gerichteten Blicks in die Welt. Jetzt muß sich Adam verbergen: »Und Adam versteckte sich mit seinem Weibe vor dem Angesicht des Herrn unter die Bäume im Garten.«[65] Bisher wußten die beiden nicht, was das ist: sich verstecken. Nun müssen sie es tun, und sie müssen sich zugleich in Kleider hüllen, in den verkörperten Blick der andern.

Entscheidend für die Erfahrung der Verkleidung in der Literatur ist also die Tatsache des unbedingt freien Ichs hinter der erfolgreichen Verkleidung. Hier liegt der magische Effekt. Nicht die andere Person, die man dabei spielt und für die andern darstellt, ist der entscheidende Punkt, sondern die Freiheit hinter dieser andern Person, der Wiedergewinn eines mythischen Zustands: nicht nackt zu sein und nicht gekleidet.

Von daher ist der nahezu rituelle Charakter, den die Prozeduren der Verkleidung im Roman »Der Schakal« gewinnen, mehr als nur ein Erzähltrick des Autors, mehr als nur ein Spielen mit hyperrealistischen Kunstverfahren. Kleidung und Ritus hängen seit je zusammen. So sehr ist der Ritus auch zeremonielle Kleidung, daß jede mit äußerster Sorgfalt und Genauigkeit vorgenommene Kleidung einen rituellen Anstrich bekommt. Der Bezug zum religiösen oder parareligiösen Ritus zeigt sich am besten anhand eines Begriffs, der bisher noch nicht gefallen ist, des Begriffs der *Einkleidung*. Einkleidung meint einen zeremoniellen Vorgang, bei dem eine Frau oder ein Mann in eine neue Form der Existenz übertritt, definitiv oder auf Zeit. Im Akt solcher Einkleidung machen Kleider auf die radikalste mögliche Weise Menschen. Man kann darüber die Nonnen und Mönche befragen. Und jeder, der einmal Soldat werden und eine Rekrutenschule besuchen mußte, wird sich sein Leben lang erinnern, wie er in einer langen Reihe von Gleichaltrigen an Tischen entlangging, wo man ihm ein Kleidungsstück nach dem andern über den ausgestreckten Arm warf, und mit jedem spürte er mehr, wie sich etwas an ihm verflüchtigte, wie die Person zu schrumpfen begann und die Marionette wuchs.

Die fortschreitende Aufklärung, die eine feine Nase hat für religiöse und feudale Spuren in der Gesellschaft, ist grundsätzlich ritenfeindlich und hat die zeremonielle Einkleidung abgeschafft, wo immer es sich machen ließ. Doch je mehr rituelle Elemente vertrieben oder durch Gelächter unmöglich gemacht werden, um so mehr kommen durch die Hintertür wieder herein. Archaisch-vorzeitliche Formen des Rite de passage wie die Tätowierung oder die Durchbohrung von Körperteilen kehren als Tatooing und Piercing zurück und geben jungen Leuten eine greif- und spürbare Vergewisserung ihres individuellen Daseins.

Wenn wir also in der Literatur, und sei es im Thriller, vor dem Ereignis einer nahezu rituellen Ver-Kleidung stehen, darf man dabei durchaus an die Bedeutungen der feierlichen Ein-Kleidung denken. So wie es bei dieser um den Übertritt in eine neue Lebensform oder ein hohes Amt geht, geht es bei der täuschenden Verkleidung um die Zurichtung einer spezifischen Freiheit. Der Verkleidete tritt über in eine Unsichtbarkeit und Unfaßbarkeit, die einen anarchischen Aspekt hat. Jetzt kann er das Verbotene tun und das Verborgene sehen.

Daraus darf geschlossen werden, daß die täuschende Verkleidung in der Intrige weit über eine bloße Technik der List hinausgeht. Es geht stets um mehr als die Überlegung: Er darf mich nicht sehen, also ziehe ich eine Kapuze über. Oder: Ich darf nicht als Frau erkannt werden, also trete ich als mein Bruder auf. Wenn in der Verkleidung tatsächlich eine Form anarchischer Ungebundenheit gewonnen wird, etwas von dem Zustand, in dem sich Adam befand, bevor er gefragt wurde: »Wer hat dir's gesagt, daß du nackt bist?«, dann gewinnt auch die Verkleidung in der Intrige, gewinnt zuletzt die Intrige selbst den Einschlag einer spezifischen Freiheitserfahrung, etwas anarchisch Außergesetzliches, eine Lösung aus Zwängen und Kontrollen. So hat sich Balzacs Vautrin, der Meister der Konspiration und Verstellung in der modernen Metropole, ausdrücklich außerhalb des *Contrat social* gestellt.

Damit tritt der rezeptionsästhetische Aspekt der Intrige in ein neues Licht, ihre Wirkung auf Leserinnen und Leser. Deutlicher wird jetzt, worauf die Faszination beruht, die vom großen Intriganten und Ränkeschmied ausgeht, von den Drahtzieherinnen und Intrigantinnen, vom Machinator und der Machinatrix.

Und wenn in den Gender studies der jüngeren internationalen Literaturwissenschaft über Frauen in Männerkleidern und Männer in Frauenkleidern besonders eifrig nachgedacht wurde, hat das nicht nur damit zu tun, daß man in solchen Geschichten die soziale Konstruktion des Geschlechts (gender im Gegensatz zu sex) besonders gut beobachten konnte, sondern daß hier auch so etwas wie die Freiheit vom Geschlecht überhaupt, die Freiheit vom Zwang zum Geschlecht zur Erscheinung gelangte. Die Freiheit vom Geschlecht: das wäre der Zustand der Engel. Sind nicht auch die Engel in den gleichen Jahren wieder neu studiert worden?

IX
Nochmals der Virtuose der Verkleidungstechnik

Die Identitätswechsel überstürzen sich. Der Männerroman und die Spezifika des männlichen Schreibens. Gibt es Waffen im weiblichen Schreiben?

Zurück zum Thriller, zu Forsyth, zum Schakal. Die Handlungskurve des ganzen Romans bis zu den Detonationen des Finales ist durchweg geprägt von den Identitätswechseln des Killers, der sich langsam Paris nähert und dem Platz vor der Gare Montparnasse. Schritt für Schritt setzt er ein, was er in den Köfferchen bei sich trägt. Dabei steigert sich das Erzähltempo. Immer rascher wird ein Verkleidungssystem von der Gegenintrige durchschaut, muß der Schakal zum nächsten greifen. Am Schluß werden es insgesamt sechs Identitäten sein, in die sich der Attentäter gesteckt hat. Nach jeder Enttarnung gelingt es ihm, in der nächsten Tarnung dem Zugriff der Polizei zu entkommen. Den dänischen Pastor, der mit so großem Aufwand präpariert wurde, kann er genau einen Tag und eine Nacht lang benutzen. Trotzdem wird genau beschrieben, wie sich der Schakal diese Rolle, dieses Gesicht, diese Gestalt vor dem Spiegel aneignet. Und ohne diese Pastorenhülle wäre er denn auch der inzwischen frankreichweit angelaufenen Fahndung in einem kritischen Moment nicht entkommen.

Gegen Ende gehen ihm dann doch die Identitäten aus. Die letzte, die Verkleidung in den einbeinigen Kriegsveteranen, braucht er für das Attentat. Nur so nämlich, in dieser patriotischen Rolle, kann er den Sicherheitsgürtel um den Staatspräsidenten durchbrechen. Einbeinig aber muß er deshalb sein, damit er mit einer Metallkrücke auftreten kann, und eine Metallkrücke braucht er, um in deren Röhren ein zerlegtes Gewehr mit Zielfernrohr durch die Polizeisperren zu bringen. Doch bevor es soweit ist, vor dem allerletzten Akt also, sieht er sich für einen Moment schutzlos. Keine Maskierung ist mehr zur Hand. Die Schlinge der Gegenintrige droht sich zuzuziehen. Jetzt muß er aus dem Moment heraus handeln, aus dem Moment heraus eine Tarnung finden. Er schminkt sich, als lebte er vom Männerstrich, und wartet in einer entsprechenden Bar, bis ein alter Schwuler ihn aufreißt und nach Hause nimmt. Er bringt den Mann sofort um und kann nun gut versteckt auf den entscheidenden Tag warten, obwohl inzwischen alle Welt weiß, daß der Killer in Paris ist, und alles, was dazu nur aufgeboten werden kann, auf ihn Jagd macht.

Dieser rasche, routinemäßige Mord ist kein Einzelfall. Er ist Teil einer Reihe von Morden, die immer dann geschehen, wenn eine der Tarnungen durchschaut wird. Der Akt der Verkleidung wird durch diese Serialität an das schwere Verbrechen geknüpft. Mit den Identitäten, die der Schakal hinter sich läßt, die er oft im wörtlichen Sinne wegwirft mit dem entsprechenden Köfferchen, läßt er meist auch eine Leiche zurück. Er begeht diese Morde genau so maschinenmäßig und technisch fehlerlos wie jede andere Handlung auf dem Weg zu seinem Ziel.

Erträglich ist das für den Leser nur, weil es als Teil einer Romanmaschine erlebt wird, die ihrerseits fehlerlos abläuft. Die einzelnen Opfer aber sind durchweg aus geläufigen literarischen Mustern und Typen gefertigt, geheimnislos, keine Individualitäten, sondern Gebrauchsmaterial für den trainierten Schreiber, so wie sie innerhalb der Erzählung Gebrauchsmaterial für den trainierten Killer sind. In diesen Nebenfiguren deckt die erzähltechnische Könnerschaft ihre künstlerischen Grenzen am deutlichsten auf. Und wie immer in der Literatur, werden an den künstlerischen Grenzen auch die ideologischen Implikationen am klarsten sichtbar. Insbesondere die Frauenfiguren erweisen in der Art ihrer Gestaltung den Roman als Produkt eines Machismo großen Stils, ein unreflektiertes Manifest der Männlichkeit aus den letzten präfeministischen Jahren.

Gerade weil das Buch aber ein nahezu idealtypisches Produkt des literarischen Machismo ist, wird es historisch und literaturtheoretisch auf neue Weise interessant. Die andauernde Diskussion, ob es denn überhaupt ein spezifisch weibliches Schreiben gebe, könnte durch diesen Thriller insofern bereichert werden, als mit ihm ein Männerroman vorliegt, der ein strikt maskulines Schreiben, ein bis zum Skandalösen maskulines Schreiben zweifelsfrei unter Beweis stellt.

Nichts ist hier bezeichnender als die Inszenierung des zentralen Intrigenrequisits, der Mordwaffe. Die Art und Weise, wie dieses Gewehr geplant und dann eigens konstruiert, wie es erworben, zerlegt, versteckt wird, wie es immer mitgetragen, zuletzt schußbereit gemacht und zum Einsatz gebracht wird, läßt die phallische Phantasie, die phallischen Wunschmechanismen überdeutlich werden. Der Männertraum vom unerhörten Gerät, vom perfekten, wenn auch versteckten, vom jederzeit einsatzbereiten, allen andern triumphal überlegenen Gerät, vom Membrum virile als dem Waffenwerkzeug schlechthin, dieser Männertraum wird hier einen ganzen Roman lang mit bedingungsloser Hingabe zelebriert. Sogar die Kugel, mit der auf den Staatschef geschossen werden soll, findet eine erzählerische Zubereitung von homerischer Ausdehnung.

Geschlechtertypologisch gesprochen, wäre das Pendant zum männlichen Phantasma vom unerhörten Gerät das weibliche Phantasma vom unerhörten Gewebe. Es findet sich tatsächlich in den Mythen, sei's bei Penelope, sei's bei Arachne[66], sei's bei Medea. Sowohl für Penelope wie für Medea ist das Gewebe Intrigenrequisit. Mit dem Scheingeschenk des vergifteten Prachtgewandes tötet Medea ihre Rivalin Glauke oder Kreusa. In den Bildern und Figuren der Schutzmantelmadonna hingegen wird das unerhörte Gewebe des alle guten Menschen bergenden Mantels zum Gegenbild jenes bösen Werkzeugs.

Wo man hinschaut, triumphiert in Forsyths Roman die mechanisch-technische Perfektion: im Romanaufbau, in der Handlungsdramaturgie, im fortlaufenden Bericht über die Mordwaffe, in den Strategien der Verkleidung, ja sogar die Figur des Schakals selbst, des Mannes ohne Namen, weist Züge eines maschinenähnlich funktionierenden Wesens auf. Dies wird in einer der Mordszenen ausgesprochen. Als das Opfer den Mann, der zur Tat entschlossen ist, anschaut, heißt es: »Sein Blick war kalt und leblos geworden, und sie hatte das Gefühl, als starre eine Maschine sie an.«[67] Das ist schon bemerkenswert: Der Mörder als Maschine in einem literarischen Produkt, das selbst einen maschinenhaft genauen Ablauf anstrebt und zu seiner symbolischen Mitte eine raffiniert konstruierte High-Tech-Waffe hat. Dies alles in einem Handlungsrahmen, der aus einem Lehrbuch über den Ödipuskomplex in der Literatur stammen könnte: mit dem Vaterkönig (de Gaulle) als Aggressionsziel der Intrige und mit den ebenso leidenschaftlichen Anstrengungen der Gegenintrige, den Vaterkönig zu schützen. Diese doppelte Leidenschaftlichkeit veranschaulicht den Freudschen Begriff der Ambivalenz im ursprünglichen Sinn auf frappierende Weise, so deutlich, wie es sonst nur bei den literarischen Aufspaltungen einer Figur in zwei gegensätzliche Typen geschieht. Das geht bis hin zu dem Detail, daß der Mörder den Tatort, wo er mit seiner kultisch gehegten Waffe auf den Vaterkönig anlegen wird, als Amputierter verkleidet erreicht. Die Urstrafe für das Urverbrechen ist die Kastration. Im Simulieren eines Amputierten nimmt der Täter die drohende Strafe symbolisch vorweg und ermöglicht so sich selbst, aber auch dem Erzähler, das Überschreiten der archaischen Tabuschwelle.

Soviel zur Intrigenstruktur eines Thrillers der jüngeren Gegenwart, der weiterhin breit gelesen wird. Es könnte ein spannendes Experiment abgeben, diesen Männerroman, dem alle Männerneurosen eingeschrieben sind, einem Lesetest bei beiden Geschlechtern zu unterziehen und die Differenz der Reaktionen festzustellen, gleichzeitig mit einem entsprechenden Test am Ripley-Roman von Patricia Highsmith, der *Frau* Patricia Highsmith. Bei ihr fehlt der Waffenkult ganz und gar. Ripleys Mordgerät ist auffällig oft ein beliebiger Gegenstand in Griffnähe, ein zufälliges Ding, nichts also, was man hegt und pflegt und immer mit sich trägt (wie einst Old Shatterhand seine Waffendreiheit Silberbüchse, Henrystutzen und Bärentöter).

X
Intrige und Gegenintrige als Spektakel der Moral

Homöopathie der Hinterlist: Gleiches mit Gleichem. Die Gegenintrige verschärft die Frage nach Recht und Unrecht. Vernichtende vs. rettende, schwarze vs. weiße Intrige. Ist die Gegenintrige moralisch einwandfrei? Die erste Intrigentragödie der Weltliteratur als Schauspiel der sittlichen Ambivalenz. Ehrlichkeit und Lüge vormoralisch. Langsame Entwicklung einer Ethik der Lüge. »Philoktet« als Beispiel. List und Verstellung einst eine Gottesgabe. Odysseus wechselt seine Vorfahren. Die Opposition von List und Gewalt als Konstante. Unhaltbarkeit eines schönen Gedankens: schwarze und weiße Intrige bilden keine klare Opposition.

Bei der Analyse von Forsyths Roman wurde wie nebenhin der Begriff der Gegenintrige eingeführt. Dieser meint eine weit komplexere Gegebenheit, als die Erwähnung en passant es nahelegt. Er zielt auf einen mächtigen Faktor in der Dynamik der Literatur. So wenig man behaupten kann, zu jeder Intrige gehöre eine Gegenintrige, so auffällig ist doch die Neigung der Erzähler und Dramatiker, die große, geplante, in die Wege geleitete Strategie durch eine ebenso planvoll eingefädelte Gegenstrategie zu durchkreuzen. Natürlich setzt das zweite Unternehmen die Entdeckung des ersten voraus. Aber eine entdeckte Intrige ist für das *Intrigenopfer* ja noch lange nicht entschärft. Ein König kann gestürzt werden, auch wenn er von der Verschwörung Wind bekommen hat. Und im Bereich des Schwanks und der Komödie können einem Ehemann von der listigen Gattin Hörner aufgesetzt werden in großer Zahl, obwohl ihm ihre Neigung zu fröhlichen Nebenbeschäftigungen bekannt ist. Mancher List und gezielten Verstellung ist daher nur über die alte homöopathische Regel: »Gleiches mit Gleichem« beizukommen. Manche Intrige ist nur durch eine Gegenintrige zu parieren. Das verdoppelt die Spannungsstruktur eines Werks und steigert seine Attraktivität für die Leser.

Wichtiger aber noch als der Aspekt der potenzierten Dramatik ist beim Ereignis der Gegenintrige die erweiterte Möglichkeit zur Inszenierung moralischer Normen, zur spielerischen Indoktrination der Leser und Zuschauer mit der vom Werk vertretenen Bestimmung des Guten und des Bösen. Die in den zwei konträren Strategien angelegte Gegensätzlichkeit tendiert unausweichlich auf die Entfaltung einer Gegensätzlichkeit im Sittlichen. Die Gegenintrige ist ja eine Rettungsaktion. Die von der ersten Intrige bedrohten Sympathieträger, die nach einem alten, jedermann vertrauten, wenn auch bis heute nicht voll durchdachten und durchschauten Gesetz des literarischen Erzählens auch die moralisch Guten sind, veranschaulichen in der Praxis ihrer ebenso listigen Gegenstrategie den Sieg des Guten über das Schlechte. Und wir, die Leserinnen und Leser, können dann nicht anders, als diese polare Sittlichkeit zu übernehmen und innig für gut und schlecht zu halten, was uns als solches vorgespielt wird.

Daraus wird auch deutlich, was man zwar aus der Leseerfahrung längst weiß, was aber für den landläufigen Begriff von Intrige und Verstellung keineswegs selbstverständlich ist, daß die Intrige, obwohl sie Lüge ist, obwohl sie immer und in jedem Fall praktizierte Lüge ist, deshalb keineswegs von Natur aus schon sittlich anrüchig sein muß. Es gibt die gute, die rettende, die, wenn man so will, weiße Intrige gegenüber der bösen, der vernichtenden, der schwarzen Intrige. Dies zeigt sich dort am deutlichsten, wo es zum Spektakel einer Gegenintrige kommt. Herrlich herausgespielt etwa wird das in Molières »Tartuffe«. Da ist die Intrige des heuchlerischen Schufts bei Beginn des Stücks in vollem Gang. Die Gegenintrige aber kann von uns in allen ihren Phasen mitverfolgt werden. Wir erleben den Ausgangspunkt der Notsituation mit der Zielphantasie und der Planszene, dann die Praxis der Verstellung und des Fallenstellens bis hin zur schließlichen Anagnorisis. Diese ist, der doppelten Intrigenstruktur entsprechend, ebenfalls eine doppelte: Aufdeckung der Wahrheit hier wie dort. Und im Triumph der Gegenintrige siegt das Gute ebenso unzweideutig, wie in der Niederlage des Intriganten das Böse scheitert.

Daß allerdings gerade im Falle von Molières Meisterkomödie die Klarheit der Struktur dennoch von einer dunklen Bedrohung unterlagert wird, daß der Sieg des Guten in einem unheimlichen Zwielicht bleibt, wird später noch zu zeigen sein, im Zusammenhang mit den grundsätzlichen Überlegungen zum Ereignis der Anagnorisis. Immerhin mag dieser Vorbehalt schon jetzt vor einer allzu unbekümmerten Systematisierung warnen. Der verlockende Gedanke, die Intrige sei stets entweder eine Veranstaltung zur Rettung der Guten vor den Bösen, also weiße Intrige, oder aber eine Veranstaltung zur Vernichtung der Guten durch die Bösen, also schwarze Intrige, ist in dieser absoluten Form nicht haltbar. So viele Texte es gibt, die dies zu belegen scheinen, von Odysseus' und Athenes rettendem Vorgehen gegen die bösen Freier bei Homer bis zum vernichtenden Vorgehen der bösen Höflinge Wurm und Marinelli gegen die guten jungen Frauen im bürgerlichen Trauerspiel, in sehr vielen anderen Texten, und nicht etwa nur der literarischen Neuzeit, rückt doch auch die rettende Intrige in ein Zwielicht, das die glatte Zuweisung zu Schwarz oder Weiß verbietet.

Schon die erste mit einer ganzen Tragödienhandlung von Beginn an zusammenfallende Dramenintrige, die überhaupt bekannt ist, die List des Odysseus in Sophokles' »Philoktet«, gerät im Verlauf des Geschehens zu einer eminenten, einer unauflösbaren, einer schrecklichen sittlichen Ambivalenz. Da ist zuletzt, wie in Shakespeares »Macbeth«, das Weiße schwarz und das Schwarze weiß: »Fair is foul, and foul is fair«[68]. Odysseus, der brillante Lügner, Täuscher und Fallensteller, weiß sich als Vollstrecker eines Götterwillens, wenn er durch seine List dem Philoktet den unfehlbaren Bogen zu entwenden sucht, die einzigartige Waffe, ohne welche Troja nicht erobert werden kann. Neoptolemos, des Odysseus Helfer und Werkzeug, der schließlich selber die Intrige durchkreuzt und dem betrogenen Philoktet die Wahrheit sagt – ein Vorgang, ohne dessen Beispiel Goethe seine »Iphigenie« wohl nicht hätte schreiben können – beruft sich dabei nicht auf das Gute und Gerechte als absolute Kategorien, sondern auf seinen spontanen Abscheu vor List und Lügen. Dieser Abscheu sei ein Erbe seines Vaters, Achill, und ihm von diesem her angeboren. Tatsächlich lehnt Achill, so wie er in der Ilias und noch in Shakespeares »Troilus and Cressida« erscheint, List und Täuschung grundsätzlich ab. Diese seine Haltung ist indessen nicht moralisch begründet, sondern stammt, wie bereits angedeutet wurde, aus seinem Heldenbegriff: Ich bin einer, der das nicht nötig hat. List und Verstellung sind für mich ein Zeichen der Schwäche.

> Denn der Mann ist mir so verhaßt wie die Pforten des Hades,
> Der ein anderes birgt im Sinn und ein anderes ausspricht.[69]

Das schleudert Achill dem Odysseus, dem Meister des versteckten Denkens und täuschenden Redens, ins Gesicht. List und Lüge sind für Achill Defizite im Bereich des Heroischen. Mit Ethik und Moral hat das nichts zu tun. Zusammen mit Ajax bezieht er damit die dezidierte Gegenposition zu Odysseus, für den List und Lüge mit heroischem Handeln bestens vereinbar sind. Ehrlichkeit ist also ursprünglich nichts anderes als ein Element der Prahlerei auf dem Schlachtfeld. Und Lüge ist ursprünglich nur deshalb ein Makel, weil sie als Schwächezeichen betrachtet wird, das der Starke verabscheut.

Dieser archaische Begriff von Ehrlichkeit als einer Selbstinszenierung auf dem Schlachtfeld wandelt sich nach der homerischen Zeit langsam zu einer ernsten, des Tragischen fähigen ethischen Kategorie. Im »Philoktet« kann man diesen Prozeß unmittelbar verfolgen. Der junge Neoptolemos, der dem kranken Philoktet den Bogen ablistet, dann aber seine Intrige aus ihrem Vollzug heraus eigenhändig aufdeckt, kann auf uns wirken wie die von der Idee reiner Sittlichkeit bewegte Goethesche Iphigenie. Verblüffenderweise bleibt er aber in der Begründung seines Verhaltens ganz bei der Vererbungslehre:

> Ich bin nicht so geschaffen,
> Irgend etwas mit übler List zu tun:
> Weder ich selbst, noch er, so sagen sie,
> Achilleus, der mich hat gezeugt, mein Vater.

Und er fügt dem Anstifter Odysseus gegenüber genau die Ergänzung an, die auch Achill vorgebracht hätte. Statt mit List mit Gewalt gegen Philoktet vorzugehen und diesen samt der Wunderwaffe gegen seinen Willen nach Troja zu schleppen, dazu würde er keine Hemmungen haben:

> Doch bin ich willens, mit Gewalt den Mann
> Hinwegzuführen, und nicht mit Betrug.[70]

Die Frage, ob es Recht oder Unrecht sei, dem gequälten Philoktet, dieser ungeheueren antiken Hiob-Gestalt, brutalen Zwang anzutun, wird also überhaupt nicht aufgeworfen. Ginge es um Recht und Unrecht an sich, so müßte sich diese Frage hinsichtlich der Gewalt nicht minder stellen als hinsichtlich der List und Lüge.

Odysseus und Achill stehen einander urbildlich gegenüber als die Verkörperungen von List und Gewalt. »Urbildlich« meint aber nicht nur einen Topos innerhalb des neuzeitlichen Bildungskanons, sondern eine Denkfigur bereits der Antike. List und Gewalt sind konstante Prinzipien der Politik und als solche auch konstante Themen der öffentlichen politischen Debatten. Hinter dem Streit um die »diplomatische oder militärische Lösung« explosiver weltpolitischer Krisen steht auch heute noch ziemlich unverhüllt der alte Gegensatz von List und Gewalt. In Bezug auf Machiavelli wird davon noch gründlicher zu handeln sein. Während aber in den ethischen Diskursen der Gegenwart die »diplomatische Lösung« in der Regel mit der sittlich richtigen, die »militärische Lösung« mit der sittlich falschen gleichgesetzt wird (was zwar einer realistischen Einschätzung des Krieges, aber einer weniger realistischen Einschätzung der Politik entspricht), ist die moralphilosophische Differenzierung der beiden Handlungsregeln ein verhältnismäßig spätes Produkt der Geschichte. List als Kunst der Lüge, der Täuschung, des Betrugs erscheint in der urbildlichen Verkörperung durch Odysseus zunächst nicht nur zulässig, sondern als wertvolle Gabe. Odysseus selbst verdankt das Talent nach der Aussage Homers seinem Großvater mütterlicherseits, Autolykos,

> [...] seiner Mutter tüchtigem Vater, der unter den Menschen
> Meister war im Stehlen und Hehlen, das hatte ein Gott ihm,
> Hermes selber, verliehn; denn dem zu Gefallen verbrannt er
> Schenkel von Lämmern und Zicklein; und der beschirmte ihn gnädig.[71]

Eine Gottesgabe also ist die trügerische List für die ältesten Griechen, Gabe jenes Gottes, der sie selbst am besten beherrscht, Hermes. Als dann aber List und Lüge zunehmend moralisch belastet werden und im neuen Tugendsystem auf die negative Seite geraten, verändert sich bezeichnenderweise auch der Stammbaum des Odysseus. Im »Philoktet« stellt dessen Intrigenopfer, der gequälte Besitzer des kostbaren Bogens, seinen Gegner nicht mehr als Enkel des Götterlieblings Autolykos dar, sondern als Wechselbalg, der dem offiziellen Vater Laertes nur untergeschoben worden sei. In Wahrheit sei Odysseus, der »Allverderber«[72], der »Schlechteste der Schlechten«[73], ein Sohn des Sisyphos.[74] Sisyphos aber, den wir heute nur noch als den armen Steinwälzer kennen, war für die Griechen der Übergescheite, der Scharfsinnigste aller Menschen, der sich in seiner dämonischen Intelligenz sogar den Göttern gegenüber vermaß. Er trickste sie aus und mußte deshalb die bekannte Strafe in der Unterwelt antreten.[75] Indem Philoktet den listenreichen Odysseus zum unehelichen Abkömmling des Sisyphos erklärt – eine Überlieferung, die sich auch anderswo findet –, versieht er ihn mit einer Herkunft von umgekehrtem sittlichem Gewicht. Nun ist er der Sohn eines großen Verbrechers. Dadurch fällt erstmals ein böses Licht auf die Kunst der Täuschung generell, für die Odysseus exemplarisch steht. Die sittliche Diskreditierung einer wertvollen Begabung ist jetzt vollzogen. Philoktet selbst spricht diesen Gegensatz zwischen Achill und Odysseus an, wenn er den jungen Neoptolemos rühmt:

> Du hast die edle Art bewiesen, Kind,
> Der du entstammst: nicht einem Sisyphos als Vater,
> Nein, dem Achilleus.[76]

Die Opposition von Gewalt und List (sei es ehrliche Gewalt gegen falsche List, sei es brutale Gewalt gegen humane List) bildet ein konstantes Element sowohl der Dramaturgie der Intrige als auch ihrer sittlichen Qualifikation. Machiavelli wird das Problem unter der emblematischen Gestalt des Gegensatzes zwischen dem Löwen und dem Fuchs abhandeln. Im mythologischen Diskurs kann als beispielhafter Widerpart des Odysseus an der Stelle Achills auch Ajax erscheinen, der den Akzent einer stupiden Gewalt ins Spiel bringt. Er ist, wie Goliath in der Bibel, schon fast der Trottel mit den Riesenkräften. »The dull brainless Ajax«[77] nennt ihn Ulysses/Odysseus in Shakespeares »Troilus and Cressida«, »der stumpfsinnige, hirnlose Ajax«. Womit sich das Gleichgewicht zwischen dem Listigen und dem Starken wieder einmal eindeutig zugunsten des Listigen verschiebt. Die Gegenbewegung aber läßt nie lange auf sich warten. Der Diskurs läuft fort. Weder im Widerspiel von List und Gewalt noch im Widerspiel von Intrige und Gegenintrige kann unbesehen und von vornherein von gesicherten moralischen Qualitäten ausgegangen werden. Vielleicht steckt diese Opposition schon in einem der ältesten Zeugnisse der altgriechischen Literatur, dem geheimnisvollen Fragment des Archilochos um 650 v. Chr.:

> Vieles weiß der Fuchs, aber der Igel nur eines, und das ist groß![78]

So oft wir also im riesenhaften Kontinuum der literarischen Überlieferungen der Intrige als Motor und treibender Kraft zur Vernichtung der Guten oder aber zur Vernichtung der Bösen begegnen, und so eindeutig in sehr vielen Fällen die moralische Qualität der Intrige sein mag, eine durchgehende Doppelkategorie der rettenden gegenüber der vernichtenden, der weißen gegenüber der schwarzen Intrige anzunehmen, müßte in die Irre führen. Gewiß lebt die Komödie von Plautus über die Commedia dell'arte bis zu Molière üppig von der ganz und gar weißen Intrige, welche die schönen Liebenden, die Amorosi, durch die schlauen Dienerinnen und Diener, die Colombinen und Arlecchinos, aus den Machenschaften der autoritären Väter und lüsternen Alten, der Pantalones und Dottores, befreit. Aber mit der wachsenden psychologischen und philosophischen Vertiefung, die sich in jedem literarischen Zeitalter auf neue Weise ergibt, tritt unausweichlich auch eine Vermischung der absoluten Farben ein. Die unbedingte Sittlichkeit tritt in Konflikt mit der Gebrechlichkeit der menschlichen Natur, und die unbedingte Unsittlichkeit tut es auf ihre Weise, indem sie Regungen des Guten folgt – selbst wenn sie sich ihrer schämt.

XI
Das Doppelgesicht der Freiheit in der Verkleidung

Menschsein heißt Gesehenwerden. Große Verkleidungsintrige in einem Roman des 20. Jahrhunderts. Herrn Gantenbeins experimenteller Versuch, dem Gesehenwerden zu entkommen. Die versteckte Planszene. Die Zielphantasie einer neuen Freiheit. Adam beim Wort genommen. Kleid und Name. Die Freiheit in der Verkleidung: Erlösung oder Barbarei? Freiheitsvision und Befreiungsakt bei Philip Roth.

Solche Doppelwertigkeit, solches Schwanken der moralischen Balance gilt nun auch von jenem Prinzip der *Freiheit hinter der Verkleidung*, das im Zusammenhang mit den Verkleidungsstrategien im Roman »Der Schakal« zur Debatte stand. Freiheit wird im allgemeinen als ein unbedingt positiver Begriff empfunden. Das ist insofern fragwürdig, als die Qualität jeder Freiheit sich bemißt an der Qualität dessen, wovon sie ein Subjekt befreit. Als reine Nichtgebundenheit ist die Freiheit doppelwertig. Sie ist gut als Befreitsein von einem ungerechten Gesetz, und sie wird schlecht als Befreitsein von einem gerechten Gesetz. Das ändert allerdings nichts an der aufgestellten These, die tiefste Lust an der Verkleidung bestehe nicht darin, jener andere zu sein, in den man sich verkleidet, sondern eine eigentümliche Unabhängigkeit von aller sozialen Bestimmung zu gewinnen. Was immer das konkrete Motiv einer literarischen Figur, die sich verkleidet, sein mag, die Faszination, die für die Lesenden von dem Vorgang als solchem ausgeht, hängt mit der Phantasie zusammen, durch die Verkleidung etwas von dem paradiesischen Zustand zu gewinnen, den Adam besaß, bevor er den Satz hörte: »Wer hat dir's gesagt, daß du nackt bist?«

Daß das Gesehenwerden eine grundlegende Dimension der menschlichen Existenz ist und das menschliche Bewußtsein andauernd bestimmt, selbst wenn man ganz für sich allein im Zimmer haust, geht sehr schön aus einem Aphorismus in Baltasar Graciáns »Handorakel« hervor. Der Text ist als Anleitung zur Lebensklugheit angelegt. Er versteht sich als Ratschlag für die Mitglieder der höheren Gesellschaft. Im Kern aber entspringt er einem abgründigen anthropologischen Wissen:

Stets handeln, als würde man gesehen. Der ist ein umsichtiger Mann, welcher sieht, daß man ihn sieht oder doch sehen wird. Er weiß, daß die Wände hören und daß schlechte Handlungen zu bersten drohen, um herauszukommen. Auch wenn allein, handelt er wie unter den Augen der ganzen Welt. Denn da er weiß, daß man einst alles wissen wird, so betrachtet er als schon gegenwärtige Zeugen die, welche es durch die Kunde späterhin werden müssen. Jener, welcher wünschte, daß die ganze Welt ihn stets sehen möchte, war nicht darüber besorgt, daß man ihn in seinem Haus aus den nächsten beobachten konnte.[79]

Gesehenwerden, heißt das, ereignet sich nicht nur im aktuellen Vorgang. Die Erfahrung des Gesehenwerdens liegt dem konkreten Ereignis vielmehr schon voraus, ist Teil des sozialen Vorhandenseins schlechthin. Auch das nicht beobachtete Handeln untersteht einem latenten Beobachtetsein. Daher wird man, meint Gracián, auch bei vorgezogenen Vorhängen gesehen; stets ist der Mensch ein gesehenes Wesen. Nie ist er unsichtbar. Folglich wäre es besser, überhaupt ohne Vorhänge zu leben, weil man so am wenigsten der Illusion verfällt, man könne dem Blick der andern je entgehen.

Man mag sagen, Graciáns Regel, 1647 erstmals publiziert, entspringe der Hofwelt des barocken Spanien, in der von der bürgerlich-familialen Intimität der späteren Jahrhunderte noch keine Rede sein könne; sie formuliere mithin eine epochentypische, keine grundsätzlich anthropologische Erfahrung. Aber die sprichwörtlichen Weisheiten, auf die der Text sich implizit und explizit bezieht, daß nämlich die Wände Ohren haben und nichts so fein gesponnen ist, daß es nicht doch einmal an die Sonnen kommt, sind viel älter als das spanische Barock und stehen auch noch später, in den bürgerlichen Zeiten, ungebrochen in Zirkulation. Das Gesehenwerden, überall und immerzu, ist ein Leidensfaktor der menschlichen Existenz. Es unterwirft den einzelnen grundsätzlich der Macht der anderen, und auch die eitle Lust an bewundernden oder neidischen Blicken vermag diese Last niemals zu kompensieren.

Nur in der Verkleidung bleibe ich ungesehen. Nur in der Verkleidung gilt Graciáns bittere Wahrheit nicht. Da werden zwar die hungrigen Blicke der anderen gefüttert, aber nicht mit mir, sondern mit dem Phantom, das ich vorgebe zu sein. Ich selbst bewege mich in einer – darf man sagen: göttlichen, soll man sagen: teuflischen? – Freiheit.

Es gibt einen Roman aus den sechziger Jahren des 20. Jahrhunderts, ein einst sensationell berühmtes, noch immer vielgelesenes Buch, das hier, wenn auch nicht als absoluter Beweis, so doch als handfester Beleg angeführt werden kann. Seine Handlung dreht sich wesentlich um eine bestimmte Form verkleideter Existenz in der

Gesellschaft, genauer: um das breit entwickelte Phantasiespiel von einer verstellten und verkleideten Existenz. Dabei besteht die konkrete Verkleidung in einem einzigen Requisit: einer Blindenbrille. Es ist der Roman »Mein Name sei Gantenbein« von Max Frisch. Er steht hier nicht als Ganzes, sondern nur unter den Gesichtspunkten der Intrigendramaturgie und der Anthropologie der Verkleidung zur Diskussion.

Früh im Erzählablauf findet sich die Planszene und eine charakteristische Reflexion darüber. Man muß allerdings das morphologische Modell der Intrige in seiner bisher skizzierten Gestalt im Kopf haben, um beim Lesen den dramatischen Moment der Planung überhaupt zu erkennen. Angelegt ist das Ganze so, daß ein Erzähler, der nur als »Ich« erscheint, nicht etwa berichtet, was er erlebt hat, sondern was er sich als mögliches Erleben, als mögliche Varianten seines Lebens in der modernen Gesellschaft vorstellt. Dabei kann er diese Vorstellungen während des Erzählens nach Belieben abbrechen, ändern, variieren. Ein zentrales Netz des ganzen Phantasiespiels betrifft nun eben die Verkleidungsintrige in einen Blinden, den alle für blind halten, der aber sehen kann und dessen Blick über den Blick der anderen triumphiert, weil er sie in dem Maße besser erkennt, als sie ihn falsch sehen und sich ungesehen glauben.

So fängt in der Erzählung die Intrigenhandlung an – und man frage sich beim folgenden Zitat, wo da die Planszene steckt.

Ein anderes Leben –?
Ich stelle mir vor:
Ein Mann hat einen Unfall, beispielsweise Verkehrsunfall, Schnittwunden im Gesicht, es besteht keine Lebensgefahr, nur die Gefahr, daß er sein Augenlicht verliert. Er weiß das. Er liegt im Hospital mit verbundenen Augen lange Zeit. Er kann sprechen. Er kann hören: Vögel im Park vor dem offenen Fenster, manchmal Flugzeuge, dann Stimmen im Zimmer, Nachtstille, Regen im Morgengrauen. Er kann riechen: Apfelmus, Blumen, Hygiene. Er kann denken, was er will, und er denkt ... Eines Morgens wird der Verband gelöst, und er sieht, daß er sieht, aber schweigt; er sagt es nicht, daß er sieht, niemand und nie.
Ich stelle mir vor:
Sein Leben fortan, indem er den Blinden spielt auch unter vier Augen, sein Umgang mit Menschen, die nicht wissen, daß er sie sieht, seine gesellschaftlichen Möglichkeiten dadurch, daß er nie sagt, was er sieht, ein Leben als Spiel, seine Freiheit kraft eines Geheimnisses usw.
Sein Name sei Gantenbein.[80]

Mit dem letzten Satz ist die Figur erschaffen, ist das Denkspiel des phantasierenden Ichs überführt in eine literarische Inszenierung mit Entwicklung und Konsequenzen. In den stichwortartig notierenden Sätzen nach dem zweiten »Ich stelle mir vor« fällt zuletzt, merkwürdig verkürzt, der Begriff der Freiheit – Freiheit in der Verkleidung und durch die Verkleidung. »Ein Leben als Spiel« heißt es vorher. Das ist noch einigermaßen diffus. Was heißt schon »Spiel«? Erst der anschließende Satz zeigt, daß Spiel hier als eine Form von Freiheit begriffen wird.

Die Planszene ist im ersten Abschnitt, dem impressionistisch präzisen Spitalbericht, versteckt wie in einem Vexierbild. Der Moment der Planung, des Ausdenkens sowohl wie auch des Entschlusses zur gezielten Verstellung, wird signalisiert durch die drei Punkte, die man beim ersten Lesen so wenig beachtet wie den berühmten Gedankenstrich in Kleists »Marquise von O...«. »Er kann denken, was er will, und er denkt ...« Der Satz ist weit seltsamer, als er zunächst erscheint. Denken, was man will, kann man ja immer. Hier aber wird diese Allerweltsfreiheit als Ausnahmeprivileg hingestellt, das sich der Situation des Bettlägrigen mit den verbundenen, möglicherweise erblindeten Augen verdankt. Das ist äußerlich ein Unsinn. Tatsächlich aber verbirgt sich dahinter ein brisantes Geschehen.

Weil wir wissen, daß zu einer Planszene eine Notsituation und eine Zielphantasie gehören, können wir erschließen, was sich hinter den drei Punkten der Wendung »und er denkt ...« versteckt. Die Notsituation des Mannes im Spitalbett muß das Gegenteil dessen sein, was der letzte Abschnitt des Zitats als Chance eröffnet. Sein Leiden ist das Leben als Zwang statt »als Spiel«, ist das andauernde Gesehensein durch die andern, ist die Unfreiheit im Erkanntwerden. Die Zielphantasie aber ist ein entsprechender Schutz, ein umfassendes Abgeschirmtsein von fremden Blicken und Deutungen, Freiheit eben, eine Freiheit eigener und einziger Art. Der Plan schließlich, der aus der erlebten Not und dem phantasierten Ziel entspringt, ist die Verstellung in einen Blinden. All dies steckt hinter den drei Punkten, dies und noch viel mehr. Denn dies allein ließe sich ja wohl aussprechen. Es geht hier aber um nicht mehr Sagbares. Das signalisieren die drei Punkte. Dieses Zeichen des Verschweigens wird in dem seltsamen »usw.« am Schluß der zweiten Passage abgewandelt wiederholt. Ein »usw.« stellt in einem kontrollierten Erzähltext eigentlich eine stilistische Unmöglichkeit dar. Wenn ein so bewußter Autor wie Frisch es einsetzt, muß es Gründe haben. Sie sind faßbar. Das »usw.« steht als Gestus eines demonstrativen Understatements genau dort, wo von den höchsten und letzten Dingen in der Welt dieses Autors gehandelt wird. Mit der inhaltlichen und graphischen Floskel fällt er sich in dem Moment in die Rede, wo er seine Wahrheit schlechthin formulieren müßte. Diese aber kann nicht in expliziten Worten, kann nur mittels des literarischen Erzählens zum Ausdruck gebracht werden. So folgt denn nach dem Unbeholfenheitstrick mit dem »usw.« abrupt der Programmsatz des ganzen Romans, der Gegenruf zum bekannten »Ich bin nicht Stiller«: »Sein Name sei Gantenbein«. Zum spiegelgenauen Gegenruf macht ihn allerdings erst die subtile Variante im Buchtitel, wo das Personalpronomen von der dritten in die erste Person wechselt: »Mein Name sei Gantenbein«.

Um Freiheit also geht es hier ganz und gar. In der Verkleidung wird Freiheit gewonnen. Der taufähnliche Akt der Namengebung entläßt ein Subjekt in die Welt, das in der adamitischen Freiheit lebt. Und solange diese vorhält, solange die Blindheitsintrige läuft, bleibt dann tatsächlich auch die Liebe möglich, das zeitliche Paradies. Sie geht kaputt im Augenblick der Anagnorisis.

Hier ist mit Einwänden zu rechnen. Der Sprung von diesem merkwürdigen Gantenbein zum mythischen Adam sei doch wohl etwas forciert, könnte man zu bedenken geben. Das läßt sich nicht ohne weiteres bestreiten. Nur findet sich nun in diesem Roman unmittelbar vor dem zitierten Abschnitt eine lange Episode, eine ebenfalls vom erzählenden Ich ausphantasierte Episode, in welcher ein Mann die Adam-Existenz im landläufig-unzweideutigen Sinn des Wortes wiederzugewinnen sucht. Es ist eine Prosa-Burleske, und als erste größere Erzähleinheit des Buches bildet sie eine Art Ouvertüre für alles folgende. Der Mann ist Patient im Zürcher Universitätsspital. Eines Morgens, nach dem Bad, tritt er splitternackt vor die Krankenschwester und erklärt ihr, er sei Adam, folglich sei sie Eva. Die junge Frau fühlt sich aber keineswegs als Eva und steht dem seltsamen Adam nur entsetzt gegenüber. Ein Arzt erscheint. Er spricht den Nackten mit seinem bürgerlichen Namen an, worauf ihn dieser als den Teufel bezeichnet. Das ist mehr als eine platte Beschimpfung. Dieser Adam bezeichnet den als Teufel, der ihm einen Namen gibt. Schon der Name, heißt das, bewirkt den Verlust der unbedingt freien Existenz. Der Name und die Kleider sind verwandt. Der Teufel als Namengeber beendet hier das Paradies, so wie er es in der Bibel als Verführer tut. Aber der neue Adam im Phantasiespiel des Erzählers gibt deshalb noch nicht auf. Er treibt es weiter adamitisch. Er haut ab. Splitternackt wischt er durch die Gänge und zum Tor hinaus und beginnt zu traben, trabt die Rämistraße hinunter Richtung Schauspielhaus, mitten im Verkehr, flink zwischen allen Autos durch, beschwingt wie ein Tänzer, trabt am Pfauentheater vorbei, erreicht den Platz am See und faßt das Opernhaus ins Auge. Zwar tauchen jetzt auch Polizisten auf, versuchen ihn einzukreisen, aber er, wie beflügelt, schwingt sich um alles herum ...

Zuletzt, wie könnte es anders sein, landet er im Irrenhaus. Was die groteske Geschichte aber zeigt, ist die Unmöglichkeit einer adamitischen Freiheit in der banalen Wirklichkeit einer Stadt, in der banalen Wirklichkeit der Gesellschaft. Indem sie jedoch das Thema der Freiheit hinter den Kleidern, hinter den Rollen, hinter den Namen überhaupt anschlägt, enthält die Burleske auch die dämmernde Vision eines utopisch anderen Zustands.

Zu beachten ist die Passioniertheit, mit der bei Max Frisch der Name als solcher diffamiert wird. Name ist Zwang, Name ist Unterdrückung. Darin steht er den Kleidern, dem Kleidergebot nahe. Wie sich in den Kleidern der Blick der anderen verkörpert, verkörpert sich auch im Namen deren Zugriff auf das Subjekt. Mein Name ist die Nadel, die mich in der Gesellschaft festspießt wie den Schmetterling in der Sammlervitrine. Deshalb gehört zur rituellen Einkleidung, von der früher die Rede war, so oft auch der neue Name. Deshalb kamen jahrhundertelang die Frauen, wenn sie unter die Haube kamen, auch unter einen andern Namen, den Mannesnamen. Deshalb war es folgerichtig, daß die wichtigste Emanzipationsbewegung des späten 20. Jahrhunderts, die weibliche, auch zu einer Veränderung des familialen Namenssystems führte. Und deshalb gehört es zur Liebe, daß die Verliebten einander neue kleine Namen geben, zärtliche, kindliche, als Zeichen, daß der Eintritt in das zeitliche Paradies auch hinter dieses Produkt des Sündenfalls zurückführt. Und wenn die neuen kleinen Namen der Verliebten so oft für alle andern idiotisch klingen, verweist gerade dies auf den winzigen Aufstand gegen die Regeln der allessehenden, allesbenennenden Gesellschaft, der hier geschieht. In seinem vollen Klang versteht den neuen Namen nur das geliebte Ohr.

Allerdings trägt auch der Schakal viele neue Namen im Gepäck, so viele wie neue Verkleidungen.

Das darf man nie vergessen, wenn man romantisch von der Freiheit hinter allen Kleidern und Namen spricht. In den ersten zwei ausführlichen Beispielen dieser Studie, bei Ripley und beim Schakal, manifestierte sich die gewonnene Freiheit als Praxis des Verbrechens, und zwar des obersten Verbrechens unter Menschen, des Mordes. Der Mord ist das oberste Verbrechen deshalb, weil er gleichzeitig das höchste Recht verkörpert: das Recht zu töten. Der König im Feudalwesen und der moderne demokratische Staat beanspruchen mit gleicher Selbstverständlichkeit das Recht zu töten. Es ist ihr Monopol, und ein Staat, der sich dessen begäbe, wäre damit auch schon erledigt. Er schafft vielleicht die Todesstrafe ab, seine Polizisten bewaffnet er gleichwohl. Er allein gibt und nimmt in letzter Instanz die Licence to kill. Wenn Tom Ripley und der Schakal ihre Freiheit in der Verkleidung im Akt des Mordes gipfeln lassen, demonstrieren sie damit ihre Unabhängigkeit von allen Normen und Gesetzen. Deshalb kann man die Freiheit in der Verkleidung stets doppelt lesen: rousseauistisch-romantisch als Befreiung vom Zwangssystem der Gesellschaft und Wiedergewinn des guten Urzustandes oder aber voltairianisch-aufklärerisch als Rückfall aus der heilsamen Zivilisation in ein barbarisches Naturverhalten.

Wie sehr aber auch diese Polarität das tatsächlich Verwickelte der Sache beschönigt, ließe sich studieren an einem Roman, der genau zur Wende vom 20. zum 21. Jahrhundert erschienen ist und der einige Ähnlichkeiten mit Frischs »Gantenbein« aufweist (die Autoren haben einander gekannt). Wie »Gantenbein« zeigt er nichts von der Angst so vieler moderner Schriftsteller vor der Konstruktion eines großen Intrigengefüges. Philip Roth ist der Autor, das Buch heißt »The Human Stain«, in der deutschen Übersetzung »Der menschliche Makel«. Möglicherweise spielt der Titel auch auf Graham Greenes Roman »The Human Factor« an, von dem im letzten Kapitel dieser Untersuchung zu handeln sein wird.

Die Freiheit ist das Ziel der zentralen Intrige bei Roth. Auch zu Gantenbeins Zielphantasie gehörte, nach der zitierten Stelle, »seine Freiheit kraft eines Geheimnisses«. Das potenziert sich bei Roth. Gantenbein ist ein Sehender, der sich blind stellt, um bei den anderen als Blinder zu gelten und unter diesem ihn verkleidenden Blick der sein zu können, der er ist. Coleman, der Held Philip Roths, ist ein Schwarzer der sich als Weißer ausgibt – nicht durch Schminke und Kosmetik, sondern aufgrund eines Spiels der Natur mit seiner Epidermis. Man sieht ihm äußerlich den Schwarzen und also seine Herkunft nicht an. Er verleugnet seine Familie, die Mutter und die Geschwister. Er ändert den Namen. Er belügt die Frau und die Kinder (bei deren Geburt er Todesängste aussteht wegen der möglichen Hautfarbe). Und er hinterläßt den ahnungslosen Kindern eine Zeitbombe: die Möglichkeit, eines Tages ein dunkelhäutiges Kind zur Welt zu bringen.

Coleman will die freie Existenz hinter der Maske eines Weißen. Wer in den USA ein Schwarzer ist, lebt unter der »großen amerikanischen Bedrohung«.[81] Notsituation, Zielphantasie und Planszene sind in der entscheidenden Phase von Colemans Leben klar getrennt; der Roman handelt sie auf knappen vier Seiten ab.[82] Der Tod des Vaters löst die Krise aus, die in die Lebensintrige führt. Noch bevor Coleman weiß, wie er es anstellen soll, weiß er, daß er ein »höchstes Ziel« hat:

Frei. Nun, da beide Bollwerke beseitigt sind – der große Bruder ist in Europa, der Vater ist tot –, hat er neue Kraft geschöpft und kann tun, was er will, kann nach dem höchsten Ziel streben und spürt tief in seinem Innern das Selbstvertrauen, das er braucht, um sein unverwechselbares Ich zu sein. Frei in einem Maße, das für seinen Vater unvorstellbar war. So frei, wie sein Vater unfrei war. Frei nicht nur von seinem Vater, sondern auch von alldem, was sein Vater erdulden mußte. Frei von Bürden. Von Demütigungen. Von Hindernissen. Von den Wunden und den Schmerzen und den Verstellungen und der Scham ...[83]

Das ist wahrhaftig die Vision eines Ziels. Die Planszene wird demgegenüber sehr zurückgenommen. Sie schießt zusammen zu einem Moment, und es ist nicht die kalkulierende Vernunft, die das unerhörte Projekt entwirft, sondern dieses taucht plötzlich aus der Tiefe seines Innern auf, seines »Herzens«, wie es heißt, als er beim freiwilligen Eintritt in die Armee vor dem Fragebogen sitzt und seine Rassenzugehörigkeit angeben muß.

[Er] kam nicht gleich auf den Gedanken, er könne bei dieser Gelegenheit auch eine andere Rassenzugehörigkeit angeben. Er konnte seine Haut verkaufen, wie er wollte, er konnte sich nach freiem Ermessen eine Farbe aussuchen. Nein, das dämmerte ihm erst, als er im Gebäude der Bundesbehörde in Newark saß, die Fragebögen für den Eintritt in die Navy vor sich ausgebreitet hatte und sie, bevor er sie ausfüllte, aufmerksam und mit derselben Sorgfalt durchlas, mit der er sich auf die Highschool-Prüfungen vorbereitet hatte – als wäre das, was er gerade tat, sei es groß oder klein, für den Zeitraum, in dem er sich darauf konzentrierte, die wichtigste Sache der Welt. Und selbst dann dämmerte es nicht *ihm*. Es dämmerte zunächst seinem Herzen, das zu pochen begann, als wäre es das Herz eines Menschen, der im Begriff steht, sein erstes großes Verbrechen zu begehen.[84]

Mehr wird nicht gesagt. Die Planszene fällt zusammen mit der ersten Aktion des Intrigenvollzugs, der schriftlichen Erklärung: Ich bin ein Weißer. Zu erzählen braucht der Erzähler das nicht mehr. Er bricht ab bei dem ominösen Vergleich dieser Selbstbefreiung mit einem »großen Verbrechen«.

Wie man in solcher Freiheit hinter der Verstellung lebt, hinter der angeborenen Verkleidung in die weiße Haut und unter dem Terror der immerzu drohenden Anagnorisis, davon erzählt der Roman. Vierhundert Seiten lang.

XII
Gut und Böse in der Literatur

Wer entscheidet? Sind die Sympathischen auch die Guten? Zwei Ordnungen, die sich nicht decken dürfen. Das moralische Subjekt des Lesers vor der Zweideutigkeit der Intrige. Die Jakob-Esau-Affäre. Thomas Manns Nacherzählung. Turbulenzen der Moral bei Autor, Leser und Figuren. Zwei Brüder. Der »große Jokus« und die Einmischung einer Frau. Das mythische und das aufgeklärte Denken, verheddert. Thomas Manns Erzählspiel. Genese der Ironie. Nochmals Magie und Technik der Verkleidung.

Dem konkreten literarischen Geschehen gegenüber ist das Urteil über die moralische Qualität einer Intrige stets schwieriger, als die theoretischen Dichotomien vermuten ließen. Schon die Überlegungen zum Phänomen der Gegenintrige haben die verlockende These von einem klaren Unterschied zwischen der rettenden und der vernichtenden, der weißen und der schwarzen Intrige als Illusion entlarvt und die Ambivalenzen ins Blickfeld gerückt. Und wenn in der weltliterarischen Tradition der Komödien wie der Tragödien Verstellung und Verkleidung ubiquitär sind, obschon epochentypisch variierend in ihrer Gestalt gemäß den Bedingungen der Epochen, so kann doch nicht in jedem Fall von der Gattung und dem guten oder bösen Ende aus zwingend auf die sittliche Qualität der Intrige geschlossen werden.

Mit diesem Problem verbunden ist ein weiteres, umgreifenderes, dem die Literaturwissenschaft gern aus dem Wege geht. Es lautet: Wer bestimmt überhaupt, was in einem literarischen Werk gut und schlecht ist? Ist es die lesende Person, die aufmerksam verfolgt, was geschieht, und kraft ihres moralischen Empfindens das Urteil spricht? Dies wird in der Regel als Selbstverständlichkeit unterstellt. Aber die Literatur als ein kulturelles Treiben, das älter ist als die Philosophie und das auch heute noch der Philosophie Widerpart bietet im Geschäft der Welterklärung, operiert genau besehen nicht mit dem bösen und dem guten Menschen, sondern mit dem sympathischen und dem unsympathischen. Zwischen den beiden Ordnungen – gut/böse einerseits, sympathisch/unsympathisch andererseits – besteht ein unheimlich komplexer Zusammenhang. Er ist das eigentliche Reich der Literatur. Hier ist sie zuständig, und nur sie. An diesem Zusammenhang verbrennt sich die Philosophie die Finger nicht, so wenig wie die Jurisprudenz. Beide wissen, daß ihnen sonst ihre Prinzipien davonschwimmen könnten. Die Literatur aber wohnt seit ihren Ursprüngen in diesem Feuer und wird gerade so zum Ärgernis der strengen Wissenschaften. Sie steuert die Gefühle der Leserinnen und Leser. Sie spielt auf ihren fühlenden Seelen wie auf Orgeln. Dann bringt sie die erweckte Zuneigung und Abneigung in Konfrontation mit dem Guten und Schlechten, dem Richtigen und Falschen. Und läßt den Leser im Durcheinander der beiden Ordnungen stehen.

Wo die beiden Ordnungen sich vollständig decken, indem alle Sympathischen auch die Guten und alle Unsympathischen auch die Bösen sind, wird die Literatur langweilig. Sie liquidiert sich selbst und ist nur noch Propaganda, pädagogische Mißhandlung längst der Schule entwachsener Menschen.

Wo die beiden Ordnungen sich auf umgekehrte Weise decken, so nämlich, daß alle Sympathischen zugleich die Bösen und alle Unsympathischen die Guten sind, wird die Literatur abscheulich. Sie liquidiert sich selbst, indem sie den Leser in ein System zwingt, das er nicht wollen kann, das ihn als empfindendes wie sittliches Wesen mißhandelt.

Es ist denkbar, daß wir als Leser im abstrakten moralischen Urteil über die Taten und Leiden der Figuren frei sind, ganz gewiß aber sind wir nicht frei im emotionalen Urteil. Unsere Sympathie wird gelenkt, unwiderstehlich, und nur die wissenschaftliche Betrachtung, die diese Vorgänge als solche studiert, kann sich der hypnotischen Kraft der erzählenden Stimme entziehen. Was man literarische Erfahrung nennt, verdankt sich also nicht zuletzt den Turbulenzen, die zwischen den beiden Ordnungen entstehen und sich vielleicht von Seite zu Seite, von Szene zu Szene wandeln.

Daß die Intrige mit ihrem Doppelgesicht von Rettung und Vernichtung in diese Spiele um Normen und Werte auf exquisite Weise verflochten ist, liegt auf der Hand. Dennoch ist man immer wieder überrascht, in welch seltsamem Zustand eine ganz simple Verstellungsgeschichte den Leser als moralisches Subjekt zurücklassen kann.

Man würde denken, das sei um so eher der Fall, je moderner ein Text ist. Da kann man sich bös täuschen. Im Alten Testament, unter den Erzählungen der Genesis, findet sich eine Verkleidungsintrige, die den Leser, der vom Buch der Bücher ganz selbstverständlich die sittliche Eindeutigkeit erwartet, in peinliche Unsicherheit versetzt. Sie soll hier als Beispiel stehen für die generelle moralische Problematik der zielgerichteten Verstellung in der Literatur.

Es geht um die allbekannte Geschichte von Jakob und Esau: Wie der eine der beiden Brüder, der jüngere, an das große Erbe kommt, und der andere, der ältere, darum gebracht wird. Diese Geschichte ist in höchstem Maße skandalös. Sie ist ein Bericht über Lug und Trug, wobei die göttliche Macht diesen Lug und Trug offensichtlich anerkennt. Und doch wird man beim Lesen der Vor- und Nachgeschichte wieder unsicher: Liegt das Gute nun wirklich hier und das Schlechte dort? Ist das Schlechte zuletzt doch das Gute? Und ist die Verkleidungsintrige, eine Veranstaltung nach allen Regeln der Kunst, Teil einer Komödie, wo das Gute siegt, oder einer Tragödie, wo das Gute verliert? Läuft da ein fröhliches Spiel ab oder ein Schurkenstück?

Thomas Mann, der im ersten Band seiner Joseph-Tetralogie diese Vorgänge natürlich auch erzählt und natürlich zehnmal so ausführlich, wie die Bibel es tut, setzt über das entsprechende Kapitel die Überschrift »Der große Jokus«. Das meint Spaß, Spiel, Streich. Durch diese Titelgebung unterstellt der Erzähler auch schon eine Lösung des Problems. »Der große Jokus« ist eine entschieden andere Sache als beispielsweise »Der große Betrug« oder »Der überlistete Bruder«, was beides von der Sache her ebenfalls denkbar wäre. Mit der Überschrift erklärt der Erzähler das Geschehen zur Komödie, und wer nur den Schluß des Kapitels liest, wo alle Leute sich schief und lahm lachen über den Betrogenen, dem dürfte kein Zweifel mehr möglich sein. Aber Thomas Mann unterläuft den reinen Klamauk auch wieder, indem er gleich nach dem Titel einigermaßen verblüffend einsetzt: »In Wahrheit, niemand wurde betrogen, auch Esau nicht.«[85] Und er liefert dafür die Begründung aus seiner Theorie des Mythos, die alle Josephs-Romane durchzieht und wonach das berichtete Geschehen nicht gelenkt und gesteuert werde durch menschliche Entscheide, sondern vorbestimmt sei im tiefen Grund alles Mythischen. Die Figuren führten nur aus, was die immer schon erzählte, als Urerzählung ewig wiederkehrende Geschichte enthalte. Alles Geschehen sei ein bloßes »Sicherfüllen«, und es geschehe, weil es zu geschehen habe »nach geprägtem Urbild«.[86] Aber kaum hat er das gesagt, der mythische Rauner, legt er los mit einer hinreißenden, hochpsychologisierten Story.

Worum dreht sich das Ganze? Die Bibel berichtet folgendes: Abraham, der Stammvater des Volkes Israel, hat einen Sohn namens Isaak, und dieser Isaak wiederum hat zwei Söhne, den Esau und den Jakob. Zwillinge sind sie, und schon im Mutterleib haben sie sich geprügelt. Rebekka, die Mutter, verunsichert über das seltsame Toben in ihrem Leib, forderte damals vom Himmel Auskunft. Sie erhielt die Nachricht, daß sie zwei Söhne im Schoß trage, von denen der jüngere eines Tages über den älteren herrschen werde.[87]

Nun könnte man wohl hier schon einsetzen und sagen: Wenn es vom Himmel vorbestimmt ist, hat ja der Betrüger nur den Willen des Himmels ausgeführt, und das kann doch wohl kein Betrug sein. Doch damit geraten wir in den alten Zirkel von Vorsehung und Willensfreiheit, den auch die intelligentesten Theologen nie lösen konnten, und für einen redlichen Leser der biblischen Erzählung, der diese mit seinem sittlichen Hausverstand zur Deckung bringen möchte, ist gar nichts gewonnen. Der sittliche Hausverstand findet nämlich, ein Betrug sei auch dann eine Übeltat, wenn er von den Göttern vorhergesagt oder sogar gewünscht wird.

Rebekka kommt ins Wochenbett. Die Wehen setzen ein, und die zwei pränatalen Streithähne gelangen nacheinander ans Licht. Nacheinander, das heißt: Einer ist der erste und also der ältere, und er wird die entsprechenden Vorrechte haben. Den Anfang macht ein völlig pelzbewachsenes Wesen, und zudem rothaarig; der ihm folgt ist dagegen ein glattes, weißes Bürschlein. Diese Zweitgeburt hält beim Austritt aus dem Mutterschoß die Ferse des ersten in der Hand. Der Rote ist Esau, der Weiße ist Jakob. Das seltsame Zeichen mit dem Griff an die Ferse wird von der Bibel nicht weiter erläutert. Es dürfte bedeuten, daß Jakob einer ist, der von hinten angreift, wie es die Listigen machen, welche die feinen Tricks kennen, um die Starken nicht von vorn angreifen zu müssen. Wer den andern an der Ferse angreift, bringt ihn »hinterrücks« zu Fall, wie das schöne Wort lautet. So konnte Achill, der kriegerische Held schlechthin, nur durch einen Schuß in die Ferse getötet werden – den Schuß übrigens eines notorischen Feiglings, des hübschen Schnösels Paris, der sich die Schönste aller Frauen in sein Bett getrickst hatte. Jakob, der weißhäutige Feine, ist also schon bei der Geburt seinem Bruder hinterher – die verkörperte List, der Stärke auf den Fersen.

Und so, berichtet die Bibel, geschah es auch weiterhin. Esau wird ein wilder, zottiger Kerl, der immer auf die Jagd geht, was dem alten Vater Isaak sehr gefällt; er ißt nämlich gerne Wild. Jakob hingegen sitzt zu Hause bei der Mutter und wird deren Liebling. Für den tut sie alles. Der eine, Esau, ist der derbe Täter mit dem langsamen Kopf; der andere, Jakob, ist der hirnflinke Intellektuelle. Der Zweite weiß, daß ihm der Erste voraus ist; der Erste denkt sich weiter nichts dabei.

So listet denn der Intellektuelle dem Zottigen eines Tages – lange vor dem eigentlichen Betrug, um den es hier geht – sein Erstgeburtsrecht ab. Es geschieht, als dieser von der Jagd kommt, ausgehungert vom Klettern und Schleppen, und den hübschen Bruder hinter einem dampfenden Topf mit roten Linsen sitzen sieht. Esau will auch davon, und zwar sofort. Jakob: Ich verkauf dir den Topf – um dein Erstgeburtsrecht. Esau mit seinem langsamen Kopf und hohlen Magen: Was kümmert mich das Erstgeburtsrecht, wenn ich Hunger habe? Nimm's und hab's. Gib mir nur die fetten roten Linsen. Jakob: Du mußt aber schwören. Esau: Schwör ich eben. Und er schwört und setzt sich hin und schaufelt die Mahlzeit in den behaarten Bauch.

Erneut und verschärft stellt sich damit die Frage, ob dies nun den späteren Diebstahl rechtfertige, die Verkleidungsintrige um den Segen des Vaters. Oder ist, im Gegenteil, schon dieser feine Handel mit dem Linsengericht ein erster Betrug am schwerfälligen Jägerbruder?

Der große Jokus, wie Thomas Mann ihn nennt, oder das böse Vergehen, wie man ihn auch nennen könnte, verläuft dann so: Vater Isaak ist immer älter geworden und immer tattriger, und mit der Zeit sieht er auch nichts mehr und liegt nur noch so herum. Er merkt: Ich mach' es nicht mehr lange.

Nun will er seinen Nachlaß regeln und auf urväterliche Art sein Testament bestimmen. Dem älteren Sohn, dem Zottigen, den er ja besonders schätzt – er ißt weiterhin gerne Wild –, will er den Vatersegen geben. Der Vatersegen wirkt unbedingt. Gott selbst muß ihm Nachachtung verschaffen, wenn er einmal gesprochen ist. Wer Isaaks Vatersegen hat, ist reich und mächtig auf alle Zeiten. So spricht denn also Isaak zu Esau: Geh auf die Jagd, schieß mir einen jungen Bock und koch mir daraus einen Eintopf; du weißt, wie ich ihn am liebsten habe. Dafür werde ich dich segnen, daß es eine Art hat. Esau begreift und zieht los.

Jetzt, würde man denken und glaubt man sich zu erinnern, jetzt fährt Jakob dazwischen. Das tut er aber nicht. Etwas anderes geschieht. Die Frau tritt ins Spiel, die Frau und ihre Liebe. Die Mutterzärtlichkeit zum zierlichen Sohn, der immer so nett zu Hause bleibt und gut riecht und nicht in den Bergen herumklettert und nach Böcken stinkt, treibt die Frau zum Handeln. Rebekka hat gelauscht, als Isaak mit Esau redete, und wie nun dieser seinen Bogen nimmt und loszieht, ruft sie Jakob heran, und damit beginnt die berühmte, die herrliche Verkleidungsintrige. Die Frau entwirft den Plan, der Sohn ist ihr Helfer, ist Vollzugsorgan und Nutznießer zugleich. Das Ziel der Intrige aber ist der Segen des Vaters, den dieser gegen Recht und Brauch und seinen eigenen Willen dem jüngeren Sohn geben soll.

Bevor der Bruder, das Intrigenopfer, noch mit seinem erlegten Bock zurückkehrt, muß Jakob auf Anweisung Rebekkas zwei Böcklein aus der familieneigenen Herde einfangen. Daraus kocht sie eigenhändig das Ragout. Sie weiß, wie der Alte es mag. Und dann, ja, dann verkleidet sie den glatten, wohlriechenden Sohn in den zottigen, streng riechenden Esau. Der blinde Vater wird sich nämlich seiner Sache versichern wollen und wird am Überbringer der Mahlzeit herumtasten, um ihn zu identifizieren. Daher zieht sie ihrem Jakob Esaus Kleider an, die sehr deutlich nach Esau riechen, und klebt ihm sorgfältig die Felle der eben geschlachteten Böcklein auf die Arme, auf die Hände und um den Hals bis unter die Kleider. Dergestalt angetan geht Jakob mit dem Topf in den Händen zum blinden Vater, und dieser fällt darauf herein und gibt ihm einen gewaltigen Segen:

> Gott gebe dir vom Tau des Himmels und von der Fettigkeit der Erde und Korn und Wein die Fülle. Völker müssen dir dienen, und Leute müssen dir zu Fuße fallen. Sei ein Herr über deine Brüder, und deiner Mutter Kinder müssen dir zu Fuße fallen. Verflucht sei, wer dir flucht; gesegnet sei, wer dich segnet.[88]

Dieser Segen ist, wie gesagt, nicht mehr rückgängig zu machen, auch wenn er durch einen krassen Betrug ergattert wurde. Der kultische Akt ist mächtiger als der Wille dessen, der ihn vollzieht. So kann im griechischen Mythos Zeus seinen eigenen Schwur nicht mehr rückgängig machen, auch wenn ihm eine Intrige seiner eifersüchtigen Gattin Hera den Eid abgelistet hat; auch wenn er weiß, daß seine derzeitige Geliebte dadurch sterben muß; auch wenn er möchte, daß sie am Leben bleibt.[89]

Es ist nachvollziehbar, daß Esau aufbrüllt, als er endlich mit *seinem* Topf anrückt und der ganze Sachverhalt ans Licht kommt. Die Konspiration zwischen der Mutter und ihrem Liebling hatte Erfolg. Esau, der Täter, will nun handeln und den Bruder sogleich erwürgen oder erschlagen oder erschießen oder erstechen. Die Mutter muß also nochmals eingreifen. Sie schickt ihren Jakob zur Sicherheit in die Fremde. Dort geht es ihm zwar nicht immer nur gut, aber auf die Dauer bleibt die gewaltige Wirkung des Segens nicht aus.

Man sieht, wie zweideutig sich hier die scheinbar eindeutige Unterscheidung zwischen der rettenden und der vernichtenden, der weißen und der schwarzen Intrige ausnimmt. Und man sieht, wie irrig die Meinung ist, je weiter man zurückgehe in der Geschichte, um so einfacher würden die Erzählungen – sowohl im Ablauf der Handlung als auch in der zur Schau gestellten Sittlichkeit.

Was uns an dieser biblischen Erzählung heute so ausnehmend fasziniert, ist die unauflösbare Art, auf die sich darin das mythisch-sakrale und das aufgeklärt-rationale Denken durchdringen. Im mythisch-sakralen Denken ist der Lebensweg des einzelnen durch eine göttliche Macht vorgezeichnet; im aufgeklärt-rationalen Denken entwirft der einzelne seinen Lebensweg selbst und begeht ihn aus eigener Kraft. Im mythisch-sakralen Denken spielt der einzelne die ihm vorgegebene Rolle im Weltganzen. Er tritt mit seiner individuellen Person, seiner eigentümlichen seelischen Beschaffenheit in sie ein und füllt sie aus, wie es vor ihm andere schon getan haben und nach ihm andere wieder tun werden. Hier ist, wie Thomas Mann sagt, »alles Geschehen ein Sicherfüllen«.[90] Im aufgeklärt-rationalen Denken aber macht, setzt, bestimmt die Person sich selbst und ihren Weg und fühlt sich daher einmalig, ein Subjekt im modernen Sinn. Im mythisch-sakralen Denken wirkt ein Fluch oder ein Segen mit der Unausweichlichkeit eines Naturgesetzes; seine Kraft ist zwingend wie die Gravitation. Im aufgeklärt-rationalen Denken ist ein Fluch oder ein Segen nur bewegte Luft, und die eventuelle Wirkung ist psychologisch begründet, im Glauben der Betroffenen an den faulen Zauber.

Die irritierende Unentscheidbarkeit der Frage nach der sittlichen Qualität der Verkleidungsintrige von Rebekka und Jakob ist die Folge der unauflösbaren Durchdringung beider Konzepte in dieser Geschichte. Hat der Griff Jakobs an die Ferse seines Zwillingsbruders Esau im Ereignis ihrer beider Geburt die schicksalsprägende Gewalt eines Götterzeichens, oder ist sie ein erstes psychologisches Symptom für die Beschaffenheit und Lebenspraxis des Tricksters Jakob? Mit der Antwort auf die Frage entscheidet man sich bereits für das eine oder das andere Konzept der Welt- und Lebensdeutung. Aber im Gesamten der Erzählung gibt es für beide möglichen Antworten etwa gleich viele Argumente. So daß jeder Leser zuletzt wohl seine eigenen, verschwiegenen Phantasie- und Glaubensregungen hinsichtlich von Schicksal und Freiheit ins Spiel bringt.

Wie hält es da Thomas Mann? Wenn er die Geschichte nacherzählt, mitten im 20. Jahrhundert, anderthalb Jahrhunderte nach Lessings Satz: »Kein Mensch muß müssen«[91] – welcher Satz die noch viel kürzere Selbstbestimmung von Aufklärung ist als Kants berühmter »Ausgang aus der selbstverschuldeten Unmündigkeit« – hat er wohl Farbe zu bekennen. Er tut es und tut es doch nicht. Er erzählt nämlich immerzu aus der Reflexion über diese Zusammenhänge heraus, erzählt, indem er den Mythos relativiert durch die Psychologie und die Psychologie relativiert durch die mythische Kontur der Person. Nur deshalb kann er am Anfang des Kapitels vom großen Jokus sagen: »In Wahrheit wurde niemand betrogen, auch Esau nicht«, und dann doch eine Komödie erzählen von plautinischer Drastik. Daß niemand betrogen wurde, ist mythisch gedacht: Alles was passiert, muß passieren. Betrug aber bedeutet, daß man auch anders könnte, daß man nicht müssen muß. Wenn eine Komödie erzählt wird, setzt dies die aufgeklärte Rationalität voraus, denn nur in ihr kann der Schlaue sogar die göttlichen Mächte austricksen. Die eine Haltung bestimmt den Menschen als das im Kern fromme Wesen, die andere Haltung bestimmt ihn als das im Kern schlaue Wesen.

Und weil es keinen erzählten und als Erzählung überlieferten Mythos gibt, in dem nicht schon das Spurenelement der aufgeklärten Rationalität steckt – so wie es keine aufgeklärte Rationalität gibt, in der nicht immer noch das Spurenelement der Frömmigkeit auszumachen wäre; man muß nur genau hinschauen –, gibt es denn auch schon in den ältesten überlieferten Mythen die Geschichten vom ausgetricksten Gott. Der Schlaue vertraut selbst noch den Göttern gegenüber auf seinen hellen Kopf. Das kann bös enden wie bei Tantalos, der die Allwissenheit der Götter testen wollte, indem er ihnen seinen eigenen Sohn gekocht vorsetzte, oder bei Sisyphos, den die Ilias kurzerhand »den Schlauesten unter den Männern« nennt[92]; es kann aber auch um Haaresbreite gut ausgehen wie bei Odysseus, der den Sohn des Poseidon, den Zyklopen Polyphem, so listig wie grausam übertölpelt.

Selbst im ältesten Epos der Weltliteratur, im »Gilgamesch«, gibt es das Spurenelement der List gegen die Götter, wenn auch als Aktion eines einzelnen Gottes, der sich auf die Seite der Menschen stellt (wie Prometheus). Die Götter beschließen gemeinsam, alle Menschen durch eine Sintflut zu ersäufen, und sie schwören einander, den Menschen gegenüber nichts verlauten zu lassen, damit wirklich keiner davonkomme. Ea aber, der Gott des Süßwassers, geht unter die Menschen und erzählt dort einer Wand, was beschlossen wurde und was als Rettung zu tun sei – nämlich eine Arche zu bauen –, erzählt es dergestalt einer Wand –

> Rohrhaus, Rohrhaus! Wand, Wand!
> Rohrhaus, höre, Wand, begreife! [93]

– daß ein Mensch, Utnapischtim (in der Bibel wird er Noah heißen), es hören muß. Der begreift und macht sich sogleich ans Zimmern eines riesigen schwimmfähigen Kastens.

Bei Thomas Mann nun sind Rationalität und Mythos gleichgewichtig; keines ist nur als Spurenelement im andern enthalten. Mit diesem Gleichgewicht, aus dem auch die Ironisierung des einen durch das andere möglich wird, bezieht er natürlich auch zivilisationstheoretisch Position. Die Menschheit, sagt er, wandert nicht aus dem Mythos in die Rationalität, wie es sich die schlichteren Konzepte vom Prozeß der »Modernisierung« gerne vorstellen, sondern beide begleiten die Wanderung der Menschheit als elementare Formen der Welterklärung und des Schaffens von Sinn.

Diese Gleichzeitigkeit ist sehr schön erkennbar an der Art, wie das Verkleidungsritual erzählt wird, das die Mutter Rebekka im Jaakob-Roman an ihrem glatthäutigen Sohn vollzieht. Es ist eine Veranstaltung der Schlauheit und der blanken List, aber die Frau bringt sie nicht zustande, ohne dabei auch zu Zauber- und Segenssprüchen zu greifen, ohne also die selbstdenkende Vernunft zu durchsetzen mit einer dunklen, murmelnden Frömmigkeit. Die Stelle muß ausführlich zitiert werden, weil sich die gegensätzlichen Elemente nur im Ganzen zeigen. Auch die klappernde Angst, mit der Jaakob vom Autor versehen wird, deutet auf den Hintergrund eines Frevelbewußtseins, das nur einer Grundfrömmigkeit, nicht dem vergnügten Vertrauen auf die eigene Schlauheit entspringen kann.

Da aber das Essen noch kochte, sah Jaakob, wie sie hervortat aus ihrem Kasten gefaltete Kleider, Hemd und Kittel. Das waren Esau's Festkleider, die sie verwahrte, wie Jaakob erkannte; und er erbleichte wieder. Danach sah er sie die Felle der Böcklein, die an der Innenseite noch feucht und klebrig waren vom Blute, mit dem Messer in Stücke und Streifen zerschneiden und zitterte bei diesem Anblick. Aber Rebekka hieß ihn den langen Hemdrock mit halblangen Ärmeln, den er in jener Zeit alltäglich zu tragen pflegte, ausziehen und zog ihm über die glatten, zitternden Glieder das kurze Untergewand seines Bruders und darüber den feinen blau und roten Wollrock, der nur über eine Schulter ging und die Arme bloß ließ. Dann sprach sie: »Nun komm her!« Und legte ihm, während ihre Lippen sich in leisen Worten bewegten und die energischen Falten zwischen ihren Brauen feststanden, die Fellstücke überall an, wo er bloß und glatt war, um Hals und Arme, um die Unterschenkel und auf die Rücken der Hände, und band sie fest mit Fäden, obgleich sie ohnedies schon klebten auf die unangenehmste Weise. Sie murmelte:
»Ich wickle das Kind, ich wickle den Knaben, vertauscht sei das Kind, verwandelt der Knabe, durch die Haut, durch das Fell.«
Und murmelte abermals:
»Ich wickle das Kind, ich wickle den Herrn, es taste der Herr, es esse der Vater, dir müssen dienen die Brüder der Tiefe.«
Darauf wusch sie ihm eigenhändig die Füße, wie sie es wohl getan, als er

klein war, nahm dann Salböl, das nach der Wiese duftete und nach den Blumen der Wiese und das Esau's Salböl war, und salbte ihm den Kopf und danach die gewaschenen Füße, indem sie zwischen den Zähnen sprach:
»Ich salbe das Kind, ich salbe den Stein, es esse der Blinde, zu Füßen, zu Füßen müssen dir fallen die Brüder der Tiefe!«
Dann sagte sie: »Es ist geschehen«, richtete, während er unbeholfen, verstört und tierisch angetan, aufstand, mit gespreizten Armen und Beinen dastand und mit den Zähnen schnatterte, das gewürzte Fleischgericht im Napfe an, tat auch Weizenbrot hinzu und goldklares Öl, das Brot hineinzutauchen, und einen Krug Weins, gab ihm alles in Hand und Arm und sagte: »Nun geh deines Wegs!«[94]

Das ist noch lange nicht die naturwissenschaftlich fundierte Verkleidungstechnik – »cette science profonde du déguisement«[95] –, die mit Balzacs Vautrin beginnt und bei Sherlock Holmes einen ersten Höhepunkt erreicht,[96] achtzig Jahre vor dem »Schakal«. Es ist aber auch schon lange nicht mehr reine Magie und Zauberpraxis, liegt davon weitab und erinnert an sie nur noch durch die gemurmelten Sprüche, die auf das Gelingen der Intrige keinen erkennbaren Einfluß haben.

XIII
Übersicht über die Elemente des Intrigenmodells

Im Rückblick auf das ganze Verstellungs- und Verkleidungstreiben um Jakob und Esau, sowohl in der Textgestalt der Bibel als auch in der Textgestalt des Jaakob-Romans, lassen sich die bisher bekannten Bestandteile des morphologischen Intrigenmodells resümierend zusammenstellen.

Aus der *Notsituation* und den entsprechenden *Zielphantasien* entsteht in der Frau der *Plan*.

In der Durchführung der gezielten Verstellungsaktion fungiert Rebekka als *Anstifterin* und *Lenkerin* im Hintergrund. Genau so ist Odysseus im »Philoktet« Anstifter und Lenker im Hintergrund. Das *Intrigensubjekt*, das in vielen Fällen den Plan selbst entwirft und die Durchführung ganz allein vollzieht – wie die Königin in der zitierten Schneewittchen-Passage –, kann sich also aufspalten. Zum Anstifter und Lenker tritt der *Helfer*. In der Gestalt Jakobs ist dieser allerdings mehr als nur ein Werkzeug. Das Intrigenziel, der unerhörte Segen, ist ja sein eigener und alleiniger Gewinn.

Die mögliche Aufspaltung des Intrigensubjekts ist mit den Begriffen »Anstifter« und »Helfer« indessen noch unzureichend erfaßt. Erstens kann das Rollensplitting noch viel weiter gehen und sich zu einer eigentlichen *Intrigantengruppe* ausfächern, so etwa im Komplott, welches in der politischen Verschwörung monumental wird. Zweitens muß man, was den Helfer betrifft, genau unterscheiden zwischen dem *freiwilligen* und dem *unfreiwilligen Helfer*. Der letztere wird, indem er ahnungslos seinen Beitrag leistet, auf seine Weise zu einem *Intrigenopfer*. So setzt Jago in Shakespeares »Othello« seine Gattin Emilia als unfreiwillige Helferin ein, die das Intrigenrequisit, das kostbare Taschentuch der Desdemona, beschaffen muß. Daß sie zuletzt von Jago erstochen wird, bestätigt dramatisch den Opfercharakter, der mit der Funktion des unfreiwilligen Helfers verbunden sein kann. Auch muß der Helfer im Gesamtprozeß keineswegs von untergeordneter Bedeutung sein gegenüber dem Anstifter und Lenker im Hintergrund. So wird Neoptolemos im »Philoktet«, ein klassischer Intrigenhelfer, durch den Gewissenskonflikt, dem er sich stellt und aus dem er seine freie Konsequenz zieht, zur wichtigeren Figur als der planende und lenkende Odysseus selbst.

Wie sehr die Auffächerung des Intrigensubjekts in die Funktionen von Anstifter und Helfer auch ideologisch tendenziösen Zwecken dienen kann, zeigt sich in den Trauerspielen des deutschen 18. Jahrhunderts. Dort muß der bürgerliche Helfer als Extremschurke nicht selten den fürstlichen Anstifter in den Augen des Publikums moralisch entlasten, wodurch die politische Brisanz des literarischen Unternehmens – und das entsprechende Risiko des historischen Autors – deutlich gedämpft werden.

Was in der Jakobsgeschichte fehlt, ist die Verdoppelung des Vorgangs in Gestalt einer *Gegenintrige*. Sie findet sich hundertfach bei allen großen Intrigendichtern. So bestimmt etwa das komponierte Ineinander von Intrige und Gegenintrige die klassische Dramaturgie Schillers durchaus.

Die *Formen der Verstellung* in der Jakob-Esau-Geschichte lassen sich unterteilen in die *Verkleidung* im engeren Sinn – Rebekka zieht dem Sohn die Kleider von dessen Bruder an –; die *Körperverstellung* durch die aufgeklebten Felle und die Salbung mit dem Salböl Esaus; schließlich die akustische Verstellung mittels der *Intrigenstimme*. Es ist allerdings so, daß Jakob die Intrigenstimme im genauen Sinne nicht zustandebringt. Es gelingt ihm nicht, die fremde Kehle nachzuahmen, wie es etwa Ripley phänomenal beherrscht. Für das morphologische Modell ist aber von Bedeutung, daß die Bibel den Aspekt der Stimme ausdrücklich erwähnt; der blinde Vater sagt: »Die Stimme ist Jakobs Stimme, aber die Hände sind Esaus Hände.«[97] Locus classicus der Intrigenstimme ist bekanntlich der Wolf im Märchen von den Sieben Geißlein, der, als er akustisch erkannt wird, hingeht und Kreide frißt, bis sein rauhes Organ so sanft klingt wie die Stimme der Muttergeiß.

Als Pendant zur Intrigenstimme darf die *Intrigenschrift* gelten, die im Zusammenhang mit Ripleys Talenten erstmals erwähnt wurde.

Zu den charakteristischen seelischen Erfahrungen des Intriganten gehören die *Intrigengeduld* und der *Intrigengenuß*.[98]

Unter die Formen der Verstellung ist schließlich der vielschichtige Vorgang der *mimetischen Verstellung* zu rechnen. Jakob spielt den Bruder Esau vor dem blinden Vater auf verschiedene Weise, unter anderem, indem er ihn über seine Identität direkt und kraß belügt. Isaak, heißt es in der Bibel, »sprach zu ihm: Bist du mein Sohn Esau? Er antwortete: Ja, ich bin's.«[99]

Bei Thomas Mann wird diese Handlungssekunde zu einem Komödienmoment eigener Art, und zwar so, daß das Phänomen der Intrigenstimme in gewissem Sinne doch noch eine Verwirklichung findet. Jaakob wird nämlich von solcher Angst geschüttelt, daß er kaum noch reden kann und mehr flüstert als spricht.

»Wer bist du also?«
Und Jaakob antwortete mit versagender Stimme:
»Ich bin Esau, der Rauhe, dein größerer Sohn, und habe getan, wie du geheißen. Sitz auf, mein Vater, und stärke deine Seele; hier ist das Essen.«
Aber Isaak saß noch nicht auf. Er fragte: »Wie, so bald ist dir schon ein Wild begegnet und so rasch schon eines gerannt vor deines Bogens Sehne?«
»Der Herr, dein Gott, hat mir Jagdglück beschert«, antwortete Jaakob, und nur einzelne Silben bekamen Stimme, die anderen waren geflüstert. [...]
»Wie ist mir denn aber?« fragte Isaak wieder. »Deine Stimme ist ungewiß, Esau, mein Ältester, aber sie klingt mir wie Jaakobs Stimme?«
Da wußte Jaakob nichts zu antworten vor Angst und zitterte nur. Aber Isaak sprach milde:
»Die Stimmen von Brüdern gleichen sich wohl, und die Worte kommen verwandt und gleichlautend aus ihren Mündern. Komm her, du, daß ich dich befühle [...]«[100]

Die Differenz zwischen der Bibel und dem Roman ist insofern aufschlußreich, als sich darin der gesteigerte Zwang zur Wahrscheinlichkeit manifestiert, dem der moderne, psychologisch stringente Erzähler im Gegensatz zum lakonischen Berichterstatter der Genesis unterworfen ist. Was die Bibel geradehin erzählt, das muß im modernen Erzählen zusätzlich motiviert werden. Der Satz: »Die Stimme ist Jakobs Stimme, aber die Hände sind Esaus Hände«[101], ist im biblisch-legendenhaften Bericht schlüssig und ausreichend; im modernen Erzählen, unter dem Gesetz einer umfassenden Wahrscheinlichkeit, die der Leser nach seiner eigenen Lebenserfahrung beurteilt, öffnet der Satz jedoch eine krasse Wahrscheinlichkeitslücke. Er verlangt nach zusätzlicher Motivierung. Sonst glaubt man nicht, daß Isaak auf die unvollständige Verstellung hereinfällt, und hat das peinliche Gefühl eines Kunstfehlers. Thomas Mann leistet diese zusätzliche Motivierung souverän. An solchen Stellen kann man die Geheimnisse des erzählerischen Handwerks studieren.

Das *Intrigenrequisit* schließlich ist in der Jakob-Geschichte der Topf mit dem gekochten Fleisch, keine Waffe wie der vergiftete Apfel der Märchenkönigin oder das Gewehr des Schakals, aber ein erzählerisch hervorragendes Element und ganz unabdingbar für das Gelingen des Plans. Der Topf hat hier, wie das Taschentuch der Desdemona, die Funktion eines unwiderlegbaren Beweisstücks.

Zuletzt aber findet sich in der Geschichte sehr plastisch und wirkungsvoll ausgebildet der bisher nur gestreifte Vorgang der *Anagnórisis*. Die Anagnorisis, das Wiedererkennen im wörtlichen Sinn, stellt in der Dramaturgie der Intrige jenen Augenblick dar, wo alles auskommt, wo das ganze Verstellungsgefüge auffliegt. Oft gibt dabei ein

Erkennungszeichen, das *Gnorisma*,[102] den Ausschlag. Ästhetisch, in literarisch-künstlerischer Hinsicht, wozu ja nicht zuletzt die Steuerung der Lesergefühle gehört, ist die Anagnorisis ein herausragendes, wenn nicht das Haupt- und Kronereignis des Intrigenprozesses. Aller Spannungsaufbau geschieht über die erwartete, die erhoffte, die gefürchtete Anagnorisis. Sie ist das Phantasiebild am Horizont, das die Lektüre begleitet von dem Moment an, wo der Plan ausgedacht wird.

Was das morphologische Modell als Ganzes betrifft, zeigen sich im zeitlichen Aufriß also drei Phasen: *Planung, Durchführung und Anagnorisis.* Die drei Phasen gelten auch für die Gegenintrige, wobei deren Beginn oft zeitlich versetzt, also erst während der Durchführung der Hauptintrige sich ereignet. In »Figaros Hochzeit« markiert den fulminanten Start der Gegenintrige Figaros Kavatine: »Se vuol ballare Signor Contino«. Sie kann als die angriffslustig in die Welt geschmetterte Parole aller Gegenintriganten gelesen werden. Darin die Verse:

> Saprò ... ma piano,
> Meglio ogni arcano
> Dissimulando,
> Scoprir potrò!
>
> L'arte schermendo,
> L'arte adoprando,
> Di qua pungendo,
> Di là scherzando,
> Tutte le macchine
> Rovescierò.[103]

Ich finde jedes Geheimnis heraus, heißt das, ganz sachte finde ich es heraus, und, was noch besser ist, durch Verstellung meinerseits. Tricks und Finten wehre ich ab; und Tricks und Finten setz ich selber ein. Hier steche ich zu, und dort spiele ich den Narren. So werfe ich zuletzt alle Intrigen (macchine) über den Haufen.

XIV
Anagnórisis – der Augenblick der Wahrheit

Wenn alles herauskommt. »Gar lustig und gräßlich«. Wie Thomas Mann den Lesergenuß steuert. Die Anagnorisis-Strategien bei Forsyth, Highsmith und Frisch. Schafft die Anagnorisis sittliche Eindeutigkeit? Anagnorisis als Gericht. Die unheimlichste Variante: Molières »Tartuffe«.

Ihrer Brisanz und ihrem dramatischen wie moralischen Eklat-Charakter entsprechend, besteht für die Anagnorisis ein unabsehbar reicher Vorrat an dramaturgischen Mustern. Die letzte Steigerung der Spannung fällt in ihr mit der erlösenden oder aber endgültig niederschmetternden Entspannung zusammen. Die gesamte Geheimnis-Strategie eines Werks explodiert hier gewissermaßen, unabhängig davon, ob der Leser in diese Geheimnisse immer schon eingeweiht war – wie bei der Jakob-Geschichte –, oder ob er selbst der Lösung eines großen Geheimnisses entgegenfieberte – wie bei den Kriminalromanen, den Whodunit-Stories, wo der Täter auf den letzten Seiten entlarvt wird.

In Thomas Manns Um- und Neuschaffung der Jakob-Esau-Affäre kann man die reichen Möglichkeiten erzählerischer Ausbeutung der Anagnorisis aufs Schönste verfolgen. Der Autor bedient sich hier der manipulierten Lesergefühle insofern, als er Zuschauer in seinen Bericht einführt, lauter Leute, die gespannt, vergnügt und schadenfroh alles mitverfolgen, als wär's in einem Theater, und die gemeinsam mit den Lesern auf den Eklat warten, wo dem düpierten Esau die Augen aufgehen. Nachdem man bereits zugeschaut hat, wie der fellverklebte Jakob zitternd das Zelt des Vaters betritt und es erfolgsbeschwingt wieder verläßt, sieht man auch, wie der ahnungslose Esau von der Jagd kommt, prahlerisch und zukunftsgewiß, wie er in einer großen öffentlichen Veranstaltung seinen geschossenen Bock zubereitet und wie er triumphierend mit dem »Frikassee«, so Thomas Mann, zum Vater geht. Und endlich hört man, wie er aufbrüllt im Zelt, als er dort die Wahrheit erfährt, und sieht ihn heulend, fluchend, tobend herausstürzen. Da krümmen sich die Zuschauer vor Lachen, nicht anders, als säßen sie vor einem Bühnenschwank.

Doch was für sie so lustig ist, ist für Esau die Lebenskatastrophe. In dieser Anagnorisis triumphiert die Intrige, und niedergeschmettert kauert das Intrigenopfer am Boden. Das große Gelächter hat einen finstern Hintergrund. Dieser Doppelaspekt wird von Thomas Mann benannt, bevor er zum schallenden Finale ansetzt: »Wenig später kehrte Esau heim mit einem jungen Steinbock, den er geschossen, – und nun war es gar lustig und gräßlich geworden mit der Geschichte.«[104]

Die Formulierung hat es in sich. »Gar lustig und gräßlich«: das gesteht ein, daß Vergnügen oder Erschütterung, Gelächter oder Tränen eine Frage der Perspektive sind. Es ist der zweifache Blickwinkel, mit dem uns schon der Titel – »Der große Jokus« – konfrontierte, wenn er die Dimension von Betrug und böser Tat allzu selbstgewiß abzuweisen schien. Im Grunde steht der Ausdruck »gar lustig und gräßlich« wie ein Leitspruch über aller Praxis der Anagnorisis. Immer bedeutet der Triumph auch eine Niederlage, bedeutet die Niederlage auch einen Triumph.

Nachdem der Erzähler des Jaakob-Romans dies eingestanden hat, kann ihn nichts mehr an der Beschreibung und Beschwörung des großen Gelächters hindern. Er hat Esau zum gewaltigen Prahler gemacht. Damit blockiert er das drohende Mitleid und ermöglicht den Ablauf der Schadenfreude,[105] aus dem sich das Gelächter ja nährt:

In freudigem Dünkel und hochgebläht kam er daher, den Bock auf dem Rücken, den Bogen in haariger Faust, stolzierend, marschierend: er warf die Beine sehr hoch beim Schreiten und wandte finster strahlend den Kopf hin und her, ob man ihn auch sähe in seinem Ruhm und Vorrang, und begann schon von weitem wieder zu prahlen und großzureden, daß es ein Jammer und Jux war für alle, die es hörten.[106]

»Jammer und Jux« – nochmals also ein Signal der Ambivalenz. Aber nun kocht Esau sein Ragout mit einer so lärmenden Aufschneiderei, daß sich alle Bedenken verflüchtigen. Als er im väterlichen Zelt verschwindet, heißt es:

Die Leute johlten vor Lachen. Sie schüttelten die Köpfe, weil es allzuviel war der Narretei, und wischten sich mit den Fäusten das Wasser aus den Augen und schleuderten es zu Boden.[107]

Die völlige Gleichzeitigkeit von »Jammer und Jux«, von »lustig und gräßlich« wird in der Schlußkadenz des Kapitels erreicht, wo der offenkundige Schreibgenuß des Erzählers die letzten moralischen Skrupel der Zuschauer *im* Text und der Leser *vor dem* Text beseitigt und wo das Elend des Intrigenopfers dennoch ungeschmälert, in grotesker Wucht, zur Anschauung gelangt:

Nicht gar lange aber, so gab es ein Gebrüll dort drinnen, ganz unerhörter Art, und Esau brach heraus, nicht rot, sondern veilchenblau im Gesicht und mit hocherhobenen Armen. »Verflucht, verflucht, verflucht!« schrie er aus Leibeskräften, wie man heute wohl rasch hervorstößt bei kleiner, ärgerlicher Gelegenheit. Doch damals und in des zottigen Esau Mund war es ein neuer und frischer Ruf, ursprünglichen Sinnes voll, denn er selbst war wirklich verflucht, statt gesegnet, und festlich betrogen, ein Volksspott wie keiner mehr. »Verflucht«, schrie er, »betrogen, betrogen und untertreten!« Und dann setzte er sich zu Boden und heulte mit lang heraushängender Zunge und ließ Tränen rollen, so dick wie Haselnüsse, während die Leute im Kreis um ihn standen und sich die Nieren hielten, so schmerzte sie der große Jokus, wie Esau, der Rote, geprellt ward um seines Vaters Segen.[108]

Wäre Esau der Lasterhafte in einer klassischen Komödie, man erlebte seine Niederlage als angemessene Strafe für ein übles Tun. Da er dies aber keineswegs ist, sondern die Komödienrolle des Prahlers, des Miles gloriosus, Venator gloriosus erst durch einen ergänzenden Kunstgriff des Erzählers verpaßt bekommt, findet sich der Leser zuletzt doch in einem seltsamen Zwielicht. Sobald er aus dem erzählten Tumult erwacht und nachdenkt, muß er zu den übereindeutigen Gefühlen der Zuschauer auf Distanz rücken. Er muß sich weigern, diese Bande als seine Stellvertreter anzuerkennen – um der sittlichen Bewertung willen.

Ein Rückblick auf die früheren Textbeispiele dieser Studie, die Schakal- und Ripley- und Gantenbein-Romane, deckt rasch deren ganz unterschiedliche Anagnorisis-Strukturen auf und illustriert die Vielfalt dramaturgischer Formen im Intrigen-Finale. Im »Schakal« ist die Anagnorisis ein langer Prozeß, der früh im Roman einsetzt, bei den ersten Erfolgen der Gegenintrige durch die Polizei, und sich durchzieht bis zum Schluß. Immer wieder wird ein Stück der Verstellung aufgedeckt, wird eine Verlarvung durchschaut, und jedesmal entkommt der Täter unter die nächste Larve. Erst im letzten Moment, in der wörtlich allerletzten Sekunde, nachdem er einen Schuß auf den Staatspräsidenten schon abgegeben hat und den Finger zum zweiten, diesmal sicher treffenden bereits leise krümmt, wird der Killer endgültig entdeckt und zur Strecke gebracht.

Im »Talentierten Mr. Ripley« hingegen bewegt sich der Intrigant andauernd haarscharf am Rande der Anagnorisis. Immer wieder zieht sich das Netz um ihn zusammen, scheinbar ausweglos, und doch entwischt er jedesmal, oft sogar auf eine seltsam unglaubhafte Weise. Dieses Leben am Abgrund der Entdeckung, das auch die andern Ripley-Romane kennzeichnet, ist kein Running gag der Erzählerin, sondern ein Kunstakt hohen Ranges. Er verleiht dem Roman einen surrealen Zug; ein Einschlag von Traumgeschehen, Traumzuständen liegt dadurch über dem Ganzen. Die erwähnte Unwahrscheinlichkeit, die eigentlich ein Kunstfehler sein müßte, gewinnt eine erzählerische Funktion, sie steigert den Geheimnischarakter. Ripley wird nie erwischt, aber er lebt immerfort in der Hölle des Beinahe-Erwischtwerdens, lebt auf der Schwelle der Anagnorisis. Von da aus wäre wohl auch das moralische Problem zu diskutieren, daß in den Ripley-Romanen der Intrigant und Mörder stets davonkommt, was eigentlich und anständigerweise nicht angeht und das Gerechtigkeitsempfinden der Leser sonst scharf zu kränken pflegt.

Im »Gantenbein« schließlich, wo ein Mann als angeblich Blinder seine Ehe lebt, eine Ehe, die deshalb glücklich bleibt, weil er so tun kann, als sehe er nicht, was alles geschieht, weil er, der zwanghaft Eifersüchtige, den eingebildeten oder realen Symptomen des Verrats nicht nachgehen muß, nicht den Gekränkten, nicht den Richter spielen muß, in diesem »Gantenbein« wird die Anagnorisis zu einem ähnlich seriellen Element wie im »Ripley«, ähnlich und doch wieder ganz anders. Man könnte die immer neu erfundenen Varianten der Anagnorisis, die in diesem Roman bald nur skizziert, bald breit ausgeschildert werden, als eine Art Exerzitium der Anagnorisis-Praxis jedem Lehrling der Literaturwissenschaft aufs Pult legen. Fortlaufend stellt sich das namenlose Ich, das den Roman erzählt, neue Geschichten vor, fortlaufend baut es die bereits erzählten Geschichten wieder um. Und da das Hauptereignis in der Blindenintrige besteht, mit dem Intrigenrequisit der blauen Brille, ergeben sich zu dieser Intrige eben auch ganz unterschiedliche Spielformen der Anagnorisis. Sie sind bald komödiantisch und bald tragisch, bald banal und bald schrecklich. Immer aber geht es darum, ob und wie die blaue Brille fällt und der Blinde als Sehender entdeckt wird. Während sonst die Intrige auf den einmaligen Moment der Wahrheit ausgerichtet ist, zusammen mit der Zuschauererwartung, der Spannung im handfesten Sinn, ereignet sich in diesem Roman der einmalige Moment wieder und wieder. Gemäß dem grundsätzlich erkenntnisstiftenden Charakter der Anagnorisis aber verläuft auch hier keine Variante ohne die Manifestation einer Wahrheit. Jede deckt einen andern sittlichen, psychologischen, metaphysischen Zusammenhang auf und läßt ihn beim nächsten »Ich stelle mir vor« wieder erlöschen.

Metaphysisch im strengen Sinn einer Frage nach sittlicher Schuld ist der Kern jenes Erzählteils, in dem Gantenbein als Zeuge vor Gericht erscheinen muß. Eine Frau ist getötet worden. Er hat sie gekannt. Er ist nicht der Mörder und wird auch nicht verdächtigt. Sein Verhör ist daher kurz und belanglos. Nun hat er aber den Hauptverdächtigen zum Zeitpunkt der Tat gesehen und zwar abseits vom Tatort, auf der Seepromenade. Er weiß also, daß dieser unschuldig ist. Er könnte ihn, um den sich das Netz immer enger zusammenzieht, mit einem Satz retten. Doch dazu müßte er die Blindenrolle aufgeben, müßte öffentlich erklären, die ganze Zeit gelogen und betrogen zu haben, und sich damit nicht nur allgemeine Schmach einhandeln, sondern auch sein Liebesglück vernichten. Gantenbein wird nicht gefragt, ob er den Angeklagten gesehen habe, denn keiner zweifelt an seiner Blindheit. Er ist völlig geschützt, das heißt: Er ist mit der Entscheidung, ob er ein fremdes Leben zerstört oder rettet, ganz allein. Völlig geschützt, ist er dieser Entscheidung schutzlos ausgesetzt. Er schweigt.

Nicht die Anagnorisis ist hier das dramatische Ereignis, sondern ihr Ausbleiben, der Nichtvollzug. Das Gewicht der metaphysischen Schuld bemißt sich auch nach dem Gewicht dessen, was Gantenbein durch sein Schweigen retten will. Es ist die Liebe, das glückliche Paar, also das von Max Frisch in Leben und Schreiben mit letzter Passion immerzu Gesuchte, immer von neuem Scheiternde. Die vollkommene Liebe bildet in Frischs Welt den einzigen unbedingten Wert. Sie stellt das Absolute dar, den letzten Himmel. Man könnte auch Gott sagen oder Nirwana oder Sein des Seienden oder Erlösung. Das ist Frischs Lebenswahn, Lebenswahnsinn, Lebens-Don-Quijoterie, daß er bis zur Raserei die vollkommene Geschlechterliebe sucht, die niemals kaputtgeht, und darüber jede einzelne konkrete Liebe kaputtgehenlassen muß. Die Liebe zwischen den Geschlechtern als säkularisierte Form der Seligkeit im alten religiösen Sinn: das ist ein gleichzeitig erhabenes und absurdes Konzept. Es wird von Frisch, von seinen Protagonisten nur erlebt, nie theoretisch erläutert. Die Gleichzeitigkeit des Erhabenen und Absurden produziert einerseits die mörderische Dimension dieser liebenden Männer, andererseits das Komische, den reißenden Witz. Zur Deckung kommen die beiden Dimensionen in den vielen Szenen, wo Geschirr und Möbel zerschlagen werden. Immer wieder geht bei Frisch das Interieur zu Stücken, in einer Mischung von Othello-Raserei und Eheschwank.

Eine rein komödiantische Spielart der Anagnorisis ereignet sich im »Gantenbein« dort, wo der Mann die Wahrheit sagt – und es passiert gar nichts:

Wir sitzen noch immer am Kamin, Mitternacht vorbei, ich habe lang nichts gesprochen. Lila hinter der ausgespannten Zeitung zwischen ihren Händen. Ich bin glücklich, daß ich mein Whisky-Glas, wenn auch leer, noch in der Hand habe. Lila gähnt, und das Scheit über der Aschenglut ist wieder erloschen. Zeit zum Schlafen. Ich erinnere mich genau, was wir zuletzt gesprochen haben:

»Hast du das gelesen?«

»Ja«, sagte ich, »– habe ich gelesen.«

Pause.

»Nein«, sagte sie, »wie ist das möglich?«

Sie meinte den Mord.

»Kannst du dir vorstellen«, fragte sie, »wieso einer das tut? Ich finde es schauerlich.«

»Ja«, sagte ich, »– habe ich gelesen.«

»Du«, fragte sie, »ist da noch Whisky?«

»Lila«, sagte ich, »ich habe etwas gesagt.«

»Entschuldige!« sagte sie und ich sah ihr Gesicht, als sie fragte: »Was hast du gesagt?«

»Ich habe gesagt«, sagte ich, »– ich habe gesagt, daß ich's gelesen habe.«

»Findest du's nicht schauerlich?«

»Ja –«

Seither haben wir geschwiegen.

»Ja«, sagte Lila jetzt, »gehen wir schlafen!«

Ich bleibe Gantenbein.[109]

Das Großartige der Stelle ist ihre Banalität. Ein Liebes- und Ehepaar tritt auf die Mine, die ihre ganze Liebe und Ehe hochgehen lassen muß, doch alles bleibt, wie es ist. Der Mann riskiert die Wahrheit als Detonation und geht nach einigem Gähnen schlafen. Die Szene ist nicht etwa gegen die Frau gerichtet. Sie will diese nicht als beschränkt hinstellen. Vielmehr dekuvriert sie den pathetischen Wahrheitsheroismus des Mannes. Da hat er sich endlich zur großen Aufklärung entschlossen, und fünf Minuten später kriecht er im Pyjama unter die Decke.

Das Gegenstück bildet die Szene, wo der Erzähler sich vorstellt, was passiert, wenn die Frau plötzlich begreift und die vernichtende Erkenntnis sich tatsächlich ereignet:

Das Ende:

(kurz, unverhältnismäßig)

Geh! sagt sie und nimmt sich eine Zigarette, dann Feuer, während ich frage, was denn, Herrgottnochmal, geschehen sei. All diese Jahre! sagt sie und raucht. Was habe ich denn gesagt? Vorher ihr Schluchzen, jetzt sagt sie bloß:

Geh!, rauchend. Wieso habe ich sie betrogen? Das sagt man so: jemand stehen die Haare zu Berg. Aber das gibt es, ich seh's, ihr Haar steht ihr zu Berge. Hat Lila wirklich geglaubt, ich sei blind? Das also ist das Ende. Wieso eigentlich? Vergeblich bitte ich um Verzeihung dafür, daß ich manches gesehen habe. All diese Jahre! sagt sie, du hast mich nie geliebt, nie, jetzt weiß ich's und jetzt will ich, daß du gehst, daß du gehst!, rauchend, dann schreiend: daß du gehst![110]

Der Mann, der die Anagnorisis endlich durchgesetzt hat, wirkt hier allerdings nicht heroischer als in der vorigen Szene. Er spielt eine hilflose Unschuld – auch vor sich selbst? –, die keineswegs unschuldig ist. Die Dämonie der Verstellung, mit der er sich sein Liebesglück erkauft hat, wird von der Frau mit den Zeichen eines urtümlichen Grauens erlebt. Die Haare richten sich auf auf ihrem Kopf. Der Schleier der hilflosen Unschuld aber, mit dem sich der Mann umgibt, reißt für eine Sekunde auf in dem bösen, dem nun wirklich grundbösen Satz: »Vergeblich bitte ich um Verzeihung dafür, daß ich manches gesehen habe.« Diese Szene, fast am Ende des Romans, führt die Anagnorisis als blanke Katastrophe vor und ganz ohne die reinigende Kraft der Wahrheit. Die Wahrheit macht hier die Liebe kaputt, die das Höchste ist, – die das Höchste wäre, ließe sie sich anders gewinnen als durch Lüge. So schlimm endet ein schlimmes Buch.

Esau als Intrigenopfer, der Schakal als der zur Stecke gebrachte Unhold, Ripley auf der höllenheißen Schwelle der Entdeckung, Gantenbein in seiner erotischen Versuchsanordnung: alle Beispiele verweisen auf die Tatsache, daß sich in der Anagnorisis nicht nur die äußere Handlung dramatisch verdichtet, sondern auch die zentralen Fragen der Sittlichkeit, die letzten Entscheide über Gut und Böse, über die Guten und die Bösen, in grelles Licht rücken. Auch wenn von der Illusion Abschied genommen werden mußte, man könne die Intrigen insgesamt einteilen in rettende und vernichtende, weiße und schwarze, mit je unzweideutigen Vertretern der sittlichen Gegensätze, so bedeutet dies doch keineswegs eine tendenzielle moralische Neutralität des Verstellungstreibens. Im Gegenteil, die Schwierigkeiten einer endgültigen Zuweisung verstärken nur die Tatsache, daß wir in der Intrige unweigerlich einem sittlich-moralischen Spektakel großartiger Natur begegnen. Immer und überall setzt die Intrige Sittlichkeit und Moral in Szene, konfrontiert sie uns mit letzten Fragen von Recht und Unrecht, und wenn wir uns mit der Lösung schwertun wie bei der Jakob-Esau-Affäre, bedeutet dies nur eine Verschärfung der Konfrontation. Die Anagnorisis als der erwartete, erhoffte, gefürchtete Augenblick der Wahrheit wird deshalb sehr oft zu einem förmlichen Akt von Gericht und Urteil, der Vollstreckung sogar des Urteils. In den Fällen einer eindeutig rettenden Intrige wird die Anagnorisis zum Gericht über die schlechte Ordnung, die vom guten Intriganten wieder eingerenkt werden mußte – man denke an »Figaros Hochzeit« –, in den Fällen einer eindeutig vernichtenden Intrige wird sie zum Gericht über den schlechten Intriganten, der im Raum einer grundsätzlich intakten Ordnung seinen bösen Plan verfolgte – man denke an Jago (der allerdings der um einiges komplexere Fall ist als Figaro).

Die vielleicht unheimlichste Form der komödiantischen Intrigen-Anagnorisis findet sich am Schluß der vielleicht unheimlichsten französischen Komödie: »Le Tartuffe« von Molière. Der inszenierte Augenblick der Wahrheit ist hier deshalb so beklemmend, weil er zunächst auf konventionell-handfeste Art zustandekommt, im Finale einer Gegenintrige. Diese funktioniert perfekt und läßt alle Erwartungen der Zuschauer mit einem prächtigen Bühnenknall in Erfüllung gehen – worauf der Triumph in einem fürchterlichen Augenblick zusammenbricht. Alles scheint endlich gut, da schlägt der errungene Sieg der rettenden Intrige blitzartig, eine senkrecht einfallende Katastrophe, in den Sieg der zerstörenden um. Vorerst geschieht alles wie nach einem Handbuch für Komödienschreiber: Die Wahrheit tritt ans Licht, der Schuft wird entlarvt, dem Wolf wird der Schafspelz vom Leib gezogen – und dann bewirkt diese Wahrheit gar nichts. Das grandiose Ereignis, daß die Wahrheit unter die Menschen tritt und die Welt reinigt, das Ereignis, welches das Ende so vieler Werke in ein metaphysisches Licht taucht und die Hoffnung auf eine gerechte Welt beim Fallen des Vorhangs wahrscheinlich macht, es tritt ein – und verpufft. So perfekt ist die Intrige des Schurken, daß die perfekte Anagnorisis der Gegenintrige ins Leere läuft. Ein unglaublicher Moment ist das. Er wirft uns aus aller Sicherheit gegenüber den Konventionen und Gebräuchen der Literatur.

Wir wissen sonst immer: Aha, so treibt es der Schuft, aber weh ihm, wenn es herauskommt! Dann ist er geliefert! Sobald die volle Wahrheit an den Tag tritt, verzischt und verdampft das Böse. Mit diesem Bewußtsein sitzen wir in den alten Komödien und freuen uns auf die Anagnorisis. Hier aber treibt uns das abgründige Genie Molières genau diese Sicherheit in der Erwartung aus. Das Grundvertrauen in die weltheilende Kraft der Wahrheit bricht zusammen. Nur ein Zufall, hereingeschneit ohne erkennbare Notwendigkeit, verhindert ganz am Ende den tragischen Kollaps und läßt die Komödie Komödie bleiben. Ein Deus-ex-machina-Trick, kraß und gewaltsam, bewerkstelligt den Sieg des Guten trotz allem – und wie sind wir erleichtert! –, aber den Schrecken über das Versagen der erlösenden Kraft der Wahrheit bringen wir nie mehr aus den Knochen.

Wenn man diesen Ablauf genau studiert, wird deutlich, daß Molière zunächst das Schema der Komödien-Anagnorisis, des überführten Übeltäters, des entlarvten Lasters, virtuos und glatt durchspielt. So dick trägt er dabei auf, daß wir uns förmlich eingewiegt fühlen im Bewußtsein: Jetzt tritt der Unhold in die Falle, jetzt kommt das Feingesponnene an die Sonne, jetzt ist der Lump erledigt.

Es wird tatsächlich eine Falle gestellt, prächtig und vor aller Augen und unausweichlich für den Unhold. Man muß es erzählen. Tartuffe, der Frömmler, Sektierer, Heuchler, hat sich eingeschlichen in die reiche Bürgerfamilie und den Vater, den Familienherrscher, betört bis zur totalen Verblendung. Der hypnotische Bann des Sektenführers geht von ihm aus. Die halbe Familie erliegt ihm; die andere Hälfte setzt zur Abwehr an. Es sind die Frauen insbesondere, die unverfrorene Dienerin Dorine und die Ehefrau, welche die Gegenintrige ausspinnen und in die Tat umsetzen. Tartuffe ist triebhaft, scharf wie ein Bock. Hinter seiner frommen Draperie stellt er bedenkenlos sogar der Hausfrau nach – geschützt durch die Verblendung ihres Gatten. Das machen sich die schlauen Frauen zunutze. Sie spiegeln dem Heuchler vor, er sei für eine Stunde allein mit der attraktiven Madame, aber unter dem Tisch mit dem lang herabhängenden Tischtuch steckt der Hausherr und Vater, der Pantalone, um seine literarhistorische Abstammung denn doch noch zu erwähnen.

Und so, in solcher Tischesfinsternis, kann der bisher Verblendete mitanhören, wie sein Idol und Abgott, sein Seelenführer und Guru, wie der vermeintliche Heilige sich böckisch an seine Frau heranstößt. Eine Schwankszene nach ältester Machart ist das. So bekannt ist sie uns, so vielfach vertraut, daß wir sie ohne Mißtrauen betrachten und genießen. Wissen wir doch, worauf sie hinausläuft, worauf sie in Jahrhunderten drastischen Erzählens und Theaterspielens immer hinausgelaufen ist.

Das geschieht denn auch. Tartuffe entpuppt sich als lüsterner Heuchler; der zornige Gatte kriecht unter seinem Tischtuch hervor und tritt als strafender Richter vor den Betrüger. Der will noch etwas sagen, aber der Hausvater, im Bewußtsein seiner Macht und seines Ranges, fährt ihm übers Maul:

> Ces discours ne sont plus de saison:
> Il faut, tout sur-le-champ, sortir de la maison.[111]

Das heißt: Jetzt gibt's nichts mehr zu reden und verhandeln, jetzt verlassen Sie auf der Stelle dieses Haus. Das hat man kommen sehen. Darauf hat man sich gefreut. So, denkt man, wird die Welt vom schleimigen Gezücht gereinigt. Doch der andere antwortet kalt:

> C'est à vous d'en sortir, vous qui parlez en maître:
> La maison m'appartient, je le ferai connaître.

An Ihnen ist es abzufahren, heißt das, obwohl Sie so herrisch auftreten. Denn das Haus, mein Herr, gehört inzwischen mir, und das will ich gerne beweisen. Und gelassen legt Tartuffe die Belege auf den Tisch, daß er sich inzwischen den ganzen Besitz des verblendeten Orgon angeeignet hat, mit einem bekannten Sektentrick, und daß er ihn ökonomisch ruinieren und mit allen Möbeln und der ganzen Sippschaft aus dem eigenen Haus werfen kann. Das soll auch gleich geschehen. Die Träger sind bereits bestellt, poltern schon die Treppen hoch.

Im triumphalsten Moment der Gegenintrige also, in dem Sekundenbruchteil zwischen den zwei zitierten Sätzen, kippt die rettende Anagnorisis um in die vernichtende. Und jetzt merken wir auch, wie wir dem Genie Molières auf den Leim gegangen sind. Ein klappriges, aber wirkungssicheres Schema der Commedia dell'arte-Dramaturgie, der zahllosen Schwänke um gehörnte Ehemänner und verliebte Frauen, um verprügelte Nebenbuhler und erfolgreiche Betthelden, hat der Dramatiker aus dem Fundus gezogen und hat uns dann in präziser Berechnung unseres Vorwissens in die Falle treten lassen. Die Zuschauer sind an dieser Stelle ebenso konsterniert wie Orgon und seine Familie.

Daß dann doch noch ein Bote des Königs kommt und den Tartuffe verhaftet, weil es im Reich dieser so überaus gerechten Majestät einen erfolgreichen Schuft gar nicht geben darf, ist ein Happy-End mit dem Holzhammer. Es beglückt die kindliche Hälfte der Zuschauerseele; die erwachsene aber läßt es in großer Nachdenklichkeit zurück.

Zweierlei also veranschaulichen die letzten beiden Akte von Molières »Tartuffe«. Sie zeigen, zu welch unwahrscheinlicher Steigerung eine Kunst gelangt, sobald sie sich ihrer eigenen Tradition bewußt wird und mit dieser zu spielen beginnt, sobald sie ihre bewährten Verfahren als Bewußtseinselemente in den Köpfen des Publikums erkennt und in das ästhetische Kalkül integriert. Wie »Don Quijote« zum Roman der Neuzeit par excellence wurde, weil er nicht nur die Abenteuer eines verrückten Ritters erzählte, in naiver Mimesis, sondern im Romanschreiben das Romanschreiben selbst zum Gegenstand machte, in reflektierter Ironie, so taucht Molières Werk aus dem naiven Bühnentreiben der Commedia dell'arte, der Pariser Comédie italienne, auf und steigert und überwindet das derbe Maskentreiben, indem es spielend das Spielen selbst zu spielen beginnt.

Zum Zweiten aber veranschaulichen die beiden letzten Akte des »Tartuffe« unabweisbar die These von der Intrigen-Anagnorisis als einem sittlich-moralischen Spektakel großartiger Natur. Gerade weil hier der Ausbruch der Wahrheit auf der komödiantischen Bühne nicht mehr zwingend die Rettung der Guten und die Niederlage der Bösen mit sich bringt, verschärft sich das moralische Wissen und Empfinden des Publikums. Der Sieg des Guten erscheint nicht länger garantiert durch die Gattungsregeln der Komödie. Er ist jetzt eine Möglichkeit, die von vielen Zufällen abhängt. Statt der Tageshelle von Glück und Wahrheit und Gerechtigkeit könnte ebensogut die Nacht des Unheils, der Lüge und des Unrechts fortdauern, endlos.

XV
Die Anagnorisis-Theorie bei Aristoteles

Die Differenz zwischen der Anagnorisis in der Tragödientheorie und in der Intrigenästhetik. Merkwürdige Abwertung der aristotelischen Anagnorisis zugunsten der Peripetie in Literaturkritik und Literaturwissenschaft. Selbständigkeit der Anagnorisis schon bei Aristoteles. Die Rolle der Dinge und Erkennungszeichen. Das Gnorisma als Begriff. Anagnorisis aus logischer Schlußfolgerung. Aristoteles formuliert eine Grundregel des Detektivromans. Ästhetik und Anthropologie der ausbrechenden Wahrheit. Das Kind und die Welträtsel.

Der Begriff Anagnorisis wird hier als Teil der Intrigen-Ästhetik in einer Weise gebraucht, die sich nicht genau mit seinem Ursprung in der Theorie des Aristoteles deckt. Aristoteles hat als erster das Ereignis der dramatischen Lüftung eines Geheimnisses als Basisvorgang der Literatur überhaupt erkannt und auf den Begriff gebracht. Er rechnet die Anagnorisis zu den schwierigsten und machtvollsten Elementen der dramatischen Kunst. Darin steht sie bei ihm gleichberechtigt neben der Peripetie, dem Umschlag der Handlung, der plötzlichen Wende ihrer Logik und ihres Ziels. Ödipus, König von Theben, sucht verbissen den Mörder des Königs Laios, um seine von der Pest verheerte Stadt zu retten, und entdeckt diesen Mörder in der eigenen Person: Enthüllung der Wahrheit, Anagnorisis. Es gehört zu den Sonderbarkeiten der Geschichte der Literaturtheorie, daß sie zwar bis in die Gegenwart hinein zu größeren Teilen aus einer Auseinandersetzung mit der »Poetik« des Aristoteles bestand und dabei endlos die Fragen nach den drei Einheiten und nach der Bestimmung des Tragödienziels, Katharsis durch Eleos und Phobos, Reinigung durch Jammer und Schrecken, diskutierte, daß sie aber das ursprünglich gleiche Gewicht, das der Peripetie und der Anagnorisis zukam, willkürlich und einseitig zugunsten einer Reflexion der Peripetie verschob. Die Peripetie wurde als zentrales strukturbildendes Element anerkannt und erforscht, die Anagnorisis verkam zu einer inhaltlichen Angelegenheit. Die Gründe für diese seltsame Verzerrung von Aristoteles' ursprünglicher Einsicht wären eine längere Untersuchung wert. In den dramentheoretischen Diskussionen der jüngeren Gegenwart – zum Beispiel bei Brecht und in dessen Nachfolge – scheint die Kategorie der Anagnorisis von jener der Peripetie förmlich verschluckt worden zu sein, als gäbe es keine grundlegenden Differenzen zwischen beiden.

Man muß zugeben, daß Aristoteles selbst Peripetie und Anagnorisis sehr nahe zusammenrückt und sie bei der ersten Erwähnung im 10. Kapitel der »Poetik« sogar gleichzusetzen scheint: »Ich bezeichne die Handlung als einfach, [...] deren Wende sich ohne Peripetie oder Wiedererkennung vollzieht.«[112] Aber schon im nächsten Satz werden die beiden Begriffe voneinander abgegrenzt: »[Ich bezeichne diejenige Handlung] als kompliziert, deren Wende mit einer Wiedererkennung oder Peripetie oder beidem verbunden ist.«[113] Wobei »Wende« (Metabasis) hier den generellen Handlungsverlauf meint, »Peripetie« aber einen schroffen Umschlag.

Anschließend, im Kapitel 11, definiert und beschreibt Aristoteles Peripetie und Anagnorisis in zwei aufeinander folgenden Abschnitten. Dabei wird im Text zur Anagnorisis zwar deren Kombination mit der Peripetie ausdrücklich als wünschenswert für die Tragödie bezeichnet, ebenso ausdrücklich aber wird an ihr als einer selbständigen Möglichkeit, einem autonomen Handlungsteil, festgehalten:

> Die Anagnorisis[114] ist, wie schon die Bezeichnung andeutet, ein Umschlag von Unkenntnis in Kenntnis, mit der Folge, daß Freundschaft oder Feindschaft eintritt, je nachdem die Beteiligten zu Glück oder Unglück bestimmt sind. Am besten ist die Anagnorisis, wenn sie zugleich mit der Peripetie eintritt, wie es im »Ödipus« der Fall ist. Es gibt auch andere Arten der Anagnorisis, z. B. von leblosen Gegenständen, und zwar von beliebigen. Die Anagnorisis kann sich auch darauf beziehen, ob jemand etwas getan hat oder nicht getan hat. [...]
>
> Da die Anagnorisis Anagnorisis von Personen ist, bezieht sie sich bald auf die eine Person im Verhältnis zur anderen (wenn nämlich offenkundig ist, wer die eine Person ist), bald müssen beide Personen sich gegenseitig wiedererkennen – wie z. B. Iphigenie auf Grund der Entsendung des Briefes von Orestes wiedererkannt wird, während für Iphigenie im Verhältnis zu Orestes eine andere Anagnorisis erforderlich ist.[115]

Der überaus verdichtete Text macht deutlich, daß die Anagnorisis für Aristoteles nicht einfach ein Vorgang ist, wo jemand etwas merkt, sondern daß sie unmittelbare Konsequenzen in der Handlung hat: Sie bewirkt Freundschaft oder stiftet Feindschaft. Sie entspringt einem Geschehen und begründet ein Geschehen. So entdeckt Othello in Jago seinen schlimmsten Feind und zieht gegen ihn das Schwert; so versöhnt sich die großbürgerliche Familie nach der Entlarvung Tartuffes. Schon diese Charakterisierung als freies Handlungselement weist über die Beschränkung der Anagnorisis auf die Peripetie der Tragödie hinaus. Anagnorisis ist auch im Finale einer dramatischen Handlung möglich, und sie ist ein Element auch der erzählenden Literatur, des Epos, des Romans.

Das gleiche betrifft die Funktion bestimmter Gegenstände oder Zeichen innerhalb der Anagnorisis. In Kapitel 16 werden diese näher umschrieben als angeborene oder erworbene Körpermerkmale (Muttermale also oder der Klumpfuß des Ödipus oder einzelne Dinge wie Halsbänder, Briefe, Kleidungsstücke etc.). Für solche Zeichen hat sich der Begriff *Gnorisma*[116] eingebürgert. Welche Rolle das Gnorisma als Corpus delicti in der Kriminalliteratur des 19. und 20. Jahrhunderts spielt, braucht nicht weiter erläutert zu werden. Gerade in diesem Zusammenhang aber ist es höchst faszinierend, daß Aristoteles bei der Aufzählung der verschiedenen möglichen Auslöser einer Anagnorisis auch auf das Ereignis einer rein logischen Operation zu sprechen kommt, den Vorgang also, den in der Detektivgeschichte erstmals E.A. Poe zum zentralen Ereignis gemacht hat und dem viele spätere Spürhunde folgen sollten, allen voran natürlich Sherlock Holmes. Aristoteles bezieht sein Beispiel aus dem mittleren Teil der »Orestie« des Aischylos, den »Choephoren«:

> Die vierte Art [der Anagnorisis] beruht auf einer Schlußfolgerung. So in den »Choephoren«: »Es ist jemand gekommen, der mir ähnelt; mir ähnelt niemand, es sei denn Orestes; also ist Orestes gekommen«.[117]

Das ist ein famoser Moment des großen Theoretikers. Denn wenn man Aischylos nachliest, operiert Elektra, die an der gemeinten Stelle ihren verschollenen Bruder Orest erkennt, keineswegs so Sherlock-Holmes-mäßig abstrakt. Sie sieht auf dem Grab ihres Vaters eine Haarlocke, die genau die Farbe ihrer eigenen Haare hat, und daneben Fußspuren, die genau die Größe ihrer eigenen Füße haben. So muß sie an Orest denken, den verlorenen Bruder, den einzigen, der neben ihr diese Merkmale aufweist, und es taucht der Gedanke auf, er könnte zurückgekehrt sein. Ganz sicher ist sie allerdings nicht, denn als er sich gleich darauf wirklich zeigt, muß er sich ihr gegenüber noch durch ein weiteres Gnorisma, ein Gewandstück, ausweisen. Aristoteles, der große Logiker, hat diesen Vorgang rabiat reduziert und abstrahiert zu einem strengen Syllogismus (welches Wort – ek syllogismou – im griechischen Original denn auch fällt). Ein komplexer Ablauf von sinnlicher Beobachtung, Ahnung, Erinnerung und Vermutung wird im Interesse theoretischer Klarheit in einen absolut zwingenden Akt logischen Schließens verwandelt. Der Syllogismus wird zu einem Grundtypus der Anagnorisis erklärt.

Die Konfrontation eines brillanten Intellekts mit einem chaotisch-mysteriösen Ereignis, wobei der Intellekt das Geheimnis allein durch logische Deduktion lüftet, gilt gemeinhin als ein literarisches Mythologem des 19. Jahrhunderts. Das Rätsel des grausigen Doppelmords in der Rue Morgue, an dessen Lösung der ganze Polizeiapparat scheitert, löst bei E. A. Poe der einsiedlerische Einzelgänger Auguste Dupin indem er alle Einzelheiten schweigend und konzentriert studiert und dann den einen und einzig richtigen Schluß daraus zieht, einen Schluß der im gleichen Maße zwingend wie ganz und gar unwahrscheinlich ist und der nur gewonnen werden kann, indem Dupin die reine, strenge Logik, die von nichts abgelenkte Deduktion walten läßt. Man darf nun sagen, daß dieser Vorgang als literarisches Ereignis bereits von Aristoteles, dem Begründer der wissenschaftlichen Logik, beschrieben wurde. Was in Tausenden von Detektivromanen den aufregenden Abschluß bildet, der Bericht des intellektuell brillanten Fahnders über seine Denkakte bei der Lüftung des Geheimnisses, ist vorgeformt und vorgedacht, wurde als Möglichkeit in die Welt gesetzt im 16. Kapitel von Aristoteles' »Poetik«.

Solche Behauptungen müssen auch Widerspruch wecken. Zum Beispiel den Einwand, daß Aristoteles ja über die Tragödie rede und ganz sicher nicht über den Kriminalroman. Dem ist entgegenzuhalten, daß die »Poetik« unter anderem zum Ziel hat, Tragödie und Epos sowohl im Kontrast als auch in ihrer Verwandtschaft und Ähnlichkeit zu untersuchen. Dabei fällt der Satz: »Die Tragödie enthält alles, was auch das Epos enthält«.[118] Und es wird ausdrücklich darauf hingewiesen, daß ein Vorgang wie die Anagnorisis im Epos, der ausgedehnt erzählenden Literatur also, ebenfalls vorkomme: »Das Epos bedarf nämlich auch der Peripetien und Anagnorisen«.[119] Damit sind Phänomen und Theorie der Anagnorisis durch Aristoteles selbst aus der bis heute üblichen Beschränkung auf das Drama befreit und zu einem literarischen Basisereignis überhaupt erklärt. Der Gebrauch des Begriffs für die Intrigenforschung und für einen der entscheidenden Vorgänge im Intrigenprozeß ist also von der ehrwürdigsten Instanz aller Literaturtheorie abgesegnet.

Das Alter des Begriffs, das auf das Alter des Phänomens verweist, und die gleichzeitige Verknüpfung mit der erfolgreichsten Gattung erzählender Breitenliteratur der letzten zweihundert Jahre, dem Kriminal- und Detektivroman, verweist auf ein Feld von literarischen Universalien und Konstanten. Wie immer man sie fassen will, gewiß ist, daß der unveränderliche Kern einer universalen Ästhetik der Anagnorisis im Ereignis des beseitigten Unwissens, des zerrissenen Schleiers, der fallenden Maske liegt. Noch einfacher gesagt: Der Kern liegt in der Wahrheit als plötzlichem Ereignis. Wahrheit kann nur Ereignis sein, wo sie vorher fehlt. Wahrheit kann nur Ereignis sein unter der Voraussetzung eines vorgängigen Geheimnisses. Nun gibt es Geheimnisse, gibt es die Konfrontation mit Geheimnissen auch außerhalb aller Verstellung und planvollen Täuschung. Jedes Kind wächst mit Rätseln auf, die es eines Tages plötzlich durchschaut und die keineswegs nur durch Informationsverweigerungen der Erwachsenen zustande kommen. Zu diesen Rätseln gehört die Frage nach der Herkunft des Menschen. Niemand wächst heran, ohne diese Frage zu erleiden, mag er noch so früh »aufgeklärt« werden. Ohne immerzu von schweren Rätseln begleitet zu sein, wird keiner groß, und die schwersten teilt das Kind auch den vertrautesten Erwachsenen nicht mit. Es möchte ja selbst erwachsen sein. Es hält die Erwachsenen für geheimnisbefreite Wesen, und da es weiß, daß es sich mit seinen Fragen gegenüber den Erwachsenen als geheimnisbedrängtes Wesen zu erkennen gibt, definiert es sich durch die Bitte um Aufklärung gerade als das, was es nicht mehr sein will. Daher schweigt es und rätselt ganz für sich allein herum. Die Eltern aber erfahren oft erst nach Jahrzehnten von den seltsamen Dingen, denen ihre Kinder über lange Zeit nachstudiert haben, obwohl sie mit zwei Worten zu klären gewesen wären.

Das tatsächliche Erwachsensein beginnt mit der Erkenntnis, daß die Erwachsenen keine geheimnisbefreiten Wesen sind und daß die geheimnisbedrängte Existenz auch im erwachsenen Leben weitergeht. Auch das schamhafte Verbergen der eigenen Geheimnisbedrängtheit dauert im erwachsenen Leben fort, bis zum letzten Lebensmoment. Von diesem sagen die einen, er sei die endgültige Anagnorisis, die andern meinen, er sei nicht mehr als das Platzen einer Seifenblase. Man wird abwarten müssen.

Dies alles ist zu bedenken angesichts der abgründigen Faszination, die in der Literatur von den Augenblicken der ausbrechenden Wahrheit ausgeht. Es ist eine und dieselbe Faszination, ob es sich nun, auf der trivialsten Ebene, um die 42. Minute im TV-Serienkrimi handelt, wenn das Gesicht des entlarvten Täters auf dem Bildschirm erscheint, oder, auf der erhabensten Ebene, wenn man mitansieht, wie Ödipus sich als Vatermörder erkennt, der mit der eigenen Mutter schläft. Ihm gehen die Augen so schrecklich auf, daß er sie aussticht. So hell ist diese Wahrheit, daß er nur noch den einen Satz äußern kann: Er wolle das Licht nie mehr sehen.[120]

Die Anagnorisis im »König Ödipus« ist nicht die Auflösung einer Intrige, die Anagnorisis im TV-Krimi ist es sehr wohl. Wenn die Anagnorisis als Gegenstück zur Planszene ein Hauptereignis der Intrige, ihrer Morphologie und Ästhetik darstellt, so ist sie doch ein noch weit umfassenderes Ereignis aller Literatur. Einer der Urwünsche menschlicher Existenz spiegelt sich darin, jener Urwunsch, den der Teufel schon bei den ersten Menschen im Paradies voraussetzte, als er ihnen versprach: »So werden eure Augen aufgetan«,[121] und den der gleiche Teufel erneut für seine Zwecke einsetzte, als er daran ging, dem Herrn des Himmels seinen Knecht Faust abspenstig zu machen. In einer Intrige übrigens, die mit dem Wahrheitstrick operiert, dem offenen Eingeständnis des Intrigenziels von allem Anfang an.

Zweiter Teil

ANWENDUNGEN. AUSWEITUNGEN

XVI
Medea

Was setzt in der Literatur das Ganze in Bewegung? Die Frage nach dem Primum movens. Das erste Wort der Ilias. Die Planszene als Ort, wo das Primum movens aufscheint. Warum sehr genau gelesen werden muß. Die versteckte Planszene in der Jakob-Esau-Affäre. Die Liebe einer Mutter, skrupellos. Der Eros als Primum movens in der »Medea« des Euripides. Die schöne Hexe im Land der Vernunft. Raserei von Liebe und Haß. Gendertheorien als Waffen im Geschlechterstreit. Entwicklung der weiblichen Racheintrige. Frauen unter sich. Verstellungskunst im Vollzug.

Warum geschieht überhaupt etwas, und warum geschieht nicht nichts? – Diese Frage kann an jedes literarische Werk gerichtet werden. Sie ist der Literatur gegenüber so fundamental wie die Frage, mit der sich nach Heidegger die Philosophie zuerst und zuletzt beschäftigt: Warum ist überhaupt etwas, und warum ist nicht nichts? In der ältesten Literatur wurde sie meist gleich zu Beginn eines Werks beantwortet. Die »Ilias« gibt mit dem ersten Wort den Gegenstand aller 24 Gesänge an. Sie setzt ein mit dem Wort »Zorn« – »Den Zorn singe, Göttin, des Peleiaden Achilles«: so die originale Wortfolge –, und um den Zorn des Achill auf seinen Chef Agamemnon wird sich alles drehen, den Zorn, der ihn den Kampf verweigern läßt und so die Griechen immer tiefer in die Bredouille bringt. Der Zorn ist, was geschieht. Warum aber geschieht, was geschieht? Diese Frage wird sieben Verse später gestellt, sobald das Wort Zorn notdürftig erläutert ist, und auch sie wird umgehend beantwortet:

> Welcher der Götter brachte die beiden im Streit aneinander?
> Letos und Zeus' Sohn.[122]

Dieser Sohn der Leto und des Zeus ist der Gott Apollo. Wichtig an der Stelle ist aber nicht diese Information, sondern die Selbstverständlichkeit, mit der hinter dem Zorn, also hinter dem, was geschieht, der Wille und Akt eines Gottes angenommen wird. Die Frage: Warum geschieht überhaupt etwas, und warum geschieht nicht nichts?, ist für das griechische Epos wie für die griechische Tragödie immer schon beantwortet: Eine Gottheit will es so. Man muß nur noch wissen welche. Daß dieser Wille der Gottheit – das Schicksal – die Menschen aber nicht zu Marionetten macht, daß sie vielmehr aus sich selbst heraus wollen und wissen, planen und handeln, wenn sie tun, was dennoch der Wille der Gottheit ist, das macht die grandiose Widerlogik der frühen europäischen Literatur aus. Diese ihre Wahrheit ist älter als das formallogische Denken selbst und gerade darin der Wahrheit der Moderne wieder verwandt.

Es gehört also zum ältesten Erzählen, zu den ältesten tragischen Spielen und Gesängen, daß die Frage, warum geschieht, was geschieht, gestellt und beantwortet wird. Nach dem Primum movens des literarischen Geschehens darf aber auch heute noch gefragt werden. Es bleibt eine Hauptfrage gegenüber aller Literatur, obwohl sie seltener gestellt wird, als das unweigerliche Gewicht der Antwort vermuten lassen würde.

Die Intrige als geplante, zielgerichtete Verstellung entspringt immer in der Nähe dessen, was als Primum movens der ganzen Handlung bezeichnet werden kann. Ihr geheimer Bezug zum Schicksal im ältesten Sinn wird später noch zu diskutieren sein. So wie die Anagnorisis als elementarer Teil der Intrige mit den tiefsten Wahrheiten und letzten Normen eines Werks verknüpft ist und diese so oder anders zum Vorschein, zum Aufleuchten, zu fröhlicher oder schrecklicher Erscheinung bringt, so bringt das vorausliegende Gegenstück zur Anagnorisis, die Planszene, das Primum movens bald unzweideutig, bald wenigstens in Teilen zum Vorschein.

In der Intrige beginnt ein Geschehen. Sie tritt etwas los. Immer, auch wo sie auf eine bereits laufende Intrige reagiert, setzt sie in Bewegung, was sich sonst nicht ereignen würde. Im Akt der Planung, der so oft verfolgt und studiert werden kann, erscheinen unweigerlich Faktoren und Gründe zu gutem oder bösem Handeln, die in solcher Klarheit sonst nicht zu greifen sind. Der Akt der Planung hat also eine doppelte Dimension. Dramaturgisch und erzähltechnisch läßt er beginnen, was dann zum Spektakel wird für die Leser und Zuschauer; anthropologisch und philosophisch deckt er die Kategorien auf, derentwegen ein Mann oder eine Frau hohe und höchste Risiken eingeht. Wenn Figaro sein Trotzlied mit dem Wort »rovescierò« beschließt, »ich werde umstürzen«, markiert das nicht nur den Anfang der Gegenaktion zum Plan des Grafen Almaviva, mit Figaros Braut zu schlafen, sondern das Wort hat überdies einen Klang, der die Epoche prägt. Drei Jahre, nachdem der erste Figaro es zum ersten Mal in die Welt und in die Ohren des anwesenden Kaisers geschmettert hatte, wurde das Ancien régime in Frankreich gestürzt.

Das heißt aber auch, daß das Primum movens des literarischen Geschehens, das in der Planszene aufscheint, die äußerliche Kausalität einer Notsituation übersteigt. Die dynamischen Kräfte, die im Ganzen des Werks wirksam sind, können hier erfahren werden. Figaro ist nicht nur ein gereizter Bräutigam, er ist auch der gereizte Bürger eines Jahrhunderts, das staunend mitverfolgt hat, wie die Amerikaner die Königsherrschaft abgeschüttelt haben, und nun vom Gedanken nicht mehr loskommt, das müßte sich auch in Europa bewerkstelligen lassen.

Allerdings läßt sich der Akt des Plans und über ihn das Primum movens der Handlung nicht immer so sauber aus dem Gesamtgeschehen herausheben und studieren, wie wenn Figaro an die Rampe tritt und zu singen beginnt. In der Jakobsgeschichte der Genesis, um darauf ein letztes Mal zurückzukommen, liest man mit Sicherheit über den spezifischen Augenblick der Planung hinweg, wenn man nicht die entsprechende Frage an den Text stellt. Dieser Augenblick ereignet sich, als Rebekka, die Mutter, vernimmt, daß ihr Liebling enterbt werden soll. Der Bericht der Bibel versteckt den entscheidenden Vorgang in der Rede der Frau, als dialogische Sekunde. Nichts wird gesagt über Rebekkas Nachdenken, nichts über die Voraussetzungen ihres Entschlusses. Das ist – auch in der Bibel – ein literarisches Verfahren, ein Kunstgriff. Es macht den Leser zum Beobachter. Er muß Schlüsse ziehen, welche ihm vom Text weder nahegelegt noch explizit bestätigt werden. Machen wir die Probe. Wo und wie erscheint im nachstehenden Bericht der Plan, wo und wie zeichnet sich dahinter das Primum movens ab?

Rebekka aber hörte solche Worte, die Isaak zu seinem Sohn Esau sagte. Und Esau ging hin aufs Feld, daß er ein Wildbret jagte und heimbrächte. Da sprach Rebekka zu Jakob, ihrem Sohn: Siehe, ich habe gehört deinen Vater reden mit Esau, deinem Bruder, und sagen: Bringe mir ein Wildbret und mache mir ein Essen, daß ich esse und dich segne vor dem Herrn, ehe ich sterbe. So höre nun, mein Sohn, meine Stimme, was ich dich heiße. Gehe hin zu der Herde und hole mir zwei gute Böcklein, daß ich deinem Vater ein Essen davon mache, wie er's gerne hat. Das sollst du deinem Vater hineintragen, daß er esse, auf daß er dich segne vor seinem Tode.[123]

Jakob hat Einwände und Bedenken: ob das denn nicht einen schrecklichen Fluch des Vaters zur Folge haben könnte? Worauf die Mutter auf eine Weise reagiert, die in allen Theorien zur Mutterliebe ihren Platz finden müßte:

Da sprach seine Mutter zu ihm: Der Fluch sei auf mir, mein Sohn; gehorche nur meiner Stimme, gehe und hole mir.[124]

Der ganze, fast unabsehbare psychologische Zusammenhang, der hinter diesem Satz Rebekkas steht, die Psychologie der Mutterliebe und die Ungerechtigkeit der Mutterliebe – jede Liebe ist ungerecht, also auch die Liebe der Eltern, weshalb alle Kinder ihre Eltern eines Tages der einseitigen oder mangelnden Liebe verdächtigen –, er muß aus dem kahlen Dialog erschlossen werden. Und doch ist dieser Dialog so großartig beschaffen, daß uns die Mutter daraus ganz und gar deutlich wird. »Der Fluch sei auf mir, mein Sohn!« – diese Bereitschaft, das größte denkbare Unheil, die Verwerfung durch den Allerhöchsten, auf sich zu nehmen, alle Folgen des Verbrechens zu tragen, wenn nur der Junge glücklich wird, dieser Junge und nicht der andere, deckt in Rebekka die seelische Struktur einer Shakespeare-Figur auf.

So erscheinen im Intrigenplan als einer Szene, als geformter Literatur, noch in der lapidarsten Gestalt die tieferen Motive des Handelns. Die Energien werden erkennbar, die das mahlende Räderwerk in Bewegung setzen. Jakobs Betrug an seinem Bruder und damit auch seine anschließende Stammvaterschaft für ganz Israel ist die Folge der wilden, rücksichtslosen, notfalls selbstzerstörerischen Liebe einer Frau zu ihrem Sohn, einer Liebe, die sich den Teufel schert um Gerechtigkeit. In *einem* herrlich erzählten Augenblick wird der Eros, die Gewalt des Eros, als Primum movens alles späteren Geschehens augenfällig. Die Gewalt des Eros verschafft Jakob den Vatersegen, und also führt sie dazu, daß Gott der Herr zu Jakob sagen wird: »Und dein Same soll werden wie der Staub auf Erden, und du sollst ausgebreitet werden gegen Abend, Morgen, Mitternacht und Mittag; und durch dich und deinen Samen sollen alle Geschlechter auf Erden gesegnet werden.«[125] Was dann auch geschieht.

Wenn hier die gelebte Liebe einer Mutter zum bevorzugten Sohn eine mächtige Ereigniskette in Bewegung setzt, erkennbar am Akt des Intrigenplans, dann wird in einem andern Text aus den schriftlichen Überlieferungen der vorchristlichen Jahrhunderte, in der »Medea« des Euripides, deutlich, wie die gekränkte Liebe einer Frau das fürchterlichste Unheil, die grauenvollste denkbare Intrige überhaupt erfinden und anlaufen läßt. Auch hier tobt der Eros. Und auch in der »Medea« wird uns der Plan in archaischer Kahlheit vor Augen gerückt.

Medea teilt alles, was sie im Sinn hat, dem Chor und damit auch uns, den Zuschauern, gradaus mit. Man mag finden, das sei dramaturgisch etwas naiv, das hätte sich raffinierter arrangieren lassen. Die Szene gewinnt so aber eine Wucht, welche die ganze vorhandene Welt neu bewegt.

Wie geht das zu?

Medea lebt in Korinth. Da regiert der König Kreon, der eine schöne Tochter hat. Medeas Mann ist Jason. Er hat sie einst aus der Barbarenwelt am Schwarzen Meer nach Griechenland geholt. Verliebt hat er sich in sie in der Fremde, umworben hat er sie und zur Frau genommen. Sie aber, die Wilde, hat aus Liebe zum schönen Griechen nicht nur den Vater beraubt, indem sie ihrem Geliebten das berühmte Goldene Vlies verschaffte, sie hat auch, um sich und ihn vor der Verfolgung zu schützen, den eigenen Bruder getötet. Sie ist eine Magierin und Zauberin, Hexe großen Stils, Enkelin des Helios, Nichte der Kirke und der Pasiphaë (mithin Cousine des Minotaurus), ist vertraut mit Hekate, der Göttin der Tiefe, der Toten und der Zauberei, einer alten, vom männlichen Zeitalter in die Nacht verbannten Muttergottheit. Durch die Liebe zu Jason lebt Medea griechisch unter Griechen, bleibt aber doch auch eine Fremde und außerhalb ihrer Ehe einsam. Aller Magie hat sie abgeschworen im Land der männlichen Rationalität.

Was für Jason damals ein aufregendes Abenteuer war, fernab am Schwarzen Meer, dieses exotische Hexenmädchen, wird ihm nun, zurück in Korinth, zur Last. Der Reiz ist weg. Er verliebt sich in die Tochter des Königs Kreon und ist im hohen Hause auch willkommen. Die neue Ehe ist beschlossene Sache. Nun fehlt nur noch Medeas Abschiebung.

Dies alles steht zu Beginn des Stücks bereits fest. Medea ist von ihrem Mann verstoßen und soll mit den Kindern wegziehen. Sie aber, die Barbarin, die Fremde, die hier nur Jason hatte, in ihm aber alles, stürzt jetzt in einen Abgrund der Verzweiflung, der Wut, des Hasses, in eine schwarze Leidenschaft, die so tief ist wie vordem ihre Liebe. Zwei Söhne hat sie mit Jason, und ihr Leben war das Leben mit ihnen und mit diesem. In der Tragödie des Euripides erscheint Medea von Anfang an in einem Zustand extremer Passion, bald körperlich erstarrt und reglos wie Dürers Melencolia, bald schreiend, fürchterlich durch die hohen Säle heulend. Lange bevor man sie sieht, hört man diese Schreie, diese Flüche aus dem Innern des Palastes. Sie ist besessen von Visionen des Tötens, von Rache an allem, was mit Jason nur irgendwie zu tun hat: Rache an seiner neuen Braut, Rache an deren Vater, Rache an Jason selbst. Diese Medea, wie sie im Auftakt der Tragödie erscheint, ist eine der unerhörtesten Studien von Weiblichkeit, die es je gegeben hat und je geben wird. Sie ist unbedingt im Lieben wie im Hassen. Ihre ganze Person wird Gefühl, wird Liebe und Haß zugleich. Die größten Verbrechen erscheinen ihr belanglos neben der ungeheuren Wirklichkeit ihrer Gefühle. So gelingt es Euripides – und nur so gelingt es ihm –, psychologisch zu begründen, daß eine Mutter die eigenen Kinder, die sie liebt, tötet. Es ist die Liebe selbst, die das Geliebte tötet, die Gewalt des Eros in seiner verwandelten Gestalt.

Diese Liebe, die Euripides zeigt, ist nun nicht eine Macht, die in beiden Geschlechtern gleichermaßen regiert. Medeas Liebe ist die Liebe einer Frau, und Jasons Liebe ist die Liebe eines Mannes. So sagt es das Stück, so will es das Stück, und deshalb wird über die Geschlechter auch sehr grundsätzlich gesprochen in dem Stück. Es kommt dabei zu pointierten Geschlechtertheorien. Medea weigert sich, ein Einzelfall zu sein. In ihrem Schicksal erkennt sie das Schicksal der Frauen überhaupt. Als sie zum ersten Mal zur Besinnung kommt in ihrer Qual, hält sie eine große Rede über die Frauen, eine jener Frauenreden über das Frauenleben, wie sie sich in scharfer Reflexion und energischer Rhetorik durch die ganze europäische Literatur ziehen.[126]

Die Rede mit ihrer Gendertheorie, um ein Wort zu gebrauchen, das diese Medea nicht überrascht hätte, ist wichtig als Voraussetzung und Hintergrund zum Plan, der später plötzlich dasteht. Sie deckt das Primum movens auf. Wenn in Medea nicht nur eine einzelne Frau gekränkt und mißhandelt wird, sondern das ganze weibliche Geschlecht, dann nimmt sich auch der Plan und die Rache der Medea nicht als Plan und Rache einer aus den Fugen geratenen Person aus, sondern als Plan und Rache des einen Geschlechts am andern. Medeas Rede richtet sich an den Chor. Dieser besteht aus lauter Frauen, den Frauen von Korinth. Die Frauen sind also unter sich, als das folgende zu hören ist:

Von allen Geschöpfen, die eine Seele haben und denken können, sind wir Frauen die Unglückseligsten. Denn zuerst müssen wir uns einen Mann erkaufen, müssen ihn gewinnen mit unmäßigen Gaben und Geschenken. Dann müssen wir ihn als den unumschränkten Herrn unseres Leibes anerkennen. Und das ist noch weit schlimmer als jene Geschenke. Ob er zuletzt gut ist oder ein Schuft, das können wir nicht wissen. Blindlings müssen wir es riskieren. Denn uns von ihm wieder zu trennen, das bringt uns, die Frauen, in Schande; bei den Männern macht das weiter nichts. Wir haben auch keine Möglichkeit, ihn einfach abzulehnen. Und fährt man mit dem Mann in eine andere Welt, in ein fremdes Land, dann müßte man eine Prophetin sein, um zu wissen, wie es einem hier gehen wird und wie man sich verhalten muß. Gewiß, es ist schön, sehr schön, wenn es gelingt und der Mann friedlich und hilfreich mit der Frau zusammenlebt. Sonst aber: lieber den Tod! Denn wie geht es uns dann, den Frauen? Wir sind allein mit unserem Elend. Er, der Mann, wenn er Ärger hat im Haus, er geht einfach weg, zu Freunden, zu alten Gefährten, und vergißt dort die Misere. Wir aber haben keine andere Seele, in die wir schauen können, als unsere eigene. Zwar sagen die Männer, wir Frauen hätten es schön, wir könnten sicher und gefahrlos leben, während sie in den Krieg müßten und mit Speeren kämpfen. Die Dummköpfe! Lieber wollte ich dreimal in die Schlacht ziehen als auch nur einmal ein Kind zu gebären unter Schmerzen und Wehen.[127]

Man sieht gleich, daß Medea nicht immer klar unterscheidet zwischen ihrem individuellen Geschick und der Lebenssituation der Frauen generell. Die Rede vom Leben in der Fremde bezieht sich nur auf sie selbst. Dennoch sieht sie auch in der Einmaligkeit ihres Schicksals eine Verknüpfung mit dem Schicksal aller Frauen. Was sie diagnostiziert, ist ein geschlossenes System nicht nur der Frauenunterdrückung, sondern insbesondere der Verhinderung weiblicher Zusammenarbeit. Jede ist mit ihrer Not allein.

Wie weit diese Diagnose auf die Lebenssituation der Frauen im euripideischen Griechenland tatsächlich zutraf, steht hier nicht zur Debatte. Wichtig ist allein dieser Akt des Nachdenkens über das ganze weibliche Geschlecht im Moment der schweren Liebeskränkung und die Erkenntnis einer Schicksalsdifferenz zwischen den Geschlechtern.

Man könnte die These vertreten, die anklagenden Verallgemeinerungen seien ein bloßes Symptom der Wut und Verletztheit, wenn nicht Jason selbst wenig später die Bestätigung lieferte, daß es hier tatsächlich und grundlegend um Geschlechterkonzepte geht. Es kommt nämlich zu einem großen Disput zwischen den Eheleuten auf dem Scherbenhaufen ihrer einstigen Liebe, und in diesem Streit, dem ersten Strindberg der Weltliteratur, tritt Jason mit *seiner* Geschlechtertheorie auf, mit *seiner* Frauentheorie. Darin argumentiert er analog zu Medea, wenn auch mit gegensätzlichen Resultaten. Auch er bezeichnet Medea nicht als einen Einzelfall, sondern als Repräsentantin ihres ganzen Geschlechts. Medea sagte: So geht es uns Frauen, allen. Jason sagt: So seid ihr Frauen, alle. Medea sieht die Basis der Geschlechterdifferenz in der sozialen Struktur des vaterrechtlichen Griechenland. Jason sieht diese Basis in der natürlichen Beschaffenheit der Frau. Dabei formuliert er mit verblüffender Direktheit einen der ältesten Männerträume: Ein Mann sollte Kinder in die Welt setzen können ohne das Zutun einer Frau. So Jasons Frauentheorie:

So seid ihr, ihr Frauen. Ihr meint, es sei überhaupt alles gut, wenn es euch in der Ehe gut geht. Und wenn dann etwas dieses Bettglück stört, dann ist das, was bisher das Beste und Schönste war, sofort das Allerschlimmste. Ach, wenn die Sterblichen sich die Kinder nur auf andern Wegen schaffen könnten! Wenn es nur die Frauen nicht mehr gäbe! Dann gäbe es auch kein Unheil mehr unter den Menschen.[128]

Wenn man die zwei Argumentationen vergleicht, muß man zugeben, daß, entgegen einer verbreiteten Meinung, die Logik des Mannes sprunghafter ist als jene der Frau. Von der Diagnose, daß die Frauen alles nur aus der Optik von Liebe und Ehe beurteilten und stets in Extremen dächten, in Extremen fühlten, entweder schrankenlos liebten oder wütend haßten – »aut amat aut odit mulier, nil est tertium«, wird der Römer Publilius Syrus später sagen –, von dieser Diagnose also, und daß sie kein Talent hätten zu kühler, pragmatischer Sachlichkeit, zieht Jason den abrupten Schluß auf die Frau als Quelle allen Unheils. Die Ironie der Stelle liegt darin, daß Jason im Vollzug seiner Argumention genau das macht, was er den Frauen vorwirft. Die Männerrede von der üblen Beschaffenheit der Frauen verkörpert selbst, was sie als Kern dieser weiblichen Beschaffenheit bezeichnet.

In der Phädra-Tragödie des gleichen Euripides, im »Hippolytos«, gibt es eine ähnliche Stelle, die belegt, daß die Frauentheorie Jasons kein Einzelfall ist. Dort wird sogar in einer durchaus phantastischen Weise die Vision entwickelt, wie eine Fortpflanzung ohne Frauen denkbar wäre: Man sollte die Kinder als Keimlinge im Tempel des Zeus beziehen können, für gutes Geld, und zwar hätte, je nach Vermögen, der eine etwas mehr zu bezahlen als der andere, der eine Gold und der andere Bronze. Diese winzige Science fiction wird eingerahmt durch die Sätze: »O Zeus, warum hast du das falsche Geschlecht der Frauen in das Licht der Sonne gepflanzt?« und: »Frei sollten die Menschen in freien Häusern leben, ohne Frau.«[129] Dieser Querverweis auf ein anderes Werk zeigt, daß Jason aus einem verbreiteten männlichen Diskurs heraus spricht – der übrigens viel älter ist als die Tragödien des Euripides: Schon Hesiod hat in seiner »Theogonie« erklärt, die Frauen seien den Männern von Zeus zur Strafe auf den Hals geschickt worden.[130]

Bevor man die Szene studiert, in der Medea ihren ausgeformten Plan vorlegt, muß man sich also klargemacht haben: Hier geht nicht nur eine einzelne Liebe zwischen einem Mann und einer Frau grausig kaputt. Dieses Kaputtgehen steht vielmehr im weiteren Feld eines scharfäugigen gegenseitigen Beobachtens und Definierens beider Geschlechter. In dem Maße, in dem die unseligen einstigen Liebenden sich und das andere je als Repräsentanten des Geschlechts verstehen, wird die Racheintrige Medeas auch zu einem Feldzug ihres ganzen Geschlechts, wird Medeas Sieg zum Sieg der Frauen überhaupt.

Übrigens kenne ich nur eine Stelle in der Literatur, wo eine Frau mit der gleichen Radikalität die Vernichtung aller Männer wünscht wie die Griechen Jason und Hippolytos die Vernichtung aller Frauen. Die Stelle steht bei Jeremias Gotthelf, und zwei Frauen sind dabei unter sich. Die Bäuerin führt die Braut ihres Sohnes und Erben in die Geheimnisse und Reichtümer des Hofes ein. Im Dunkel des Speichers, der ländlichen Schatzkammer, wo Korn und Leinwand und Gold aufgehäuft liegen, sagt die Alte zur Jungen über die Männer folgendes:

Wenn ume kene dere Züg wär uf dr Welt! Allbets ischs mr no graglych gsi, aber we my Bueb nit wär un ih Herrgott wär, es düechti mih, ich gheyti si all uf em ganze Erdbode i eys Loch u de e brave Stey druf, öppe e siebezentnerige oder meh; si hätte sih de öppe still, die Uflät, wo si sy, die Freßhüng.[131]

Das heißt, in einem europatauglichen Deutsch:

Wenn es nur kein solches Zeug wie die Männer gäbe auf der Welt! Früher, da war es mir noch gleichgültig, aber wenn mein Junge nicht wäre und ich Herrgott wäre, mir scheint, ich würfe sie alle auf dem ganzen Erdboden in ein einziges Loch, und dann einen tüchtigen Stein drauf, einen siebenzentnerigen etwa oder mehr; da hielten sie sich dann wohl endlich still, die Unflate, die sie sind, die Freßhunde.

Wobei man, bei aller Derbheit, die subtile Psychologie Gotthelfs nicht übersehen darf, mit der er die Frau bei ihrer rabiaten Weltreinigung doch noch die Ausnahme machen läßt: »Wenn mein Junge nicht wäre …«

Bei Euripides verläuft die Handlung nach der zitierten Geschlechterdebatte so, daß der Medea verkündet wird, sie gelte als Gefahr für das Königshaus und habe die Stadt Korinth umgehend zu verlassen. Das bringt sie zunächst in eine aussichtslose Lage. Daß sie sich rächen wird, bevor sie geht, steht für sie fest. Sie muß aber einen Fluchtort kennen, wo sie sicher ist vor weiteren Verfolgungen. Wo könnte das sein?

Da fügt es sich, daß der König von Athen auf einer Reise zum Orakel von Delphi in Korinth vorbeikommt. Er begegnet Medea und sichert ihr zu, schwört ihr feierlich, sie werde jederzeit in Athen Schutz finden. Sie verspricht ihm dafür, seine Ehe durch Zauberei fruchtbar zu machen.

Nun hat sie, was ihr noch fehlte. Plötzlich fühlt sie sich sicher. Sie jubelt förmlich auf. Und sie entwirft ihren Plan, präzis und detailliert, und gibt ihn den Frauen bekannt. Bisher war nur die Passion da, die gekränkte Liebe, deren Verwandlung in Haß und der Wunsch nach Rache, der Wille zu einer schweren Tat. Jetzt aber wird das Mechanema entworfen, die zielgerichtete Verstellung.

Man muß hier sehr genau sein, was die einzelnen Phasen von Wunsch, Plan und Durchführung betrifft. Die Medea-Tragödie ist nicht zuletzt wegen dieser klar unterschiedenen Phasen wichtig für die Morphologie und Geschichte der Intrige. Dem vollständig entwickelten Plan gehen folgende Stadien voraus: Im Auftakt des Stücks, wo die Amme über die Situation orientiert, noch bevor Medea hörbar wird oder selbst auftritt, heißt es von ihr: »Ich fürchte, sie brütet etwas aus.«[132] Und die Amme meint, vielleicht werde sich Medea in den Palast schleichen und die Braut im Schlaf mit einem Messer erstechen, vielleicht sogar den König und Jason ermorden. Das ist die Notsituation mit der Zielphantasie, die Voraussetzung also zu einer Planszene. Das Stück beginnt mit diesen zwei Elementen, in allerdings noch recht unbestimmter Gestalt. Der nächste Schritt ist die Bestätigung der Sachlage durch Medea selbst, wobei ihr immer noch jede Strategie fehlt. Sie braucht Zeit, einen Tag wenigstens braucht sie, um eine solche zu finden. Daher zwingt sie sich zum ersten Mal zu einer Verstellung. Dem König gegenüber tut sie so, als hätte sie sich beruhigt, um ihm diese Frist, einen einzigen Tag vor der endgültigen Vertreibung, abzugewinnen. Sie müsse doch den Weg ins Exil mit Überlegung wählen können. Und Kreon, obwohl er ihr tief mißtraut, schenkt ihr den Tag, in der fatalen Überzeugung, das sei eine zu kurze Frist zur Bewerkstelligung irgendeines Unheils.

Was sie, kaum ist er weg, in lauten Hohn ausbrechen läßt. Welch ein Tor, dieser König! Hätte er sie gleich vertrieben, sie hätte es hilflos erdulden müssen. »Nun gönnt er mir noch diesen Tag hier, an dem ich drei meiner Feinde ums Leben bringen will: den Vater, seine Tochter und meinen Mann.«[133] Sie denkt hier also auch an eine Ermordung Jasons, an die der Kinder noch nicht. Ein Ziel hat sie erst, noch keinen Plan. Das sagt sie gleich selbst: Zwar kenne sie manchen Weg, die drei zu töten, aber sie wisse nicht, welchen sie wählen solle. Ob sie Feuer lege an den Palast? Oder sich mit einem Dolch ins schlafende Haus schleiche? Keinesfalls aber dürfe sie erwischt werden.

Das wäre ein Tod unter Spott und Hohn, das Unerträglichste. Am besten werde Gift sein, da sei sie schließlich auch die größte Kennerin.[134] Es zeichnet sich also schon beinahe ein Plan ab, aber noch immer fehlt das fertige Strategem. Deshalb fordert sie sich selbst zur erfinderischen Arbeit auf: »Auf denn, Medea, du weißt, was du kannst! Denk dir Pläne und Listen aus! Die fürchterlichsten!«[135]

Alles das geschieht noch vor dem Streitgespräch mit Jason und der Begegnung mit dem König von Athen. Diese beiden Ereignisse lösen nun die Kristallisation eines ausgebildeten Mechanemas aus. Als Medea mit dem Chor wieder allein ist, steht der Plan in ihr fest. Jetzt entwickelt sich die Planszene im eigentlichen Sinn. Sie ist also von den Szenen um Notsituation und Zielvision zeitlich getrennt, was sonst selten der Fall ist; die morphologischen Teilelemente werden dadurch aber um so deutlicher in ihrer Eigenart vor Augen gerückt.

Wie vordem die große Frauenrede wird auch Medeas ausgefeilter Racheplan in einem geschlossenen Kreis von Frauen laut. Auf dem Hintergrund der erwähnten Geschlechtertheorien gewinnt der Vorgang den Einschlag einer Frauenverschwörung, obwohl der Chor nicht Teil der Handlung ist, nie in sie eingreift. Und auch, obwohl das erste Aggressionsziel Medeas ebenfalls eine Frau ist, die Andere, die Neue, die sich den Jason angelacht hat. Das weitere Angriffsziel sind dann allerdings die zwei Männer: Kreon, der König, der sterben soll wie seine Tochter, und Jason, der Gatte, den sie seelisch zerstören will, indem sie die beiden gemeinsamen Söhne tötet. Das Ganze gewinnt den Charakter eines Aufstands nicht nur gegen Personen, sondern gegen eine ganze Ordnung. Medeas Bericht über ihren Plan ist eine große Rachearie, herausgeschleudert von einer Königin der Nacht, als wär's unter den funkelnden Sternen der »Zauberflöte«:

O Zeus, o Gerechtigkeit, du Tochter des Zeus, o Helios! Nun werde ich meine Feinde besiegen und Ruhm dafür ernten. Nun, meine treuen Frauen, hab ich meinen Weg betreten. Die Feinde müssen büßen, das kann ich jetzt hoffen. Denn dieser Mann, der König von Athen, ist mir in der Stunde der größten Not erschienen wie ein sicherer Hafen für meinen Plan. Bei ihm werde ich vor Anker gehen, wenn ich zuletzt Athenes hohe Burg und Stadt erreiche. Und so decke ich denn euch, ihr Frauen, alle meine Pläne auf. Erwartet aber nichts Erfreuliches. Zu Jason sende ich einen Diener und bitte, er möge doch kommen und vor mein Angesicht treten. Ist er erst hier, so rede ich zu ihm mit sanften Worten und sage, ich fände es ganz richtig, was er getan hat, und es gefalle mir jetzt selbst. Und ich rühme seine neue königliche Ehe, der er uns hinopfert. Das sei alles heilsam, sage ich, und wohlausgedacht.
Als nächstes bitte ich darum, daß meine zwei kleinen Söhne hierbleiben dür-

fen. Ich tu das aber nicht deshalb, damit die Kinder hier unter ihren Feinden aufwachsen und verspottet werden. Nein, ich tu es, um mit einer List die Königstochter zu ermorden. Zu dieser nämlich schicke ich die Kinder und gebe ihnen Geschenke mit, als wollte ich damit die Bitte verstärken, daß die Kinder hier bleiben können. Diese Geschenke sind ein feingewobenes Kleid und ein goldenes Haargeflecht. Sobald die Braut sie anzieht und um ihre Glieder schmiegt, wird sie grausig sterben, und jeder andere stirbt mit ihr, der sie auch nur berührt. In solche Gifte nämlich tauche ich das Brautgeschenk. Und damit Schluß. Nichts mehr davon.
Es faßt mich aber ein tiefes Grauen ob der andern Tat, die darauf geschehen muß. Ich werde meine Kinder töten, eigenhändig. Niemand kann mich hindern, kann sie retten. So werde ich zuletzt Jasons ganzes Geschlecht zerstört haben, und dann setze ich mich ab, dann fliehe ich vor dem Blut meiner geliebten Kinder. Es ist nun einmal ganz unerträglich, von den Feinden verhöhnt und ausgelacht zu werden. Das müßt ihr wissen, liebe Frauen.
Mein Leben sei dahin! Was hab ich noch davon? Hab ich doch weder Haus noch Heimat noch Hilfe in der Not. Freilich, ich habe gefehlt, als ich mein Vaterhaus verließ und den Worten eines Griechenmannes glaubte. Der soll nun büßen dafür, mit Hilfe der Götter. Denn er wird seine Söhne nicht mehr lebend sehen, und nie wird er ein Kind erhalten von seiner neuen Frau. Bös nämlich wird diese Böse zugrunde gehen durch mein Gift und meinen Zauber. Niemand soll glauben, daß ich schwach und gering sei und ruheliebend! Ich war immer von ganz anderer Art. Immer war ich zu den Feinden furchtbar und zu den Freunden voller Liebe. Nur eines solchen Menschen Leben krönt der höchste Ruhm.[136]

Was unterscheidet nun diesen Text, als Planszene betrachtet, von allen vorhergehenden Racheschwüren? Es ist der minutiöse Entwurf der praktizierten Verstellung, das Projekt eines funktionalen Einsatzes von Intrigenstimme, Intrigenrequisit und ahnungslosen Intrigenhelfern. Die ersten zwei Abschnitte beschreiben die beabsichtigte große Täuschung, die Intrigendurchführung. Diese wird wenig später zum atemberaubenden Bühnenereignis. Wir haben die tobende Medea erlebt, die Rasende, der die Worte wie Schaum vom Munde flockten. In der zweiten Begegnung mit Jason, den sie nun durch die Amme rufen läßt, sehen wir, wie alle maßlose Passion verschwindet hinter gespielter Sanftheit, stiller Rührung und bescheidener Einsicht. Es ist eine Heuchelrede eminenter Art, packend nicht zuetzt deshalb, weil ja die Passion so akut ist wie je, das Rasen lautlos, zeichenlos weitergeht. Wie brillant dieser Vollzug der Verstellung ist, zeigt sich auch daran, daß Medea erneut auf die Geschlechtertheorien zurückgreift und dem Mann vormacht, sie habe jetzt sein Frauenbild als richtig erkannt: Die Frauen seien tatsächlich schwache

Wesen und immer gleich den Tränen nahe, seien nicht sehr intelligent, schwer von Begriff, man möge es ihnen nachsehen: »Wir sind nun einmal, wie wir sind«.[137] Und er, der Mann, glaubt es gern und geht an diesem Glauben, den ihm die Frau als Köder serviert, zugrunde. Medeas Verstellung ist eine Inszenierung der Intrigenstimme von monumentaler Art. Man wird davon um so heftiger erfaßt, als sie selbst das Spiel in einzelnen Momenten nicht ganz durchhalten kann. Sie droht zusammenzubrechen, wenn sie die Kinder ruft und mit ihnen zusammen alle Feindschaft zu begraben vorgibt, die rundum Versöhnte mimend. »Weh, weh mir!«, bricht es da plötzlich aus ihr heraus. Die lächelnde Maske geht in Scherben. Im letzten Moment aber kann sie den Gefühlsausbruch wieder als Rührung über den erreichten Frieden hinstellen.

Jason glaubt's und gibt sich großzügig. Er ist nun auch bereit, die Kinder mit Medeas Geschenken bei seiner Neuvermählten vorsprechen zu lassen – die ahnungslosen Intrigenhelfer mit dem Intrigenrequisit, dem vergifteten Festkleid und Goldkranz. Jason meint zwar in seiner einfühlsamen Art, es bedürfe da keiner Geschenke, er selbst sei ja der größte Schatz für seine neue Frau, aber Medea besteht darauf. Und dringlich fordert sie die Kinder auf, die schönen Dinge unbedingt der Königstochter persönlich zu überreichen. Es wird geschehen. Das Kleid wird die Rivalin verbrennen und den König, der sie retten will, mit ihr. Die Horrorszene bildet wenig später den Inhalt eines langen, in seinen Einzelheiten fast unerträglichen Botenberichts.[138]

XVII
Das Primum movens und die Motivierung

Medea: »Ein schweres Übel ist die Liebe für die Sterblichen.« Jasons rhetorischer Trick. Das Primum movens als elementare Gewalt, die Motivierung als schriftstellerische Aufgabe. Allgemeine Unterschätzung eines literaturtheoretischen Schlüsselbegriffs. Die Motivierung als Anwendung der Wahrscheinlichkeitsregel. Eikos bei Aristoteles. Der Dramatiker Euripides vor der schwierigsten Motivierungsaufgabe überhaupt. Medeas Passion, Medeas Stolz, Medeas Wille zum Ruhm. Psychologie und Gendertheorien versagen gegenüber dem antiken Ruhmbegriff.

Im Unterschied zum üblichen Intrigenablauf sind in der Medea-Tragödie also die einzelnen Elemente der Planszene in breiter Fächerung auseinandergezogen. Sie setzen bereits mit dem Beginn des Stücks, der Ammenrede, ein. Auch die Signale, die auf das Primum movens verweisen, sind breiter gestreut als sonst. Daß es die Liebe ist – »Eros, der alles begonnen«[139] –, wird allerdings deutlich genug. Die Liebe aber als Wirkung der Götter oder als elementare Realität der menschlichen Existenz? Im Unterschied zur Phädra-Tragödie, wo man gleich zu Beginn zuschauen kann, wie die Göttin Aphrodite der Phädra die unselige Liebe zum Stiefsohn wie einen Speer ins Herz wirft, entspringt die Liebe Medeas ganz aus ihr allein. So jedenfalls erlebt sie es. Die Vorgeschichte – die eigentliche Liebesgeschichte zwischen dem Barbarenmädchen und dem schönen Griechen am Schwarzen Meer – wird zwar nur einige Male kurz erwähnt, stets aber als ein Ereignis von heftiger Passion. Wer eine genauere Erzählung sucht, kann sie bei Ovid finden, im 7. Buch der »Metamorphosen«. Da wird geschildert, wie Medea sich in den glitzernden Fremdling verliebt, wie sie sich wehrt gegen die Gefühle, wie sie ihre Leidenschaft besiegt und, wie sie, sobald sie ihn wieder sieht, erneut hilflos hingerissen ist:

> Da erblickt sie Iason, und neu belebt sich die Flamme,
> Ihre Wangen erglühn, ihr ganzes Antlitz errötet;
> Und wie ein winziger Funke, der glimmend in hüllender Asche
> Schlummerte, neue Nahrung gewinnt vom Hauche des Windes,
> Wieder wächst und, erwacht, sich hebt zu früherer Stärke:
> Also loderte neu die fast erloschene Liebe,
> Wie in der Nähe sie wieder den glänzenden Jüngling erblickte.

Zufällig schöner als sonst erschien Iason an diesem
Tage: man konnte es wohl der liebenden Jungfrau verzeihen;
Schaut sie sein Antlitz doch, als wenn sie es heut erst gewahrte,
Starrt wie gefesselt ihn an und wähnt verblendet, sie sähe
Keines Sterblichen Antlitz; nicht kann sie zur Seite sich wenden.[140]

Für die euripideische Medea steht in all ihrem Jammer fest, daß die Liebe es war, die sie ins Elend gebracht hat. Kreon gegenüber bringt sie es auf eine knappe, harte Formel: Ein schweres Übel sei die Liebe für die Menschen. Die Stelle wird vielfältig übersetzt, vielleicht gerade weil sie im Original so einfach ist. *Kakòn méga* nennt der griechische Text die Liebesdinge, *erotes.*[141] Das Allerweltswort *kakos*, das im Deutschen aus den Vorsilben von Fremdwörtern bekannt ist – Kakophonie zum Beispiel – kann alle Formen des Negativen, Schlechten, Untauglichen, Bösen, Elenden, Wüsten und Schädlichen bezeichnen. *méga*, groß, ist ebenso lapidar. Die Übersetzer müssen versuchen, die der einfachen Wendung innewohnende Gewalt zu vermitteln. Die folgenden Varianten werfen ein Licht auf diese Aufgabe: »Ach! Welch großer Fluch sind Liebessachen Sterblichen.« (Gustav Ludwig) »Den Menschen ist die Lieb ein großer Fluch.« (Donner) »O what a bane is love to mortals« (Kovacs) »To mortal men how dread a scourge is love.« (Coleridge) »Ach wehe, welch großes Übel ist den Menschen Liebesgier.« (Eller)

Sehr auffällig ist nun aber, daß Jason selbst, konfrontiert mit dem Vorwurf der Undankbarkeit gegenüber seiner Retterin – ohne Medea wäre er am Schwarzen Meere mit Sicherheit umgekommen –, zurückgreift auf die Vorstellung von der Liebe nicht als einer menschlich immanenten Gewalt, sondern einer göttlichen Schickung. Es ist eine seltsame Stelle. Kaum hat er das gesagt, nimmt er es halbwegs wieder zurück. Zu Medea:

Du stellst deinen Beitrag zu meiner Rettung allzu groß hin. Ich meinerseits glaube, Aphrodite war es, sie allein von allen Göttern und Menschen, die mein Entkommen auf jener Fahrt bewirkt hat. Du bist zwar sehr gescheit, aber ich will gar nicht lange erörtern, wie Eros mit seinen Pfeilen dich gezwungen hat, mein Leben zu retten. Und übrigens hast du selbst dabei mehr gewonnen als verloren.[142]

Das ist klar genug, zynisch genug. Er will sich aus der Verantwortung stehlen, indem er Medea zum bloßen Medium des Liebesgottes Eros resp. seiner Herrin Aphrodite erklärt. Der Mythos verkommt in Jasons Mund zu einem fiesen Argument im Geschlechterstreit. Das ist bezeichnend für die zunehmende Verflüchtigung der mythischen Wirklichkeit bei Euripides überhaupt, man kann auch sagen: für deren Anthropologisierung und Psychologisierung. So wie das Schicksal im numinosen Sinn bei Euripides – gemäß Nietzsches schweren Vorwürfen[143] – der Intrige weicht, die Wucht der Götterbeschlüsse zunehmend abgelöst wird von der innerweltlichen Planung und Steuerung, von der List, dem Mechanema eben, so wird das Primum movens Liebe zu einer ganz und gar innerseelischen Macht. In dem Maße aber, in dem Medea mit ihrer Passion nicht mehr unter einer transzendenten Fatalität steht, kann sie auch zur diesseitig Handelnden, zur berechnenden, ihr Ziel mit blanker Intelligenz anstrebenden Frau werden. Der Eros bleibt auch so die uranfängliche Kraft und ist als diese das Primum movens der Tragödie. Nur braucht es keine Götter mehr, um ihn zu erklären.

Eine Sache ist das Primum movens eines Werks, eine andere sind Motivation und Motivierung. Motivation meint die Feinstruktur des Willens und der Entschlüsse in einer handelnden Figur, das, was die Person bewegt; Motivierung meint die Kunst des Autors, das Handeln seiner Figuren dem Publikum plausibel zu machen. Die Motivierungsarbeit eines Autors zu beurteilen, müßte angesichts ihrer Bedeutung zu den ersten Aufgaben aller Literaturkritik zählen. Sie ist wie vieles, was mit den handwerklich-technischen Dimensionen der Literatur zu tun hat, in der landläufigen Literaturtheorie und -kritik marginalisiert worden. Motivierungsarbeit als poetische Leistung meint nichts anderes als die Kunst, die Wahrscheinlichkeit der Ereignisse vor dem Urteil der Leser zu sichern. Diese Wahrscheinlichkeit – Jakob Michael Reinhold Lenz nennt sie in seinem Hamlet-Aufsatz »die erste, unverletzlichste, heiligste Grundregel aller Poeterey«[144] – ist ein Ereignis der Evidenz, das nie einfach durch die Sache selbst zustandekommt, wie die meisten meinen, sondern allein durch erfahrene und wissende Kunst. Diese Kunst besteht also – beispielsweise – nicht darin, zu zeigen, wie eine Frau und ein Mann zusammen den König ermorden, der bei ihnen zu Besuch weilt, sondern es völlig einleuchtend, ja zwingend erscheinen zu lassen, daß die beiden den König ermorden. Erst dadurch wird »Macbeth« zu einem Kunstwerk, das mehr ist als ein Trivialspektakel. Aufregende oder rührende Ereignisse erfinden kann jeder; in den Meldungen der Boulevardpresse stößt man täglich auf die großartigsten Stoffe. Aber dem Ereignis die Evidenz der inneren und äußeren Notwendigkeit zu geben, es so überzeugend zu machen, daß man es ergriffen annimmt: Ja, so mußte es kommen, und anders konnte es nicht sein!, das ist so selten wie alle vollkommene Kunst.

Es war, einmal mehr, Aristoteles, der die Kategorie der Wahrscheinlichkeit und damit die ästhetische Regel der Motivierung als erster trennscharf in die Theorie geholt hat. Das 9. Kapitel seiner »Poetik« beginnt mit dem einfachen Satz, der von keiner Literatur- und Fiktionstheorie mehr übertroffen wurde:

> Es ergibt sich also, daß es nicht Aufgabe des Dichters ist mitzuteilen, was wirklich geschehen ist, sondern vielmehr, was geschehen könnte, d.h. das nach den Regeln der Wahrscheinlichkeit (eikos) und Notwendigkeit (anankaion) Mögliche.[145]

Das heißt, daß eine unwahrscheinliche literarische Handlung nicht durch den Hinweis gerettet werden kann, sie habe sich einmal in Wirklichkeit ereignet. Ein historisches Faktum erübrigt nie die Motivierungsarbeit. Das aristotelische Eikos bleibt eine unbedingte Norm des Erzählens und jeder dramatischen Handlung. Und wenn die literarische Moderne es oft außer Kraft zu setzen scheint, verschiebt sie es in Wahrheit jeweils nur auf eine andere Ebene: Als wahrscheinlich und plausibel soll jetzt die Undurchschaubarkeit der Welt erscheinen, die Unmöglichkeit, sie aus letzten Gründen zu erkennen. Die Plausibilitätsregel erfüllt sich so im Gegenspiel des Absurden.

Damit sind die Voraussetzungen geklärt, um die große Planszene in der »Medea« umfassend zu begreifen. Bisher wurde aus dem langen Zitat erst die Verstellungsaktion erwähnt. Es geht aber noch um viel mehr und viel Schwierigeres in dieser Rede. Euripides steht vor einer unerhörten Aufgabe. Er muß die unwahrscheinlichste aller Taten motivieren, den Mord einer Mutter an den eigenen kleinen Kindern. Da wird die Kunst schon fast zum Kunststück. Man könnte es sich zwar leicht machen und sagen: Der Mord zeigt die Gewalt des in Haß verwandelten Eros, und damit ist die Tat motiviert. Das mag seine Logik haben, es garantiert aber noch keineswegs die Evidenz der Wahrscheinlichkeit im Zuschauer. Diese stellt sich nämlich nicht einfach auf Grund logischer Schlußfolgerungen ein. Auch unsere Einfühlungskraft, unser psychologisches Wissen und Spüren muß befriedigt werden. Dies gelingt nur über eine Motivierungsarbeit von höchstem Rang.

Wenn sich also Euripides die schwierigste mögliche Motivierungsaufgabe gestellt hat, sollten wir auch, wie in einer Experimentalsituation, studieren können, wie er sie löst. Er tut es, indem er drei verschiedene Faktoren ins Spiel bringt. Der eine ist die extreme Passion, die uns schon in Medeas ersten Schreien aus der Bühnentiefe heraus begegnet und die nie gemäßigt wird, nur zeitweise versteckt im Intrigenvollzug. Die Realität dieser Passion ist für die Zuschauer also gesichert von Anfang an. Der zweite Faktor ist Medeas Stolz. Im Auftakt der Rede ruft sie Zeus an, und zwar als den Vater der Dike, der Gerechtigkeit, und im gleichen Atemzug auch Helios, den Sonnengott. Sie ist dessen Enkelin. Mit seiner Beschwörung definiert sie sich selbst von dieser Herkunft aus und bestimmt so die Kränkung durch Jason als eine Kränkung auch der Götter. Jason mißhandelt nicht eine kleine Frau aus den tiefen Wäldern, sondern ein Wesen von göttlicher Abstammung. Das ist ein Frevel, der die entsprechende Buße fordert. Zur Passion tritt ein Ich-Gefühl, das mit dem Wort Stolz nur ungenau erfaßt wird. Es ist hörbar in den Worten: »Es ist nun einmal ganz unerträglich, von den Feinden verhöhnt und ausgelacht zu werden.«[146]

Als Drittes bringt Euripides einen Faktor ins Spiel, der für die Griechen unmittelbar einleuchtend gewesen sein muß, zu dem wir heute aber in historische Distanz gerückt sind. Es ist anzunehmen, daß wir sein Gewicht in der Motivierungsarbeit nicht mehr spontan zu empfinden vermögen. Medea spricht davon ganz am Anfang und ganz am Schluß ihrer Rede. Wenn unsere Einfühlung in die gekränkte Frau den geschichtlichen Abstand zwischen ihr und uns fast völlig aufzuheben schien, so legt dieses Argument ihn wieder unzweideutig offen. Medea argumentiert nämlich mit dem Ruhm. Nur durch diese Tat, den Kindermord, werde für die ganze Welt sichtbar, was sie, Medea, in Wahrheit sei: kein schwaches Geschöpf, sondern stark, furchtlos, schrecklich für die Feinde und liebesmächtig für die Freunde. So, und nur so, gelange sie zu einem »ganz und gar ruhmvollen Leben«, wie Karl Heinz Eller übersetzt. Vom »höchsten Ruhm« spricht Donner.

Hier blitzt ein Konzept auf, das uns und vor allem dem neuzeitlich-bürgerlichen Frauenbild, fremd geworden ist. Wohl gibt es auch heute noch, gibt es auch in der Geschichte des christlichen und nachchristlichen Europa den Willen zum Ruhm, die Arbeit am eigenen Ruhm. Staatsmänner suchen sich durch die Grandes œuvres unsterblich zu machen. Sie bauen Bibliotheken oder Pyramiden oder Flughäfen, die dann ihren Namen tragen müssen. Aber die antike Kategorie des Ruhms als eines schlechthin höchsten Wertes, der alles Leiden, alles Elend wettmacht, ist in dieser radikalen Eindeutigkeit aus unserer Zivilisation verschwunden.

Für die Griechen ist der Ruhm die genuine Form von Unsterblichkeit. Das Christentum hat das Paradies zum Lebensziel gesetzt. Unsterblichkeit heißt hier, auf dem Heilsweg zur ewigen Seligkeit zu gelangen. Vor dem Tod, vor dem Gericht, das nach dem Tod kommt, sind alle gleich. Da wird der irdische Ruhm zu Staub und Asche. Der Hades der Griechen aber ist kein solches Ziel. Für die homerischen Helden ist er ein trauriger Aufenthalt, aus dem sie wieder zurück möchten, hinauf ans Licht. Wahre Unsterblichkeit gibt allein der Ruhm, und die mythische Chiffre dafür ist das Sternbild, das An-den-Himmel-versetzt-Werden als Gestirn. So sehen wir Andromeda und Perseus und Orion am nächtlichen Firmament. Ein Sternbild Medea wäre für diese Medea nicht nur denkbar, sondern auch aufs innigste zu wünschen. Daher gibt der Gedanke an den Ruhm in der Planszene den letzten Ausschlag für den Kindermord. Innerhalb der Handlung ist das ein psychologischer Zug, der unsere Empathie auf die Probe stellt; auf der literarisch-technischen Ebene ist es der abschließende Kunstgriff in einer extrem schwierigen Motivierungsarbeit.

Eine aufschlußreiche Parallele, was den Begriff und die Funktion des Ruhms betrifft, findet sich in der Phädra-Tragödie. Da kann am Schluß selbst die Göttin Artemis ihren Liebling Hippolytos nicht mehr vor dem Tod und also dem finsteren Hades bewahren. Aber sie tröstet ihn dafür mit dem großen Äquivalent: dem ewigen Ruhm. Die Mädchen der Stadt Trözen werden auf alle Zeiten vor ihrer Hochzeit in Liedern des Hippolytos gedenken. Keine ewige Seligkeit also vermag die hohe Göttin zu schenken, kein »Heute noch wirst du mit mir im Paradiese sein«[147], aber ewigen Ruhm, und das ist nicht weniger:

> Dir aber, Ärmster, geb ich für dein Leid
> Die höchsten Ehren in der Stadt Trözen.
> Die Mädchen schneiden vor der Hochzeit dir
> Sich Locken ab und feiern fort und fort
> Im Klagelied dein ungeheures Leid.
> Nie wird ihr Sang verstummen, der dich ehrt,
> Und Phaidras Liebeswahn, der dich umwarb,
> Sinkt niemals klanglos in die stumme Nacht.[148]

Der Wille zum Ruhm ist also ein wesentliches Element in Medeas Motivation und in Euripides' Motivierung, ein Element, dem wir Heutigen, die Produkte der bürgerlichen Bescheidenheitsethik, uns nur noch über historische Rekonstruktionen nähern können. Heinrich von Kleist ist vielleicht der einzige deutsche Autor, der den antiken Begriff des Ruhms erkannt und sich selbst dazu entschlossen hat, als Lebensziel und Lebenswillen. Etwas davon steht wohl auch hinter seinem Tod am Wannsee.

XVIII
Eros und Ökonomie: das doppelte Primum movens in der Komödie

Die Komödie schaut der Tragödie die Intrigentechnik ab. Intrigenkunst und Intrigenroutine. Plautus entzündet Lenz, Lenz entzündet Büchner, Büchner entzündet das moderne Drama. Warum die deutschen Theater die Plautus-Adaptionen von Lenz übergehen: Prüderie und Ignoranz. Ein fröhliches Hurenstück in drei Fassungen. Die finanzielle Leidenschaft der Frau, die sexuelle Leidenschaft der Männer. Verliebt, daß es knallt – welch ein Geschäft! Die männliche Vernunft kollabiert. Die Intrigantin im Wochenbett. Hohe Kunst der Plünderung. Das warme Herz der erotischen Unternehmerin. Die Mäuschen-Parabel.

Die Verwandtschaft und die Differenz zwischen dem Primum movens eines Stücks und der Motivierungsarbeit von Szene zu Szene läßt sich auch an der Komödie zeigen. Zwar beginnt die dramatische Intrige, geschichtlich gesehen, als Episode innerhalb der Tragödien und gelangt erst von hier auf die komische Bühne, aber die Komödie entwickelt dann rasch eine routinierte Intrigenfabrikation, ein eigentliches Handwerk der Intrigenerfindung und -durchführung, das in den schlechteren Fällen mechanisch klapprig klingt, in den besseren Fällen jedoch mit Weisheit, Witz und Einsicht in die Gebrechlichkeit der menschlichen Natur gepaart wird. Daß die Intrige immer in Gefahr ist, zum bloßen Kunststück zu verkommen, hat ohne Zweifel ihren schlechten Ruf in der heutigen Literaturwissenschaft mitverursacht. Und dieser hat dann auch zur heutigen Blindheit für die anthropologische und metaphysische Tiefendimension der Intrige geführt. Die Moderne ist zu ihrem Anathema gegen die Intrige nicht zuletzt aus dem Überdruß an der Routinedramaturgie der Boulevard- und Operettenstücke des 19. Jahrhunderts gelangt. Aber schon das 16., das 17., das 18. Jahrhundert kannten die Intrige als dramaturgische Dutzendware. Wie weit man auch zurückgeht in der Komödientradition, immer ist die Möglichkeit stereotyper Intrigenherstellung schon da. Das gilt allerdings auch von vielen anderen ästhetischen Formen.

Bei Plautus ließe es sich mehrfach zeigen. Und doch war es gerade dieser Plautus, der einen der wichtigsten und innovativsten Dramatiker des deutschen 18. Jahrhunderts, der unerhörten 70er Jahre dieses deutschen 18. Jahrhunderts, entzündet und beflügelt und genährt hat: Jakob Michael Reinhold Lenz. Daß Büchner bei Lenz in die Schule ging und das deutsche Drama des 20. Jahrhunderts wieder bei Büchner, ist allgemein bekannt. Wie sehr aber der satirische Realismus von Lenz, seine Sicherheit in der komischen Setzung, sein blitzschneller Dialog, seine Kunst der Charakterzeichnung, seine erotische Unerschrockenheit, seine Illusionslosigkeit, was den Menschen als moralisches Wesen betrifft, und schließlich seine Einsicht in die Paradoxien menschlichen Fühlens und Handelns, wie sehr dies alles seinen Ursprung bei Plautus nahm, ist bis heute ein blinder Fleck der deutschen Literaturgeschichte. Und eine Peinlichkeit.

Lenz hat Plautus übersetzt, zunächst philologisch genau, dann in Gestalt freier Anverwandlungen an die zeitgenössische deutsche Lebenswelt. So gibt es zum Beispiel bei Plautus ein großartiges Hurenstück, »Truculentus«, das uns von Lenz in dieser doppelten Gestalt – als Übersetzung und als Nachschöpfung – überliefert ist und das in dieser doppelten Gestalt zur wichtigen Literatur des Sturm und Drang gehört. Aber da es sehr ungezogen ist und sein erzieherischer Wert eher prekär, zählt es bis heute nicht zum anerkannten Bildungsgut. Dabei holt hier ein großer deutscher Autor freien Atem bei einem großen Autor des alten Rom.

»Die Buhlschwester« heißt das Stück in der Nachschaffung von Lenz. Und beim alten Römer wie beim jungen Deutschen ist das Primum movens von doppelter Natur. Das eine ist die ökonomische Begehrlichkeit, das andere die erotische Verfallenheit. Das eine ist das Geld, das andere ist die Liebe. Das eine ist die finanzielle Leidenschaft der Frauen, das andere ist die sexuelle Leidenschaft der Männer. Geschlechtertheorien werden dabei allerdings keine vorgetragen. Es steht jedem frei, sich selbst einen Reim darauf zu machen.

Die Hauptintrige, ein kurzes, derbes Mechanema, wird von der schönen Berufsmätresse Phronesium, bei Lenz Julchen genannt, entwickelt. Drei Männer balzen und buhlen um sie bis zum Ruin. Sie wissen alle, daß sie sich an dem verlockenden Wesen zuschanden schenken, und geben doch alles hin, sobald sie sich nur wieder sehen läßt. Verschwindet sie einmal aus dem Gesichtsfeld, kommen die Männer sofort zu sich, beurteilen die Situation realistisch und entschließen sich, mit der Verschleuderung ihres Eigentums aufzuhören. Kaum aber taucht das liebliche Gesicht wieder auf, verweht die Einsicht wie Wasserdampf.

Was elementar im Hintergrund der Medea-Tragödie steht, jene gewaltige Liebe der jungen Barbarin zum schönen Griechen, gegen die sie sich mit allen Mitteln wehrt und die sie doch bei jeder Begegnung wieder überwältigt, die Liebe, die der Mann schließlich verraten wird, worauf ihn die Frau durch ein furchtbares Mechanema vernichtet, sie steht, auf ihre Art, auch hinter der Männerhandlung im plautinischen Schwank und in Lenzens Spiel. Man wehrt sich zwar spontan gegen eine Gleichsetzung der männlichen Verfallenheit in der Hurenkomödie mit der weiblichen Inbrunst in der Tragödie. Aber hier wie dort geht es um Hörigkeit und bedingungslose Hingabe, auch wenn es uns im ersten Fall erschüttert und im zweiten Fall Tränen lachen läßt.

Verliebt, daß es knallt, sind die drei Männer also wirklich und wahrhaftig. Sie wollen mit der Schönen schlafen, jeder ausschließlich und als einziger. Kein anderer soll dazwischenkommen. Daß das was kostet, wissen sie, haben auch nichts dagegen. Sie betrachten deswegen die Frau nicht als Ware, nicht als ein Ding, das man gebraucht und wegwirft. Von einer Verachtung der Kurtisane, wie sie im neuzeitlich-bürgerlichen Denken unausweichlich wäre, ist da keine Spur. Die Leidenschaft der Männer, so sehr sie auf das Bett gerichtet ist und das Monopol der Nächte anstrebt, erscheint nicht als etwas, das völlig abgespalten wäre von herzlicher Liebe. Da hängt noch alles zusammen, ganz selbstverständlich, auch wenn es derb und drastisch zugeht.

Es gibt eine Szene, wo sich diese schubartige »sexuelle Hörigkeit«, um mit Brecht zu reden[149], sehr schön zeigt. Der Freund, Dinarchus, der der kommerziell begabten Schönen am nächsten steht, ohne daß dies für sie am Primat des Ökonomischen etwas ändern würde, hat sich wieder einmal zu Sachlichkeit und Vernunft entschlossen. Er geht hin, um den Säugling zurückzufordern, der, als Intrigenrequisit, in ihren Händen ist (darüber gleich mehr). Und nun schaue man zu, wie dieser Moment zunächst bei Plautus, dann in den zwei Versionen von Lenz gestaltet wird. Bei Plautus finden wir ein knappes, kahles Ereignis, das vielleicht im schauspielerischen Vollzug etwas differenzierter ausgestaltet wurde:

DINARCHUS: Ich muß ihr gleich das Kind abfordern. Denn es könnt'
Ihr sonst einfallen, daß sie alles läugnete.
[...]
Mehr als gelegen tritt sie just aus ihrem Haus.
Es ist, als hätte sie 'nen langen Zauberstab,
So sticht sie mich von weitem schon ins Herz hinein.[150]

Der Umschlag vom grimmigen Entschluß in die erneute Verfallenheit ereignet sich zwischen dem Wort »Haus« in der drittletzten

Zeile und dem »Es ist« am Anfang der zweitletzten. Beschrieben wird der Liebesschub durch das Bild vom Stich ins Herz. Wobei der hier zitierte Übersetzer aus dem 19. Jahrhundert es nicht lassen kann, den ursprünglichen Vergleich etwas zu romantisieren. Denn im Original ist nicht von einem Zauberstab die Rede, sondern von einem »stimulus«, einem Stachel, Treibstachel oder Spitzpfahl. Die letzten zwei Zeilen des Zitats lauten bei Plautus: »ne ista stimulum longum habet quae usque illinc cor pungit meum.«[151] Zu deutsch: Es ist, als hätte sie einen langen Stachelstecken, der mir von dorther schon ins Herz sticht. Der Übersetzer hat also die grausame Vorstellung von der eisernen Spitze im Herzen für seine verfeinerte Leserschaft gemäßigt. Daß da aber einer kippt, indem er aus dem rational kontrollierten Handeln wieder unter die Herrschaft seiner Gefühle gerät wie Heinrich Manns Professor Unrat, ist gleichwohl augenfällig.

Lenz erkannte die Szene als dramatisch so wertvoll, daß er sich bemühte, ihre Wirkung nach Möglichkeit auszuschöpfen. Er erweiterte den Text schon in seiner ersten Übersetzung derart, daß der spektakuläre Vorgang nicht mehr übersehen werden konnte:

> DINARCHUS: Fort mit euch, Torheiten der Jugend! O wie will ich mich an der Buhlerin hier rächen! Wie will ich ihr die ganze Größe ihres Verlustes fühlbar zu machen suchen! Sie soll mir meinen Sohn wiedergeben! – Vater und Sohn sind auf ewig für sie verloren. – Aber da ist sie selber! O ich weiß nicht, es ist als ob ich einen elektrischen Schlag ins Herz bekam, sobald ich sie gewahr ward.[152]

Sogar von Rache ist hier zunächst die Rede, und daß die Frau es empfinden solle, einen solchen Liebhaber verloren zu haben. Der Ausdruck »auf ewig« hat den Charakter eines Schwurs, der die Trennung besiegelt. Um so effektvoller ist gleich darauf der »elektrische Schlag ins Herz«. Lenz ersetzt den römischen Stimulus longus durch ein Phänomen aus der zeitgenössischen Naturwissenschaft. Es waren die Jahre, als Benjamin Franklin den Blitzableiter erfand und die moderne Elektrizitätsforschung begann. Der instinktsichere Dramatiker dehnt also den Bühnenmoment aus, um den Genuß des Publikums an der kleinen Peripetie nicht nur zu sichern, sondern noch zu steigern.

In der freien Nachgestaltung dann, die Lenz etwas später – auf Anraten Goethes übrigens, dessen engster Freund er damals noch war – vornahm, wird die Szene zu einem Moment, der eingefärbt ist vom aktuellen Diskurs der Empfindsamkeit. Das grausame Regiment der Leidenschaft, um das es Plautus knapp und genau ging – ne ista stimulum longum habet –, wird hier überformt durch die neue Gefühlskultur der bürgerlichen Familie. Aber genau besehen geschieht auch das nur, um das Illusionäre solcher Sentimentalität angesichts der erotischen Wirklichkeit im Männerleben aufzudecken. Im folgenden Zitat ist Julchen die plautinische Phronesium, die erfolgreiche Kurtisane, die »Buhlschwester« nach dem Lenz-Titel. Lieschen ist eine Gelegenheitsgeliebte des plautinischen Dinarchus, der jetzt Fischer heißt. Dieser Fischer hat von Lieschen ein Kind, und er hat das Baby an Julchen zu Intrigenzwecken ausgeliehen. Nun ist aber die wahre Vaterschaft eben ans Licht gekommen, und Fischer hat versprochen, die wahre Mutter zu heiraten. Er will sich daher von Julchen endlich trennen, sein Kind zurücknehmen und zu Lieschen ziehen:

FISCHER: Fort mit euch Torheiten der Jugend, nicht Liebe, Unsinn war es, was ich für diese Buhlerin fühlte. O welch ein stillerer und echterer Reiz ist der, mit welchem Lieschens unvergleichliches Herz mich itzt anzieht. Mir alles aufzuopfern, Ehre, Leben – – ha Julchen! Wie will ich mich an dir rächen, wie will ich dir meinen Verlust fühlbar machen: gleich soll sie mir meinen Sohn wiedergeben, Vater und Sohn sind von nun an auf ewig für sie verloren – – aber da kommt sie selber heraus: zurück noch – *Weicht einige Schritte zurück.* O als ob ich einen elektrischen Schlag ins Herz bekam, sobald ich sie gewahr ward.[153]

So wandern dramatische Szenen, die etwas taugen, durch die Jahrhunderte. Auch Plautus selbst hatte schon eine griechische Vorlage vor sich liegen, als er den »Truculentus« schrieb,[154] und auch dort dürfte der kleine, wirkungsvolle Auftritt zur Entlarvung männlicher Unbeständigkeit bereits seinen Platz gehabt haben.

Das Primum movens dieses Stücks ist also einerseits die Liebe, der Stimulus longus, der den Männern im Herzen steckt, und andererseits der Wille zum Geld und zur Ausbeutung dieser Männer bei der Frau. Daß die Frau, die selbständige Unternehmerin auf dem industriellen Sektor Liebe, im Unterschied zu den Männern nie von ihrem Herzen überwältigt wird und sich auch nach beträchtlichem Weintrinken ihrer prioritären Interessen bewußt bleibt, wird von Plautus unmittelbar anschließend, im tatsächlich nächstfolgenden Satz nach jenem »stimulus«, festgestellt. Dumm, einfältig, wertlos, untauglich, meint Phronesium, ist eine Frau, die von der Liebe leben will und nicht auch noch im Rausche ihrer Sache sicher bleibt. Mögen alle Glieder benommen sein vom Wein, das Herz hat nüchtern zu bleiben: »cor sit saltem sobrium«.[155] Lenz, in der Freiheit seiner

Nachschöpfung, macht daraus einen hübschen kleinen Dialog zwischen Herrin und Dienerin:

JULCHEN: Ich merk ich habe zu viel Wein getrunken mit dem Narren da, jedoch mein Kopf wird das leicht verwittern.
RAHEL: Fast fingen Sie auch an verliebt zu werden.
JULCHEN: O pfui doch, glaube mir meine gute Rahel! Ich mag trinken, so viel ich will, mein Herz berauscht sich niemals.[156]

Das verweist auf die genaue Doppelung des Primum movens in diesem Stück: das nüchterne und das berauschte Herz. Und das nüchterne Herz, cor sobrium, ist es denn auch, das die Hauptintrige zu spinnen vermag, welche das Vermögen der erotischen Unternehmerin gewaltig vermehrt.

Von dieser Hauptintrige ist jetzt kurz zu reden. Nicht um das Geld jenes Dinarchus oder Fischer geht es dabei – der ist ja schon fast gänzlich ausgeplündert –, sondern um den Besitz eines prahlerischen Offiziers, eines komödientypischen Verwandten jenes Miles gloriosus, der einem der berühmtesten Plautus-Stücke den Namen gegeben hat. Die Kriegsgurgel war einige Zeit abwesend. Nun soll dem Mann weisgemacht werden, Phronesium habe von ihm ein Kind, habe eben geboren, liege noch bleich und schwach im Kindbett, der Säugling aber besitze ganz das kriegerische Gesicht seines Vaters. Bereits schaue er begehrlich nach einem Säbel aus.

Daraus wird ein Höhepunkt des Stücks. Die Kurtisane spielt die Wöchnerin und manipuliert dabei den angeblichen Vater so, daß er Berge von Gold und Geschenken in ihr Haus schleppt. Dafür behandelt sie ihn immer schlechter, turtelt vor seinen Augen mit einem reichen Bauernsohn, den sie in einer Parallelaktion ausnimmt. Der Offizier würde gerne tätlich gegen die rustikale Konkurrenz vorgehen, hat aber Angst und kneift, sobald der andere nur die Faust ballt. Psychologisch ist das Geschehen großartig: Je höhnischer die Frau den Offizier behandelt, je derber sie ihn beschimpft, je schnöder sie alle seine Geschenke heruntermacht, um so eifriger fleht er um Liebe, holt er neue Schätze herbei. Schließlich gelingt es ihr sogar, den Bauern und den Offizier zu einem Duell zu veranlassen, keinem Wettkampf mit Waffen allerdings, sondern einem Wettkampf der Geschenke: Wer gibt mehr? Wer schlägt den andern im Verschwenden an die lächelnde Anstifterin?

Die Intrigenerfindung um das simulierte Kindbett, wofür zunächst in der Stadt ein passender Säugling gesucht werden muß, ist also nur die eine Hälfte von Plautus' Meisterleistung. Die andere

Hälfte ist die psychologische Gestaltung, das Aufdecken einer verschwiegenen Seite der Männerseele: Wenn ihm der Stimulus longus im Herzen steckt, wird auch der größte Prahler fügsam wie ein Schaf.

Lenz hat es sich nicht nehmen lassen, den Intrigenvollzug in diesem Fall breit auszuspielen. Alles, was er auf die Bühne bringt, ist bei Plautus angelegt, ist an vielen Stellen sogar wörtlicher Plautus, und doch gewinnt das Bühnengeschehen nun jene charakteristische Mischung aus Realismus und Groteske, die Lenz für Büchner und diesen für die Moderne so wichtig machen sollte.

Sehr schön wird bereits der Sprung aus der Vorbereitung in den Vollzug und damit der Übergang in die Intrigenstimme herausgearbeitet:

JULCHEN: Also ist er angekommen – in der Tat, mir ist ein wenig bange – desto besser – desto leichter kann ich mich krank stellen. – [...] aber stille, da seh ich den Rittmeister schon am Ende der Straße stehn und mit einem andern Offizier sprechen: ha nun muß es losgehn. *Stöhnt.* Ach – ach, Rahel! Komm! Lege mich zu Bette! Hilf mir armen Wöchnerin! – wie matt ich bin! Zieh mir die Schuh aus – leg mir das Mäntelchen um – so – hilf mir, hilf mir, hilf mir – wo seid Ihr, Lene! – Laß mir Tee machen – rück mir die Toilette näher ans Bett – hast du nicht ein Tropfenglas – jetzt, jetzt laß mich! Zieh die Gardine vor – ich will schlafen –[157]

Nun tritt der Offizier auf. Er schildert seine großen Taten auf dem Schlachtfeld – »mit eigner Hand zweitausend Polen zerstreut, erlegt und zu Kriegsgefangenen gemacht« – und befragt vor dem Vorhang, hinter welchem die Wöchnerin ächzt, das Stubenmädchen.

HERR VON SCHLACHTWITZ: Ist's schon vorbei? – Wie befindt sich die Wöchnerin?

RAHEL: Ja Gottlob! Und ein gar zu lieber Junge, Herr Rittmeister –

HERR VON SCHLACHTWITZ: Sieht er mir ähnlich?

RAHEL: Als aus den Augen geschnitten – Stellen Sie sich vor, kaum war er zur Welt geboren, so griff er dem Accoucheur nach dem Degen.

HERR VON SCHLACHTWITZ: Da erkenn ich meine Arbeit. Nun das heißt mir doch einen Mann *(schlägt sich auf die Brust)* und ich weiß, hol mich der Teufel, noch diese Stunde nicht wie es zugegangen.[158]

Es ist nämlich so, daß Schlachtwitz in der fraglichen Nacht von Julchen mit Wein eingeschwemmt wurde und auf dem Sofa einschlief, bevor er überhaupt ans Werk der Zeugung hätte gehen können. Nun muß er glauben, er habe schlafenderweise die Tat vollbracht.

Darauf kommt es, in schöner Steigerung, zur Begegnung mit der blassen, leidenden Frau im Kabinett. Sie empfängt ihn mit dem Ausruf:

Unheil über dir, Grausamer! dessen Liebe mir bald auf ewig den Anblick des Tageslichts entzogen hätte. Barbar! Du hast keinem von den Feinden so viel Schmerzen verursacht als mir –[159]

Und von diesen Vorwürfen läßt sie nicht mehr ab, auch wenn er nun Geschenk auf Geschenk häuft. Er setzt ihr eine Rente aus, »jährlich tausend Taler«; sie nimmt es für selbstverständlich. Er schenkt ihr einen kostbaren Schoßhund: »Es ist ein echter Bologneser«; sie quittiert: »O weh, noch mehr Brotfresser ins Haus«. Er legt ihr Pariser Spitzen und Silberstoff zu einem Kleid aufs Bett; sie meint dazu: »Solche Lappalien für so viel Schmerzen«. Er schiebt einen Zobelpelz und eine kaiserliche Tracht nach: »Liebst du mich nun, mein Täubchen?«; sie antwortet unbewegt: »Sie verdienen es nicht.«[160]

Gewiß, das ist eine Farce, war es bei Plautus schon und ist es bei Lenz immer noch, aber auf diese Weise hat Plautus – zusammen mit seinen griechischen Vorgängern – eine unabsehbare Tradition gestiftet. Sie wurde von den feineren Geistern gerne verachtet, von den Feinsten allerdings nie. Daß die Nachschöpfungen von Lenz im Bewußtsein der deutschen Theaterleute bis heute nicht existieren, hängt mit dieser Blasiertheit gegenüber einer elementaren Bühne zusammen, welche immerhin auch der Ort war, auf der freie, selbstbewußte und selbstbestimmte Frauen stets ihren Platz hatten. Und nochmals: Gewiß konnte es von diesem Plautus aus rasch einmal steil abwärts gehen zum Schwank der primitivsten Art, zum Rüpel- und Rülpstheater, aber bei ebendiesem Plautus ist auch der steile Anstieg angelegt zu den seelischen Ausformungen, den Charaktergestalten, der anthropologischen Weisheit und Dämonie in den Komödien Shakespeares, Calderóns, Molières, Goldonis, Kleists.

Wer genau liest, entdeckt übrigens auch in dem lautstarken römischen Hurenstück rührende Feinheiten. So nimmt die schöne Phronesium zwar alle drei Männer, die um sie balzen, unerbittlich aus, aber den einen, Dinarchus, zieht sie dabei in einer schlichten Herzlichkeit auch ins Vertrauen. Ihn mag sie wirklich. Ihm, und nicht etwa, wie es die Tradition erwarten ließe, der erprobten Dienerin gegenüber, entwickelt sie ihren Plan zur Wochenbett-Intrige. Und so sehr den jungen Mann dabei die Aussicht erschüttert, daß sich Phronesium nun dem eitlen Offizier durch die angebliche Vaterschaft offiziell verbinden wird, so genau spürt er doch auch, daß die Vertraulichkeit dieser Planszene ohne eine tiefere Bindung der Frau an ihn nicht möglich wäre. Als er, Dinarchus, später selbst zur Heirat mit einer andern Frau, der Mutter seines verleugneten Kindes, gezwungen wird, erzählt ihm Phronesium zum Trost eine kleine Fabel: Ein Mäuschen habe nie nur ein einziges Nest, in das es schlüpfen könne; immer wisse es notfalls noch eine zweite trauliche Öffnung. Und sie schließt: »Sed tamen cogitato mus pusillus quam est sapiens bestia.«[161] – Bedenk doch, was ist die winzige Maus für ein gescheites Tier. Er versteht die Botschaft: Heirate du immer die andere, heißt das, bei mir wirst du jederzeit dein zweites Nestchen finden. Man mag an solchen Stellen seinen sittlichen Anstoß nehmen – sind wir doch zweifellos die besseren Menschen als die alten Römer –, aber wie Plautus bei dieser Hetäre, die selbständig und unabhängig lebt und sich mit dem einzigen Kapital, das sie nun einmal hat, eine sichere Existenz baut, wie er bei dieser Frau die Verbindung von Berechnung und Zuneigung, das paradoxe Zugleich von Ausbeutung und Liebe psychologisch entwickelt, wie er es wahr und wahrscheinlich macht, das bezeugt – Sittlichkeit hin oder her – dramatische Kunst und menschliche Einsicht.

XIX
Eros und Ehre: Die Komödie mit dem verrücktesten Intrigenrequisit

Aussichtsloser Versuch, eine schöne Frau einzusperren. Von der riskanten Intrige zur riskanten Ehrlichkeit. Der Glasschrank. Patriarchatskritik in der spanischen Komödie. Die unerschütterliche Vernunft verdient die Liebe.

Es ist verlockend, hier zum Vergleich, als Parallele und Kontrast, den Blick auf eine Frauenkomödie zu werfen, die eine der tollsten Intrigenkonstruktionen und das verrückteste Intrigenrequisit der Theatergeschichte enthält, als Primum movens aber eine einzige Energie vorführt: den Liebeswillen einer jungen Frau, die unter dem unerbittlich starren, grimmig männlichen Ehrenregime ihrer Brüder als Gefangene gehalten wird. Sie unternimmt, tief verschleiert, verbotene Ausflüge in die Straßen der Stadt, wo sie unweigerlich von Männern umschwärmt wird. Einer der Brüder ist von der geheimnisvollen Unbekannten fasziniert und bedrängt sie; ein reisender Edelmann befreit sie von dem Verfolger, und, wie es die beschwingte Phantasie des Autors will, ist dieser Edelmann gerade auf dem Weg, eben diesen Brüdern einen Besuch abzustatten und also das Haus aufzusuchen, in dem die Frau, die auch er nur als Verschleierte kennt, versteckt gehalten wird. So gelangt der Edelmann als Gast zu den Brüdern und wohnt ahnungslos Wand an Wand mit der Schönen. Sie allerdings weiß es; die ritterliche Haltung des Mannes hat sie nicht unbeeindruckt gelassen. So spinnt sie denn aus ihrem sozialen Kerker heraus zusammen mit ihrer Zofe ein verrücktes, ein immer verrückter werdendes Mechanema, in dem sie sich zuletzt selbst verstrickt. Die Anagnorisis wird darüber zu einem Augenblick tödlicher Gefahr. Die blanken Degen sind gezogen. Das Gesetz der Ehre, das die Frauen entmündigt, droht nun auch blutige Opfer unter den Männern zu fordern. Da tritt die junge Frau offen, grad und kühn vor den Edelmann hin und bekennt nicht nur das Intrigengewebe, nein, sie bekennt ihm offen, grad und kühn auch ihre Liebe:

> Nun seh ich *dich*;
> Die Angst entweicht; ich schaue deine Augen
> Und fühle mich geborgen und beglückt,
> Weil … ich dich liebe – laß dir's offen sagen! – […]

Weil solche Sehnsucht mir im Herzen wohnte,
Ward es zur stummen Gruft für meine Schmerzen.
Denn dich zu lieben war mein einziger Wunsch;
Dich zu verlieren meine größte Sorge.[162]

Damit verstößt sie gegen alle Regeln, die in dieser rigiden Gesellschaft zwischen den Geschlechtern gelten. Trotzdem wird gerade dadurch auf der Stelle alles gut.

Es ist also eine doppelte Kühnheit, ein doppelter Verstoß, was diese Komödie bewegt und schließlich krönt: einerseits die riskante Intrige, ein großartiges Stück Verstellung, und andererseits das ebenso waghalsige Bekenntnis, ein großartiges Stück Ehrlichkeit. Als Primum movens des Werks aber wirkt ganz und gar die Liebe, so ganz und gar wirkt sie als Urkraft in dieser glücklichen Komödie, wie sie als Urkraft in der tragischen »Medea« wirkt. In der Anagnorisis aber treten einmal mehr die höchsten geltenden Werte ins Licht. Durch die naturhafte Leidenschaft, die zu ihrem Recht kommt, verwandelt sich auch das verspannte Ehrendenken der Männer in tatsächliche Noblesse. Zwar behält der Kult von »Ehre und Degen« einen skurrilen Einschlag, indem die Männer sich zuletzt in zeremonieller Generosität gegenseitig zu übertrumpfen suchen, aber daß es ihnen auf eine vernünftige Art ernst ist dabei, steht außer Zweifel.

Das Stück heißt »Dame Kobold«, »La dama duende«, und wurde von Pedro Calderón de la Barca um 1629 geschrieben. In der Intrigendurchführung ist es von fabelhaftem Einfallsreichtum. Die große Trouvaille ist das Intrigenrequisit. Es nimmt sich zwar zunächst eher ungefüge aus, wird aber im Fortgang des Stücks zur Quelle immer neuer und noch gesteigerter Bühnenwirkung. Im Zimmer des Edelmanns, der jetzt Gast ist bei den strengen Brüdern, steht ein Glasschrank, und zwar an jener Wand, hinter der die schöne Schwester, Doña Angela, versteckt gehalten wird. Deren Zofe Isabel entdeckt nun, daß dieser Glasschrank beweglich ist. Seine Hinterseite bildet eine Tür im Gemach der Frauen; wenn man sie öffnet, bewegt sich auch der Schrank im Männerzimmer in lautlosen Angeln. Also kann Doña Angela, kann ihre Zofe jederzeit das Zimmer des ahnungslosen Edelmanns, Don Manuel mit Namen, betreten und wieder verlassen. Dieser aber kann unmöglich auf den Gedanken kommen, daß da ein Zugang ist.

Man mag sagen, das sei schon sehr konstruiert, eine mühsame Erfindung. Richtig. Aber das heißt zunächst nichts weiter, als daß hier für den Autor eine Aufgabe nach der Eikos-Regel vorliegt: Calderón muß das Konstruierte selbstverständlich machen und das Unwahrscheinliche wahrscheinlich. Er muß das Intrigenrequisit so einführen, daß es uns auf Anhieb überzeugt. Das heißt: Er muß motivieren. Wie er es tut, ergibt einen sekundenschnellen Einblick in dramatisches Handwerk auf höchstem Niveau. Statt die Sache mit der seltsamen Tür einfach als gegeben und der Doña Angela bekannt hinzustellen, womit sich die meisten Theaterschreiber begnügt hätten, führt Calderón das Requisit so ein, daß er Isabel schildern läßt, wie sie eines Tages durch Zufall die seltsame Inneneinrichtung entdeckt hat. Dadurch kann er gleichzeitig die Tatsache motivieren, daß auch die eifersüchtigen Brüder nie auf den Gedanken kommen, es könnte bei dieser Tür, die sie für fest verschlossen halten, etwas nicht mit rechten Dingen zugehen. Man mag das nebensächlich finden; es ist es nicht. Denn zum Eikos, dem Wahrscheinlichkeitsgebot, gehört vor allem, daß eine Handlung psychologisch stimmt. Der Charakter der Brüder ist geprägt von ihrem extremen Ehrbegriff, der die ebenso extreme Überwachung der Schwester zur Folge hat – nach dem Grundmuster der scharfen Überwachung aller Frauen in der patriarchalen Familie. Die Zuschauererfahrung nimmt dieses Männerpsychogramm rasch zur Kenntnis und begreift es schon in den ersten Szenen als dauernde Gefahr für die weibliche Haupt- und Identifikationsfigur, Doña Angela. Früher oder später müßte also bei der Lektüre oder im Theater der Gedanke auftauchen: Das kann doch alles gar nicht stimmen; diese Brüder würden diese Tür siebenfach verriegeln! Und schon wäre das ästhetische Wohlgefallen durch eine Unwahrscheinlichkeit beschädigt. Der Autor muß also mit höchstem Scharfsinn motivieren und zugleich so, daß wir die Mühe dieser Arbeit gar nicht spüren. Das alles steckt an Kunst und Planung hinter der Dialogszene, in der die Zofe ihre Herrin darüber aufklärt, daß es möglich sei, den interessanten Edelmann insgeheim in Augenschein zu nehmen:

ISABEL: Ich wüßte schon, wie du ihn sehen könntest,
Und auch … noch mehr als das …
ANGELA: Du bist nicht klug!
Ich lebe immer nur in diesen Räumen;
Und er – weiß ich, welch Zimmer er bewohnt?
ISABEL: Du irrst, die Mauer habt ihr zwei gemeinsam,
Ich weiß es von Rodrigo, unserm Diener!
Im Nebenzimmer wohnt der Kavalier,
Und ihn zu sehn ist eine Kleinigkeit!
ANGELA: Du meinst, die Tür …?

ISABEL: Ein Glasschrank steht davor …
ANGELA: Ah, jetzt verstehe ich. Man bohrt ein Loch
Durch Tür und Schrank, und dann schaut man hindurch?
ISABEL: Ich meine noch viel mehr …!
ANGELA: Wie, Isabel?
ISABEL: Des Glasschranks Hinterwand ist diese Tür;
Macht man sie auf, weicht auch der Schrank zur Seite,
Und offen ist der Weg ins andre Zimmer. –
Durch einen Zufall hab ich es entdeckt.
Ich sollte eines Tags den Glasschrank putzen;
Die Leiter lehnt' ich an der Seite an,
Doch was geschah? Der Schrank bewegte sich,
Die Leiter rutschte ab; ich kreischte auf
Und lag mit meinem Eimer auf dem Boden;
Die Türe aber hatte sich … geöffnet.
Don Luis glaubt, Don Juan besitzt den Schlüssel,
Und Juan nimmt an, daß Luis ihn verwahrt.
Ich aber zog ihn ab; da ist er schon.
Und darum ist es eine Kleinigkeit,
In das Gemach des Kavaliers zu dringen.
ANGELA: Doch auf die gleiche Weise könnte auch
Der fremde Gast in *meine* Wohnung kommen …
ISABEL: Sei unbesorgt. Wie sollte er denn ahnen,
Daß hinterm Schrank sich eine Tür befindet?
Von drüben ist's unmöglich, sie zu öffnen.[163]

Frauen unter sich und der Andrang der Liebe – man sieht, wie in allem das Primum movens des Stücks wirkt (und man beachte so kleine Dinge wie die zweite Zeile des Zitats). Und man sieht, wie das Primum movens keineswegs die Präzisionsarbeit der Motivierung von Szene zu Szene ersetzt. Im Primum movens erscheint ganz konkret ein Stück Weltsinn und Weltdeutung, eine jener höchsten Mächte, denen die Menschen ausgesetzt sind wie ihrem Schicksal. In der Motivierung hingegen geschieht die Übersetzung dieser mächtigen Dynamik in die Feinstruktur des literarischen Werks, und darin erkennt man die Meisterschaft weit mehr als im Entwurf von Weltsinn und Lebensmächten.

Wie sich das Calderónsche Spiel nun im einzelnen entwickelt, steht hier nicht zur Diskussion. Es kommt zu einer tollen Fuge von Täuschungsszenen, wobei die Frauen wie Geister im Männergemach erscheinen und verschwinden. Das stellt eine entsprechende Herausforderung der männlichen Vernunft dar. Bevor es die Helden Kleists gab, ist auf der Bühne noch nie jemand so dramatisch dem Zweifel an der Zuverlässigkeit seines eigenen Sehens und Erkennens ausgesetzt worden, wie der edle Don Manuel durch das erfinderische Liebestreiben der edlen Doña Angela. Sein Diener legt sich die rätselhaften Vorgänge sofort als das Treiben von Geistern und Kobolden zurecht – daher der Titel des Stücks –; Don Manuel aber beharrt mit barocker Standfestigkeit auf der Zuverlässigkeit der Vernunft, wider allen Augenschein und unerschütterlicher als die Helden Kleists. So verdient er sich sein Glück in den Armen der schönen Frau.

XX
Der epochale Intrigant

Analyse eines scheinbaren Klischee-Intriganten. Der grobe Umriß und die Feinstruktur. Sprung in die Intrigenstimme: eine Bühnensekunde unter dem Mikroskop. Wie Nadeln auf dem Papier: das Wort »I« im Auftrittsmonolog Richards III. Die plakative Exposition und ihr komplexer Hintergrund. Das zweite Gesicht des Täters. Denkarbeit eines Mißgeborenen. Der schiefe Körper macht den freien Geist. Die Schlußfolgerung. Der Wille zur Macht ersetzt den christlichen Heilsweg. Registerarie aller Verstellungskünstler.

Die berühmteste, krasseste, unglaublichste Gestalt des zu einer dramatischen Szene verdichteten Intrigenplans ist, wer wüßte es nicht, der Anfang von Shakespeares »King Richard III«. Hier tritt der Bösewicht auf, einer der nach allgemeinem Dafürhalten unzweideutigsten Bösewichte der Weltliteratur, und gibt gleich bekannt, was er vorhat. An der Rampe stehend, etwas abgewandt, so daß man den Buckel des Schiefgewachsenen sieht, hie und da einen Schritt machend, so daß man sein Hinken bemerkt, den Teufelsgang, teilt er in kompakten Versen mit, was er ist, was er will und worin der erste Zug seines großen Mechanemas besteht. Und zur gespenstischen Verdichtung der Szene gehört, daß Richard, Herzog von Gloucester – König ist er noch nicht, König will er aber werden – in diesem ersten Auftritt des Stücks nicht bloß das Ziel der Intrige aufdeckt, nicht nur deren ersten Schritt beschreibt, sondern daß er mit den letzten zwei Versen dieses Monologs direkt in den Vollzug, die praktizierte Verstellung, übergeht.

Das ergibt eine unerhörte Sekunde. Richards ältester Bruder ist der regierende König. Und noch einen andern Bruder gibt es, den Herzog von Clarence, und der ist älter als Richard, Herzog von Gloucester, steht also auch noch zwischen diesem und dem Thron, falls dieser Thron eines Tages frei werden sollte. Drei Brüder mithin: der Älteste herrscht, der Jüngste will Herrscher werden, und der Mittlere hat keine Ahnung davon. Gloucesters Mechanema zielt zunächst auf die Beseitigung dieses mittleren Bruders. Ist der einmal weg, liegt die Krone in Griffnähe.

Wir erfahren gegen Ende des Monologs, welche Vorkehrungen Gloucester bereits getroffen hat. Er will, um den Bruder zu beseitigen, den König selbst zum ahnungslosen Intrigenhelfer machen. Die beiden sollen gegen einander aufgestachelt werden, so daß der König sich auf seine Macht besinnt und gegen Clarence einschreitet. Prophezeiungen sind im Umlauf, Flugschriften, Berichte von wahrsagenden Träumen, wonach ein Mann, dessen Name mit G beginnt, die Nachkommen und Erben des Königs ermorden werde. Nun heißt Clarence mit Vornamen George. Für den abergläubischen König muß er der Mann sein, den die Prophezeiungen meinen, steht er doch der Thronfolge am nächsten, falls des Königs eigene Kinder wegfallen. Richard hat diese Prophezeiungen ausgestreut; das erfahren wir jetzt von ihm. Und während er dies noch berichtet, an der Rampe, der Schiefgewachsene im scharfen Licht, erscheint der Bruder Clarence im Bühnenhintergrund, als Gefangener zwischen zwei Wächtern. Der König hat ihn wegen der Gerüchte verhaften lassen; er ist auf dem Weg in den Tower. Mitten im Reden über seinen Schachzug muß also Richard sich selbst ins Wort fallen, um Clarence zu begegnen, seinem Opfer, das keine Ahnung hat, daß es sein Opfer ist. Die abrupte Unterbrechung ereignet sich in dem Satz:

Dive, thoughts, down to my soul: here Clarence comes.[164]

Taucht nieder, meine Gedanken, hinunter in meine Seele: hier kommt Clarence. – In den zwei, vielleicht drei Sekunden dieser Äußerung geschieht der Übergang in die praktizierte Verstellung. Es bedarf, wie so oft gegenüber Shakespeare, vieler Sätze, um einen einzigen Satz auszuleuchten. Zunächst ist die Metapher in der ersten Zeilenhälfte zu beachten: »Dive, thoughts«. Das ist keine rhetorische Floskel, sondern zielt auf einen eminenten Vorgang, ein intrigenpraktisches Schlüsselgeschehen. Jeder andere als Shakespeare würde den Moment, wo Gloucester sich ins Wort fällt, durch einen landläufigen Schweigeappell markieren: »Halt!« oder »Still!« oder »Schweig!«, ein englisches »hush!« oder deutsches »psst!« – mit dem Zeigefinger vor dem Mund. Shakespeare aber läßt Richard seinen Gedanken befehlen, in die Tiefe der Seele zu sinken. Was ist da die Differenz zu einem konventionellen Schweigeappell? Ist das nicht nur umständlicher und unplausibler?

Die Frage führt weiter, als man denkt. Logisch wäre, daß Richard verstummt, um in seinem entlarvenden Reden nicht gehört zu werden. Shakespeare aber ist noch logischer. Verstummen allein genügt nicht. Die Gedanken selbst müssen aus dem Bewußtsein verschwinden, damit sie nicht weiterhin im Ausdruck des Gesichts, in Gestik und Intonation sichtbar werden. Was uns hier geschenkt wird, ist ein kostbarer Blick in Shakespeares ganzheitliche Anthropologie. Auch das Denken ist für ihn ein körperliches Ereignis. Es gelangt selbst im Schweigen noch zur Anschauung. Wer die Kunst der Verstellung beherrscht, weiß, daß er im Akt der Verstellung sogar die auf Plan und Ziel gerichteten Gedanken aufgeben muß. Er muß im Verstellen die Verstellung selbst vergessen und der Verstellte sein, als wäre er nichts als ehrlich. Er muß sich ganz und gar in Redlichkeit verwandeln, sonst sieht man ihm die Falschheit an. »Dive, thoughts!« ist also der Befehl zur Verstellung als einem existentiellen Akt, weit über das verbale Verhalten hinaus.

Das heißt, daß Richard Gloucester in der Sekunde dieses Satzes sichtbar, hörbar, fühlbar ein anderer wird. Gesicht und Haltung wechseln, die Stimme klingt neu: Von jetzt an ertönt die Intrigenstimme. In diesen zwei Sekunden frißt der Wolf die Kreide und ist nun ganz anders anzuhören, wie er auch ganz anders anzusehen ist. Die ausgreifende Dynamik der Intrige verdichtet sich in dem Moment zu ihrer Mikrogestalt. Diese Sekunde ist die *mise en abyme* aller Aktionen des großen Machinators Richard – »tu, tu malorum machinator facinorum«, könnte man ihm, in Abwandlung eines Diktums über Medea, zurufen.[165]

Und dies ist denn also die zweieinhalb Verse lange Szene, in der Richard den gefangenen Bruder kommen sieht und ihn anspricht, in der der Planer überspringt in die mimetische Aktion:

> Dive, thoughts, down to my soul: here Clarence comes.
> *Enter Clarence, guarded, and Brakenbury.*
> Brother, good day: what means this armed guard
> That waits upon your Grace?

Guten Tag, Bruder. Was soll diese bewaffnete Wache bedeuten, die Euer Gnaden begleitet? – Statt »begleitet« könnte man auch sagen: »die dir zu Diensten steht« oder »die du da mit dir führst«; denn Richard gibt vor, er halte die Polizeieskorte für eine Ehrengarde. Er stellt sich, als komme es ihm gar nicht in den Sinn, daß der Bruder verhaftet sein könnte.

So endet der berühmte Auftrittsmonolog, von dem jetzt als Ganzem zu reden ist. Trotz der stupenden Verdichtung sind in den nur 40 Versen, die dem Ausruf: »Dive, thoughts!« vorausgehen, alle Elemente einer Planszene vorhanden. Notsituation, Zielvision und die innere Motivation zur Intrige werden in prächtiger Drastik vor Augen gerückt. Gloucester beginnt den Monolog mit einer Beschreibung des Friedens, der nach langem Bürgerkrieg, dem sogenannten Krieg der Rosen, endlich eingetreten sei. Jetzt werde nicht mehr gekämpft, nicht mehr auf gepanzerte Rosse gestiegen. An der Wand zur bloßen Zierde aufgehängt sind die zerbeulten Waffen. Es gibt keine langen Märsche mehr, nur noch Tänze. Zithern und Lauten sind an die Stelle der grimmigen Trompeten getreten. Wo eben noch bitter gefochten wurde, da wird jetzt geliebelt und getändelt und geklimpert, und heimlich-hurtig schleicht es sich überall auf die Zimmer der schönen Frauen. Eine goldene Zeit also, lang ersehnt, eine Zeit der Lebenslust und Liebeskunst, eine weiche, wohlige Epoche ist angebrochen.

So der Auftakt. Dann kommt das Aber. Dieses Aber ist verbunden mit Richards Schlüsselwort, dem kürzesten Wort aller Sprachen auf der ganzen Welt: I. »But I« – »Aber ich«. Die zwei Silben werden dem sybaritischen Tableau entgegengehalten. So die Welt, so aber ich. »But« markiert den Gegensatz, schroff und genau. In diesem Gegensatz kommt dieses Ich zu sich selbst. In den zwei Silben, dem dunklen Vokal und dem hellen Diphthong – But I –, ereignet sich die Selbstsetzung Gloucesters gegenüber seiner Zeit und Gesellschaft, die Selbstsetzung des Mannes gegenüber den Frauen, des Willens und Geistes gegenüber dem buckligen Leib, des gesetzlosen Täters gegenüber der bestehenden Ordnung. An den Doppelklang dieses »But I« fügt sich ein riesiger Satz, der unerbittlich, unaufhaltsam entfaltet, was in den zwei Silben beschlossen liegt. Und wie mit Nadeln wird dieser riesige Satz sichtbar auf das Papier geheftet durch das wiederholte, das siebenmalige Zeichen »I«. Als es zum siebten Mal erscheint, leitet es den Vers ein, auf den alles hinläuft, in dem alles gipfelt, der ein Willensakt ist und ein logischer Schluß zugleich, und insgesamt eine Bekanntmachung, welche die moralische Welt aus den Angeln hebt: »I am determined to prove a villain.«

> But I, that am not shap'd for sportive tricks,
> Nor made to court an amorous looking-glass;
> I, that am rudely stamp'd, and want love's majesty
> To strut before a wanton ambling nymph;
> I, that am curtail'd of this fair proportion,
> Cheated of feature by dissembling nature,
> Deform'd, unfinish'd, sent before my time
> Into this breathing world, scarce half made up,
> And that so lamely and unfashionable
> That dogs bark at me, as I halt by them;
> Why, I, in this weak piping time of peace,
> Have no delight to pass away the time,
> Unless to see my shadow in the sun

And descant on mine own deformity:
And therefore, since I cannot prove a lover,
To entertain these fair well-spoken days,
I am determined to prove a villain,
And hate the idle pleasures of these days.[166]

I am determined to prove a villain: Ich bin entschlossen, ein Schuft zu sein, mich als Schurken zu beweisen. Das ist das Ergebnis der Selbstanalyse, die einsetzt mit dem Ruf: But I. Und was er in der ganzen Selbstanalyse sagt, ist folgendes: Dieser Friede ist nichts für mich. Schaut mich nur an: Ich bin häßlich wie die Nacht, eine hinkende, schiefgewachsene Mißgeburt. Ich kann nicht mitmachen bei diesem Liebestreiben, kann mich nicht im Spiegel sehen als Verliebten. Die Natur hat mich betrogen. Zu früh, halbfertig erst, mißförmig hat sie mich in diese Welt geschickt, lahm und verkrümmt, so daß es selbst den Hunden graust vor mir. Sie bellen, wenn ich vorbeihinke. Was soll ich also tun? Soll ich in der Sonne stehen und meinen ungefügen Schatten betrachten und Reden halten darüber – jetzt, wo die gedrechselten Wörtchen die rauhen Taten abgelöst haben? Pfui Teufel, ich hasse dieses Treiben. Ein Lover kann ich nicht sein, also soll man mich als Schurken kennenlernen: »And therefore, since I cannot prove a lover, I am determined to prove a villain.« Und gleich darauf nennt er die bereits geleistete Intrigenarbeit:

Plots have I laid, inductions dangerous,
By drunken prophecies, libels, and dreams,
To set my brother Clarence and the king
In deadly hate the one against the other.[167]

Intrigen habe ich geschmiedet, gefährliche Schlingen ausgelegt, um durch betrunkene Prophezeiungen, Flugschriften und Träume meinen Bruder Clarence und den König in tödlichem Haß gegeneinander zu hetzen.

Wie der Schuß, der eine Lawine löst, setzt dieser Monolog eine dramatische Handlung von reißender Präzipitation[168] in Bewegung. Viele halten die Szene daher zwar für eindrücklich, aber auch für dramaturgisch naiv; sie sei so holzschnittartig auf Schwarz und Weiß gearbeitet, daß man sie eigentlich als trivial bezeichnen müsse. Einer tritt auf, sagt er sei ein Bösewicht, und beginnt sogleich, als solcher zu agieren. Ist das nicht Kasperle-Theater?

Einfach von der Hand zu weisen ist diese Einschätzung nicht. Allerdings ist sie keineswegs bewiesen. Der plakative Vorgang hat in Wahrheit eine zweite Seite. Gerade der schroffe Akt der Selbstsetzung nämlich, der freie Entschluß, hebt Gloucester aus der großen Horde stereotyper literarischer Schurken heraus. Diese sind, was sie eben sind, sind Schufte, weil sie Schufte sind. Gloucester hingegen ist reflektiert, schneidend reflektiert. Wer ihn als Klischee-Bösewicht betrachtet, übersieht, daß das Bösewicht-Klischee bereits ein Element seiner Reflexion ist. Es steht ihm als mögliche Rolle zur Verfügung. Er kann damit operieren, kann es aufgreifen oder liegenlassen. Das weiß er, und er entschließt sich.

Den Hintergrund dieser scheinbar plakativsten Exposition aller dramatischen Literatur bildet also das unheimlich unerschrockene Nachdenken eines Mannes über sich selbst. Das zweite Gesicht des erbarmungslosen Täters ist das eines Philosophen, der sich auf sein einsames Selbst zurückgeworfen sieht wie der Protagonist in einem existentialistischen Film der Nachkriegszeit. Das wird erst dann ganz deutlich, wenn man beizieht, was dieser Szene vorangeht und was den elisabethanischen Zuschauern als früheres Geschehen bekannt war. Dem »Richard«-Stück vorausgegangen war nämlich die Trilogie »König Heinrich VI.«, und in dieser tritt Richard bereits auf, tritt auf als einer, der sich wie keiner sonst in eine radikal einsame Existenz gestellt sieht und daraus seine heillosen Schlüsse zieht. Wenn man das Stück »Richard III.« für sich allein betrachtet, beginnt es mit einer Detonation; wenn man es als Fortsetzung von »Heinrich VI.« ansieht, ist diese Detonation ein Echo früherer Donnerschläge. Auch unter diesem Aspekt muß der Trivialitätsverdacht gegenüber der Exposition des Richard-Stücks überprüft werden.

Für die Bühnen besteht kein Anlaß, »Richard III.« szenisch an »Heinrich VI.« zurückzubinden. Das Stück wurde schließlich so, als Werk für sich allein, zu einem der meistgespielten auf der ganzen Welt. Im Forschungsgang dieser Studie geht es aber um die Figur des großen Machinators im exemplarischen Sinn, um den Intriganten auf der neuzeitlichen, das heißt nachmittelalterlichen Bühne. In dieser Perspektive ist Gloucester hier zu studieren. Daher muß der Blick auch auf jenen Gloucester fallen, der schon das Ende der Trilogie »Heinrich VI.« schauerlich eingefärbt und sich in der Mitte jenes Stücks erstmals mit einem großen Monolog der Welt vor Augen gestellt hat.

Drei Reden sind es insgesamt, in denen Richard über sich selber nachdenkt und seine Taten plant[169], in einer vierten, am Ende von »Richard III.«, blickt er auf diese Taten zurück[170]. Und es ist nun auffällig und bedeutend, daß in allen drei Planreden von seiner Geburt die Rede ist. Die Umstände seines Eintritts in die Welt gewinnen das gleiche Gewicht wie die Ziele, die er in der Welt ins Auge faßt. Man darf das als ein Zeichen dafür lesen, daß in diesem Richard nicht nur ein bestimmter Mensch und Mann geboren wurde, sondern ein neues, die Weltgeschichte von nun an prägendes Subjekt. Im Abseitigen und Einmaligen dieser Geburt versteckt sich ein Typus. Die Kennzeichnung als abseitig und einmalig mutet an wie der Versuch, das welthistorische Ereignis des radikal autonomen Subjekts zu bannen und die neue Norm als einmaligen Mißgriff der Natur hinzustellen. Die Frage bebt daher förmlich durch die Texte, durch die Verskaskaden: Wie konnte so etwas geboren werden?

Die Dialektik von Singularität und Typus, die die Erfindung, die Figur, das Reden Gloucesters begründet, führt naturgemäß zu einer krassen Steigerung seiner Einzigartigkeit. Er selbst muß immer wieder von seiner Geburt reden, wenn er sich begreifen und darüber handlungsfähig werden will. Und wenn er von seiner Geburt redet, wenn er das Entsetzen der Frauen beschreibt über ein Kind, das mit Zähnen auf die Welt kommt, wird er zum unheimlichsten Philosophen seiner Zeit. Er redet dann nämlich jedesmal auch von der Liebe, von sich und von der Liebe, und indem er von der Liebe redet, wächst seine Einsamkeit ins Ungeheure. In diesen Momenten ist Richard mit seinem Denken so allein, wie es sonst nur noch Hamlet ist. Man mag sich an dem Vergleich stoßen, aber der unbedingte Täter und der beispielhaft Tatgehemmte, Richard und Hamlet, berühren sich in einem Teil der Seele. In diesem Teil wohnt auch der Scharfsinn.

Wie Gloucester im zitierten Auftrittsmonolog den Willen zur bösen Tat durch eine Schlußfolgerung gewinnt, als Produkt der Logik – »therefore I am determined« –, so bestimmt er in der Rede über seine Geburt am Schluß von »Heinrich VI.« sein Verhältnis zu Liebe, Brüderlichkeit und Menschengemeinschaft durch rationale Argumentation und Deduktion. Weil er als Mißgeburt keinem andern Menschen ähnlich sei, gebe es für ihn auch keine Brüder. Brüderlichkeit beruht auf der Gleichheit. Wer anders beschaffen ist als alle andern, wie kann er Brüder haben? Mehr noch, schrecklicher noch: Wie kann er geliebt werden und selber lieben? Ist er nicht wie ein Tier, das es nur einmal gibt? So soll denn das Wort »Liebe«, das irgendwelche Leute göttlich nennen, bei denen gelten, die einander gleich sind. Bei ihm, dem ganz und gar einzelnen Wurf, ist dafür kein Platz: »And not in me! I am myself alone.«[171] – »Ich bin ich selbst allein.« Die Stelle ist gewaltig. Gewaltig ist, wie hier ein schrankenloses, radikal freies Subjekt seiner selbst taghell bewußt aus aller Menschengemeinschaft, aller Bindung, Seelenvertrautheit und Hilfsbereitschaft heraustritt, alle Sittlichkeit abschüttelt – setzt diese doch die gemeinsame Natur, die gemeinsame Beschaffenheit voraus –, wie es dasteht und nichts hat, nichts ist als dieses eine, dieses einzige Ich, in diesem aber alles! In der Geburt Gloucesters zum singulären Hund, zum Menschenhund, der ohne seinesgleichen lebt, wird ein Subjekt in die Welt geworfen, das als letzte Konsequenz der Emanzipation aus allen befohlenen Ordnungen und ohne den Trick mit dem Kategorischen Imperativ – zwei Jahrhunderte vor Immanuel Kant und dem Marquis de Sade – sich selbst als die einzige Wahrheit erkennt. Mit dieser Geburt, mit diesem einsamen Menschenhund, endet das Mittelalter und beginnt die Neuzeit. Hier und jetzt, in diesem Wesen, erfährt sich der Mensch nicht mehr von der Stellung im gestuften Kosmos her definiert, die jedem seine Lebenswahrheit zuweist. Hier erlebt er sich als radikal allein, triumphal allein – und bereit, die nötigen Schlüsse daraus zu ziehen.

Wenn die Geburt Gloucesters dergestalt als welt- und zivilisationsgeschichtliches Zeichen gelesen werden kann, dann muß auch die konkrete Geburtsbeschreibung einen symbolischen Hallraum besitzen. So denn also endlich der Text:

> The midwife wonder'd; and the women cried
> »O, Jesus bless us, he is born with teeth!«
> And so I was, which plainly signified
> That I should snarl, and bite, and play the dog.
> Then, since the heavens have shap'd my body so,
> Let hell make crook'd my mind to answer it.
> I have no brother, I am like no brother;
> And this word ›love‹, which greybeards call divine,
> Be resident in men like one another,
> And not in me! I am myself alone.[172]

Man müßte den eisernen Rhythmus dieser Verse übersetzen können. Das kann keiner. Ihr wörtlicher Sinn ist der folgende: Die Hebamme wunderte sich, und die Frauen schrien auf: O Jesus, der ist ja mit Zähnen geboren! Und das war ich wahrhaftig. Was klar und einfach zu bedeuten hatte, daß ich knurren und beißen sollte und den Hund spielen. Und da denn also der Himmel meinen Körper so schief geformt hat, soll die Hölle auch meinen Geist entsprechend verkrümmen. Ich habe keinen Bruder. Ich bin keinem Bruder gleich. Und dieses Wort »Liebe«, das die Graubärte göttlich nennen, es soll nur in Menschen wohnen, die einander gleich sind. Nicht in mir! Ich bin ich selbst allein.

Man muß hier sehr aufpassen, um nicht geläufigen Klischees zu verfallen. Naheliegend wäre nämlich die Deutung, daß für Shakespeare und für dieses Stück die körperliche Mißgeburt notwendigerweise mit einem seelischen und moralischen Schaden einhergehe. Wer außen einen Buckel hat, ist auch innen mißraten. Dieses trivialphysiognomische Schema, dessen moralische Defizienz nicht weiter erläutert werden muß, steht aber gerade nicht hinter diesem Text. Es ist gerade nicht so, daß dem Buckel des Leibes auch eine verkümmerte Seele entspricht, unausweichlich. Vielmehr produziert die Geburt mit Zähnen, die Geburt mit schiefem Knochenbau eine Reflexion, die sonst gar nicht möglich wäre, die Reflexion nämlich auf die unbedingte Einsamkeit des Einzelnen, auf den »leeren Raum um Welt und Ich«, wie Gottfried Benn ein paar Jahrhunderte später sagen wird.[173] Dem Schiefgeborenen gehen die Augen auf für etwas, was den Geradegewachsenen, Wohlgeratenen und Hübschen noch lange verborgen bleibt.

Lichtenberg, kleiner Buckliger und großer Denker, hat es 200 Jahre später auf die Formel gebracht: »Sobald einer ein Gebrechen hat, so hat er seine eigene Meinung.«[174] Aus der Kränkung durch die körperliche Verkrümmung, aus der täglichen Begegnung mit den geraden Hübschen allüberall, wird eine Erkenntnis geboren, die nicht Teil dieser Kränkung ist, sondern sie wettmacht – und wie! Die von ihrem eigenen Körper Gekränkten merken Dinge, die auch den geraden Hübschen eines Tages aufgehen, aber sie merken sie früher und schärfer als diese. Insistiert Richard deshalb mit einer so wütenden Genauigkeit auf seiner leiblichen Beschaffenheit? Im ersten seiner drei großen Monologe, die als Planszenen angelegt sind, im längsten von allen, der mit einem glänzenden Fresko des urbildlichen Intriganten endet, redet er von seinem körperlichen Selbst mit qualvollem Hohn – und nicht ohne auch hier schon die Liebe ins Spiel zu bringen:

> Why, love forswore me in my mother's womb;
> And, for I should not deal in her soft laws,
> She did corrupt frail nature with some bribe
> To shrink mine arm up like a withered shrub;
> To make an envious mountain on my back,
> Where sits deformity to mock my body;
> To shape my legs of an unequal size;
> To disproportion me in every part,
> Like to a chaos, or an unlicked bear-whelp
> That carries no impression like the dam.

And am I then a man to be beloved?
O monstrous fault, to harbour such a thought![175]

Mich hat die Liebe im Mutterschoße schon verflucht. Damit ich nie nach ihren sanften Gesetzen leben und handeln solle, hat sie die schwache Natur bestochen, meinen Arm einschrumpfen zu lassen wie einen verdorrten Strauch; bösartig einen Hügel auf meinen Rücken zu häufen, wo jetzt die Mißform sitzt und sich über meinen Leib lustig macht; meine Beine von ungleicher Länge zu schaffen und mich in allen Teilen aus dem Ebenmaß zu werfen, wie ein Stück ungestalteter Materie (chaos), wie ein noch nicht in Form gelecktes Bärenjunges[176], das der Mutter (dam) in keiner Weise gleichsieht. Bin ich also einer, den man lieben kann? Der Gedanke allein ist ein monströser Fehler.

Und gleich darauf folgt der Akt der Logik, die Schlußfolgerung: »Then, since … I will.« – »Weil denn also … will ich.« Weil denn also diese Erde mir keine Freude bietet, als über andere, Geradere, Hübschere zu herrschen, will ich mir meinen Himmel schaffen im Traum von der Königskrone, im Willen, im Mechanema, König zu werden, und ich werde die Erde solange als Hölle betrachten, bis mein unförmiger Rumpf, der diesen Kopf trägt, umzirkt ist mit einer herrlichen Krone. Das tönt sehr rhetorisch, als Wörtergerassel, diese Rede von Himmel und Hölle:

I'll make my heaven to dream upon the crown,
And, whiles I live, t'account this world but hell,
Until my misshaped trunk that bears this head
Be round impaled with a glorious crown.[177]

Man muß den Gedanken aber ernst nehmen. Was Richard hier ausspricht, ist nichts anderes als die Liquidation der christlichen Grundvorstellung vom Heilsweg des Menschen. Das Ziel des Christenmenschen ist der Himmel, zu erreichen durch die Gnade Gottes, und wer das Ziel verfehlt, landet in der Hölle. Dieser dreistöckige Aufriß mit dem Himmel oben und der Hölle unten und der Erde dazwischen wird hier in einer einzigen Gebärde eingeebnet: Ich setze mir meinen Himmel selbst, hier auf dieser Erde, und in der Hölle bin ich, solange ich dieses gesetzte Ziel nicht erreicht habe. An die Stelle der Gnade aber, die das Schicksal der Gläubigen bestimmt, tritt die eigene Planung, der Entwurf und die Durchführung des Mechanemas.

Wie präzis die theologiekritische Reflexion diese Figur bestimmt, geht auch aus einer kurzen Stelle in »Richard III.« hervor. Da stellt

Richard zwei seiner Morde heuchlerisch als Ergebnis des Schicksals und einer widrigen Konstellation der Sterne hin und erklärt, das vom Schicksal beschlossene Los sei nun einmal nicht vermeidbar: »All unavoided is the doom of destiny.«[178] Darauf antwortet die Königin, deren Sohn Richard umgebracht hat: »True, when avoided grace makes destiny.« – Das ist wahr, wenn jemand Schicksal spielt, der sich von aller Gnade losgesagt hat. Was die Königin dem Mörder vorhält, ist also nichts anderes als die Hybris, sich selbst an die Stelle der göttlichen Vorsehung und Weltlenkung zu setzen. Ein Gedanke, der für Theorie und Praxis der Intrige fundamental ist.

Nachdem Richard die Krone von England zu seinem Ziel, seinem profanen Himmel, erklärt hat, spricht er aus, warum er sich zutraut, dieses Ziel auch zu erreichen. Er entwirft das Bildnis des prototypischen Intriganten, eine Vision, in der sich alle historischen Vorläufer und legendären Muster zusammenfinden. Die literarischen Gestalten, in denen seit der Antike über die Intrige, die Intriganten und die Verfahren der Verstellung bildhaft nachgedacht wurde, versammeln sich in dieser Rede wie eine Schar heranschwebender Gespenster. Und er, Richard, wird sie alle in sich vereinigen, alle übertreffen:

> Why, I can smile, and murder whiles I smile,
> And cry »Content!« to that which grieves my heart,
> And wet my cheeks with artificial tears,
> And frame my face to all occasions.
> I'll drown more sailors than the mermaid shall;
> I'll slay more gazers than the basilisk;
> I'll play the orator as well as Nestor,
> Deceive more slily than Ulysses could,
> And, like a Sinon, take another Troy.
> I can add colours to the chameleon,
> Change shape with Proteus for advantages,
> And set the murderous Machiavel to school.
> Can I do this, and cannot get a crown?
> Tut, were it farther off, I'll pluck it down.[179]

Nun, ich kann lächeln und morden während ich lächle, und rufen »Sehr gut!« zu dem, was mich im tiefsten Herzen kränkt, und meine Wangen mit kunstreichen Tränen netzen und mein Gesicht jeder Lage anpassen. Ich will mehr Seeleute ertränken als die Wasserfrau; ich will mehr Leute, die mir in die Augen schauen, töten als der Basilisk; ich will den Redner spielen so gut wie Nestor, will noch viel schlauer täuschen als Odysseus und, wie ein Sinon, ein zweites Troja einnehmen. Ich kann dem Chamäleon noch Farben zugeben, kann mich verwandeln wie Proteus, wenn's drauf ankommt, und den mörderischen Machiavelli mache ich zum Schuljungen. Und ich, der ich das alles kann, ich sollte keine Krone gewinnen können? Pah, wäre sie noch viel weiter weg, ich pflück' sie mir herunter.

Wenn man hier alle Beispiele der Reihe nach untersuchte, könnte man daraus die ganze Wissenschaft der Verstellung – jene »science profonde du déguisement«, von der Balzac sprechen wird – systematisch entwickeln.

Gleichzeitig durchdringen sich in der Rede literarische, mythologisch-sagenhafte, historische und naturkundliche Muster. Der Basilisk ist eine Schlange, die mit ihrem Blick töten kann; in der Wasserfrau oder Meerjungfrau lebt die antike Sirene fort. Das Chamäleon und Proteus sind immer noch geläufige Vergleiche für Farben- und Gestaltwechsel. Sinon, der im Einleitungsteil dieser Studie erwähnt wurde,[180] kann heute nicht mehr als bekannt vorausgesetzt werden; ihn hat der Schatten des trojanischen Pferdes gewissermaßen verschluckt. Machiavelli schließlich erscheint hier so, wie er zu Shakespeares Zeit sprichwörtlich und klischeehaft immer wieder beschworen wird, als Inbegriff des amoralischen Kopfs, der alle Verbrechen der Fürsten und Könige rechtfertigt. Dazu wird später noch einiges zu sagen sein. In dieser Registerarie aller Künste und Künstler der Verstellung klingen also Antike, Mittelalter und Neuzeit zusammen zu einem hohen Gesang, einem Halleluja der Auflehnung.

XXI
Von der Geburts- zur Todesszene

Die Geburtsszenen in der Literatur. Der Fall Richard Gloucester. Entwicklungspsychologische Diagnose einer Mutter gegenüber ihrem Sohn. Der philosophische Verbrecher angesichts des Todes. Körper vs. Bewußtsein. Letzte Steigerung und Scheitern der Selbstvergewisserung durch die reine Logik. Das Rätsel des symmetrischen Satzes: »I am I«. Im Hintergrund erscheint Hamlet.

In der Literatur ist unvergleichlich häufiger vom Tod die Rede als von der Geburt, obwohl beide Geschehnisse gleichermaßen das Brett begrenzen, auf dem unser Leben Zug für Zug gespielt wird, und die einzige absolut sichere Regel in diesem Spiel vorgeben. Richard Gloucester, der spätere König Richard III., gehört zu den wenigen großen Theatergestalten, von deren Geburt ausführlicher die Rede ist als von deren Tod[181]. Das muß mit dem Ausmaß zusammenhängen, in dem diese Figur den Rahmen des reinen Bösewichts, den sie durchaus verkörpert, sprengt. Außerordentliche Umstände der Geburt werden sonst den mythischen Heroen zugeschrieben. Nicht zuletzt von den Göttern selbst sind aufregende oder ergreifende Geburtslegenden überliefert: Zeus, Dionysos, Herakles. Auch die Weihnachtsgeschichte gehört in diesen Zusammenhang. Die Art und Weise aber, wie Shakespeare immer neu auf Richards Geburt zu sprechen kommt, grenzt an eine Obsession. Es scheint, als könne er die Singularität dieser Figur nur so festhalten und vermitteln.

In auffälliger Analogie zu der Reihung, in der er selber Schandtat an Schandtat fügt, ertönt aus dem Munde von Richards Opfern Schmähung um Schmähung, Fluch um Fluch – und das geht nie ab ohne einen Verweis auf die schreckliche Geburt. Als er gegen Ende des dritten Teils von »König Heinrich VI.« den König erdolcht, unterbricht er damit dessen lange, als Schimpf- und Fluchrede angelegte Geburtsbeschreibung, und zwar mitten in einem Satz, der von einer weiteren Ungeheuerlichkeit berichten will. »Und wenn es wahr ist, was ich überdies gehört habe«, sagt der König, »dann kamst du –« Hier sticht Richard zu.[182] Vorher aber mußte er noch vernehmen, daß bei seiner Geburt die Eule geschrien habe – »an evil sign«: ein böses Zeichen –, die Hunde hätten geheult, ein Sturm habe Bäume entwurzelt; Raben und Elstern hörte man kreischen, die

Mutter lag in unmenschlichen Qualen, und was schließlich erschien, war ein formloser Klumpen …[183]

Gegen Ende seiner schandbaren Karriere kommt es zur letzten Begegnung Richards mit seiner Mutter. Diese spricht in zwei kurzen, fast gleich langen Reden einmal von seiner Geburt und Jugend, das andere Mal von seinem kommenden Tod. Für diesen gibt sie ihm, dem eigenen Sohn, den schrecklichsten Fluch mit: »Therefore take with thee my most grievous curse«[184] – »Daher nimm meinen schwersten Fluch mit dir.« Geburt und Lebensgang dieses ihres Kindes aber faßt sie wie in einem Zeitraffer zusammen und entwirft ein entwicklungspsychologisches Porträt von unerhörter Verdichtung:

> Thou cam'st on earth to make the earth my hell.
> A grievous burden was thy birth to me;
> Techy and wayward was thy infancy;
> Thy school-days frightful, desperate wild and furious;
> Thy prime of manhood daring, bold, and venturous;
> Thy age confirm'd, proud, subtle, sly and bloody,
> More mild, but yet more harmful, kind in hatred:
> What comfortable hour canst thou name
> That ever grac'd me in thy company?[185]

Du kamst auf die Erde, um die Erde zu meiner Hölle zu machen. Eine entsetzliche Last war deine Geburt für mich; launisch und eigensinnig war deine Kindheit; deine Schulzeit furchterregend, tollkühn, wild und maßlos; dein frühes Mannesalter wagemutig, frech und draufgängerisch; deine reiferen Jahre stolz, verschlagen, schlau und blutrünstig, gedämpfter zwar, aber unheilvoller, freundlich im Haß: Sag, welche angenehme Stunde kannst du mir nennen, die mich je in deiner Gegenwart gesegnet und geehrt hätte?[186]

Wenn dieser Richard den vorgegebenen Rahmen des reinen Bösewichts und Bühnenschurken sprengt, tut er dies nicht nur durch den murmelnden Mythos von seiner Geburt, der immerzu im Hintergrund vernehmlich bleibt. Er sprengt ihn auch nicht nur durch seine Taten, die Vielzahl seiner Verbrechen. Diese bilden eine Kette von Mord und Verräterei, wie sie bei anderen elisabethanischen Bühnenschurken auch möglich wäre. Den Rahmen sprengt Richard vielmehr durch sein Denken, als der Philosoph, zu dem ihn sein Buckel, sein Hinkebein und sein verkümmerter Arm gemacht haben. Er sprengt den Rahmen durch die intellektuelle Dynamik, in der die Motivation, das Primum movens seines Treibens, an den Tag tritt.

Daher ist nun auch von seinem Ende zu reden. Nicht vom Moment des Sterbens selbst; Shakespeare gibt sich nicht einmal die Mühe, diesen zu zeigen. Richard wird außerhalb der Bühne erschlagen. So sehr wurde dieser Tod erwartet von den Zuschauern, daß die konkrete Todesszene wohl in jedem Fall enttäuscht hätte. Die höhere Realität seines Endes, das Ereignis seines Todes als ein Vorgang, der den Geburtsberichten die Waage hält, begegnet uns in Richards nächtlichem Monolog vor der letzten Schlacht.

Noch einmal ist er da Philosoph im genuinen Sinn, der scharfe Denker, an den die konventionellen Bühnenschurken nicht heranreichen. Daß ihm vorher im Traum die Geister der Ermordeten erscheinen, ist noch einigermaßen übliche Bühnenpraxis. Daß er aus solchen Träumen aufschreckt, ebenfalls. Aber was er dann sagt, was er denkt und wie er denkt, das gibt der Szene einen Ort in der langen Geschichte des menschlichen Nachdenkens über den Menschen. Das von aller Gemeinschaft abgesetzte Ich spricht hier über sich selbst in seiner entschlossenen, gewollten, rebellischen Einsamkeit. So war es schon in den triumphalen Monologen, die zugleich Planszenen waren zur Usurpation der königlichen Macht. Jetzt aber taucht die andere Seite dieser Einsamkeit auf und beginnt die Reflexion zu durchsetzen. Jetzt steht dieses Ich vor der Frage, wie es sich denn seiner selbst noch versichern könne, wenn da nichts ist als es selbst, nur es, das Ich, und die Leere, und auch kein Ziel mehr, kein selbstgeschaffener Himmel.

Woran bemesse ich mich, der ich mich außerhalb aller Maßstäbe gestellt habe? Und was ist diese Furcht, die mich im Schlaf gepackt hat, die mich aus dem Schlaf vertrieben hat? Was kann ich überhaupt fürchten, ich, das Ich unter keinem Gebot und keinem Gesetz? Furcht setzt doch etwas außerhalb meiner selbst voraus. Es gibt aber nichts außerhalb, was ich fürchten würde. Fürchte ich mich also vor mir selbst? Bin ich mir selbst ein Anderes, das mir richtend gegenübertritt? Dann ist, was ich fürchte, ich selbst, und wieso soll ich fürchten, was ich selbst bin? Wenn dem so ist, und anders kann es nicht sein, ist meine Furcht ein Nonsens. Sie hebt sich in logischer Konsequenz selbst auf.

Der Monolog wird zu einer unerhörten Manifestation des schlechthin autonomen Subjekts, nun aber nicht mehr in der Glorie seiner Selbstsetzung, sondern in deren folgerichtiger Krise. Das beginnt beim Körper, der unbestreitbaren Wirklichkeit des Körpers. Als Richard erwacht, zittert dieser Körper und ist schweißnaß, und der Schweiß ist kalt. Vom eigenen Körper verdächtigt, will sich nun die solipsistische Existenz ihrer selbst wieder versichern und zwar, wie früher schon, durch souveräne Logik. Doch in eben dieser Logik verwickelt sie sich. Die strikte Rationalität versucht, sich mit nichts als ihren eigenen Mitteln von allen körperlichen und metaphysischen Anfechtungen zu befreien. Das Subjekt vollzieht die Entzauberung, die Beseitigung der Transzendenz, den Grundgestus also der Aufklärung, an sich selbst, in einer Art Exorzismus am eigenen Leib. Dieser Exorzismus richtet sich primär gegen das Gewissen. Dessen Stimme gilt ja als die Verlautbarung eines Höheren, Göttlichen. Daher muß sie vom freien Intellekt um der eigenen Freiheit willen liquidiert werden. »O coward conscience«[187], stößt Richard hervor, »O Feigling Gewissen«, und wenig später nochmals: »Conscience is but a word that cowards use«[188] – »Gewissen ist nur ein Wort das Feiglinge brauchen«.

Medium dieses Exorzismus ist nicht die magisch-religiöse Beschwörung wie bei einer rituellen Dämonenaustreibung, Medium ist die strenge Logik. Diese Logik wird nicht widerlegt. Insofern siegt das autonome Subjekt. Insofern vollzieht es den berühmten Ausgang aus der selbstverschuldeten Unmündigkeit. Und trotzdem ist die Logik nicht mehr imstande, dem Ich, das sich ihrer bedient, die Ruhe zu verschaffen, aus der heraus es sicher und siegreich handeln könnte. Der Triumph des logischen Schließens, jenes grimmige »therefore«, das diesem Richard bisher die energische Gewißheit im Planen und Handeln gab, kommt ihm jetzt, im letzten großen Monolog, abhanden – nicht unähnlich seinem Pferd, das er in der Schlacht unter dem eigenen Leib weg verlieren wird, so daß der berühmte Satz, den er, auf dem Schlachtfeld schief daherhinkend, in die Welt schreit, einen unheimlichen Doppelsinn bekommt: »A horse! A horse! My kingdom for a horse!«[189]

Tatsächlich fährt er schon mit diesem Ruf, dieser Traumerfahrung aus dem Schlaf, bevor er zum Monolog ansetzt. Er erwacht am eigenen Schrei: »Give me another horse!«. Dann merkt er, daß er geträumt hat, spürt den kalten Schweiß auf der Haut, erkennt, daß er sich im Traum gefürchtet hat, und jetzt beginnt das Gehirn zu arbeiten. Man muß bei der im folgenden zitierten Monologpartie auf die Repetition der Ausdrücke für das eigene Ich achten, soll ruhig die Wörter zählen dabei: In den zwölf Versen erscheint neun Mal das Wort »myself« und elf Mal das Wort »I«, jenes »I«, das schon den Auftrittsmonolog auf das Papier zu nageln schien und das jetzt auch den Katastrophenmonolog wie mit Nägeln kreuzigt.

Cold fearful drops stand on my trembling flesh.
What! do I fear myself? There's none else by:
Richard loves Richard; that is, I am I.
Is there a murderer here? No. Yes, I am:
Then fly: what! from myself? Great reason why:
Lest I revenge myself upon myself.
Alack! I love myself. For any good
That I myself have done unto myself?
O! no: alas! I rather hate myself
For hateful deeds committed by myself.
I am a villain. Yet I lie; I am not.
Fool, of thyself speak well: fool do not flatter.[190]

Das heißt, in vorsichtiger Übertragung: Kalte Tropfen der Angst stehen auf meinem zitternden Fleisch. Was ist das? Fürchte ich mich denn vor mir selbst? Es ist kein anderer da, und Richard liebt Richard. Das heißt: Ich bin Ich. (»I am myself alone«, hieß es damals in der Rede über die eigene Geburt.) Ist hier ein Mörder irgendwo? Nein. Doch: ich bin einer. Also flieh! Was? Vor mir selbst? Einen großen Grund gäbe es ja dafür: damit ich mich nicht selbst an mir selbst räche. Aber o weh! Ich liebe ja mich selbst. Wofür? Für Gutes, das ich selbst mir selbst getan habe? O nein! Und ach! Ich hasse mich vielmehr, für hassenswerte Taten, die von mir selbst begangen wurden. Ich bin ein Schurke. Doch ich lüge; ich bin es nicht. Narr, sprich Gutes von dir selbst. Narr, schmeichle dir nicht.

Wie ist diese doppelte Anrede als Narr zu verstehen? Doch wohl nur so: Ich kann mich selbst definieren, wie ich will, mich zum Schuft erklären oder mir schmeicheln, beide Male bin ich ein Narr, denn beide Male urteile ich, als wäre ich eine Instanz außerhalb meiner selbst. Das gibt es aber nicht. Es gibt aber nur das Eine: »I am I«.

Der kurze symmetrische Satz »I am I« operiert erneut mit dem graphischen Effekt des senkrechten Zeichens »I«. Die beiden Striche stehen einander gegenüber wie der Mensch und sein Spiegelbild. Aber während bei der Begegnung mit der Erscheinung im Glas das eine wirklich und das andere virtuell ist, sind I und I verschieden und doch absolut dasselbe. Keines wird frei vom andern, indem es dem andern gegenübertritt. Keines gewinnt Gewißheit über sich selbst, indem es aus dem Abstand zu sich selbst über sich selbst nachdenken kann. Der Satz »I am I« ist die kürzeste Doppelgängergeschichte der Weltliteratur.

Richard gerät hier in den Wirbel jeder ganz konsequenten Selbstreflexion. Ein Ich will sich fassen, indem es sich selbst sich gegenübersetzt. Aber nie gewinnt es dabei dieses Gegenüber als ein gesichertes Objekt. Immer schießt das Begreifende wieder zusammen mit dem Zu-Begreifenden und dreht sich schließlich um sich selbst wie einer, der versucht, den eigenen Hinterkopf zu sehen. In diesem Schlund der Selbstreflexion findet Richard keinen Halt mehr, wo er Fuß fassen und wieder der alte, kalte Täter werden könnte. Er beweist seinem Gewissen dessen logische Absurdität und kann es dennoch nicht aus der Welt schaffen. Was ihn vordem emporgetragen hat wie eine Woge, zieht ihn jetzt in die Tiefe. Was ihm die hohe Lust am außermoralischen Handeln verschaffte – »I am myself alone« –, verschafft ihm jetzt die nackte Verzweiflung.

Plötzlich weiß er es: Er wird verzweifeln. »I shall despair.«[191] Das stößt er gegen Ende des Monologs, nach dem zitierten Abschnitt, hervor. Und jetzt taucht auch der Gedanke wieder auf, der ihn in den früheren Monologen so beschwingt hat: daß er außerhalb aller Liebe stehe. Doch nun ist diese Liebesferne ein Element der Verzweiflung. »There is no creature loves me.«[192] Weil kein Geschöpf, »no creature«, ihn liebt, wird ihn auch niemand bemitleiden, wenn er stirbt. Und in einem letzten selbstreflexiven Wirbel, einem letzten Tumult von »I« und »myself«, formuliert er die Logik dieses fehlenden Mitleids:

[...] since that I myself
Find in myself no pity to myself.[193]

Da ich selbst in mir selbst kein Mitleid vorfinde mit mir selbst. Schärfer sieht und erlebt auch Hamlet nicht die Einsamkeit des voraussetzungslos denkenden Subjekts, wenn er, im Wortschatz Richards, die destruktive Konsequenz *seines* Denkens ausspricht: »Thus conscience does make cowards of us all.«[194]

Dritter Teil

THEORIE DER »DIABOLISCHEN DICHTART«

XXII
Der Intrigant als Abtrünniger

Die Trivialisierung des Bösewichts hat die Probleme nicht gelöst, die er aufgibt. Krisenzeiten schaffen Intriganten. Vom Zweifel als Sünde zum Zweifel als Pflicht. Verwandtschaft des Zweiflers mit dem Intriganten. Der Intrigant und sein Verhältnis zum Schicksal. Weltliche Gestalt der verhüllten Steuerung. Lenkung von oben vs. Selbstlenkung. Intrige und Wissenschaft. Die Intrige im Zivilisationsprozeß. Akt der Apostasie. Usurpation des Schicksals. Sicut Deus. Tamburlaine und Semiramis.

Richard III. gilt gemeinhin als der Inbegriff eines Bösewichts. Und der Bösewicht gilt gemeinhin als das charakteristische Element einer veralteten Literatur. Einst der spannungsschaffende Faktor schlechthin, erscheint der Bösewicht dem heutigen literarischen Empfinden als etwas besonders Langweiliges. Schon das Wort selbst ist abgestorben. Im laufenden ästhetischen Diskurs wird es nur noch als ironisierende Bezeichnung für eine überlebte Kunstgestalt gebraucht. Dies alles versteht sich unter Kennern stillschweigend. Wenn man eine Figur als Bösewicht charakterisiert, schreibt man damit auch schon dem ganzen Werk Trivialität zu.

Daß die gegenwärtige Literaturwissenschaft so wenig von der Intrige wissen will, liegt auch daran, daß diese etwas vom Beigeschmack des Bösewichts abbekommen hat. Beides sei von vorgestern.

Weil der dritte Richard als exemplarischer Bösewicht betrachtet wird, hat er zwar als spannungsfördernder Schurke einen gewissen Gebrauchswert behalten – Das gefällt den Leuten! Das füllt unsere Kassen! –, aber als intellektuelles Ereignis wird er in seinen Feinstrukturen kaum mehr beachtet. Die Monologe werden auf der Bühne in Strichfassungen heruntergebetet. Die Ungeheuerlichkeiten, die in ihnen laut werden, laufen ins Leere. Richard erscheint als bloßer Umriß, mit dem man auf andere Übeltäter der Geschichte zielt, Hitler zum Beispiel. Das gilt dann als kritisch.

Wenn, wie es in diesem Buch geschieht, die Intrige als fundamentale Gegebenheit der Literatur aller Zeiten ernst genommen wird, kann auch der Intrigant, das Subjekt der Intrige, nicht als bloßes Stereotyp abgetan werden. Es stellt sich vielmehr die Frage, was diese Gestalt zivilisationsgeschichtlich verkörpert. Denn nicht zu bestreiten ist, daß der Intrigant in Zeiten geschichtlicher Umbrüche besonders hell ins Licht tritt. Die elisabethanische Renaissance und die Aufklärung des 18. Jahrhunderts rücken ihn dramatisch an die Rampe; beides sind Zeiten auch naturwissenschaftlicher Revolutionen.

Francis Bacon, Shakespeares Zeitgenosse und vielleicht sein Freund, erklärt das Experiment zur unabdingbaren Basis aller naturwissenschaftlichen Erkenntnis und beseitigt damit deren Abhängigkeit von den Axiomen der Philosophie und Theologie. Bis zum Beweis durch das wiederholte Experiment ist keine naturwissenschaftliche Wahrheitsfindung abgeschlossen. Bis dahin gilt der Zweifel, mehr noch: ist der Zweifel Pflicht.

Das ist eine skandalöse Regel. Theologisch war der Zweifel immer besonders anrüchig. Im Bereich des Glaubens bildet er das Grundübel. Als exemplarischer Zweifler und damit das abschreckende Beispiel schlechthin galt der Apostel Thomas, der auf die Nachricht der anderen Jünger, sie hätten den auferstandenen Herrn gesehen, meinte, das könne er nicht glauben:

> Thomas aber, der Zwölf einer, der da heißt Zwilling, war nicht bei ihnen, da Jesus kam. Da sagten die andern Jünger zu ihm: Wir haben den Herrn gesehen. Er aber sprach zu ihnen: Es sei denn, daß ich in seinen Händen sehe die Nägelmale und lege meinen Finger in die Nägelmale und lege meine Hand in seine Seite, will ich's nicht glauben. Und über acht Tage waren abermals seine Jünger drinnen und Thomas mit ihnen. Kommt Jesus, da die Türen verschlossen waren, und tritt mitten ein und spricht: Friede sei mit euch! Darnach spricht er zu Thomas: Reiche deinen Finger her und siehe meine Hände, und reiche deine Hand her und lege sie in meine Seite, und sei nicht ungläubig, sondern gläubig! Thomas antwortete und sprach zu ihm: Mein Herr und mein Gott! Spricht Jesus zu ihm: Dieweil du mich gesehen hast, Thomas, so glaubest du. Selig sind, die nicht sehen und doch glauben![195]

Alle Wissenschaft der Neuzeit beruht auf der Haltung dieses Thomas. Theologisch ist seine Einstellung verworfen und verurteilt; man braucht den letzten Satz nur umzukehren: Unselig sind, die nicht glauben, weil sie nicht sehen. In der akuten Krise der deutschen Aufklärung nach 1800 wird Kleist diesen Konflikt in die Mitte seines Schaffens rücken und immerzu Situationen erfinden, in denen die Evidenz des Augenscheins den Betrachter täuscht. Glasklar sehen die menschlichen Augen, und doch ist das Gegenteil wahr. Der junge Ruprecht im »Zerbrochnen Krug« ist so einer. Er hat einen Mann im Zimmer seiner Verlobten gesehen, nachts, und soll nun öffentlich erklären, da sei gar nichts gewesen; kein Fremder habe sich bei der jungen Eve aufgehalten. So verlangt es diese von ihm. Worauf er, in deutlicher Anspielung auf den Apostel Thomas, sagt: »Was ich mit Händen greife, glaub ich gern.«[196] Dieser Unglaube zerrüttet das Vertrauen zwischen den Liebenden und ruiniert deren gemeinsame Zukunft.

Kleist, der nicht christlich denkt, benutzt die dramatischen Dimensionen des christlichen Gebots, zu glauben wider alle Zeugnisse der Sinne, um die Selbstgewißheit des aufgeklärten Subjekts zu brechen. Kleists entscheidender Akt ist der einer anthropologischen Spaltung. Er macht das autonome Subjekt zu einem Wesen von doppelter Erkenntnisstruktur und läßt die zwei Wahrheiten, die dadurch entstehen können – die gesehene und die gefühlte –, miteinander in Konflikt geraten. Damit bricht er den Mythos der Aufklärung, daß der Mensch, wenn er es nur wagt, sich seines eigenen Verstandes zu bedienen, auf geradem Wege und unaufhaltsam von Wahrheit zu Wahrheit schreite und so in seinem kurzen Leben jene Bewegung im Kleinen vollziehe, die die ganze Menschheit über Jahrtausende hin im Großen bewerkstelligt.

Mit und in der Person des Intriganten wird ein Verhalten sichtbar, welches dem Prinzip des Zweiflers Thomas und also auch aller neuzeitlichen Wissenschaft nahe verwandt ist. Das Prinzip des Thomas und des Francis Bacon lautet: Ich akzeptiere keine behauptete oder befohlene oder mir zu glauben vorgesetzte Wahrheit. Wahr ist, was ich empirisch geprüft habe. Der Intrigant verschiebt diese Regel aus dem Bereich der Erkenntnis in den Bereich des privaten Schicksals. Von diesem galt bisher: Es wird mir von höheren Mächten zugeteilt. Der Intrigant aber sagt: Ich mache es selbst. Sein Prinzip lautet: Ich akzeptiere keine Lenkung der Welt durch höhere Mächte, nenne man sie Schicksal oder Fatum oder Vorsehung; mein Schicksal bin ich selbst, und so handle ich auch.

Der kategorische Imperativ des Intriganten lautet daher: Handle so, daß alles, was du unternimmst, Teil einer höheren Lenkung sein könnte, die dich, unabhängig von Gut und Böse, zu dem von dir gewünschten Erfolg führt. Lebe nicht im Glauben an eine geheime Steuerung der irdischen Dinge, sondern als einer, der sie selber im geheimen steuert.

Daher taucht das Stichwort von der Verwandlung des Schicksals (als des verhüllten Treibens einer höheren Macht) in die Intrige (als das verhüllte Treiben eines planmäßig handelnden Menschen) im Zusammenhang mit den großen Intriganten und Intrigantinnen immer wieder auf. So schon im bereits zitierten Wortwechsel zwischen Richard III. und der Königin Elizabeth, deren zwei Söhne dieser ermorden ließ. Die Stelle ist von grundsätzlichem Gewicht. Richard simuliert gegenüber der von Trauer und Empörung gezeichneten Mutter den herkömmlichen Schicksalsglauben. Es seien die Sterne, sagt er, welche über Glück und Unglück im Leben entscheiden, und so hätten eben bei der Geburt der Königskinder die Sterne unglücklich gestanden. Zweimal behauptet er das, und zweimal widerspricht ihm die Frau und wirft ihm vor, selber Schicksal zu spielen, gnadenlos:

> RICHARD: Lo! At their birth good stars were opposite!
> ELIZABETH: No, to their lives ill friends were contrary.
> RICHARD: All unavoided is the doom of destiny.
> ELIZABETH: True, when avoided grace makes destiny.[197]

Seht! Bei ihrer Geburt standen die guten Sterne in schlechter Konstellation! – Nein, ihrem Leben waren schlechte Freunde feindlich gesinnt. – Ganz unvermeidlich ist der Spruch des Schicksals. – Ja, wenn einer selber Schicksal spielt, indem er aller göttlichen Gnade ausweicht.

Entscheidend ist das Wort Schicksal, das Wort destiny, bei den Franzosen destin, bei den Italienern destino. Wo immer der Begriff auftaucht im Kontext einer Intrige, gilt es aufzuhorchen. Denn unausweichlich steht dann die Spannung im Raum zwischen den lenkenden Mächten über dem Menschen und dem Menschen als dem lenkenden Wesen selbst. Das entspricht genau der Spannung zwischen dem Gläubigen, der den Zweifel als das Grundübel bekämpft, und dem Wissenschaftler, der den Zweifel zur Bedingung seiner Erkenntnis macht. Die zweite Replik der Königin im obigen Zitat: when avoided grace makes destiny, kann daher als eine eigentliche Definition der Intrige betrachtet werden. Der Intrigant wird zum Schicksalsmacher, indem er die Gnade Gottes, die höchste lenkende Macht, durch seine eigene Planung und deren Vollzug ersetzt. Oder etwas anders formuliert: Schicksal zu spielen für sich selbst und für andere ist nicht möglich, ohne dabei die wirkende Gnade Gottes in den Wind zu schlagen. Wie für den Zweifler Thomas an die Stelle des Glaubens der Test mit der eigenen Hand in der Seitenwunde des Auferstandenen tritt, wie für den Wissenschaftler der Neuzeit an die Stelle des überlieferten Buchwissens das repetierbare Experiment tritt, tritt für den Intriganten an die Stelle der demütigen Annahme dessen, was eine höhere Macht über ihn verfügt, die zielgerichtete Durchführung der eigenen Planung. Und weil diese immer mit dem Leben anderer verbunden ist, wird der Usurpator des Schicksals auch zum Schicksal anderer Menschen. Er nimmt ihnen gegenüber die Funktion ein, die bisher den Göttern oder den Sternen zukam. Das erkennt und sagt die verzweifelte Mutter gegenüber dem Mörder ihrer kleinen Söhne, während dieser in seiner frommen Tarnung verharrt: Es stehe alles in den Sternen geschrieben.

Man könnte die Verwandtschaft zwischen Intrige und Wissenschaft allein schon am Wort »unerforschlich« zeigen, das in stehender Formulierung für den »Ratschluß Gottes«, die »Vorsehung«, die höhere Lenkung der Welt und des menschlichen Lebens gebraucht wird. Das Wort vom »unerforschlichen Ratschluß Gottes« findet sich gerne in Todesanzeigen, die einen frühzeitigen und also besonders traurigen Tod bekannt geben. Der auflehnende Vorwurf gegen Gott, der das zugelassen hat, wird durch das Bekenntnis zur Unerforschlichkeit der Vorsehung aufgefangen und entschärft. In diesem Bekenntnis steckt der Kampf des Gläubigen gegen den Thomas-Zweifel.

Die Gegenaktion der Wissenschaft wäre, streng logisch gedacht, das Unternehmen, die Vorsehung selbst erforschlich zu machen durch das Experiment. Dies wäre dann möglich, wenn es gelänge, über eine Versuchsanordnung die Vorsehung mehrmals nacheinander zum Eingreifen zu bringen und so ihre Verfahren, die Gesetze ihres Wirkens, aufzudecken und zu beweisen. Das ist gewiß ein Unsinn, obwohl etwa im Bereich der Astrologie, die auf der Annahme einer Weltlenkung durch die Sterne beruht, Versuche dieser Art vorkommen mögen. Sie scheitern unweigerlich an den strengen Bedingungen wissenschaftlicher Experimente.

Im Rahmen des mittelalterlichen Rechtsdenkens hätte, theoretisch betrachtet, das Gottesgericht eine solche Möglichkeit geboten. Wenn ich zum Beispiel weiß, wer der Schuldige ist, und dennoch ein Gottesgericht inszeniere, kann ich Gottes direkten Eingriff wie in einem Experiment verfolgen. Dem steht allerdings in der mittelalterlichen Glaubenswelt das schwere Verbot gegenüber, Gott »zu versuchen«. Es ist kein Zufall, daß gerade Kleist in seiner Novelle »Der Zweikampf« in die Nähe einer solchen Versuchsanordnung gelangt ist.

Wenn man auf diesen Zusammenhang einmal aufmerksam geworden ist, kann man gelegentlich auf Stellen stoßen, wo der Test auf die Wirksamkeit der Vorsehung als literarisches Motiv aufblitzt. So etwa in Graham Greenes Roman »The Quiet American«. Da schickt der Ich-Erzähler Fowler, ein Journalist in Saigon zur Zeit des französischen Indochinakriegs, seinen ahnungslosen amerikanischen Freund in den Tod, weil dieser angefangen hat, Bombenattentate unter Zivilisten zu veranstalten. Er glaubt allen Ernstes, dadurch den Ideen der amerikanischen Demokratie zu nützen. Der Amerikaner soll auf dem Weg zum Restaurant, wo sich die beiden treffen wollen, umgebracht werden. Fowler gibt ihm noch eine Chance. Es mache nichts, sagt er zu ihm, wenn er wegen unerwarteter Geschäfte die Abmachung nicht einhalten könne. Und er kommentiert den Vorgang so: »Ich gab die Entscheidung an jenen Somebody zurück, an den ich nicht glaubte: Du kannst eingreifen, wenn Du willst: Laß ein Telegramm auf seinem Pult liegen: eine Nachricht seines Ministers. Du kannst schließlich nicht existieren, wenn du nicht die Macht hast, die Zukunft zu verändern.«[198] Die theologische Reflexion des bekennenden Ungläubigen im Moment, wo er eine tödliche Falle stellt, belegt den geheimen Bezug der weltlichen Intrige zu den mythischen Größen von Schicksal und Vorsehung.

Denn erforschlich wird die unerforschliche Vorsehung, enthüllt wird das verhüllte Schicksal dann, wenn der Akt der Lenkung aus der Hand der Götter in die Hand des Menschen selbst gerät; wenn dieser es ist, der verhüllt, unerkennbar, unerforschlich als Schicksalmacher agiert, planend und vollziehend. Das geschieht in der Intrige. Und insofern, als die Intrige ja immer auch scheitern kann, als der Intrigant sein eigenes Treiben fortwährend beobachten muß, ob es denn auch gelingt, und die Anlage seiner Strategie ändern muß, falls sich ein Fehler darin zeigt – solange, bis er weiß, jetzt kann nichts mehr schief gehen –, insofern ist die Aktivität des Intriganten mit der Aktivität des beobachtenden Wissenschaftlers im Vollzug eines Experiments verwandt.

Das heißt: an der Stelle, an der im Prozeß der Modernisierung, im zivilisatorischen Gang der Menschheit vom Mythos in den Logos, das wissenschaftliche Denken möglich wird, an dieser Stelle wird auch die Intrige möglich als Befreiung aus dem mythischen Schicksal durch den Akt eigenhändiger Schicksalssteuerung. Die Intrige, die planvolle Praxis des Intriganten, findet ihren prinzipiellen Ort in jenen Bereichen der Modernisierung, die man als Verweltlichung und Entzauberung, als Rationalisierung und Verwissenschaftlichung bezeichnet.

Das meint nicht die gelebte Lebenspraxis der Menschen. Das meint die gedeutete Lebenspraxis im Erzählen, im Theaterspielen, in der Literatur. Wenn diese Studie der Intrige einen spezifischen Ort in der Dynamik der Aufklärung zuweist, dann ist immer die Reflexion dieser Dynamik im Medium Literatur gemeint. Indem die

Literatur die Intrige zum Thema macht, wird diese zu einer Gestalt des anschaulichen Nachdenkens, der inkarnierten Philosophie. Die erzählten oder gespielten Geschichten holen eine Möglichkeit der Lebenspraxis herein in die Wahrheitssysteme der Epoche und machen sie dem zugänglich, was man Deutung nennt. Jetzt antworten Begriffe auf die Bilder und Szenen, und die zielgerichtete Verstellung tritt ins Feld der Werte.

Gemäß den Spielregeln aller Literatur ist das Erzählte unweigerlich einer sittlichen Beurteilung unterstellt. Der Prozeß des Erzählens ist stets der Weg zu einem Gericht. Keine Literatur, die nicht auch Gericht wäre insofern, als sich in ihr das Gute und das Böse scheiden, genauer: als in ihr das Gute und das Böse als zwei Fixpunkte auftauchen in der unabsehbaren Kontingenz des Lebendigen. Man kann sich einen Urwald denken, eine unendliche Welt von Geschrei und Wuchern, von Paarung und Aufzucht und Verenden, von Jagd und Flucht, Fressen und Gefressenwerden, und in diesen Urwald träte plötzlich die Unterscheidung von Gut und Böse und würde alles, was geschieht, moralisch bestimmen. Nichts mehr gäbe es von der Wurzelzone bis in das lichte Reich der Kronen, was nicht entweder gut wäre und richtig oder böse und falsch. Solche Verwandlung der wuchernden Welt geschieht tatsächlich in der Literatur.

In zivilisationsgeschichtlicher Perspektive meint die Intrige also einen metaphysischen und theologischen Abfall. Apostasie. In der zielgerichteten Verstellung entzieht sich der Held dem über ihm waltenden Schicksal. Er tut so, als gäbe es dieses nicht und fabriziert es selbst. Frei von aller Furcht, von allem Glauben an das über ihn Verhängte, frei von Furcht und Glauben an die Moira, das Fatum, die Vorsehung, an Fluch oder Segen der Götter, an die regierende Gewalt der Gestirne, vertauscht er die Frömmigkeit mit der Intelligenz. Er setzt nicht länger auf Gebete und Orakel, sondern auf den eigenen hellen Kopf, auf Schlauheit und Logik. Er wagt es, sich seines eigenen Verstandes zu bedienen. Wenn man das einmal begriffen hat, erkennt man noch in der routiniertesten Intrige Spuren ihres theologischen oder metaphysischen Ursprungs. Sie ist Usurpation des Schicksals, Usurpation der Weltlenkung als eines göttlichen Privilegs. Sie handelt sicut Deus.

Der Intrigant selbst kann auf doppelte Weise auf diesen Aspekt seines Treibens zu sprechen kommen: indem er sich dessen rühmt oder indem er sich dessen schämt. Der zweite Fall reflektiert den Akt der Usurpation des Schicksals aus Zerknirschung und Reue heraus; der erste aus Triumph und Siegesgewißheit. Erschütterung als Einsicht in ein verfehltes Tun zeigt der fortschrittliche Chefintrigant in Schillers »Don Karlos«, der Marquis von Posa. Als sein Mechanema auffliegt, ruft er klagend aus, wer ihn denn geheißen habe, so etwas zu tun:

> So verwegen,
> So zuversichtlich mit dem Himmel spielen?
> Wer ist der Mensch, der sich vermessen will,
> Des Zufalls schweres Steuer zu regieren
> Und doch nicht der Allwissende zu sein?[199]

»Zufall« ist hier zu lesen im Sinne des Zufallenden, des Geschicks, nicht im Sinne der reinen Kontingenz. Die Stelle setzt mit dem Wort »vermessen« den entscheidenden Akzent auf die Intrige als Konkurrenzakt mit dem »Allwissenden«. Von Schillers spezifischer Intrigenkultur wird später noch ausführlicher zu reden sein. Hier geht es nur um den charakteristischen Gestus von Triumph oder Zerknirschung angesichts der menschlichen Anmaßung, Schicksal zu spielen.

Der Locus classicus eines entsprechenden Jubelgefühls findet sich bei Shakespeares Vorläufer und Wegbereiter, Christopher Marlowe, im Schauspiel »Tamburlaine the Great«. Hier ruft der Held, der nichts Geringeres anstrebt als die Weltherrschaft, in grandiosem Trotz gegen alle menschlichen und übermenschlichen Widersacher aus:

> I hold the Fates bound fast in iron chains,
> And with my hand turn Fortune's wheel about;
> And sooner shall the sun fall from his sphere
> Then Tamburlaine be slain or overcome.[200]

Das benennt den aufständischen Grundakt mit vier donnernden Versen. Alle schicksalstiftenden Götter, the Fates, halte er, Tamburlaine, in Eisenketten gebunden, das Rad der Fortuna drehe er mit der bloßen Hand herum, und eher falle die Sonne aus dem Himmel, als daß er erschlagen oder besiegt werde.

Ein weibliches Pendant zu Tamburlaine ist Semiramis in Calderóns Tragödie »Die Tochter der Luft«, eine Herrscherin und Intrigantin grandiosen Zuschnitts, die spielend neben der Cléopâtre in Corneilles »Rodogune« bestehen kann. Die deutschen Bühnen bleiben ihr wohl aus den gleichen Gründen verschlossen wie es, seit Lessing, mit der Corneille-Figur geschieht.[201] Hans Magnus Enzensberger hat vor einiger Zeit eine Nachdichtung des Werks herausgebracht;[202] sie wurde von Frank Castorf in Grund und Boden inszeniert und damit auch für die anderen Theater erledigt.[203] Diese Semiramis wird als junge schöne Frau in der Wildnis gefangengehalten, denn es gibt schreckliche astrologische Prognosen über das, was sie eines Tages in der Welt anrichten werde. Im Auftakt des Stücks hört man sie aus ihrer verriegelten Höhle heraus schreien. Was schreit sie? Sie ruft Fortuna an, die Glücksgöttin, das verkörperte Schicksal. Und wie Tamburlaine verspricht sie, daß sie dieses Scheusal besiegen werde. Blenden werde sie es, komme sie nur einmal frei.[204] In Enzensbergers Adaption:

> Laß mich,
> Da du mich längst verlassen hast!
> Du bist es, Glück,
> mit dem ich spreche.
> Du wirst mich nicht besiegen.
> Kaum bin ich frei, so will ich
> Dich, blindes Schicksal, blenden.[205]

XXIII
Die »diabolische Dichtart«

Der Teufel als Vorläufer des Intriganten. Affe des Affen: von der Simia Dei zur Simia Diaboli. Jago als Übergangsfigur. Jagos Parole: Wit vs. Witchcraft. Schicksal metaphysisch und schreibtechnisch. Friedrich Schlegel fordert eine »Theorie der diabolischen Dichtart«. Zwei Kulturepochen: das Schicksal in Götterhand – das Schicksal in Menschenhand. Die Intrigentheorie aus dem Mund der Intriganten. Das »C'est moi« des Vicomte de Valmont. Marquise de Merteuil: »Me voilà comme la Divinité«. Eine leibhaftige Allegorie der Intrige.

Der Intrigenbauer, der Erfinder des Mechanemas, der Machinator oder die Machinatrix[206], maßt sich an, was den Göttern zusteht. Er wird zum frevelhaften oder triumphalen Imitator der numinosen Mächte. Vermittelnde Figur ist dabei jene Denkgestalt, die in der nachantiken Literatur reflexhaft beschworen wird, wenn eine böse Intrige ans Licht kommt: die Figur des Teufels. Der Teufel ist der Abtrünnige schlechthin. Er verkörpert die Apostasie und die Gegenmacht. Sein Dasein ist Verstellung und Verführung. Im wiederkehrenden Vergleich des großen Intriganten mit dem Teufel, so rhetorisch die Geste auch sein mag, lebt der theologische Aspekt[207] der Intrige fort, wird diese erkennbar als Hybris, die es wagt, die Vorsehung in die eigenen Hände zu nehmen, Schicksal zu fabrizieren, das eigene und das fremde. Simia Dei, Affe Gottes, ist eine Bezeichnung für den Teufel schon bei den Kirchenvätern.[208] Der Teufel äfft Gott nach, indem er dessen Vorsehung travestiert und auf seine Weise die Menschen steuert. Sobald man diesem Teufel den theologischen Mantel nimmt, bleibt der Intrigant übrig: kühl, gescheit und skrupellos.

Einen Intriganten gibt es in der Weltliteratur, der von uns, den Zuschauern, zwingend als Teufel erfahren wird, auch wenn wir den Gottseibeiuns sonst längst verabschiedet haben: Jago in Shakespeares »Othello«. Im Akt seiner Entlarvung, der Anagnorisis, fällt denn auch, wie zu erwarten, das Wort Teufel, aber in merkwürdiger Weise anders als auf bloß rhetorische Art. Othello, der durch Jagos Intrige seine geliebte Desdemona ermordet hat, erwacht aus seiner Raserei und sieht den entlarvten Jago vor sich. Da sagt er:

> I look down towards his feet, but that's a fable,
> If that thou be'st a devil, I cannot kill thee.[209]

»Ich schau auf seine Füße« – um zu sehen, ob Jago einen Bocksfuß hat –, »aber es ist ja ein Märchen, daß ich dich nicht töten kann, wenn du ein Teufel bist.« Und dann haut er nach ihm mit dem Schwert. Er wird sofort entwaffnet, und Jago sagt ganz ruhig: »I bleed, sir, but not kill'd«.[210] Das ist einer dieser winzigen Shakespeare-Momente, wo sich ein Abgrund auftut, den man erst sieht, wenn man mit der Lupe liest. Othello hat die mittelalterliche Vorstellung erwähnt, daß man einen Teufel nicht töten könne, und hat daraufhin Jago zu töten versucht. Wenn Jago nun feststellt: »Ich bin verwundet, aber nicht getötet«, – blitzt da nicht auch die Bedeutung auf: »Siehst du, ich *bin* ein Teufel«? Wie immer man die Stelle lesen will, sie markiert den genauen Übergang vom theologischen Teufel in den innerweltlichen Intriganten.

Und dieser Jago ist es nun auch, der im Verlauf seiner Intrigenarbeit den Satz äußert, der programmatisch ist für alle Intriganten und den zivilisationsgeschichtlichen Aspekt der Intrige frappant ins Licht rückt. Er sagt zu seinem Helfer: »We work by wit, and not by witchcraft.«[211] *Witchcraft*, das ist Magie, ist Arbeit mit dem Übersinnlichen, dem Dämonischen. *Wit* ist das Gegenteil davon, die aufgeklärte Intelligenz, List und Berechnung. Der Inbegriff aller bösen Intriganten in der europäischen Literatur bestimmt sich also selbst explizit aus dem Übergang von der Magie in die Logik, vom Mythos in die Wissenschaft, vom Glauben in den Zweifel, als ein Produkt des Prozesses der Modernisierung. Er fabriziert und ist zugleich das Schicksal Othellos und Desdemonas, ist es so sehr wie nur je ein Götterfluch oder eine Planetenkonstellation es hätten sein können.

Schicksal, das ist einerseits ein mythisch-theologischer Begriff, der auf die höhere Instanz verweist, welche mir mein Geschick schickt. Andererseits aber ist Schicksal auch ein literarisch-technischer Begriff, der auf die Kraft verweist, welche eine dramatische Handlung in Bewegung setzt. In der Phädra-Tragödie des Euripides tritt gleich zu Beginn die Göttin Aphrodite auf und erklärt, sie wolle und werde Phädra, die Frau, und Hippolytos, den jungen Mann, vernichten, heute noch. Das ist die unmittelbare Epiphanie der Gottheit als Stifterin des Schicksals, und es ist gleichzeitig der Anstoß zu einer dramatischen Handlung, die nun unaufhaltsam abläuft.

Friedrich Schlegel hat in einem seiner »Kritischen Fragmente« von 1797 diesen ganzen Zusammenhang mit einem einzigen Satz verdeutlicht. Er schreibt:

An die Stelle des Schicksals tritt in der modernen Tragödie zuweilen Gott der Vater, noch öfter aber der Teufel selbst. Wie kommts, daß dies noch keinen Kunstgelehrten zu einer Theorie der diabolischen Dichtart veranlaßt hat?[212]

Ein kostbarer Satz. Er denkt dramaturgisch, und dies aus dem Überblick über die ganze Tragödiengeschichte. Die antike Tragödie war nicht möglich ohne die numinose Macht, die das Verhängnis über einen redlichen Menschen schickte. Anders gesagt: Sie war nicht möglich ohne den Zusammenfall des Göttlichen mit dem Verhängnis, in welches der Mensch sich immer schon gestellt sah. Wenn die Götter verdämmern, muß die Aufgabe, das Schicksal zu stiften, auf andere Instanzen übergehen. In der christlichen Welt ist dies Gott der Vater als die wissende und lenkende Vorsehung. So kann man Calderón lesen, beim dem der Vatergott hinter dem Orakel der Sterne steht. Wichtiger aber wird jetzt der Teufel, das Prinzip Teufel. Das Prinzip Teufel ist die Steuerung aus dem Hinterhalt, Steuerung in gezielter Verstellung. Die »Theorie der diabolischen Dichtart«, welche Schlegel fordert, meint also nicht etwa eine bloße Literaturgeschichte des geschwänzten Satans. Die wäre rasch einmal geschrieben. Sie meint vielmehr eine reflektierte Geschichte jener Literatur, in der das Schicksal aus der Hand der Götter in die Hand einer diesseitigen Intelligenz gelegt ist, eine Literaturgeschichte der Intrige, die um deren Herkunft weiß.

Es kann keine Theorie der diabolischen Dichtart geben, die nicht abgestützt wäre auf die theoretische Arbeit, welche die Intriganten selber leisten, wenn sie über ihr Treiben nachdenken. Das geschieht nicht in langen Abhandlungen, es geschieht meist blitzartig. So in jenem Satz Jagos, der sich als eine Parole für Jahrhunderte ausnimmt und den Weg der Menschheit von der Magie zur Wissenschaft, von Witchcraft zu Wit, genau in jenen Jahren auf die kürzeste mögliche Formel bringt, in denen Francis Bacon das Experiment zur Voraussetzung aller Naturwissenschaft erklärt.

Solche blitzartige Erhellungen finden sich im Munde der großen Intrigantinnen und Intriganten immer wieder. Ein Beispiel ist die Marquise de Merteuil in den »Gefährlichen Liebschaften«, »Les Liaisons dangereuses«, von Pierre-Ambroise Choderlos de Laclos. Der Briefroman eines Paars, einst in heftiger Liebe verbunden, nun in freier Freundschaft verknüpft, zeigt die Frau und den Mann bei dem Geschäft einer planvollen Zerstörung mehrerer Menschen durch Verführung und Verrat. Die Präzision, mit der die Intrigenfügung in ihrer unablässigen Detailplanung beschrieben wird, ist grandios. Beide, die Marquise de Merteuil und der Vicomte de Valmont, die einander ihr Treiben so radikal offen mitteilen, wie sie sich vor den Opfern radikal verstellen, operieren mit der Liebe. Die Liebe in ihren Opfern zu erwecken und zu steuern und für die eigenen Zwecke einzusetzen, das ist ihr Hauptziel, und sie benützen diese Praxis nebenhin auch zur eigenen Triebbefriedigung. Man schläft mit den Verführten und hat sein Vergnügen daran, bevor man sie zu den eigentlichen Zwecken einsetzt. Weit höher als die Sexualität aber steht der Genuß der Macht. Das wird klar gesagt, und an den Stellen, wo diese Wahrheit ausgesprochen wird, fallen auch die Wendungen, welche die Intrige als Usurpation des Schicksals, das Intrigenhandeln als Anmaßung der Gottähnlichkeit erkennbar werden lassen. So beschreibt Valmont, wie er die Frau, die er verliebt gemacht hat und die sich verzweifelt gegen ihre verbotenen Gefühle zu wehren sucht, beim Beten beobachtet – durchs Schlüsselloch, so wie andere die erotische Intimität beobachten. Sie bittet Gott um Rettung vor der Liebe zu diesem Mann, der draußen an der Tür kauert. Er aber gibt der Merteuil mit folgenden Worten darüber Bericht:

> J'eus l'heureuse et simple idée de tenter de voir à travers la serrure, et je vis en effet cette femme adorable à genoux, baignée de larmes, et priant avec ferveur. Quel Dieu osait-elle invoquer? en est-il d'assez puissant contre l'amour? En vain cherche-t-elle à présent des secours étrangers: c'est moi qui réglerai son sort.[213]

Er habe, heißt das, die glückliche und einfache Idee gehabt, durchs Türschloß zu spähen, und da habe er diese anbetungswürdige Frau auf den Knien gesehen, in Tränen gebadet und inbrünstig betend. »Welchen Gott wagte sie anzurufen? Gibt es einen, der stark genug ist gegen die Liebe? Vergebens sucht sie jetzt fremde Hilfe: ich bin's, der ihr Schicksal bestimmen wird.«

C'est moi! Das ist das triumphale Ich des Intriganten, der sich wahrhaftig »frei wie ein Gott«[214] fühlt. Und es ist offenkundig, daß Valmont sich hier in klarer Konkurrenz zur Vorsehung versteht, zum lenkenden Gott, und zwar in einer siegreichen Konkurrenz. Ich bin deine Vorsehung, heißt das, und jene andere, die du anrufst, ist machtlos mir gegenüber.

Noch deutlicher spricht es die Intrigenpartnerin aus, die Marquise de Merteuil. Sie, die in dem atemberaubenden 81. Brief, wo sie ihren Werdegang rekapituliert, die Technik der Intrige als »science« bezeichnet, als methodische Wissenschaft, vergleicht sich im 63. Brief wörtlich mit der Gottheit, »la Divinité«, welche das unterschiedliche

Flehen und Geloben der blinden Sterblichen anhört, ohne an den eigenen unerschütterlichen Beschlüssen etwas zu ändern: »Me voilà comme la Divinité; recevant les vœux opposés des aveugles mortels, et ne changeant rien à mes décrets immuables.«[215]

Der Satz ist deshalb so bedeutend, weil er unzweideutig auf die mythische Vorstellung vom verhüllten Schicksal anspielt. Das Schicksal ist per se das Verborgene, so wie eben auch Gottes Ratschluß nach der stehenden Wendung »unerforschlich« ist.[216] Dem Schicksal gegenüber sind die Sterblichen blind. Die große Intrigantin aber, die an die Stelle der Divinité getreten ist, genießt ihre eigene Unerforschlichkeit. Die Wissenschaft der Verstellung hat ihr eine Eigenschaft verliehen, die sonst nur die Götter besitzen. Einmal mehr ist der Intrigant sicut Deus.

Anlaß zu der zitierten Stelle ist die ebenso komödiantische wie tragische Situation, daß die Merteuil einerseits das unbedingte Vertrauen einer Mutter gewonnen hat, die wegen der Liebe ihrer Tochter zu einem unerwünschten jungen Mann besorgt ist, andererseits aber auch das ebenso unbedingte Vertrauen dieser Tochter selbst. Sie gibt nun der Mutter Ratschläge, wie der gefährlichen Liebe entgegenzuarbeiten sei, und der Tochter hilft sie, die Maßnahmen der Mutter zu umgehen. Ziel ist der seelische und soziale Ruin beider Frauen. Diese setzen ahnungslos alle Hoffnung auf die vertraute Freundin. Jede sieht die Rettung aus ihrer Not bei dieser klugen, einfühlsamen, gütigen und hilfsbereiten Marquise de Merteuil. Dabei ist, was die eine als Rettung erfährt, für die andere die Katastrophe. Jenes Hochgefühl der Gottähnlichkeit – »me voilà comme la Divinité« – erlebt die Merteuil an dem Tag, als sie von Mutter und Tochter je einen Brief bekommt, worin wörtlich der gleiche Satz steht: »Von Ihnen allein erwarte ich noch irgendwelchen Trost«.[217] So, denkt sie, flehen die Gläubigen vor den Altären um die Erfüllung ihrer Wünsche, die im Gegensatz stehen zu den Wünschen anderer, welche ebenfalls knien und flehen. Und ich bin die Person, die hört und nach Belieben gewährt und verweigert und deren Erhören wie Verweigern schließlich zu ganz anderem führt, als die Flehenden sich überhaupt vorstellen können. Es gibt nicht viele Stellen, wo der Zusammenfall von Intrige, Blasphemie und Machtgenuß so blendend aufleuchtet.

Die »Liaisons dangereuses«, erschienen 1782, im Jahr der Uraufführung von Schillers »Räubern«, gehören zu den Spitzenwerken der vorrevolutionären Literatur. Eine Generation später, in der nachrevolutionären, nachnapoleonischen Literatur, ist die urbildliche Intrigantengestalt Balzacs Vautrin, der bereits im Zusammenhang mit dem anthropologischen Phänomen der Verkleidung erwähnt wurde. Während die Marquise de Merteuil und ihr Compagnon, der Vicomte de Valmont, noch ganz innerhalb der aristokratischen Gesellschaft agieren, agiert Vautrin aus den Tiefen der ungeheuren Metropole Paris heraus. Aus diesen Tiefen stößt er vor bis in die feinsten Kreise; in diese Tiefen zieht er sich notfalls wieder zurück. Vautrin, der einstige Galeerensträfling mit dem Brandmal an der Schulter, fungiert als geheimer Bankier der Pariser Verbrecherwelt und leitet ein Netz von Helfern und Handlangern. Er lebt in unterschiedlichen Identitäten und in einem Dauergefecht mit den Spitzen der Polizei. In mehreren Romanen der Comédie humaine taucht er auf, vor allem in »Père Goriot«, »Illusions perdues« und »Splendeurs et misères des courtisanes«. Von diesem Verbrecher größten Stils, der über alle Techniken der Täuschung und Konspiration verfügt, stammt die früher zitierte Wendung, wonach Verstellung und Verkleidung eine eigentliche Wissenschaft darstellten: »la science profonde du déguisement«. Als Vautrin auf dem Höhepunkt seiner Laufbahn Chef der Pariser Kriminalpolizei wird, operiert er weiterhin auf beiden Ebenen, der legalen und der illegalen. Seine Tante, Jacqueline Collin, ein Scheusal sondergleichen, seine Helferin seit je, ursprünglich seine Lehrmeisterin und in jungen Jahren die Geliebte von Marat, führt nun für den arrivierten Vautrin die finstersten Aktionen durch.

Im späten Roman »La Cousine Bette«, dem Roman um eine weibliche Jago-Gestalt, taucht Jacqueline Collin noch einmal kurz auf. Dabei wird sie zu einer förmlichen Allegorie der Intrige stilisiert, und sie äußert in dieser Rolle einen Satz, der zur Geschichte der Selbstreflexion der großen Intriganten und also zur Theorie der Intrige gehört. Beschrieben wird die Person mit allen Mitteln Balzacscher Trivialphysiognomie. So heißt es etwa: »Le génie de l'intrigue siégeait sur son front bas et cruel.«[218] – »Der Genius der Intrige wohnte auf ihrer niedrigen und grausamen Stirn.« Und wenig später fällt die Äußerung, die einmal mehr das präzise Bewußtsein des Intriganten von der theologisch-metaphysischen Herkunft der Intrige zu erkennen gibt:

> Voici quarante ans, monsieur, que nous remplaçons le Destin, répondit-elle avec un orgueil formidable, et que nous faisons tout ce que nous voulons dans Paris. Plus d'une famille, et du faubourg Saint-Germain, m'a dit ses secrets, allez! J'ai conclu, rompu bien des mariages, j'ai déchiré bien des testaments, j'ai sauvé bien des honneurs![219]

Seit vierzig Jahren, heißt das, nehmen wir nun schon den Platz des Schicksals ein und machen in Paris, was immer wir wollen. Mehr als eine Familie, auch vom Faubourg Saint-Germain, hat mir ihre Geheimnisse anvertraut. Viele Ehen habe ich zustande gebracht und viele habe ich zerbrochen, viele Testamente habe ich vernichtet, viele Ehren habe ich gerettet. – Und dies alles sagt die Alte mit einem furchtbaren Stolz – »un orgueil formidable«. Das Fürchterliche dieses Stolzes deutet nicht nur auf den Genuß der Macht hin, der zum Selbstbewußtsein des Intriganten gehört, es steckt auch noch ein Reflex des alten luziferischen Aufstandes darin, der ersten Apostasie.

»Nous remplaçons le Destin« – der Schlüsselsatz der Szene hat das historische Gewicht von Jagos Diktum: »We work by wit, and not by witchcraft« und vom triumphalen Ausruf der Merteuil: »Me voilà comme la Divinité«, auch von jenem Satz in »Richard III.«: »Avoided grace makes destiny«. Und wie Jago der innerweltliche Teufel ist, der das Zeichen des Abfalls noch auf der Stirn trägt, wird dieses Charakteristikum auch Vautrin und seiner schauerlichen Tante von Balzac mehrfach zugesprochen.[220] Obschon die Beschimpfung des Intriganten als Teufel in vielen Anagnorisis-Szenen zu einem rhetorischen Stereotyp verkommen ist, bewahrt selbst das Klischee noch etwas vom Wissen um die zivilisationsgeschichtliche Verwandtschaft des Intriganten mit dem abtrünnigen Satan.

XXIV
Schiller dekonstruiert die Vorsehung

Schiller und die Anagnorisis der Weltgeschichte. Kritik der göttlichen Vorsehung. Der metaphysische Hintergrund der Schillerschen Intriganten. Wallenstein zwischen transzendenter und immanenter Vorsehung. Der Machinator auf der Schwelle. Schiller träumt Napoleon. Der Dichter verrät den eigenen Helden.

Der konsequenteste, in der Überlagerung und Verdichtung konspirativer Netze unheimlichste Dramatiker der Intrige in der deutschen Literatur ist Friedrich Schiller. Das übersteigt bei ihm entschieden die bloße Theaterkonvention. Schillers Leidenschaft, sein förmlicher Zwang, Intrigen und Gegenintrigen und Gegenintrigen zu den Gegenintrigen immer vernetzter zu lancieren, hängt mit seiner persönlichen Position im Prozeß der Aufklärung und Modernisierung zusammen. Angetreten unter dem Firmament des Vatergottes und seiner planvollen Vorsehung, fromm, ein Gläubiger, hat er sich dieses Firmaments entschlagen. Schaudernd wagt er es, die Welt ohne die Vorsehung zu denken, sie ohne die Vorsehung auf den Brettern zu zeigen, in ihrer ganzen, bösen Schrecklichkeit, als das barocke Jammertal der Geschichte, das jetzt aber, wie er als erster formuliert, sein eigenes Weltgericht ist: »Die Weltgeschichte ist das Weltgericht«.[221] Für das christlich-heilsgeschichtliche Verständnis der Welt läuft alles Irdische auf das große Gericht am Jüngsten Tag hin, am Dies irae, dem Tag des Zorns. Dann wird jeder einzelne Mensch und die Menschheit als ganze vor dem Richter stehen. Michelangelo hat diesen an die Altarfront der Sistina gemalt. Das »Dies irae« im Meßtext des Requiems sagt es so:

> Judex ergo cum sedebit,
> Quidquid latet apparebit:
> Nil inultum remanebit.[222]

Wenn dann der Richter dasitzt, wird alles an den Tag kommen, was verborgen war und nichts wird ungerächt bleiben. Das ist die große Anagnorisis der Weltgeschichte. Nicht nur belohnt und bestraft wird hier werden, sondern alles Verhüllte, also auch die dunklen Ratschlüsse Gottes und die undurchschaubaren Wege der Vorsehung, werden ans Licht treten. Der Schiller-Vers aber, hinreißend in seiner antiken Lapidarität – »Die Weltgeschichte ist das Weltgericht« –, hebelt den Mythos vom Jüngsten Gericht aus und versetzt die große Anagnorisis in die Geschichte selbst. Ob die Gesamtheit des historischen Geschehens in seinem Vollzug auch Gerechtigkeit schafft oder im Gegenteil die offenkundige Ungerechtigkeit in Welt und Politik besiegelt, darüber schweigt sich Schiller aus. Er scheint zwar eine weltimmanente Gerechtigkeit zu unterstellen; eine entsprechende Erläuterung liefert er aber nicht. Wenn nun das Weltgericht keine transzendente Wirklichkeit mehr ist, sondern weltimmanent wird, dann muß dies auch vom Schicksal gelten und von der Vorsehung.

Schillers frühes Gedicht »Resignation. Eine Phantasie«, geschrieben 1784, in dem der berühmte Satz steht, wirft ganz unverblümt diese Frage nach der Vorsehung – der »Vorsicht« im Sprachgebrauch des 18. Jahrhunderts – auf. Der ekstatische Dichter dieser »Phantasie« denkt sich selbst als Abgeschiedenen auf der Brücke zur »Ewigkeit«, also im Moment des Todes. Hier muß er erkennen, daß nichts, was man ihm über die jenseitige Welt beigebracht hat, stimmt. Er hat nach diesen frommen Lehren gelebt, nun erweisen sie sich als blauer Dunst. Darüber erhebt er bittere Klage, ein Betrogener. Nicht nur ewige Seligkeit habe man ihm versprochen, sondern auch ein gerechtes Gericht mit Belohnung der Guten und Bestrafung der Bösen, die Aufdeckung aller Intrigen und Verstellungen der Menschen (»des Herzens Krümmen«) und, parallel dazu, die Aufdeckung aller Pläne und Steuerungen der Vorsehung:

> Hier – spricht man – warten Schrecken auf den Bösen,
> Und Freuden auf den Redlichen.
> Des Herzens Krümmen werdest du entblößen,
> Der Vorsicht Rätsel werdest du mir lösen
> Und Rechnung halten mit dem Leidenden.[223]

Es ist alles eine große Illusion. Die Hoffnung der Gläubigen wird nicht eingelöst. Vielmehr ist diese Hoffnung der einzige Lohn, den die Gläubigen von ihrem Glauben haben. Die Ungläubigen müssen zwar ohne Hoffnung leben, sie haben dafür aber den unmittelbaren Genuß alles dessen, was die Religion den Gläubigen verbietet. Und wieder bringt es Schiller auf eine großartig verknappte Formel: »Genieße, wer nicht glauben kann.« – »Wer glauben kann, entbehre.«[224] Hoffnung und Genuß sind zwei äquivalente Werte; beide zahlen sich hier und jetzt aus, in diesem irdischen Leben, das in seinem Vollzug auch sein eigenes Gericht ist.

Weil Schiller eine radikale Kritik der göttlichen Vorsehung als schicksalstiftender Macht vollzieht und diese als illusionär entlarvt, muß er sich folgerichtig auf die »diabolische Dichtart« verlegen, in welcher, nach Friedrich Schlegels Wort, die planvolle Vorsehung abgelöst wird vom planvollen Intriganten. Dieser ist der Motor von Schillers Dramaturgie. In seiner Obsession, welche auch die Obsession des Autors ist, kann der Schillersche Intrigant nur verstanden werden, wenn man das Zeichen des Abfalls zu lesen versteht, das er auf der Stirne trägt: die Größe und Hybris des Schicksalsmachers, der weiß, was er tut.

Deshalb ist »Wallenstein« für die Theorie der diabolischen Dichtart ein so aufschlußreiches Werk, obwohl »Don Karlos« die noch größere Intrigenfuge darstellt, die größte des deutschen Theaters überhaupt. Aber im »Wallenstein« wird das zum szenischen Ereignis, was der Sterbende im Gedicht »Resignation« auf der Brücke zur Ewigkeit erfährt: die Spannung zwischen transzendenter und immanenter Vorsehung, zwischen göttlicher und eigenhändiger Schicksalslenkung. Konkret erscheint dies im Stück als die Spannung zwischen Astrologie und Intrige. Das dramatische Motiv, das die Germanistik gern als pittoreske Zugabe ansieht, Wallensteins Sternenglaube und unentwegte Planetenleserei, wird eminent aussagekräftig, sobald man die Intrige als Säkularisationsgestalt des Schicksals begreift.

Wallenstein, der kühne Konspirator, der antritt gegen das Gottesgnadentum, der plant und Fäden zieht mit reglosem Gesicht, um – wie Schillers Zeitgenosse Napoleon – gekrönt zu werden von eigenen Gnaden, dieser Wallenstein scheitert, weil er den letzten Schritt unter dem alten Firmament hervor nicht wagt. Er will seine zielgerichtete Verstellung in Einklang halten mit dem Orakel der Planeten. Daher führt er einen eigenen Astrologen mit sich, den Italiener Seni. Er versucht also, die diabolische Machination in frommer Übereinkunft mit den lenkenden Mächten zu vollziehen, und wird dafür schauerlich abgeschlachtet. Hätte er nicht geglaubt, er hätte gesiegt.

Sein Plan ist ein selbständiges Königreich Böhmen mit ihm selbst als König. Um das zu erreichen, will er seinen Herrn, den Kaiser zu Wien, verraten. In dessen Diensten steht er gegen die protestantischen Mächte im Dreißigjährigen Krieg im Felde. Er konspiriert mit den Feinden, will aber am Ende auch sie übers Ohr hauen: »Beistehen sollen sie mir in meinen Planen, / Und dennoch nichts dabei zu fischen haben.«[225] Regierender Herrscher will er werden als sein eigener Schöpfer, groß will er sein wie die anderen regierenden Herrscher Europas, und eine Dynastie will er gründen auf Jahrhunderte hinaus. Dazu setzt er auch seine Tochter ein, als Schachfigur in gezielter Heiratspolitik.

Und tatsächlich fügt sich alles zu seinen Gunsten. Es kommt der Moment, da er so viele Truppen zur Verfügung hat wie nie zuvor, und sie sind ihm alle inbrünstig ergeben. Jetzt könnte, jetzt müßte er losschlagen, müßte alle gelegten Minen hochgehen lassen, den einen mächtigen Streich tun, der einen neuen Monarchen schafft und ein neues Reich. Doch er handelt nicht, handelt noch nicht, weil er auf jene Planetenkonstellation wartet, die den unbedingten Erfolg garantiert. Die ihm Nahestehenden, seine Verschworenen, wollen darüber verzweifeln. Sie denken pragmatisch und militärisch, warnen ihn, bedrängen ihn: Handle jetzt! Die Astrologie halten sie für Humbug. Wallenstein aber begründet gegenüber Illo, seinem Feldmarschall und Vertrauten, diesen Unglauben der Generäle mit *deren* Horoskop. Die Geburt unter dem absteigenden Jupiter und unter dem »bleifarbenen« Saturn, dem Stern des »unterirdischen« Gottes, habe Illo auf Lebzeiten alle Einsicht in die wahren Zusammenhänge zwischen Himmel und Erde verstellt:

> *Dir* stieg der Jupiter
> hinab bei der Geburt, der helle Gott;
> Du kannst in *die* Geheimnisse nicht schauen.
> Nur in der Erde magst du finster wühlen,
> Blind, wie der Unterirdische, der mit dem bleichen,
> Bleifarbnen Schein ins Leben dir geleuchtet.
> Das Irdische, Gemeine magst du sehn,
> Das Nächste mit dem Nächsten klug verknüpfen;
> Darin vertrau ich dir und glaube dir.[226]

Illo aber hält ihm jene Wahrheit entgegen, die Schiller selbst im Gedicht »Resignation« ausgesprochen hatte, mit einer rhetorisch ebenso schlagenden Wendung. Wenn es dort hieß: »Die Weltgeschichte ist das Weltgericht«, heißt es hier: »In deiner Brust sind deines Schicksals Sterne.« Man kann auch diesen Vers zu den Existenzformeln der Intriganten zählen, die wir von Jago und aus »Richard III.«, von der Merteuil und von Jacqueline Collin kennen, jenen Sätzen, in denen die Immanenz von Schicksal und Vorsehung erklärt und die praktischen Schlüsse daraus gezogen werden.

Illo vollzieht den Akt der Profanierung und Psychologisierung des Planetenglaubens bis in die Einzelheiten. Sowohl das glückbringende Gestirn, die Venus, wie die schädliche Konstellation, den Maleficus, bestimmt er als Eigenschaften der Seele. Die Astrologie ist nichts anderes als eine an den Himmel projizierte Anthropologie:

> O! du wirst auf die Sternenstunde warten,
> Bis dir die irdische entflieht! Glaub mir,
> In deiner Brust sind deines Schicksals Sterne.
> Vertrauen zu dir selbst, Entschlossenheit
> Ist deine Venus! Der Maleficus,
> Der einzge, der dir schadet, ist der *Zweifel.*[227]

Wallenstein aber sieht sich selbst unter dem Zeichen des Jupiter, und das mache, meint er, daß er eben auch die Wahrheit des Sternenglaubens zu erkennen vermöge. Dieser Glaube ist also selbst schon ein Geschenk der Gestirne. Er merkt nicht, daß er hier in einen Zirkelschluß gerät. Die Sterne lügen nicht, weil sie es sind, die mir die Augen dafür geöffnet haben, daß sie nicht lügen.

In der Figur, an der Figur, mit der Figur Wallenstein reflektiert der größte Intrigendichter der deutschen Literatur die welthistorische Genese der Intrige als Akt der Apostasie gegenüber den numinosen schicksalstiftenden Mächten. Wallenstein ist der Machinator, der im Schritt über die Schwelle verharrt. Er operiert »by wit« und kann doch von der »witchcraft« nicht lassen. Das ist große Philosophie, inkarniert in einen dramatischen Vollzug.

Der ganzen Anlage nach erscheint Wallenstein als der Mann jener historischen Stunde, in der Schillers Stück entstand. In einer Weise, die mehr als nur verblüffend ist, fällt die Entstehungszeit des Stücks zusammen mit dem Aufstieg Napoleons. Der frühste Hinweis auf eine Wallenstein-Tragödie ist bei Schiller 1791 dokumentiert, also zwei Jahre nach der Französischen Revolution, welche die erste radikale Aktion zur Beseitigung des Gottesgnadentums, des Feudalsystems auf dem europäischen Kontinent, war. Als Korporal, Offizier, General der Truppen dieser Revolution macht Napoleon Karriere. Als er schließlich in Paris das Direktorium stürzt, im Herbst 1799, und sich zum Alleinherrscher macht, geht Schillers vollendete Tragödie in Druck.

Natürlich konnte der Dramatiker dieses Ereignis nicht voraussehen, auch wenn Napoleon schon seit längerer Zeit nicht nur das militärische, sondern auch das politische Ruder in Frankreich und auf dem halben Kontinent führte. Seiner ganzen inneren Beschaffenheit, seinem politischen Denken und seinen ältesten politischen Hoffnungen nach aber mußte sich Schiller mit Napoleons Projekt verbunden fühlen. Er, der Ehrenbürger der französischen Republik, hatte diese Gestalt im voraus schon entworfen, dichterisch, zunächst noch eher unbestimmt, dann immer genauer, im »Fiesko«, im »Don Karlos«, schließlich im »Wallenstein«. Insofern als der Warlord Wallenstein ein Spiegel Napoleons und also der Phänotyp der historischen Stunde ist, erscheint sein Projekt, seine großgedachte Intrige, als ein Akt der neuen politischen Legitimität des aufgeklärten Subjekts gegen die überlebte Legitimität des Gottesgnadentums, Ereignis jener Weltgeschichte, die ihr eigenes Weltgericht ist, gelenkt von den Sternen in der Brust der Handelnden. Das wird tatsächlich vielfach hörbar im Text, besonders dort, wo der Kaiserhof zu Wien, der auf der Bühne selbst nie sichtbar wird, als Hort der kalten, rücksichtslosen Macht hingestellt wird. Wallenstein charakterisiert in einem berühmten Monolog den Feudalismus und das Gottesgnadentum, die angeblich heiligen Rechte des Kaisers, als Produkt allein des Herkommens, des Alters also, und einer Massenillusion. Klang und Erregung dieser Verse lassen keinen Zweifel, daß sie nicht die kunstvolle Charakterisierung eines politischen Verbrechers sind, sondern gradaus Schillers heißem Herzen entstammen, das in diesem Moment leidenschaftlich auf Wallensteins Seite schlägt. Der Feldherr spricht von seinen königlich-kaiserlichen Gegnern:

> Nicht was lebendig, kraftvoll sich verkündigt,
> Ist das gefährlich Furchtbare. Das ganz
> Gemeine ists, das ewig Gestrige,
> Was immer war und immer wiederkehrt,
> Und morgen gilt, weils heute hat gegolten!
> Denn aus Gemeinem ist der Mensch gemacht,
> Und die Gewohnheit nennt er seine Amme.
> Weh dem, der an den würdig alten Hausrat
> Ihm rührt, das teure Erbstück seiner Ahnen!
> Das *Jahr* übt eine heiligende Kraft,
> Was grau für Alter ist, das ist ihm göttlich.
> Sei im Besitze, und du wohnst im Recht,
> Und heilig wird's die Menge dir bewahren.[228]

An solchen Stellen, die zu den großen der deutschen Literatur zählen, wächst diesem Wallenstein mit Wissen und Willen des Autors eine intellektuelle Sympathie zu, die eine Verurteilung seiner Konspiration als Verbrechen gegen das heilige Recht verbietet. So wie auch die Antipathie, welche die Gegenintrige Octavios, des kaiserlichen Spions und ältesten Freundes Wallensteins, im Leser erweckt, deren Stilisierung zur rettenden guten Tat unmöglich macht.

Hier liegt die Crux dieses großen Schauspiels, hier liegt, was dieses Schauspiel zuletzt doch künstlerisch und politisch scheitern läßt. Wallenstein verkörpert im Grundentwurf das autonome Subjekt der Aufklärung im Felde von Politik und Geschichte, den Typus Napoleon, der mit den »ewig Gestrigen« aufräumt. Aber sein Dichter verurteilt ihn im Verlauf des Stücks als Verräter und Verbrecher – vor allem aus dem Mund der Identifikationsgestalt Max Piccolomini – und schlägt sich damit trotz allem wieder auf die Seite der feudalistischen Legitimität. Er erkennt in Wallenstein das historisch Neue und nimmt durch das sittliche Urteil über ihn Partei für das historisch Alte und Überlebte. Wie hätte die Tragödie ausgesehen, wenn Schiller nicht vom Weimarer Hof abhängig gewesen wäre?

XXV
Nietzsche attackiert die Intrige fundamental

Die Intrige als Krebsgeschwür der Tragödie. Intrigenschwemme in der europäischen Oper. Nietzsches Theorie von der biologischen Notwendigkeit der menschlichen Verstellung. Widerspruch zu seiner Intrigenkritik? Die euripideische »Helena«. Der Zerfall der tragischen Kunst als Kulturkatastrophe. Wissenschaft gegen Musik. Schauspiel als Schachspiel. Die Schlauheit liquidiert die Tragödie. Was die Tragödie war: Einheit von Musik und Sprache, Lust und Schrecken, Ekstase und Erkenntnis. Sokrates als Vater der Logik. Die Unheilsfigur. »Vernichtung des Unbewußten«. Die Intrige als zivilisationsgeschichtliches Symptom. Kulturheroen. Genese der Intrige, Genese der Logik.

Es gibt wenig, was für die Theorie der Intrige so aufschlußreich ist wie die grundsätzlichen Attacken Nietzsches gegen das Spektakel der zielgerichteten Verstellung auf der Bühne. In diesen Attacken und ihrer Begründung erscheint ein geschlossenes Konzept von der Intrige als der angemaßten Schicksalsstiftung durch den Menschen selbst. Nietzsche erblickt in der Tatsache, daß innerhalb der euripideischen Tragödie immer mehr Intrigen auftauchen, das Krisensymptom der tragischen Kunst überhaupt. Ein krebsartiges Übel sei die Intrige auf der tragischen Bühne, und der Untergang der altgriechischen Tragödie sei aufs engste mit ihr verknüpft.

Dieser grundsätzliche Angriff auf die Intrige als ästhetische Gestalt ereignet sich zu einem Zeitpunkt, da in allen Metropolen Europas die Unterhaltungstheater an den Boulevards eine immer raffiniertere, auch immer mechanischere Technik der Komödienintrige entwickeln und da in den großen Opernhäusern zu Libretti gesungen und musiziert wird, welche in ihrer Intrigenanlage vor keiner Absurdität mehr zurückschrecken. Man versuche nur einmal, die Handlung von Verdis »Rigoletto«, des »Maskenballs« oder der »Macht des Schicksals« genau nachzuerzählen. Die Verknüpfung der Mantel-und-Degen-Dramaturgie des spanischen 17. Jahrhunderts mit Shakespearismen, Elementen des Schauerromans und der deutschen Schicksalstragödien führt in diesen Produkten zu Intrigenverschlingungen von solchem Widersinn, daß man den Gedanken, einige Verrückte müßten das verfaßt haben, kaum abwehren kann. Diese Verrückten waren aber nichts weiter als nüchterne Schreibhandwerker, denen aufgetragen war, eine Situation extremer Liebes-,

Haß-, Verzweiflungs-, Glücks- und Abschiedspassion an die andere zu knüpfen und dazwischen so wenig alltägliche Handlung wie möglich aufkommen zu lassen. Für das Publikum am Opernabend ergibt sich daraus die großartige Abfolge von Arien, Duetten und Chören; es schaut und lauscht und ist verzückt. Die vollkommenen musikalischen Gebilde schweben über dem Nonsens des Geschehens wie dichtgereihte Blüten über einem schwappenden Sumpf.

Die mechanisierte und stereotypisierte Intrigenkultur auf dem Theater der Vormoderne hat zweifellos mitgewirkt bei der grundsätzlichen Verdammung der Intrige, die im Theater und in der Kritik der Moderne selbst vielfach festzustellen ist. Die Gleichsetzung der Intrige und der Intriganten mit dem Verstaubten, ästhetisch Abgelebten erklärt sich vor diesem Hintergrund leicht. Daß Nietzsches Angriff auf die Intrige als eine Gestalt von Widerkunst auch mit einem Abscheu vor der zeitgenössischen Unterhaltungskultur zusammenhängt, ist denkbar, aber nicht zu beweisen. Nietzsche hat in so vielen Bereichen die theoretischen Positionen der Moderne – von denen er noch gar nichts wissen konnte – vorweggenommen, daß sich diese Teilpolemik aus dem zentralen Impetus seiner Ästhetik auch von selbst ergeben konnte.

Man muß allerdings sagen, es hat schon seine Merkwürdigkeit, wenn gerade Nietzsche, der doch den Menschen so entschieden wie keiner vor ihm vom Akt der Verstellung her definiert, gegen die Kultur der zielgerichteten Verstellung im Theater polemisiert. Das Denken selbst, meint er nämlich, verdanke sich der Notwendigkeit zur Verstellung. Nur durch Lüge habe der Mensch überlebt, und der Begriff der Wahrheit sei nicht mehr als ein Abfallprodukt der älteren, der ursprünglichen Lüge:

> Der Intellekt, als ein Mittel zur Erhaltung des Individuums, entfaltet seine Hauptkräfte in der Verstellung; denn diese ist das Mittel, durch das die schwächeren, weniger robusten Individuen sich erhalten, als welchen einen Kampf um die Existenz mit Hörnern oder scharfem Raubtier-Gebiss zu führen versagt ist. Im Menschen kommt diese Verstellungskunst auf ihren Gipfel: hier ist die Täuschung, das Schmeicheln, Lügen und Trügen, das Hinter-dem-Rücken-Reden, das Repräsentieren, das im erborgten Glanze Leben, das Maskirtsein, die verhüllende Convention, das Bühnenspiel vor Anderen und vor sich selbst, kurz das fortwährende Herumflattern um die eine Flamme Eitelkeit so sehr die Regel und das Gesetz, dass fast nichts unbegreiflicher ist, als wie unter den Menschen ein ehrlicher und reiner Trieb zur Wahrheit aufkommen konnte.[229]

Das ist biologisch gedacht. Der Mensch hat das Denken erfunden, um das Fehlen von Hörnern, Hauern und Krallen durch listenreiche Täuschungen zu kompensieren. Statt Homo sapiens könnte man ihn auch Homo fallax nennen, wissentlich täuschendes Wesen.

Der Gedanke wäre also gar nicht so abwegig, daß dieser Nietzsche Literatur und Kunst nur anerkennen könne, soweit sie den Menschen als das sich verstellende Wesen par excellence vorführe, verstrickt in ein Gefüge von Intrigen und Gegenintrigen, wo jeder jederzeit mit zwei Zungen redet, wie es so exemplarisch in Schillers »Don Karlos« und »Wallenstein« der Fall ist. Aber dieser Schiller war für Nietzsche der »Moral-Trompeter von Säckingen«[230], und die Intrige auf der Bühne erklärte er zu einem der Hauptsymptome für den Untergang der tragischen Kunst überhaupt.

Als studierter Altphilologe wußte Nietzsche, was heute außerhalb der Altphilologie kaum mehr bekannt ist, daß die Intrige auf dem Theater, nicht zuletzt die fröhliche Komödienintrige mit ihren schlauen Dienern und kecken Hausmädchen, ein Produkt der Tragödie ist. Nach ersten Andeutungen bei Aischylos und deutlicheren Ansätzen bei Sophokles wurde die Intrige bei Euripides zu einem konstitutiven Element der tragischen Handlung. Dieses Teilgeschehen der Tragödie übernahm dann und verselbständigte die sogenannte Neue Komödie, Menander und seine römischen Schüler Plautus und Terenz, wobei der listige Sklave rasch zur stehenden Figur des Drahtziehers aufrückte.[231] Dieser Sklave lebt fort in den Diener-Figuren der Commedia dell'arte (Arlecchino, Pulcinella, Pagliaccio...), gelangt von dort in Molières Stücke und feiert einen letzten Höhepunkt in Mozarts Oper »Figaros Hochzeit«.[232] Von der antiken Komödie aber ging die Intrige als ein Grundmuster literarischer Handlungskonstruktion bereits auch in den antiken Roman über.

Ein gutes Beispiel für das von Nietzsche so gehaßte Eindringen der Intrige in das Kerngeschehen der Tragödie ist die »Helena« des Euripides. Sie basiert auf der Legende, daß die schöne Helena gar nicht leibhaftig in Troja gewesen sei, sondern während jenes Krieges in Ägypten gelebt habe.[233] In Troja habe sich nur ein Phantom, ein Trugbild mit den Zügen der Helena, aufgehalten. Elias Canetti kommt in seinen Aufzeichnungen darauf zu sprechen. Da man den Plot des Stücks nicht prägnanter zusammenfassen kann, sei Canettis Text hier eingeschoben:

Die Handlung spielt um das Grab des Proteus. Die wahre Helena ist auf Gebot der Hera nach Ägypten entführt worden und hat hier 17 Jahre gelebt.

Alles, was indessen in Troja geschah, galt ihrem Scheinbild, und mit diesem hat Menelaos die Heimfahrt angetreten. Nun wird er als Schiffbrüchiger an die Küste von Ägypten verschlagen und begegnet hier in Lumpen der wahren Helena. Sie ist vom Sohn des Proteus, dem König des Landes, umworben, dem sie widersteht, und um ihretwillen bedroht dieser jeden Griechen, der landet, mit dem Tod. Nachdem Menelaos und Helena einander erkannt haben, gibt es nur einen Weg für sie zu entfliehen: Menelaos wird totgesagt, er selbst, in Lumpen, spielt den Boten seines eigenen Todes, und der feindliche König wird von Helena beredet, daß sie unter einer Bedingung seine Frau werden kann: Wenn die Totenfeier für Menelaos zu Schiff auf dem Meer draußen abgehalten wird. Dann fühle sie sich frei, dann könne sie die Königin des Barbaren sein. Ein Schiff mit Ruderern wird ihr und dem falschen Boten, der in Wahrheit Menelaos ist, und allen Totenopfern zugebilligt. Die beiden besteigen es, die schiffbrüchigen Griechen, die mit Menelaos kamen und sich an der Küste verborgen hielten, besteigen es mit. Auf hoher See wird die Besatzung überwältigt, und das Paar entkommt.[234]

Das ist wahrhaftig eine Geschichte, die ebensogut einer Offenbach-Operette oder einem Abenteuerroman aus dem 19. Jahrhundert zugrunde liegen könnte. In einer fast gespenstischen Weise fallen hier Tragödie und Farce zusammen. An solches muß Nietzsche gedacht haben, als er gegen die Intrige vom Leder zog, an solches muß man denken, wenn man seine wütenden Ausfälle liest.

Nietzsche erklärt die Intrige zum Schlüsselsymptom für den Zerfall der tragischen Kunst. Dabei denkt er vor allem an den Untergang der ursprünglichen Einheit von Musik und Wort. Deren Auseinanderbrechen galt ihm nicht einfach als Krise einer ästhetischen Form. Er sah darin vielmehr die Katastrophe einer ganzen Kultur im Übergang vom Mythos zur Wissenschaft. In der Schrift »Die Geburt der Tragödie aus dem Geiste der Musik« und den Vorstufen dazu beschreibt Nietzsche ja nicht nur die Entstehung, sondern weit ausführlicher noch den Niedergang der Tragödie. Dieser aber, so die Hauptthese, wurde bewerkstelligt durch Euripides in einer komplottartigen Verbindung mit Sokrates. Das trostlose Schlußprodukt des Geschehens sei die Neue Komödie. Und deren Wesensmerkmal wiederum ist die Intrige, sind die Spiele der Schlauheit, der Täuschung, der Verstellung und Berechnung zwischen Söhnen und Vätern, Dienerinnen und Herrinnen. Es »erhob sich«, schreibt Nietzsche, »jene schachspielartige Gattung des Schauspiels, die neuere Komödie mit ihrem fortwährenden Triumphe der Schlauheit und Verschlagenheit«.[235] Und epigrammatisch verknappt bringt er den Kollaps der Tragödie auf die Formel: »Der Prozeß endet mit dem Intriguenstück.«[236]

In einer Vorstufe zur Reinschrift des Vortrags »Socrates und die Tragoedie« findet sich dazu ein besonders drastisches Bild, eine Metapher, die dem Autor selbst allerdings sogleich als zu kraß erschien; jedenfalls blieb er beim Schreiben mitten im Satz stecken:

Der Sokratismus hat dem aeschyleischen Musikdrama den Kopf abgebissen: es blieb das Drama zurück, und zwar das reine Drama, das Intriguenstück – der Kopf blieb lebendig und seine galvanischen Zuckungen – – –[237]

Hier bricht die Notiz ab. Offenbar dachte Nietzsche an einen Frosch mit abgetrenntem Kopf, dessen Glieder auch nach dem Tode noch zucken können, wie Galvani es als erster gezeigt hatte – mit großen Folgen für die neuzeitliche Physik und Chemie. Das scheinbar abseitige Bild versuchte, die abgerissenen Froschteile satirisch mit der Komödie als einem Amputat der Euripideischen Tragödie gleichzusetzen. Allerdings geriet dadurch auch die Erhabenheit der alten Tragödie selbst ins Zwielicht. Deren ursprüngliche Größe ließ sich ja schwerlich mit einem intakten Frosch vergleichen, und so scheiterte die kuriose Allegorie mitten im Vollzug ihrer Niederschrift. Dennoch bleibt das Satzfragment kostbar. Es verdeutlicht gerade in seiner Drastik den Kern von Nietzsches Intrigentheorie.

Das Zerreißen, Auseinanderreißen eines einst herrlichen Ganzen ist eine Vorstellung, von der Nietzsche in diesen Zusammenhängen förmlich bedrängt wird. Sie findet sich sehr prägnant in einem weiteren Satz aus den »Nachgelassenen Fragmenten«: »Die absolute Musik und das Alltagsdrama: die beiden auseinandergerissenen Stücke des Musikdramas.«[238] Wobei gerade hier deutlich wird, daß Nietzsche keineswegs nur an kulturhistorische Prozesse in der Antike denkt. Die absolute Musik, exemplarische Kunstgestalt der Neuzeit und für die jüngsten zwei Jahrhunderte der Inbegriff von Musik überhaupt, wird hier nicht anachronistisch um Jahrtausende zurückverschoben, sondern erscheint als Zeugnis für die fortdauernde Aktualität einer ästhetischen Katastrophe. Und Nietzsche kann in der Sache noch deutlicher werden, kann die Welt des Theaters vollends verlassen und das Ereignis von Trennung und Zerrissenheit sogar in den Konzertsälen und Pinakotheken nachweisen. Diese werden dann wahrhaftig zu einer Manifestation von »Wahnsinn«:

Wir sind leider gewöhnt, die Künste in der Vereinzelung zu genießen: Wahnsinn der Gemäldegalerie und des Konzertsaals. Die *absoluten Künste* sind eine traurige moderne Unart. Es fällt alles auseinander.[239]

Auch anderswo, nicht nur in »Gemäldegalerie« und »Konzertsälen«, sieht Nietzsche die verheerende Isolierung der Künste verwirklicht, etwa in den ganz für sich selbst stehenden Werken der Bildhauerei. Das war bei den Griechen noch anders, obwohl wir fälschlicherweise gewohnt sind, die griechischen Statuen in solcher Absolutheit zu sehen: »Die Griechen kennen aber auch die *absolute Statue* nicht; sie ist eben so mit der Architektur in Parallelismus gesetzt, wie die Bühne mit dem Chor.«[240]

In der großen Tragödie, meint Nietzsche also, dort, wo alles noch ganz war und eine machtvolle Vereinigung aller Künste, lief der Mensch nicht schlau und berechnend seinen Interessen hinterher, sondern stand da als Leidender unter den furchtbaren Gewalten der Götter, unter dem Schicksal als einer mythischen und metaphysischen Macht. Mythisch ist das Schicksal als »die über allen Erkenntnissen erbarmungslos thronende Moira«[241], metaphysisch ist das Schicksal als das Principium individuationis im Sinne Schopenhauers. Alle Individualität ist zum Untergang geschaffen. Sie erfährt daher sich selbst erst in der Vernichtung als das, was sie wahrhaft ist. Der tragische Held führte den Griechen den »ewigen Urschmerz, den einzigen Grund der Welt«[242] vor Augen und feierte im Schrecken seines Untergangs zugleich das fortbestehende Ganze:

> Wir sollen erkennen, wie alles, was entsteht, zum leidvollen Untergange bereit sein muß, wir werden gezwungen, in die Schrecken der Individualexistenz hineinzublicken – und sollen doch nicht erstarren: ein metaphysischer Trost reisst uns momentan aus dem Getriebe der Wandelgestalten heraus. Wir sind wirklich in kurzen Augenblicken das Urwesen selbst und fühlen dessen unbändige Daseinsgier und Daseinslust: der Kampf, die Qual, die Vernichtung der Erscheinungen dünkt uns jetzt nothwendig, bei dem Übermaass von unzähligen, sich in's Leben drängenden und stoßenden Daseinsformen, bei der überschwänglichen Fruchtbarkeit des Weltwillens; wir werden von dem wüthenden Stachel dieser Qualen in demselben Augenblick durchbohrt, wo wir gleichsam mit der unermesslichen Urlust am Dasein eins geworden sind und wo wir die Unzerstörbarkeit und Ewigkeit dieser Lust in dionysischer Entzückung ahnen. Trotz Furcht und Mitleid sind wir die glücklich-Lebendigen, nicht als Individuen, sondern als das *eine* Lebendige, mit dessen Zeugungslust wir verschmolzen sind.[243]

Dies ist die ursprüngliche Wirkung der großen Tragödie, wo Musik und Sprache, Tanz und Dastehen, Bild und Bewegung, Klang und Sinn noch ungetrennt waren. Lust fällt mit Schrecken zusammen, Ekstase mit Erkenntnis. Die wissende Erfahrung des Untergangs jubelt auf im endlich vergönnten Blick in die Mitte der Welt. Die Notwendigkeit des Untergangs aller Individualität ist Schicksal, ist das mit der Individualität immer schon gesetzte Fatum. Insofern erfährt der tragische Held sich selbst im unausweichlich über ihn Verfügten. Nichts kann er dagegen tun. Aber er will auch gar nichts dagegen tun, denn dieser Moment schenkt ihm das Glück, das Ganze zu erkennen und sich darin und seinen Untergang als den Herzschlag des allumfassend Gewaltigen. Dieses dauert fort, und es hat ihn, den tragischen Helden, nur hervorgebracht, damit ein Wesen es erkenne und erkennend feiere, und gerne bezahlt der tragische Held diese höchste Steigerung seiner Existenz mit der eigenen Vernichtung.

Diese Vision der Tragödie als eines brennenden Zeichens für die Wahrheit der Welt, Klang und Wort zugleich, ist das Maß, von dem Nietzsche ausgeht. Das Maß ist gesetzt mit den Tragödien des Aischylos. Die Intrige aber markiert den Zerfall dieses Maßes insofern, als der Mensch in ihr seine Sache in die eigenen Hände nimmt und der eigenen Schlauheit unterstellt. Die tragische Erkenntnis des Weltgrunds geht über in die lebenspraktische Berechnung. Dadurch schwindet die mythische Erfahrung, und es wächst die Entgötterung und Verwissenschaftlichung der Welt. Sokrates, der nach Nietzsches gereizter Diagnose mit Hilfe des Euripides die Tragödie zerstört und das alte Schicksal durch die neue Intrige ersetzt, ist denn auch der Initiator der Wissenschaft. Er erscheint

> als Vorbote und Herold der *Wissenschaft*, die ebenfalls in Griechenland geboren werden sollte. Die Wissenschaft aber und die Kunst schließen sich aus: von diesem Gesichtspunkte ist es bedeutsam, daß Sokrates der erste große Hellene ist, welcher hässlich war; wie an ihm eigentlich alles symbolisch ist. Er ist der Vater der Logik, die den Charakter der reinen Wissenschaft am allerschärfsten darstellt: er ist der Vernichter des Musikdramas, das die Strahlen der ganzen alten Kunst in sich gesammelt hatte.[244]

In den Gedankenfetzen der »Nachgelassenen Fragmente« aus der Entstehungszeit der Tragödienschrift brechen sich diese Überlegungen Nietzsches auf vielfache Weise. So wird das Bild vom Schachbrett, zu welchem das Drama in der Intrigenkultur der Neuen Komödie verkommen sei, einmal zu einem pointierten Wortspiel zugeschliffen: »Je mehr dieser Trieb [gemeint ist die lyrisch-musikalische Ekstasis der alten Tragödie] abstirbt, um so kühler intriguanter familienbürgerlicher wird das Schauspiel. Aus dem *Schauspiel* wird ein *Schachspiel.*«[245] Jene Ekstasis aber, die Verzückung und Traumverlorenheit, aus der die Tragödie einst hervorging, erfährt ihre Zersetzung vor allem durch die wachsende Herrschaft des logischen Denkens. Dieses führt zunächst zum immer scharfsinnigeren Dialog, dann greift es den Dramenbau selber an, und endlich erweist sich die Intrige als die dramaturgische Erscheinungsform des systematischen Scharfsinns:

Der Dialog der Tragödie: die Dialektik dringt in die Helden der Bühne, sie sterben an einer Superfötation des Logischen. Euripides ist naiv darin. Die Dialektik erstreckt sich auf den Bau: die Intrigue.[246]

Was aber Sokrates betrifft, den Begründer der Wissenschaft und daher eigentlichen kulturhistorischen Unheilstifter, einen negativen Heiland, wird er in diesen Fragmenten mit überraschender Direktheit auch als Zerstörer »des Unbewußten« hingestellt: »In Socrates dringt das Princip der Wissenschaft ein: damit Kampf und Vernichtung des Unbewußten.«[247] Von Sokrates an datiere sich eine eigentliche Vergessenheit des Unbewußten; eine These, die in ihren geschichtsphilosophischen Implikationen an Heideggers »Seinsvergessenheit« erinnert. Durch diese Vergessenheit wurde die Wissenschaft überhaupt erst ermöglicht – und zu teuer erkauft. Gegen Sokrates aber, zu dessen Logik und Dialektik ja das berühmte Wissen vom eigenen Nichtwissen gehörte, heißt es: »Das Unbewußte ist größer als das Nichtwissen des Sokrates.«[248] Inwieweit dieser Begriff des Unbewußten sich mit dem psychoanalytischen Verständnis berührt, wäre eine Erkundung wert. Insbesondere drängt sich die Frage auf, ob das Schicksal, das ja per definitionem eine für den Menschen, der ihm ausgeliefert ist, verhüllte Macht darstellt, auch begriffen werden könnte als die Gestalt des exterritorialisierten Unbewußten im modernen, von der Romantik vorbereiteten und von Sigmund Freud systematisierten Sinn.

Wo immer Nietzsche im Felde dieser Überlegungen die griechische Welt verläßt und auf die Geschichte der späteren Tragödie zu sprechen kommt, entdeckt er ähnliche Vorgänge. So meint er zum klassischen Drama der Franzosen: »Wie füllte man die durch Weglassung des Lyrischen entstandene Lücke im französischen Drama aus? Durch Intrigue.«[249]

Die Intrige verkörpert für Nietzsche also durchweg ein zerstörerisches Element im Streben nach der Einheit aller Künste. Je weiter er aber in der Geschichte zurückgeht, sich zurückdenkt, um so deutlicher wird, daß sogar schon Handlung und Dialog, für uns die Basis aller Bühnenkunst, Elemente eines Abrückens vom Ursprung darstellen:

Wichtigst. Die Handlung kam in die Tragödie erst mit dem Dialog. Dies zeigt, wie es in dieser Kunstart von vornherein gar nicht abgesehn war auf das δρᾶν: sondern auf das πάθος. Es war zunächst nichts als *objektive* Lyrik, d. h. ein Lied aus dem Zustande bestimmter mythologischer Wesen heraus, daher auch im Kostüm derselben. Zuerst gaben sie selbst den Grund ihrer lyrischen Stimmungen an: später trat eine Person heraus: hierdurch konnte man einen Kyklus von Chorliedern in eine stoffliche Einheit bringen. Die heraustretende Person erzählte die Hauptaktionen: bei jedem wichtigen erzählten Ereigniß erfolgte der lyrische Ausbruch. Diese Person wurde nun ebenfalls kostümiert: und als Herr des Chors gedacht, als Gott, der seine Thaten erzählt. Also *Liedercyklen für Chor, mit verbindender Erzählung:* dies der Ursprung des griechischen Drama's.[250]

δρᾶν, Dran, das heißt das Handeln, die Handlung, das dramatische Geschehen als Ablauf mit Peripetie und Anagnorisis; πάθος, Pathos, das heißt das Leiden, die Leidenschaft, die Gemütsbewegung, das Schicksal. Dramatische Handlung und Wortwechsel der Protagonisten gefährden also als solche schon die musikalisch lyrische Macht der Tragödie. Sie können sie aber noch nicht zerstören. Das geschieht erst dort, wo Dialog und Handlung zur Intrige werden und der leidende Held zum planenden, sich verstellenden, schlingenlegenden Intriganten.

Indem Nietzsche seine Theorie zwischen den Polaritäten von Kunst und Wissenschaft, Mythos und Logos, Unbewußtem und Dialektik[251] entfaltet, wird die Intrige zu einem zivilisationsgeschichtlichen Schlüsselereignis. Sie meint eine praktizierte Hybris (oder aber Emanzipation) der Vernunft, und ihr Subjekt, der Intrigant, wird zum Abtrünnigen (oder aber freien Kopf). Es gibt viele Aspekte in Nietzsches Konzept, welche von definitorischem Gewicht sind für die grundsätzliche Bestimmung von Intrige und Intriganten. Dazu gehört die Verwandtschaft mit der Wissenschaft, worauf schon im Zusammenhang mit der Umwertung des Zweifels hingewiesen wurde, vor allem aber wird die Genese der Intrige mit der Genese der Logik verknüpft.

»Er ist der Vater der Logik, die den Charakter der reinen Wissenschaft am allerschärfsten darstellt«, hat es oben von Sokrates geheißen. Damit macht Nietzsche Sokrates zu dem, was man in der Mythenforschung einen »Kulturheros« nennt, den Begründer, Stifter und Schenker grundlegender zivilisatorischer Güter. Kulturheros ist, um ein Beispiel vorzustellen, Prometheus, der den Menschen das Feuer schenkt. Zeus wollte es ihnen aus Rachsucht vorenthalten: »Sie sollen ihr Fleisch roh essen!«. Prometheus aber gelangt durch eine

Hintertür auf den Olymp, entzündet eine Fackel am Sonnenwagen, bricht ein Stück glühendes Holz ab und versteckt es im Stengel eines Riesenfenchels. Dann löscht er die Fackel und kehrt unentdeckt mit seinem heißen Gemüse zu den Sterblichen zurück.[252] Jetzt können sie braten und schmieden. Prometheus aber wird zur Strafe an den Kaukasus gekettet, wie denn auch andere Kulturheroen dafür, daß sie die Menschen von den Göttern unabhängiger machten, büßen mußten auf Marter und Tod. Jesus wurde an zwei Balken genagelt, weil er den Menschen das Gesetz in die eigene Brust gelegt, Sokrates mußte den Giftbecher trinken, weil er ihnen das logische Denken beigebracht hatte.

Es ist das Element der Logik, was die Intrige als einen Akt der Freisetzung des Menschen vom blinden Schicksal überhaupt ermöglicht. Wo vordem im Moment der Not nur Gebet und Opfer halfen, hilft jetzt der planende Kopf. Plan und Planszene sind immer Ereignisse scharfen logischen Schließens und setzen, wie gezeigt wurde, eine Notsituation voraus. Auch Prometheus ist ein Logiker. Mehrmals gelingt es ihm, Zeus übers Ohr zu hauen. Schon sein Name enthält die ausschlaggebende Eigenschaft: der Vorherdenkende, Vorausplanende. Das erinnert an die Beinamen des Odysseus. Das moralische Doppelgesicht der Intrige – eine Rettung aus höchster Not oder aber eine exemplarische Verkörperung von Lug und Trug – ist auch das moralische Doppelgesicht der Logik. Sie ist die Schwester des Zweifels. Keines ist ohne das andere. Wo der Zweifel im Verruf steht, trifft es auch die Logik. Wo der Zweifel rehabilitiert wird, triumphiert auch die Logik. So in der Wissenschaft, so in der Intrige.

XXVI
Die Geburt des Intellektuellen aus dem Teufel

»Der Teufel ist ein Logiker.« Dante besucht die Intriganten im 8. Kreis der Hölle. Die redende Flamme. Ein Logiker als Opfer schärferer Logik. Heine ist begeistert. Der Teufel als »Repräsentant der Vernunft«. Zwei Geschichtstheorien. Fortschreitende Aufklärung oder Wechsel zwischen Epochen des Glaubens und des Unglaubens? Geburt des Intellektuellen aus dem Teufel. Das erschütternde Beispiel: Dantes Odysseus. Libido sciendi – Erkenntnis als Begehren. »Wie's ein andrer wollte«.

Deshalb ist der Teufel ein Logiker. »Forse tu non pensavi ch'io loico fossi!«[253] – »Du hast wohl nicht gedacht, daß ich ein Logiker bin!« sagt er im 27. Gesang von Dantes »Inferno« zu einem, den er erwischt hat und nun in die Hölle verfrachtet. Die Stelle ist kostbar. Ihr Kontext gehört zu den großen Momenten der literaturimmanenten Intrigentheorie und wirft ein Licht auf Nietzsches Konzept. Das muß erläutert werden.

Wir befinden uns im 8. Kreis der Hölle. Dante und sein Führer, Vergil, schreiten die finstere Gegend ab. Es ist ein heikler Weg. Die Alpinisten würden sagen: sehr exponiert. Ein schmales Felsband führt einen Abgrund entlang, der aus zehn tiefen, scheußlichen Gruben besteht. »Malebolge« nennt sie Dante, »üble Säcke«. In jeder dieser Gruben steckt eine andere Sorte von Betrügern. Die achte Grube ist von den Intriganten besiedelt, den Listigen, die immer einen Ausweg wußten. Sie brennen. Jeder ist eine mannshohe Flamme. Von weit oben sieht das aus wie ein nächtliches Tal voller Glühwürmchen. Wenn man näher kommt, zeigen sie sich als furchtbar lohende, knatternde Feuersäulen. Die Seelen darin sieht man nicht. Die spitzen Zungen der Flammen aber reden wie Menschenstimmen. Man versteht sie. Eine Flamme, die von sich selber spricht, charakterisiert damit auch alle andern in dieser achten Grube:

> Da ich beseelte Fleisch und Knochen noch,
> die mir die Mutter gab, warn meine Taten
> nicht eines Löwen, vielmehr eines Fuchses.
>
> Die Schliche und die heimlich schlauen Wege,
> ich kannt' sie alle und hob sie zur Kunst,
> daß ihre Kunde drang in fernste Länder.[254]

Von dieser Löwe-Fuchs-Differenz wird bald noch ausführlicher zu reden sein. Sie spielt in der Reflexion über die Intrige und deren moralische Qualität seit dem Mittelalter eine große Rolle. Es geht hier also um schwere Vergehen. List, Planung, Verstellung und Intrigenpraxis als eine Kunst, von der alle Welt spricht – das ist für Dante wider Gottes Gesetz und Gebot und verdient die Verdammnis.

Der sich selbst so präsentiert, im obigen Zitat, ist Guido da Montefeltro, ein Feldherr, legendär wegen seiner Schlauheit und strategischen Listen. Als er älter wurde, war ihm nicht mehr wohl dabei. Er ging in sich und fing ein anderes Leben an. Franziskanermönch wurde er; nichts mehr von Kriegsgerassel und Hinterfotzigkeiten. Er mochte seine ewige Seligkeit nicht aufs Spiel setzen. Da geriet der regierende Papst, Bonifaz VIII., in eine Klemme. Er versuchte, Palestrina zu erobern, ein Bollwerk, aber mit der üblichen Gewalt gelang es nicht. Eine List war vonnöten, ein Listiger mußte her. Also bot er den Franziskaner auf, der sich darauf einst so gut verstanden hatte. Dieser weigerte sich, das alte schlaue Gehirn noch einmal spielen zu lassen. Es sei Sünde, und er wolle nicht in die Hölle kommen. Da erklärte der Papst, daß er ihn kraft seines Amtes – »den Himmel kann ich schließen und auch öffnen« – im voraus von der Schuld freispreche. Absolution auf Vorrat, ein hübscher kleiner Ablaßhandel. Nun lenkt Guido ein und gibt ihm einen Tip: Du mußt große Versprechen machen und sie nicht halten. Und er fühlt sich wohl bei diesem bösen Rat und ohne Schuld.

Als er stirbt, zweifelt niemand an seiner Seligkeit. Der heilige Franziskus erscheint und will den frommen Sohn persönlich in den Himmel begleiten. Da tritt der Teufel dazwischen. Der Mann gehört mir. Ich warte auf ihn seit der Eroberung von Palestrina. Die Absolution des Papstes war ungültig, aus Gründen der Logik. Man kann nicht gleichzeitig etwas wollen und es bereuen. Das ist ein Widerspruch. A kann nicht zugleich Nicht-A sein. Darauf beruht seit Aristoteles die Wissenschaft der Logik. Und es folgt, mit einem Lächeln, wie wir annehmen dürfen, der großartige Satz: »Forse tu non pensavi ch'io loico fossi!« – »Du hast wohl nicht gedacht, daß ich ein Logiker bin!«

»*Auch* ein Logiker«, heißt das, oder: »der bessere Logiker«. Der erfahrenste Intrigant des 13. Jahrhunderts wird vom Dämon der Intrige mit den eigenen Mitteln geschlagen. Jetzt wohnt er in der Flamme mit der flüsternden Spitze.

Die Stelle hat Heine fasziniert. Er zitiert den Satz im italienischen Original, als er in dem glänzenden Essay »Elementargeister« von

1837 seine Teufelstheorie entwickelt. Und er erfaßt den Teufel ganz von dieser Eigenschaft her. Wobei er sie im Akt der Beschreibung auch schon umwertet und aus dem Teufel den Aufklärer macht, den Selbstdenker, den souveränen Geist und schließlich, Heine hat da nie Bedenken, ein Double seiner eigenen Person, des großen öffentlichen Intellektuellen H. H.:

Der Teufel versteht Logik, er ist Meister in der Metaphysik, und mit seinen Spitzfündigkeiten und Ausdeuteleien überlistet er alle Verbündeten. […] In einem der älteren Puppenspiele, welche das Satansbündnis, Schandleben und erbärmliche Ende des Doktor Faustus vorstellen, findet sich ein ähnlicher Zug. Faust, welcher vom Teufel die Befriedigung aller irdischen Genüsse begehrte, hat ihm dafür seine Seele verschrieben und sich anheischig gemacht, zur Hölle zu fahren, sobald er die dritte Mordtat begangen habe. Er hat schon zwei Menschen getötet und glaubt, ehe er zum drittenmale jemanden umbringe, sei er dem Teufel noch nicht verfallen. Dieser aber beweist ihm, daß eben sein Teufelsbündnis, sein Seelentotschlag, als dritte Mordtat zähle, und mit dieser verdammten Logik führt er ihn zur Hölle. […]
Der Teufel ist ein Logiker. Er ist nicht bloß der Repräsentant der weltlichen Herrlichkeit, der Sinnenfreude, des Fleisches, er ist auch Repräsentant der menschlichen Vernunft, eben weil diese alle Rechte der Materie vindiziert; und er bildet somit den Gegensatz zu Christus, der nicht bloß den Geist, die asketische Entsinnlichung, das himmlische Heil, sondern auch den Glauben repräsentiert. Der Teufel glaubt nicht, er stützt sich nicht blindlings auf fremde Autoritäten, er will vielmehr dem eigenen Denken vertrauen, er macht Gebrauch von der Vernunft! Dieses ist nun freilich etwas Entsetzliches, und mit Recht hat die römisch-katholisch-apostolische Kirche das Selbstdenken als Teufelei verdammt und den Teufel, den Repräsentanten der Vernunft, für den Vater der Lüge erklärt.[255]

Wiederum zeichnet sich hier als großartige Horizontlinie der zivilisatorische Prozeß der Modernisierung, der Entzauberung und Verwissenschaftlichung, ab, und wie immer, wo dies der Fall ist, tauchen die schroffen Oppositionen der Bewertung auf. Der gute Ursprung steht gegen das schlechte Neue, oder es steht umgekehrt die neue Freiheit gegen die alte Geistesknechtschaft. Heine, der gerne in plakativen Gegensätzen argumentiert, stellt den Logiker, den Metaphysiker, den Aufklärer, den Intriganten, den Zweifler, den Ungläubigen und den Teufel in einem einzigen Paket zu all den entsprechenden Gegenfiguren ins Widerspiel. So hat Nietzsche Sokrates und Euripides gegenüber Aischylos und der alten Tragödie ins Widerspiel gestellt. Der gleiche Nietzsche, der ja bei Heine länger in die Schule gegangen ist, als er zugeben mag, stellt sich persönlich aber auch wieder dem ganzen Christentum und am Ende, als »Antichrist«, Christus selbst gegenüber ins welthistorische Widerspiel.

Vielleicht ist es die tiefe Ambivalenz der Intelligenz als solcher, der menschlichen Denkfähigkeit, der Sapientia des Homo sapiens, was in allen Theorien und Aporien und Tragödien des zivilisatorischen Prozesses manifest wird. Man denkt an die Lapidarität jenes Satzes, den Goethe in den Anfang seines herrlichen Berichts über »Israel in der Wüste« setzte:

> Das eigentliche, einzige und tiefste Thema der Welt- und Menschengeschichte, dem alle übrigen untergeordnet sind, bleibt der Konflikt des Unglaubens und Glaubens.[256]

Wobei selbst Goethe, der Selbstdenker, der die Betrachtung aller Dinge mit eigenen Augen ohne Vorgaben und Denkbefehle zur Hauptsache seines Lebens gemacht hat, nicht anders kann als seinerseits eine gewaltige Wertung zu setzen, ein konservatives Manifest, das dem schrillen Bekenntnis Heines mit dunkler Gewalt und nicht ohne eigene Zweideutigkeit gegenübersteht:

> Alle Epochen, in welchen der Glaube herrscht, unter welcher Gestalt er auch wolle, sind glänzend, herzerhebend und fruchtbar für Mitwelt und Nachwelt. Alle Epochen dagegen, in welchen der Unglaube, in welcher Form es sei, einen kümmerlichen Sieg behauptet, und wenn sie auch einen Augenblick mit einem Scheinglanze prahlen sollten, verschwinden vor der Nachwelt, weil sich niemand gern mit Erkenntnis des Unfruchtbaren abquälen mag.[257]

Diese zwei Sätze verwandeln Heines Vorstellung von einem einzigen großen Emanzipations- und Aufklärungsprozeß, von der Linearität der Modernisierung, in eine Morphologie der Geschichte. Es gibt zwei Grundtypen von geschichtlichen Epochen: gläubige und ungläubige, und die gläubigen, so Goethe, sind kulturell wertvoller. Bald regiert der eine Typus und bald der andere. Eine übergreifende Regel findet sich nicht. Aufklärung ist nicht der Zielzustand einer Menschheit, die eines Tages jeden Fundamentalismus abschüttelt; Aufklärung ist vielmehr eine Epochenstruktur, die sich mit jener des Fundamentalismus ohne erkennbare Gesetzmäßigkeit abwechselt. Zu Beginn des 21. Jahrhunderts ist diese radikalste Frage, die an die Geschichte der Menschheit gerichtet werden kann, für weit weniger gelöst zu halten, als sie es um die Mitte des 20. Jahrhunderts schien.

Der Intellektuelle kippt in den Teufel und der Teufel in den Intellektuellen. Das Spiel ist alt. Und selten taucht es verblüffender auf als in diesem achten Felsenkessel des achten Höllenkreises von Dantes »Inferno«, dort wo Guido da Montefeltro als Flamme umherwandert. Denn neben ihm gibt es noch andere Flammen, und eine fällt den Höllenreisenden besonders auf. Es ist eine doppelte: Zwei Spitzen züngeln oben, zwei Spitzen können reden. Eine hebt dazu an. Wer ist es?

Es ist Odysseus. Tatsächlich. Der Weitgereiste, Vielgeplagte, von Poseidon jahrelang Gehetzte, der schließlich doch noch zu seiner Penelope heimkehren durfte in sein Ithaka: bei Dante wohnt er wahrhaftig in der Hölle. Eine Doppelflamme aber bildet die Erscheinung, weil sein Gefährte Diomedes, vor Troja stets an seiner Seite, jetzt auch in der Hölle bei ihm ist. So wandern sie zusammen auf ewig durch die Nacht des achten Felsenkessels. Warum denn? Hat Odysseus nicht reichlich gebüßt?

Wohl hat er gebüßt dafür, daß er den Kyklopen Polyphem blendete, den Sohn des Poseidon. Der Meergott hat ihn deswegen auf dem Meer verfolgt, überall, bis er nackt und allein, ein zerschundenes Stück Strandgut, am Ufer der Phäaken angespült wurde. Aber die übrigen Intrigenleistungen des Odysseus, so denkt Dante, die weltberühmten Tricks und Listen sind damit nicht abgegolten. Die Erfindung des Trojanischen Pferdes vor allem, die großartigste Lügeninszenierung der Überlieferung, wird als Grund für die Strafe genannt. Daneben die Gewinnung des jungen Achilles zum Mitkämpfer der Griechen. Den hatte nämlich die Mutter, die ihn lange leben lassen wollte, als Mädchen verkleidet und unter vielen Mädchen versteckt. Odysseus warf Schmuck und Waffen vor die Schar, und die Mädchen spielten freudig mit dem Gold. Da ließ Odysseus eine Kriegstrompete blasen, und wie der Blitz riß eines der Mädchen die Waffen an sich. Achill war entdeckt und zog mit Odysseus nach Troja, wo er glänzte und früh starb.

Die dritte schlimme Tat schließlich, die Odysseus und Diomedes »in ihren Flammen drin beklagen«[258], ist der Raub des Palladiums. Dieses war ein Standbild der Athene, vom Himmel gefallen und in Troja aufbewahrt. Wer es besitzt, wußte man, wird siegen. Also schlichen sich Odysseus und Diomedes verkleidet in die belagerte Stadt, raubten das Palladium und schlachteten im Vorbeigehen noch ein Dutzend Trojaner ab. Jetzt besaßen die Griechen die Gewähr für ihren Triumph.

Ohne Zweifel, was Guido da Montefeltro oben von sich selbst sagt:

»Die Schliche und die heimlich schlauen Wege, ich kannt' sie alle und hob sie zur Kunst, daß ihre Kunde drang in fernste Länder«, das gilt weit mehr noch von Odysseus. Und dieser exemplarische Intrigantencharakter ist es, was Dante zwingt, den erfinderischsten Kopf der antiken Überlieferung in die Hölle zu stecken.

Man muß sagen: es zwingt ihn. Denn Dante ist nicht unempfänglich für den Zauber des Odysseus. Wenn er ihn in die Hölle bannt, geschieht es mit einem ähnlichen Wissen um das fundamental Tragische dieses Urteils wie bei der Verdammung des Liebespaars Paolo und Francesca.[259] Odysseus ist aus seiner tiefsten Natur heraus, der er ist. Als dieses Wesen muß er verstoßen gegen Dantes Bild vom Leben in der gottgesetzten Ordnung und innerhalb der Grenzen der Menschheit. Er gehört in die Hölle, obwohl er tun mußte, was er tat, wollen mußte, was er wollte. Dante könnte sich und uns darüber beruhigen, indem er Odysseus als tückischen Schuft darstellte, einen häßlich Hinterhältigen, an dem die Edlen und Ehrlichen scheitern – eine Art von antikem Teufel. Dann wäre er zuletzt dort, wo er auch nach unserem Empfinden hingehörte. Aber es geschieht ganz anders.

Die Begegnung Dantes mit Odysseus wird zu einer atemberaubenden Szene, einem der hinreißendsten Momente der mittelalterlichen Literatur überhaupt. Odysseus redet nämlich nicht vom hölzernen Roß und den Schlächtereien vor Troja, nicht vom schönen Flittchen Helena und nicht von seiner treuen Penelope. Er spricht vielmehr über seine letzte Fahrt, eine grandiose Fahrt in den Tod. Dante hat das homerische Original nicht gekannt; er wußte nichts von der Heimkehr des Odysseus.[260] Nur daß dieser lange herumgefahren war nach der Eroberung Trojas, das wußte er. So erfindet er jetzt dem großen Mann ein Ende, das ihn nicht mehr als den Hinterlistigen und Oberschlauen erscheinen läßt, sondern, in einem wahrhaft visionären Akt, als den Erkenntnissüchtigen, auf alles Wissen der Welt Erpichten, einen wie Faust, der aber keinen Teufel braucht, sondern forscht aus eigener Kraft, vorstoßend mit seinem Schiff weit über die Grenzen der bekannten Welt hinaus. Odysseus wird zum Kulturheros, der das unternimmt, was erst Kolumbus wagen wird, 200 Jahre nach Dante: die Fahrt über alle Grenzen, den Gewinn der anderen Hälfte des Erdballs.

Wohlgemerkt: Odysseus ist hier nicht einfach der Tollkühne, der etwas wagt, das sich noch keiner getraut hat, nicht der verwegene Argonaut, der den Hazard sucht und jeden Teufel beim Schwanz packt. Er ist einer, der wissen will, erkennen will mit unbändiger Passion, sowohl die Erde wie den Menschen, das Jenseits der Meere wie die

Tiefen der Seele. So sagt er es selbst. Und er bekennt, daß weder die Liebe zu seinem Sohn noch die zu seinem Vater noch die Sehnsucht nach seiner Frau diesen Erkenntnisdrang hemmen konnten. Der Mensch sei kein Tier, meint er, und ruft es auch seinen Gefährten zu, als sie müde werden; die Tiere lebten so hin, stumpf und interesselos, der Mensch aber müsse werden und wissen, mehr werden und mehr wissen.

Was hier laut wird, ist der Eros der Wissenschaft. Erkenntnis als Begehren, Wissen als Lust. Die Libido sciendi, vor der Thomas von Aquin, die Cupiditas scientiae, vor der Augustinus gewarnt hatte, sie flammen in diesem Odysseus auf, wie sie eines Tages in Kopernikus, in Galilei, in Bacon, in Newton aufflammen werden. Einmal mehr rückt damit der große Intrigant neben den großen Wissenschaftler. So brechen in der Renaissance die europäischen Schiffe und die europäischen Wissenschaften auf, um die Grenzen der bekannten Welt und des überlieferten Wissens zu durchstoßen. Dante entwirft in seinem Odysseus die Leitfigur eines Zeitalters, das erst noch kommen wird. Er ist hingerissen von dieser Vision, aber es steht für ihn auch fest, daß sie eine Hybris verkörpert und also scheitern muß; daß *er* als Dichter sie scheitern lassen muß, um der Wahrheit des Ganzen willen, die zu zeigen ihm aufgetragen ist. Das ist seine eigene Tragik.

Über die Meerenge von Gibraltar fährt das Schiff des Odysseus hinaus, läßt also die Säulen hinter sich, die Herakles dort einmal aufgerichtet hat. Und immer tiefer geht's in die Weiten des Atlantik. Der südliche Sternenhimmel taucht auf. Der Polarstern, unser Polarstern, von dem aus wir in Europa die Welt vermessen, weil er als einziger reglos steht in den kreisenden Bildern, er versinkt hinter dem Horizont: »… daß er nicht aufstieg aus des Meeres Spiegel«.[261]

Und dann geschieht es. Die Klimax und Katastrophe dieser mittelalterlichen Science fiction tritt ein. Fünf Monate sind sie schon unterwegs auf immer neuen Meeren, da taucht in der Ferne ein Berg auf, riesig und finster: »… so hoch erschien er mir, wie ich noch keinen je gesehen hatte«.[262] Die Seefahrer jubeln. Jetzt wird die neue Welt faßbar, betretbar, gehen den Erkenntnisdurstigen die Augen auf. Da erhebt sich ein ungeheurer Wind von diesem Berg her, der »neuen Erde«:

> Ein Wirbelsturm kam von der neuen Erde,
> der schlug die vordre Spitze unsres Schiffs,

Dreimal dreht er's herum mit allen Wassern,
beim vierten hob's den hintern Teil nach oben,
den Bug nach unten – wie's ein andrer wollte –,

Und dann schlug über uns das Meer zusammen.[263]

Das ist der Schluß der Rede und der Schluß des 26. Gesangs. So stirbt Odysseus mit seinen Gefährten in Dantes Vision. In dieser Geschichte steckt Dantes Odysseus-Theorie, sein strenges Gericht über den Selbstdenker und unbändigen Forscher, der die Grenzen der Menschheit so wenig anerkennt wie die zwei Säulen, die an die Meerenge von Gibraltar gepflanzt sind, »damit nicht weiter sich der Mensch begebe«[264]. Was immer dieser Berg im System der mittelalterlichen Allegorien bedeutet haben mag – nach der Lehre vom vierfachen Schriftsinn dürfte es mindestens vier Erklärungen dazu geben –, innerhalb des neuen Odysseus-Mythos, den Dante hier geschaffen hat, ist der Sinn klar: Berg und Sturmwind strafen die Hybris des autonomen Subjekts, das in der Intrige das Schicksal usurpiert und in der Wissenschaft gegen den Glauben antritt – mit Logik, genauer Beobachtung und systematischem Zweifel. Die eingeschobene ominöse Wendung: »wie's ein andrer wollte« verweist auf die transzendente Instanz, die solchem Aufbruch – diesmal noch – ein Ende setzt. Odysseus, der den Menschen Europas die andere Hälfte des Erdballs eröffnen will, landet im Abgrund wie Prometheus am Kaukasus, Jesus am Kreuz und Sokrates beim Giftbecher. Aber das Zeichen, das Dante mit seiner Vision setzt, sprengt jenes andere Bild von der wandernden Flamme im achten Felsenkessel. Die Flamme selbst, mit ihrer Spitze flüsternd, erzählt, was sie für unsere Erfahrung zum Erlöschen bringt.

XXVII
Die Provokation von »Gottes Mummerey«

Schicksal ist, was ICH will – Schicksal ist, was ER will. Luthers Lehre von »Gottes Mummerey«. Gott als oberster Intrigant. Der komödiantische Aspekt. Nobodaddy. Nietzsche und der Absconditus. Eine Intrige verändert die Geschichte der europäischen Musik. Der Frauenmythos Armida. Die Parole Satans. Luther neben Tasso. Auf dem Weg zur transzendentalen Obdachlosigkeit. Der Intrigant als Übergangsfigur.

»Sia destin ciò ch'io voglio« – »Schicksal soll sein, was ich will« oder auch: »Mein Wille soll zum Schicksal werden für viele«. Ein weiteres Mal bringt ein großer Intrigant mit diesem Satz sein Treiben unter den Begriff des usurpierten Schicksals.

Der Teufel, wurde oben gesagt, sei der Affe Gottes, Simia Dei, und insofern, als er verhüllt, planend, führend und verführend unter den Menschen tätig sei, äffe er das Wirken der göttlichen Vorsehung nach. Diese lenke ja die Welt und die Weltgeschichte. Der Teufel maße sich also die Funktion des höchsten Schicksalsmachers an, und darin werde er zum Prototyp des Intriganten in den christlichen Jahrhunderten. Gibt es aber eine klare theologische Theorie für das tägliche Eingreifen Gottes in die irdischen Dinge? Und gibt es explizite Belege für den Zusammenfall der Verführungsarbeit des Teufels mit der zielgerichteten Täuschungsarbeit des Intriganten? Gibt es Stellen, wo der Teufel nicht nur rhetorisch und metaphorisch als Bezeichnung für den Intriganten herhalten muß, sondern wo er leibhaftig die große Intrige lanciert und wo er für sich selbst die Gewalt des Fatumstifters in Anspruch nimmt?

Die theologische Theorie für das tägliche Eingreifen Gottes in das Weltgeschehen findet sich plastisch und drastisch bei Martin Luther, in seiner Auslegung des 127. Psalms, die er 1524 an die Christen von Riga schickte. Dieser Text endet mit dem grandiosen Satz:

> Das man wol mag sagen, der wellt laufft […] sey Gottes mummerey, darunter er sich verbirgt und ynn der wellt so wunderlich regirt und rhumort.[265]

Daher darf man sagen, der Lauf der Welt sei Gottes Mummerei, hinter der er sich verbirgt und in der Welt so seltsam und wunderbar regiert und rumort. – Mummerei ist das Maskenlaufen, das Maskenspiel, ein Sich-Verkleiden und Sich-Verbergen. Gott steckt also unentwegt als Drahtzieher in der Welt und Weltgeschichte. Alles, was geschieht, ist sein Wille, wird von ihm veranlaßt oder zugelassen. Er ist das fortwährend wirkende Schicksal aller und jedes einzelnen. Das ist »wunderlich«, was nach älterem Wortgebrauch sowohl »wunderbar« wie »merkwürdig« bedeutet. Die Menschen, meint Luther in diesem Sendschreiben, denken, alles hänge von ihrer Klugheit, Vernunft und Kraft ab. Darum sammeln sie große Schätze, gießen Büchsen, bauen Türme und Mauern, schmieden Harnische und legen Vorrat an, sie erlassen kluge Gesetze und richten alles tapfer und weislich ein. Alles dies, glauben sie dann, sei ihr eigenes Werk und Verdienst, und stolz schreiten sie einher in ihrer Verblendung und grüßen Gott nicht einmal dafür, so wie jene es taten, die den Turm von Babylon bauten. »Die weyl sitzt Gott droben und sihet den menschen kindern zu.« Er läßt Städte und Herrschaften aufsteigen zu Glanz und Glorie. »Aber ehe sie sich umbsehen, stößt er sie zu boden, und gemeyniglich yhe größer königreiche, yhe eher.« Ganz und gar öffentlich liegt Gottes Werk am Tage, und doch erkennt man es nicht, »ob man gleich mit dem kopffe da widder leufft«.

Was heißt das für den Alltag des Christenmenschen? Soll er also alles liegen lassen, alles laufen lassen, wie es eben läuft? Soll er denken: Gott wird's richten; ich lege mich vorerst einmal etwas hin? Soll er allerdings nicht, sondern umgekehrt:

> Oberkeyt soll wachen vleyssig seyn und alles thun, was yhrem ampt gepürt, thor zu schließen, thürn und mauren bewaren, harnisch anlegen, vorrahd schaffen und sich eben stellen, alls were keyn Gott da und müsten sich selbs erretten und selb regiren.

Ein starkes Stück, genau betrachtet. Die Obrigkeit soll wachen, fleißig sein und alles tun, was zu ihrem Amt gehört; soll die Tore schließen, Türme und Mauern unterhalten, Waffen anlegen, Vorräte schaffen und sich genau so verhalten, als gäbe es keinen Gott – »alls were keyn Gott da« – und als müßten sich alle allein retten und selbst regieren. Abrackern soll man sich also vom Morgen bis zum Abend, aber nur nie dabei denken: Das ist mein Werk, das habe ich gut gemacht. Sondern?

»Sondern soll all solch bereytschafft und rüstunge lassen unsers Herr Gottes mummerey seyn, darunter er selbs alleyne wircke.« Das erinnert an die Geschichte von Klein Zaches bei E. T. A. Hoffmann, jenem Zwerg, dem der Zauber verliehen wurde, daß alle Leistungen, die irgend jemand in seiner Gegenwart erbringt, sofort ihm allein zugeschrieben werden. Er sitzt da und bläht sich und genießt den Applaus, während die tatsächlich verdienten Leute ausgelacht und geschmäht werden.

Ein merkwürdiger Gott ist das. Die »Mummerey«, die er treibt, das »Rumoren« Gottes in der Geschichte, was ist das anderes als eine weltweite, unablässige Intrige? Er hat den Plan, den niemand genau kennt, und führt ihn aus, verkleidet und verlarvt – zielgerichtete Verstellung –, und keiner kommt darauf, daß ER den Turm gebaut hat, der so viel Geld und Arbeit kostete, und wenn die ganze Stadt in einer Sturmnacht niederbrennt, hat ER sie angezündet, aber ein anderer wird dafür gehängt. Ein Intrigengott größten Stils ist das, Machinator maximus, und man muß es Luther hoch anrechnen, daß er hier nicht das feierliche Wort vom Deus absconditus gebraucht und nicht einmal Jesaias 45.15 zitiert, die Schlüsselstelle über den »verborgenen Gott«[266], sondern derb und deutlich von »Mummerey« und »Rhumoren« redet. Er hat ein Gespür für den komödiantischen Aspekt der Sache. Es ist jenes Gespür, das einige Jahrhunderte später auch William Blake haben wird, wenn er diesen versteckten Gott in einer unvergleichlichen Wortschöpfung als »Nobodaddy« anspricht und unverfroren fragt, warum er denn das Versteckspiel überhaupt treibe:

To Nobodaddy
Why art thou silent and invisible,
Father of jealousy?
Why dost thou hide thyself in clouds
From every searching eye?
Why darkness and obscurity
In all thy works and laws […]?[267]

Auch Blake erhält keine Antwort. Er muß sich mit dem skandalösen Paradox zufrieden geben, daß alles Schöne und alles Scheußliche auf der Welt Gottes Werk und Wille seien und dieser damit etwas gewiß sehr Gutes bezwecke, worüber er aber den gläubigen Seelen unter keinen Umständen Auskunft gebe.

Luther wittert die komödiantische Dimension eines spielenden Gottes. Im erwähnten Text sagt er über des Allerhöchsten Verhältnis zu den irdischen Königreichen: »Und ist aller yhr pracht nicht anders denn eyn spiel Gottes, der sie hat lassen eyn wenig auff gehen und ymer eins nach dem andern umb gestoßen.« Da erscheint der göttliche Intrigant als ein spielendes Kind, das seine Klötzchen auftürmt und umschmeißt. Auch dies eine recht fröhliche Sache, wenn man von den Menschenleben absieht, die sie von Fall zu Fall kostet. Aber vielleicht sind es gerade die unterhaltsam fröhlichen Züge im Wirken der Vorsehung, welche die skandalöse Lehre noch erträglich machen.

Wenn Luther und Blake nicht ohne Vergnügen von Nobodaddys Mummerei reden, verschiebt Nietzsche die Sache vom Komödiantischen ins Moralische. Im Grunde handle es sich um eine praktizierte Unmoralität Gottes. So mindestens kann man die Passage aus der »Morgenröthe« verstehen, wo von Pascals Beschäftigung mit dem Deus absconditus die Rede ist:

> Über den »verborgenen Gott« und über die Gründe, sich so verborgen zu halten und immer nur halb mit der Sprache an's Licht zu kommen, ist Niemand beredter gewesen, als Pascal, zum Zeichen, dass er sich nie darüber hat beruhigen können: aber seine Stimme klingt so zuversichtlich, als ob er einmal mit hinter dem Vorhang gesessen hätte. Er hatte die Witterung einer Unmoralität in dem »deus absconditus« und die größte Scham und Scheu davor, sich dies einzugestehen: und so redete er, wie Einer, der sich fürchtet, so laut als er konnte.[268]

Wie Heine den Teufel zum Aufklärer machte und zum Kulturheros, macht Nietzsche den verborgenen Gott, der »hinter dem Vorhang« sitzt, zum unmoralisch Handelnden. Das Wort, das er zwar nicht gebraucht, das aber in der Luft liegt, ist »Lüge«. Wer sich verstellt, täuscht die andern. Wer die andern täuscht, vollzieht einen Akt der Lüge. Solche Beschuldigung gegen Gott zu richten, setzt allerdings voraus, daß man ihn bereits nicht mehr ernst nimmt. Hätte ihn Nietzsche nicht abgeschafft, könnte er nicht von einer »Unmoralität« reden, als handle es sich um ein Problem der bürgerlichen Sittlichkeit – wie etwa das Verhalten des Herrn Huber nebenan.

Wir verdanken Nietzsche den Anstoß, die Intrige als spezifischen Faktor im Prozeß der Zivilisation, der Modernisierung zu sehen. Sie gehört, so betrachtet, zu den Vorgängen, in denen die Menschen sich die Eigenschaften der Götter anzueignen suchen. Freud hat dieses Bestreben in seiner Theorie vom Menschen als dem Prothesengott beschrieben.[269] Sofern die Intrige die Usurpation des Schicksals durch einen einzelnen bedeutet und auch, nach zahlreichen Zeugnissen der Literatur, von diesem selbst so verstanden wird, markiert sie einen Teilprozeß im Vorgang der Entgötterung und Verweltlichung. Sie setzt das Numinose des Schicksals, des Fatums, der Nemesis außer Kraft. In ihr nimmt sich einer selbst die Masken vor, die bisher Gott zur Mummerei dienten. Er tritt unverfroren hinter den Vorhang, von dem Nietzsche spricht, beginnt, die Drähte zu ziehen, die bisher in den Händen der Götter lagen, und sagt: »Sia destin ciò ch'io voglio«.

Wo steht der Satz? Wer spricht ihn aus? Es ist der Teufel höchst persönlich. Womit sich zeigt, daß er quasi berufeshalber die Mummerei Gottes nachäfft und daß jeder, der dasselbe tut, sowohl den Teufel wie auch des Teufels Nachäffung Gottes nachäfft. So wie der Teufel Simia Dei ist, Affe Gottes, ist der Intrigant Simia Diaboli, Affe des Teufels. Eine tolle Wirtschaft! Kein Wunder, daß die Literatur aufjauchzend zugreift.

Die konkrete Intrige, die mit diesem Satz beginnt: »Sia destin ciò ch'io voglio«, hat die Geschichte der europäischen Musik verändert. Denn das Mittel dieser Intrige ist eine Figur, welche die Komponisten und Librettisten, die Sängerinnen und Opernintendanten hingerissen hat wie keine zweite Gestalt der mythischen und literarischen Überlieferung: Armida, die schöne Armida in Torquato Tassos Versroman »La Gerusalemme liberata«, »Das befreite Jerusalem«. Sie ist Intrigenwerkzeug und Intrigantin zugleich, ist Helferin und Täterin in einem. Sie ist die hinreißende Verführerin, Femme fatale größten Stils, und wird doch auch zur Verratenen, ins Liebeselend Geschleuderten, wird, obwohl berechnende Verführerin, auch zur beispielhaft Liebenden. Und als müßte sie sämtliche hohen Passionen, welche die Bilderrede der alten Künste den Frauen zugestand, verkörpern, wird die Verlassene und Verratene zuletzt noch zur wütenden Rächerin. Die brennenden Figurationen, in denen die Literatur der Antike über die weibliche Existenz nachgedacht hat, mit deren Hilfe sie sich das gefährliche Weibliche zurechtzulegen suchte: Kirke, Kalypso, Dido, Ariadne, Phädra und Medea, alle sind sie in diese Armida eingegangen. Ein synthetisches Produkt sei sie, mag man sagen, in ihrer ästhetischen Beschaffenheit den Gebilden der Postmoderne überraschend verwandt, ein Wesen, das aus Zitaten zur Natur wird und mit ihrem berühmten Zaubergarten selbst wieder eine Natur schafft, wo sich alles als zitierte Kunst ausnimmt.[270] Aber wenn sie dann auftritt und da ist und wirkt und redet und handelt, ist sie, kraft Tassos poetischer Gewalt, so hinreißend lebendig, daß alle Musiker sie vertonen wollten, immer und immer wieder, vom 16. bis zum 20. Jahrhundert. So wie sie selbst in der Erzählung durch das Feldlager der grimmigen Kreuzritter zieht, auf hohem Wagen fahrend und mit den schönen Augen blitzend – und sogleich lassen die Krieger ihre Säbel Säbel sein und wollen nur noch eines, nur sie, diese Frau –, so zieht sie seit 1581 durch die Welt der Musik, und die Komponisten, scheint es, wollen alle nur eines, sie komponieren, diese Frau und ihren eingefangenen Geliebten, den ebenso schönen Rinaldo. Armida und Rinaldo, wie Händel die beiden in Musik gesetzt hat, hat Tiepolo sie gemalt. Das Paar wurde zu einem kollektiven Traum der europäischen Künste. Monteverdi hat angefangen, Madrigale zu schreiben auf Tassotexte um Armida, hat dann auch eine Armida-Oper geschrieben wie so viele nach ihm. Über hundert musikalische Armidas wurden gezählt, erhaltene und verschollene, Opern und Ballette; die wichtigsten Opern neben Monteverdi und Händel sind von Lully, Jomelli, Gluck, Salieri, Cherubini, Haydn und Rossini. Schließlich hat, weitab vom Barock, auch Antonín Dvořák noch eine »Armida« geschrieben, 1904, die letzte Oper seines Lebens. Und wenn die Komponisten der Moderne sich dem Zauber der Zauberin weniger verfallen zeigen als ihre Vorgänger, so erschallt ihre Stimme heute doch so tausendfach, wie es vordem nie der Fall war, von Schallplatten und CDs.

Was passiert bei Tasso? Die Kreuzritter wollen Jerusalem erobern, wollen die heiligen Stätten den Händen der Ungläubigen entreißen. Das ist die Ausgangssituation. An der Rechtmäßigkeit und unbedingten Notwendigkeit solcher Schlächterei zweifelt weder der Dichter noch ein einziger seiner Ritter. Es geht um das Heil der Welt, nicht mehr und nicht weniger. Und gleichzeitig hat damit ein Autor aus der späten Renaissance, der Shakespeare-Zeit, einen Stoff gefunden, der dem Kerngeschehen von Ilias und Aeneis verwandt ist, der Eroberung Trojas. Aber während in der Troja-Geschichte die Hauptintrige zum Ziel hat, in die belagerte Stadt einzudringen, hat sie in der Jerusalem-Geschichte zum Ziel, die Eroberer von ihrem Werk abzubringen.

Wer will so etwas? Nur ein Feind Gottes kann so etwas wollen. Er ist der oberste aller Feinde Gottes und sitzt in der tiefsten Hölle. Als die Kreuzritter gewaltige Mengen von Leitern und Rammböcken zimmern zum endgültigen Sturm auf die heilige Stadt, gerät er in schreckliche Aufregung. Einen ganzen Wald legen sie dafür um. Dagegen muß etwas unternommen werden. Der Herr der Tiefe ruft alle bösen Geister zusammen, und sie kommen geflogen und gedonnert und gezischt aus schwefligen Schlünden. Scheußlich ist das anzusehen und fast nicht zu beschreiben, aber Tasso gelingt es in vielen kunstreich gefügten Stanzen.

Der Böse hält eine böse Rede an die Bösen. Er stachelt sie auf zum Kampf gegen die Christen, zum Kampf mit beiden Mitteln, der Gewalt und der List – »or la forza s'adopri ed or l'inganno«. Und hier, auf dem Höhepunkt dieser Rede, fällt nun der Satz: »Schicksal sei, was ich will« – »Sia destin ciò ch'io voglio«. In diesem Wort des regierenden Satan verdichtet sich die ganze Aktion, eine Wiederholung des ersten Aufstands der Engel, der einst zu ihrem Sturz und zum Entstehen der Hölle führte. Eine kompakte Stanze lang, die 17. des Vierten Gesangs, wird geschildert, worin diese Usurpation des Schicksals bestehen soll. Die Strophe beginnt mit der zitierten Parole und zählt dann auf: Den einen Kreuzritter soll das Los treffen, ziellos umherzuirren; ein andrer verfalle dem qualvollen Tod; ein dritter soll sich hilflos in Liebe und Wollust verstricken. Darüber wird sich das Heer zerstreiten. Blutig, so hofft der Teufel, werden die Ritter aufeinander losgehen. Sie werden sich gegenseitig umbringen, werden einander aufreiben bis alles kaputt und vernichtet ist.

> Sia destin ciò ch'io voglio: altri disperso
> sen vada errando; altri rimanga ucciso;
> altri, in cure d'amor lascive immerso,
> idol si faccia un dolce sguardo e un riso:
> Sia 'l ferro in contro al suo rettor converso
> da lo stuol ribellante e'n sé diviso:
> pèra il campo e rüini, e resti in tutto
> ogni vestigio suo con lui distrutto. –[271]

So lautet die Strophe im Original, und in der Übertragung von J. D. Gries aus der Zeit der deutschen Klassik erscheint sie so:

> Geschick sei, was ich will! Umher zu irren
> Sei *dieses* Los; *den* treffe Todesqual;
> Der soll versenkt in Lieb und Wollust girren,
> Ein süßer Blick sei Gottheit seiner Wahl.
> Aufruhr und Zwietracht soll das Volk verwirren
> Und lenken auf den Führer selbst den Stahl.
> Das ganze Heer verderb', und alle Kunde
> Und Spur von ihm geh' auf einmal zu Grunde![272]

Durch den Willensakt der ersten Zeile wird die Planszene bereits zum Beginn der Durchführung. Nun schwärmen die bösen Geister aus und setzen die Hauptintrige in Gang.

Diese Hauptintrige, durch die der Satan persönlich das Amt der Vorsehung gegenüber den Kreuzrittern übernimmt, besteht darin, die schönste aller Frauen, Armida, ins Heerlager vor Jerusalem zu schicken. Alle Helden, denkt sich der Böse, werden sich in sie verlieben, werden ihr nachlaufen wie die wedelnden Pudel, und die Macht der Christen wird durch den Verlust so geschwächt, daß die Eroberung der heiligen Stadt scheitert.

Tatsächlich übernimmt Armida, Tochter eines argen Zauberers, mit Freuden das interessante Geschäft. Sie zieht die blitzblanken Krieger in Mengen hinter sich her und von ihrer Aufgabe ab, insbesondere eben den einen, den herrlichsten von allen, Rinaldo, Tassos Achill. Den lockt sie auf ihren Zauberberg in ihren Zaubergarten, wo er ihr ganz verfällt und nur noch der Liebe lebt. Ein schwebendes, webendes Paradies ist das, von Dämonen geschaffen – aber welche Vorgabe für die Komponisten, welch ein Sujet für die Maler! Bis dann endlich zwei wackere Freunde ihn suchen gehen, ihn finden und aufwecken aus dem süchtigen Bann. Er verläßt mannhaft das gefährliche Weib, kehrt zur Pflicht zurück, und Jerusalem wird erobert. Sie aber, die ihn zuerst nur verlocken wollte, Luzifers erlesenstes Werkzeug, hat sich im Zaubergarten tatsächlich in ihn verliebt, ganz und gar. Nach seinem Verrat wird sie zur rasenden Rächerin. Alles fühlt sie durch, lebt sie durch, was eine radikale weibliche Seele fühlen und leben kann. Ist es verwunderlich, daß die Opernkomponisten ihr dafür gedankt haben mit einem Kontinent von Musik?

Wenn man das nun nebeneinanderstellt, Luthers Konzept von »Gottes Mummerey« in der Weltgeschichte und Tassos Konzept von der »Mummerey« des Teufels in einem welthistorischen Entscheidungsmoment, wird die Ähnlichkeit des Treibens unübersehbar. Beides hat Intrigencharakter im strengen Sinn. Und beider Parole ist: »Sia destin ciò ch'io voglio« – »Schicksal soll sein, was ich will«. Bei Luther wie bei Tasso betrifft dieses Schicksal sowohl ganze Königreiche als auch das tägliche Leben eines einzelnen Menschen. Nur ist der Satz im Munde Gottes legitim, stellt er geradezu eine Definition Gottes als des Allmächtigen, Allwissenden und Allwaltenden dar. Im Munde des Teufels hingegen ist er aus dem gleichen Grund die höchste Form blasphemischer Anmaßung. Was ist er im Munde eines Menschen?

Für den Menschen, der sich unter dem Firmament des Vatergottes weiß und also auch im Blickfeld des schleichenden Teufels, für den gläubigen Menschen ist der Satz ebenfalls eine Blasphemie. Wer ihn ausspricht, nimmt in Anspruch, was allein dem Allerhöchsten zusteht. Er wird zum Nachahmer des Teufels, zu dessen Affen. Dafür muß er, solange das Firmament des Vatergottes existiert, in der Hölle landen, als lebende Flamme mit redender Spitze. Sobald indessen das Firmament des Vatergottes oder der Göttersippschaft zweifelhaft wird, wächst dem, der diesen Satz ausspricht und ihm gemäß handelt, dem Intriganten also, eine ganz andere Bedeutung zu. Auf dem Weg zur »transzendentalen Obdachlosigkeit«[273], um den Begriff von Georg Lukács beizuziehen, wird der Intrigant zu einer Übergangsfigur. Wo die Vorstellung einer transzendenten Vorsehung sich verflüchtigt, löst sich der blasphemische Aspekt des Intrigenhandelns auf, und die Tat gerät zum Zeichen menschlicher Autonomie. Wenn sich der Intrigant im geschlossenen christlichen Kosmos zum Gesellen des Teufels macht, tritt er mit der Krise dieses Kosmos an dessen Stelle, als innerweltlicher Konspirator, ein machtlustiges Wesen, das sich seiner eigenen Schlauheit erfreut.

XXVIII
Der Weltintrigant

Die Entstehung der modernen Wissenschaften aus der Distanz zur Heilsgeschichte. Die Vorsichtsformel: Etsi deus non daretur. Die Phantasien von globalen Großintrigen als Gegenzug zur wissenschaftlichen Welt. Professor Moriarty. Sherlock Holmes als säkularer Heiland. Moderne Mythen in der Trivialliteratur. Von Prof. Moriarty zu Dr. Fu Manchu. Die Illuminaten-Legende. Der Dollar-Schein als Beweisstück. Vom großen Satan zum Weltintriganten.

Nun sind allerdings weder die »Entgötterung« oder »Entzauberung« der Welt noch der Übergang der Menschen in die »transzendentale Obdachlosigkeit«, sind weder »Aufklärung« noch »Verweltlichung« Vorgänge, welche sich auf linearer Strecke ereignen, eines Tages eintreten und damit abgeschlossen sind. Wir begegnen ihnen weit mehr als Phänomenen der Krise denn als bereinigten Gegebenheiten. Auch dort, wo die Sache am eindeutigsten scheint, im Bereich der strengen Wissenschaften, für die es theologische Implikationen schlechthin nicht geben darf, ist der Abschied vom theologisch-heilsgeschichtlichen Weltverständnis ursprünglich durchaus nicht als Akt des Unglaubens vollzogen worden, sondern als rein wissenschaftliche Verfahrensregel. Diese Regel lautete, es sei die Natur zu erforschen unter Absehung von der Frage nach einem Schöpfer. Das heißt, man hat Wissenschaft zu treiben, *als ob* es ihn nicht gäbe – »etsi Deus non daretur«[274] –, nicht aber »quia non datur«, *weil* es ihn nicht gibt. Diese Regel, die alle moderne Wissenschaft erst ermöglicht hat, ist erstaunlich nahe bei der Regel Luthers in dem zitierten Text, das Verhalten der Menschen angesichts von »Gottes Mummerey« betreffend. Luther fordert eine Lebenspraxis »alls were keyn Gott da«.[275] Im Wissen, daß Gottes Wirken allgegenwärtig ist, soll der Mensch handeln, als gäbe es diese Allgegenwart nicht. Während der Reformator aber noch den unbedingten Glauben an die Präsenz des Vermummten fordert, wird die neuzeitliche Wissenschaft diesen Glauben dem einzelnen Menschen als seine Privatsache überlassen. Mag er beten und fromm sein wie eine Nonne, wenn er nur forscht und experimentiert ohne theologische Rücksichtnahme und Verzerrung. Glaube und Unglaube sind Privatsache, beim Eintritt in das Labor gleichermaßen abzugeben.

Der Intrigant im strengen Sinn kann nur als eine Gestalt der Aufklärung gedacht werden, und zwar weniger ihres erreichten Zieles wegen als ihrer krisenhaften Geburt. Die Anmaßung des Schicksalsmachers, deren er sich nach dem Zeugnis so vieler Texte klar bewußt ist, geht über den bloßen Willen zur Macht hinaus. Sie zielt auf Abschaffung der Transzendenz. Deshalb kann auch das Umgekehrte passieren. In Zeiten, wo die gelebte Überzeugung von einer wirkenden Vorsehung, von allgegenwärtigen schicksalstiftenden Mächten verschwunden ist, tauchen unweigerlich Phantasien auf, die dieses Defizit ersetzen möchten. Was der Mensch am schwersten erträgt, ist ein leerer Himmel. Vom späten 18. Jahrhundert an finden sich in zunehmendem Maße Berichte über Großkonspirationen, welche das Weltgeschehen insgeheim lenken oder eine solche Lenkung anstreben. Es sind Visionen von globalen Hyperintrigen. Bald müssen die Jesuiten, bald die Freimaurer, bald die Juden für den Verdacht herhalten. Das schlägt in die Literatur durch.

Das zentrale Phantasma in Goethes Roman »Wilhelm Meister« ist die Geheimgesellschaft, die »Turmgesellschaft«, welche das Leben des jungen Mannes Wilhelm ohne dessen Wissen überwacht und leitet. Hier wird die transzendente Vorsehung zur diesseitigen pädagogischen Aktion; Gottes Mummerey ist jetzt die Mummerei eines Geheimclubs aufgeklärter Männer, den Verbündeten um Sarastro in der »Zauberflöte« verwandt. Im »Meister«-Roman ist das noch ganz auf den Einzelnen und seinen Lebensweg hin gedacht, als eine »Entzauberung« des christlichen Heilswegs. Der nächste Schritt muß sich auf viele richten. Schon bei Balzac erscheint der Großintrigant Vautrin, Polizeichef und Verbrecherhäuptling zugleich, als einer, der die ganze Stadt Paris, die Menschenmassen einer Metropole, aus seinen Verstecken heraus kontrolliert und überwacht. Und von da aus ist es dann nicht mehr weit bis zur Vorstellung von einem Weltintriganten, der Fäden in der Hand hält, die rund um den Globus laufen. In den Spekulationen um international agierende Geheimgesellschaften erscheint dieser Weltintrigant als ein Kollektiv; sobald dieses einen Kopf hat, wird er zur benannten Person.

In jener Masse viel gelesener und wenig erforschter Literatur, die man als trivial klassifiziert, dürfte es seit dem mittleren 19. Jahrhundert mehrfach entsprechende Gestalten und Geschichten gegeben haben. Ein gesichertes Beispiel stammt von einem Autor mit hohem Talent und breiter Leserschaft bis heute, Sir Arthur Conan Doyle. Er hat den Weltintriganten in der Figur des Professor Moriarty zwar nicht breit ausgeführt, aber präzis entworfen. Dieser Moriarty[276] ist der einzige Mensch, der dem Genie von Sherlock Holmes gewachsen ist, und im Kampf mit Moriarty kommt Sherlock Holmes denn auch ums Leben. In der Erzählung »The Final Problem« reißt Holmes als ein Märtyrer des Guten den Bösen mit sich in den Tod, in den Abgrund des Wasserfalls von Meiringen im Berner Oberland. Leider hat Doyle seinen Sherlock Holmes später wieder auferstehen lassen. Damit hat er den mythischen Akzent seiner epochalen Schöpfung – Holmes als säkulare Heilandsfigur – zerstört. Es ist dies um so bedauerlicher, als Holmes zur begrenzten Zahl literarischer Gestalten von fraglos mythischem Umriß im weltweiten Bewußtsein gehört, vergleichbar mit Robinson Crusoe und Don Quijote. Wenn eine literarische Figur diese Dimension gewinnt, deutet dies stets auf mehr als nur das schriftstellerische Geschick ihres Erfinders. Die Wahrheit einer ganzen Epoche scheint sich in ihr zu verdichten. Daß Sherlock Holmes heute fast durchweg mit ironischem Unterton erwähnt wird, als wäre er eine Comic-Figur, dürfte mit der Vermarktung durch Doyle selbst zusammenhängen. Das grandiose Finale seines Lebens im Kampf mit dem Bösen am Rande des Abgrunds wurde dadurch zur Episode erniedrigt. Es ermöglichte aber die fabrikmäßige Produktion weiterer Stories. Der Meisterdetektiv geriet so immer mehr zum Klischee, während sich in den frühen und mittleren Holmes-Geschichten eine unheimliche Mehrschichtigkeit und psychische Komplexheit der Figur zeigt. Allerdings muß man auch wieder zugeben, daß wichtige Charakterisierungen Moriartys erst in diesen späteren Geschichten auftauchen. Wäre mit dem »Final Problem« alles zuende gewesen, bliebe die Gestalt weit schattenhafter.

Professor Moriarty, der als der letzte Gegner von Holmes konzipiert war, ist nicht nur »one of the first brains of Europe«, hat nicht nur »all the powers of darkness at his back«.[277] Von ihm heißt es auch, und da wird die Steigerung des Vautrin-Typus eklatant: »The greatest schemer of all time, the organiser of every deviltry, the controlling brain of the underworld, a brain which might have made or marred the destiny of nations.«[278] Eines der Spitzengehirne Europas ist er also; hinter ihm stehen alle Mächte der Finsternis; er ist der größte Intrigant aller Zeiten, der Organisator aller Teufeleien, das lenkende Gehirn der Unterwelt, ein Gehirn, welches das Schicksal (wiederum dieses Stichwort!) ganzer Nationen zu Heil oder Verderben hätte lenken können.

In einer entsprechend weitgespannten Aktion wird dieser Moriarty von Doyle allerdings nie vorgeführt; wo er auftritt, ist er nicht viel mehr als ein tückischer Mörder. Er bleibt eine Skizze, ein merkwürdiger Schattenriß an der Wand des literarischen 19. Jahrhunderts.

Zugegeben, das spielt alles an der Grenze zu James Bond und also zu jener Literatur, von der man in besseren literaturwissenschaftlichen Kreisen nicht spricht. Die Mythen der Menschheit waren aber nie an die Spitzenliteratur gebunden. Und wenn man bedenkt, wie lange der Roman als Gattung für trivial gehalten und weit hinter die Tragödie gestellt wurde, erweist sich auch die Kategorie des Trivialen selbst als wandelbar.

Deshalb darf man sich bei der Frage nach den literarischen Verkörperungen von Weltintrigen, welche die alte Vorsehung, das alte Fatum im umfassenden Sinne zu ersetzen suchen, nicht auf die anerkannte Weltliteratur und die nobelpreisfähigen Werke beschränken. Arthur Conan Doyles Moriarty-Modell wurde im 20. Jahrhundert vom Engländer Sax Rohmer (1883–1959) aufgegriffen und zur Zentralfigur einer jahrzehntelangen Romanproduktion von immenser Popularität umgeschaffen. Ohne Prof. Moriarty hätte es Dr. Fu Manchu nicht gegeben. Dieser ist Sax Rohmers legendärer Bösewicht. Er tritt 1913 erstmals vor die Augen einer schaudernd-entzückten Leserschaft, im Roman »The Mystery of Dr. Fu Manchu«.[279] 14 Romane sind es insgesamt, von 1913 bis 1959, in denen der satanische Chinese sein Unwesen treibt. Die Magie Fu Manchus, die Angstlust, die er auslöste, nährte sich von der weitverbreiteten Furcht vor der »Gelben Gefahr«, vom Phantasma der Chinesen als eines Riesenvolkes mit skrupellosen Welteroberungsgelüsten. Das personalisierte sich in Fu Manchu. Rohmers Bücher teilen ihren rassistischen Einschlag mit vielen populären Verbrecherromanen des frühen 20. Jahrhunderts. Entscheidend aber ist im vorliegenden Zusammenhang, daß Fu Manchu tatsächlich die Weltherrschaft anstrebt: »Fu Manchu ist der größte und verruchteste Schurke aller Zeiten; sein Ziel die Welteroberung. Er besitzt die Doktorwürde von verschiedenen europäischen Universitäten, leitet Geheimbünde, weiß alles, was Okkultismus und Zauberei betrifft; alle Erkenntnisse sämtlicher Wissenschaften sind ihm bekannt. Er ist ein Meister der Verkleidung.«[280] Auch der Film hat den Stoff vielfach aufgegriffen; berühmt wurde »The Mask of Fu Manchu« von 1932 mit Boris Karloff in der Titelrolle.

Auch in der jüngeren Gegenwart gibt es Zeugnisse für das Bedürfnis der kollektiven Phantasie nach Weltintrigen und Weltintriganten. Wer dieses Bedürfnis literarisch bedient, hat, was die Auflagen betrifft, ausgesorgt, auch wenn er vom offiziellen Kulturbetrieb kaum zur Kenntnis genommen wird. Ein Beispiel ist die »Illuminatus!«-Trilogie der Amerikaner Robert Shea und Robert A. Wilson, die auch in Deutschland, unter Ausschluß der literarischen Öffentlichkeit, seit Jahren erfolgreich ist. Der erste Band, »Das Auge in der Pyramide«[281], stand im Januar 2003 in der 25. Auflage. Bei jüngeren Leserschichten hat »Illuminatus!« Kultcharakter. Das ist insofern überraschend, als die Lektüre sehr anspruchsvoll ist. Es wird auf unterschiedlichsten Handlungsebenen erzählt, in schleuderndem, schwindelerregendem Wechsel. Die einzelnen Erzählfetzen, die da durcheinanderwirbeln, sind aber schmissig gemacht, im kalkulierten Duktus billiger Reißer, mit krudem Sex untermischt. Immer lassen sie die Möglichkeit durchblicken, es könnte sich alles um flutende Halluzinationen unter Drogeneinfluß handeln. »Psychedelic«, »psychedelisch« nannte man das in den 70er Jahren, als die Trilogie entstand. Hinter der literarischen Artistik und den Thriller-Effekten, die aus dem Arsenal von Schwarzem Kriminalroman, Science fiction, Fantasy und Horror stammen, steht indessen ein einziger Gedanke: Die Welt und alles, was auf ihr geschieht, jeder Krieg, jede Wirtschaftskrise, jedes Attentat, jeder Friedensschluß und jedes ökonomische Abkommen, auch alle Regierungen und alle Geheimdienste, sind gelenkt und gesteuert von einer mächtigen Untergrundorganisation, den Illuminaten. Diese Illuminaten haben durchaus mit dem historisch belegten Orden gleichen Namens zu tun, der 1776 von Adam Weishaupt in Ingolstadt gegründet wurde und dem ein ansehnlicher Teil der fortschrittlichen Intelligenz Deutschlands beitrat. Aber im Spekulationsgefüge der »Illuminatus!«-Trilogie ist diese geschichtlich nachgewiesene Geheimgesellschaft der deutschen Aufklärung nur ein Glied in einer viel älteren Kette. Um dies zu zeigen, werden esoterisches Wissen und esoterische Dokumente in Mengen aufgeboten und dem Leser in gezielten Dosen verabreicht. Band um Band vibriert von der Faszination einer uralt-modernen Hyperintrige, die die Gründung der Vereinigten Staaten ebenso gelenkt haben soll wie den Kennedy-Mord. Dabei taucht als Beweismittel, das jedermann schon zwischen Daumen und Zeigefinger gehalten hat, die amerikanische Dollarnote auf. Dort findet sich bekanntlich das Bild der Pyramide mit dem Auge in der schwebenden Spitze. Das geheimnisvolle Zeichen, das dem ersten Band der Trilogie – »Das Auge in der Pyramide« – den Untertitel geliefert hat, soll sich in der Tat von den historischen Illuminaten herleiten; seine freimaurerische Ikonographie ist offensichtlich. Daß dem weltweit mächtigsten Zahlungsmittel, dem Dollar, Inbegriff globaler Finanzmacht und Geldstrategie, ein esoterisches Schlüsselsymbol aufgedruckt ist, gewinnt frappierenden Beweischarakter in einem Thesengebäude, bei dem sich die konkreten Machtverhältnisse auf dem heutigen Planeten mit den Überlieferungen antiker, mittelalterlicher und neuzeitlicher Geheimlehren vernetzen. Übrigens weist Umberto Ecos Roman »Das Foucaultsche Pendel«, zwölf Jahre nach »Illuminatus!« erschienen, überraschende Ähnlichkeiten mit dieser Trilogie auf. Aber das Verführerische, das »Illuminatus!« für breite Leserschichten zu haben scheint, die schillernde Verlockung zum Glauben an eine geheime Weltlenkung größten Ausmaßes – vielleicht, vielleicht auch nicht, vielleicht eben doch … – geht von Ecos Roman nicht aus.

Daß die USA und mit ihnen die ganze Welt seit dem 11. September 2001 im Banne eines real existierenden Weltintriganten stehen, mit Namen Usama bin Laden und einem Gesicht, das die Christus-Ikonographie in Erinnerung ruft, hat mit der Literatur insofern zu tun, als deren Konzepte so sicher wie unreflektiert in die Phantasiearbeit um das »Terrornetz« und seinen Führer einschießen. Dabei ist es bedenkenswert, daß die islamistische Organisation Al Kaida von einem monotheistischen Vorsehungs- und Schicksalsglauben bestimmt ist; ihre Sendung leitet sie vom Willen Gottes her. Dem nähert sich auch die amerikanische Gegenposition in manchen ideologischen Signalen, die von der Administration des Präsidenten George W. Bush ausgehen. Es scheint, daß das spätmittelalterliche Konzept vom großen Satan als dem Weltintriganten, wie es bei Tasso noch einmal faßbar wurde, zu Beginn des 21. Jahrhunderts, 250 Jahre nach Voltaire, weltweit wiederkehrt. Der amerikanische Präsident und der Chef der islamistischen Geheimorganisation betrachten einander wechselseitig als dieses Wesen.

Vierter Teil

VOM FUCHS

XXXIX
List und Lüge in Philosophie und Literatur

Ist jede Lüge sittlich schlecht? Kants Rigorismus. Der Denker aus Königsberg versucht sich als Erzähler. Goethes Iphigenie ein Pendant zu Kants Theorie. Eine Intrigantin wird absolut. Fundamentalismus der Humanität. Die Figur des krassen Gegenteils. Goethe liebt beide. Fuchsgeschichten auf der ganzen Welt. Äsop, der angebliche Erfinder. Seine Lebensgeschichte als Roman. Die Schönheit des Verwachsenen. Die Fabel als Form des Widerstands. Domestizierung zur Kinderliteratur. Luthers Fabeltheorie.

Das Studium der Intrige in der Literatur stellt uns immerzu vor Grundfragen der Moral, der Ethik, der Sittlichkeit. Ist nach den Vorstellungen einer universalen Sittlichkeit nicht jede Intrige schlecht und also dem Menschen verboten?

Intrige ist zielgerichtete Verstellung vor anderen Menschen. Zielgerichtete Verstellung aber ist eine Form der Lüge, praktizierte Lüge. Wenn Wahrheit, nach der bekannten englischen Gerichtsformel, »the truth, the whole truth and nothing but the truth« ist, dann ist Lüge alles, was gegen diese umfassende Bestimmung verstößt. Ich lüge also schon, wenn ich einen Menschen freundlich grüße, von dem ich bei mir selber denke, er sei ein widerwärtiger Kerl. Denn mit meinem Gruß teile ich ihm mit, daß er mir sympathisch sei. Streng genommen, ist jede Lüge böses Tun. Die vieldiskutierten Ausnahmen, die sogenannten Notlügen und dergleichen, sind lebenspraktische Kompromisse mit dem Schlechten, nehmen also an diesem teil. In den Zehn Geboten steht: »Du sollst kein falsches Zeugnis geben«[282], nicht aber: »Du sollst in der Regel kein falsches Zeugnis geben«. Seit Augustinus' Schriften[283] über die Lüge gibt es die Lehre von einer unbedingten Pflicht zur Wahrhaftigkeit.

Auch Kant ist hier rigoros. In seinem kleinen Aufsatz: »Über ein vermeintliches Recht, aus Menschenliebe zu lügen« von 1797 zitiert er einen Einwand, den Benjamin Constant gegen ihn vorgebracht hatte. Constant schrieb:

Der sittliche Grundsatz: es sei eine Pflicht die Wahrheit zu sagen, würde, wenn man ihn unbedingt und vereinzelt nähme, jede Gesellschaft zur Unmöglichkeit machen. Den Beweis davon haben wir in den sehr unmittelbaren Folgerungen, die ein Deutscher Philosoph aus diesem Grundsatze gezogen hat, der so weit geht zu behaupten: daß die Lüge gegen einen Mörder, der uns fragte, ob unser von ihm verfolgter Freund sich nicht in unser Haus geflüchtet, ein Verbrechen sein würde.[284]

Kant gesteht in einer Anmerkung zu, diese Meinung vertreten zu haben und weiterhin zu vertreten. Und er erklärt dezidiert, daß die Lüge nicht erst dadurch sittlich schlecht werde, daß sie einem andern schade: »Denn sie schadet jederzeit einem Anderen, wenn gleich nicht einem anderen Menschen, doch der Menschheit überhaupt.«[285] Und darüber wird Kant nun gar zum Erzähler, indem er schildert, wie gerade der Versuch, einem andern durch eine Lüge das Leben zu retten, ganz unvorhersehbare Folgen haben könne:

Hast du nehmlich einen eben itzt mit Mordsucht Umgehenden *durch eine Lüge* an der That verhindert, so bist du für alle Folgen, die daraus entspringen mögten, auf rechtliche Art verantwortlich. Bist du aber strenge bei der Wahrheit geblieben, so kann dir die öffentliche Gerechtigkeit nichts anhaben; die unvorhergesehne Folge mag sein, welche sie wolle. Es ist doch möglich daß, nachdem du dem Mörder, auf die Frage, ob der von ihm Angefeindete zu Hause sei, ehrlicherweise mit Ja geantwortet hast, dieser doch unbemerkt ausgegangen ist, und so dem Mörder nicht in den Wurf gekommen, die That also nicht geschehen wäre; hast du aber gelogen und gesagt, er sei nicht zu Hause, und er ist auch wirklich (obzwar dir unbewußt) ausgegangen, wo denn der Mörder ihm im Weggehen begegnete und seine That an ihm verübte: so kannst du mit Recht als Urheber des Todes desselben angeklagt werden. Denn hättest du die Wahrheit, so gut du sie wußtest, gesagt: so wäre vielleicht der Mörder über dem Nachsuchen seines Feindes im Hause von herbeigelaufenen Nachbarn ergriffen, und die That verhindert worden. Wer also *lügt*, so gutmüthig er dabei auch gesinnt sein mag, muß die Folgen davon, selbst vor dem bürgerlichen Gerichtshofe, verantworten und dafür büßen: so unvorhergesehen sie auch immer sein mögen; weil Wahrhaftigkeit eine Pflicht ist, die als die Basis aller auf Vertrag zu gründenden Pflichten angesehn werden muß, deren Gesetz, wenn man ihr auch nur die geringste Ausnahme einräumt, schwankend und unnütz gemacht wird.[286]

Was Kant hier vorträgt, könnte der Kern zweier Kleist-Novellen sein, einer mit glücklichem und einer mit tragischem Ausgang. Die Happy-End-Variante: Einer sagt die Wahrheit im klaren Wissen, daß dies den Tod seines Freundes zur Folge hat. Er tut es, um des absoluten Wertes der Wahrheit willen. Und siehe, der Freund wird gerade dadurch gerettet. Eine nicht unähnliche Konstruktion liegt tatsächlich Kleists unterschätzter Erzählung »Der neue (glücklichere) Werther«[287] aus den »Berliner Abendblättern« zugrunde. Die tragische Variante: Einer lügt im klaren Wissen, nur so seinem Freund das Leben retten zu können. Und siehe, der Freund muß gerade dadurch sterben. Wobei Kant hier wohl nicht einmal die Tragik anerkennen würde, weil für ihn die Wahrheit als der höhere Wert zweifelsfrei feststeht. Die zwei Novellen-Embryos aus der Feder des großen Philosophen und nicht so großen Erzählers tragen zur Klärung der Grundsatzfrage wenig bei. Es sind aussichtslose Versuche, die Leser vom unbedingten Verbot der kleinen Alltagslügen zu überzeugen. Eine reizvolle Absurdität ist den Fallbeispielen nicht abzusprechen, während die systematische Begründung im letzten Satz des obigen Zitats dann wieder das volle Gewicht des Kategorischen Imperativs gewinnt.

Daß Kants Lügenbegriff auch die Intrige, nicht zuletzt die hilfreiche, die rettende Intrige betrifft, liegt auf der Hand. Deshalb erscheint Goethes »Iphigenie« als das poetische Pendant zu Kants Theorie. In diesem Stück wird aus dem unreflektierten Vollzug einer Intrige heraus über deren sittlichen Wert oder Unwert nachgedacht und die Konsequenz im Sinne Kants gezogen: Iphigenie deckt eigenhändig das Mechanema auf, das sie und ihren Bruder retten sollte. Die Wahrheit sei in jedem Fall der höhere Wert. In der großen Schlußdebatte mit dem König, in deren Vollzug sie sich zu dem Entschluß durchringt, wahrhaftig zu sein, auch wenn es den Bruder das Leben kostet (ganz wie in Kants Novellen-Skizze), verteidigt sie zunächst noch das Recht der Schwachen auf List und Täuschung:

> Auch ohne Hülfe gegen Trutz und Härte
> Hat die Natur den Schwachen nicht gelassen.
> Sie gab zur List ihm Freude, lehrt' ihn Künste:
> Bald weicht er aus, verspätet und umgeht.
> Ja, der Gewaltige verdient, daß man sie übt.[288]

Das ist die klassische These von der List als der legitimen Gegenstrategie der Schwachen gegen die Gewalt. Aber kaum hat die Frau sich dergestalt zur Intrige bekannt, beginnt sie davon abzurücken. Das lautstarke Verteidigen von List und Verstellung bewirkt in ihrer Seele den Umschlag – eine psychologisch kostbare Sekunde. Als der König antwortet, gegen die List wisse er vorsichtig zu sein, sagt sie unvermittelt: »Und eine reine Seele braucht sie nicht«.[289] Damit hebt der innere Kampf Iphigenies um das Geständnis an, der das Gespräch immer mehr zu einem Monolog macht und in dem Ausruf gipfelt:

> »Durch mich die Wahrheit! – Ja, vernimm, o König,
> Es wird ein heimlicher Betrug geschmiedet.«[290]

Daß Iphigenie zuerst mitmacht und die praktizierte Lüge des Mechanemas mitvollzieht, läßt sie um genau jene Spur menschlicher erscheinen, die uns die Heilige der Humanität überhaupt erträglich macht. Ohne dies wäre sie eines der weiblichen Tugendpakete, die das deutsche 18. Jahrhundert liebte und ernüchterte Jahrzehnte schon bald nicht mehr aushalten konnten. Iphigenie erleidet hier die Wahrheit wie in den Wehen einer Geburt. Nur so wird das epochale Signal dieses Stücks möglich: Jede Intrige ist Verstellung, jede Verstellung ist Lüge, und die Wahrheit ist dem Menschen zumutbar.

Das ist humanistischer Fundamentalismus, großartig in seiner Bedingungslosigkeit, großartig bei Kant, großartig bei Goethe. Diese junge Frau, wie sie zuletzt dasteht, ist der urbildlich wahrhaftige, nicht listige, nicht täuschende, der gänzlich tricklose und niemals sich verstellende Mensch.

Nun gibt es in der kulturgeschichtlichen Überlieferung auch die ebenso urbildliche Erscheinung des genauen Gegenteils. Es gibt, in Jahrhunderten gewachsen und entwickelt, eine Gestalt, die die Verstellung, das Tricksen und Täuschen, die Intrigenerfindung und Intrigenpraxis so exemplarisch verkörpert wie Iphigenie die gelebte Wahrhaftigkeit. Und erstaunlicherweise ist es der gleiche Johann Wolfgang Goethe, der auch dieser Gegengestalt zur Heiligen der Humanität die klassische Ausprägung gegeben hat!

Der Text ist glänzend, durchaus bekannt, aber wenig gelesen, wenig diskutiert. Er ist kaum Schullektüre, obwohl sich alle Klassen daran weit inniger verlustieren würden als an dem obligaten »Nathan«. Die Lehrpersonen wissen allerdings sehr wohl, warum sie sich um dieses Werk drücken: Der Held ist ein Schuft, und er tut alles, was Gott verboten hat. In Tücke tut er es, in Schlauheit und Verstellung, und wer denkt, daß er dafür zuletzt auch kräftig büßen müsse, täuscht sich. Nichts von Einsperren und Aufknüpfen! Triumphierend steht er am Ende da, in Glanz und Glorie, und genießt eines der schrillsten, skandalösesten Happy-Ends der ganzen deutschen Literatur.

Ich meine den Fuchs. Ich rede vom Fuchs und, was Goethe betrifft, von seinem Epos »Reineke Fuchs«. Ich rede aber vom Fuchs nicht als einer zoologischen Wirklichkeit, sondern als einem Denkbild, einem Imaginations- und Erfahrungsmuster der Weltkultur. Der Fuchs gehört zu den Mythen des kollektiven Seelenlebens. Tausendfach steckt er im literarischen und ikonographischen Überlieferungszusammenhang, der sich von der Antike bis in die Gegenwart fortpflanzt. Seit den äsopischen Fabeln beschäftigt das flinke Wesen mit dem spitzen Gesicht die Phantasie der Menschen, wobei sich sein Charakter als Meister der Verstellung, obwohl in den antiken Zeugnissen schon angelegt, im Verlauf des Mittelalters noch massiv verstärkt hat. Vom Grund dafür wird zu reden sein.

Fuchsgeschichten gibt es rund um den Globus und aus allen bekannten Epochen.[291] Als das exemplarisch schlaue Wesen vertritt ihn in Indien und Afrika der Schakal, in Amerika der Kojote. Auch hinter der Bezeichnung der Hauptfigur in Forsyths Roman »The Day of the Jackal« steht also die Traditionslinie der alten Tierfabel. Es wäre ein verlockendes, aber bodenloses Unterfangen, das Erzählen vom Fuchs seit den dunklen Anfängen im alten Griechenland und Ägypten als ein Netz von Geschichten rund um den Erdball nachzuberichten.

Für die Literaturwissenschaft und den jeweils herrschenden Literaturbegriff ist die Tierfabel insofern eine Provokation, als sie eine schillernde Stellung einnimmt zwischen der Schöpfung eines bekannten einzelnen Autors und dem anonymen Erzählen. Schon die Antike hatte das Bedürfnis, dem weitverbreiteten Fabelfabulieren einen Ursprung und ein Gesicht zu geben. So entstand die Lebensgeschichte des Äsop. Er wurde zum ersten Fabelerzähler erklärt und erhielt eine abenteuerliche Biographie. Daß es ihn tatsächlich gegeben hat, wird angenommen. Auch daß er Sklave auf der Insel Samos war, im 6. Jahrhundert vor Christus, Thrakier ursprünglich oder Phrygier, später als Freigelassener lebte und erzählend herumreiste, scheint der heutigen Forschung einigermaßen plausibel. Der Rest ist fröhliche Phantasie. Wie bei allen Legendenbildungen dieser Art ist jedoch die Frage nach der historischen Echtheit weit weniger wichtig als die Frage nach ihrer Funktion im kulturellen Prozeß.

Ein ausgearbeitetes Buch über Äsops Leben gibt es erst seit dem Beginn unserer Zeitrechung. Die »Vita Aesopi« entstand in Ägypten; sie existierte in mehreren griechischen Fassungen, wurde im späten Mittelalter ins Lateinische und in der Renaissance in die meisten europäischen Sprachen übersetzt. In bearbeiteter Form leitete sie die Fabelsammlungen ein und wurde damit so bekannt wie die Fabeln selbst. Mit dem Beginn einer eigentlichen Kinderliteratur im 18. und frühen 19. Jahrhundert gerieten nun aber die Fabeln zunehmend in die Ecke dieses neuen literarischen Genres. Sie wurden infantilisiert. Das schadete ihrem kulturellen Rang und hatte auch das Verschwinden der Äsop-Biographie aus den Sammlungen zur Folge. 1999 aber hat der deutsche Autor Hans Joachim Schädlich das Leben Äsops nach der alten Überlieferung in einem wunderbaren kleinen Buch neu erzählt, unzensuriert, nicht für Kinder, mit allen derben Anekdoten, witzig, störrig und ergreifend.[292]

Man kann die Nachrichten über Äsops Leben als eine implizite Ästhetik der Fabel selbst lesen. Äsop, so die Berichte, stammte vom Rand der griechischen Welt, war kein edler Athener, sondern ein häßlicher Barbar, häßlich im Sinne der sozialen Herkunft und häßlich nach Leib und Angesicht. Er hatte eine Knollennase, schielte, hinkte, war verwachsen. Der ihn als Sklaven kaufte, war ein Philosoph, ein Intellektueller feinster Art und eleganten griechischen Geistes. Das ungestalte Geschöpf aber konnte erzählen. Eine Göttin hatte ihm diese Gabe verliehen. Lauter kurze Geschichten ließ er hören, bei jeder Gelegenheit, und immer paßten sie zur Situation. Bald witzige, bald freche Kommentare waren es, Kommentare von unten, die oben verblüfften, erheiterten, Ärgernis erregten. Wenn der elegante Philosoph nicht mehr weiterwußte, holte er den krummen Phrygier oder Thrakier. So wurde der Sklave unentbehrlich und kam zuletzt frei. Er begann zu reisen, besuchte Städte und Höfe, immer erzählend, immer kurze Geschichten von Tieren und Menschen, und nie schrieb er etwas auf. Apollo aber, der elegante Gott, auch er ein blitzender griechischer Geist, hatte keine Freude an der Karriere des Wurzelmanns von jenseits der Ägäis. Der Ort, wo Apollo regierte, Delphi mit dem berühmten Tempel und Orakel, wurde Äsop zum Verhängnis. Der Phrygier beleidigte die Priester und die stolzen Einwohner der Stadt, indem er kleine Geschichten erzählte, die sie rasend machten. So griffen sie zu einem alten üblen Trick. Als er weiterziehen wollte, versteckten sie eine goldene Schale in seinem Gepäck, hielten ihn vor den Toren auf, ließen die Bündel polizeilich untersuchen, und schon war er ein Dieb, schon war er verurteilt und gleich zum Tode. Jetzt erzählte er um sein Leben, Geschichte um Geschichte, aber was später einer Scheherezade das Leben rettete, das verfing bei den beleidigten Griechen nicht. Wie der häßliche Sokrates und der schöne (oder war er auch häßlich?[293]) Jesus, die gleichfalls nicht mit der Schrift, gleichfalls nur redend und erzählend gewirkt hatten, kam Äsop durch einen Justizskandal zu Tode. Vom Felsen sollte er gestürzt werden, und vom Felsen sprang er auch, noch bevor sie ihn stoßen konnten, und sein armer, krummer Leib zerschellte in der Tiefe. Dafür brach dann die Pest in Delphi aus und würgte die eleganten Apollodiener in beträchtlicher Zahl, bis ihre Blutschuld in harter Währung beglichen war. Auch der Gott mit der Leier konnte ihnen nicht helfen. Die derbe Prosa des Buckligen aber bestand trotzig neben dem hohen Gesang, und noch heute kennt jedes Kind ein paar Fabeln des Thrakiers oder Phrygiers.

Wer nach Madrid kommt, sollte sich im Prado vor das Bild stellen, das Velasquez von Äsop gemalt hat, 1639. Vor den Augen verwandelt sich einem da die menschliche Häßlichkeit in Würde, der verwachsene Leib in Haltung. So, denkt man, mit diesem Licht, das über die hohe Stirn fährt, könnte Shakespeare ausgesehen haben.

Die Fabel als literarische Form hatte seit je ihren widerborstigen Kern. Die Legende von Äsop projiziert diese Gegebenheit in die Lebensumstände und den Charakter des Mannes, der die Fabel erfunden haben soll. Dadurch wird die Äsop-Biographie zu einer Art Gattungstheorie. Es ist leicht zu verstehen, daß die Geschichte der Fabel in der europäischen Kultur auch eine Geschichte ihrer fortdauernden Zähmung und Verharmlosung ist. Das gipfelt am Ende in der Zuweisung der Gattung zur Kinderliteratur. Kurz vorher hatte die Fabel noch zu den zentralen Herausforderungen für jeden anspruchsvollen Autor gezählt; bei Lessing kann man es studieren. Eine andere und schon ältere Form der Domestizierung bestand in der Unterwerfung der Fabel unter die jeweils regierende Moral. Diese hatte sie zu illustrieren, systemkonform und ja nicht etwa systemsprengend. Und eine dritte Form der Domestizierung schließlich war die Verwandlung des Fabelerzählens von der lapidaren Prosa in stilisierte Poesie, in die Eleganz zierlicher Miniaturen. La Fontaine wurde damit berühmt.

Man muß allerdings zugeben: Ohne den Reiz einer poetischen Gestaltung hätte die Fabel vielleicht gar nicht überlebt. Das wichtigste Vehikel für den Transport des antiken Fabelguts in das Mittelalter und die Neuzeit war nämlich eine dichterische Bearbeitung: der in lateinische Verse gebrachte Äsop des Römers Phaedrus um das Jahr 40 nach Christus. Entscheidend bleibt dennoch der rebellische Kern der Form. Seinetwegen muß den Verfahren der Verharmlosung von Zeit zu Zeit Gegensteuer gegeben werden. Martin Luther war sich dieser Sache bewußt. »Weise hohe Leute«, meinte er, hätten die Fabel »ertichtt«, also erdichtet oder erfunden, und zwar deshalb, weil niemand die blanke Wahrheit hören wolle und die Fabel eine Möglichkeit sei, sie dennoch an den Mann zu bringen:

Ja, alle welt hasset die Warheit, wenn sie einen trifft. Darumb haben solche weise hohe Leute die Fabeln ertichtt und lassen ein Thier mit dem andern reden, Als sollten sie sagen, Wolan, es will niemand die Warheit hören noch leiden, und man kann doch nicht der Warheit emberen, So wöllen wir sie schmücken und unter einer lustigen Lügenfarbe und lieblichen Fabeln kleiden, Und weil man sie nicht will hören, durch Menschen mund, das man sie doch höre durch Thierer und Bestien mund.[294]

Eine »Mummerey« also auch dies. Und Luther schließt den ganzen Abschnitt mit dem Satz: »Denn die Wahrheit ist das unleidlichste ding auff Erden.«[295]

XXX
Der Fabelfuchs

Die Fabel von den sauren Trauben. Alltagsmoral und höhere List. Der Düpierte: »Immer ga! ga!« Verschärfung des Fuchscharakters im Mittelalter. Die Funktion des »Physiologus«. Die Fuchs-Teufel-Connection. Doppelbedeutung des Fuchses: sittliche Existenz als Abbild des Menschen, außersittliche Existenz als Tier. Wie man damit spielen und das Spiel genießen kann. Der europäische Fuchsroman als Tanz auf der Grenze zwischen Sittlichkeit und Amoralität. Goethe macht mit.

Daß der Fuchs zum Kernpersonal der Fabeln gehört, ist heute selbstverständlich. Daß er immer der schlaue Sieger bleibt, gilt als ebenso ausgemacht. In Wahrheit gibt es schon in der Antike Geschichten vom übertölpelten Fuchs, und es gibt sie bis heute. Selbst die berühmteste der sprichwörtlich gewordenen Fuchsfabeln, die zum ältesten äsopischen Bestand gehört, läuft ja eher auf einen Verlierer als einen Sieger hinaus. In Lessings Übersetzung der Fabelsammlung des Engländers Samuel Richardson,[296] die ihrerseits auf die Sammlung des Phaedrus zurückgeht, lautet sie so:

> Ein näschichter Fuchs stand unter einem Weinstocke und ward einer vortrefflichen Traube gewahr, nach welcher ihm das Maul wässerte. Er tat mehr als hundert Sprünge darnach, bis er endlich fand, daß alle seine Mühe vergebens sei. Hol sie der Henker, sprach er, sie sind so sauer als Holzäpfel.[297]

Die ursprünglichere Version in der sogenannten Collectio Augustana, einer Sammlung der Äsop zugeschriebenen Fabeln aus der römischen Kaiserzeit, ist noch lapidarer:

> Eine Füchsin hatte Hunger und sah von einer Rebe, die an einem Baum rankte, Trauben herabhängen. Sie wollte an sie herankommen, vermochte es aber nicht. Da ging sie davon und sagte zu sich: »Die sind ja noch unreif.«[298]

Wohl geht es in dieser Geschichte um eine Art von Schlauheit, doch wirkt sie eher kläglich. Der Fuchs versagt mit seinen Spring- und Kletterkünsten und deutet das ersehnte Ziel kurzerhand ins Unattraktive um. Solches Verhalten ist jedem von uns peinlich vertraut; deshalb hat die winzige Geschichte die Jahrtausende überlebt. Was einem daran persönlich nahegeht, scheint einer Selbsterkenntnis zu entsprechen, die noch älter ist als die geschriebene Literatur. Und doch waltet in dem Vorgang auch wieder höhere List. Die Fähigkeit, sich mit einer Mißlichkeit nicht nur zähneknirschend abzufinden, sondern das Ärgernis durch einen logischen Trick verschwinden zu lassen, ist ein seelisches Talent, das in all den erwähnten Jahrtausenden beträchtlich zu den Annehmlichkeiten des alltäglichen Lebens beigetragen haben dürfte. Es ist ein Partikel jener singulären Anpassungsfähigkeit, die den Homo sapiens den ganzen Globus bewohnen und in Eis wie Hitze überleben ließ.

Daß es viele Geschichten vom düpierten Fuchs gibt, ändert an sich nichts an seiner archetypischen Verkörperung der List. Denn den obersten Listigen übers Ohr gehauen zu sehen, ist ein Vergnügen, dem sich keiner entziehen kann. Wie sollten sich die Erzähler das entgehen lassen. Deshalb sind es gerade die Gänse, die klassischen Opfer des roten Räubers, welche in einer über ganz Europa, aber auch in Afrika, Persien, Indien, Nord- und Südamerika verbreiteten Fabel für einmal auch die Sieger sind. Der Fuchs überrascht eine Schar von ihnen und erklärt, er werde nun eine nach der andern fressen, die fetteste zuerst. Sie fügen sich in ihr Schicksal, haben nur eine letzte Bitte: ein frommes Gebet vor dem Tod. Der Fuchs gestattet es, und die Gänse heben an – »immer ga! ga!«[299] – und hören nicht mehr auf: das erste Filibuster der Geschichte, und der Fuchs kann darüber verhungern.

Wenn man die Fuchsgeschichten in der erwähnten Collectio Augustana, welche die antike Überlieferung zusammenstellt, überblickt, muß man sagen, daß der Fuchs zwar durchaus als der Listige erscheint, und dies in einigen auch heute noch berühmten Stücken, daß er aber ebenso oft Verlierer ist oder in einem Handlungszusammenhang auftritt, wo es überhaupt nicht um Schlauheit geht. Die Sammlung beginnt mit der in der Antike oft zitierten Geschichte vom Fuchs und vom Adler. Die lebten zusammen, der Adler auf einem hohen Baum, der Fuchs zu dessen Fuß. Eines Tages, als der Fuchs auf Streife war, fraß der Adler dessen Kinder. Der Fuchs war hilflos, konnte er doch nicht fliegen. Er klagte schmerzlich zu Zeus. Bei seinem nächsten Beutezug raubte der Adler ein Stück Opferfleisch, an dem noch Glut hing. Diese steckte das Adlernest in Brand, die Jungen stürzten zu Boden, und jetzt fraß sie der Fuchs. Hier wird der Fuchs ganz einfach Opfer eines Unrechts, mit tragischem Einschlag, und daß er sich zuletzt rächen kann, beruht auf keiner besondern Eigenschaft von ihm, sondern eher auf dem Wirken einer höheren Gerechtigkeit. Schon beim Lyriker Archilochos, aus der archaischen Zeit um 640 v. Chr., sind Anspielungen auf diese Fabel zu finden.[300]

Sie muß also zu den ältesten nachweisbaren Beispielen gehören. Wenn der Fuchs aber in der Antike noch keineswegs so selbstverständlich und zwingend als der listige Fallensteller auftritt, wie er es später, d.h. im europäischen Mittelalter tut, stellt sich die Frage, was diese dramatische Zuspitzung der Fuchs-Mythologie ausgelöst hat.

Man kann es präzis angeben. Im »Physiologus«, einem weitverbreiteten Tier- und Pflanzenbuch aus dem 2. Jahrhundert nach Christus, findet sich ein Fuchs-Kapitel, welches das Weiterleben dieses Fabelgeschöpfs entscheidend prägte. Jenes Werk als Ganzes stellt für den heutigen Leser ein kurioses Gemisch von naturkundlichem Wissen und krasser Phantasterei dar; allerdings gab es diese Differenz für den anonymen Verfasser noch nicht. Er trug einfach zusammen, was er von den interessantesten Tieren gehört hatte, und warum sollte es nicht wahr sein? Viele Berichte aus dem »Physiologus« sind noch heute Allgemeingut, hausen in unser aller Köpfen. Die Nachricht vom Pelikan, der seine Kinder mit dem eigenen Herzblut nährt, stammt aus diesem Buch. Auch die Legende vom Vogel Phönix, der sich im Alter mit dem eigenen Nest zusammen verbrennt, um mitten aus den Flammen wieder aufzufliegen, verjüngt und lauthals singend. Die Kunsthistoriker wissen, daß sie ohne den »Physiologus« die bunte Welt der mittelalterlichen Tier- und Pflanzendarstellung nie begreifen würden. Denn bei jedem Geschöpf wird in dem Buch auch die theologisch-symbolische Bedeutung angegeben – der Phönix zum Beispiel steht für den auferstehenden Christus.

Der Fuchs nun wird im »Physiologus« mittels einer glänzenden Fabel vorgestellt; dieser folgt dann die heilsgeschichtliche Deutung.

> Der Physiologus spricht über den Fuchs, daß er ein listig Wesen sei ganz und gar. So die Fähe hungert und findet keine Beute, da versucht sie es mit durchtriebenen Schlichen: sucht sich einen Platz, wo es Saubohnen gibt und Spreu, legt sich hin und verdreht die Augen und verhält den Atem, als ob sie gänzlich am Verröcheln wäre, so daß sie wie tot aussieht. Da meinen denn die Vögel, daß sie am Sterben wäre und lassen sich bei ihr nieder, um sie aufzufressen. Sie aber springt auf und faßt sie und verzehrt sie.[301]

Eine gute Geschichte, ganz ohne Zweifel. Die Collectio Augustana kennt sie nicht; bei Phaedrus steht sie auch nicht. Der Fuchs stellt sich tot; die gierigen Raben wollen das Aas fressen und werden selbst gefressen. Es ist die Geschichte einer perfekten List.[302] Erst die folgende symbolische Auslegung aber macht deutlich, warum der Fuchs die dominante Stellung in der phantastischen Landschaft der europäischen Tierfabel gewinnen konnte:

So ist auch der Teufel arglistig ganz und gar samt seinen Werken. So einer will teilhaben an seinem Fleisch, dann stirbt er; des Teufels Fleisch aber ist Unzucht, Habgier, Hurerei, Wollust und Totschlag. Woher denn auch Herodes dem Fuchse verglichen wird: Saget nämlich, spricht der Herr, diesem Fuchs.
Wohlgeredet hat also der Physiologus über den Fuchs, indem er seine Arglist und Heimtücke beschreibt.[303]

Damit ist in die Wege geleitet, daß der Fuchs im großen Analogiengefüge des mittelalterlichen Weltbilds zum Stellvertreter des Teufels wird, des Verführers und Verlockers der Menschen. Das verleiht ihm einen Teil von jener abgründigen Faszination, die der Teufel als Gegengeist und Gegengott in der Erfahrung der christlichen Jahrhunderte immer besessen hat. Er verlockt die Menschen gemäß dem »Physiologus« zu allen Werken der Gier, zu sexuell wie ökonomisch wüstem Treiben. Sie begehren die schönen Körper und das blinkende Gold wie die Raben das fette Aas. Wo solche Lockung nur schon auftaucht, steht der Teufel dahinter, der Fallensteller.

Von hier aus läßt sich nun die Logik aufdecken, die das ausschweifende Erzählen vom Fuchs in der mittelalterlichen und neuzeitlichen Welt bewegt. Der Fuchs rückt an die Seite des Teufels, des Verlockers und Verführers. Er ist also verbunden mit allem, was man gerne täte, aber nicht tun darf. Wenn der Fuchs in der theologischen Theorie die Verlockung zur Sünde verkörpert, verkörpert er in der erzählerischen Praxis deren bunten Vollzug. Ob der Teufel all das, wozu er verführt, auch selber treibt, das weiß man ja nicht so recht. Mephisto wäre ein Argument dafür. Aber daß der Fuchs all das, wozu der Teufel verführt, ganz ungehemmt auslebt, das steht in hundert Fabelbüchern.

Damit gerät diese erzählte Figur zu einer spannenden Schaltstelle. Als theologisches Symbolwesen rückt der Fuchs sowohl das Verbotene vor Augen als auch die Verführung dazu; man kann an seinen Schlichen die Schliche des Teufels studieren. Aber der Fuchs ist auch ein sehr konkretes Tier; jeder hat ihn schon mal über eine nächtliche Wiese schnüren sehen. Ein Tier lebt außerhalb aller religiösen und moralischen Bestimmungen. Es tut, wie Tiere tun, und kann nicht sündigen. Es ist die außermoralische Existenz schlechthin. Wenn sich nun seit der Mitte des 12. Jahrhunderts die Fuchsfabeln im nördlichen Europa zu immer ausgedehnteren Fuchsromanen vernetzen, hängt dies mit der doppelten Deutbarkeit des Fuchses zusammen. Er ist beides zugleich, der große Sünder und das außermoralische Wesen. Man kann an seinem Treiben studieren, was Gott alles verboten hat, und darüber zu einem besseren Menschen werden. Aber ebensowohl kann man an seinem Treiben studieren, wie vergnügt einer lebt, der sich nicht darum zu kümmern braucht, ob Gott irgendwann irgendwas verboten hat. Nach den Regeln der Tierfabel, die jedem vertraut sind, spiegelt das Tun und Lassen der Tiere menschliches Verhalten. Ich lese, was die Tiere machen, übersetze es ins Menschliche, und schon ist mir klar, was daran gut und böse, verboten oder gestattet ist. Aber muß ich denn immer übersetzen? Ich kann doch auch ganz vordergründig lesen, die Tiere Tiere sein lassen, nur eben mit menschlicher Sprache und menschlichen Lebensweisen. Dann steht mit dem Fuchs die Wirklichkeit einer von keinem Sittengesetz belasteten Existenz vor mir. Das pure Es, und kein Über-Ich nirgends. Dann verfolge ich das handfeste Schauspiel eines Lebens, das sich um keines der Zehn Gebote schert und dabei höchst vergnügt bleibt – und nirgendwo wartet eine lodernde Hölle.

Ganz eindeutig ist dies alles allerdings nie. Das Spiel funktioniert nur als Kippfigur. Die Fuchsromane wurden zu einem einzigartigen Tanz auf der Grenzlinie von Sittlichkeit und Amoralität. Der Genuß, den sie dem Europa des späten Mittelalters, der Renaissance und weit darüber hinaus verschafften, entsprang einer immerzu umschlagenden Lektüre. Da ist das anarchische Vergnügen, einem zuzuschauen, der unter keinem andern Gesetz als seiner Lust und seinem Begehren steht. Aber dieses anarchische Vergnügen ist für den sittlich sozialisierten Menschen nur möglich, wenn er gleichzeitig alles als ernste Schilderung des Verbotenen und somit als warnende Schule der eigenen Sittlichkeit liest. Ein Beweis, daß man sehr wohl zwei Herren dienen kann.

In der Handlung der Fuchsromane und nicht zuletzt auch noch in Goethes großartiger Variante zeigt sich dieser Tanz auf der Grenze darin, daß der Fuchs wegen seiner vielen Untaten regelmäßig vor Gericht gestellt wird – das liegt auf der Linie der offiziellen Moral –, und daß er sich trotz seiner manifesten Schuld ebenso regelmäßig wieder aus der Patsche zu ziehen weiß – das liegt auf der Linie der kühnen Amoralität.

Es ist hier nicht der Ort, Geschichte und Verbreitung der europäischen Fuchsepen bis ins Detail nachzuzeichnen.[304] Eine Skizze soll genügen. Ausgangspunkt des großartigen Prozesses ist die lateinische Verserzählung »Ecbasis captivi« (»Die Flucht des Gefangenen«) eines unbekannten, vermutlich deutschsprachigen Autors um das Jahr 1040. Schon hier tritt auch der Wolf auf als der stärkere, aber dümmere und daher zuletzt düpierte Gegenspieler des Fuchses. Gut hundert Jahre später erscheint in sieben Büchern »Ysengrimus«, immer noch lateinisch; hier wird der Name des Wolfs (auch bei Goethe heißt er noch Isegrim) sogar zum Titel. Fast gleichzeitig, also noch im 12. Jahrhundert, beginnen die volkssprachlichen Varianten und Ausgestaltungen. Erster namentlich überlieferter Autor in Deutschland ist Heinrich der Glichezaere mit den über 2000 Versen seines Epos »Reinhart Fuchs«, das sich bereits auch auf die inzwischen reichverästelte französische Erzähltradition vom Fuchs bezieht. Diese Äste, man spricht von den »branches«, fügte der altfranzösische »Roman de Renart« zu einer zyklischen Komposition zusammen. Etwas später, um 1265, wird ein zweiter Autor namentlich faßbar, der Flame Willem mit seinem mittelniederländischen Epos »Van den Vos Reynarde«, welches nun über die folgenden Jahrhunderte hin unter den Händen von bald Namenlosen, bald Namentlichen weiterwächst. 1487 bringt Hinrek van Alckmer in Antwerpen einen Neudruck des Reynarde-Romans heraus. Dieser wird direktes Vorbild für das in Lübeck gedruckte Knittelvers-Epos »Reynke de Vos«, 1498, kurz vor der Reformation also. Der Buchdruck beflügelt die Karriere dieses Werks. Es folgen Neuauflagen, die sich direkt in die ausgebrochenen konfessionellen Kämpfe mischen. Um 1700 zählt der »Reynke« zu den weitverbreiteten Volksbüchern auch in hochdeutscher Sprache. Die philologisch-kritische Kultur der deutschen Aufklärung nimmt sich auch dieser Überlieferung an. Der Lübecker Text wird in Wolfenbüttel neu aufgelegt, und jetzt tritt Gottsched auf den Plan. Er, das literarische Weltgericht der frühen deutschen Aufklärung, übersetzt das Werk 1752 in deutsche Prosa und versieht es mit einem umfassenden historisch-kritischen Apparat. Dies holt den Roman aus den angeblichen Niederungen der Volksbücher, der Trivialität also, und gibt ihm die Weihen bedeutender Literatur. Goethe, der für beides ein Organ hatte, für die Niederungen der Volksbücher wie für die Weihen bedeutender Literatur, bekam Gottscheds Ausgabe in die Hände. Er las den Damen des Weimarer Hofes daraus vor, und es entstand die Idee einer eigenen Bearbeitung.

XXXI
Goethe, Fuchs und Teufel

Die tantenhafte Germanistik. Goethes Teufelskonzept. Nichthandeln ist schlimmer als böses Handeln. Die Wahrheit des Fuchses und die Wahrheit Iphigenies. Der Fuchs als Fausts Bruder. Die Physiologus-Fabel bei Goethe. Der Fuchs und die Mythen vom schlauen Gott. Was fasziniert überhaupt an der Intrige? Schillers Theorie. Sein Kneifen vor der Konsequenz. Wie er gegen sich selbst argumentiert und an der Intrigentheorie scheitert. Wie Goethe in der Praxis reüssiert.

1792/93, als die Französische Revolution auf ihre blutigste Phase zusteuerte und alle herkömmliche Ordnung zusammenzustürzen drohte, wurde die Fuchsdichtung für Goethe zu einer grimmigen Therapie. Enttäuschung, Kränkung, Wut über den Gang der Welt und die Nichtsnutze in der hohen Politik konnte er hier ableiten, konnte sie in Spiel und Anklage zugleich verwandeln.

Die Germanistik hat sich stets bemüht, Goethes »Reineke Fuchs« aus dem Kanon der sogenannten großen oder eigentlichen Goethe-Werke auszusondern. Friedrich Gundolf verfügte: »Auch der Reineke Fuchs, so meisterliche und anmutige Stellen er enthält, ist doch stofflich, formal, gehaltlich durchaus ästhetisches Experiment, gelungenes Experiment, nicht wirkliche Dichtung im Sinne unwillkürlichen Lebensausdrucks.«[305] Das Epos stamme aus einer Zeit, »da sein eigener Genius schwieg«, meint der Kommentar in der Hamburger Ausgabe.[306] Die verblasenen Formulierungen vom »unwillkürlichen Lebensausdruck« und vom »eigenen Genius« zeigen, daß hinter den Abwertungen eine ästhetische Unsicherheit der Germanisten steht. Von moderneren Erfahrungen aus würde gerade Gundolfs Kategorie des »ästhetischen Experiments« für das Werk sprechen. Daß eine Geschichte wie die vom Fuchs, der sich tot stellt, um die Aasfresser selbst zu fressen, anderthalbtausend Jahre nach dem »Physiologus« so taufrisch und in Goethes beweglichsten Hexametern erneut ans Licht treten kann, verdankt sich nicht dem Schweigen eines Genius, sondern einem Kunstverstand, der um 1792 moderner war als der vieler Germanisten im 20. Jahrhundert.

Es wäre lächerlich anzunehmen, daß Goethe die schreiende Diskrepanz zwischen seiner Iphigenie und seinem Reineke nicht bemerkt hätte, eine Diskrepanz, die sich weniger aus der unterschiedlichen Einstellung der zwei Figuren zu Wahrheit und Wahrhaftigkeit ergibt, als aus der unverstellten Sympathie, die der Verfasser beiden entgegenbringt. Wie ist das möglich?

Vielleicht löst die erwähnte Nähe zum Teufel, in die die christlichen Jahrhunderte den Fuchs gerückt haben, das Rätsel. Goethes Begriff vom Teufel wird im »Faust« offenbar. Gleich zu Beginn, im »Prolog im Himmel« und beim ersten Gespräch zwischen Faust und Mephisto, muß er darüber Klarheit schaffen. Einmal ist es der Herr selbst, der seine allerhöchste Teufelstheorie darlegt:

> Des Menschen Tätigkeit kann allzuleicht erschlaffen,
> Er liebt sich bald die unbedingte Ruh;
> Drum geb' ich gern ihm den Gesellen zu,
> Der reizt und wirkt und muß als Teufel schaffen.[307]

Hier ist der Teufel ein dynamisches Prinzip. Er hat den Menschen vom Schlimmsten abzuhalten, was es für Goethe gibt: von der Untätigkeit. »Wirken« soll er, nicht aus ethischer Pflicht, sondern weil alles Dasein »Wirken« ist, Tätigkeit. Was nicht »wirkt«, ist so gut wie tot. Was nicht »wirkt«, könnte man auch gleich ganz totschlagen; schad drum wär's nicht. Der Teufel hat die Aufgabe, dem Menschen das »Faulbett« zu vergällen, von dem Faust selber spricht: »Werd' ich beruhigt je mich auf ein Faulbett legen, / So sei es gleich um mich getan!«[308] Auch das heißt: Dann könnt ihr mich gleich ganz totschlagen.

Etwas schwieriger nimmt sich die Selbstdefinition von Goethes Teufel aus. Auf Fausts Frage, wer er sei, sagt er: »Ein Teil von jener Kraft, / Die stets das Böse will und stets das Gute schafft.«[309] Das findet der Doktor rätselhaft. Im Blick auf die zitierte allerhöchste Teufelstheorie aber enthüllt sich darin das Paradox des »Bösen« – man muß das Wort bei Goethe in Anführungszeichen setzen –, daß es uns nämlich als das, was jede Ruhe stört und alles Bestehende wieder einreißt, schlecht erscheint und dennoch ein Teil des guten Ganzen ist. Mephisto selbst bleibt doppeldeutig, wenn er auf Fausts Rückfrage präzisiert:

> Ich bin der Geist, der stets verneint!
> Und das mit Recht; denn alles, was entsteht,
> Ist wert, daß es zugrunde geht.[310]

Das kann als Zynismus verstanden werden, ein nihilistisches Aperçu. Im Kontext des Weltganzen als eines unendlichen Tätigkeitszusammenhanges aber, in dem nur das Untätige verdammenswert ist, meint das Zugrundegehen die natürliche Gegenbewegung zu allem Entstehen, wie das Ausatmen nach dem Einatmen.

Obwohl Goethe auf die kulturhistorische Verwandtschaft des Fabelfuchses mit dem Teufel nicht anspielt, liefert diese doch die geheime Erklärung für seine Sympathie mit dem lügenden, täuschenden, tricksenden Reineke. Das Epos um Reineke feiert den unmoralischen Täter, aber nicht weil er unmoralisch ist, sondern weil er mutiger, draufgängerischer, gescheiter ist als die ganze verfettete Bande der Kriecher und Schmeichler am Hof. Diese wollen nur fressen und genießen. Anstand und Redlichkeit spiegeln sie vor, um ihre Gier zu verbergen. Man muß nur genau zuschauen, dann wird es klar genug: Der Fuchs ist bei Goethe der unablässig Tätige, immerzu »Wirkende«. Er ist aufmerksam noch im Schlaf; er beobachtet, plant, führt aus. Intrige ist seine tägliche Arbeit, sein Lebenshandwerk, nicht als Last, sondern als Vergnügen. Nie legt er sich auf die faule Haut, nie verkriecht er sich feig vor den Feinden, immer ist er bereit, sich zu stellen, und seien die Gegner auch in der Überzahl. Es werde ihm, denkt er dann, schon das Richtige einfallen im richtigen Moment. Dahinter steht die riskante, aber tief eingelagerte Überzeugung Goethes, daß Handeln wichtiger ist als der Sinn des Handelns. Die Tat als solche hat ihren Wert ohne Rücksicht auf ihre sittliche Qualität. Nichthandeln ist schlimmer als böses Handeln. Das oberste Übel ist Nichtstun, Herumliegen, den Tag Vertrödeln. Immer hat der Fuchs die Ohren steif, sprungbereit, bißbereit. Wie er freiwillig an den Hof zieht vor das königliche Gericht, ganz allein, obwohl er weiß, daß alle nur darauf warten, ihn zu verurteilen und aufzuhängen, das erscheint in Goethes Schilderung als ein Unternehmen von großartiger Lebenssicherheit, Tatkraft und Selbstvertrauen.

Ein unternehmungslustiger Schuft ist mehr als ein guter Mensch, der nichts tut. Damit muß sich abfinden, wer Goethe lesen will. Man hat den Skandal tausendfach zu verwischen versucht, er taucht doch immer wieder auf. Ein brillanter Betrüger ist der Fuchs, Meister der Verstellung, Erfinder glänzender Lügengeschichten aus dem Stand heraus. Er ist grausam und räuberisch, genießt seine Triebe und läßt ihnen den lustigen Lauf, soweit es die Klugheit gestattet. Stets ist er ganz er selbst, ganz wahr. Das ist gewiß nicht jene Wahrheit, die Goethe in der jungen Iphigenie gefeiert hat, und doch ist die Wahrheit Reinekes von jener andern Wahrheit auch wieder nicht ganz und gar entfernt. Auch Iphigenies Wahrheit bricht aus ihr heraus, eruptiv; sie wird, wie gezeigt wurde, nicht theoretisch hergeleitet und mühsam vollzogen im Gehorsam gegenüber einem befohlenen Sittengesetz. Die Wahrheit, die Goethe anerkennt, ist immer die Wahrheit einer tätigen, denkenden, fühlenden Person, der Vollzug ihres Lebensgesetzes. Nicht anders ist die Wahrheit Fausts beschaffen: immer voran und erkennen und handeln und suchen und lieben. Nur nie liegenbleiben! Faust wird darüber zum Schuldigen am Tod Margaretes. Der Fuchs ist sein Bruder.

Natürlich ist der Fuchs Fausts Bruder nur insofern, als Faust und Mephisto eine einzige Person in zwei Gestalten sind. Daß sie es sind, zeigt nicht nur der Pakt, mit Blut unterzeichnet, sondern der ganze Lebensweg, zeigen alle Unternehmungen des verjüngten Doktors. Nichts bringt er allein zustande. Was er auch tut, ist zu zweit getan. Für alles braucht er Mephistos Hilfe, außer für die schönen Worte. Und was wären diese, ohne die Folie von Mephistos Zynismen?

Goethes funkelnde Dichtung von den Abenteuern Reinekes erreicht es, daß wir, die Leser mit der sittlichen Seele, uns spontan auf die Seite des Fuchses stellen, auch wenn er räubert und killt. Ein Beispiel ist gerade jene Szene, in der die Erzählung aus dem »Physiologus« wiederkehrt. Der Fuchs stellt sich tot und frißt die Vögel, die ihn fressen möchten. Der Bericht erscheint im »Reineke Fuchs« als Klagerede vor Gericht. Kläger ist der Krähenmann, der seine Frau auf diese Art verloren hat. Der Mord an der gefiederten Gattin macht uns ein unverstelltes Vergnügen – warum? Weil die Klagerede so offensichtlich doppelzüngig ist. Der trauernde Krähenmann, der Aasfresser, stellt die Annäherung des Pärchens an den scheinbaren Kadaver als Gestus der Trauer dar, als Versuch einer letzten Hilfeleistung. Das ist so kraß geheuchelt, daß wir die weit krassere Tat des Fuchses ganz in Ordnung und überaus kurzweilig finden. Vielleicht sollte uns das zu denken geben.

da kam die gesprächige Krähe,
Merkenau, sagte: würdiger Herr und gnädiger König!
Traurige Märe bring' ich vor euch, ich bin nicht im Stande
Viel zu reden vor Jammer und Angst, ich fürchte, das bricht mir
Noch das Herz: so jämmerlich Ding begegnet mir heute.
Scharfenebbe, mein Weib, und ich wir gingen zusammen
Heute früh, und Reineke lag für tot auf der Heide,
Beide Augen im Kopfe verdreht, es hing ihm die Zunge
Weit zum offenen Munde heraus. Da fing ich vor Schrecken
Laut an zu schreien. Er regte sich nicht, ich schrie und beklagt ihn,
Rief: o weh mir! und Ach! und wiederholte die Klage.
Ach! er ist tot! wie dauert er mich! Wie bin ich bekümmert!
Meine Frau betrübte sich auch; wir jammerten beide.
Und ich betastet' ihm Bauch und Haupt,

Das ist der Moment, wo sich die Lüge der Krähe drastisch zeigt: Das Betasten von Bauch und Haupt, die ersten kulinarischen Maßnahmen der zwei gierigen Aasfresser, wird vom Redner als Trauerritual hingestellt.

> es nahte desgleichen
> Meine Frau sich und trat ihm ans Kinn, ob irgend der Atem
> Einiges Leben verriet'; allein sie lauschte vergebens;

Daß der Fuchs die Augen verdreht und daß er den Atem anhält, ist beides schon im kurzen Bericht des »Physiologus« vorhanden. So gut erhalten sich gute Geschichten über die Zeitalter hin. Zu guten Geschichten trägt die Menschheit mehr Sorge als zu Gold und Silber.

> Beide hätten wir drauf geschworen. Nun höret das Unglück.
> Wie sie nun traurig und ohne Besorgnis dem Munde des Schelmen
> Ihren Schnabel näher gebracht, bemerkt' es der Unhold,
> Schnappte grimmig nach ihr und riß das Haupt ihr herunter.
> Wie ich erschrak, das will ich nicht sagen. O weh mir! o weh mir!
> Schrie ich und rief. Da schoß er hervor und schnappte mit einmal
> Auch nach mir, da fuhr ich zusammen und eilte zu fliehen.
> Wär' ich nicht so behende gewesen, er hätte mich gleichfalls
> Fest gehalten, mit Not entkam ich den Klauen des Mörders,
> Eilend erreicht' ich den Baum! O hätt' ich mein trauriges Leben
> Nicht gerettet! Ich sah mein Weib in des Bösewichts Klauen.
> Ach! er hatte die Gute gar bald gegessen. Er schien mir
> So begierig und hungrig, als wollt' er noch einige speisen.
> Nicht ein Beinchen ließ er zurück, kein Knöchelchen übrig.
> Solchen Jammer sah ich mit an! er eilte von dannen,
> Aber ich konnt es nicht lassen und flog mit traurigem Herzen
> An die Stätte, da fand ich nur Blut und wenige Federn
> Meines Weibes. Ich bringe sie her Beweise der Untat.«[311]

Die Stelle zeigt sehr schön die körpernahe Konkretheit von Goethes Erzählen und die fabelhafte Geschmeidigkeit, die seine Hexameter hier noch besaßen. Altphilologische Beckmesser haben ihm später die Freude an dieser Form vergällt.

Was oben der Tanz auf der Grenzlinie von Sittlichkeit und Amoralität genannt wurde, der sich innerhalb und angesichts der europäischen Fuchsromane ereigne, erfahren wir hier unmittelbar selbst. Die Heuchelei des Krähenmannes allein kann aber dieses fragwürdige Vergnügen am Treiben des Fuchses nicht erklären, auch nicht Goethes Teufelstheorie, die den Widersacher nach Spinozas Vorgabe in die Dynamik des Weltganzen, der »Gott-Natur«,[312] integriert. Es muß eine tief eingelagerte Faszination vor der intellektuellen Brillanz, dem geradezu poetischen Erfindungsreichtum des großen Intriganten geben, die viele Vorbehalte überspielt. Diese Faszination geht über rationale Begründungen hinaus. Das zeigt sich an der Tendenz, die urbildlich intrigante Existenz zu mythisieren, sei es zum Teufel oder Teufelsbruder, sei es zum Fuchs. So wie der Intrigant als Usurpator des Schicksals ein Element des Aufstands gegen das mythische Denken verkörpert, zumindest in der Literatur, scheint ihm in den Augen derer, die sein Treiben verfolgen, selber wieder ein mythischer Anstrich zuzuwachsen. Das hängt vielleicht damit zusammen, daß die ältesten Genies der planvollen Verstellung der Götterwelt angehörten. Zu den Göttergesellschaften der polytheistischen Religionen zählte stets auch ein exemplarisch schlauer Gott. Bei den Germanen war dies Loki, bei den Azteken Tezcatlipoka, bei den Griechen Hermes. Dieser wird in der »Elektra« des Sophokles ausdrücklich als Helfer und Beschützer der menschlichen Intriganten hingestellt. Hermes, der Sohn der Maia, sagt dort der Chor in den Versen 1395–97, verhülle die Ausführung der planvollen List und verberge sie in Nacht, bis das Ziel erreicht sei. Die Karriere des Teufels in der abendländischen Kultur hat gewiß einen Grund auch darin, daß es im jüdisch-christlichen Monotheismus den schlauen Gott nicht gab. Eine Stelle im System blieb damit offen; sie mußte anderweitig besetzt werden. Der Teufel, der so viele Merkmale eines Gegengottes trägt, eignete sich dazu besonders gut. Daß er ein brillanter Kopf sei, hat schließlich noch nie jemand bestritten. Er wird zwar gelegentlich selbst betrogen, auch um die Seele Fausts zum Beispiel, aber das ist wie beim betrogenen Fuchs: Der Meisterschlaue bleibt auch als Düpierter noch der Meisterschlaue; wir genießen nur das Ausnahmeereignis einer einzelnen Niederlage.

Der Triumphzug des Fuchses in der europäischen Kultur, die grandiose Folge der Fuchsromane über die Jahrhunderte hin, beruht also auf nicht gänzlich geklärten Faktoren der Faszination. Was ist es, das den Kontinent so mächtig in den Bann des Fabelfuches geraten ließ? Die Frage hängt zusammen mit dem umfassenderen Problem der Faszination, die von der Intrige als solcher, unabhängig von der Physiognomie des jeweiligen Intriganten, ausgeht.

Es gibt, was die Antwort betrifft, zwei Vermutungen. Die eine zielt auf mythische Strukturen, anthropologische Gegebenheiten archetypischer Natur, wie sie etwa in der Gestalt des Tricksters faßbar werden. Die andere ist strikt rational. Wir finden sie am klarsten formuliert in Friedrich Schillers Studie »Über den Grund des Vergnügens an tragischen Gegenständen«. Schiller, dessen Lebensarbeit nicht zuletzt dem Versuch galt, alle Gegebenheiten des intellektuellen Lebens philosophisch zu durchdringen und keine Residuen des Irrationalen zuzulassen, er, für den Vernunft mit Bewußtsein zusammenfiel, mußte auch den Grund für die Faszination der erlesenen Tücke auf einer rationalen Ebene suchen. So geht er denn von der Annahme aus, daß die formale Struktur der reinen Zweckmäßigkeit, die schiere verstellungstechnische Perfektion – unabhängig von der guten oder bösen Absicht – Lust und Vergnügen bereite:

Zweckmäßigkeit gewährt uns unter allen Umständen Vergnügen, sie beziehe sich entweder gar nicht auf das Sittliche, oder sie widerstreite demselben. Wir genießen dieses Vergnügen rein, solange wir uns keines sittlichen Zwecks erinnern, dem dadurch widersprochen wird. Ebenso, wie wir uns an dem verstandähnlichen Instinkt der Tiere, an dem Kunstfleiß der Bienen u. dgl. ergötzen, ohne diese Naturzweckmäßigkeit auf einen verständigen Willen, noch weniger auf einen moralischen Zweck zu beziehen, so gewährt uns die Zweckmäßigkeit eines jeden menschlichen Geschäfts an sich selbst Vergnügen, sobald wir uns weiter nichts dabei denken als das Verhältnis der Mittel zu ihrem Zweck.[313]

Allerdings gerät Schiller dadurch in eine Falle, und es ist überaus spannend zu verfolgen, wie er sich in dieser Falle windet und aus ihr zu befreien sucht. Die Hauptthese ist eindeutig: Ein brillantes Mechanema gefällt uns immer, auch wenn es von einem Schurken stammt, einfach, weil es so gut, so folgerichtig, so zweckmäßig gemacht ist. Doch nun ergibt sich eine heikle Konsequenz: Also muß auch ein Stück, das nichts anderes vorführt als das brillante Mechanema eines Schurken, hinreißend wirken und den ästhetischen Zweck erreichen. Das aber darf der sittlich strenge Denker nun wirklich nicht gelten lassen. Also konstruiert er, immer auf der Ebene des rationalen Bewußtseins, einen zeitlich begrenzten Ausnahmezustand des Publikums, eine Verfassung der temporären Blindheit. Wir können nur solange Vergnügen an der perfekten Intrige eines Schurken haben, erklärt er, als wir nicht daran denken, daß er ein Schurke ist. Es sei ja bekannt, daß der Mensch die Fähigkeit besitze, gewisse Dinge eine Zeitlang nicht zur Kenntnis zu nehmen (das Wort »verdrängen« kannte Schiller noch nicht):

Daß wir aber ein Vermögen besitzen und auch häufig genug ausüben, unsre Aufmerksamkeit von einer gewissen Seite der Dinge freiwillig abzulenken und auf eine andre zu richten […] wird durch die tägliche Erfahrung bestätigt.[314]

Wenn wir jederzeit die ganze Übersicht hätten, meint er also, genauer: muß er meinen, noch genauer: muß er sich zu sagen zwingen (denn er weiß genau, daß es nicht stimmt), dann würden wir die perfekte Intrige eines Bösewichts überhaupt nie goutieren können:

Nie darf es uns lebhaft werden, daß dieser Richard III., dieser Jago, dieser Lovelace Menschen sind, sonst wird sich unsre Teilnahme unausbleiblich in ihr Gegenteil verwandeln.[315]

Ganz traut Schiller dieser Konstruktion eines zeitweiligen moralischen Knock-outs des Publikums im Theater allerdings nicht. Er rückt von der Theorie, kaum hat er sie formuliert, wieder ab und rettet sich in den zwar naheliegenden, aber doch recht harmlosen Gedanken, das Vergnügen an der perfekten Intrige eines Schurken sei nur deshalb möglich, weil wir jederzeit wüßten und erwarteten, daß der Typ am Ende dafür bestraft werde. Als philosophischer Fuchs in die selbstgestellte Falle geraten, schnellt sich Schiller also mit einem Salto aus der Klemme, indem er erklärt, genau genommen würden wir beim Vergnügen an der Intrige gar nicht deren glänzende »Zweckmäßigkeit«, sondern bereits die kommende Strafe des Intriganten, also den Sieg der Moral über die Tücke, genießen:

Übrigens ist es unwidersprechlich, daß eine zweckmäßige Bosheit nur alsdann der Gegenstand eines vollkommenen Wohlgefallens werden kann, wenn sie vor der moralischen Zweckmäßigkeit zuschanden wird. Dann ist sie sogar eine wesentliche Bedingung des höchsten Wohlgefallens, weil sie allein vermag, die Übermacht des moralischen Gefühls recht einleuchtend zu machen. Es gibt davon keinen überzeugendern Beweis als den letzten Eindruck, mit dem uns der Verfasser der Clarissa entläßt. Die höchste Verstandeszweckmäßigkeit, die wir in dem Verführungsplane des Lovelace unfreiwillig bewundern mußten, wird durch die Vernunftzweckmäßigkeit, welche Clarissa diesem furchtbaren Feind ihrer Unschuld entgegensetzt, glorreich übertroffen, und wir sehen uns dadurch in den Stand gesetzt, den Genuß beider in einem hohen Grad zu vereinigen.[316]

Wenig später wird Schiller sogar dies noch zurücknehmen und im Aufsatz »Über die tragische Kunst« den genialen Bösewicht auf dem Theater oder im Roman als Symptom künstlerischer Schwäche des Autors hinstellen – obwohl doch gerade er selbst die hinreißendsten Schufte der deutschen Literatur erschaffen hat: Franz Moor in den »Räubern«, Wurm in »Kabale und Liebe«, den Mohr im »Fiesko«, Alba im »Don Karlos«. Und was ist – viel später noch – Graf Leicester in »Maria Stuart« anderes als ein brillanter Filou, die Wiederkehr des Fuchses in Gestalt eines englischen Adligen? Der Theoretiker Schiller aber tadelt nun sogar sein eigenes Frühwerk:

Es wird jederzeit der höchsten Vollkommenheit seines Werks Abbruch tun, wenn der tragische Dichter nicht ohne einen Bösewicht auskommen kann, und wenn er gezwungen ist, die Größe des Leidens von der Größe der Bosheit herzuleiten. Shakespeares Jago und Lady Macbeth, Kleopatra in der Rodogune, Franz Moor in den Räubern zeugen für diese Behauptung.[317]

Jago und die Lady Macbeth als Kunstfehler! Hier argumentiert Schiller gegen seine eigene dramatische Natur und alle seine künstlerischen Instinkte. Er bewegt sich dabei allerdings in einem der ältesten Dilemmata der Ethik gegenüber der Ästhetik. Kann das ethisch Schlechte ästhetisch richtig sein? Kann es ein ästhetisches Wohlgefallen am sittlich Schlechten geben? Oder darf es das einfach nicht? Die Position, die Schiller zuletzt bezieht, indem er den Bösewicht und seine Intrigen (denn was wäre ein Bösewicht ohne Intrige?) grundsätzlich zum Kunstfehler erklärt, ist zwar die sauberste Lösung. Nur widerspricht ihr Schillers eigene Praxis, seine tiefste Überzeugung als schaffender Dramaturg. Dieser konnte sich denn auch noch in seinem letzten Stück den Gessler nicht versagen.

Eines ist die rationale Theorie, das Konstrukt der Ideen, das Operieren mit trennscharfen Begriffen, ein anderes ist die mythische Erfahrung, das Erzählen davon, das Operieren mit Szenen, Bildern und Gestalten. Ob das eine die Überwindung des andern sei, ist eine alte Frage. Die Philosophie hat wiederholt ihren Triumph über die Kunst verkündet, hat diese für unnötig erklärt angesichts der Deutlichkeit ihrer eigenen Welterläuterung. Die Menschheit werfe die kindlichen Bilderbücher weg, sobald ihr die Wahrheit im philosophischen System begegne. Aber die mythischen Berichte, die Szenen, Bilder und Gestalten sowohl der volkstümlichen Überlieferungen als auch der Kunst, sind nie ohne Rest in den philosophischen Systemen aufgegangen. Immer blieben Lücken übrig in den Konstrukten der Theorie. Durch diese Lücken hindurch fuhr der Blick nicht ins Nichts, sondern traf auf eine Fülle von Szenen, Bildern und Gestalten. Die Kunst bleibt der Stachel im Fleisch der Philosophie.

Am Beispiel des Fuchses kann man Schillers Scheitern an einer Intrigentheorie Goethes Reüssieren in der Intrigenpraxis gegenüberstellen. Bis zum buchstäblich letzten Wort weigert sich Goethe, die Widersprüche in der Gestalt des Fuchses rational aufzulösen. Das Bild triumphiert über die Theorie. Der Dichter mußte den alten Fuchs beschwören, als kein diskursives Nachdenken dem Weltzustand mehr gerecht zu werden vermochte. Dieser Fuchs stand vor ihm da wie ein Resultat, wie das »Quod erat demonstrandum« in der Mathematik, wie das »Ergo« im Schlußsatz eines Syllogismus. Er bewies sich selbst.

Wer das nicht glaubt, versuche nur einmal, die Schlußverse von Goethes Fuchs-Epos nach den Maßstäben der Logik und der moralischen Stringenz aufzulösen. Durch Lüge, Täuschung, Tricks und Verwegenheit hat Reineke alle seine Gegner geschlagen. Er hat sie körperlich schrecklich zugerichtet und ist Kanzler des Reichs geworden, Siegelbewahrer, engster Berater des Königs, der Mächtigste weithin. Und nun schaue man zu, wie der Autor diesen schrägen Triumph in den Schlußversen darstellt und kommentiert, dort also, wo üblicherweise das Fabula docet steht, die Lehre, die aus allem gezogen werden soll:

> Hochgeehrt ist Reineke nun! Zur Weisheit bekehre
> Bald sich jeder und meide das Böse, verehre die Tugend!
> Dieses ist der Sinn des Gesangs in welchem der Dichter
> Fabel und Wahrheit gemischt, damit ihr das Böse vom Guten
> Sondern möget, und schätzen die Weisheit, damit auch die Käufer
> Dieses Buchs vom Laufe der Welt sich täglich belehren.
> Denn so ist es beschaffen, so wird es bleiben und also
> Endigt sich unser Gedicht von Reinekens Wesen und Taten:
> Uns verhelfe der Herr zur ewigen Herrlichkeit. Amen![318]

Der »Sinn des Gesangs«, so wörtlich, sei, daß der Leser das Böse vom Guten unterscheiden lerne und – nach dem Vorbild des Fuchses! – allein dem Guten folge. Diese Weisheit soll dem Leser beim Lesen zuwachsen. Das ist, als öffentliche Aussage, eine Äußerung wie von Reineke selbst. Der Autor spricht in der Fuchsmaske. Dann nimmt er sie ab, hält sie neben seinem Gesicht in der Luft und spricht in einer grimmigen Sekunde die unverstellte Wahrheit aus über Welt und Menschen: »So ist es beschaffen, so wird es bleiben.« Das meint die Herrschaft von Lug und Trug. Logisch paßt nichts zusammen in dieser fulminanten Schlußpassage, und doch erscheint sie als eine einzige elegante Bewegung und ist unanfechtbar als Ereignis der Kunst.

Der Mythos steht außerhalb der Gesetze der Logik. Deshalb kann sich die Kunst mit ihm als ihrem ältesten Vorfahren gegen die Logik verbünden, so wie sie sich wiederum mit der Logik gegen die blinde Bildergewalt des Mythos verbinden muß.

XXXII
Der Trickster tritt auf

Wer ist der Trickster? Wissenschaftliche Vertracktheit. Seitenblick auf den Vice. C. G. Jung lanciert die Tricksterforscher. Mit dem deutschen Namen geschieht eine Panne. Ein Wesen vor der Ordnung, jenseits der Moral. Der Trickster und der Fabelfuchs: Verwandtschaft und Differenz. Der Trickster stellt jedes System in Frage. Versuche, den Trickster wissenschaftlich einzufangen. Wie Canetti mit ihm umgeht. Vom Trickster zum Intriganten.

Man muß schon eine lederne Seele besitzen, um zu der Aussage zu kommen, Goethes Genius habe geschwiegen, als er den alten Fuchs noch einmal beschwor in seiner ganzen zwielichtigen Herrlichkeit und im schönsten Deutsch. Mit der Wiedererweckung des Fuchses stellte sich Goethe in den Dienst des Tricksters. Im Reineke-Epos vermeldet der Trickster seine fortdauernde Anwesenheit unter den Dramatis personae der deutschen Kultur: »ick bün all hier«.

Der Trickster, wer ist der Trickster? Der Trickster ist eine mythische Gestalt, die sich weltweit in tausend Formen ausprägt und die Theoretiker seit der Mitte des 20. Jahrhunderts immer heftiger auf Trab hält. Sobald man versucht, die vielen Gesichter des Tricksters zu vereinheitlichen, driften sie gänzlich auseinander; will man sie aber in diese Vielheit entlassen, schießen sie wieder zu einer einzigen Gestalt zusammen. Es ist, als ob der Trickster sein Unwesen auch noch im Gefüge der Theorien treibe, die sich mit ihm befassen. Ethnologen, Religionswissenschaftler, Kulturanthropologen, Psychologen und Erzählforscher studieren ihm weltweit nach und streiten darüber, ob er nun eine Konstante im mythischen Denken der Menschen sei, ein anthropologisches Universale also, oder aber eine je besondere Ausprägung in der Weltdeutung nicht vergleichbarer Völker und Ethnien. Ein Streit, der wiederum seine eigenen ideologischen Hintergründe hat. Die Erörterung der Frage, ob es einen Kern von Gemeinsamkeiten bei allen Menschen gebe, bei allen Exemplaren des Homo sapiens, oder ob diese Annahme eine eurozentrische Verblendung im Gefolge des europäischen Humanismus sei, ist längst religiös wie wissenschaftlich besetzt. Die Antwort wird in jedem Fall als Bekenntnis betrachtet und weniger im Raum der wissenschaftlichen Fakten als in dem der Axiome angesiedelt. Dazu kommt, daß sich auch Populärwissenschaften und Esoterik seit einiger Zeit des

Tricksters eifrig angenommen haben. Was den strengeren Disziplinen die Arbeit nicht unbedingt leichter macht.

Für das Studium der Intrige, der planvollen Verstellung in der Literatur, ist der Trickster ein Stimulus und ein Hemmschuh zugleich. Ordnet man alle Intriganten dem Geschlecht der Trickster zu, landen sie zuletzt in jener Nacht, wo alle Katzen grau sind. Will man sie davon säuberlich fernhalten, vernachlässigt man einen Faktor, der bei der Frage nach der Faszination der Intrige, einem ästhetisch kardinalen Punkt also, von besonderer Bedeutung ist. Die Vernetzung von Fuchs und Teufel deutet in die gleiche Richtung wie ihrer beider vielfach festgestellte Vernetzung mit dem Trickster. Es ist die Richtung auf ein mythisches Reden, einen mythischen Diskurs, der hörbar wird, sobald der große Intrigant irgendwo auftaucht.

So gehört es zum Beispiel zu den Lieblingsthemen der Shakespeare-Philologie, in bestimmten Figuren des intriganten Verführers und Anstifters, sei's Falstaff, sei's Jago, ein Fortleben der Figur des Vice aus den vorreformatorischen englischen Morality Plays zu sehen. Dieser Vice – der Name bedeutet schlicht das Laster – stammt ursprünglich aus den Psychomachien. Das sind Stücke, in denen gezeigt wird, wie die Tugenden und die Laster, aber auch deren Schutzgeister, die Engel und die Teufel, um die Seele des Menschen kämpfen.[319] Die Laster Geiz und Gier und Neid etwa traten als leibhaftige Figuren auf. Daraus wurde mit der Zeit eine einzige Gestalt, der prahlerisch-hinterhältige Diener und Begleiter des Teufels; Vice wurde zum Eigennamen. Und es ist leicht zu verstehen, daß dieser Kerl, der sich ja von Berufes wegen alles herausnehmen konnte, was verboten war, rasch große Popularität gewann und zum Unterhaltungselement der frommen Theaterstücke wurde. Wenn nun der Umriß dieser archaischen Bühnenfigur in Shakespeares Intriganten wieder sichtbar wird, kann man das auf zweierlei Art lesen. Für die konventionelle Literaturwissenschaft lebt eine Tradition weiter; ein Motiv wird in eine spätere Ära transferiert. Für eine Betrachtung aber, die nach der Gegenwart mythischer Erfahrungen und mythischen Redens in den Künsten fragt, ist die Herkunft Jagos aus dem Vice nicht ein Fall von Überlieferung und Intertextualität, sondern der Beweis dafür, daß um den Intriganten stets eine mythische Aura leuchtet.

Die Initialzündung, wenn auch nicht der historische Anfang der heute weltweiten Trickster-Forschung war ein Buch, das 1954 in Zürich erschien und drei Kapazitäten der Mythenforschung gleichzeitig als Autoren aufführte: C. G. Jung, Karl Kerényi und Paul Radin. Der Titel lautete: »Der göttliche Schelm. Ein indianischer Mythenzyklus«. Der Amerikaner Paul Radin hatte seit Jahrzehnten die Überlieferungen und Mythen der Winnebago-Indianer untersucht, und es war ihm gelungen, von dem alten Winnebago Sam Blowsnake die Niederschrift eines zusammenhängenden Mythenzyklus zu erhalten. Die Winnebagos besaßen eine eigene Schrift; in dieser Schrift hatte Blowsnake aufgeschrieben, was ihm selbst ein alter Mann erzählt hatte.[320] Das Buch legte die vollständige deutsche Übersetzung des Zyklus vor, zusammen mit je einem Kommentar von Radin, Kerényi und Jung. Kerényi galt als der führende Kenner der griechischen Mythologie; Jung hatte mit seiner Archetypenlehre eine Brücke geschlagen zwischen der modernen Tiefenpsychologie und den mythologischen Überlieferungen aller Völker. Damit war der Trickster an einer spektakulären Schnittstelle der psychologischen, ethnologischen und archäologischen Forschung aufgetaucht – um nicht mehr zu verschwinden.

Allerdings gab es da ein terminologisches Problem. Während für Radin der Begriff Trickster selbstverständlich war, wollten entweder der Verleger oder Kerényi oder beide zusammen dieses Wort nicht im deutschen Text haben. Statt Trickster mußte Schelm stehen. Was Jung zu folgender Anmerkung veranlaßte: »Ich erlaube mir zu bemerken, daß ich in meinem Manuskript mich ursprünglich überall des Ausdrucks ›Narr‹ oder ›Trickster‹, statt ›Schelm‹ bedient habe.«[321] Die Gelegenheit wurde also verpaßt, den präzisen Fachausdruck für die mythologische Gestalt, um die es ging, in die deutsche Diskussion einzuführen. Kerényi zitiert zwar eine Stelle aus Goethes »Reineke Fuchs«, wo der Held als »Schelm« bezeichnet wird. Daraus ergibt sich eine gewisse Berechtigung zum deutschen Wort, aber für die wissenschaftliche Diskussion geriet es doch zum Nachteil. Der Trickster ist im deutschen Sprachraum bis heute nicht zu einem allgemein bekannten kulturwissenschaftlichen Begriff geworden[322], und Schelm (mit seiner gutmütigen Konnotation des »Schelmischen«) hat sich als Fachausdruck auch nicht durchgesetzt.

In seinem knappen Vorwort zum »Göttlichen Schelm« skizziert Paul Radin den Trickster so knapp wie exemplarisch. Man muß sich in den folgenden Passagen das Wort Schelm stets durch das Wort Trickster ersetzt denken.

Kaum ein Mythos hat eine so weltweite Verbreitung, wie der unter dem Namen »Der Schelm« bekannte [...]. Von wenigen Mythen können wir so zuversichtlich behaupten, daß sie zu den ältesten Ausdrucksformen der Menschheit gehören, und nur wenige andere Mythen haben ihren ursprünglichen Inhalt derart unverändert bewahrt. Der Schelmen-Mythos besteht in klar erkennbarer Form sowohl bei den einfachsten Urvölkerschaften als bei den entwickelteren Völkern; wir finden ihn bei den alten Griechen, den Chinesen, den Japanern und in der semitischen Welt. Viele von den Schelmen-Zügen wiederholen sich in der Gestalt des mittelalterlichen Gauklers und leben weiter bis auf den heutigen Tag im Hanswurst des Kasperle-Theaters und im Clown. Obwohl immer wieder mit anderen Mythen kombiniert und öfters auf drastische Weise neu aufgebaut und neu dargestellt, scheint die Grundhandlung sich doch stets durchgesetzt zu haben.[323]

Hier wird, was die oben berührte Frage nach der Universalität betrifft, klar Stellung bezogen: der Trickster ist Allgemeingut der Menschheit, des geschichtenerzählenden, mythenberichtenden Homo sapiens. Er ist eine Konstante des Welt-Erlebens und -Deutens. Wer ihn einmal kennt, findet ihn überall. Was macht ihn aus? Radin sagt in seinem Präludium:

In der Form, die sich bei den nordamerikanischen Indianern erhalten hat und die als seine früheste und archaischeste Erscheinung betrachtet werden muß, ist der Schelm in ein und derselben Zeit Schöpfer und Zerstörer; spendend und verweigernd, ist er der Betrüger, der selber immer betrogen wird. Und doch strebt er nie bewußt nach irgendetwas. Jederzeit ist er durch Impulse, die er nicht zu beherrschen vermag, gezwungen, sich so zu benehmen, wie er es tut. Er kennt weder Gut noch Böse, ist jedoch für beides verantwortlich. Er kennt weder moralische noch soziale Werte, ist seinen Lüsten und Leidenschaften ausgeliefert, und doch werden alle Werte durch seine Taten ins Leben gerufen.[324]

Hier zeigt sich die Crux der Sache. Wie kann eine solche Figur psychologisch kohärent sein? Wie kann ihr eine klare gesellschaftliche Funktion zukommen? Wie soll sich ihr Treiben in einen erzähldramatischen Handlungsbogen fügen, mit Anfang und Ende, wie wir es gewohnt sind? Ist da nicht alles diffus, der Charakter, der Ort und selbst die Erzählform? Assoziationen wirbeln einem durch den Kopf, wenn man diese Skizze liest. Man denkt an Brechts Baal, an Oskar Matzerath, an den reisenden Odysseus, an den Fabelfuchs, an Chaplins Tramp, an die Däumlingsmärchen, an Pinocchio, an Eulenspiegel, an Proteus, an den Baron von Münchhausen, an Klein Zaches, an Homunculus im zweiten »Faust«, an Sindbad den Seefahrer und an Père Ubu – je nach Bildungsvorrat schießen die Assoziationen anders zusammen. Aber das Konglomerat wird kein Kristall, es bleibt ein ungefüges Gebilde. Das verstärkt sich noch, wenn Radin auf die körperliche Erscheinung kommt:

[...] im Grunde hat er keine festumrissene oder klar bestimmbare Form. So wie er in der Version des Schelmenmythos, die wir hier veröffentlichen, dargestellt wird, ist er vor allem ein unentwickeltes Geschöpf, ein Wesen von unbestimmten Proportionen, eine Figur, die die menschliche Gestalt vorausahnen läßt. In dieser Version hat er Eingeweide, die um seinen Leib gewickelt sind, und einen ebenso langen Penis, den er gleicherweise um den Leib gewickelt trägt, mit dem Hodensack zu oberst. Von seinen Zügen wird uns bezeichnenderweise nichts erzählt.[325]

Der Trickster lebt vor allen Ordnungen. Er ist gänzlich ohne Über-Ich. Es gibt kein Gesetz, dem er sich untertan fühlte. Wenn er raubt und tötet, tut er es einfach so. Bald hilft er, bald schadet er, man weiß nicht, ob er einen Begriff von der Differenz hat. Er betrachtet seine Körperteile als selbständige Wesen; sie sind mehr seine Begleiter als Teile seiner selbst. Den After nennt er seinen »kleinen Bruder«. Wenn er sich schlafen legt, befiehlt er diesem, aufzupassen, daß niemand die gebratenen Enten stiehlt. Als die Füchse die Enten dennoch erwischen, obwohl der »kleine Bruder« scharfe Gase gegen sie pustet, bestraft ihn der Trickster, indem er ihm ein glühendes Holz reinstößt. Schreiend merkt er, daß es ihn selber schmerzt.

Er ist erwachsen und doch radikal infantil, infantil im Sinne des Vor-jeder-Ordnung-Stehens. Selbst der Ordnung des Geschlechts ist er nicht unterworfen. Er verwandelt sich in eine Frau und bringt Kinder zur Welt. Er ist listig wie der Fabelfuchs. Er lädt die Enten zum Tanz ein, aber sie müssen die Augen schließen, wenn er aufspielt; so kann er sie der Reihe nach erwürgen. Der Falke ist sein Feind. Er rächt sich an ihm in einer grotesken Variation der Fabel vom scheintoten Fuchs:

Er legte sich an den Wasserrand, wo die Wellen hochschlugen, und nahm die Gestalt eines großen verendeten Hirsches an, der zwar tot, dessen Körper aber noch nicht in Verwesung übergegangen war. Die Krähen fanden sich schon ein und waren voll Verlangen nach dem Aas, vermochten aber nirgends eine Stelle zu finden, an der sie anpacken konnten, denn das Fell war noch zäh, da die Fäulnis noch nicht eingesetzt hatte. Dann kam der Falke daher, und die Krähen riefen ihm zu. Zueinander sagten sie: »Er ist der einzige, der gewöhnlich ein scharfes Messer bei sich hat«. Mehrmals mußten sie ihn rufen, ehe er kam. Er war sehr energisch und strich um das Tier herum, nach einer Stelle suchend, die er anpacken konnte. Schließlich kam er zum Hinterteil und begann, seinen Kopf in den After zu bohren. Wie er da hineinhackte, verletzte er den Schelm so heftig, daß dieser fast aufsprang. Schließlich gelang es dem Falken, seinen Kopf in den After zu zwängen, so daß er die Eingeweide angreifen konnte. Kaum aber war des Falken Kopf weit genug drin, als der Schelm den After fest einklemmte und aufstand. »So, Herr Falke, einmal haben Sie mir arg zugesetzt, und ich dachte mir schon, daß ich eines Tages mit Ihnen abrechnen würde.« Damit ging er weiter. Der Falke versuchte, sich zu befreien, aber ganz umsonst. Er konnte den Kopf nicht befreien. Erst schlug er mit den Flügeln wild um sich, nach einer Weile aber bewegte er sie nur mehr ab und zu.[326]

Nun wandert der Trickster also mit einem Falken als Schweif durch die Welt. Ein Bär bewundert diesen Schmuck und möchte auch sowas haben. Das sei nicht schwierig, meint der Trickster, er müsse nur einen Falken entsprechend anbringen. Er wolle ihm gern behilflich sein, müsse ihn aber dafür zunächst lokal präparieren. Gern, meint der Bär. So schneidet der Trickster dem Bären den After auf, zieht die Eingeweide heraus, der Bär kommt um, und der Trickster bereitet sich aus ihm ein Mahl.

Man sieht, daß die Welt und die Spielregeln der Fuchsfabeln hier ganz nahe stehen. Dennoch sind die Reineke-Geschichten viel stringenter als die Trickster-Erzählungen. Sie sind alle folgerichtig aus dem Charakter des Fuchses entwickelt, und dieser Charakter ist kompakt. Der Trickster hingegen scheint sich zum Beispiel mehr an seinem prächtigen Schweif zu freuen als an der gelungenen Rache, und das Bärenfleisch wird ihm wenig später vom Nerz gestohlen. Der Trickster und die Trickster-Geschichten sind auf eine einzigartige Weise unzentriert. Während die Tiere in den Fabeln je zu einer regierenden Eigenschaft verdichtet scheinen, ist der Trickster ein Mann *vor* allen Eigenschaften. Er kann sie annehmen und ablegen wie sein Geschlecht oder den meterlangen Penis.

Der Fuchs hat ein Zentrum. Es besteht in seiner List, seiner Intelligenz, seiner Unbekümmertheit um Recht und Gesetz. Von diesem Zentrum aus ergibt sich seine Funktion im Erzählen der Jahrhunderte. Der Trickster besitzt dieses Zentrum nicht. Er ist ein Wesen vor jeder Zentrierung. Daher kann er wie ein archaisches Ingrediens in sehr vielen, sehr unterschiedlichen Mythen und Geschichten stecken. Er ist immer prä-: präsozial, präadult, präzivilisatorisch. Auch das Erzählen von ihm ist prädramaturgisch. Es bewegt sich in lauter Einzelgeschichten, vor der Entwicklung einer sinnstiftenden Achse des Geschehens. Die Trickster-Stories gleichen mehr den gleitenden, funkelnden Splittern in einem Kaleidoskop als einer gestreckten Kette mit Anfang und Ende. Die Odyssee zum Beispiel ist dramaturgisch zentriert durch die Suche nach der Heimat; darüber werden die einzelnen Stationen zu den Teilen einer Kette, die unter sich nicht austauschbar sind. Am Ende steht

Ithaka. Für den Trickster gibt es kein Ziel. Er kann immer und überall auftauchen.

Von jeder Ordnung aus erscheint der Trickster als das, was ihr voranging. Daher kann er sogar zum Kulturheros werden, einer, der den Menschen ein Stück Zivilisation bringt. Oft ist er der Bringer des Feuers. Auch Prometheus hat man mit dem Trickster in Verbindung gebracht. Im Zyklus der Winnebagos macht er die Ufer des Mississippi bewohnbar:

> Dann wanderte er wieder über die Erde. Seine Reise begann er am oberen Ende des Mississippi und ging stromabwärts. Der Mississippi ist ein Geisterdorf, und der Fluß ist seine Hauptstraße. Der Schelm wußte, daß das Flußufer einmal von Indianern bewohnt sein würde; aus diesem Grunde wanderte er hier entlang. Alles, wovon er glaubte, daß es den Indianern hinderlich sein könnte, räumte er hinweg. [...] Beim Dahinwandern tötete und aß er alle Wesen, die die Menschen zu belästigen pflegten.[327]

Daß er vor aller Ordnung lebt, muß jede Ordnung provozieren. Durch seine reine Existenz stellt er sie ja in Frage. Es ist spannend zu sehen, wie auch die Wissenschaften, die ihn ernst nehmen, nicht umhinkönnen, ihn in *ihre* jeweilige Ordnung hereinzuholen. Da wohnt er dann plötzlich in einem System, er, der doch nichts anderes beweist, als daß es ein Leben außerhalb aller Systeme gibt. Am deutlichsten wird dies im Feld der Psychologie. Die Schule C. G. Jungs, die grundsätzlich den Prozeß der Individuation des einzelnen Menschen ins Auge faßt, seinen Stationenweg vom kaum bewußten zum selbstgewissen Ich, hat den Trickster freudig begrüßt als Verkörperung einer frühen Phase seelischer Existenz. In ihm spiegelt sich ein ungesichert-anarchisches Dasein, an dem alle einst teilhatten und an das sie sich unbewußt erinnern. Wenn es ihnen in den Träumen wiederbegegnet, trägt es die Züge des Tricksters. Wer ihm so sehr verhaftet bleibt, daß der Gang seines Individuationsprozesses gefährdet ist, kann den Trickster durch die Verarbeitung seiner Bilder überwinden, seine Erscheinungen schauend, erfahrend, bedenkend. C. G. Jung selbst bringt ihn in Beziehung zum Archetypus des »Schattens«.[328]

In einem verwandten, aber eigenständigen Ansatz baut Norbert Bischof den Trickster ein in sein System der strengen Entsprechungen zwischen den Mythen der Völker und den seelischen Entwicklungsphasen des Menschen. Das merkwürdige Wesen gewinnt auch hier einen genauen Ort. Auch hier widerspricht dies seiner naturhaften Ortlosigkeit, aber auch hier ist die Lokalisierung unabdingbar, um mit ihm überhaupt zurande zu kommen. Mag der Trickster immer vor aller Ordnung leben, über ihn nachdenken können wir nur aus unseren Ordnungen heraus. Alles andere wäre die bloße Reproduktion, das Erzählen und Wiedererzählen, wie es ganz auffällig in vielen modernen Kinderbüchern, Kindercomics, Kinderfilmen geschieht. Für Bischof entspricht dem Trickster die Lebensphase zwischen der seelischen Trennung vom Familiensystem, dem Sprung aus den ödipalen Konflikten, dem Ausschweifen in die Welt, und der Adoleszenz als einer Zeit neuer, autonom eingegangener Bindungen. »So wie der Halbwüchsige, der die ödipale Krise hinter, aber die Adoleszenz noch vor sich hat, ist auch der Trickster ein Wanderer *zwischen* Paradies und Erfüllung.«[329] Die spezifische Amoralität des Tricksters erklärt Bischof aus der entwicklungspsychologisch notwendigen Immunisierung gegen die Gewalt der eigenen Gefühle im Ablösungsvorgang aus den Familienbindungen. Auch das aber muß einmal ein Ende haben: »Nachdem die emotionale Immunität zunächst erlaubt hat, sich von der Familie abzulösen, wirkt sie in zweiter Instanz als Reifungshemmnis, da sie daran hindert, zwischenmenschliche Bindungen einzugehen.«[330]

Auf diese Weise wird der Trickster wissenschaftlich produktiv gemacht, aber zugleich auch domestiziert. Er verliert sein Geheimnis (was dem Ziel aller Wissenschaften entspricht: Endlich keine Rätsel mehr!), er verliert seine mythische Aura (auch das will die Wissenschaft: Wo Bilder waren, sollen Begriffe herrschen!), er verliert seine Dämonie. Das ist gut so. Es entspricht dem Willen der Zivilisation und den Regeln der Modernisierung. Nur gelingt es nicht ganz. Immer bleibt etwas übrig von den erledigten Mythen. Man hat die Arbeit getan, man freut sich und läßt sich loben. Da kichert es im Gebüsch.

Ein schönes Beispiel dafür, wie der Trickster in unterschiedliche Denkkonzepte eingehen kann, ist der Text, mit dem Elias Canetti auf ihn reagiert hat. Er steht in den Aufzeichnungen aus dem Jahr 1957 und wurde offensichtlich durch das Buch von Radin, Jung und Kerényi angeregt, ohne daß dies allerdings gesagt würde. Bei Canetti erscheint der Trickster nun nicht als die Verkörperung einer vorerwachsenen Lebensphase, sondern als die Möglichkeit, sich den Menschen vorzustellen, der durch keine verinnerlichten Befehle verkümmert, verhärtet, verbogen ist und jene Kraft besitzt, die in Canettis Denken am höchsten steht, die Kraft der Verwandlung. Daher wird er zu einer Gestalt von Freiheit. Canettis Text liest sich auf lange Strecken wie eine bloße Paraphrase des Winnebago-Zyklus. Gerade deshalb aber sind die kleinen Signale so aufschlußreich, in denen der Nachbericht in die Deutung überspringt. Man kann ihn auch als unausgesprochene Kritik an der Funktionalisierung des Tricksters durch die Psychologen lesen.

Der Trickster. In ihm treffen sich die Wirkung des Befehls und der Verwandlung, und wie von keiner andern menschlichen Figur, die man kennt, läßt sich von ihm das Wesen der Freiheit ablesen. Er beginnt als Häuptling, er erteilt Befehle und sie werden befolgt. Aber er führt den Gehorsam seiner Leute ad absurdum und wird sie so los.
Er schüttelt alle ab, er zerstört Sitte, Gehorsam, sein Gefährt, seine Zaubermittel, schließlich seine Waffen, um sich ihrer zu entledigen, um ganz allein zu sein. Kaum ist er allein, kann er zu allen Wesen und Dingen sprechen. Er will sich isolieren und ist auf *seine* eigenen Verwandlungen aus.
Befreit von allen, die zu ihm gehören, macht er sich auf den Weg. Er wandert ziellos umher und hat Gelüste. Er unterhält sich mit Teilen seines Körpers, die ein Eigenleben führen, seinem Hintern und seinem Glied. Er schneidet sich ins eigene Fleisch. Er ißt von seinen eigenen Innereien, weiß nicht, woher sie stammen. Sie schmecken ihm. Seine rechte Hand gerät in Streit mit der linken.
Er ahmt alles falsch nach, findet sich nirgends zurecht, stellt lauter falsche Fragen, auf die er keine Antworten bekommt oder nur irreführende.
Er adoptiert, nicht um sie, sondern um *sich* zu ernähren, zwei winzige Kinder, und betreut sie so falsch, daß sie sterben müssen. Er richtet sich als Frau zurecht, mit falschen Brüsten und falscher Scham, heiratet den Sohn eines Häuptlings und wird mehrfach schwanger. Es gibt keine Umkehrung, die er den Menschen nicht vorführt.
Er legt Tiere und Leute herein, wenn er Hunger hat, aber er wird auch von ihnen hereingelegt, er ist nichts weniger als Held und Sieger.
In seiner Isolierung kann ihm alles geschehen, was es an Lebensmöglichkeiten gibt. Aber eben durch diese Isolierung verfehlt es seinen Zweck, wirkt sinnlos und ist so besonders belehrend.
Er ist der Vorläufer des Schelms, keine Zeit und keine Gesellschaft, die nicht ihren Schelm hervorbringen könnte, und immer wird er die Leute interessieren. Er belustigt sie, indem er ihnen alles durch Umkehrung verdeutlicht. Seine Erlebnisse müssen aber zusammenhanglos bleiben. Jede innere Folge, jeder Zusammenhang, gäbe ihnen Sinn und müßte ihnen ihren Wert, nämlich ihre Freiheit nehmen.[331]

Das ist in seiner Verdichtung ein glänzendes Trickster-Porträt, und man bemerkt die Momente kaum, wo die Anverwandlung an Canettis eigenes Denken geschieht. Er verspricht uns zuerst die Einsicht in das Wesen der Freiheit, darauf folgt ein Staccato des Grotesken, und am Ende steht erneut das Wort Freiheit, so als wäre das Wesen der

Freiheit nun geklärt und definiert. Freiheit, einer der höchsten Begriffe der Philosophie, der Politik und der Anthropologie, soll uns also hier in diesem Kobold, diesem streunenden Nichtsnutz begreifbar werden. Von so etwas ist bei Jung und Radin nie die Rede. Womit belegt Canetti seine Behauptung?

Es läuft auf ein Paradox hinaus. Zweimal, im drittletzten und im letzten Abschnitt, wird von »Sinn« gesprochen. Das oberste Merkmal in den Unternehmungen des Tricksters, so wird unterstellt, ist deren Sinnlosigkeit. Der Sinn des Tricksters sei die Sinnlosigkeit, und diese Sinnlosigkeit lasse uns das Wesen der Freiheit erkennen. Das wirkt einigermaßen vernebelt. Es wird aber klar, sobald wir System sagen statt Sinn. Sein Leben lang hat Canetti gegen die Systeme angeschrieben. Systeme sind Befehlsapparate, und der Befehl, schon ein einziger Befehl, man kann es in »Masse und Macht« nachlesen, beschädigt den Menschen. Die Erzählungen vom Trickster nun verhindern fortlaufend, was wir von Erzählungen eigentlich erwarten: daß Sinn herausspringt in Gestalt einer praktikablen Wahrheit, die sich mit anderen geltenden Wahrheiten vernetzt. Das Netz meiner sämtlichen Wahrheiten, denen ich mich beuge und die also Befehlscharakter haben, dieses Netz ist es nun aber, was mir die Begegnung mit der wirklichen Welt verunmöglicht. Statt daß ich die Dinge in ihrer Ursprünglichkeit erfahre, sind sie immer schon gedeutet. Das Gitter des Sinnsystems steht zwischen mir und ihnen und, ohne es zu wissen, bin ich sein Gefangener. Nicht durch das System, die Abstraktion, die Begriffe, die Zahlen komme ich zur Wirklichkeit, sondern – ja wodurch denn? Durch »Verwandlung«. Das ist Canettis Lebenswort. Ich muß zur Schlange werden, um zu wissen, was eine Schlange ist. Ich muß zur Frau werden, um zu wissen, was eine Frau ist. Und so muß ich auch zum Baum werden oder zum Fluß oder zum Gewitter, zum alten Mann oder zum kleinen Kind. Der Trickster macht leibhaftig vor, was ich mit den Kräften der Seele vollziehen muß, will ich eine Ahnung bekommen von dem, was ist. So lautet Canettis Schamanenphilosophie, in die ihn sein Aufruhr gegen alle Systeme, gegen jeden befohlenen Sinn treibt. Deshalb erscheint hinter seinem Trickster-Porträt sekundenschnell Canettis eigenes Gesicht.

Wie steht also der Trickster zum Fuchs, wie steht er zum Intriganten? Er steht zu ihnen als ein unberechenbares, nie ganz fassliches und doch immer wieder aufblitzendes Element. Er ist ein Faktor, ohne den der Intrigant und seine Magie zuletzt nicht zu begreifen sind, aber der Versuch, ihn folgerecht in eine Definition des Intriganten einzubauen, müßte scheitern. Er steckt im Fuchs, aber der

Fuchs hat ihn auch schon überwunden, hat ihn zivilisiert durch die Zentrierung auf die List. Der Trickster ist polymorph, der Fuchs hat einen Charakter. Beide, der Fuchs und der Intrigant, sind Wesen mit Eigenschaften. Charaktere. Dahinter verschwindet der Trickster. Wir sehen nichts mehr von ihm, wenn der Fuchs unter dem Galgen zur Lügengeschichte anhebt, wenn der Intrigant in der Planszene sein Mechanema entwirft. Aber insgeheim anwesend bleibt er dennoch. Und wenn man am wenigsten an ihn denkt, hört man ihn wieder kichern.

XXXIII
Wie man mit dem Fuchs philosophiert

Der Fuchs ermöglicht ein Denken an den Grenzen der Abstraktion. Machiavelli und die Machiavelli-Klischees. Ein Grundakt neuzeitlicher Wissenschaft. Die Frage, die noch niemand zu stellen wagte. Die Antwort, die niemand hören will. Politikwissenschaft streng empirisch. Unsittlich oder außersittlich? Die Löwe-Fuchs-Differenz und die kentaurische Natur des Menschen. Der Fuchs in Potenz. Ehrlichkeit als höchste Kunst der Verstellung. Ethik und Politologie: zwei Systeme.

Die Meinung, Denken sei das logische Operieren mit Begriffen, die aus dem Wirrwarr der Wirklichkeit durch Abstraktion gewonnen wurden, ist ein Erbe der platonischen und aristotelischen Philosophie. Daß ich aus den abertausend Formen und Gestalten großer Gewächse, die mir vor Augen stehen, den einen Begriff »Baum« herleite, ist zweifellos eine unerhörte Leistung des Gehirns. Aber schon die Überzeugung, ich entnähme diesen Begriff der Wirklichkeit, er stecke von Natur aus in allen diesen großen Gewächsen drin, ist pure Phantasie. Die Bildung dieses Begriffes ist ein Akt der Weltunterwerfung, ein Akt der Herrschaft. Die sogenannte Abstraktion, mit der ich von den Erscheinungen zum Begriff gelange, ist kein liebevolles Erkennen dessen, was ist, sondern ein Diktat.

Gewiß trifft es zu, daß wir beim Denken vielfach mit Begriffen operieren. Ebenso gewiß aber ist, daß wir beim Denken noch mit einer Menge anderer Dinge operieren und die Begriffe oft genug erst im Nachhinein bemühen, um das Gedachte uns selbst und anderen plausibel zu machen. Wir denken in Gefühlen, wir denken in Bildern, wir denken in Geschichten, wir denken in Erinnerungen, wir denken in Melodien, wir denken in Wünschen und Ängsten. Die Kunst, alle Kunst der Welt, ist nichts anderes als eine immer neu geschaffene Möglichkeit, in Bildern, Melodien und Gefühlen zu denken und so die klaffenden Risse, die das Denken in Begriffen übrigläßt, zu schließen.

Begriffe sind »List«, »Schlauheit«, »Verschlagenheit«, »Tücke«, »Hinterhältigkeit«, »Täuschung«, »Betrug« und so fort – noch lange so fort. Kein Begriff, sondern ein Bild, das gleichzeitig ein Gefüge von Geschichten und Gefühlen darstellt, ist der Fuchs, der Fabelfuchs, Reineke. Wer ihn kennt, kann mit ihm denken. So wie Canetti mit dem Trickster denkt, wenn er sich über die Freiheit klar werden will, kann man mit dem Fuchs denken. Beispiele dafür finden sich, sobald die Fuchsfabel voll ausgebildet und allgemein bekannt ist. So zum Beispiel, und in herausragender Weise, bei Machiavelli. An einer Schlüsselstelle seines Argumentierens in der Schrift »Il Principe«, »Der Fürst«, von 1513 greift er auf das Denkbild des Fuchses zurück, um mit seiner Hilfe zu verdeutlichen, ja überhaupt auszusprechen, was es auszusprechen gilt.

»Il Principe« entsteht fast zeitgleich mit der lutherischen Reformation und wird rasch ebenso berühmt wie die Thesen, die angeblich eines Morgens an der Kirchentür zu Wittenberg hingen. Aber während Luthers Werk von der einen Hälfte der Christenheit gefeiert und von der andern geschmäht wurde, fand Machiavelli jahrhundertelang durchweg wütende Ablehnung. Sein Buch wurde immer wieder verboten und verbrannt. Der Name des Verfassers in Gestalt eines Adjektivs – »machiavellistisch« – ist bis heute ein Schimpfwort geblieben. Es wird auch von respektierten Historikern der Gegenwart unreflektiert gebraucht. Und obwohl es längst eine Machiavelli-Rezeption gibt, die sich mit dem Mann und seinem Werk so sachlich befaßt, daß sein Genie erkennbar wird, bleiben seine zentralen Thesen ein Dorn im Fleisch aller Politikwissenschaft und aller konkreten Politik. Machiavelli hat eine Wahrheit ausgesprochen, die längst Praxis war und Praxis geblieben ist bis auf den heutigen Tag. Aber aussprechen, so meinen heute noch viele Leute, aussprechen hätte er das nicht dürfen.

Um aus dem moralischen Dilemma gegenüber Machiavelli herauszukommen, welches nichts anderes ist als das moralische Dilemma, von dem Machiavelli handelt, muß man sich über seine Position in der Entwicklung des Wissenschaftsbegriffs der Neuzeit klar werden. Er schreibt das vermutlich erste politikwissenschaftliche Werk auf streng empirischer Basis. An ihm kann man studieren, was das einst bedeutet hat: Forschen ohne Rücksicht auf Vorgaben, Forschen allein auf Grund von genauer Beobachtung. Erst ein Jahrhundert später sollte Francis Bacon das Prinzip der unbedingten Empirie zur Basis aller Wissenschaften erklären. Machiavelli hat es auf seinem Gebiet bereits verwirklicht. So wie Kopernikus auf die Gestirne zu blicken wagte, wagte er auf den Staat zu blicken, ohne verinnerlichte Befehle hinsichtlich des Resultats. Seine Leistung ist der Mut zu diesem Blick. Was wir mit seinen Ergebnissen anfangen, auch heute noch, ist unsere Sache.

Machiavellis erster Akt besteht darin, daß er den Gegenstand seiner Untersuchung scharf eingrenzt. Er studiert den Herrscher und dessen Staat und nichts weiter. Er studiert den Herrscher nicht als den Vater seiner Untertanen oder als den Stellvertreter Gottes oder als die Verkörperung der Gerechtigkeit. Das wären alles Bestimmungen, die von vorneherein als Axiome gesetzt würden und die strikt empirische Analyse verhindern müßten. Reine Wünsche wären das, die der Wissenschaftler nun, bitt' schön, als Fakten nachweisen soll. Machiavelli hingegen fragt nur eines: Was macht den erfolgreichen Herrscher aus?

Erfolgreicher Herrscher ist, wer an der Macht bleibt. Ein Herrscher, der gestürzt wird, hat falsch regiert. Einer der nicht gestürzt wird, hat richtig regiert. Richtig und Falsch im Bereich der politischen Herrschaft bemessen sich nach Bestand oder Untergang dieser Herrschaft. Da gibt es Regeln. Diese Regeln kann man studieren. Erfolgreicher Reiter ist, wer nicht vom Roß fällt. Dafür gibt es Regeln, und man kann sie studieren. Erfolgreicher Kaufmann ist, wessen Bilanz am Jahresende stimmt. Dafür gibt es Regeln, und man kann sie studieren. Erfolgreicher Herrscher ist, wer nicht gestürzt wird. Dafür gibt es Regeln, und die will Machiavelli studieren. Er benutzt dafür empirisches Material. Es sind die von ihm selbst erlebten und die von den großen Geschichtsschreibern überlieferten politischen Vorgänge.

Die Analyse würde verzerrt, wenn Machiavelli sie von Anfang an mit der Frage nach der sittlichen Qualität des Herrschaftshandelns verquickte. Er anerkennt durchaus das Sittengesetz. Er unterscheidet klar zwischen Gut und Böse. Er nennt den Verbrecher Verbrecher, auch wenn dieser ein Fürst ist. Aber er sagt: Wenn ich die Regeln erkennen will, unter denen der Herrscher an der Macht bleibt, muß ich sie unterscheiden von den Regeln, nach denen wir sittlich gute und schlechte Handlungen bestimmen. So wie der Anatom, der einen menschlichen Körper seziert, nicht fragen darf: War das ein guter Mensch oder ein Schurke, was da vor mir auf dem Seziertisch liegt? Schneide ich jetzt einen liebevollen Familienvater auf oder einen Geizhals? Für die Wissenschaft und die Methode des Anatomen ist das moralische Leben, das der Tote geführt hat, belanglos. So muß auch für Machiavelli alles belanglos sein, was nicht die Regeln der Kunst betrifft, als Herrscher an der Macht zu bleiben. Das verlangt seine Methode.

Hier denken viele, damit sei bereits klar, was herauskommt. Machiavelli, denken sie, wird den brutalsten möglichen Tyrannen beschreiben, der sich mit rücksichtsloser Gewalt an der Macht hält. Das würde er ohne Zweifel tun, *wenn* er am Ende zu dem Ergebnis käme, die rücksichtslose Gewalt sei das unfehlbare Mittel, an der Herrschaft zu bleiben. Er erkennt aber beim genauen Studium seines Materials, daß in unzähligen Fällen die rücksichtslose Gewalt genau der Fehler war, der einen Herrscher gestürzt hat. Gewalt, sagt der Anatom der Macht, kann je nachdem das genau Richtige sein oder das völlig Verkehrte. Ebenso kann die Gerechtigkeit in einer bestimmten Situation das Richtige sein oder das Verkehrte, kann sie die Herrschaft sichern oder ruinieren.

Hier liegt die Crux. Wer religiös denkt oder in einer der säkularisierten Formen von Religion, ethisch also, muß daran festhalten, daß die Gerechtigkeit immer und allein das Richtige ist und die Ungerechtigkeit nie. Das ist korrekt innerhalb des Regelsystems der Theologie und ihrer weltlichen Ableger, also etwa im Denken der humanistischen Heiligen Iphigenie. Machiavelli aber, und das ist seine wissenschaftliche Modernität, muß jedes fremde Regelsystem von seinem eigenen fernhalten, wenn er zu verbindlichen Resultaten kommen will. Sonst kommt er höchstens zu beschaulichen Betrachtungen. Innerhalb seiner Methode sind Gerechtigkeit und Ungerechtigkeit wertneutrale Faktoren des politischen Handelns.

Dies alles war vorauszuschicken, wenn jetzt gezeigt werden soll, wie Machiavelli mit der Kategorie »Fuchs« denkt und arbeitet.

Die Überschrift des XVIII. Kapitels des »Principe« lautet: »Inwieweit Herrscher ihr Wort halten sollen.«[332] Ein Titel, der es in sich hat. Und bereits der erste Abschnitt zeigt sowohl das Dilemma als auch das Verfahren Machiavellis:

> Jeder sieht ein, wie lobenswert es für einen Herrscher ist, wenn er sein Wort hält und ehrlich, ohne Verschlagenheit seinen Weg geht.[333]

Das ist nicht ironisch gesprochen. Das ist ganz ernst gemeint. Machiavelli geht vom sittlichen Empfinden aller zivilisierten Menschen aus und anerkennt dieses ohne Vorbehalt. Dann fährt er fort:

> Trotzdem sagt uns die Erfahrung unserer Tage, daß gerade jene Herrscher Bedeutendes geleistet haben, die nur wenig von der Treue gehalten und es verstanden haben, mit Verschlagenheit die Köpfe der Menschen zu verdrehen; und schließlich haben sie über die die Oberhand gewonnen, die ihr Verhalten auf Ehrlichkeit gegründet haben.[334]

Man achte auf den Weg dieses Denkens, bevor man seine Resultate beurteilt. Machiavelli geht nicht von Normen aus, sondern von der Beobachtung, der Empirie: »... sagt uns die Erfahrung unserer Tage«.

So hat auch Kopernikus den Kosmos studiert und ist dabei nicht von dem Axiom ausgegangen, daß die Erde feststehe und die Sonne sich bewege, sondern hat gelassen alle Informationen gesammelt, die zusammen eine widerspruchsfreie Theorie über die Bewegung der Gestirne ergaben. Hätte er nicht gewagt, sich über die geltende Lehre hinwegzusetzen, daß die Erde steht und die Sonne sich bewegt, er hätte die neue Wahrheit nicht gefunden und keine kopernikanische Wende eingeleitet. Genau so wagt Machiavelli politisch zu denken ohne Rücksicht auf das Axiom, daß zu den unabdingbaren Maximen jedes Herrschers die Grundwerte des Sittengesetzes gehören.

Er operiert also nicht auf einer un-sittlichen, sondern auf einer außer-sittlichen Ebene. Sie wurde gewonnen durch den Grundakt der Unterscheidung, den Akt der Abgrenzung seines wissenschaftlichen Gegenstandes. Allerdings weiß er, daß er das nicht nur wissenschaftstheoretisch begründen darf. Daher skizziert er ein anthropologisches Modell, das seine Aktualität noch immer besitzt:

Ihr müßt euch nämlich darüber im klaren sein, daß es zweierlei Arten der Auseinandersetzung gibt: die mit Hilfe des Rechts und die mit Gewalt. Die erstere entspricht dem Menschen, die letztere den Tieren. Da die erstere oft nicht zum Ziele führt, ist es nötig, zur zweiten zu greifen. Deshalb muß ein Herrscher gut verstehen, die Natur des Tieres und des Menschen anzunehmen. [...] Denn die eine ohne die andere ist nicht von Bestand.[335]

Was hier sichtbar wird, ist die These, daß wir alle halb Tier und halb Mensch seien, halb dem Sittengesetz gehorsam und halb der Gewalt. Solange es auf der ganzen Erde keinen Staat ohne bewaffnete Polizei gibt und selbst der Vatikan mit Maschinenpistolen bestückt ist, muß diese These wohl als plausibel gelten. Machiavelli zieht daraus die Konsequenzen für den Herrscher (die Konsequenzen für uns und unseren Alltag gehören nicht zu seinem Projekt). Um diese Konsequenzen präzise zu erfassen, greift er zurück auf die Figuren der Tierfabel. Wo der Herrscher nicht mit dem Recht, also als Mensch, operieren kann, muß er es mit Gewalt, also als Tier tun. Hier hat er wiederum zwei charakteristische Möglichkeiten:

Wenn sich also ein Herrscher gut darauf verstehen muß, die Natur des Tieres anzunehmen, soll er sich den Fuchs und den Löwen wählen; denn der Löwe ist wehrlos gegen Schlingen, der Fuchs ist wehrlos gegen Wölfe. Man muß also Fuchs sein, um die Schlingen zu wittern, und Löwe, um die Wölfe zu schrecken. Wer nur Löwe sein will, versteht seine Sache schlecht.[336]

Fuchs und Löwe stehen beide zusammen für den Bereich der animalischen Strategien zur Herrschaftssicherung. Sie verkörpern die zwei Formen der Herrschaft nicht durch Recht, sondern durch Gewalt. Die Löwenpraxis und die Fuchspraxis sind Gestalten der Gewalt. Der Löwe vollzieht die Gewalt der Pranken; der Fuchs vollzieht die Gewalt der List. Im offenen Kampf kann keiner den Löwen besiegen, wohl aber besiegen im offenen Kampf viele andere Tiere, vor allem die Wölfe, den Fuchs. In der List hingegen kann keiner den Fuchs besiegen, und der Fuchs besiegt nach dem Zeugnis der Tierfabeln durch seine List alle andern, auch den Löwen und den Wolf. Ein Herrscher, der im Kampf um seine Macht nur Löwe ist oder aber nur Fuchs, bleibt auf die Dauer chancenlos. Er muß beides sein, muß beide Formen der außersittlichen Gewalt beherrschen. Nur nach Recht und Gesetz zu regieren, ist ebenfalls chancenlos, auf Grund der kentaurischen Beschaffenheit der Menschen:

Wären die Menschen alle gut, so wäre dieser Vorschlag nicht gut; da sie aber schlecht sind und das gegebene Wort auch nicht halten würden, hast auch du keinen Anlaß, es ihnen gegenüber zu halten.[337]

Diese tiefe Skepsis der moralischen Beschaffenheit der Menschen gegenüber, wird anderswo noch drastischer formuliert:

Denn von den Menschen kann man im allgemeinen sagen, daß sie undankbar, wankelmütig, verlogen, heuchlerisch, ängstlich und raffgierig sind. Solange du ihnen Vorteile verschaffst, sind sie dir ergeben und bieten dir Blut, Habe, Leben und Söhne an, aber nur, wie ich oben schon sagte, wenn die Not ferne ist. Rückt sie aber näher, so empören sie sich.[338]

Hier stehen wir ganz nahe bei der Bestimmung des vorstaatlichen Menschen, die Thomas Hobbes 150 Jahre später vorlegen wird. Wobei man Machiavelli zugute halten muß, daß er den Menschen zur einen Hälfte der Doppelnatur durchaus als sittlich fühlendes, sittlich handelndes Wesen anerkennt. Daß der Mensch dies zur andern Hälfte ganz und gar nicht ist, wird zwar Rousseau, weitere hundert Jahre nach Thomas Hobbes, leidenschaftlich bestreiten, die Vorgänge in der Welt auch des 21. Jahrhunderts sprechen aber doch weit mehr für Machiavellis anthropologische Diagnose.

Will der Herrscher Herrscher bleiben, muß er also von Fall zu Fall auf die zwei Formen von Gewalt, die Löwenpraxis und die Fuchspraxis, zurückgreifen. Allerdings wird rasch deutlich, daß Machiavelli das Modell des Fuchses für wichtiger hält:

Wer am besten Fuchs zu sein verstanden hat, ist am besten gefahren![339]

Im Verlauf der Theorie vom regierenden Fuchs kommt es nun zu einer ebenso überraschenden wie spannenden Komplikation. Sie zeigt, wie konsequent Machiavelli mit dem Modell Fuchs denkt und dieses noch erweitert. Die zentrale Praxis des Fuchses ist die Verstellung. Ein Herrscher, der zur Strategie des Fuchses greift, zur Gewaltvariante Fuchs, muß noch mehr tun als sich nur so zu verstellen, wie der Fuchs sich vor den anderen Tieren verstellt. Der Fuchs in den Fabeln ist bei all seinen Listen und Ränken immer als Fuchs erkennbar. Der Herrscher aber muß darüber hinaus auch noch sein Fuchssein kaschieren. Der erfolgreiche Herrscher ist der Fuchs in Potenz:

Wer am besten Fuchs zu sein verstanden hat, ist am besten gefahren! Doch muß man sich darauf verstehen, die Fuchsnatur gut zu verbergen.[340]

Man sieht, Machiavelli denkt aus dem Ansatz der Fuchsfabel heraus folgerichtig weiter und über die Fabel hinaus. In der Fabel wird der Fuchs zum Beispiel einmal ein frommer Einsiedler im Walde. Die Gänse wählen ihn zu ihrem Beichtvater und pilgern bußfertig zu ihm hinaus. Nach dem frommen Geschäft kehrt keine mehr nach Hause zurück. Hier bleibt der Fuchs für jedermann erkennbar der Fuchs. Er tut nur so, als habe er sich bekehrt. Der Herrscher aber muß zu verhindern suchen, daß man ihn überhaupt als Fuchs erkennt. Denn solange man ihn nicht als Fuchs erkennt, kommt man gar nicht auf die Idee, er könnte sich verstellen. Man betrachtet ihn als ehrlich und gerecht. Das heißt, die höchste Kunst der Verstellung in der Politik ist die Verstellung in die Ehrlichkeit. Dem gegenüber ist die tatsächliche Ehrlichkeit für den erfolgreichen Herrscher höchst riskant:

Ein Herrscher braucht also [...] die [...] guten Eigenschaften nicht in Wirklichkeit zu besitzen; doch muß er sich den Anschein geben, als ob er sie besäße. Ja, ich wage zu behaupten, daß sie schädlich sind, wenn man sie besitzt und stets von ihnen Gebrauch macht, und daß sie nützlich sind, wenn man sich nur den Anschein gibt, sie zu besitzen. So muß ein Herrscher milde, treu, menschlich, aufrichtig und fromm scheinen und er soll es gleichzeitig auch sein; aber er muß auch die Seelenstärke besitzen, im Fall der Not alles ins Gegenteil wenden zu können.[341]

Und etwas später ergänzt er das mit einem Beispiel:

Ein Fürst unserer Zeit, den man besser nicht nennt, führt nur die Worte »Friede und Treue« im Munde und ist in Wirklichkeit deren größter Feind. Beide hätten ihn des öfteren Ansehen und Herrschaft gekostet, wenn er an ihnen festgehalten hätte.[342]

Das heißt, es ist gewiß gut und recht, wenn ein Herrscher aufrichtig und treu und fromm ist, aber entscheidend für den Bestand seiner Herrschaft ist allein, daß er so erscheint und alle ihn dafür halten. Ob er es tatsächlich ist, muß dieser höheren Notwendigkeit gegenüber für nebensächlich gelten.

Es wäre schlimm, wenn sich hier nicht alles in uns empörte. Wenn wir zufrieden lächelnd diese kühlen Feststellungen lesen könnten, wonach der Fuchs, genauer noch: der Fuchs in Potenz, einen unbedingten Maßstab des politischen Handelns abgebe. Aber Machiavelli macht gegen Ende dieses 19. Kapitels noch einmal ganz klar, worum es geht: um die reinen Regeln des politischen Erfolgs. Diese kann man nicht voraussetzungslos ergründen, wenn man sie mit anderen Regelsystemen verquickt, dem 8. Gebot zum Beispiel. Daß aber der politische Erfolg die Eigenschaft besitzt, sich in den Augen der Menschen selbst zu rechtfertigen, fügt Machiavelli in einer kleinen Erläuterung noch bei. Er begründet sie einmal mehr mit einer empirischen Beobachtung:

> Die Handlungen aller Menschen und besonders die eines Herrschers, der keinen Richter über sich hat, beurteilt man nach dem Enderfolg. Ein Herrscher braucht also nur zu siegen und seine Herrschaft zu behaupten, so werden die Mittel dazu stets für ehrenvoll angesehen und von jedem gelobt. Denn der Pöbel hält sich immer an den Schein und den Erfolg.[343]

Man muß genau hinhören. Machiavelli erklärt nicht: Die sittlich schlechten Mittel werden durch den Erfolg sittlich gut. Er erklärt nur: Der Erfolg beseitigt bei der breiten Bevölkerung die Fragen nach der sittlichen Qualität der Mittel. Dies ist keine ethische Aussage, sondern eine sozialpsychologische. Sie bildet das Ergebnis strenger Beobachtungen, das Ergebnis also der Methode einer voraussetzungslosen Wissenschaft.

Die bahnbrechende Leistung Machiavellis besteht darin, die Regeln der erfolgreichen Herrschaft und die Regeln der Sittlichkeit als zwei verschiedene Systeme erkannt zu haben, die zwar in glücklichen Stunden kompatibel sein können, es aber keinesfalls von Natur aus und jederzeit sind. Wobei zur Kunst der erfolgreichen Herrschaft allerdings gehört, daß so getan werden muß, als seien die beiden Systeme von Natur aus und jederzeit kompatibel und der Herrscher stelle sich unbedingt unter die Regeln der Sittlichkeit. Das gilt im großen Ganzen auch heute noch, und es ist auch heute noch so, daß man es nicht ohne weiteres sagen darf. Man weicht auf sanftere Formulierungen aus. Man gebraucht etwa das Wort

»Staatsräson«, oder man spricht von »Realpolitik«. Beides hat zwar etwas Bedenkliches, verharmlost aber doch das radikale Dilemma, das Machiavelli für das politische Herrschaftshandeln aufgedeckt hat.

XXXIV
Max Weber neben Machiavelli

»Wie steht es denn aber mit der wirklichen Beziehung zwischen Ethik und Politik?« Auch Weber muß das System spalten. Gesinnungsethik und Verantwortungsethik. Der Staat und die Gewalt. Differentia specifica zur Familienmoral. Verantwortungsethik: ein Begriff aus dem Wörterbuch des Fuchses. Wo Machiavelli anthropologisch argumentiert, argumentiert Weber dämonologisch. Der zeitgeschichtliche Hintergrund. Die Bedeutung Machiavellis für Theorie und Geschichte der Intrige. Eine neue Gestalt des Tragischen.

Ein Ausweichen auf sanftere Formulierungen stellt auch das Begriffspaar dar, das Max Weber dem Dilemma gegenüber vorgeschlagen hat: »Gesinnungsethik« versus »Verantwortungsethik«. In einem der berühmtesten Akte öffentlichen Nachdenkens über die Politik im 20. Jahrhundert, in Webers Rede »Politik als Beruf«, gehalten 1919 und schon im selben Jahr erweitert gedruckt, wird mit verblüffender Offenheit die Gretchenfrage aller politischen Theorie gestellt: »Wie steht es denn aber mit der wirklichen Beziehung zwischen Ethik und Politik?«[344] Und Weber legt gleich auch die nächstliegenden zwei Antworten vor, ohne darauf zu verweisen, wie nahe er damit an die Reflexionen Machiavellis heranrückt: »Haben sie, wie man gelegentlich gesagt hat, gar nichts miteinander zu tun? Oder ist es umgekehrt richtig, daß ›dieselbe‹ Ethik für das politische Handeln wie für jedes andere gelte?«[345] Er weiß natürlich, daß die Variante »gar nichts miteinander zu tun« so schroff und zynisch ist, daß sie nicht ernsthaft diskutiert werden kann. Und er weiß ebenfalls, daß das Problem in der zweiten Variante steckt. Und kurzerhand bejahen kann er nun die zweite Variante tatsächlich nicht, ja es drängt sich die Vermutung auf, daß er die Rede nur gehalten hat, um die These, für das politische Handeln gelte dieselbe Ethik wie für jedes andere menschliche Tun, anzugreifen.

Auch Machiavelli hat diese These angegriffen. Er tat es mit dem Rückgriff auf das anthropologische Modell, wonach die animalisch-triebhafte Hälfte des Menschen eben nicht bereit sei, dem Recht zu gehorchen und sich daher nur durch die zwei Gestalten der politischen Gewalt steuern lasse: Gewalt nach Löwenart oder nach Fuchsmanier, mit der Pranke oder der List. Dem schließt sich Weber im Grunde an, wenn er den Staat zu Beginn seiner Rede vom Monopol der physischen Gewalt her bestimmt. »Man kann vielmehr den modernen Staat soziologisch letztlich nur definieren aus einem spezifischen *Mittel*, das ihm, wie jedem politischen Verband, eignet: der physischen Gewaltsamkeit.«[346] Und kurz darauf setzt er zur formellen Definition an: »Staat ist diejenige menschliche Gemeinschaft, welche innerhalb eines bestimmten Gebietes [...] das *Monopol legitimer physischer Gewaltsamkeit* für sich (mit Erfolg) beansprucht.«[347] Über diese Klammerbemerkung »mit Erfolg« wäre, nicht zuletzt in Erinnerung an Machiavelli, länger nachzudenken. Wichtiger aber ist hier zunächst, daß Weber bei dem Problem, ob es für das private Leben und die Politik nur eine einzige Ethik gebe, genau diesen Gewaltaspekt des Staates ins Feld führt. Er gibt die Antwort in Gestalt zweier rhetorischer Fragen, eines alterprobten Mittels also, die Zuhörer zu überzeugen, ohne mit Beweisen anrücken zu müssen. In einer Rede ist dies ja auch gestattet.

> Aber ist es denn wahr: daß für erotische und geschäftliche, familiäre und amtliche Beziehungen, für die Beziehungen zu Ehefrau, Gemüsefrau, Sohn, Konkurrenten, Freund, Angeklagten die inhaltlich *gleichen* Gebote von irgendeiner Ethik der Welt aufgestellt werden könnten? Sollte es wirklich für die ethischen Anforderungen an die Politik so gleichgültig sein, daß diese mit einem sehr spezifischen Mittel: Macht, hinter der *Gewaltsamkeit* steht, arbeitet?[348]

Das heißt: Entwickelte Politik ist kultivierte Gewalt, Gewalt, von der jeder einzelne Mensch im Staate betroffen ist. Diese Tatsache ist nicht zu vermitteln mit einer Ethik, wie sie etwa die Beziehung zwischen Freunden oder zwischen Geschäftspartnern steuert. Folglich muß es eine politikspezifische Ethik geben.

Um diese näher zu bestimmen, grenzt Weber sie zunächst von der »absoluten Ethik der Evangelien«,[349] den Grundsätzen der Bergpredigt, ab. Die absolute Ethik geht von einem unbedingt richtigen Handeln aus, das nicht nach dessen Folgen fragt. Überzeugt vom Gebot, daß ich dem, der mich auf die rechte Backe schlägt, auch die linke hinhalten soll,[350] verhalte ich mich so, auch wenn ich durch diesen Gewaltverzicht der rohen Gewalt zur Herrschaft verhelfe und weiterer Gewalt an meinen Nächsten Vorschub leiste. Ich handle damit, so Weber, »gesinnungsethisch«. Wer gesinnungsethisch handelt, nimmt alle schlechten Konsequenzen in Kauf um der reinen ethischen Lehre willen.[351] Er befolgt seine Grundsätze, selbst wenn die absehbare Folge in Unheil und Verderben besteht.

Dem gegenüber nun die »Verantwortungsethik«. Sie denkt an beides, an das sittliche Prinzip und an die Folgen. Sie weiß sich auch für die Folgen verantwortlich. Also muß sie die üblen Folgen der gesinnungsethischen Praxis verhindern. Also muß sie gegen die absolute Norm zum Beispiel der Bergpredigt verstoßen. Also muß sie zurückhauen, statt die linke Backe hinzuhalten. Also muß sie – Weber sagt es nicht so kraß, aber auf solche Kraßheit läuft es hinaus – schlecht handeln um des guten Zweckes willen, muß lügen, ungerecht sein, Gesetze biegen und sich zielgerichtet verstellen … Mit Machiavelli gedacht, heißt das: die Gesinnungsethik besteht darin, daß sie nie bereit ist, den Fuchs zu spielen; die Verantwortungsethik besteht darin, daß sie sich von Fall zu Fall sorgfältig überlegt, ob jetzt nicht doch der Fuchs mit all seinen Künsten und Listen die Norm des Handelns abgeben muß.

Bis jetzt kann man Max Weber noch nicht den Vorwurf machen, er beschönige die bittere Wahrheit. Der Akt der Beschönigung erfolgt erst dort, wo er erklärt, Gesinnungsethik und Verantwortungsethik könnten einander harmonisch ergänzen: »Gesinnungsethik und Verantwortungsethik [sind] nicht absolute Gegensätze, sondern Ergänzungen, die zusammen erst den echten Menschen ausmachen, den, der den ›Beruf zur Politik‹ haben *kann.*«[352]

Der beschwichtigende Gestus dieses Satzes ist unverkennbar.[353] Und genau hier wird einem auch klar, daß ein trügerisch-beschwichtigendes Moment schon im Wort »Verantwortungsethik« selber steckt. Dieser Begriff, der nichts anderes bezeichnet als die Bereitschaft, in der Politik von ethischen Prinzipien abzurücken, wenn die Situation es verlangt, tut so, als könnte das Abrücken von ethischen Prinzipien durch ein neues ethisches Prinzip ersetzt werden: »Verantwortung«. Das Wort »Verantwortungsethik«, das dem Fuchs seinen Platz in der politischen Moral wieder einräumt – »Hochgeehrt ist Reineke nun …« –, stammt selbst aus dem Wörterbuch des Fuchses.

Man kann es drehen und wenden, wie man will: Webers Position deckt sich zuletzt mit der Position Machiavellis. Beide sagen: Es wäre wunderbar, wenn man mit den Geboten der Bergpredigt auch einen Staat lenken, dessen Ordnung aufrechterhalten, das Wohl der Bürger sichern und von Tag zu Tag regieren könnte. Und beide sagen: Wer dies tut, mit dem Glaubenseifer einer reinen Seele, der wird über kurz oder lang als Politiker scheitern, nachdem er guten Gewissens soviel Unheil angerichtet hat, daß niemand seinem glanzlosen Verschwinden nachweint. Weber beruft sich zwar bei der Formulierung seiner Kernthesen nicht auf Machiavelli, aber der Name des Italieners fällt doch mehrfach in dem kurzen Text, zu oft jedenfalls, als daß man den Gruß an den Kollegen übersehen könnte.

Wenn soviel einmal festgestellt ist, wird die Frage spannend, wie Weber, im Vergleich zu Machiavelli, seine Thesen begründet. Man erinnert sich: Machiavelli tat es mittels eines anthropologischen Modells. Der Mensch sei ein Doppelwesen, kentaurisch, zur Hälfte dem Recht, dem Gewissen, dem sittlichen Empfinden gehorchend, zur andern Hälfte aber triebgesteuert, rücksichtslos, egoistisch, um Gut und Böse unbekümmert wie ein Tier. Also könne er auch nur auf kentaurische Weise regiert werden, zur einen Hälfte nach Recht und Gerechtigkeit, zur andern Hälfte mit Gewalt. Dieses anthropologische Modell entsprang nicht zuletzt der Tierfabel, die seit langem die Doppelnatur des Handelns inszeniert und den Menschen beide Verhaltensweisen in prächtigen Spektakeln vor Augen geführt hatte. Es ist ein unbekümmert weltliches Modell, illusionslos aufgeklärt, ohne theologische oder mythische Implikationen. Machiavelli braucht keine Erbsünde, um die animalische Dimension seines Menschen nachzuweisen, und die Frage der Theodizee, die sich daraus ergibt – Wie konnte Gott so ein Wesen schaffen? –, kümmert ihn keinen Augenblick. Schaut euch die Kerle an, so sind sie! Um das zu sehen, braucht ihr keine Philosophen und Prediger, nur gute Augen und einen ausgeschlafenen Kopf!

Max Weber aber, der große Theoretiker der Rationalisierung, der Entmythisierung und Entzauberung der Welt, er, der die Regeln der Modernisierung formulierte und die Prozesse der Aufklärung gebündelt auf den Begriff brachte, dieser Max Weber wird nun angesichts der Notwendigkeit, die strikte Gesinnungsethik in der Politik zu bekämpfen, selbst zum mythischen Rauner. Er stellt den Begriff der »ethischen Irrationalität der Welt« auf und erklärt: »Der Gesinnungsethiker erträgt die ethische Irrationalität der Welt nicht.«[354] Was dies sein soll, ist gewiß nicht auf Anhieb klar. Also erklärt er es im Rückgriff auf die Religionen, unter andern die christliche:

> Auch die alten Christen wußten sehr genau, daß die Welt von Dämonen regiert sei, und daß, wer mit der Politik, das heißt: mit Macht und Gewaltsamkeit als Mitteln, sich einläßt, mit diabolischen Mächten einen Pakt schließt, und daß für sein Handeln es *nicht* wahr ist: daß aus Gutem nur Gutes, aus Bösem nur Böses kommen könne, sondern oft das Gegenteil.[355]

Was geht da vor? Wird hier nicht der Fuchs, der sich bei Machiavelli vom Teufel emanzipiert hatte, wieder an den Teufel zurückgebunden? Weber doppelt nach:

> Wer Politik überhaupt und wer vollends Politik als Beruf betreiben will, [...] läßt sich, ich wiederhole es, mit den diabolischen Mächten ein, die in jeder Gewaltsamkeit lauern.[356]

Werden also die Politiker wieder zu Zauberpriestern, und dies unter den Händen des aufgeklärten Religionshistorikers? Von irgendwoher flackert tatsächlich der theologische Status corruptionis in den Diskurs Max Webers hinein. Es scheint, daß der Redner das Skandalon seiner These vom Versagen der Gesinnungsethik in der Politik nur erträglich machen kann, indem er die Politik dämonisiert, wörtlich:

> Der Genius, oder Dämon der Politik lebt mit dem Gott der Liebe, auch mit dem Christengott in seiner kirchlichen Ausprägung, in einer inneren Spannung, die jederzeit in unaustragbare Konflikte ausbrechen kann.[357]

Und selbst die Verschiebung des Mythischen in eine Psychologie des Unbewußten kommt bei Weber wenig später zur Sprache, allerdings ohne daß diese Psychologisierung, wie etwa bei Freud, einen Akt der Entmythisierung bildete. Wenn einer »mit reiner Gesinnungsethik« Politik betreibt, heißt es, »dann bleiben dem Handelnden jene diabolischen Mächte, die im Spiel sind, unbewußt. Sie sind unerbittlich und schaffen Konsequenzen für sein Handeln, auch für ihn selbst innerlich, denen er hilflos preisgegeben ist, wenn er sie nicht sieht.«[358]

Diese Präsenz diabolischer Mächte in Welt und Geschichte verlangt vom Politiker das Abrücken von der bürgerlichen Sittlichkeit. Sie macht ihn letztlich zu einer Art Gegenteufel (gemäß dem Sprichwort, daß der Teufel mit Beelzebub auszutreiben sei) und gibt ihm in dieser Funktion moralisch Carte blanche.

Eine so dramatische Theorie bei einem so kühlen Kopf wie Max Weber ist nur aus dem politischen Tohuwabohu im Deutschland von 1919 zu verstehen. Es ist das Jahr nach dem Kollaps der Kaiserreiche, das Jahr der Räterepublik, der Weimarer Verfassung und der ungerechten Friedensdiktate durch die Siegermächte in Versailles. Ein Jahr, in dem überall in der Politik absolute Positionen mit Märtyrer- und Mörderfanatismus vertreten werden. Diese absoluten Positionen nennt Weber Gesinnungsethik. Er möchte sie bannen mit dem Konzept der Verantwortungsethik. Und um dieses Heilmittel zu begründen, das immerhin den ganzen ethischen Rigorismus seit Kant und Schiller, ein gutes Stück der deutschen Seele also, beiseite schieben muß, weiß Max Weber kein anderes Mittel als den Salto rückwärts aus seiner entgötterten Welt zu den alten »diabolischen Mächten«.

Der emotionale Tumult nach den Katastrophen des Ersten Weltkriegs machte es Weber schon rhetorisch unmöglich, den Paradoxien der Politik allein mit Machiavellis Löwen- und Fuchsmodell zu begegnen. Rein logisch hätte dieses zwar ausgereicht. Die historische Stunde aber forderte eine andere gefühlsmäßige Aufladung der Argumente. Nur der Mythos konnte sie leisten. Und so erschien denn der alte Teufel in seiner zwielichtigen Pracht plötzlich in den nüchternen Räumen der modernen Wissenschaft.

Machiavellis Modell von der Differenz zwischen den Regeln des erfolgreichen Herrschens und den Regeln von Recht und Gerechtigkeit mag einfach erscheinen. Es beruht aber auf einem neuen Denken und dem Mut zu diesem neuen Denken. Ist der Durchbruch einmal geschafft, lassen sich die Verfeinerungen in entspannter Arbeit entwickeln. Für Theorie und Geschichte der Intrige ist Machiavellis Leistung deshalb von so großer Bedeutung, weil sie die moralische Qualifikation der zielgerichteten Verstellung in der Politik in neue Zusammenhänge rückt. Wie die Intrigen des Fuchses, insofern dieser reines Tier ist, der moralischen Verwerfung entzogen bleiben und vom Leser wie kurzweilige Naturvorgänge genossen werden können, bleiben die Intrigen des Herrschers, insofern dieser im Interesse des Machterhalts und der Kontinuität des Staates handelt, der moralischen Verwerfung entzogen. Das setzt voraus, daß es kein moralisches Firmament gibt, unter dem alles Menschliche gleichermaßen steht. Sowenig sich das moralische Firmament, unter dem ich mich als einzelner Mensch fühle und erkenne, auch über das Treiben der Tiere spannt, ihr Schleichen, Lauern, Anspringen und Fressen, sowenig, muß man streng logisch folgern, spannt sich dieses moralische Firmament auch über das Treiben der regierenden Politiker, über *deren* Lauern, Fallenstellen und Beseitigen der Gegner. Erforderlich ist nur, daß der *Schein* eines solchen auch die Politik überspannenden Firmaments stets gewahrt bleibt. Die Wahrung dieses Scheins ist ein Teil der politischen Kunst. Dies teilt uns die Lehre Machiavellis mit, und Max Weber hat es mit vorsichtigerer Terminologie, aber ebenso entschlossen und ungemindert anstößig bestätigt.

Erst wenn man diese Positionen mit rücksichtsloser Eindeutigkeit beschreibt, wird eine weitere, bisher nicht erwähnte Konsequenz sichtbar. Machiavellis Schnitt zwischen dem System des politischen Handelns und dem System des privaten sittlichen Handelns – nach den Zehn Geboten, der Bergpredigt oder dem kategorischen Imperativ – markiert auch den Beginn einer neuen Form des Tragischen, einer spezifisch neuzeitlichen politischen Tragödie. Wenn man das

System Sittlichkeit, das von der Norm des moralisch Guten bestimmt wird, und das System Herrschaft, das von der Norm des politisch Richtigen bestimmt wird, in der *Theorie* ohne größere Schwierigkeiten auseinanderhalten kann, so kommen die beiden doch in der *Person* des Herrschers, des politisch Handelnden und Entscheidenden, zur Überlagerung. Der Herrscher, der Politiker ist ein lebendiger, fühlender und denkender Mensch. Als Herrscher ist er Teil des Systems Herrschaft, als Mensch fühlt er sich dem Sittengesetz unterstellt. Mag er immer nach den Regeln der politischen Zweckmäßigkeit handeln, er weiß doch genau, was gut und schlecht ist, gerecht und ungerecht, ehrlich und verlogen. Das bedeutet, daß jetzt, genau seit Machiavellis Akt der Unterscheidung, die zwei Normensysteme in einer regierenden Person konflikthaft zusammenstoßen können. Von jetzt an ist es denkbar, daß die konträren Regelgefüge den Herrscher innerlich zerreißen. Er kann tun, was er will, er verstößt gegen eine der beiden unbedingten Maximen seines Handelns. Wenn ich ein guter Mensch bin, bin ich ein schlechter Herrscher; wenn ich ein guter Herrscher bin, bin ich ein schlechter Mensch. Das Dilemma ist nicht auflösbar. Man muß es als Konsequenz von Machiavellis politischer Theorie in dieser Unauflösbarkeit gegen alle Reflexe der Verwischung, die einen hier fast zwanghaft beschleichen, gelten lassen.

Wir stehen damit vor einem neuen Grundmuster des Tragischen. Solange über allem noch eine höchste göttliche Instanz steht, kann diese Tragik aufgelöst werden in der Berufung auf den göttlichen Willen, die göttliche Lenkung aller Dinge. Das ist auch im christlichen Barock noch möglich. Bei Machiavelli aber kommt das Wort Gott nicht vor. Es darf nicht vorkommen, weil sonst das Fundament der neuen Wissenschaft aufgehoben würde, die Pflicht nämlich, zu forschen »etsi Deus non daretur«, als ob es keinen Gott gäbe.[359]

Ob und wie diese Möglichkeit einer neuen Gestalt des Tragischen auf dem politischen Theater der letzten fünfhundert Jahre verwirklicht wurde, ist hier nicht zu fragen. Die Überlegung sollte nur die Leistung Machiavellis verdeutlichen und zeigen, wohin man gelangen kann, wenn man mit dem Fuchs philosophiert.

XXXV
Wie man mit dem Fuchs Theater spielt

Ein Bühnenwunder. Nochmals die Fabel vom scheintoten Fuchs. Kann man aus einer Fabel ein Stück machen? Die einfache Anlage macht das große Drama. Ben Jonsons Kunstgriff. Volpones Goldarie. Eine Genealogie der Moral um 1600. Geld schafft Recht. Parallele zu Richard Gloucester. Differenz zu den Geizigen. Selbstgenuß. Planszene mit Ausblick auf die Intrigenopfer. Volpone im Intrigenvollzug: Verkleidung, somatische Verstellung, Intrigenstimme.

Der erste Akt ist ein Bühnenwunder. In ihm weht Shakespeares Geist, arbeitet Shakespeares szenische Formgewalt. Das Stück entstand gleichzeitig mit Shakespeares späten Werken. Die beiden Autoren waren befreundete Konkurrenten. Wie hätte da einer ohne Einwirkung des andern arbeiten können?

Die Fabel vom Fuchs, der sich tot stellt und die Vögel, die angeflogen kommen, um das Aas zu fressen, selber frißt, ist, wie gezeigt wurde, eine Kerngeschichte und Keimzelle des großen Erzählens vom Fuchs in Europa. Ben Jonson hat daraus eine herrliche Komödie gemacht und vorgeführt, wie man mit dem Fuchs auch Theater spielen kann. Das ist nicht selbstverständlich. Zwischen der Lapidarität einer Tierfabel und der differenzierten Handlungs- und Figurenstruktur einer Komödie scheint es auf Anhieb keine Übergänge zu geben. Die Fabel lebt von je *einer* Aktion und *einer* Pointe. Der Löwe ist krank. Alle Tiere müssen ihn in seiner Höhle besuchen. Der Fuchs weigert sich. Zur Rede gestellt, sagt er, er habe viele Spuren gesehen, die in die Höhle hineinführten, aber keine, die wieder herausführe.[360] Das ist eine glänzende Fabel, ein frühes Zeugnis dessen, was später als der spezifisch kriminalistische Scharfsinn die Leser der Detektivromane erfreuen wird. Aber kann man daraus ein Theaterstück machen? Nein. Oder: Die Gattin des Löwen stinkt. Das weiß alle Welt; wer immer eine Nase hat, weiß es. Der Löwe ruft die Tiere herbei und befragt sie darüber: »Stinkt die Frau Königin?« Der Esel antwortet: »Nein, im Gegenteil, sie duftet wunderbar.« Da frißt ihn der Löwe auf. Heuchler dulde er keine um sich. Der Affe merkt sich das, und als er gefragt wird, antwortet er: »Ja, sie stinkt unbestreitbar.« Der Löwe reißt und frißt ihn. Majestätsbeleidigung. Jetzt geht die Frage an den Fuchs. Was antwortet er? Nützt ihm jetzt sein Scharfsinn noch etwas? Majestät möge doch entschuldigen, bittet er, er habe einen fürchterlichen Schnupfen, er rieche im Moment gar nichts. So kommt er davon. Auch dies ist eine glänzende Fabel. Durch die dreiphasige Struktur – Esel, Affe, Fuchs – und die spektakuläre Anlage eines Königshofes mit unstandesgemäßer Duftnote weist sie schon eher Ansätze zu einer Komödienhandlung auf. Aber die Pointen sind so eindeutig, daß sich nichts Weiteres daraus entwickeln läßt.

Genau dies aber gelingt nun Ben Jonson mit der Fabel vom scheintoten Fuchs, die einst schon im »Physiologus« stand.[361] Wie geht das zu? Liegt hier denn mehr vor als *eine* Situation (der Fuchs stellt sich tot) und *eine* Pointe (die Aasfresser werden selbst gefressen)? Es liegt nicht mehr vor, aber das Geschehen läßt sich wiederholen. Wenn der Listige die Falle immer neu stellt und auch weitere Opfer findet, kann eine vielgestaltige Handlung daraus werden. Der unterschiedliche Charakter der Opfer ergibt dann jene Abwechslung, die bei der reinen Repetition der Situation mit Fuchs und Krähen ausbleiben müßte. Auch kann man sich Querverbindungen, Handlungsfäden und dramatische Knoten zwischen den einzelnen Opfern denken. Vor allem aber wird die einmalige List jetzt zu einer großangelegten Strategie, zum Mechanema auf längere Zeit hinaus. Dies läßt sich verbinden mit allen Feinheiten der Intrigendramaturgie, mit allen Elementen also des Intrigenmodells, das in den ersten Teilen dieses Buches vorgestellt wurde. Um die wichtigsten wieder zu nennen: Notsituation, Zielphantasie, Plan und Planszene, Auftritt des Helfers, Auftritt des Intrigenopfers, Formen der Verstellung, der Verkleidung, der Intrigenstimme, des Intrigenrequisits, Gegenintrigen, Sieg oder Niederlage des Intriganten respektive des Opfers in der Anagnorisis.

Der Genius Ben Jonsons erkannte das Komödienpotential dieser alten Fabel. Ihm gelang es, deren Lapidarität in die Einfachheit einer dramatischen Ursituation zu verwandeln. Drama, Theater überhaupt, setzt immer eine eigentümliche Form von Einfachheit voraus, eine Sachlage, die auf einen Blick erkennbar ist und erst über diese Simplizität aufplatzen kann, schotenähnlich, zu unerhörter Fruchtbarkeit. Von solcher Einfachheit ist die Situation des Richters, der sein eigenes Verbrechen verhandeln soll wie in Kleists »Zerbrochnem Krug«; von solcher Einfachheit ist die Situation der Frau, die von rasender Liebe zu ihrem Stiefsohn geschlagen ist wie in den Phädra-Tragödien; von solcher Einfachheit ist die Situation der Marketenderin, die vom Krieg leben muß, um ihre Kinder durchzubringen, und sie durch eben diesen Krieg verliert wie in Brechts »Mutter Courage«. Situationen von so monumental simpler Art zu finden, ist der Traum aller Dramatiker, ihm hangen sie nach Tag und Nacht, zu Opfern und Mühsal bereit wie die kalifornischen Goldsucher. Es sind die Claims, wo sie den Pfahl einschlagen, wissend, daß in der Tiefe die Goldader verläuft.

Die Kunst des Dramatikers Ben Jonson zeigt sich schon daran, daß er den Ursprung seines Stücks in der Fuchsfabel nicht nur nicht verbirgt, sondern rasch und unübersehbar vor Augen rückt. Das Stück heißt »Volpone, or The Fox«, »Volpone oder Der Fuchs«, wobei der Name Volpone auf das italienische Wort für den Fuchs, volpe, zurückgeht. Die Endung -one bedeutet eine Vergrößerung: also zu Deutsch etwa Großfuchs, Superfuchs. Entsprechend auch die Namengebung der Opfer: Voltore (lateinisch vultur, italienisch avvoltoio, englisch vulture: der Geier), Corvino (lateinisch corvus, italienisch corvo: der Rabe), Corbaccio (ein zweites italienisches Wort für den Raben). Geier, Krähen, Rabenvögel – alles fliegende Aasfresser also. Damit wird das Stück, das im Titel auf den Fabelfuchs ganz allgemein verweist, durch das Register der Dramatis personae zwingend auf die Fabel vom scheintoten Fuchs bezogen. Die Zuschauer, die diese Fabel kennen, werden also hereingeholt in den künstlerischen Prozeß der Verwandlung einer winzigen Geschichte in die ausgreifende Komödie. Seht her, heißt das, schaut alle zu, wie ich das mache! Das Entzücken über die eigene Meisterschaft, das für den Intriganten Volpone so wichtig ist und ihn zu einem besondern Exemplar seiner weitläufigen Brüder- und Schwesternschaft macht, färbt also schon den grundlegenden Kunstgriff des Dramatikers Ben Jonson ein.

Der winzige Unterschied zur Fabel besteht darin, daß Volpone sich nicht tot stellt, sondern todkrank. Dabei ist er kerngesund, von der Schnellkraft eines Wettkämpfers. Alle kennen seinen Reichtum, und als sie hören, er liege in den letzten Zügen, möchten sie ihn beerben. Mit Geschenken beladen treten sie an sein Totenbett, und röchelnd verspricht er jedem sein ganzes Vermögen – falls noch ein paar weitere Geschenke angeschleppt werden. So wird er reicher und reicher und freut sich am Gold und genießt sein Intrigengenie.

Berühmt, zu Recht berühmt als eine Glanzszene der europäischen Theatergeschichte, ist der Auftakt, der auch die Planszene enthält. Wir sehen Volpone am frühen Morgen in seinem Palast zu Venedig. Den Hintergrund des Raumes verhüllt ein Vorhang, ein bißchen zur Seite steht ein großes Bett. Anwesend ist noch Volpones Hausgenosse Mosca, sein »Parasit«, wie es heißt, »his Parasite«.[362] Was der Begriff hier meint, wird noch zu erläutern sein, warum er Mosca heißt, die Fliege, ebenfalls. Mosca ist der Helfer im Sinne der Intrigentechnik.

Der Erfinder des Mechanemas ist Volpone selbst; er braucht Mosca nur für die Durchführung. Mosca ist also Werkzeug, aber er ist es auf kongeniale Weise, und, einmal in Bewegung gesetzt, hält ihn nichts mehr auf. Der Meister wird's erfahren.

Der Auftakt zeigt Volpone in seiner blanken Wahrheit. Die Revue der Verstellungen beginnt später. Diese Wahrheit ist blank im wörtlichsten Sinn, glänzend, gleißend, wie nur das Gold glänzt und gleißt. Die ersten zwei Verse, mit denen das Stück einsetzt, großartig im rhetorischen Gestus, glänzende, gleißende Sprache, vollziehen eine blasphemische Verkehrung der höchsten Werte. Sie eröffnen eine Morgenandacht vor dem Gold, dem Geld, dem blitzenden Reichtum, in gezielter Travestie der frommen Verehrung von Reliquien und Heiligenbildern, die im katholischen Venedig ja allgegenwärtig ist:

> Good morning to the day; and next, my gold!
> Open the shrine that I may see my saint.[363]

»Der neue Tag sei mir gegrüßt, und gleich dazu: mein Gold! Öffne den Schrein, damit ich meinen Heiligen sehe.« – So beginnt das Stück, und Mosca reißt den Vorhang vor dem Hintergrund auf. Man erblickt, geblendet, einen gewaltigen Schatz, Volpones Reichtümer, die Mitte seiner Existenz. Und nun hebt er an zu einem Hymnus auf das Gold, die Seele der Welt, wörtlich so: »the world's soul«. Eine prächtige gotteslästerliche Arie ist diese Rede. Sie erklärt das Gold zum Sinn des Lebens schlechthin. Selbst die Hölle vermöge es in einen Himmel zu verwandeln. Der Heilsweg zur ewigen Seligkeit, als den die Frommen das irdische Leben verstehen, wird hier offen umgewendet in den Weg zum großen Reichtum. Daß dies mehr ist als ein barockes Metaphernspiel, zeigen die Folgerungen, die daraus gezogen werden. Alles, was sonst für die Einfachen wie die Vornehmen, die Braven wie die Stolzen die höchsten Werte verkörpert, Tugend, Ruhm und Ehre, »virtue, fame, honour«,[364] rutscht hier ab zu einer reinen Funktion des ökonomischen Besitzes. Wer Geld hat, ist auch tugendhaft, angesehen, weise, vornehm, tapfer; wer keins hat, ist ein Wesen ohne Glanz und Respekt, dumm, plebejisch, feig und faul. Die wahnsinnigsten Exzesse des Kapitalismus im 21. Jahrhundert, wo Manager vergoldet werden wie die Esel im Märchen, sind hier vorgebildet und vorausgedacht. »Dear saint, riches«, spricht Volpone seinen Reichtum an, »du mein lieber Hausheiliger«, und er wiederholt damit das Signal des Auftakts, das die religiöse Praxis durch die ökonomische ersetzte:

Dear saint,
Riches, the dump god that giv'st all men tongues,
That canst do nought, and yet mak'st men do all things;
The price of souls; even hell, with thee to boot,
Is made worth heaven! Thou art virtue, fame,
Honour, and all things else. Who can get thee,
He shall be noble, valiant, honest, wise –[365]

Lieber Hausheiliger du, mein Reichtum, stummer Gott, der alle Menschen zum Reden bringt, der du selbst gar nichts tust, aber jeden anspornst, alles zu tun; du Kaufpreis der Seelen; wo du dazukommst, wird selbst die Hölle gleichauf mit dem Himmel! Du bist die Tugend, der Ruhm, die Ehre und alles andere dazu! Wem's gelingt, dich zu erlangen, der ist schon adlig, kühn und ehrenvoll und weise –

Was wir da vernehmen, ist eine unheimliche Genealogie der Moral, wie Nietzsche sie in seiner Schrift von 1887[366] nicht schärfer, nicht prägnanter formuliert hat. Wo das Gute bei Nietzsche als eine nicht eingestandene, eine sentimental verbrämte Form der gesellschaftlichen Macht erscheint – die Wörter gut und schlecht seien unbewußte Bezeichnungen für mächtig und schwach –, da wird bei Volpone das moralisch und sozial Gute bestimmt durch den Bezug auf das besessene Gold. »Sei im Besitze und du wohnst im Recht, / Und heilig wirds die Menge dir bewahren«,[367] den Vers aus dem »Wallenstein«, der dort die feudale Ordnung der Welt meint, die jedem Recht gibt, der zur Oberschicht gehört, kann man auch anwenden auf Volpones Theorie von der ökonomischen Ordnung der Welt, die jedem Recht gibt, der viel Geld besitzt. Das eigentliche Donnerwort in Volpones Rede ist aber der nicht weiter erklärte, fast beiläufig hingeworfene Ausdruck »the prize of souls«. Mit Gold kann man die Seelen kaufen, heißt das, also nicht nur die Menschen zwingen, etwas gegen ihren innersten sittlichen Antrieb zu tun, sondern diesen innersten sittlichen Antrieb, das was ihre Seele ausmacht, ihr fühlendes, liebendes, hassendes Dasein, tatsächlich umschaffen. Ihr Gewissen selbst spricht dann so, wie das Gold es will.

Dieser Auftrittsmonolog erinnert in seiner Radikalität an den Auftrittsmonolog Gloucesters, des späteren Richard III. Wie dieser vom unbedingten Machtwillen, ist Volpone vom unbedingten Willen zu Geld und Reichtum erfüllt. Diese Unbedingtheit ersetzt alle andern Werte, auch das ganze Belohnungs- und Strafsystem von Himmel und Hölle. Bei der literaturhistorischen Abstammungsforschung stößt man zwar rasch auf Verbindungen zwischen Volpone und dem verkörperten Laster der spätmittelalterlichen Morality Plays, dem früher erwähnten Vice; diese Verknüpfung darf aber nicht über die Tatsache hinwegtäuschen, daß hier, beim Autor der entfalteten englischen Renaissance, der Aspekt der Sünde belanglos wird angesichts des antikischen Gestus eines irdischen Willens. Man darf eine Figur wie Volpone nicht von den Denkfiguren her verstehen wollen, von denen er sich ja gerade emanzipiert. Mag ihn für einen Sünder halten, wer will, er selbst kennt diese Kategorie nicht. Er ist ein Genießer, der sich an sich selbst vergnügt.

In der Verlängerung der spätmittelalterlichen Tradition wäre er schlicht die Verkörperung einer der sieben Todsünden, des Geizes nämlich – was sechzig Jahre später Molières »Geiziger« noch immer sein wird –, in Wahrheit aber ist er einer, der sich selbst freigesetzt hat und fast rauschhaft frei fühlt. Das wird schon in dieser ersten Szene zwischen Volpone und Mosca deutlich, wenn er erklärt, weit mehr als das bloße Besitzen seiner Schätze bedeute ihm die Kunst, sie zu gewinnen. Er genießt also im aufgehäuften Gold nicht dieses allein wie die Geizigen bei Molière und Sternheim[368], die sich in ihre Kassetten verkrallen, sondern zugleich seine Intelligenz, seine List, sein begnadetes Fuchstum. Der Glanz des Goldes wirft ihm den Glanz seiner Person zurück, in die er verliebt ist mit dem Narzißmus des Künstlers. Sich selbst genießt er im Gold, sein von allen vorgegebenen und vorgeschriebenen Normen freigesetztes Ich. Das ist das Primum movens des Stücks. Deshalb ist er auch nicht der Kapitalist im Sinne Max Webers, der sich in innerweltlicher Askese abrackert und auf alle Genüsse verzichtet um der Bewahrung und Erweiterung des Vermögens willen (versichert ihn dieses doch allein der Gnade seines calvinistischen Gottes). Mehr als einmal wird betont, daß Volpone keine Kinder habe, keine Gattin, keine Eltern, keine Freunde, und daß er solchen Anhang auch unter keinen Umständen haben möchte. Daher sagt er zum Gold, als es hinter dem geöffneten Vorhang aufstrahlt:

> Thou being the best of things, and far transcending
> All style of joy in children, parents, friends,
> Or any other waking dream on earth.[369]

Das Beste aller Dinge sei das Gold, und es übersteige bei weitem alle Freuden, die man an Kindern, Verwandten und Freunden nur haben könnte; es stehe über jedem andern Wunschziel auf dieser Erde. Das erinnert an das Einsamkeitspathos Richards III., an seinen Entschluß, sich außerhalb aller Menschenliebe einzurichten. In einem geradezu visionären Akt versieht Ben Jonson diesen Volpone daher auch mit drei Hausgenossen, die ihn nach Lust und Laune unterhalten müssen, ohne aber je ein partnerschaftliches Gegenüber zu sein: einem Zwerg, einem Eunuchen und einem Hermaphroditen. Fellini hätte das verfilmen sollen. Er hätte im Dramatiker Ben Jonson einen Vorgänger erkannt. Diese verschnittenen und verwachsenen Wesen, durchaus fröhliche Kerle – er hält sie sich, wie andere einen Papageien, ein paar Hündchen oder einen Affen –, spiegeln die soziale Verkehrtheit Volpones. Jedes andere Lebewesen wird ihm zum Spielzeug und Genußmittel.

Während er den feierlichen Hymnus auf das Gold ertönen läßt, flicht er auch die Beschreibung seines Verfahrens ein. Er legt dem Publikum den Intrigenplan vor, schildert, wie er es bisher getrieben habe und weiter treiben wolle: Die Hoffnung auf sein Erbe treibe ihm die Leute ins Haus – »women and men of every sex and age«.[370] Geschenke brächten sie mit, Gold und Silber und Juwelen, immer in der Hoffnung, alles zehnfach zurückzuerhalten, wenn er sterbe. Nur darauf lauerten sie, auf seinen baldigen Tod, in jeder gierigen Minute: »which they expect each greedy minute«.[371] Voller Eifersucht versuche einer den andern zu übertrumpfen. Er aber schaue zu, spiele mit ihren Hoffnungen, habe sie alle in der Hand und mache seinen Gewinn. Er halte ihnen die Kirsche vor die Lippen, lasse sie an die gierigen Mäuler klopfen, dann fahre er zurück damit und gleich wieder vor:

> Letting the cherry knock against their lips,
> And draw it by their mouths, and back again.[372]

Damit steht die Frage nach der genauen sittlichen Qualität der Volpone-Intrige im Raum. Ist er ein Räuber, der sein Handwerk statt mit dem Knüttel mit der Schlauheit betreibt? Oberflächlich gesehen, mag es so erscheinen. Aber das Gold, das er anhäuft, wird ihm ja von den Erbschleichern geschenkt, freiwillig und bereitwillig. Er erpreßt sie nicht einmal, spielt nur mit ihren Hoffnungen: »playing with their hopes«.[373] Wie sehr es Ben Jonson um eine präzise Bestimmung der moralischen Beschaffenheit seines Helden und damit auch seiner eigenen Komödie geht, zeigt sich daran, daß er dessen Verhalten schon in dieser ersten Szene abgrenzt gegen das Verhalten anderer, die reich werden, indem sie Menschen quälen. Er treibe weder Wucher, noch spekuliere er, er mäste kein Vieh für die Schlachthäuser, beute keine Familienväter aus und unterhalte keine Mühlen, um Eisen, Öl oder Korn zu gewinnen und dabei notfalls auch Menschen zu zermahlen. Eine kostbare Sekunde früher Industrialisierungskritik ist diese Stelle: »I […] have no mills for iron, oil, corn, or men, to grind 'em into poulder.«[374] Man kann nicht sagen, Volpone sei zu gut für so niederträchtiges Treiben; er findet es wohl einfach zu plebejisch, zu wenig witzig und elegant. Dennoch fällt die Abgrenzung des Helden von der plumpen Niedertracht landläufiger Ausbeuter ins Gewicht. Und als gelte es, Volpone explizit gegen Max Webers Theorie von der innerweltlichen Askese abzugrenzen, bestätigt Mosca seinem Herrn, er sei nicht wie der Kaufmann, der die herrlichsten Gewächse aus Kreta und der Romagna in seinem Keller lagere, selbst aber den Bodensatz von essigähnlichen Weinen trinke. Er wisse zu genießen, was er habe.

Das ethische Problem, mit dem uns schon Goethes Reineke konfrontiert hat, kehrt hier wieder. Wie beurteilt man den Intriganten, dessen Opfer die weit übleren Typen sind? Wie beurteilt man List, Betrug und Bereicherung, wenn sie zugleich die verdiente Strafe sind für Geldgier und Gemeinheit? Gewiß, Ben Jonson hält sich an die poetische Gerechtigkeit, wie sein Metier sie fordert und sein Publikum sie erwartet. Volpone bekommt am Ende sein Fett ab und landet im Gefängnis. Aber er steckt die Niederlage unbekümmert ein und hat immer noch mehr Vergnügen an dem, was den andern blüht, als Mißvergnügen an seiner eigenen Aussicht auf Ketten und Kerker. Sein letztes Wort ist ein schräger Witz. Damit streift er an die Unbewegtheit der großen Amoralischen angesichts ihres Untergangs, etwa der Cléopâtre in Corneilles »Rodogune« oder des Mohren in Schillers »Fiesko«.

Der großartige Auftritt Volpones in der ersten Szene, der die Vorführung seines Goldes wie ein symbolisches Echo der Vorführung seiner selbst erscheinen läßt, bleibt für die Zuschauer der geheime Meßpunkt, wenn wenig später der Intrigenvollzug beginnt. Als erster meldet sich Voltore an, ein Advokat, Geier also mit Namen, Aasgeier besser, der Erscheinung nach der Typus des Dottore in der Commedia dell'arte. Kaum ist er angekündigt, setzt beim Intriganten das Ritual der Verkleidung ein: »Fetch me my gown, my furs, and night-caps«[375], befiehlt Volpone, den Schlafrock also her, die Pelze und Nachtkappen. Er behängt sich mit den Kennzeichen einer bettlägerigen Existenz, wobei die Pelze und mehreren Nachtkappen auf die große Schwäche verweisen: Der Mann, soll man denken, spürt bereits die Kälte des Todes; der wird nie mehr richtig warm. Bei dieser Einkleidung monologisiert er und erinnert dabei an die Hauptfabel. Da kommen sie also, sagt er, Geier, Falke, Rabe, Aaskrähe, all meine Raubvögel, die glauben, ich sei schon ein halbes Aas. Mosca meldet, der erste Besucher bringe als Geschenk einen gewaltigen goldenen Teller mit aufgeprägtem Namen und Wappen Volpones. Darauf wiederholt dieser den Hinweis auf die Fabel. Ob nicht noch mehr drauf abgebildet sei, fragt er, ein Fuchs zum Beispiel, der, auf der Erde liegend, mit feinen Listen eine glotzende Krähe täusche – »a fox streched on the earth, with fine delusive sleights mocking a gaping crow?«.[376] Man sieht, die Fabel gerät zum eigentlichen Wappenbild, das dem Stück selbst aufgeprägt ist wie einem goldenen Teller – eine herrliche *Mise en abyme.* Die Zuschauer aber werden damit erneut dazu gedrängt, Volpone mit dem Fabelfuchs zu vergleichen und zu bewundern, wie der kunstreiche Autor aus einer kleinen Erzählung eine große Komödie macht.

Auf die Verkleidung folgt die kosmetische Präparation des Gesichts. Eine Augensalbe wird aufgetragen, die den Eindruck schwerer Krankheit noch verstärkt – der Mann wird nie mehr richtig sehen! –; gleichzeitig verdeckt das häßliche Grau die gesunde Gesichtsfarbe. Volpone überläßt nichts dem Zufall. Er überprüft sich im Spiegel, verlangt zusätzliche Kissen, um noch kläglicher in seinem Schmerzenslager zu versinken, und ruft, begeistert von seiner Kunst, alle Krankheiten an, die er jetzt simulieren wird. Da naht der Advokat, und der Intrigant kippt von der triumphierenden Stimme des Könners in die Intrigenstimme, das jämmerliche Krächzen eines Sterbenden:

> Now, my feigned cough, my phthisic, and my gout,
> My apoplexy, palsy, and catarrhs,
> Help, with your forcèd functions, this my posture,
> Wherein, this three year, I have milked their hopes.
> He comes, I hear him – uh! uh! uh! uh! O –[377]

Nun kommt, heißt das, mein vorgetäuschter Husten, meine Schwindsucht, meine Gicht, mein Hirnschlag, Lähmung und Katarrhe, helft mit euren vorgetäuschten Zeichen meinem Betrug, durch den ich seit drei Jahren die Hoffnung dieser Leut gemolken habe. Er kommt, ich höre ihn –. Das Stöhnen und Röcheln, das darauf einsetzt, kann Ben Jonson nicht mehr lautgerecht aufschreiben. Zu dem »– uh! uh! uh! uh! O –« des Textes muß man sich selbst die Töne denken.

XXXVI
Ein Intrigenhelfer

Jubelschreie im Intrigenrausch. Der Virtuose liebt sein Instrument. Engel und Schlange. Exquisite intellektuelle Unzucht. Zu Figur und Geschichte des Parasiten. Der Helfer wird zum Gegenspieler. The fox outfoxed. Exemplarische Darstellung einer bedeutenden Intrigenvariante: der Fuchs in der eigenen Falle. Momente der Schändlichkeit. Peripetie und neue List. Intrigengenuß ist mehr als Frauenliebe. Stolze Anagnorisis.

Dieses Operieren mit der Stimme wird sich den ganzen Akt hindurch fortsetzen, von einem Erbschleicherbesuch zum nächsten, und stets erleben wir nicht nur das meisterhafte Simulieren eines Todkranken, sondern auch den jähen Umschlag von der wahren Stimme in die Intrigenstimme und von deren hohlem Röcheln wieder zurück in die jubelnde Rede hinter der Maske. Jubelnd ist sie, weil Volpone so hingerissen ist von seiner Kunst und der Kunst seines Helfers. Kaum ist einer der Rabenvögel sein Gold los und aus dem Zimmer verschwunden, fährt Volpone auf, küßt Mosca und kann sich nicht fassen vor Begeisterung. Die Glücks- und Lobschreie, förmliche Schreie tatsächlich, die der Intrigant an den Helfer richtet, ziehen sich als eine lange, klingende Kette durch das Stück:

> Excellent, Mosca! Come hither, let me kiss thee.
> Good rascal, let me kiss thee.
> My divine Mosca! Thou hast today outgone thyself.
> O there spoke my better angel.
> Exquisite Mosca!
> My precious Mosca.
> O my fine devil!
> Rare, Mosca! How his villainy becomes him!
> Excellent varlet!
> My witty mischief, let me embrace thee. O that I could now
> transform thee to a Venus –[378]

Auffällig sind die paradoxen Wendungen: good rascal – vortrefflicher Schurke; fine devil – glänzender Teufel; excellent varlet – großartiger Schuft; witty mischief – geistreicher Kobold... Die Verwandlung des Schlechten ins Gute, die Konfrontation der konventionellen Moral mit der Gegenmoral des freien, sich ungehemmt seiner selbst erfreuenden Subjekts, erscheint in diesen Ausrufen wie eine Folge von Blitzen. Dazu tritt der erotische Einschlag. Volpone möchte Mosca küssen, umarmen, sogar in eine Venus verwandeln, in eine Frau also, die so schön wäre, wie er selbst brillant ist. Aber die naheliegende Vermutung einer homoerotischen Bindung täuscht. Durch die spiegelnde narzißtische Kapsel Volpones läuft kein Riß. Mosca ist sein Geschöpf und Instrument, er liebt ihn wie der Virtuose seine Stradivari. In dessen Kunst bewundert er wieder nur sich selbst. Zu sich selbst allerdings hat Volpone ein unbezweifelbar erotisches Verhältnis.

Es gibt indessen noch andere Bedeutungen, die in der Kette der Glücksschreie aufleuchten. Theologische Dinge spielen da und dort herein. »Divine«, göttlich, nennt Volpone einmal den Helfer, ein anderes Mal »my better angel«, mein besserer Engel. Das rückt die Preisungen, nicht unerwartet, in die Nähe des Teufelsdiskurses. Die Verkehrung des bösen Engels in den »besseren« bestätigt es, und erst recht der Ausruf: »O my fine devil!« Daß es dabei um mehr geht als einige freche Metaphern, um mehr auch als eine bloße psychologische Nuance im Charakter Volpones, zeigt sich daran, daß Mosca sich selbst noch deutlicher in diese Zusammenhänge rückt. In der ersten Szene des dritten Aktes hält er einen großen Monolog. Darin vergleicht er sich nicht nur mit einer schlauen Schlange, »a subtle snake«, sondern nennt sich auch »a most precious thing, dropped from above, not bred 'mongst clods and clodpolls, here on earth.«[379] Ein überaus kostbares Ding sei er, von oben herabgefallen, nicht aufgezogen unter Trotteln und Tölpeln hier auf dieser Erde. Die Schlange und der Sturz vom Himmel verweisen auf die gefallenen Engel, deren schönster und gescheitester Luzifer war, der durch den Fall zwar die Schönheit verloren hat, nicht aber den glänzenden Intellekt.[380]

Die Verknüpfung des Intriganten mit dem Teufel hat sich schon so oft gezeigt, daß man es hier beim Hinweis bewenden lassen kann. Zu fragen wäre höchstens, ob das Stück unterstellt, daß Mosca der Verführer Volpones sei, etwa so wie Jago den gutwilligen Othello verlockt und verführt und zerstört. Aber Jago hat nur dieses eine Ziel, und als er es erreicht hat, sagt er kein Wort mehr. Mosca hingegen begleitet Volpone eher so wie Mephisto den Faust, immer zur flinken Dienstleistung bereit. Doch auch dieser Vergleich, der die Verführerthese auf andere Weise stützen würde, läßt sich nicht wirklich halten. Goethes »Faust« lebt durchweg von der spezifischen Differenz zwischen dem Doktor und seinem Teufel. Wie genau Mephisto den Faust auch durchschaut, im letzten versteht er ihn doch nicht.

Dessen »Streben« bleibt ihm fremd; er hält es für eine fixe Idee. Mosca hingegen ist eine reine Verdopplung seines Herrn. Beide genießen sich selbst, beide lieben sich selbst in erlesener intellektueller Unzucht.[381] Der Auftrittsmonolog Moscas zu Beginn des dritten Aktes, deutlich parallel gesetzt zum Auftrittsmonolog Volpones im ersten Akt, beginnt mit einem narzißtischen Bekenntnis, das wörtlich aus Volpones Mund kommen könnte:

> I fear I shall begin to grow in love
> With my dear self and my most prosp'rous parts.[382]

Was etwa heißt: »Ich fürchte, ich werde mich noch verlieben in mein teures Selbst und meine höchst schöpferischen Fähigkeiten.«

Das bedeutet nun aber auch, daß er sich nicht bescheiden als das bloße Instrument Volpones versteht. Volpone, der ihn gar nicht anders sehen kann, begeht mit dieser Annahme den entscheidenden Fehler. Das ist narzißmustheoretisch interessant. Zur spiegelnden narzißtischen Kapsel, in der Volpone lebt, gehört das zwingende Gefühl, alles, was ihm wert und teuer ist, sei Teil seiner selbst. Daher kann Mosca kein wirkliches Gegenüber sein, kein eigenständiger Partner, kein Freund oder Liebhaber. Der Fuchs vermag das nicht zu denken und schon gar nicht zu fühlen.

Die soziale Stellung des »Parasiten«, in der Mosca bei Volpone lebt, bewirkt diese Haltung zwar nicht, verstärkt sie aber deutlich. Der Parasit ist in der Antike und nicht zuletzt in der antiken Komödie ein Mann, der von einem reichen Herrn ausgehalten wird, bei ihm ein und aus geht, ihm auch gewisse Dienste leistet, ihn unterhält und ihm immer nach dem Munde redet. Man muß sich also hüten, das Wort Parasit mit der widerlichen Bedeutung zu verquicken, die es in neuerer Zeit von der Insektenkunde her im alltäglichen Reden bekommen hat. Der Parasit ist eine gesellschaftliche Rolle, die sich überall entwickelt, wo eine reiche Oberschicht vorhanden ist. Irgendwo zwischen regelmäßigem Gast, Schmeichler und toleriertem Schmarotzer ist er anzusiedeln; in dem einen Haus wird er geladen, in dem andern drängt er sich auf. Von literarischer Bedeutung ist er seit der antiken Komödie, und zwar auch dann, wenn der Begriff gar nicht fällt. Zuweilen, wie etwa in der hinreißenden Erzählung »Rameaus Neffe« von Diderot, die Goethe übersetzt hat, kann er zur Hauptgestalt eines Werks werden. Balzac wendet den Begriff soziologisch präzis auf die Titelfigur seines Romans »La Cousine Bette« an, als er im 9. Kapitel ausführlich deren Charakter schildert.[383]

Auch bei Ben Jonson ist der Parasit Mosca mehr als die stereotype

Komödiencharge der antiken Tradition.[384] Vor den Augen der Zuschauer wächst er vom Instrument zum Partner Volpones heran und dann vom Partner zum Gegenspieler. Auch er trägt einen Tiernamen, gehorcht also der Spielregel des Stücks, das die Tierfabel in eine Komödie verwandelt und mit dem Fuchs Theater spielt. Mosca heißt die Fliege; eine Stelle im fünften Akt zeigt, wie das gemeint ist. Voltore spricht ihn dort an: »Well, flesh-fly, it is summer with you now; your winter will come.«[385] Flesh-fly, eine Schmeißfliege also, eine Aasfliege, wird er genannt. Diese schlüpft im heißen Sommer aus verrottetem Fleisch und nährt sich davon; der Winter bringt sie wieder um. Da Volpone der Fuchs ist, der den Kadaver spielt, ist es folgerichtig, daß er von Mosca, der Schmeißfliege, umtanzt wird. Daß auch der Teufel als Herr der Fliegen bezeichnet wird, als »Fliegengott« wie etwa in »Faust I«, Vers 1334, ergibt einen zusätzlichen Akzent. Baal-Sebub oder Beelzebub, der gelegentliche Name für den Obersten aller Teufel, bedeutet wörtlich Herr der Fliegen.[386]

Die Entwicklung Moscas vom Helfer zum Gegenspieler markiert die dramatische Peripetie des Stücks, den fatalen Umschlag. Auch dies hat seinen Bezug zur Welt der Fuchsfabeln. Daß der Fuchs sich in seiner eigenen Schlinge fängt, ist ein Muster, so alt wie der schlaue Held selber. Je höher die Kunst des Listigen, um so höher die Lust der Zuhörer, wenn erzählt wird, daß der Großbetrüger für dieses eine Mal selbst zum Betrogenen wird. Die Erzählforschung spricht dabei vom »fox outfoxed«.[387] Im Trickster, der tief drin auch im Fuchs steckt, ist dieses Handlungs- und Erzählmuster, wie gezeigt wurde, schon angelegt. Einige der bekanntesten Fuchsgeschichten besitzen die Pointe vom fox outfoxed; so jene vom Fuchs und dem Storch. Der Fuchs lädt, wer wüßte das nicht, den Storch zum Essen ein, serviert ihm aber nur flüssige Nahrung auf einem flachen Teller, die er mit seinem langen Schnabel nicht aufnehmen kann. Bei der Gegeneinladung stellt der Storch die Mahlzeit in einer Flasche mit engem Hals auf den Tisch, und der Fuchs muß zusehen, wie die Delikatessen nur dem Geschnäbelten zugänglich sind. Wer die romanische Kirche von Aosta in Oberitalien besucht, kann die Szene auf einem wunderbaren Kapitell besichtigen.

Ein schönes Beispiel für den fox outfoxed ist Lessings Abwandlung der Geschichte vom Fuchs und dem Raben mit dem Käse. Sie zeigt, wie die überlieferten Fabeln noch im 18. Jahrhundert von den besten Autoren weitergedacht und auf aktuelle Gegebenheiten hin abgewandelt wurden. Das kostbare Stück Lessingscher Prosa darf hier Platz finden:

Ein Rabe trug ein Stück vergiftetes Fleisch, das der erzürnte Gärtner für die Katzen seines Nachbars hingeworfen hatte, in seinen Klauen fort.
Und eben wollte er es auf einer alten Eiche verzehren, als sich ein Fuchs herbei schlich, und ihm zurief: Sei mir gesegnet, Vogel des Jupiters! – Für wen siehst du mich an? fragte der Rabe. – Für wen ich dich ansehe? erwiderte der Fuchs. Bist du nicht der rüstige Adler, der täglich von der Rechten des Zeus auf diese Eiche herab kömmt, mich Armen zu speisen? Warum verstellst du dich? Sehe ich denn nicht in der siegreichen Klaue die erflehte Gabe, die mir dein Gott durch dich zu schicken noch fortfährt?
Der Rabe erstaunte, und freuete sich innig, für einen Adler gehalten zu werden. Ich muß, dachte er, den Fuchs aus diesem Irrtume nicht bringen. – Großmütig dumm ließ er ihm also seinen Raub herabfallen, und flog stolz davon.
Der Fuchs fing das Fleisch lachend auf, und fraß es mit boshafter Freude. Doch bald verkehrte sich die Freude in ein schmerzhaftes Gefühl; das Gift fing an zu wirken, und er verreckte.
Möchtet ihr euch nie etwas anderes als Gift erloben, verdammte Schmeichler![388]

In eine scharfe Satire gegen das Treiben an den deutschen Höfen verwandelt hier Lessing die Geschichte, die noch bei La Fontaine bloß die Eitelkeit des Raben brandmarkt, den der Fuchs als großen Sänger lobt, bis ihm das Stück Käse ins Maul fällt. Nicht nur die speichelleckerischen Höflinge werden hier attackiert, sondern auch die Fürsten selbst, die sich mit allen heraldischen Insignien dekorieren und, obwohl kaum krähengroß, als olympische Adler verehren lassen.

Der Fuchs in der eigenen Falle – der Reiz des Geschehens ist um so höher, je genialer, unüberwindlicher der Listige vorher erschienen ist. Ben Jonson bedient also beide Publikumsbedürfnisse, das Vergnügen am brillanten Mechanema und das Vergnügen am überfuchsten Fuchs. Dieser, Volpone also, dem die Fabelwelt und die eigene Fuchsnatur immer bewußt sind, spricht zuletzt selber aus, was das Finale des Stücks aller Welt vor Augen führt: »I'm caught i' mine own noose«[389] – Ich bin gefangen in meiner eigenen Schlinge. Und Mosca, der dies bewerkstelligt, braucht die gleiche Metapher, als er in der Planszene zu seiner Gegenintrige abschließend feststellt: »This is called the fox-trap.«[390]

Doch wie geht das zu? Wie kann der Superfuchs überhaupt in diesen Strick laufen? Da der Sturz in die eigene Falle einen Grundtypus der Intrigendramaturgie darstellt, soll der zentrale Handlungsverlauf kurz vorgestellt werden, ohne die Nebenhandlungen. Volpone spielt also den Todkranken. Der erste Erbschleicher ist der Advokat Voltore, der den goldenen Teller bringt; Mosca flüstert ihm zu, er sei

Alleinerbe, das Testament sei heute Morgen unterschrieben und gesiegelt worden. Der zweite Erbschleicher, Corbaccio, ist ein Greis, zittrig und gierig; Mosca bringt ihn dazu, den eigenen Sohn zugunsten Volpones zu enterben. Der dritte Erbschleicher, Corvino, ist ein reicher Kaufmann, der eine schwere Perle und einen Diamanten beibringt und beides gerne daläßt, weil er ja, wie Mosca auch ihn überzeugt, Alleinerbe ist. Dieser dritte Besuch gipfelt in einer Szene von ungeheurer Komik. Um zu beweisen, daß Volpone schon gänzlich taub sei, brüllt ihm Mosca die übelsten Beschimpfungen ins Ohr, und Corvino macht begeistert mit.

Hier beginnt ein zweiter Intrigenstrang. Corvino hat eine wunderschöne Frau, die er eifersüchtig bewacht. Volpone hört von ihr, wird lüstern und entwirft ein Mechanema. Er verkleidet sich als marktschreienden Quacksalber und stellt vor Corvinos Haus, in dem die Frau wie eine Gefangene gehalten wird, seine Verkäufertribüne auf. Hier hält er eine prächtige Quacksalberrede an das venezianische Volk, ein komisches Kunstwerk für sich, bis die Frau tatsächlich am Fenster erscheint. Er sieht sie und will sie. Das ist kein Verstoß gegen seinen Narzißmus. Ein Genießer ist er immer; jetzt sucht er auch diesen Genuß, und die schlauen Wege dahin kostet er ebenfalls aus. Dem Gatten der Schönen wird die Erbschaft unter der Bedingung in Aussicht gestellt, daß er seine Frau Volpone eigenhändig zuführt. Und wie der erwähnte zweite Erbschleicher seinen Sohn enterbt, um an Volpones Geld zu kommen, vollzieht der dritte sogar diese höchste Schändlichkeit. Er geleitet seine Frau in Volpones Gemach und verläßt sie dort. Das Stück erreicht damit einen schauerlichen Höhepunkt. Die Behauptung im Auftrittsmonolog, daß Gut und Böse nur eine Funktion des Goldes seien, wird dem Publikum ad oculos demonstriert.

Mit dieser Klimax der experimentell vorgeführten Niedertracht beginnt aber auch die erste schwere Komplikation für Volpone, aus der er sich nur haarscharf retten kann. Mosca will dem Erbschleicher 2, der seinen Sohn enterbt, eins auswischen und bringt diesen Sohn als heimlichen Zeugen der väterlichen Arglist in Volpones Haus. Zuhören soll er hinterm Vorhang, wie sein Vater sich benimmt. Der junge Mann kommt etwas zu früh und wird Zeuge, wie der Erbschleicher 3 die eigene Frau dem Fuchs zuschleppt.

Es entwickelt sich eine Szene von dramatischer Brisanz. Ben Jonson schöpft alle szenischen Möglichkeiten aus. Die Frau steht verschüchtert am angeblichen Krankenlager, da setzt der Todgeweihte zu einem großen Balztanz an. Er schält sich langsam aus seinen Pelzen und Nachtkappen, wird vom maroden Krummbein zum steilrechten Lover, beginnt zu gurren und zu turteln und singt der Umworbenen ein wunderschönes Lied, ein elegantes elisabethanisches Chanson, das in jedem Shakespeare-Stück stehen könnte:

Come, my Celia, let us prove,
While we can, the sports of love;
Time will not be ours forever ...[391]

und so fort, ganz nach dem Carpe-diem-Design des barocken Lifestyle. Die Frau will nichts von solcher Liebe wissen und erst recht nicht von einem Liebhaber, der wie der stinkende Lazarus aus Leichentüchern steigt. Jetzt verspricht Volpone ihr die ungeheuerlichsten Genüsse, versteigt sich in Visionen eines bacchantischen Luxus, in brennende Tagträume und fellineske Wahnbilder. Vergeblich appelliert sie an sein Gewissen; er antwortet mit einem Satz, der von Nietzsche sein könnte: Gewissen sei eine Bettlertugend.

»If you have conscience –« – »Tis the beggar's virtue.«[392]

Sittliche Werte, heißt das, sind etwas für Leute, die kein Geld haben. Das tröstet sie über ihre Armut hinweg. Gewissen ist nicht mehr als Opium für's Volk. Volpone meint das nicht teuflisch, es ist für ihn nun einmal so, ganz selbstverständlich, und er möchte die schöne Frau, die man ihm an der Leine zugeführt hat, am Glanz seines Goldlebens teilhaben lassen. Sie bleibt hart, sagt Nein, wehrt ab, bittet bei allen Heiligen um Schonung. Jetzt ist der Narziß in seinem Selbstgefühl gekränkt. Jetzt wird er tatsächlich bösartig, und es kommt zum übelsten Moment des Stücks, der ihn für unser Empfinden mehr diffamiert als alle seine Ränke zusammen. Mit Gewalt will er sich nehmen, was sie ihm verweigert. Er packt sie rücksichtslos an – da springt der Zeuge, Corbaccios Sohn, aus dem Versteck und rettet die Frau. Volpone sieht sich entlarvt, bricht zusammen, und Mosca bezieht vom empörten jungen Mann noch einen schweren Hieb über den Schädel.

Das könnte bereits die finale Anagnorisis sein, das Zuschnappen der eigenen Falle. Ist es aber nicht. Fuchs und Fliege ziehen sich nach kurzer Erschütterung glänzend aus der Affäre, indem sie einen der Erbschleicher gegen den andern ausspielen. Der Advokat, Erbschleicher 1, bringt Volpone vor dem Gericht durch eine verleumderische Verteidigungsrede frei, und die einzigen guten Menschen des Stücks, die junge Frau und ihr Erretter, müssen ins Gefängnis. Auch diese Gerichtsszene strahlt von Ben Jonsons dramatischem Genie. Als Beweis nämlich, daß Volpone zu einer Vergewaltigung gar nicht habe fähig sein können, läßt der Advokat den angeblich Schwerstkranken in seiner ganzen maroden Aufmachung vor die Richter tragen: in Pelze gewickelt, mit Bettflaschen bestückt, röchelnd, schlotternd, geifernd, piepsend. Vor diesem Elendshaufen erbringt Voltore, der Geier, sein rhetorisches Paradestück. Es erinnert in der Raffinesse an die Antoniusrede in Shakespeares »Cäsar«. Alles was er sagt, ist die reine Wahrheit, aber er intoniert sie so ironisch, daß die Hörer auf der Stelle vom Gegenteil überzeugt sind: »Seht her, gestrenge Richter, hier ist der Vergewaltiger, der auf den Frauen anderer Männer reitet, hier der große Betrüger, der eminente Lüstling! Ist ja wohl klar, daß diese Klapperglieder wilde Lust suchen. Daß diese verkleisterten Augen immerzu nach einer Bettgenossin spähen. Schaut euch diese Hände an, sind sie nicht geschaffen dazu, die Brüste einer Lady zu streicheln? Aber bitte, vielleicht täuscht der Mann seinen Zustand ja nur vor!«

> See here, grave fathers, here's the ravisher,
> The rider on men's wives, the great impostor,
> The grand voluptuary! Do you not think
> These limbs should affect venery? Or these eyes
> Covet a concubine? Pray you, mark these hands.
> Are they not fit to stroke a lady's breasts?
> Perhaps he doth dissemble![393]

So siegt der Fuchs von neuem. Triumphal schnellt er aus der selbst gegrabenen Grube, und im Loch landen die Guten.

Hier könnte das Stück enden, mit einer zynischen Dissonanz. Denn daß in dieser Welt Geld und Gier und Lüge siegen, ist jetzt bewiesen. Zur routinemäßigen Herstellung der poetischen Gerechtigkeit könnte der Autor seinem Helden höchstens noch eine tatsächliche Krankheit über den Hals schicken, einen Morbus ex machina. Ben Jonson aber gelingt noch eine Steigerung, und sie wird motiviert mit dem Instinkt des Meisters, der einen Shakespeare zum Konkurrenten hat. Alles scheint gut für den Superfuchs. Er sitzt wieder in seiner behaglichen Behausung wie Reineke in der Höhlenburg Malepartus und läßt seine goldenen Dinge blinken. Etwas erschöpft hat ihn die Affäre allerdings schon, und so findet er denn, für die seelische Rehabilitation wäre nichts besser als eine neue wohlgedrechselte Intrige, ein so recht genialer Streich, der ihm wieder den hohen Genuß seiner selbst verschafft – »Any device, now, of rare, ingenious knavery«.[394] Dabei gibt er nebenbei zu, daß jener Trick vor dem Gericht ihm die größere Lust verschafft habe, als wenn er mit der schönen Frau ans Ziel gekommen wäre: »The pleasure of all womankind's not like it«.[395] Alle Lust mit Frauen wird vom Entzücken an der eigenen Kunst übertroffen.

Genau dies, das Übermaß des Selbstgenusses im Verstellen und Verkleiden, der gesteigerte Freiheitsrausch hinter den Masken, bringt ihn dann doch ins finale Desaster. Im Schöpferrausch seiner Kunst kommt er auf eine neue Idee; sie soll alles Bisherige übertreffen. Er will verkünden lassen, daß Volpone nun tatsächlich gestorben sei, und Mosca, der Parasit, sei der Erbe, der einzige. Er selbst aber will verkleidet die Stadt durchstreifen und sich an der Wut der betrogenen Erbschleicher weiden. Damit überfuchst sich der Fuchs. Er macht einen Fehler, der seinem Genie nicht passieren dürfte, der ihm aber passiert, weil er Mosca, den Helfer, nur als Teil seines eigenen glänzenden Selbst sehen kann, nicht als eigenständige Person, vor der man auch auf der Hut sein muß. Der Parasit macht das Spiel bereitwillig mit und tritt sein Erbe an. Volpone denkt: das geschieht zum Schein; Mosca denkt: warum nicht de facto? Daß er nun der Herr sei, läßt er sich nicht zweimal sagen; er schließt das Haus ab, und Volpone kann schauen, wo er bleibt.

Jetzt weiß der Fuchs, daß er in der Schlinge hängt. Er weiß es und verhöhnt sich, gekränkt über das Versagen seines Genies:

> To make a snare for mine own neck! And run
> My head into it willfully, with laughter!
> When I had newly 'scaped, was free and clear![396]

Eine Schlinge machen für meinen eigenen Hals! Und freiwillig den Kopf reinstecken, lachend! Nachdem ich eben entwischt war, frei war, und alles bestens! Die Einsicht spricht für ihn. So gescheit und witzig ist er schon, daß er die Ironie der Sache erkennt. Und der Virtuose der Freiheit nimmt sich schließlich auch heraus, eigenhändig alles auffliegen zu lassen. Das wird ihn ins tiefe Gefängnis bringen, er weiß es, doch die andern sollen nicht triumphieren. Sein letzter Streich besiegelt zwar sein Schicksal, aber er ist wieder sein Werk, ein Stück Kunst, an dem er sich noch delektiert, wenn die Handschellen einklinken. Er inszeniert eine Anagnorisis, die auch dramaturgisch glänzend ist. Vor den Richtern, den Erbschleichern und seinem triumphierenden Parasiten reißt er sich die Maske ab, mit einem klassischen Enthüllungsvers:

> I am Volpone and this is my knave.[397]

»Ich bin Volpone, und dies ist mein Knecht!« Das ist die Anagnorisis als Selbstentlarvung, trotzig, auch großartig in diesem Trotz gegenüber der selbst geknüpften Schlinge. Dieses »Ich bin's!« hat als szenischer Gestus eine lange Tradition, eine eben so lange wie das parallele »Du bist's!« der Fremdentlarvung. Eine Geschichte der Anagnorisis könnte hier mit vielen Beispielen aufwarten.[398]

XXXVII
Zur Beziehung zwischen Intrigant und Helfer

Der freie Mensch in der Fuchsmaske. Die Autonomie der Kunst ist verknüpft mit der Autonomie der Wissenschaft. Über den Intriganten als Künstler: »my genius«. Seitenblick auf einen andern Intrigenhelfer: der Mohr im »Fiesko«. Pulp fiction von Rang. Ein Schuft, an dem man sich freut. Warum denn? Geheimnis eines Intrigantenpaars. Das Schatten-Ich des Helden. Zur Dynamik der Intrigant-Helfer-Beziehung. Hierarchie und Egalität in Bewegung. Leicester und Mortimer. Sprache der Liebe zwischen Intrigant und Helfer. Liebespaare können in die Doppelrolle geraten.

Machiavelli hat gezeigt, wie man mit dem Fuchs philosophiert, Ben Jonson hat gezeigt, wie man mit dem Fuchs Theater spielt. Beide bedienen sich der Fuchsfabel, weil diese das schlaue, selbstdenkende, sich seines Verstandes bedienende Subjekt außerhalb aller ethischen Normen vorführt. Wie in einem Experiment. Um diese Normen grundsätzlich zu diskutieren, bedarf es der Verkörperung einer radikalen Freiheit. Sie wird möglich durch den Trick mit der Tiernatur des Fuchses. Der schlechthin autonome Mensch erscheint zuerst in der Fuchsmaske.

Deshalb wird die Intrige, wo sie ihren metaphysischen Bezug noch nicht völlig verloren hat, so auffällig oft in eine Beziehung zur Kunst und zur Wissenschaft gerückt. Mosca bezeichnet sie in seinem großen Monolog zu Beginn des dritten Aktes sowohl als Wissenschaft, »a science«, wie als Kunst, »the art«.[399] Die Kunst wie die Wissenschaft der Moderne sind seit der Renaissance gleichermaßen Produkte einer prätendierten oder erreichten Autonomie. Das Kunstwerk streift die Dienerrolle ab, die ihm bisher Sinn und Berechtigung allein als Repräsentations- und Dekorationsmittel der Kirchen und feudalen Höfe gab. Nun will es sinnvoll sein in und aus sich selbst, in niemandes Sold, um seiner schieren Vollkommenheit willen und durch diese Vollkommenheit. Entsprechend weigert sich die Wissenschaft, weiterhin Ancilla theologiae zu sein, die Magd vorgegebener Wahrheiten. Sie will nicht länger Altes bestätigen, sie will Neues wissen, will wissen, was noch keiner weiß, und wenn es unabsehbare Folgen hat. Die Autonomie der Kunst ist von jener der Wissenschaft nicht zu trennen. Beide stehen bis heute unter Verdacht.

Daß der Intrigant zum reinen Künstler wird, zum Virtuoso der zielgerichteten Verstellung, wie es bei Ben Jonson geschieht, ist nur folgerichtig. Gewiß will Volpone durch seine Kunst auch reich werden, gewiß will er durch seine Kunst auch mit schönen Frauen schlafen, aber der Besitz soll ihn mehr seiner Kunst versichern als die Kunst seines Besitzes. Volpones Stichwort, mit dem er auf die freie Artistik seines Tuns verweist, ist schon in der Auftrittsszene »my genius«.[400] Und Mosca, der ja kein Adliger ist, sondern der Intrigant als Aufsteiger, soziologisch die interessantere Figur, zeichnet unter dem Stichwort der Kunst ein atemberaubendes Bild des Intriganten als Artisten. Wie man die ganz große Kunst nicht lernen könne, sondern dafür geboren sein müsse, sei auch der ganz große Intrigant für sein Metier geboren; er mühe sich nicht mit Lernen ab, sondern könne alles von Natur aus. Was Paganini mit seiner Geige im frühen 19. Jahrhundert vollbrachte, ein Können, das den Zeitgenossen nicht mehr menschlich erschien, eher wie das eines Teufels, eines Mörders, eines Verbrechers, das skizziert Mosca hier als das Können des souveränen Intriganten:

> But your fine, elegant rascal, that can rise
> And stoop, almost together, like an arrow;
> Shoot through the air as nimbly as a star;
> Turn short as doth a swallow; and be here,
> And there, and here, and yonder, all at once;
> Present to any humour, all occasion;
> And change a visor swifter than a thought,
> This is the creature had the art born with him;
> Toils not to learn it, but doth practice it
> Out of most excellent nature.[401]

Kann sich einer, der weiß was er kann, seines Könnens begeisterter versichern, als Mosca es hier tut? Für ihn ist der Intrigant der feine, der elegante Gauner, der sich aufrichten und tief neigen kann in einem Zug, pfeilschnell; der durch die Lüfte schießt, flink wie ein Stern, im Augenblick sich wieder dreht wie eine Schwalbe, und hier zu sein vermag und dort und hier und drüben, alles zugleich; der bereit für jede Laune ist, jede Gelegenheit und seine Maske wechselt, schneller als ein Gedanke; dies ist das Geschöpf, geboren schon mit seiner Kunst zusammen, es quält sich nicht, sie erst zu lernen, betreibt sie vielmehr ganz von selbst aus seiner exzellenten Natur.

Ein fast ätherisches Wesen erscheint da vor uns, leicht wie ein Tänzer, ein Ariel (welcher übrigens auch ein Intrigenhelfer ist). Das muß man sich merken, wenn das Klischee vom Intriganten als dem verkniffenen Bösewicht wieder einmal auftaucht, dem äußerlich und innerlich verwachsenen Finsterling. Eine Lichtgestalt ist diese Mosca gewiß nicht, aber immerhin eine graziöse Erscheinung – »fine, elegant rascal«.

Die Freiheit aber, die Canetti schon beim Trickster gewittert hat, jenem Wesen aus dem namenlos-vorzeitlichen Erzählen, schwebt um alle unbedingten Intriganten wie ein verführerisches Fluidum. Es ist der Zauber dessen, der wahrhaftig An-archos ist, ohne befehlenden Führer im Äußern wie im Innern. Ob dies anthropologisch überhaupt möglich ist, ein Leben ohne das bohrende Etwas, das man Gewissen nennt, und ob es bei den angeblich Gewissenlosen nicht nur auf andere Weise bohrt, braucht hier nicht diskutiert zu werden. Die Psychologie wird dafür ihre Modelle haben, und sie werden wechseln nach dem Gang der wissenschaftlichen Trends. Für die Ästhetik der Intrige aber, der dieses Buch nachspürt, ist der lockende Glanz, der um die Intrigantinnen und Intriganten schwebt, ein überragendes Phänomen, und seine Herkunft aus einer phantastischen Freiheit ist wichtiger als die Frage nach deren empirischer Nachweisbarkeit.

Man könnte hier einen wirkungsästhetischen Test machen. Man könnte Schillers »Fiesko« auf die Frage hin prüfen, was dieses Stück verlöre, wenn der Mohr, Muley Hassan, gestrichen würde. Unmöglich wäre das nicht. Das Intrigengefüge dieses krachenden Kolportagestücks, durch welches das Genie des Autors blitzt wie durch Risse und Löcher, ist so überdreht, daß ein paar zusätzliche Absurditäten nicht viel ändern würden. Pulp fiction im Auftakt zur Klassik. Dieser Mohr, ein Schwarzer, den man heute eigentlich nicht mehr Mohr nennen darf und der überhaupt politisch nicht korrekt ist für alle jene, welche wissen und deklarieren, was politisch korrekt ist, dieser Mohr also, Pulp fiction reinster Art, treibt sich durch das Trauerspiel wie Papageno durch die »Zauberflöte« und macht, wie Papageno, die Hälfte von dessen Attraktivität aus. Doch wenn Papageno ein Stück harmloser Natur ist, ein vorzivilisierter Vogel auf dem Weg zum Menschen, ist Hassan ein Stück tödlicher Natur, außermoralisch durchaus, ein Trickster, der am Ende baumelt, aber flink, witzig, auf einnehmende Art ruchlos, so jedenfalls, daß man sich immer freut, wenn er, lachend über eine neue Schändlichkeit, aus den Kulissen auftaucht. Und immer spürt man, daß man sich da gar nicht freuen dürfte. Er ist der Clown des Stücks, bezieht etliche Effekte aus der Tradition des schlauen Dieners und etliche aus der Tradition des schwarzen Bösewichts. Dieser letztere taucht übrigens unter dem

Namen Monostatos ebenfalls in der Zauberflöte auf; Aron in Shakespeares »Titus Andronicus« ist sein ältester Vorläufer. Elegant ist Schillers Mohr nicht, kein Mosca, der die Intrige als Kunst und Wissenschaft betreibt, kein Volpone, der Karajan der Intrige, ein übler Mörder ist er vielmehr, der Hälse abschneidet wie andere Leute beim Spazieren da und dort eine Beere pflücken. Er verrät jeden, dem er dient, wenn er dafür ein paar Goldstücke mehr kriegt, und als Fiesko endlich seinen Aufstand in Genua losbrechen läßt, benutzt er das Durcheinander, um einige Kirchen anzuzünden. Wären wir so, wie wir zu sein meinen, wir müßten den Mohren hassen und verabscheuen. Ein loses Maul macht schließlich kein Verbrechen ungeschehen. Hassan aber ist mit seinem losen Maul bis unter die Urheber geflügelter Worte vorgedrungen, und obwohl 90% der geflügelten Worte aus der deutschen Klassik ihre Flügel inzwischen verloren haben, ist gerade Hassans Satz noch so lebendig wie je: »Der Mohr hat seine Arbeit getan, der Mohr kann gehen.«[402]

Die wirkungsästhetische Betrachtung zeigt, daß wir in diesem Stück weit lieber ein paar brave Seelen gestrichen sähen, als den schnellfüßigen Schuft. Wir genießen aber nicht einfach nur seine Sprüche, um die er nie verlegen ist, wir genießen das Ereignis der frei spielenden Amoralität, die An-archia einer Seele, wo nichts, aber auch gar nichts bohrt.

Doch wie es bei Werken der Pulp fiction nicht selten der Fall ist, braucht man nur die Perspektive etwas zu verschieben, und hinter der krassen Trivialität erscheint eine unerwartete Komplexität. Schillers tobendes Genie, das hier in Intrigen, Gegenintrigen und unablässigen Verkleidungen förmlich wütet, läßt das Spektakel unter der Hand zu traumähnlichen Konstellationen gerinnen, die ihm selbst nicht bewußt sind. Es geschieht ja gelegentlich, daß sich im literarischen Ramsch und Schund, der in den Kiosken auf Stapeln liegt, mythische Figuren zeigen. Man muß nur zu lesen wissen und sich das Zeug von Zeit zu Zeit vornehmen. Im »Fiesko« nun, der zwar nicht Ramsch und Schund ist, aber doch in einem gewissen Verwandtschaftsverhältnis zu dieser weitläufigen Sippe steht, hat das Verhältnis zwischen Fiesko und dem Mohren einen solchen geisterhaften Einschlag. Äußerlich gesehen, drängt sich der Schwarze dem Grafen Fiesko, dem Haupt der Verschwörung gegen die regierende Familie Doria, als Helfer auf; er wird eine Zeitlang benützt und wieder beseitigt. Lesen wir das Stück aber wie einen Traum, was man ja der Literatur gegenüber immer darf, wenn man nicht doktrinär wird dabei, dann erscheint der Mohr als das Schatten-Ich des edlen Fiesko.

Wie aus dem Boden gefahren, steht er immer wieder da. Oft hat er die Aufträge schon ausgeführt, die Fiesko ihm geben will, weiß also im voraus, was jener noch gar nicht gedacht hat. Es gibt kaum eine Szene zwischen den beiden, in der sich Fiesko nicht vom Mohren distanziert, aber immerzu braucht er ihn wieder und setzt er ihn wieder ein. Er verdankt ihm sein Leben und läßt ihn zuletzt henken. Aber – und das ist nun ein Vorgang, wie er sich beim späteren, dem oft überkontrollierten Schiller nur mehr selten findet – wie in einem Traumspiel taucht in der gleichen Sekunde, da der Schwarze aufgeknüpft wird, Fieskos Geliebte auf, verkleidet in den Purpurmantel seines Feindes, und wird von ihm selbst erstochen. Der Mohr, das Schatten-Ich, wird im Bühnenhintergrund getötet, im Vordergrund erdolcht Fiesko die geliebte Frau, sein Licht-Ich. Damit beginnt sein Niedergang. Beide Ereignisse geschehen vollkommen synchron. Hier zeigt sich eine geisterhaft-traumverwandte Dimension des lärmigen Stücks, die das Subjekt des Helden schleiernd verflüssigt. Dem edlen Intriganten Fiesko sollte durch die Abgrenzung vom Mohren der Makel des Killers erspart bleiben. Vordergründig gelingt das; auf der Ebene der Traumregie aber, die in dem Stück hintergründig waltet, wachsen die beiden zusammen zu einer einzigen Gestalt, und aus dem dramaturgischen Trick wird ein Moment beklemmender Kunst.

Es gibt eine verblüffend hellsichtige Stelle bei Walter Benjamin, wo dieser Traumbezug des Intriganten als eines Fürstenhelfers angesprochen wird. Benjamin denkt dabei nicht an den »Fiesko«. Er betont jedoch die Verwandschaft des Intriganten mit den Spaßmacherfiguren der Theatertradition und erklärt:

> Der grauenhafte Spaß ist so ursprünglich wie die harmlose Lustigkeit, ursprünglich sind die beiden sich nahe, und gerade der Figur des Intriganten dankt das oft auf Stelzen schreitende Trauerspiel die Berührung mit dem Mutterboden traumhaft tiefer Erfahrungen.[403]

Der Fall des Mohren Muley Hassan ist für das Studium der Intrige insofern von genereller Bedeutung, als er das Verhältnis von Intrigant und Helfer mehrdeutig macht. Man muß offensichtlich stets damit rechnen, daß diese Verbindung komplexer ist, als vom reinen Plot her anzunehmen wäre. Das hat sich schon im »Volpone« gezeigt, als der Chef seinen Lakaien mit den verzückten Lauten eines Verliebten rühmte. Wo Intrigant und Helfer Herr und Knecht sind, können sie unter dem Imperativ des Intrigenziels zu einander in ein Verhältnis der Gleichheit geraten. Dann schwankt die Hierarchie.

Dem Niedriggestellten gefällt es, den Höhergestellten treibt es zu gereizten Reflexen der Abgrenzung. Du bist ein Teufel, sagt dieser dann gern, mit dir habe ich nichts zu schaffen. Ein Beispiel ist die Intrigantenpaarung Leicester-Mortimer in »Maria Stuart«. Obwohl hier kein eigentliches Herr-Diener-Verhältnis vorliegt, überragt die Stellung des Grafen Leicester als des Geliebten der Königin und großen Herrn am Hofe doch die des kleinadligen Mortimer. Der Gestus der Abgrenzung, den Leicester vornimmt, sobald das gemeinsame Mechanema auffliegt, enthält genau jene Signale des Diabolischen, die zum Intriganten an sich gehören, die aber der Höhere gern auf den Niedrigen schiebt:

> LEICESTER *(in heftigem Zorn)*: Geht in die Hölle!
> Was hängt Ihr Euch, gleich einem bösen Geist,
> An meine Fersen! Fort! Ich kenn Euch nicht,
> Ich habe nichts gemein mit Meuchelmördern.[404]

Das erinnert unabweisbar an den letzten Satz der »Emilia Galotti«, mit dem der Prinz seinen Helfer Marinelli verbannt, ihn zum Schuldigen erklärt und – was denn sonst? – als Teufel hinstellt:

> Geh, dich auf ewig zu verbergen! – Geh! Sag' ich. – Gott! Gott! – Ist es, zum Unglück so mancher, nicht genug, daß Fürsten Menschen sind: müssen sich auch noch Teufel in ihren Freund verstellen?[405]

Damit erweist sich endgültig, daß im berühmtesten Satz aus Schillers »Fiesko« – »Der Mohr hat seine Arbeit getan, der Mohr kann gehen« – eine Schlüsselwahrheit über das komplexe Verhältnis zwischen Intrigant und Helfer steckt. Gemeinsam treten die beiden aus der sittlichen Ordnung heraus und also auch aus der Ordnung der Stände und der Herrschaft. So geschieht es sonst nur in der Liebe. Deshalb können Elemente der Liebessprache in das Verhältnis zwischen Intrigant und Helfer geraten, kann sich die Dynamik von Intimität und Gereiztheit, wie sie das Liebesleben prägt, auch zwischen diesen beiden entwickeln. Und wenn dann zuletzt eines das andere dahin schickt, wo der Pfeffer wächst, wird dieses einen Satz hören lassen, der so bitter ist wie der geflügelte des Mohren.

Umgekehrt aber können sich Liebespaare, die nichts weiter sind als eben entzückte Verliebte, unversehens in den Rollen von Intrigantin und Helfer, Intrigant und Helferin sehen, das große Mechanema planend und durchführend, Täter beide zusammen, das Paar als Täter. Dazu im Folgenden ein Exkurs. Wenn Mosca und Volpone ein wirkliches Liebespaar wären, Mann und Frau, wie ginge das zu? Gibt es Beispiele für solches? Finden sich auch hier charakteristische Abläufe, wiederkehrende Teilkonflikte und Lösungen? Ist das Paar als Täter eine dramatische Konstellation von eigener Gesetzlichkeit? Das ist hier zu fragen, und damit verlassen wir endgültig das Jagdgebiet des Fuchses.

XXXVIII
Das Paar als Täter. Ein Exkurs

Ein Typus tragischer Liebesgeschichten. Bonnie and Clyde, sprichwörtlich und historisch. Das gemeinsame Grab. Seneca zwischen Aischylos und Shakespeare. Die Wiederkehr der Szenen. Mikrostrukturen der gemeinsamen Tat. Das Apfelballett. Implosion der Geschlechterrollen beim Täterpaar. »Semivir«: warum der Mann der Schwächere ist. Das Ballett der Dolche. Geschlechterrollen und -reflexionen im »Macbeth«. Geheimnis eines Satzes: »She should have died hereafter.« Ein Krimi als Jahrhundertroman. Die Liebe schaltet alle Normen aus. Eros, Mord und Ekstase. Psychologie allein reicht nicht. Das böse Ende, unweigerlich. Varianten des Gerichts. Der zerstörte Schlaf. Polizei und Pocken. Gericht und Anagnorisis. Das Finale bei Zola.

Daß die Liebe gefährlich ist, hat sich einigermaßen herumgesprochen. Dieses Herumsprechen dauert nun schon ein paar tausend Jahre. Der größere Teil der Weltliteratur besteht daraus. Es ist alles bekannt. Aber kaum kommt einer daher und erzählt wieder davon, hört man zu, als wär's zum ersten Mal. Warum wollen wir immer von neuem hören, was wir doch schon längst wissen?

Wissen wir wirklich alles? Was macht denn die Liebe gefährlich? Wir fragen die Literatur, die immerzu davon redet, und die Antwort scheint klar. Der Dritte ist es, der dritte Mann oder die dritte Frau. Wie schön hätten es die zwei, wenn nicht der Dritte plötzlich dastünde und die Braue hebt wie Clark Gable oder diese kurzen, rauchigen Sätze hören läßt wie Humphrey Bogart. Wenn nicht die Andere unversehens auftauchte, augenfunkelnd, taufrisch aus dem Schwanenei gesprungen wie Helena. Dann geht's los. Und was im Alltag meistens nur ein langes Elend wird und ein trauriges Gezerre, das führt in der Literatur zu Klirren und Blitzen und Mord und Totschlag.

Sobald ein Drittes zu den Zweien tritt, ist eins zuviel. So geht die einfache Rechnung der Liebeskatastrophen. Eines ist zuviel und muß zuschauen. Jetzt kommt Gefahr auf. Jetzt besinnt sich Medea, daß sie zaubern kann. Sie murmelt ihre Sprüche und kocht ihr Gift und tötet die augenfunkelnde Dritte. Das hat sie von ihrer Tante gelernt, Kirke, der Meisterhexe. Die löste alle Beziehungsprobleme mit einer Handbewegung, indem sie die Männer in friedliche Tiere verwandelte. Da lagen sie dann so herum und schliefen in der Sonne.

Eine einfache Rechnung also. Drei Finger genügen für Addition und Subtraktion. Komplizierter wird es, wenn man näher zuschaut. Dann sehen wir plötzlich nicht mehr nur Verratene, die sich rächen, oder Verliebte, die mit ihrer Liebe gegen Ordnung und Gebot verstoßen. Dann sehen wir auch Paare, bei denen nicht die Liebe selbst das Verbrechen ist, sondern die aus der Liebe heraus überhaupt erst zu Tätern werden, rücksichtslos, jubelnd, triumphal. Sie handeln gemeinsam, planen gemeinsam, töten gemeinsam. Das Paar als Täter – es ist ebenfalls eine alte Geschichte. Auch sie bleibt immer neu. Aber wem *sie* just passieret, dem bricht nicht nur das Herz entzwei.

Gewiß, das Romeo-und-Julia-Muster ist häufiger, auch das Muster Othello oder Effi Briest oder Anna Karenina. Aber das Paar als Täter taucht doch schon in den ältesten Tragödien auf, und es verschwindet nie mehr ganz aus dem Erzählen und Inszenieren der Menschheit. Die seltsame Generation, die man die 68er nennt, erkannte sich früh und noch ohne politische Drapierung in den ekstatischen Killern Bonnie and Clyde. Der Film von 1967 mit Faye Dunaway und Warren Beatty gewann Ikonenstatus. Ein verschworenes Paar feierte sich selbst im Töten und Getötetwerden. Die historische Bonnie Parker, welche 1932/33 mit dem historischen Clyde Barrow die blutige Romanze leibhaftig lebte, schrieb eine Ballade über sich und ihren Geliebten und verklärte dabei ihrer beider kommendes Ende:

> Some day they'll go down together,
> And they will bury them side by side.[406]

Die junge Amerikanerin – sie war 24, als sie im Kugelhagel der Polizei umkam – wußte wohl kaum, daß sie damit ein Echo gab auf das Ende ihrer archaisch wildesten Vorgänger. Als Klytaimnestra und ihr Geliebter Aigisth, die zusammen den Agamemnon ermordet haben, Klytaimnestras Gatten, durch Klytaimnestras Kinder Orest und Elektra selbst zu Tode kommen, wird die Liebesgemeinschaft des Täterpaars noch im Untergang sowohl bei Aischylos wie bei Euripides explizit benannt. Seht her, immer noch sind sie ein Paar, heißt es da, so wie sie im Licht miteinander geschlafen haben, sollen sie es nun auch im Hades tun. Bei Aischylos sagt dies Orest,[407] bei Euripides sagt es Elektra.[408]

Es gibt Elemente und Strukturen, die aus der Konstellation des Paars als Täter unmittelbar hervorgehen und daher über Jahrhunderte hin wiederkehren. Neben diese spontane Entstehung des Ähnlichen aus einer ähnlichen Anlage tritt der Transport der Motive durch die literarische Tradition, durch die unabsehbare Kette der

Lesenden und Schreibenden, das leidenschaftliche Antworten der Dichter auf die Dichter. Das ist im Einzelfall oft kaum zu entscheiden. Shakespeares Lady Macbeth, die mit ihrem Mann zusammen den König umgebracht hat, spricht als Schlafwandlerin über ihre Mörderhände. Dabei fällt der berühmte Satz:

Here's the smell of the blood still: all the perfumes of Arabia will not sweeten this little hand.[409]

Das riecht noch immer nach Blut, und alle Parfums von Arabien können diese kleine Hand nicht mehr süß und duftend machen. Mehr als zweitausend Jahre früher sagt der Chor im zweiten Teil der aischyleïschen Orestie über die Hände der im Schlafe schreienden Klytaimnestra, eine Mörderhand werde niemals reingewaschen, und wenn alle Bäche der Welt zu einem einzigen Fluß zusammenströmten.[410] Entspringt Shakespeares Satz nun dem kulturellen Transfer oder ist er eine Neuschöpfung aus der verwandten Situation? Es ist nicht zu entscheiden. Zwischen Aischylos und Shakespeare steht Seneca. An ihm hat sich Shakespeares tragisches Genie entzündet. Er ist die Brücke zwischen den Griechen und dem Elisabethaner. In Senecas »Agamemnon« kommen Klytaimnestras schuldige Hände zwar auch vor; sie seien immer noch voll Blut, sagt dort Elektra.[411] Aber die rhetorische Hyperbel – alle Flüsse der Welt, alle Parfums von Arabien – findet sich bei Seneca nicht.

Eine Entscheidung dieser Frage ist weit weniger von Belang als das Ereignis der Wiederkehr selbst, der Wiederkehr dramatischer Konstellationen, Erfahrungen und Verlautungen über Jahrhunderte hin. Stets vernetzt sich das Wiederkehrende nämlich mit den je anderen Gegebenheiten der Epochen, und das Paar als Täter erscheint immer neu und immer uralt.

Das gilt für vieles. Es gilt für die Liebe des Paars, für den Zusammenhang von Liebe und Tat, für die Planung der Tat im intrigentechnischen Sinne, für das anschließende Verstellungsspiel, für den Vollzug der Tat und für die Folgen der Tat. Bei diesen Folgen ist zu unterscheiden zwischen den Vorgängen im Innern der Täter, dem also, was das Gewissen treibt und wozu es treibt, und den äußerlich-handfesten Sanktionen durch die richtenden Instanzen. Faßt man dies zusammen, ergibt sich eine geschlossene Dramaturgie des Paars als Täter, in vielem verwandt mit dem Grundmodell der Intrige, dieses aber auch in eigentümlicher Weise übersteigend.

Besonders aufschlußreich für die Mikrostrukturen im Verhältnis des Paars ist die Tat als solche. *Ein* verbrecherischer Akt wird begangen von *zweien*. Das mag kriminalhandwerklich nicht weiter problematisch erscheinen. Für die Literatur aber, in der alles, was sich ereignet, mehr bedeutet als das Ereignis selbst, gewinnt die Frage, wie sich das konkrete Handeln des Liebespaars auf die zwei Partner verteilt, ein immenses Gewicht. Wer tut dies, und wer tut jenes? Wer steht für den Einfall, wer für den Entschluß, wer für den Plan, wer für die Ausführung? Schon den Einfall können ja nicht zwei Leute gleichzeitig haben.

Exemplarisch für die Feinstruktur der Tat ist einer der bekanntesten Fälle, die Apfelaffäre im Paradies. Adam und Eva stellen eine Urgestalt des Paars als Täter dar. Sie dürfen von der Frucht des Baumes nicht essen und tun es doch. Beide beißen zu. Daran haben wir bekanntlich immer noch zu kauen. Aber wann und wie beißen sie zu, und wer zuerst, und warum tut es der andere auch?[412]

Geht man die Adam-und-Eva-Bilder in der Kunstgeschichte durch, von den frühchristlichen Katakombenmalereien bis zur eleganten Tamara de Lempicka aus der Art-déco-Zeit, sieht man, daß der Apfel immer da ist auf den Gemälden und Kupferstichen, aber immer wieder anders. Bald reicht die Frau ihn dem Mann, und der Apfel ist schon angebissen; bald reicht sie den Apfel unversehrt; bald nimmt ihn die Frau aus dem Maul der Schlange; bald halten beide, Adam und Eva, je eine Frucht in der Hand. Manchmal warnt Adam mit gestrecktem Finger vor dem riskanten Obst, in andern Fällen kratzt er sich verlegen im Haar. Einmal streckt sie die Hand tief ins Geäst neben die ringelnde Schlange, ein anderes Mal tut er es, dann wieder beide zusammen. Ein förmliches Apfelballett spielt sich da vor den Augen des kunsthistorischen Betrachters ab. Das ist kurzweilig, und doch steckt eine gewaltige Frage dahinter. Mit allen ihren tanzenden Äpfeln antworten die Maler auf diese einzige Frage, die Frage der Schuld.

Daß beide schuldig sind, ist unbestritten. Aber könnte nicht doch eines von beiden ein bißchen schuldiger sein? Der Bibeltext ist hier weniger eindeutig, als es sich zunächst ausnimmt. Die Schlange spricht mit der Frau und verspricht ihr, nach dem Apfelbiß würden sie sein wie Gott und sehr klug und wissen, was gut und böse ist. Dann heißt es: »Und sie nahm von der Frucht und aß und gab ihrem Mann auch davon, und er aß.«[413] Aus diesem Nacheinander hat man gern auf die größere Schuld Evas und bald auch der Frauen überhaupt geschlossen. Das ist voreilig gedacht. Hatte es Eva doch mit dem intelligentesten und rhetorisch raffiniertesten Wesen überhaupt zu tun, dem brillanten Teufel, während Adam einem gleichartigen

Geschöpf gegenüberstand. Bedenkt man die Testbedingungen, dann war der Mann in der kritischen Situation weit weniger gefordert; er müßte demnach als entsprechend schuldiger betrachtet werden. Dennoch bemerkt der Kommentator einer offiziellen und von hohen kirchlichen Stellen anerkannten Bibelausgabe: »So kommt's zur Tat, zuerst bei dem überhaupt fremdem Einfluß zugänglicheren Weibe, dann auch bei dem Mann.«[414]

Damit soll nicht ein weiteres Mal auf die alten Thesen von der Frau als der Einfallspforte allen Übels in der Welt eingegangen werden. Wichtig ist allein, wie komplex das Paar als Täter im reinen Akt der Tat erscheint. Das erwähnte Apfelballett in der abendländischen Malerei bezieht seine Dynamik genau daraus, daß die Tat gemeinsam und dennoch individuell ist. Beides muß im Bilde sichtbar werden, aber indem es sichtbar wird, wird es auch schon gedeutet. Der warnende Adam ist ein anderer als der, der sich verlegen im Haar kratzt. Der eine ist der Mann als Wächter der Werte, der andere ist der Mann als der Übertölpelte, eine komische Figur. Dort, wo er sich kratzt, werden ihm in den Komödien später die Hörner wachsen.

Die feinen Differenzen in der Gemeinsamkeit sind der brisanteste Teil in der Mikrodynamik des Täterpaars. Und das betrifft nun tatsächlich auch die Geschlechter und die Geschlechterrollen. Die Gemeinsamkeit der Tat ist die übergreifende Regel aller dieser Geschichten. Durch diese Gemeinsamkeit werden die bestehenden Rollenmuster aufgehoben. Das ist nicht eine Behauptung aufgrund psychologischer Überlegungen, das ist eine Feststellung aufgrund des empirischen Studiums der Texte. Bei den berühmtesten Täterpaaren der Weltliteratur, in den Klytaimnestra-Tragödien, in Shakespeares »Macbeth«, in den »Liaisons dangereuses«, in Zolas »Thérèse Raquin«, aber auch noch bei Leskow und im »Bonnie and Clyde«-Film, immer führt die Gleichheit im Verbrechen zu scharfen geschlechtertheoretischen Überlegungen. Weil der Mann in dieser Gleichheit seine kulturell tradierte Überlegenheit verliert, erscheint die erreichte Balance der Geschlechter den Außenstehenden rasch als Unterlegenheit des Mannes. Zum Paar als Täter gehört also gleichzeitig die Liebe, die keine Hierarchie mehr kennt, und die Erschütterung der Geschlechterordnung.

In den Tragödien um die Ermordung des Kriegshelden Agamemnon durch seine Frau und ihren Geliebten, durch Klytaimnestra und Aigisth, deuten die kommentierenden Beobachter im Stück die Gleichheit des Täterpaars sofort als Vermännlichung der Frau und Effeminierung des Mannes. Schon im elften Vers der Orestie wird

Klytaimnestra als männerhaft bezeichnet. Und keiner wird nachher durchweg so verhöhnt wie ihr Geliebter und Mitmörder Aigisth. Ein Hahn sei er, der sich bei der Henne verkrieche und unter dem Gefieder hervor prahle, meint der Chor in den letzten Versen des ersten Trilogieteils. Noch Hofmannsthals Elektra läßt im Gespräch mit ihrer Schwester weiterklingen, was Aischylos angeschlagen hat. Sie nennt das Mörderpaar »die beiden Weiber«:

CHRYSOTHEMIS: Sie haben etwas Fürchterliches vor.
ELEKTRA: Die beiden Weiber?
CHRYSOTHEMIS: Wer?
ELEKTRA: Nun, meine Mutter
Und jenes andre Weib, die Memme, ei
Aegisth, der tapfre Meuchelmörder, er,
der Heldentaten nur im Bett vollführt.[415]

Ganz ähnlich behandeln auch Sophokles und Euripides in ihren Elektra-Stücken den Aigisth. Schwächling, Feigling, Bettheld nennt ihn der eine,[416] einen Mann mit Mädchengesicht der andere.[417] »Semivir«, Halbmann, wird er noch bei Seneca gescholten.[418] Man muß hier aber aufpassen. Die wütende Diffamierung des Mannes beruht nicht auf dessen persönlichem Charakter, sie beruht auf der Implosion der Geschlechterhierarchie beim Paar als Täter. Diese wird von den Beobachtern tendenziös psychologisiert. Voraussetzung ist die Liebe. Tatsächlich wird die Liebe zwischen Klytaimnestra und Aigisth nie angezweifelt. Alle Tragiker bestätigen sie durch deutliche Aussagen. Bei Homer finden wir sogar die Vorgeschichte dieser Liebe beschrieben, wie Aigisth um Klytaimnestra wirbt, und wie sie sich lange Zeit sträubt, und wie sie endlich nachgibt. Das ist eine sehr schöne Passage im dritten Gesang der Odyssee. Sie enthält zusätzlich noch den ersten und kürzesten Künstlerroman der Weltliteratur. Agamemnon habe, heißt es da, als er in den trojanischen Krieg zog, einen Sänger beauftragt, die Gattin zu Hause zu überwachen. Aigisth aber verschickte den unglücklichen Lyriker kurzerhand auf eine einsame Insel, um ihn dort elend verkommen zu lassen.

Bei ihr weilte ein Sänger, dem sehr gebot Agamemnon,
Als er nach Troja ging, die Gattin wohl zu behüten.
Als sie jedoch, umstrickt von der Götter Fügung, ihm nachgab,
Ließ er den Sänger verbringen auf eine einsame Insel,
Um ihn dort den Vögeln zum Raub und zur Beute zu lassen.[419]

Ein Künstlerschicksal, in nur fünf Hexametern erzählt – die schönen Geister waren offenbar schon damals den Anforderungen der Welt nicht ganz gewachsen. Nicht einmal der Name des Sängers ist überliefert. Und es muß überraschen, daß niemand diesen Stoff aufgegriffen hat in den mehr als zweieinhalbtausend Jahren seit Homer.

Die Liebe des Paars und die Gleichheit in der Tat – man könnte nun wie beim Apfel im Paradies die Beschreibungen vergleichen, in denen Klytaimnestra und Aigisth gemeinsam den Agamemnon töten. Wir würden ganz ähnliche Variationen finden. Nur stünden wir dabei nicht vor einem Apfelballett, sondern vor einem Ballett der Dolche und Äxte. Stets handeln beide, aber bald ist es der Mann, der zuerst zuschlägt, bald die Frau. Am ausführlichsten wird hier Seneca. Da zieht die Frau dem Gatten ein selbstgewobenes Gewand über, aber ohne Öffnungen für Kopf und Hände, so daß er sich in dem faltenreichen Kleid verwickelt. Aigisth sticht mit dem Dolch zu, aber zaghaft, nur so ein bißchen zwischen die Rippen. Agamemnon tobt. Jetzt greift Klytaimnestra zur Doppelaxt und haut mächtig ein. Das beflügelt wiederum Aigisth. Er geht nun seinerseits mit der Axt ans Werk, während Klytaimnestra den Dolch übernimmt und damit noch einige Zeit weiteroperiert. Das ist altrömischer Grand Guignol. Über Senecas Spektakeln schwebt bereits eine Ahnung von Cinecittà. Gleichzeitig aber geht es um die heikle Aufgabe, die Gleichheit in der Differenz zu inszenieren. Und immerhin wird dieses Gewand ohne Armlöcher in einem Durchbruchswerk der dramatischen Moderne wiederkehren, unter explizitem Verweis auf die antike Tradition, als die Zwangsjacke nämlich in Strindbergs Stück »Der Vater«. Wobei dieser neuzeitliche Agamemnon dann ohne alle Dolche, allein am Schock der Fesselung stirbt.

Abgründiger ist die Implosion der Geschlechterrollen beim Paar als Täter nie vorgeführt, schärfer ist die Differenz in der Gleichheit nie analysiert worden als in Shakespeares »Macbeth«. Neben das Schauspiel der Waffen und tötenden Hände tritt hier ein unerhörtes Schauspiel der Seelen. Und auch da muß man aufpassen, daß man den entscheidenden Vorgang der Aufhebung des kulturell programmierten Geschlechterverhaltens nicht voreilig charakterpsychologisch liest, als Schwäche eines Mannes und Anmaßung einer Frau. Wer so denkt, verharrt in genau den Mustern, die vor seinen Augen destruiert werden.

Voraussetzung ist auch hier die Liebe. Daß eine unbedingte Liebe Macbeth und die Lady verknüpft, wird im Stück vielfach gesagt. Man übersieht das leicht, weil der Machtwille der beiden so stark ist, daß ihre Liebe als Nebensache erscheinen könnte. Der Machtwille gehört aber zum Verbrechen, während die Liebe dessen Voraussetzung ist. Als das Paar bereits in das mehrfache Morden verstrickt ist, nennt er sie immer noch »Love«[420] und »dear wife«[421] und braucht sogar kindliche Kosenamen. »Dearest chuck«[422] sagt er einmal zu ihr, »mein liebstes Hühnchen«. Für die Zuschauer ist sie da längst eine schauerliche Gestalt.

Nicht nur sind die Monologe und Gespräche dieses Paars durchsetzt von Reflexionen auf das Männliche und Weibliche, auf das Heraustreten aus dem eigenen Geschlecht, auf die Verweiblichung des Mannes und die Vermännlichung der Frau, sogar das Verbrechen selbst, der Königsmord, wird unüberhörbar mit einem sexuellen Akt verglichen. Die Tat des Paars als verschobene Umarmung. Die Lady macht daraus ganz offen einen Test auf Macbeths Potenz. Sie vergleicht sein Zögern mit dem Verhältnis zwischen dem erotischen Begehren und der Unfähigkeit, es zu vollziehen. In der berühmten Pförtnerszene, als es in tiefer Nacht im totenstillen Schloß an das Tor donnert – der Mord ist geschehen, aber noch weiß es niemand –, hält die Narrenfigur des Pförtners eine groteske Rede, in der sich Macbeths Schwanken zwischen Wille und Tat, Begehren und Vollziehen spiegelt, obszön verdeutlicht an den Werken des Fleisches. Der Pförtner spricht vom Trinken, welches zwar die sexuelle Gier hervorrufe, aber deren Ausführung verhindere: »It provokes the desire, but it takes away the performance [...] it makes him and it mars him [...] it makes him stand to and not stand to ...«[423] Und Macbeth selbst, in dem großen Monolog vor der Tat, als er einen Dolch vor sich schweben sieht, der ihn lockt und zieht, spricht von seinen eigenen Schritten als »Tarquin's ravishing strides«,[424] die Schritte des schändenden Tarquinius. Der römische Königssohn Tarquinius hat sich einst zu Lukretia geschlichen und sie vergewaltigt. Shakespeare schrieb darüber eine Verserzählung. Indem Macbeth sich mit diesem Tarquin vergleicht, bestätigt er die rhetorische Strategie der Frau, die den Mord mit der Frage seiner Männlichkeit im konkretesten Sinn verbunden hat. »From this time, such I account thy love«, hat sie gesagt. Von jetzt an beurteile ich so deine Liebe, und sie erläutert deutlich genug: »Art thou afeard to be the same in thine own act [...], as thou art in desire«.[425] Hast du Angst, derselbe im Vollzug zu sein, der du im Begehren bist?

Eine solche Erotisierung des Verbrechens gibt es nur beim Paar als Täter. Man könnte das genauer zeigen in einem Vergleich mit Richard III. Da fehlt dieser Aspekt vollständig. Anders ist es hingegen wieder beim Täterpaar im »Hamlet«, wo der melancholische Prinz in einem Schloß leben muß, in dem seine Mutter mit ihrem Geliebten regiert, und dieser hat Hamlets Vater umgebracht. Ob es mit Wissen der Mutter geschah, bleibt unklar; Hamlet hält entschieden beide für schuldig. Wenn er davon spricht, hat er immer eine Obszönität auf der Zunge. Er lebt in der Situation der Elektra. Man ist versucht zu sagen, Hamlet hat Elektra verschluckt, und sie tobt in ihm weiter gegen das alte Mörderpaar.

Die Anspielungen der Lady Macbeth auf das Verhältnis von Verbrechen und sexueller Potenz sind mehr als eine männerpsychologisch raffinierte Strategie, die den Zögerer zum Handeln zwingen soll. Sie gehören in den größeren Zusammenhang des Nachdenkens dieser Frau über die eigene Weiblichkeit. Als sie die Möglichkeit sieht, den König, der auf Besuch kommt, zu töten und so Platz zu schaffen für einen König Macbeth, tritt sie in einem magischen Akt aus ihrer Existenz als Frau heraus. Sie ruft die Geister an: »Unsex me here, and fill me [...] top-full of [...] cruelty«[426] – Nehmt mir jetzt mein Geschlecht und füllt mich randvoll mit Grausamkeit. Und sie wird körperlich ganz konkret, sie spricht von ihren Brüsten – »my woman's breasts«[427] – und beschwört die Geister, ihre Milch zu vergiften. Das ist insofern interessant, als sie kurz zuvor beim Nachdenken über ihren Mann gesagt hat, seine Natur sei »too full o'th'milk of human kindness«[428] – zu voll von der Milch menschlicher Güte. Da wird also das Stichwort der Milch beim Mann und bei der Frau zum Signal der aufgehobenen Geschlechterhierarchie. Sie nähern sich einander an in einer tendenziellen Androgynie. Die weibliche Brust und die Milch erscheinen schon in den Klytaimnestra-Tragödien auf ähnliche Weise. Bei Aischylos fährt die Mörderin schreiend aus dem Schlaf, nachdem sie geträumt hat, einen Drachen mit schwarzem Blut gesäugt zu haben, und später hält sie ihrem Sohn Orest, der sie ermorden will, die entblößte Brust entgegen: »Hier hast du einst geschlafen, hier hast du noch ohne Zähnchen gesogen.« Sie versucht also, sich wieder ganz nur als mütterliche Frau zu zeigen und die Rollendiffusion, die zum Paar als Täter gehört, dem Sohn gegenüber rückgängig zu machen.

Das Handlungsgefüge von Shakespeares »Macbeth« operiert mit schleudernden Verkürzungen. Oft steht Ereignis neben Ereignis, unvermittelt, und öffnet geisterhafte Räume der Deutung. Ein frappierendes Beispiel ist der Tod der Lady gegen Ende des Stücks und die Reaktion des Mannes darauf. Man hört im Hintergrund Frauen schreien. Macbeth fragt, was das bedeute, und es heißt: »The Queen, my lord, is dead«. Mehr erfährt man nicht. Auch Macbeth fragt nicht zurück. Kein Wort äußert er über die Liebe, in der sie beide zu Verbrechern wurden. Nur eines sagt er: »She should have died hereafter: There would have been a time for such a word.«[429] – »Sie hätte später sterben sollen. Da wäre eine Zeit gewesen für solch ein Wort.« Ein schwer zu deutender Satz. Doch von dem aus, was über die Dramaturgie des Paars als Täter bisher deutlich wurde, darf die Vermutung gewagt werden, daß Macbeth an den Zeitpunkt des gemeinsamen Todes denkt, der jetzt nicht mehr möglich ist. Wie bei Bonnie and Clyde:

> Some day they'll go down together,
> And they will bury them side by side.

Diese Form des Triumphs im Untergang bleibt ihm, bleibt ihnen beiden nun versagt. Statt dessen folgt der schauerlichste Monolog der Weltliteratur, die berühmten zehn Verse über die gänzliche Sinnlosigkeit der menschlichen Existenz. Sie enden mit der Metapher, daß das Leben nichts anderes sei als ein Märchen aus dem Mund eines brabbelnden Idioten, lauter Lärm und Wut, und nichts bedeutend:

> [Life] is a tale
> Told by an idiot, full of sound and fury,
> Signifying nothing.[430]

Der Gedanke ist erlaubt, daß in diesem Kollaps des Weltsinns, mit dem der europäische Nihilismus beginnt – »signifying nothing« –, das Gegenteil aufgehoben ist: die Erinnerung an die sinnerfüllte Welt in der Liebe. Die Liebe hat alles gestützt und getragen, über Gut und Böse hinweg. Mit dem Tod der Frau ist das zerschellt. Als ob das Himmelsgewölbe geborsten wäre, bricht jetzt die Sinnlosigkeit herein. In der schrecklichen Rede verbirgt sich die letzte Liebeserklärung.

Soll damit »Macbeth« zur Liebestragödie erklärt werden? Ja. Ginge es nicht um ein liebendes Paar, wäre das Stück nichts weiter als ein elisabethanisches Schauerdrama, wie es viele gab in Shakespeares Zeiten. Zum Paar als Täter gehört ein ekstatisches Moment, das die geltende sittliche Ordnung wie von selbst außer Kraft setzt. Das wird oft sehr klar gezeigt, oft geschieht es nur in Andeutungen. Ein starkes Signal ist zum Beispiel Macbeths hingerissener Satz gegenüber der Lady: »Bring forth men-children only!«[431] Du sollst nur Söhne gebären, nur männliche Kinder! Das klingt vielleicht kurios, aber doch nur solange, bis man dahinter die Aufhebung der Geschlechterfixierungen in der ekstatischen Liebe erkennt.

1934 erschien in den USA ein Roman, kaum fingerdick, ein Reißer, der da und dort wegen Unsittlichkeit vor Gericht kam. Es war ein Krimi unter Tausenden, der aber langsam unter die Klassiker nicht nur seiner Gattung, sondern der Literatur im 20. Jahrhundert überhaupt vorrückte. Er wird immer wieder neu verfilmt. Albert Camus fand darin das Vorbild für sein eigenes Schreiben. Wer den »Fremden« liest, »L'Étranger«, merkt das bald. In Deutschland blieb der Roman lange echolos. 1934 brach hier ja die Kommunikation mit der Weltkultur ab. Erst nach dem Ende der Hitlerei hatte die Ästhetik des amerikanischen Roman noir wieder eine Chance.

Zu reden ist vom Roman »The Postman always rings twice« von James M. Cain, einem Autor, der neben Dashiell Hammett und Raymond Chandler steht und bestehen kann. Es ist eine Story von Love and Crime, wie sie in den Boulevardzeitungen und in den großen Tragödien zu finden ist. Das Paar als Täter erscheint hier so exemplarisch, die Dynamik seines Liebens und Handelns ist so lapidar verknappt, wie es sonst vielleicht nur noch in Leskows »Lady Macbeth von Mzensk« der Fall ist. Im Tempo und den harten Schnitten gewinnt dieser Roman eine balladeske Form, die an uralte Geschichten gemahnt und doch ganz dem Epochenstil der Zwischenkriegszeit entspricht.

Was geschieht? An einer abgetakelten Benzin- und Imbißstation im kalifornischen Landesinnern taucht ein junger Mann auf, ein Herumtreiber, eine ziellose Existenz. Die Bude gehört einem Griechen, ehemaligem Soldaten mit vielen Erinnerungen an die Kriegszeit. Er hat eine schöne junge Frau. Zwischen ihr und dem Herumtreiber kommt es zu einem Amour fou. Der Grieche merkt nichts; er ist gutmütig, gibt dem Mann Arbeit. Kaum dreht er den Rücken, sind die beiden zusammen. Sie wissen, das ist keine flüchtige Affäre. Und sie wissen, das ist so nicht lange auszuhalten. Sie lodern in ihrer Liebe. Sie denken nach. Der Grieche muß weg. Als Philologe kann man da wieder mit dem Mikroskop arbeiten. Wer fängt an, wer fährt fort? Die alte Apfelfrage. Der Dialog verläuft in winzigen Stößen:

> Frank, do you love me?
> Yes.
> Do you love me so much, that not anything matters?
> Yes.
> There's one way.[432]

Damit ist es gesagt. Beide wissen, was das heißt. Es heißt Mord, Mord am Griechen. Nun warnt der junge Mann – Adam mit dem Zeigefinger:

> They hang you for that.
> Not if you do it right. You are smart, Frank. You'll think of a way.[433]

Jetzt stellt er die Frage nach Gut und Böse, fast nebenhin: »Du sprichst ja, als ob das in Ordnung wäre.« Was sagt sie darauf? Sie sagt: »Wer soll wissen, ob's in Ordnung ist oder nicht, außer du und ich.« Was sagt er darauf? Er sagt: »Du und ich«. Darauf sie: »That's it, Frank. That's all that matters.« Und sie küssen sich: »I kissed her. Her eyes were shining up at me like two blue stars. It was like being in church.«[434]

»Es war wie in der Kirche.« – Das ist einer der Momente, wo in diesem Thriller die Konventionen der Gattung gesprengt werden. Das Paar hat sich zur Tat entschlossen und erlebt das als Mysterium, wie ein Sakrament.

Was sich dann alles abspielt, ist hier nicht zu berichten. Es geht nur um dieses Ereignis, daß die beiden in ihrer Liebe leichthin aus aller Ordnung treten. Auch die Tat selbst, der grausame Vollzug, wird zu einem ekstatischen Akt. Eros und Verbrechen sind eins. Wie sich Macbeth vor dem schlafenden König plötzlich als Tarquinius auf dem Weg zur schönen Lukretia vorkam. Das Liebespaar in dem vergammelten Winkel Kaliforniens weiß nichts von Macbeth, weiß nichts von Agamemnon und Klytaimnestra. Aber der erste Mordversuch trifft den Griechen in der Badewanne, dort also, wo es den Griechen Agamemnon einst bei Aischylos traf. Nur war die Wanne damals aus reinem Silber. Ein Zufall? Alles im Romanduktus spricht gegen solche Bildungsreminiszenzen. Dennoch ist die Erinnerung in der Lektüre nicht abzuweisen. Sie rückt die Konstanten in der Dramaturgie des Paars als Täter einmal mehr ins Bewußtsein.

Als dann der Mord tatsächlich glückt, auf einer nächtlichen Küstenstraße, steigert sich die Erfahrung des Paars zu einem absoluten Moment. Dieser ist erst aus der Erinnerung benennbar. Die Frau spricht es aus: »Wir waren damals wie auf einem Berg. Wir waren so weit oben, Frank. Alles hatten wir, dort draußen, in jener Nacht. Ich wußte nicht, daß ich so etwas überhaupt fühlen konnte. Und wir küßten uns und besiegelten es, so daß es immer dasein würde, was auch geschehen mochte.« Und sie fügt einen Satz an, über den lange zu reden wäre: »Gott küßte uns auf die Stirn in jener Nacht. Er gab uns alles, was zwei Leute je haben können.«[435] Dabei ist es eine Tat, wie sie Seneca nicht grausiger hätte ausdenken können.

»God kissed us on the brow that night« – ein seltsamer Jubel! Er hat aber seinen Platz in der Dynamik des Täterpaars. Wir kennen ihn aus Bonnies Ballade, und er ertönt schon bei Aischylos, in den triumphierenden Versen der Klytaimnestra nach dem Ende Agamemnons: »Ob ihr euch freut oder nicht, ich juble laut.«[436]

So feiert auch das Paar bei Leskow seinen Entschluß zur Tat eng verschlungen in der Mondnacht unter einem blühenden Apfelbaum. Man hört sie von weitem, bald leise flüsternd wie spielende Kinder, bald laut und lachend wie übermütige Wassergeister. Und dazu heißt es: »Die weißen Blüten des dichtbelaubten Apfelbaums fielen unablässig auf sie herab.«[437] Kennen wir den Baum nicht von irgendwoher?

Es sei zugegeben. Man gelangt hier an eine Grenze der Deutung. Wenn wir diese Vorgänge psychologisch lesen, wie es heute der allgemeine Brauch ist, werden wir bald einmal anfangen, Fälle aus dem sogenannten Leben zu sammeln, um abzuklären, ob es das denn tatsächlich gebe, ob das nicht alles übertrieben sei. Das mag aufschlußreich sein. Und doch machen wir es uns damit zu leicht. Denn zu deutlich pflanzt sich in den Geschichten vom Paar als Täter ein altes mythisches Reden fort, als daß man sich mit der Frage nach der psychologischen Wahrscheinlichkeit begnügen dürfte. Der Satz bei James M. Cain: »God kissed us on the brow that night«, ist mehr als ein pathologisches Symptom, und die weißen Apfelblüten, die auf das verschlungene Täterpaar bei Leskow niederregnen, bedeuten anderes als nur eine idyllische Dekoration. Hier wird in Zeichen geredet, denen keine Exegese ganz gewachsen ist.

Aber eine Andeutung darf doch gewagt werden: Für das erste Paar im Paradies gab es noch keine Unterscheidung von Gut und Böse. Das Verbrechen hat das Bewußtsein dieser Differenz erst geschaffen, und es hat, nach den Worten der Genesis, auch die männliche Herrschaft erst installiert. »Er soll dein Herr sein«,[438] sagt Gott zu Eva, und damit meint er nicht eine wohltuende Ordnung, sondern den Teil eines Strafpakets. Für beide. In der Erfahrungskurve des Täterpaars werden nun diese Maßnahmen für eine entrückte Strecke Zeit rückgängig gemacht. Keine Herrschaft gibt es mehr des einen über das andere. Er ist wie sie, sie ist wie er. Und beide sind sie über die Differenz von Gut und Böse hinaus. Das kann man zwar mit psychologischen Mitteln erfassen; Freud tut es in seiner Theorie der Verliebtheit, wo der Satz steht: »In der Liebesverblendung wird man reuelos zum Verbrecher.«[439] Dennoch reicht das psychologische Modell nicht aus. Die Erfahrung, die das Täterpaar macht, ist nicht nur die der Reuelosigkeit, des Verschwindens dessen, was man Gewissen nennt oder Über-Ich. Das wäre ein rein negativer Zustand. Vielmehr geraten die beiden nach eigenem Zeugnis an einen Ort, wo sie noch nie waren, in Berührung mit einem ganz Andern, das sie außerhalb alles dessen stellt, was für die übrigen Menschen gilt. Im Verbrechen, das für sie keines ist, stehen sie plötzlich wieder im Paradies, stehen sie hinter dem Engel mit dem hauenden Schwert, der das Tor bewacht. Weil das aber nur für die zwei gilt und auf eine begrenzte Spanne Zeit, kann man daraus keine Schlüsse ziehen für das Leben der übrigen Menschen, das Leben in der allgemeinen Ordnung. Was geschieht, nimmt sich aus wie die dramatische Radikalisierung des augustinischen Satzes: »Dilige, et quod vis fac.« – »Liebe, und tu was du willst.«[440] Auch das ist kein psychologischer Satz. Und schon gar nicht ein juristischer. Er müßte jede Ethikkommission in Verwirrung stürzen. Er gehört zu einem andern Denken. Und vielleicht ist dies sein tiefster Sinn: zu beweisen, daß es ein anderes Denken gibt.

Das heißt: im Verbrechen geht das verliebte Paar hinter die Kategorie Verbrechen selbst zurück. Die zwei sind nicht mehr »scientes bonum et malum«, wie die Schlange aus dem grünen Laub heraus flüsterte. Das ist eine heikle Sache, wenn man an die jüngeren Leser und die älteren Erzieher denkt. Kein Wunder, daß die deutsche Literatur, die stets etwas braver war als die französische, vor diesem Thema so offenkundig zurückschreckt. Die »Liaisons dangereuses« sind im deutschen 18. Jahrhundert undenkbar. Schiller hat den Roman zwar geschätzt, fand es aber »schade, daß ein großer Teil der Schönheit des Buchs in dem liegt, was man mit gutem Gewissen nicht allgemein machen kann.«[441]

Dennoch können sich die älteren Erzieher beim Gedanken an die jüngeren Leser beruhigen. Das böse Ende bleibt nicht aus. Das sittliche Imperium schlägt zurück. Zuletzt kommen die ekstatischen Beiden immer dran, und wie! Nur macht das böse Ende jene Erfahrung nicht rückgängig, von der die junge Frau im vergammelten Kalifornien spricht: »God kissed us on the brow that night. He gave us all two people can ever have.« Die Strafe löscht das Skandalon nicht aus.

Wie genau die beiden von Fall zu Fall drankommen, das ergäbe eine lange Untersuchung. Sie würde in der Frage gipfeln, welche Instanz das letzte Urteil spricht über das Paar. Für den Beobachter der Literatur sind jedoch die Teilprozesse spannender als die Frage, an welchem Nagel das moralische Universum jeweils hängt.

Auch diese Teilprozesse des inneren und äußeren Gerichts über das Täterpaar kehren durch die Jahrhunderte alle in Variationen wieder. Am bewegendsten sind die Vorgänge der inneren Zerrüttung. In der Geschichte der seelischen Dekomposition des Täterpaars spiegelt sich die Geschichte der abendländischen Psychologie. Die älteste, rein mythische Rede hat die Kräfte der Zerrüttung noch als leibhaftige Rachegeister begriffen. Die Erinnyen fahren zischend aus der Erde, umtanzen die Täter und hetzen sie geißelnd über alle Länder hin. Schon die frühe Tragödie aber begreift diese Mächte als gleichermaßen innerliche wie äußerliche Gewalten. Zwar flackert die Vorstellung objektiver Dämonen noch lange durch die Bemühungen, die Katastrophen der Seele in die Sprache zu heben. Aber das Spektrum der *innerlichen* Dämonie, der bösen Träume und Halluzinationen, weitet sich in der Literatur dramatisch aus und bereitet die Wissenschaft vor. Das erregte Ich der Schuldigen begegnet den Bildern, die es selbst gebiert, und sie sind schrecklicher als alles, was mit einem tatsächlichen Knochenfinger an die Wand pochen könnte.

Dazu gehört von Anfang an, und zwar kardinal, das Thema des zerstörten Schlafs. Es verdichtet sich im Schrei, mit dem die Täter tief in der Nacht hochfahren. So geschieht es Klytaimnestra. Ihr nächtliches Kreischen, von dem schon im ersten Chorlied des zweiten Teils der »Orestie« die Rede ist, eröffnet eine große Tradition. Als Macbeth den König erstochen hat, hört er im nächtlichen Schloß eine Stimme, die ruft: »Sleep no more! Macbeth does murder Sleep.«[442] Das ist eine Halluzination, und die Lady treibt sie ihm auf der Stelle in einer energischen Kurztherapie aus. *Sie* kennt so etwas nicht. Sie verfügt über unerhörte Kräfte der Verdrängung. Dennoch wird auch sie von den Mächten der Zerrüttung eingeholt. Den tiefen Schlaf kann sie zwar herbeizwingen, aber sie beginnt, in diesem Schlaf zu wandeln und immerzu die Hände zu waschen. Der Arzt, ein nüchterner Mann, der sie heimlich beobachtet, sagt: »More needs she the divine than the physician«[443] – »Die braucht den Geistlichen mehr als den Arzt.« Ein Stück Wissenschaftsgeschichte auch dies. Hofmannsthals Klytaimnestra wiederum behängt sich »über und über mit Edelsteinen und Talismanen«.[444] Einer der vielen Steine, denkt sie, wird doch wohl die Kraft besitzen, die bösen Träume zu bannen. Es ist der genialste Zug in Hofmannsthals Nachdichtung. »Ich will nicht länger träumen«,[445] jammert sie, so daß es jeden jammert, der es hört.

Es gibt viele Varianten des vollzogenen Gerichts über das Täterpaar. Ihre Liebe kann sich in Haß verkehren, oder sie beginnen gegeneinander zu operieren, oder sie werden von der Polizei abgeholt, oder eine böse Krankheit befällt sie. Irgendwie muß die Literatur ja den Beweis erbringen, daß jede Schuld eines Tages gerächt werde. Und sie muß den Beweis um so dringender liefern, je weniger der Sachverhalt zutrifft. Schön wär's. Der Schluß der »Liaisons dangereuses« etwa gerät zur reinen Pflichtübung in Sachen Gerechtigkeit. Wie ein Judex ex machina kommen die Pocken über die schöne böse Madame de Merteuil.[446] Das ist nur noch trivial, während vorher, in dem unerhörten 81. Brief, die Reflexionen dieser Frau auf die Geschlechterrollen und ihr deklarierter Entschluß, diese umzukehren, den Roman aus allen Konventionen gerissen haben. Zolas »Thérèse Raquin«[447] wiederum, ein Roman, der das Täterpaar im kleinbürgerlichen Paris ansiedelt, besteht zu zwei Dritteln aus einer Enzyklopädie der seelischen Zerrüttung. In eine solche Geisterbahn der endogenen Dämonen ist kein anderes Werk je eingebogen.

Wie sich die ekstatische Liebe der zwei Täter zwischen Mysterium und Pathologie bewegt, unentscheidbar, so bewegt sich auch der Backlash des Gerichts über das verwegene Paar zwischen Wissenschaft und Geheimnis. Der Leser aber steht da wie Shakespeares Arzt nach der Begegnung mit der schlafwandelnden Lady Macbeth, sieht sich an der Grenze seines Wissens und muß Dinge denken, die er nicht auszusprechen wagt: »I think, but dare not speak«.[448]

Intrigenästhetisch gesprochen, fällt das Gericht über das Täterpaar in der Regel zusammen mit der Anagnorisis eines Mechanemas. Allerdings sind die beiden Vorgänge nicht unbedingt deckungsgleich. Die seelische Zerrüttung kann einsetzen, lange bevor die Masken von den Gesichtern fallen. Dann ist die Entdeckung der Wahrheit durch die gesellschaftliche Umgebung nur noch der Übergang vom lange schon wirkenden inneren Gericht zum äußeren. Bei Zola bleibt das äußere sogar gänzlich aus; es wäre eine Erlösung für das Paar, das durch ein Inferno der Schreckphantasien geht, immerzu und aus jeder Ecke heraus verfolgt vom Bilde dessen, den sie beide gemeinsam ermordet haben. Am Ende vollziehen sie das Gericht an sich selbst. Bei Leskow hingegen bildet der Einbruch des gesellschaftlichen Gerichts in das mörderische Huis clos des Paars zwar die öffentliche Anagnorisis. Die Erzählung läuft aber weiter in der Schilderung, wie das Paar mit vielen anderen Sträflingen zusammen in die Verbannung nach Sibirien zieht. Auf dieser Fahrt wird die Zerrüttung ihrer Liebe, wird der Verrat des Mannes an der viel stärkeren Frau zur eigentlichen Strafe, weit schlimmer als alle Kälte Sibiriens.

Ein Paar als Täter kann es ohne gemeinsame zielgerichtete Verstellung, ohne Intrige also, nicht geben.[449] Insofern gehören diese

Geschichten und Schauspiele zum Kernbestand dessen, was hier untersucht wird. Während aber in der überwiegenden Mehrzahl der Intrigen das Verhältnis von Intrigant und Helfer hierarchisch klar gestuft ist und nur gelegentlich an die Egalität streift, ist beim Paar als Täter die Egalität fundamental, und nur gelegentlich streift sie an ein Herrschaftsverhältnis. Volpone, der jene Liebeslaute gegenüber seinem Parasiten Mosca hören ließ, setzt am Schluß, im stolzen Gestus der Selbstaufdeckung, die vertikale Ordnung wieder in Kraft: »I am Volpone, and this is my knave.« Beim Paar als Täter hingegen kann die Gleichheit zuletzt in einer geradezu ausgetüftelten Art nochmals vorgeführt werden. So bei Zola, wo die beiden einander zur gleichen Stunde ermorden wollen, die Frau den Mann mit einem Messer, der Mann die Frau mit Gift. Es ist ihr letzter Versuch, die Schrecken der Phantasie und der folternden Schlaflosigkeit loszuwerden. Und ebenso gleichzeitig entdeckt jedes das Vorhaben des andern, sieht er ihr Messer und sie sein Giftfläschchen. In diesem Augenblick kehrt die alte Gemeinschaft schockartig zurück. Sie brechen in lautes Schluchzen aus. Eine überwältigende Krise, heißt es, zerbrach sie, warf sie einander in die Arme, schwach wie Kinder:

> Et brusquement Thérèse et Laurent éclatèrent en sanglots. Une crise suprême les brisa, les jeta dans les bras l'un de l'autre, faibles comme des enfants.[450]

Und wahrhaftig zum Staunen ist, wie Zola jetzt, auf dieser letzten Seite des Romans, seine modernen, nach allen Regeln des Naturalismus entworfenen Protagonisten zurückzubinden versteht an ihre ältesten Vorgänger, an die zwei Leute unter dem Apfelbaum, denen der Apfel so merkwürdig von Hand zu Hand geht. Genau entsprechend nämlich geht jetzt das Gift vom einen zum andern und besiegelt rituell ihren Weg, der sie zurück ins Paradies und dann in eine gemeinsame Hölle führte:

> Thérèse prit le verre, le vida à moitié et le tendit à Laurent qui l'acheva d'un trait. Ce fut un éclair. Ils tombèrent l'un sur l'autre, foudroyés, trouvant enfin une consolation dans la mort.[451]

Thérèse nahm das Glas, trank es zur Hälfte aus und hielt es Laurent hin, der es auf einen Zug leerte. Es war ein Blitzschlag. Sie stürzten übereinander, hingeschmettert, und fanden endlich einen Trost im Tod. – »Some day they'll go down together…«

Fünfter Teil

ZUR LITERATURGESCHICHTE DER FRAUENINTRIGE

XXXIX
Vertreibung einer großen Intrigantin aus der deutschen Kultur. Das Lessing-Schiller-Komplott

Wie große Werke aus dem gemeinsamen Gedächtnis gelöscht werden. Lessings Verdammungsaktion gegen Corneilles »Rodogune«. Sozialer Tod eines Meisterwerks. Schillers verleugnetes Vorbild. Porträt einer Intrigantin. Die Maske. Politik und Liebe. Große Komposition. Vitium und Virtus. Das Finale: höfisches Zeremoniell und Kriminalistik. Grandeur des Bösen.

Die Literatur verändert sich von Jahr zu Jahr. Einerseits durch die neuen Bücher, andererseits durch die Umwertung der Überlieferung. Ist die Stunde günstig, kann ein vergessener Autor durch ein einziges Wort aus dem Dunkel geholt werden. So geschah es am 28. Oktober 1949 mit Robert Musil. Zur Verblüffung der literarischen Öffentlichkeit, nicht zuletzt in Deutschland, erklärte »The Times Literary Supplement« in London, der wichtigste deutschsprachige Romanautor der ersten Hälfte des 20. Jahrhunderts heiße Robert Musil, und er sei zugleich einer der unbekanntesten. Man hätte das als ein Symptom britischer Extravaganz abtun können. Statt dessen begann auf der Stelle eine mächtige Musil-Renaissance. Studien erschienen, Ausgaben wurden in die Wege geleitet, ein Prozeß der wissenschaftlichen und publizistischen Erschließung lief an, der monumentale Leistungen erbrachte und bis heute nicht abgeschlossen ist. Seit jenem Tag gehört Musil zu den Triangulationspunkten, nach denen man Literatur, Kunst und Philosophie des 20. Jahrhunderts vermißt.

Zugegeben, so einfach läuft es selten ab. Oft muß jahrzehntelang gearbeitet und geworben werden, bis ein unterschätztes Werk in seinem wahren Rang anerkannt wird. Und es gilt der Satz: So wenig wir wissen, wie die Literatur der Zukunft aussieht, so wenig wissen wir, was mit der Literatur der Vergangenheit noch alles geschehen wird. Von Zeit zu Zeit aber wird eine folgenreiche Wiederherstellung oder eine ebenso folgenreiche Tilgung aus dem kollektiven Gedächtnis präzise faßbar.

So gibt es einen Fall, der für die Geschichte des deutschen Dramas, des deutschen Theaters, nicht zuletzt aber auch für die Geschichte der Intrige und ihrer Ästhetik eminent folgenreich war, und der sich, wie im Falle Musils, auf Jahr und Tag datieren läßt. Kein Fall später

Anerkennung allerdings, sondern ein Fall von Vertreibung und Vernichtung. Auf höchstem Niveau ereignete sich ein Akt der Diffamierung. In einer Prosa, die es so elegant, gelenkig, witzig und effektsicher bisher nicht gegeben hatte, wurden ein großer Autor und sein damals berühmtestes Werk in den Orkus geschickt. Eine Intrigantin von Rang, steilrecht herausragend aus ihrer an sich schon ansehnlichen Sippschaft, eine Gestalt, an der man spätere Werke, spätere Figuren maß, mußte Abschied nehmen von den deutschen Theatern und verlor ihren Mustercharakter für die jungen Dramatiker.

Die Aktion dauerte vom 7. bis zum 18. August 1767. Sie geschah in vier Stößen, genauer: in vier aufeinanderfolgenden »Stücken« von Lessings »Hamburgischer Dramaturgie«, den Nummern 29 bis 32. Diese handelten von Corneilles Tragödie »Rodogune«. Daß es auf dem heutigen deutschen Buchmarkt keine Übersetzung dieses Werks gibt, ist eine der Folgen von Lessings Vernichtungsaktion.

Diffamierte Werke verdienen immer die genauere Betrachtung. Sie sind ja nicht einfach unbeachtet oder unterschätzt. Diffamierte Werke haben vielmehr zur Voraussetzung, daß sie einmal ernsthaft zur Kenntnis genommen worden sind. Ihre Abwertung verlangte einen entsprechenden Aufwand. Andererseits ist es nicht leicht, über diffamierte Werke zu schreiben. Wer kümmert sich schon um einen toten Hund? Wie kann man seine Leser bei der Stange halten, wenn sie annehmen müssen, sie werden für den Rest ihres Lebens ohnehin nie mehr von der Sache hören? Versuchen darf man es dennoch.

Es gilt also zu studieren, warum das Trauerspiel »Rodogune« von Pierre Corneille von den deutschen Bühnen vertrieben wurde, auf denen es sich mehr als hundert Jahre lang mit Ruhm und Ehre gehalten hatte. Corneille selbst hielt es für eines seiner Meisterwerke. Und selbst Lessing, der Liquidator, räumte ein:

> Nach dem geheimnisvollen Schicksale, welches die Schriften so gut als die Menschen haben, ist seine Rodogune, nun länger als hundert Jahr, als das größte Meisterstück des größten tragischen Dichters, von ganz Frankreich, und gelegentlich mit von ganz Europa, bewundert worden.[452]

Es ist ein Stück um eine der gnadenlosesten, folgerichtigsten Frauengestalten der Weltliteratur, die In-Szene-Setzung einer unerhörten Hasserin und Rächerin, einer Meisterin überdies der Verstellung. Was Richard III. als Mann ist, ist sie als Frau.

Genau hier liegt der Punkt. Genau das darf nicht sein. Und auf 16 eng bedruckten Seiten hat Gotthold Ephraim Lessing dafür gesorgt, daß, was nicht sein darf, auch nicht ist.

Auf welch fruchtbaren Boden Lessings Kritik fiel, sieht man an einer ebenfalls genau datierbaren Reaktion Friedrich Schillers. Sein Brief an Goethe vom 31. Mai 1799 ist ein wilder Ausfall gegen Corneille im allgemeinen und die »Rodogune« im besondern, eine deutliche Übernahme und Verstärkung von Lessings Polemik. Auch biographisch läßt sich dies nachweisen. Vier Tage später nämlich, am 4. Juni 1799, teilt er Goethe mit, er lese wieder einmal mit großer Zustimmung Lessings Dramaturgie.

Durchaus aufregend aber ist nun die Tatsache, daß Schiller in diesem zweiten Brief, den er innerhalb einer Woche als Arbeitsbericht an seinen Freund schreibt, bekannt gibt, er sei heute, am Tag dieses Briefes, von den Vorbereitungen zur Tragödie »Maria Stuart« ins Schreiben übergegangen:

Und so habe ich denn heute, den 4ten Juny dieses Opus mit Lust und Freude begonnen, und hoffe in diesem Monat schon einen ziemlichen Theil der Exposition zurück zu legen.[453]

Wenn es nun aber *ein* Stück gibt in der deutschen Literatur, das man mit Corneilles »Rodogune« vergleichen kann, ist es die »Maria Stuart«. Hier wie dort treten zwei königliche Frauen von leidenschaftlicher Natur und hoher Intrigenbegabung gegeneinander an, versuchen einander zu erniedrigen und aus der Welt zu schaffen, die Männer aber sind nur Schachfiguren in ihrem Spiel. Hinter Schillers heftiger Attacke auf den Franzosen darf man also einen komplexen Vorgang kreativer Rezeption vermuten. Schiller hat während der Planung zur »Stuart«-Tragödie sowohl Corneille gelesen als auch Lessings »Anti-Corneille«, wie man jene vier Teile der »Hamburgischen Dramaturgie« füglich nennen darf. Corneille wurde zum inspirierenden Stachel für die entstehende »Maria Stuart«, und zwar so, daß er aufgenommen und sofort abgelehnt, genau gelesen und schroff verworfen wurde. Schiller mußte seine tiefe Verwandtschaft mit Corneille vor sich selbst verleugnen und die Nähe seines neuen Stücks zur »Rodogune« aus dem Bereich des Denkbaren tilgen, um freudig und selbstgewiß daran arbeiten zu können. Ein exemplarischer Fall von »anxiety of influence«[454] aus der Zeit der deutschen Klassik.

Und so lautet denn das Anathema des Deutschen gegen den Franzosen:

Ich habe Corneillens Rodogune, Pompée und Polyecte gelesen und bin über die, wirklich enorme Fehlerhaftigkeit dieser Werke, die ich seit 20 Jahren rühmen hörte, in Erstaunen geraten. Handlung, dramatische Organisation,

Charaktere, Sitten, Sprache, alles selbst die Verse bieten die höchsten Blößen an, und die Barbarey einer sich erst bildenden Kunst reicht lange nicht hin, sie zu entschuldigen. Denn der falsche Geschmack, den man so oft auch in den geistreichsten Werken findet, wenn sie in einer rohen Zeit entstanden, dieser ist es nicht allein, nicht einmal vorzugsweise, was daran widerwärtig ist. Es ist die Armuth der Erfindung, die Magerkeit und Trockenheit in Behandlung der Charaktere, die Kälte in den Leidenschaften, die Lahmheit und Steifigkeit im Gang der Handlung und der Mangel an Interesse fast durchaus. Die Weibercharaktere sind klägliche Fratzen, und ich habe noch nichts als das eigentlich Heroische glücklich behandelt gefunden, doch ist auch dieses, an sich nicht sehr reichhaltige Ingrediens einförmig behandelt.[455]

Einen einzigen guten Faden also läßt Schiller an Corneille und an der »Rodogune«, das »eigentlich Heroische«, aber auch davon sei wenig vorhanden, und überdies sei es monoton eingesetzt. Solche Aussagen haben sich in die Seele der deutschen Kritik und Literaturwissenschaft eingefressen. Sie sind bis heute nicht mehr daraus vertrieben worden.

Es ist kaum möglich, in der pauschalen Verwerfung der Corneille-Stücke durch Schiller die tatsächlichen Kriterien auszumachen, auf denen sie beruht. Alles wird in Bausch und Bogen verdammt. Das ist merkwürdig. Denn architektonisch, im dramatischen Bogenbau, ist die »Rodogune« denn doch großartig. Schiller, der stets dramentechnisch dachte und am konkreten Bühnenhandwerk mindestens so interessiert war wie an den Ideen, muß die souveräne Fügung des Stücks, die raffinierte Spannungssteigerung und die betäubenden Umschläge im Finale bemerkt haben. Und er hätte dies alles auch anerkennen müssen, wenn er ehrlich gewesen wäre. Warum war er unehrlich? Er war es gewiß nicht im moralischen Sinn. Er war überzeugt von dem, was er schrieb, und überzeugte sich schreibend immer mehr davon. Die Gewißheit bebt durch seine Sätze. Aber er mußte sein Urteil dem Interesse der eigenen Kreativität opfern, mußte die dramatische Wucht der »Rodogune« abwehren, weil sie der Tragödie zu nahe kam, an der er eben mit allen Kräften arbeitete. Und was dann von Corneille dennoch in diese einging, das brauchte er nun auch nicht zur Kenntnis zu nehmen.

Abgesichert aber war Schiller durch seinen großen Vorgänger im Corneille-Bashing, den bewunderten Lessing. Dieser allerdings urteilte keineswegs plakativ und pauschal, auch nicht nach verwischten Kriterien. Er argumentierte vielmehr mit der Präzision eines Chirurgen und legte seine eigenen Maßstäbe offen auf den Tisch. So unzweideutig legte er sie auf den Tisch, daß wir darin heute die ästhetischen Normen einer neuen Zeit erkennen: das Ende des feudalen und den Beginn des bürgerlichen Theaters und den Umbruch in der jeweiligen Intrigenkultur. Das will genau betrachtet sein. Und dazu muß der Plot des Corneille-Stücks, so knapp es sich machen läßt, vorgestellt werden.

Die Tragödie »Rodogune« müßte eigentlich »Cléopâtre« heißen, nach deutscher Schreibart »Cleopatra«. Denn die Hauptgestalt, die berühmte, berüchtigte Intrigantin, heißt Cléopâtre. Rodogune, deren Namen das Stück jetzt trägt, ist ihre Kontrahentin, das Opfer ihres Hasses, eine weit harmlosere Figur. Cléopâtre aber hat nichts mit jener ägyptischen Cleopatra zu tun, die alle kennen, der Geliebten Cäsars und des Antonius, deren Schönheit die Weltgeschichte veränderte und die sich mit Hilfe ihrer zierlichen giftigen Schlänglein aus dieser Weltgeschichte verabschiedete. Corneille hat nach eigenen Angaben das Stück nur aus Angst vor solcher Verwechslung nicht »Cléopâtre« genannt.[456]

Was also geschieht? Da gibt es eine Herrscherin von Syrien, Cléopâtre, und es gibt eine ausländische Prinzessin, Rodogune, aus dem Lande der Parther. Cléopâtre haßt Rodogune, wie nur je eine Frau die andere gehaßt hat. Denn ihr eigener Mann und einstiger Syrerkönig geriet vor Zeiten in parthische Gefangenschaft und hat damals, im erzwungenen Exil, die Partherin Rodogune geheiratet, ungeachtet seines bereits besetzten Ehebetts zu Hause in Syrien. Und, muß man hinzufügen, in fahrlässiger Verkennung des Rachepotentials der ersten Ehefrau. Als der König mit Rodogune nach Syrien zurückkehrt, will er die jetzt überflüssige Cléopâtre ohne Aufsehen irgendwohin abschieben und die zwei Zwillingssöhne, die er von ihr hat, von der Thronfolge ausschließen. Mit seiner jungen Rodogune will er eine neue Dynastie gründen.

Dies alles gehört zur Vorgeschichte des Bühnengeschehens; es wird im Stück nur referiert. Das gilt auch vom ersten Gegenzug Cléopâtres. Was tut die Frau in dieser Lage? Eine Verratene ist sie wie Medea; wie Medea soll sie einer andern weichen. Und sie ist wie Medea zu unbedingter Rache entschlossen. Sie zieht dem Gatten entgegen, tötet ihn eigenhändig und sperrt die Konkurrentin ein. Die schöne Rodogune ist zu Beginn des Stücks eine Gefangene der regierenden Cléopâtre, wie die schöne Maria Stuart zu Beginn von Schillers Stück eine Gefangene der regierenden Elisabeth ist.

Das schafft nun allerdings politische Probleme. Die Parther wollen nicht zulassen, daß man ihre Prinzessin in Syrien so häßlich behandelt. Es droht ein Krieg.

Was tut Cléopâtre? Was tut eine Herrscherin in dieser Situation? Der Krieg ist ihr zu riskant, also besinnt sie sich auf andere Strategien. In einem öffentlichen Akt erklärt sie feierlich, sie verzichte auf den syrischen Thron. Einer ihrer Zwillingssöhne, und zwar – man beachte das! – der ältere, solle Rodogune heiraten und König werden. Dann sei die bislang Eingesperrte Königin von Syrien, die Parther könnten zufrieden sein, und der Krieg werde ausbleiben.

Das sagt sie, das verspricht sie, das verkündet sie ihrem Reich und ihren Untertanen und nicht zuletzt ihren zwei Söhnen und der vorderhand noch eingesperrten Rodogune. Damit beginnt das Stück, und jetzt steht natürlich die Frage im Raum, welcher der beiden Zwillinge den Thron und Rodogunes Bett besteigen werde. Denn es verhält sich so, daß niemand außer Cléopâtre weiß, welcher der beiden zuerst auf die Welt gekommen ist. Wenn sie sagt: »Der war's«, ist dieser König.

Indessen denkt Cléopâtre an ganz anderes, als was sie öffentlich verkündigt. Sie denkt nur eins: Wie kann ich die Herrschaft behalten? Wie kann ich die Konkurrentin vernichten? Und wie kann ich dabei mein Gesicht wahren? Auch Schillers Elisabeth denkt genau dies.

Was in ihr in Wahrheit vorgeht, erfahren wir zu Beginn des 2. Aktes. Hier tritt Cléopâtre zum ersten Male leibhaftig auf, mit einem gewaltigen Monolog, einer Haß- und Rachearie gegen die Rivalin, in der es klirrt und dröhnt und schrillt wie beim ersten Auftritt der Königin der Nacht in Mozarts »Zauberflöte«. Dieser Monolog leitet den zentralen Intrigenstrang ein. Wiederum erscheint die Planszene als ein eminentes Spektakel der Moral und ihres ewigen Doppelgesichts. Die Zuschauer begegnen einem Subjekt, das alle ethischen Werte seiner Passion, dem Machtwillen und dem Haß auf die Andere, hintansetzt. Aber nur die Zuschauer erfahren das. Nur sie sind Augenzeugen, Ohrenzeugen des Monologs.

Von dieser Szene II.1 an ist uns die Maske der Cléopâtre bekannt. Von jetzt an wissen wir, daß hinter dem offiziellen Geschehen ein zweites läuft. Das offizielle Geschehen sind die angekündigten Ereignisse um den Thronverzicht Cléopâtres, die Thronfolge eines (welchen?) Sohnes und dessen Hochzeit mit Rodogune; das andere Geschehen, unsichtbar wie das wahre Gesicht der Herrscherin, ist die angelaufene vernichtende Intrige mit dem ersten Ziel, Rodogune aus der Welt zu schaffen.

An dem Tag, an dem das Stück beginnt, soll Cléopâtre bekanntgeben, welcher ihrer Zwillingssöhne der Erstgeborene ist. Soweit bewegt sich alles auf der politischen Ebene. Nun aber tritt zur Politik die Liebe. In die Fragen der Macht mischt sich der Eros, einfach und wirkungsmächtig. Diese Lapidarität der Handlung, des gefügten Baus, ein Aspekt der Form also, muß so genau beachtet werden wie das Geschehen selbst. Die Kollisionen der Täter und die Konstellationen der Seelen spiegeln sich in der Architektur dieses Stücks, und nichts ist in der Architektur dieses Stücks, das nicht zugleich den Kollisionen der Täter, den Konstellationen der Seelen entspräche. So ist das bei Corneille: Macht und Eros, Politik und Psyche, Verstellung und Wahrheit, Handeln und Fühlen, alles ereignet sich nicht einfach innerhalb einer gesetzten Form, sondern es *ist* auch diese Form selbst. Keines läßt sich ohne das andere begreifen. Die Figuren fühlen gemäß der großen Fügung des Stücks; die große Fügung ist eine Gestalt der entfalteten Gefühle. Evident wird dieser Zusammenfall in der Musikalität der Sprache.

So aber tritt nun der Eros in den Raum der Macht. Beide Söhne lieben die eingesperrte Rodogune, lieben sie unbedingt und rückhaltlos. Das sind für einmal nicht Brüder, die sich nach dem üblichen Muster voneinander unterscheiden – nach dem Muster also von Kain und Abel, Jakob und Esau, Karl und Franz Moor. Das übliche Muster läuft auf einen Kampf hinaus, Eifersucht, Streit um Geld und Ruhm und Frauen. Bruderzwist eben. Hier aber befehden sich die Brüder nicht, trotz ihrer Liebe zur gleichen Frau. Zwar möchte jeder die Rodogune umarmen und König werden, aber jeder leidet auch beim Gedanken, daß sein Bruder dann verzweifeln müßte. Unerschütterbar sind sie einander zugetan. So rückt denn auch, als sie sich aussprechen, jeder mit dem gleichen Vorschlag auf: Wir splitten. Ich heirate die Rodogune, und du wirst König.

Was sagt Rodogune selbst dazu? Sie sagt, daß sie tatsächlich einen der Brüder liebe und ihn dem andern vorziehe, aber welcher das sei, das sagt sie nicht.

Dies ergibt einen schönen Parallelismus: Cléopâtre sagt nicht, welcher Bruder der ältere ist, und Rodogune sagt nicht, welchen Bruder sie liebt.

Gleichzeitig wissen wir aber immer: Cléopâtre will Rodogune vernichten. Hinter der allgemeinen Hochzeitsfreude, der Spannung auf den neuen Herrscher (der heute noch verkündigt werden soll) und auf die wahre Liebe der neuen Herrscherin (die dann nicht lange verborgen bleiben wird), hinter dieser vibrierenden dramatischen Anlage muß, so wissen wir seit dem Monolog, Cléopâtres Intrige laufen. Wie sieht sie aus?

So verläuft der erste Zug: Cléopâtre bestellt ihre Söhne zu sich und teilt ihnen etwas mit, was ihnen den Atem verschlägt. Nur ich, die Mutter, erklärt sie, weiß, wer von euch der ältere ist. Mein Wort macht einen von euch zum König. Ich aber werde den zum König machen, der – Rodogune umbringt. Das ist der Preis für den Thron.

Der Zug ist glänzend. Wenn einer der Söhne zustimmt, ist die verhaßte Rivalin beseitigt, und gleichzeitig bleibt der neue König das Werkzeug in der Hand der alten Herrscherin.

Wie reagieren die Brüder? Sie sind erschüttert. Lieben sie doch grenzenlos, sowohl die Rodogune wie einander. Und schaudernd erkennen sie jetzt in der Mutter die große Hasserin. Was tun sie da? Sie schmieden einen Gegenplan. Es ist keine Gegenintrige, weil sie nicht mit Verstellung operiert. Es ist eine Gegenstrategie mit offenen Karten. Sie soll die Intrige der Mutter ins Leere laufen lassen. Die von beiden geliebte Rodogune, so beschließen sie, wird sich frei für den entscheiden, den sie tatsächlich liebt, und der andere wird auf Thron und Frau verzichten, selbst wenn ihn Cléopâtre für den Erstgeborenen erklären sollte. Das ist ihr Pakt, geschlossen aus Liebe, Großmut und Entsagung. Ihn legen sie nun der Rodogune vor.

Rodogune, in ihrem Gefängnis, hat aber von Cléopâtres Plan und Anschlag erfahren, und jetzt bricht auch in ihr die Leidenschaft, die Feindschaft, der Haß durch. Es kommt zu einem spektakulären weiteren Parallelismus. Rodogune nämlich erklärt den Brüdern: Ich werde den heiraten, der die Cléopâtre tötet. Das ist jetzt, wie abgespiegelt, die Gegenintrige.

Man sieht die Allgegenwart von Fügung und Komposition. Sie erinnert an die Treppenbauten in barocken Schlössern, an die Anlagen der französischen Gärten, an die Ballette am Hof zu Versailles. Alles ist Bewegung und Symmetrie zugleich, auch die Leidenschaften und die Strategeme. Sie treten auseinander in gleichem Abstand und treffen sich wieder auf der zentralen Achse. Sogar der einzelne Vers, der Alexandriner mit dem Drehpunkt in der Mitte, sucht diese dynamische Balance. Parallel zur Bedingung der Cléopâtre steht die Bedingung der Rodogune, und umgekehrt parallel zur Grausamkeit der Frauenpläne steht die Redlichkeit der beiden Männer. Auch Vitium und Virtus müssen in gleichen Schalen schweben.

Wie kann die Verzahnung von Intrige und Gegenintrige gelöst werden? Cléopâtre sagt: Wer Rodogune tötet wird König. Rodogune sagt: Wer Cléopâtre tötet wird König. Was machen da die Brüder, das edle Paar? Denkbar wäre eine dritte Intrigenebene der Männer gegen beide Frauen zusammen. Aber das widerspräche der Liebe, die sie zu Rodogune trotz allem hegen. Was folgt, ist erneut eine Gegenstrategie ohne Verstellung, und erneut ist sie in der Anlage symmetrisch. Einer der Brüder, Antiochus, sucht nacheinander die beiden Frauen auf, um sie im offenen Gespräch zum Guten zu bewegen. »Natur und Liebe«,[457] sagt er, »la nature et l'amour«[458] sollen die dämonische Verhärtung durchbrechen. Liebe, l'amour: das ist die Urkraft, auf die er bei Rodogune hofft, der Eros zwischen den Geschlechtern. Natur, la nature: das ist die Urkraft, auf die er bei Cléopâtre hofft, die Bindung zwischen Mutter und Kind.

Zwei Szenen also nacheinander. Sie bilden kompositorisch eine Parallelität im Gegensatz. Antiochus tritt zuerst vor Rodogune, mit dem unausgesprochenen Argument der Liebe. Er bietet ihr sein Leben an. Wenn sie schon Rache wolle, solle sie ihn als Opfer wählen, solle in ihm die Mutter treffen. Das wirkt. Rührung erfaßt die Frau. Sie kann sich nicht länger zurückhalten und bekennt, daß sie ihn, Antiochus, lange schon liebe. Die eine Urkraft, l'amour, siegt über den Haß und die Rachsucht.

Die Szene mit Cléopâtre verläuft äußerlich genau gleich. Antiochus tritt vor seine Mutter. Mit dem unausgesprochenen Argument der Natur. Er bietet auch ihr sein Leben an. Ihr Haß solle sich ausleben und verklingen mit seinem Tod. Und auch hier kippt die starre Haltung der Frau. Sie sei erschüttert, erklärt sie, sie könne der Stimme der Natur nicht widerstehen, die andere Urkraft, la nature, habe gesiegt:

> La nature est trop forte, et mon cœur s'est dompté.[459]

Und wie Rodogune ihre Liebe zu Antiochus bekannt hat, bekennt nun Cléopâtre, daß Antiochus der ältere Sohn sei. Nun sei alles gut, schließt sie, und er solle nur hurtig hingehen und seine Rodogune heiraten. Heute abend schon müsse die Hochzeit sein. Dort werde man sehen, ob ihr Haß an ein Ende gekommen sei.

> Et ce soir, destiné pour la cérémonie,
> Fera voir pleinement si ma haine est finie.[460]

Soweit die schöne Parallelität. Soweit die französische Symmetrie. Äußerlich ist sie vollkommen spiegelgleich: zwei große Reden, zwei Erschütterungen, zwei bekehrte Frauen, zwei eröffnete Wahrheiten. Tatsächlich aber ist die Symmetrie kontrastiv. Denn während Rodogune ihre Rachsucht in der Begegnung mit Antiochus wirklich verliert, liefert Cléopâtre eine Meisterleistung der Verstellung und behält ihr Laster brandheiß in der Brust.

Wir erfahren dies gleich anschließend in einem weiteren ihrer Leidenschaftsmonologe, der Szene IV.5. Sie hat die Erschütterung, die Weichheit, die Tränen der Mutterliebe nur gespielt, um den nächsten Zug in die Wege zu leiten. Die Aufforderung an Antiochus, Rodogune heute noch zu heiraten, und das Versprechen ihres Muttersegens sollen nämlich das Mittel abgeben, den andern Sohn, Séleucus, gegen den glücklicheren Bruder aufzuhetzen. Er, Séleucus, sei in Wahrheit der Ältere, teilt sie diesem jetzt mit. Nur in einem momentanen Wutanfall über seine Liebe zu Rodogune habe sie dem Antiochus die Rechte der Erstgeburt zugesprochen. So will sie den zweiten Sohn eifersüchtig machen, ihn aufstacheln und zum Helfer gewinnen für die Hauptaktion gegen das Hochzeitspaar. Aber erneut scheitert das Vitium der Mutter an der Virtus der Söhne. Er könne den Bruder nicht hassen, erklärt Séleucus, auch wenn dieser die Braut heimführe. Er werde dem neuen König treu dienen.

Damit spitzt sich die Lage für Cléopâtre zu. Hochzeit und Krönung des neuen Herrscherpaars sind auf den Abend angesetzt. Sie aber will die Macht behalten, wie sie es immer gewollt hat; und wie sie es immer gewollt hat, will sie Rache nehmen an der Rivalin. Die zwei Söhne sind nun ihre Feinde geworden. Und so sollen denn alle sterben, die eigenen Kinder und die fremde Braut. Als erstes lockt sie Séleucus, der so großmütig auf Thron und Braut verzichtet hat, in den Garten und ersticht ihn hinter den Büschen. Braut und Bräutigam aber will sie bei der Hochzeit töten. Lächelnd, leuchtend von Mutterliebe, will sie ihnen den Hochzeitstrunk reichen, und dieser wird vergiftet sein.

So dröhnt denn das Finale daher und dröhnt dahin, rasant und schauervoll, wie es auf den Brettern selten zu sehen ist. Die Hochzeitsgesellschaft ist versammelt. Cléopâtre reicht dem Paar nach einer Heuchelrede in klingender Intrigenstimme den Becher. Schon setzt der Sohn ihn an die Lippen, da ertönt ein Schrei im Hintergrund, vervielfacht sich zu weiteren Schreien. Man bringt die Kunde in den Saal, der Bruder sei ermordet. Hinter den Büschen habe man ihn gefunden, niedergestochen.

Was nun folgt, ist eine unglaubliche Verbindung von höfischer Zeremonialität und Kriminalistik im modernen Sinne. Der Mord steht außer Zweifel. Wer ist der Täter? Er muß am Hof sein. Cléopâtre beschuldigt sogleich den Mann, der den Erstochenen gefunden hat. Dieser aber berichtet von dessen letzten, nur noch gestammelten Worten. Er habe im Sterben den Bruder vor sich geglaubt und diesem zugeflüstert, die Tat habe eine Hand vollbracht, die ihnen beiden teuer gewesen sei, als Rache für eine verweigerte Unmenschlichkeit:

> Une main qui nous fut bien chère
> Venge ainsi le refus d'un coup trop inhumain.[461]

Damit engt sich der Kreis der Verdächtigen sensationell ein. Im Verdacht stehen jetzt die zwei Frauen. Hat nicht jede von den Brüdern einen Mord verlangt, den diese verweigert haben, un coup trop inhumain? Ist es also nicht beiden gleichermaßen zuzutrauen? Großartig, wie auch hier, im stürzenden Schluß des Ganzen, das Geschehen zu symmetrischer Fügung findet. Antiochus, der neue König, steht da zwischen der Mutter und der Geliebten, und jede kann die Mörderin sein, von jeder muß auch er den Tod erwarten. Und jede hält nun eine scharfe Rede gegen die andere, beschuldigt sie der bösen Tat mit ausgesuchten Gründen. Antiochus soll entscheiden. Er kann es nicht. Trübsal erfaßt ihn. Er will sich seinem Schicksal aussetzen. Die Täterin, weiß er, wird auch ihn töten. Soll doch alles laufen, wie es läuft. Freudlos soll die Hochzeit vollzogen werden. Er greift wieder zum Becher. Wenn die Zeremonie nur rasch vorbei ist. Da fällt ihm Rodogune in den Arm. Zwei Hände, ruft sie, stünden im Verdacht, und dieser Becher sei von einer dieser beiden gereicht worden. Man solle einen Test machen mit dem nächstbesten Diener: »Faites faire un essay par quelque domestique.«[462] (Ein Vorschlag, der auf seine Art bemerkenswert ist.)

Jetzt, denkt man, ist Cléopâtre am Ende. Der Becher ist das Gnorisma. Jetzt hat sich's ausgehaßt und ausgeheuchelt. Jetzt kommt das Gericht.

Es kommt, aber anders als es sich jeder im Publikum denkt. Die furchtbare Frau wächst zur letzten Größe heran. Sie ergreift selber den Kelch, trinkt und reicht ihn ihrem Sohn. Der nimmt ihn, mit einer düsteren Bemerkung zu Rodogune, daß die Mutter dadurch entlastet sei. Und wieder setzt er zum Trinken an.

Da beginnt Cléopâtre zu zucken, zu keuchen. Sie krümmt sich mit verzerrtem Gesicht. Alle sehen, da war Gift im Becher, und dieses wirkt. Es wirkt, sehen alle, früher als die Frau es berechnet hat. Mit sich in den Tod reißen wollte sie das Paar. Triumphierend sterben wollte sie, nachdem alle getrunken hatten, mit dem Verenden der Verhaßten vor Augen.

Der Moment ihres Sterbens ist der Moment der großen Anagnorisis. Cléopâtre läßt die Maske fallen. Aber nicht als Geknickte, reuevoll, vom Gewissen durchwühlt angesichts des sicheren Endes, spricht sie die Wahrheit aus, sondern in ungebrochenem Stolz. Sie bleibt sie selbst, das autonome Subjekt noch im Tode, unberührt von der Menge ihrer Verbrechen. Süß sei ihr das Sterben, sagt sie, weil sie nun nicht zusehen müsse, wie die Rivalin an die Macht komme. So herrscht denn also, ruft sie dem Paar zu. Durch viele Verbrechen seid ihr zu Herrschaft gelangt, meine Verbrechen. Den Vater habe ich dir getötet, Antiochus, und dann den Bruder und jetzt noch die Mutter, mich selbst. Euer Thron steht auf einem Berg von Untaten. Ihr seid die Nutznießer, ihr werdet es büßen müssen. Die Strafen sollen auf euch niederregnen. Eure Ehe soll aus Streit und Eifersucht bestehen. Und schließlich, wankend schon, am Einknicken, setzt sie noch eins drauf, und das hat es nun wirklich in sich:

> Et pour vous souhaiter tous les malheurs ensemble,
> Puisse naître de vous un fils qui me ressemble![463]

Und als Krönung allen Unglücks soll euch ein Sohn geboren werden, der mir gleicht! In einer Verbindung von antikem Geschlechterfluch und moderner Vererbungslehre wünscht sie ihnen also, prophezeit sie ihnen ein katastrophales Leben. Ob das nur böser Wunsch ohne Wirkung und Wirklichkeit bleibt oder ob sie damit eine kommende Wahrheit benennt, bleibt unentscheidbar. Tatsache ist, daß die Kinder des Königspaars diese Cléopâtre zur Großmutter haben werden, ihr Blut in ihren Adern. Nach der Überzeugung der Epoche, die bei Shakespeare vielfach belegt ist, haben die Worte von Sterbenden reale prophetische Kraft. Die letzten Worte der Cléopâtre sind also nicht nur psychologisch als Signal ihres ungebrochenen Willens zu lesen. Sie haben noch einmal den Einschlag einer Tat. Ein ganz und gar unbedingter Geist manifestiert sich darin, der keiner Instanz außerhalb und innerhalb seiner selbst unterworfen ist.

Es ist die Grandeur des Bösen und seiner unerschütterlichen Folgerichtigkeit, was hier zum Ereignis wird. Wie in den Märtyrerdramen der Epoche – Corneilles »Polyeucte«, Calderóns »Standhafter Prinz«, Andreas Gryphius' »Catharina von Georgien« – triumphiert hier die »Beständigkeit«, die Constantia, auch wenn es eine Constantia der Leidenschaft, der Passion ist, und nicht, wie bei den Märtyrern, eine Überlegenheit über die Leidenschaft. Das antike Ideal der Ataraxie, das heißt des Gleichmuts, der Unerschütterlichkeit, der Unangefochtenheit, als anthropologischer Zielzustand eines der Hauptaxiome der stoischen Philosophie, die im Barock so mächtig wiederkehrt, dieses Ideal meint eigentlich die Freiheit des Menschen von den Leidenschaften. Hier, im Tode der Cléopâtre, manifestiert sich das Doppelgesicht dieses Konzepts. Die Ataraxie kann auch im Dienst einer unbedingten Leidenschaft stehen, um derentwillen alle anderen Rücksichten, selbst die auf das eigene Leben, belanglos werden. Der Gestus, mit dem Cléopâtre den Becher ergreift und austrinkt, verwirklicht diese Ataraxie in der Leidenschaft, im großen Haß. Passio und A-Pathie fügen sich seltsam und schauerlich zusammen.

XL
Kleine Schule der Dramaturgie

Einfühlungsschwierigkeiten. Das Problem der Spontaneität im ästhetischen Urteil. Die Intrigantin auf dem Seziertisch. Triumphale Rezeption bis zum 7. August 1767. Zur Geschichtlichkeit der Kategorie »Größe«. Machiavellis Konzept: Größe im Guten, Größe im Bösen. Vorbürgerlich und außerchristlich. Jacob Burckhardt schwankt, Nietzsche allerdings nicht. Lessings strategische Anlage. »Natürlichkeit« wird zum ästhetischen Schlüsselbegriff. Eine kostbare Sekunde deutscher Theatertheorie. Die Dramaturgie und das physikalische Weltbild einer Epoche. Die Idee der Maschine. Der Dichter als Abbild des göttlichen Maschinenbauers. »Genie« vs. »Witz«.

Zugegeben, dieser Cléopâtre gegenüber kommen wir in Erlebnis- und Empfindungsschwierigkeiten. Wir haben Probleme mit der Einfühlung, unserem üblichen Zugang zu den literarischen Figuren. Eine solche Frau soll uns ergreifen, erschüttern, entsetzen, soll Eleos und Phobos wecken, jenen Jammer und Schrecken, den Aristoteles als die heilsame Wirkung der Tragödie in der Brust der Zuschauer bestimmt? Sind wir nicht ganz gerne bereit, das Verschwinden dieser Gestalt und dieses Stücks von den Theatern gutzuheißen?[464] Was soll uns die musikalische Fügung, die Klangfülle der Verse, die Spannungsführung, die Komposition der Züge und Gegenzüge, das Widerspiel von schlagendem Dialog und hoher Arie, das schwebende Gleichgewicht der härtesten Kontraste, die donnernden Umschläge innerhalb der Harmonie eines einzigen großen Handlungsbogens? Aus der Mitte dessen heraus, was wir unser spontanes Empfinden nennen, lehnen wir diese Cléopâtre nicht nur moralisch, sondern auch ästhetisch ab.

Nun verhält es sich aber so, daß die Spontaneität im ästhetischen Urteil stets ein Produkt vergessener geschichtlicher Prozesse ist. Deshalb ist der Fall der Tragödie »Rodogune« so aufschlußreich. Der Umschlag in der kollektiven Bewertung sowohl dieses Stücks als auch seiner spezifischen Ästhetik ist nämlich minuziös dokumentiert. Mit Lessings Ausführungen in den Stücken 29–32 der »Hamburgischen Dramaturgie«, ergänzt und zusätzlich pointiert in den Stücken 81–83, betreten wir ein Labor der literarischen Theorie, und auf dem Tisch liegt, wie der Hund im Tierexperiment, Corneilles Tragödie »Rodogune«. Die Ergebnisse der Prozeduren in diesem Labor haben das Kunstgefühl und das literarische Urteil in Deutschland dauerhaft verändert. Während Richard III. ein Faszinosum ersten Ranges geblieben ist, auch auf der deutschen Bühne, ist Cléopâtre, sein weibliches Gegenstück, aus unserem kulturellen Gedächtnis verschwunden.

Tatsache ist, daß die Gestalt der Cléopâtre die Zeitgenossen Corneilles in Schaudern hingerissen hat, und daß Corneille selbst Figur und Stück zu seinen Spitzenleistungen zählte. Tatsache ist, daß Corneille von dieser Frau sagte, sie habe eine Seelengröße im Verbrechen, die so gewaltig sei, daß man gleichzeitig ihre Taten verabscheue, und die Quelle, aus denen sie hervorgehen, die große Seele, bewundere:

> […] tous ses crimes sont accompagnés d'une grandeur d'âme qui a quelque chose de si haut qu'en même temps qu'on déteste ses actions, on admire la source, dont elles partent.[465]

Größe also wird ihr attestiert, Größe als eine Eigenschaft, der gegenüber wir gewöhnlichen Menschen keine andere Abwehr als die Bewunderung haben – »on admire«. Und nichts anderes ist demnach das ganze Stück, als die Inszenierung, die Zurschaustellung dieser Größe in den ineinander verzahnten Intrigen. Um eine Größe geht es, so wird man sagen dürfen, die immer dort erscheint, wo das eigene Leben gering geachtet wird gegenüber der gestellten Aufgabe, wo es gelassen aufs Spiel gesetzt wird um des gesetzten Zieles willen, wo die ganze Existenz im Dienst einer Aufgabe, eines Zweckes steht. So lebt, so handelt Cléopâtre. Und dies, so Corneille, ist groß, auch wenn die Aufgabe, das Ziel, der Zweck nach allen unseren Normen böse ist.

Hier wird Lessing Einspruch erheben. Wütend, unter Aufbietung aller seiner analytischen und schriftstellerischen Kräfte – und das will etwas heißen! –, wird er 120 Jahre nach der Publikation der »Rodogune« gegen das Stück und gegen das Konzept dieser Frauenfigur vorgehen, in einer Polemik, die den Glanz seiner Streitschriften gegen den Pastor Goeze erreicht. Das, wird er sagen, darf nicht als groß gelten, und so ein Stück, wird er sagen, darf nicht für mustergültig erklärt werden.

»Grandeur« spricht Corneille der Cléopâtre zu. Lessing will von solcher Größe nichts wissen. Er repliziert auf den oben zitierten Satz: »Wahrlich, einen verderblichern Einfall hätte Corneille nicht haben können! Befolget ihn in der Ausführung, und es ist um […] allen sittlichen Nutzen der Tragödie getan!«[466] Damit öffnet sich der Blick auf ein kulturhistorisch faszinierendes Feld: das Phänomen, die Bestimmung, die Theorie der menschlichen Größe. Die Kategorie der Größe ist zwar auch heute noch im öffentlichen Reden vorhanden, aber sie ist es auf eine gänzlich diffuse Weise, als sei sie eine Gegebenheit, die sich von selbst versteht. Sobald man hart genug nachfragt, zeigt sich, wie sehr die »Größe« und ihre nähere Bestimmung historischen Umbrüchen unterworfen ist. Sie ist eng verknüpft mit der Kategorie des Ruhms. Ruhm setzt Größe voraus; wer Größe besitzt, gewinnt den Ruhm; wer Ruhm will, strebt nach Größe. Jacob Burckhardt hat dargestellt, wie in der Renaissance ein neuer Begriff des Ruhms aufkommt, der »moderne Ruhm«[467], wie er es nennt. Dieser entsteht aus dem Rückgriff auf die Antike und deren Ruhmdenken. Im Zusammenhang mit der Medea des Euripides sind wir darauf schon einmal zu sprechen gekommen.

Das Konzept des »modernen Ruhms« bestimmt, gestützt auf die Antike, die Größe unabhängig von der sittlichen Qualität der Taten. Das ist brisant. Es besagt, daß es auch Größe im Verbrechen geben kann, Größe im Laster und in der Schandtat. Wenn dem aber so ist, dann darf und muß das tragische Theater, auf dem die Großen der Welt auftreten, um von uns gesehen und bewundert, gefürchtet und geliebt, verabscheut und betrauert zu werden, auch die Größe im Verbrechen inszenieren. Die »Grandeur d'âme«, die Corneille der Cléopâtre zuspricht, leitet sich direkt vom Ruhm- und Größenbegriff der Renaissance ab. Dieser ist auch im elisabethanischen Theater allgegenwärtig. Bei Marlowe wird er zum Mutterschoß der neuen englischen Tragödie. Und wenn Burckhardt als Beleg für seine These eine Stelle aus den »Discorsi« des Machiavelli anführt, dann kann dieser Passus ohne weiteres in Verbindung gebracht werden mit der Ästhetik des Verbrechens in der »Rodogune«.

Machiavelli stellt das Kapitel I. 27 der »Discorsi« unter den vielsagenden Titel: »Die Menschen verstehen in den seltensten Fällen, ganz schlecht oder ganz gut zu sein«.[468] Er erläutert dies am Beispiel des Tyrannen von Perugia, Giovanni Pagolo. Gegen den nämlich zog Papst Julius II. in den Krieg. Pagolo befand sich mit vielen Truppen in seiner Stadt. Julius II. aber zog, nur von seiner Leibwache und seinen Kardinälen begleitet, in Perugia ein und nahm den Warlord gefangen. Machiavelli war als Augenzeuge dabei. In seinem Kommentar wird nun beides deutlich, der neue Ruhmesbegriff und die Möglichkeit der Größe im Verbrechen. Er schreibt:

Allen vernünftigen Männern im Gefolge des Papstes fiel dessen Verwegenheit und die Feigheit des Giovanni Pagolo auf; sie konnten nicht begreifen, warum dieser zu seinem unsterblichen Ruhm weder seinen Feind mit einem Schlag niedergemacht, noch sich mit Beute bereichert hatte, da alle Kardinäle mit all ihren Kostbarkeiten den Papst begleiteten. Es war auch nicht anzunehmen, daß er dies aus Edelmut unterlassen oder daß ihn sein Gewissen zurückgehalten hätte; denn in der Brust eines Verbrechers, der mit seiner Schwester in Blutschande lebte und seine Vettern und Neffen ermordet hatte, konnte keine fromme Scheu mehr aufkommen. Man muß also daraus schließen, daß die Menschen weder verstehen in Ehren böse, noch mit Vollkommenheit gut zu sein; und wenn in einer bösen Tat an sich Größe liegt oder wenn sie in gewisser Hinsicht hochherzig ist, so verstehen sie nicht, sie auszuführen. So achtete Giovanni Pagolo Blutschande und Verwandtenmord offenbar für nichts, er verstand es aber nicht, oder besser gesagt, er wagte nicht, trotz der günstigen Gelegenheit eine Tat auszuführen, bei der jedermann seinen Mut bewundert und durch die er seinen Namen unsterblich gemacht hätte; denn [...] er hätte eine Tat vollbracht, deren Größe jeden Schimpf und jede Gefahr, die daraus entstehen konnten, überwogen hätte.[469]

Mit einer Klarheit, die allen Respekt verdient, sagt Machiavelli, daß es gute und böse Menschen gibt, Anständige und Verbrecher. Sie werden durch das Sittengesetz und das allgemeine Rechtsempfinden unzweideutig bestimmt. Nun gibt es aber, sagt Machiavelli, darüber hinaus noch die Möglichkeit der Größe, und zwar hier wie dort, Größe im unbedingten Gutsein und Größe im unbedingten Bösesein. Beides ist, sagt Machiavelli, so selten, daß man ruhig sagen kann, die Menschen seien dazu eigentlich unfähig. Sie »wählen immer den Mittelweg, den schädlichsten von allen; denn sie verstehen weder ganz böse noch ganz gut zu sein«.[470] Größe und Große gibt es also nur als Ausnahmen. Ihnen eignet daher der Ruhm. Selbst Giovanni Pagolo, der Verwandtenmörder und Blutschänder, an dessen Niedertracht Machiavelli keinen Zweifel läßt, hätte »seinen Namen unsterblich gemacht«, wenn er den Papst und alle Kardinäle umgehend an die nächsten Bäume geknüpft und ihre Reichtümer eingesteckt hätte. Er war und handelte aber mittelmäßig, und wenig später baumelte er selbst an einem wohlgezimmerten Galgen in Rom.

Dieser Größenbegriff steht hinter Corneilles »Rodogune«. Er ist entschieden feudal und vorbürgerlich, außerbürgerlich, auch vor- und außerchristlich. Das Christentum kennt den Großen nur als den Heiligen. Wie schwer sich die bürgerliche Welt noch im 19. Jahrhundert mit der Kategorie der Größe tat, kann man nirgends besser studieren als wiederum bei Jacob Burckhardt, in den Konzepten zu seiner Vorlesung »Über das Studium der Geschichte«, die später von befreundeter Hand zu den berühmten »Weltgeschichtlichen Betrachtungen« ausgearbeitet wurden. Hier wechselt die Grundeinstellung fast von Seite zu Seite. Größe, heißt es einmal, ist unabhängig von den »sittlichen Idealen der Menschheit«; »das große Individuum ist ja nicht zum Vorbild, sondern zur Ausnahme hingestellt in die Weltgeschichte.«[471] Wenige Abschnitte später aber wird dies konterkariert durch die Subsumierung auch der raren Großen, der »Ausnahmen«, unter eine übergreifende Norm: »Das Allerseltenste aber ist bei weltgeschichtlichen Individuen die Seelengröße. Sie liegt im Verzichtenkönnen auf Vorteile zu Gunsten des Sittlichen.«[472] Das hätte auch Lessing sagen können. Wir aber wollen nicht so tun, als seien wir über alle diese Dispute hinaus. Sie verlängern sich noch und noch, wenn auch meist stillschweigend, in die Seelen der Leser und des Publikums hinein angesichts vieler Werke der literarischen Tradition, aber auch angesichts konkreter historisch-politischer Gestalten. Der Größen-Diskurs prägt die Kulturgeschichte seit der Renaissance in jeder Epoche neu und anders. Aus christlicher wie aus bürgerlicher Sicht ist Größe an sich verdächtig; umgekehrt werden Christentum und Bürgerlichkeit ihrerseits verdächtig durch die Unfähigkeit, Größe zu sehen und anzuerkennen. Bei Nietzsche kann man studieren, wie die Kritik an den christlichen und bürgerlich-liberalen Werten ganz von selbst auch zu einer Reinstallation des antik-machiavellianischen Größenbegriffs führt. »Zur Größe gehört die Furchtbarkeit: man lasse sich nichts vormachen«, heißt es in den »Nachgelassenen Fragmenten« von 1887.[473] Goethe ging ihm darin voran. »Außerordentliche Menschen wie Napoleon«, sagte er einmal, »treten aus der Moralität heraus. Sie wirken zuletzt wie physische Ursachen, wie Feuer und Wasser.«[474] Und Schiller, den toten Freund, konnte Goethe im Gespräch mit Eckermann nicht anders erfassen als von der Größe her: »Schiller mochte sich stellen, wie er wollte, er konnte gar nichts machen, was nicht immer bei weitem größer herauskam als das Beste dieser Neueren; ja wenn Schiller sich die Nägel beschnitt, war er größer als diese Herren.«[475] Die Stelle ist deshalb so kostbar, weil sie einen chronischen Topos bürgerlicher Größenkritik aufgreift – der ist wie alle, der trägt Unterhosen wie alle andern, der muß sich die Nägel schneiden wie alle andern … – und ins Gegenteil verkehrt. So viel demokratiefeindlicher Unfug mit der Kategorie der Größe auch getrieben worden ist, nicht zuletzt im 20. Jahrhundert und in offenkundigem Nachzug zu Nietzsche, so wenig kann doch das Denken in dieser Kategorie als überwunden gelten. Es geht, scheint es, nicht ohne sie. Da wäre es besser, man würde sich der Sache wieder einmal unvoreingenommen stellen.

Die Lessing-Corneille-Debatte kann heute noch aufflammen, akut wie damals. Damals. Wie ging es denn damals genau zu und her? Am 1. Juli 1767 wird in Hamburg »in Gegenwart Sr. Königl. Majestät von Dänemark, die Rodogune des Peter Corneille aufgeführt.«[476] Lessing sitzt im Publikum und beschließt, gegen Stück und Autor vorzugehen. Er tut es planmäßig wie ein Stratege oder Sprengmeister. Das Stück darf keine Chance haben. Er setzt ein mit einer Lobrede ganz ohne Ironiesignal. Erst nach und nach soll man merken, daß das Gegenteil gemeint ist. Man kennt den rhetorischen Trick aus der Antoniusrede im »Julius Cäsar«. So also der Anfang:

> Corneille bekannte, daß er sich auf dieses Trauerspiel das meiste einbilde, daß er es weit über seinen Cinna und Cid setze, daß seine übrige Stücke wenig Vorzüge hätten, die in diesem nicht vereint anzutreffen wären; ein glücklicher Stoff, ganz neue Erdichtungen, starke Verse, ein gründliches Raisonnement, heftige Leidenschaften, ein von Akt zu Akt immer wachsendes Interesse. –
> Es ist billig, daß wir uns bei dem Meisterstücke dieses großen Mannes verweilen.[477]

Der hohe Respekt in diesen Sätzen schafft die Fallhöhe, aus der die spätere Verhöhnung ihre Wucht bezieht.

Noch ist es aber nicht so weit. Lessing operiert, wie gesagt, auf breiter Gefechtsanlage. Er baut den Angriff umsichtig auf. Das verlangt schon der Rang des Gegners. Diese Umständlichkeit aber wird für uns zu einem großartigen Schauspiel nicht nur der Polemik, die irgendwann losbricht wie von einem friderizianischen Kanonenhügel, sondern auch der Theorie und Praxis des Stückebaus. Lessing schaut sich nämlich nicht einfach Corneilles fertiges Stück an, sondern rekonstruiert in der Phantasie dessen Entstehungsprozeß aus dem rohen historischen Stoff heraus. Er zeigt gewissermaßen die Lehmmasse, die Corneille formte, und überlegt, wie man sie auch anders hätte formen können, ja anders hätte formen müssen und weshalb die Form beim Franzosen mißraten sei. Der Lehm also: es ist der historische Bericht des Geschichtsschreibers Appianus Alexandrinus über die syrischen Kriege. Lessing zitiert ihn ausführlich. Es handelt sich um ein schwer überschaubares Durcheinander von Staatsaktionen, Kriegen und Siegen, Verbrechen und Suiziden, politischem Kalkül und privaten Leidenschaften. Aus dieser Stoffmasse, sagt Lessing, hätte sich eine ganze Reihe von Tragödien gewinnen lassen, je nachdem, welche Person man zur Hauptgestalt genommen hätte. Und Lessing skizziert nun aus dem historischen Material einen möglichen Tragödienplot, um gleichzeitig zu zeigen, was ganz grundsätzlich den guten Plot ausmache.

Hier schießen Grundpositionen der ästhetischen Theorie in den Diskurs. Es müsse, sagt Lessing, alles »seinen natürlichen Gang«[478] nehmen. (Man achte auf das Adjektiv »natürlich«.) Aus einem einzigen natürlichen Ursprung müsse sich in der Tragödie alles in natürlichem Zusammenhang entwickeln. Beim Rodogune-Stoff könne der natürliche Ursprung nur die Eifersucht einer Frau sein, ihre Wut aus gekränkter Liebe. Diese müsse der Dramatiker aus dem historischen Wirrsal als erstes mit ordnendem Griff herausholen und zur Keimzelle der tragischen Handlung machen. Alles andere, auch das letzte Nebengeschehen, sei dann aus diesem Ereignis zwingend zu entwickeln. Nur so nimmt die Handlung folgerichtig und ohne kunstreiche Zutaten ihren »natürlichen Gang.«

Das »Genie« erkennt man daran, daß es nichts anderes sucht als diesen »natürlichen Gang«; der »Witz« hingegen, den Lessing hier abwertend in Gegensatz zum »Genie« stellt, verknüpft die unterschiedlichsten Dinge um des bloßen Effektes willen wahllos miteinander. Und in zwei großartig verdichteten Sätzen bestimmt Lessing das Modell dessen, was wir heute noch als das »klassische Drama« bezeichnen, was heute noch als das »klassische Drama« angegriffen und verteidigt, geschmäht und bewundert wird. Der Passus sollte in den Schulbüchern stehen:

> Das Genie können nur Begebenheiten beschäftigen, die in einander gegründet sind, nur Ketten von Ursachen und Wirkungen. Diese auf jene zurück zu führen, jene gegen diese abzuwägen, überall das Ungefähr auszuschließen, alles, was geschieht, so geschehen zu lassen, daß es nicht anders geschehen können: das, das ist seine Sache, wenn es in dem Felde der Geschichte arbeitet, um die unnützen Schätze des Gedächtnisses in Nahrungen des Geistes zu verwandeln.[479]

Die »unnützen Schätze des Gedächtnisses«, das ist der historische Wust in seiner unabsehbaren Tausendfältigkeit; die »Nahrungen des Geistes«, das ist die aus dem rohen Material gewonnene Gestalt, die geformte Tragödie. Wir stehen hier vor einer kostbaren Sekunde deutscher Theatertheorie. Das Konzept eines Dramas, das aus einem geschlossenen Gefüge von Ursache und Wirkung besteht, wo nichts Zufälliges sich ereignet, wo jedes »Ungefähre« ausgeschlossen ist und alles, was geschieht, so geschehen muß, wo jeder Zuschauer weiß und mit jeder Seelenfaser fühlt, ja, so mußte es kommen und anders war es nicht möglich, und wo er immer auch die eine und einzige (»natürliche«) Haupt-Ursache kennt, dieses Konzept eines Dramas der absoluten Kausalität ist vielleicht nie vorher so lapidar beschrieben worden. Gewiß geht es im wesentlichen auf Aristoteles zurück, aber für die Epoche ist es von neuer Bedeutung.

In der Dramaturgie der durchgängigen Kausalität spiegelt sich das Weltbild der Aufklärung zur Leibniz-Zeit. Galilei und Newton haben das Weltganze als einen geschlossenen Wirkungszusammenhang gezeigt und für alle Denkenden zwingend bewiesen. Er wird regiert und bestimmt vom Prinzip der universalen Kausalität. Diese ist faßbar in mathematischen und geometrischen Formeln. Es gibt nichts, was nicht seine Causa hat, seinen begründenden Grund, also selber Wirkung ist, die wieder zur Ursache wird. Zwar erkennen wir die Ursachen nicht immer, oft bleiben sie dem beschränkten Menschenverstand verborgen, aber sie sind da, die Grundwahrheit der Weltwirklichkeit. Ihre Entdeckung ist nur eine Frage der Zeit. Das wird gerne übersetzt in die Vision von einem immensen Uhrwerk, einer rastlosen Weltmaschine mit Rädern von riesigster bis winzigster Gestalt. Alles, was ist, ist wirkender und bewirkter Bestandteil. Zuoberst steht die Ursache aller Ursachen, Gott. Er ist der Uhrmacher schlechthin, der Konstrukteur der Weltmaschine.

Deshalb steht die Maschine, die Idee der Maschine, für die europäische Aufklärung in metaphysisch hohem Rang. Sie ist keineswegs der Gegensatz zum Leben, wie sie heute spontan erlebt wird, sondern das Prinzip alles Lebens. Geschöpf sein heißt Maschine sein aus der Hand des Weltingenieurs, von diesem eingesetzt in das wundersam geölte Ineinandergreifen aller andern Maschinen. Erst die europäische Romantik hat die Maschine zum Inbegriff des Toten und Lebensfeindlichen erklärt. Diese Überzeugung tränkt uns alle noch bis auf die Knochen. Die Naturwissenschaften allerdings haben die romantische Konstruktion eines Fundamentalgegensatzes zwischen »Leben« und »Maschine« nie ganz übernommen.

Für die Ästhetik der Lessing-Zeit, die Dramaturgie insbesondere, besagt das nun, daß das Drama nur dann Welt-Abbild ist, wahr ist im grundsätzlichsten Sinn, wenn es seinerseits ein maschinenanaloges Gefüge der durchgängigen Kausalität darstellt. Und wenn wir der Welt gegenüber nie die Summe aller Ursachen erkennen können, so steht dafür das Drama in der Pflicht, uns an einem Teil des Weltganzen die durchgehende Ursächlichkeit exemplarisch vor Augen zu rücken. Eine Dramaturgie, die gegen das Prinzip der durchgängigen

Kausalität verstößt, vergeht sich gegen die Wahrheit der Welt. Sie ist in einem strengen Sinne widergöttlich. Der Dichter aber steht in einem Analogieverhältnis zu Gott, dem obersten Uhrmacher. Indem wir das Räderwerk aus der Hand des kleinen Uhrmachers, des Dichters, erkennen, erkennen wir stellvertretend das Räderwerk des Großen Uhrmachers. Weshalb Lessing im 79. Stück der »Hamburgischen Dramaturgie« zu dem großartigen Satz über den Dichter und das Kunstwerk kommt: »Das Ganze dieses sterblichen Schöpfers sollte ein Schattenriß von dem Ganzen des ewigen Schöpfers sein.«[480]

Das kausal-mechanische Weltbild der europäischen Aufklärung (das von Kant und Schopenhauer wieder gestürzt werden wird, in dem Satz nämlich, daß die Kausalität eine Bedingung unseres Erkennens sei, keine Gegebenheit der Welt an sich, sondern der Welt als »Vorstellung«) findet also seine genaue Entsprechung in der zeitgenössischen Dramaturgie. Daraus ließe sich der Schluß ziehen, daß die Dramaturgie jeder Epoche in einer strukturellen Analogie stehen müsse sowohl zu deren Metaphysik als auch zu deren Naturwissenschaft.

So würde, sagt Lessing, »das Genie« den historischen Wust um die syrische Cleopatra und ihre Söhne organisieren, zu einem Gefüge zwingender Kausalitätsketten nämlich, die hervorgehen aus einer Hauptursache, der Eifersucht einer liebesgekränkten Frau. Der Gegensatz zum »Genie« ist der »Witz«. »Der Witz«, sagt Lessing, »hält sich bei Begebenheiten auf, die weiter nichts mit einander gemein haben, als daß sie zugleich geschehen.«[481] Das ist eine interessante Formulierung. Das Genie bewährt sich in der kausalen Verknüpfung. Dem Witz genügt es, wenn zwei Dinge gleichzeitig oder nacheinander passieren. Wie sie zusammenhängen, ist ihm gleichgültig. Und Lessing bringt ein reizvolles Bild für diese falsche Dramaturgie – ohne zu wissen, daß er damit genau das charakterisiert, was man eines Tages als spezifisch »moderne« Dramaturgie der »klassischen« entgegenstellen wird. Es ist dies auch schon die Dramaturgie der Romantik, auf welche die Moderne ja vielfach zurückgegriffen hat. Lessing spricht höhnisch von den unzusammenhängenden Begebenheiten im Drama des »Witzes« und erläutert:

> Diese mit einander zu verbinden, ihre Faden so durch einander zu flechten und zu verwirren, daß wir jeden Augenblick den einen unter dem andern verlieren, aus einer Befremdung in die andere gestürzt werden: das kann er, der Witz; und nur das. Aus der beständigen Durchkreuzung solcher Fäden von ganz verschiednen Farben, entstehet dann eine Kontextur, die in der Kunst eben das ist, was die Weberei Changeant nennet: ein Stoff, von dem

man nicht sagen kann, ob er blau oder rot, grün oder gelb ist; der beides ist, der von einer Seite so, von der andern anders erscheinet: ein Spielwerk der Mode, ein Gaukelputz für Kinder.[482]

Es geschieht gar nicht so selten in der Geschichte der ästhetischen Theorie, daß ein zu rein satirischen Zwecken skizziertes Modell falscher Kunst von späteren Zeiten als prophetische Vision ihrer eigenen Ästhetik erkannt wird.[483]

Mit der Differenz von »Genie« und »Witz« und dem entsprechenden Gegensatz zweier Dramenkonzepte hat Lessing nun die Mine gelegt, die Corneille in die Luft jagen soll. Scheinbar harmlos, aber wohlberechnet sagt er:

Nun urteile man, ob der große Corneille seinen Stoff mehr als ein Genie, oder als ein witziger Kopf bearbeitet habe. Es bedarf zu dieser Beurteilung weiter nichts, als die Anwendung eines Satzes, den niemand in Zweifel zieht: das Genie liebt Einfalt; der Witz, Verwicklung.[484]

Es ist für jeden Leser klar, in welcher Ecke Corneille landen soll. Unklar ist nur, wie Lessing den Beweis führen wird. Denn, Hand aufs Herz, ist diese Dramaturgie der strengsten Funktionalität, der Unterordnung aller Teile unter das Hauptgeschehen, der zwingenden Notwendigkeit jedes Wortes und jeder Handlung, ist sie nicht weit mehr die Dramaturgie der von Lessing bekämpften Franzosen als etwa des von Lessing gefeierten Shakespeare?

XLI
Frauentheorie und Ästhetik

Keine Epoche ohne Frauentheorie. Die neue Norm. Konstruktion der »natürlichen Frau«. Die Wahrheit wird befohlen. Das Medea-Argument. Die Theorie der Größe im bürgerlichen Zeitalter. Seitenblick auf Stifter. Natur vs. Größe, Mitleid vs. Horror. Intimisierung der Macht. Was geschieht bei Schiller mit Lessings Frauentheorie? Elisabeth von England als Feministin. Ihre Bestrafung. Schiller bedient den emotionalen Mainstream. Eingrenzung des Weiblichen in der deutschen Kunst seit Lessing.

Lessing führt seinen Beweis für Corneilles künstlerisches Versagen in zwei Schritten. Der erste betrifft Cléopâtre als Frau und operiert mit einer ausgewachsenen Frauentheorie. Frauentheorien sind immer epochenspezifisch. Jede Zeit hat ihre Frauentheorie; sie ist ihr so eigentümlich wie ihre Dramaturgie. Der zweite Schritt betrifft die Konstruktion der Intrige. Er muß uns intrigentheoretisch interessieren.

Und so geht er nun zu seiner vollen Attacke über:

> Cleopatra bringt, in der Geschichte, ihren Gemahl aus Eifersucht um. Aus Eifersucht? dachte Corneille: das wäre ja eine ganz gemeine Frau; nein, meine Cleopatra muß eine Heldin sein, die noch wohl ihren Mann gern verloren hätte, aber durchaus nicht den Thron; daß ihr Mann Rodogunen liebt, muß sie nicht so sehr schmerzen, als daß Rodogune Königin sein soll, wie sie; das ist weit erhabner. –
> Ganz recht; weit erhabner und – weit unnatürlicher.[485]

Das schrillt von Ironie. Nur das letzte Wort des Abschnitts ist einfach und ernst. Es spricht Lessings Wahrheit aus und damit das Urteil über Corneille. Hier ertönt das Stichwort, das die anschließende Argumentation regieren wird: »natürlich«, »naturgemäß«, »der menschlichen Natur entsprechend«. Dabei produziert Lessing einen klassischen Sophismus, einen logischen Trick im Akt der Schlußfolgerung. Vorher nämlich, als er skizzierte, wie aus dem historischen Bericht ein dramatischer Plot anzufertigen sei, hat er alle Aktionen der Cleopatra aus der Eifersucht als ihrer zentralen Leidenschaft entwickelt. Das war bereits und unausgesprochen ein Akt der Deutung gegenüber dem amorphen historischen Material.[486] Jetzt setzt Lessing diesen Hauptantrieb Cléopâtres, den er sich ausgedacht hat, als historisches Faktum voraus und wirft Corneille vor, die Eifersucht willkürlich in Stolz und Machtwillen verwandelt zu haben. Als Eifersüchtige, meint er, wäre Cléopâtre eine »natürliche« Frau, eine, wie sie sind, die Frauen. Als eine, die herrschen will und die reine Macht sucht, ist sie »unnatürlich«.

Lessing sagt damit implizit folgendes: Es ist bekannt, wie die Frauen ihrer Natur nach sind, und indem Corneille seine Cléopâtre nicht so zeichnet, wie eine Frau von Natur aus ist, verstößt er gegen das oberste Prinzip der Kunst, die »Nachahmung der Natur«. Das ist hinsichtlich der Geschichte der Frauentheorien spannend. Woher weiß und wie beweist Lessing, wie die Frauen von Natur aus sind? Er weiß es, weil er es weiß, und beweist es, indem er es emphatisch ausspricht:

> Die Natur rüstete das weibliche Geschlecht zur Liebe, nicht zu Gewaltseligkeiten aus; es soll Zärtlichkeit, nicht Furcht erwecken; nur seine Reize sollen es mächtig machen; nur durch Liebkosungen soll es herrschen, und soll nicht mehr beherrschen wollen, als es genießen kann.[487]

Man kann nicht übersehen, daß diese Beschreibung der weiblichen »Natur« in Form von lauter Imperativen erscheint. Was angeblich der Fall ist, wird in Wahrheit befohlen. Das macht die Stelle aber nur noch wichtiger für die Deutungen und Wandlungen des Weiblichen in der Literatur. Ein kleines Manifest ist das des bürgerlichen Frauenbildes. Daß dieses aus dem Widerstand gegen die feudale Welt und die höheren Chancen der Frau in der feudalen Welt entsteht, wird dadurch bestätigt, daß hier ein bürgerlicher Dramatiker, der das bürgerliche Trauerspiel als einer der ersten in Deutschland lancieren wird, gegen einen Dramatiker am Hofe von Richelieu und Louis XIV. vorgeht.

Nun müßte der logische Schluß eigentlich lauten: Eine Frau als Herrscherin kann es gar nicht geben. Wegen ihrer »Natur«. Lessing weiß aber genau, daß es dies vielfach gegeben hat und auch in seiner Gegenwart gibt. 1767, als er seine Frauentheorie skizziert, wird ein großer Teil Europas von Frauen regiert. Maria Theresia herrscht schon 27 Jahre über Österreich, Böhmen und Ungarn. Seit fünf Jahren ist Katharina die Große Zarin von Rußland – und sie hat überdies, wie Cléopâtre, den Mann auf dem Thron beseitigt, um sich selbst darauf zu setzen. Nicht eben gute Voraussetzungen also für den bürgerlichen Frauentheoretiker, der sich aufmacht, das Grundmodell der Weiblichkeit für die zwei kommenden literarischen Jahrhunderte zu bestimmen.

Wie macht man es da, wenn man ein gewiefter Rhetoriker ist? So macht man es:

> Eine Frau, der das Herrschen, bloß des Herrschens wegen, gefällt, bei der alle Neigungen dem Ehrgeize untergeordnet sind, die keine andere Glückseligkeit kennet, als zu gebieten, zu tyrannisieren, und ihren Fuß ganzen Völkern auf den Nacken zu setzen; so eine Frau kann wohl einmal, auch mehr als einmal, wirklich gewesen sein, aber sie ist dem ohngeachtet eine Ausnahme, und wer eine Ausnahme schildert, schildert ohnstreitig das minder Natürliche. Die Cleopatra des Corneille, die so eine Frau ist, [...] ist ein Ungeheuer ihres Geschlechts.[488]

Man achte auf den Begriff der »Ausnahme«. Bei der Diskussion der Größentheorien sind wir schon darauf gestoßen: die Erfahrung der Größe ist eine Erfahrung der Ausnahme. Lessing schmuggelt nun unter der Hand ein ästhetisches Gesetz in seinen Diskurs, das folgenreicher ist, als man denkt. Er fordert für die Literatur die Regel, den Durchschnitt, das Abbild der Mehrheit und keinesfalls der Ausnahme. Mehrheit ist auch politisch ein wichtiger Begriff. Er verweist auf die demokratische Willensbildung. Im Angriff auf die Ausnahme als Gegenstand der Literatur und ihrer Figurenbildung steckt also eine weitere spezifisch bürgerliche Denkform und eine weitere Kritik der feudalen Ästhetik. Diese nämlich hat in ihrem Konzept von Größe ganz unverstellt die Ausnahme kultiviert.

Lessing redet nicht politisch. Das wäre denn doch zu riskant. Der Trumpf in seiner Hand ist die »Natur«. Die Ausnahme verstößt gegen die Natur. Nur die Natur gilt immer und überall. Sie uns vor Augen zu rücken, ist Aufgabe des Dichters. Wenn die Ausnahme aber unnatürlich ist, verstößt der Dichter, der sie schildert, gegen seine Aufgabe. Dann ist auch sein Werk kein Kunstwerk.

Nun weiß Lessing aber auch noch etwas anderes, und es könnte ihn genauso in Schwierigkeiten bringen wie das Faktum der regierenden Kaiserinnen. Zu den unbestrittenen Mustern aller dramatischen Kunst gehört die »Medea« des Euripides. Wenn nun einer käme und die Cléopâtre mit dem Hinweis auf diese Medea verteidigte? Ist denn Medea keine Ausnahme? Ist sie etwa »natürlich«? Lessing, wachsam wie ein Fechter, weicht auch diesem möglichen Einwand nicht aus. Er pariert ihn mit zwei schnellen Sätzen:

> [...] alle die Grausamkeiten, welche Medea begeht, begeht sie aus Eifersucht. Einer zärtlichen, eifersüchtigen Frau, will ich noch alles vergeben; sie ist das, was sie sein soll, nur zu heftig.[489]

Was die Frau sein soll, hat er früher gesagt: eine Liebende, eine Zärtliche, die nur durch Zärtlichkeiten mächtig ist und die – der Satz sei wiederholt – »nicht mehr beherrschen will, als sie genießen kann«. Eifersucht aber ist eine Folge der Liebe und daher den Frauen »natürlich«. Mithin sind Medeas Verbrechen, der Mord an der Rivalin, der Mord an den eigenen Kindern, eine bloße Steigerung des Natürlichen. Das grenzt erneut an einen Sophismus, aber Lessings Intelligenz blitzt dabei zu herrlich auf, als daß man sich daran stoßen möchte.

Damit hat er alle denkbaren Argumente widerlegt. Außer einem, der »Größe«. »Grandeur d'âme« hat Corneille seiner Cléopâtre zugesprochen, und Lessing hat zwar die Ausnahme in der Literatur bekämpft, der Kategorie der Größe hat er sich aber noch nicht explizit gestellt. Dies holt er nach, in einem Passus, der sein Gewicht hat im europäischen Größendiskurs:

> Dergleichen mißgeschilderte Charaktere, dergleichen schaudernde Tiraden, sind indes bei keinem Dichter häufiger, als bei Corneillen, und es könnte leicht sein, daß sich zum Teil sein Beiname des Großen mit darauf gründe. Es ist wahr, alles atmet bei ihm Heroismus; aber auch das, was keines fähig sein sollte, und wirklich auch keines fähig ist: das Laster. Den Ungeheuern, den Gigantischen hätte man ihn nennen sollen; aber nicht den Großen. Denn nichts ist groß, was nicht wahr ist.[490]

Mit dieser Ablehnung eines Heroismus des Lasters distanziert sich Lessing kompromißlos von dem Konzept des »neuen Ruhms«, das Burckhardt in der Renaissance entdeckte und von dem sich die barocke Tragödie, das Theater Shakespeares und der Franzosen, genährt hat. Größe, lautete dessen Parole, sprengt auch den Rahmen der Moral. Mit seiner Formel: »Nichts ist groß, was nicht wahr ist«, lanciert Lessing ebenso entschlossen eine Parole der bürgerlichen Größenkritik. Sein Satz nimmt in verblüffender Weise die berühmte Größenkritik Stifters in der Vorrede zu den »Bunten Steinen« vorweg. Provoziert durch Friedrich Hebbels Polemik gegen ihn und andere »Blumen- und Käferdichter«,[491] stellt Stifter in zwei genau parallelen Sätzen die geläufigen Vorstellungen von Größe in der Natur und bei den Menschen auf den Kopf. In der Natur:

> Das Wehen der Luft, das Rieseln des Wassers, das Wachsen der Getreide, das Wogen des Meeres, das Grünen der Erde, das Glänzen des Himmels, das Schimmern der Gestirne halte ich für groß: das prächtig einherziehende Gewitter, den Blitz, welcher Häuser spaltet, den Sturm, der die Brandung treibt,

den feuerspeienden Berg, das Erdbeben, welches Länder verschüttet, halte ich nicht für größer als obige Erscheinungen, ja ich halte sie für kleiner, weil sie nur Wirkungen viel höherer Gesetze sind.[492]

Bei den Menschen:

Ein ganzes Leben voll Gerechtigkeit, Einfachheit, Bezwingung seiner selbst, Verstandesgemäßheit, Wirksamkeit in seinem Kreise, Bewunderung des Schönen, verbunden mit einem heiteren, gelassenen Sterben, halte ich für groß: mächtige Bewegungen des Gemütes, furchtbar einherrollenden Zorn, die Begier nach Rache, den entzündeten Geist, der nach Tätigkeit strebt, umreißt, ändert, zerstört, und in der Erregung oft das eigene Leben hinwirft, halte ich nicht für größer, sondern für kleiner, da diese Dinge so gut nur Hervorbringungen einzelner und einseitiger Kräfte sind, wie Stürme, feuerspeiende Berge, Erdbeben.[493]

In diesen Sätzen verkörpert sich, wie bei Lessing, ein anthropologisches und ästhetisches Programm. So wie sich die Moderne das ganze 20. Jahrhundert hindurch aus dem polemischen Kontrast zur bürgerlichen Ästhetik des 19. Jahrhunderts entwickelte und nur so ihrer selbst gewiß werden konnte, entwickelte sich die bürgerliche Kunst bis an die Grenze der Moderne im polemischen Kontrast zur feudalen Ästhetik und wurde darüber ihrer selbst gewiß.

Die neue Norm, die der Bürger setzt, lautet: Nicht Größe soll die Kunst vermitteln, sondern Natur. Nicht die sensationelle Ausnahme soll sie zeigen, sondern das allgemeine Gesetz. Nicht der Horror, die Erschütterung angesichts der extremen Möglichkeiten menschlichen Fühlens und Handelns, darf das Wirkungsziel der Tragödie sein, sondern das Mitleid der Zuschauer gegenüber einem Leiden, das auch das ihre sein könnte. Haben doch alle die gleiche Menschennatur. Diese ebnet die Differenz zwischen den Großen der Welt und den kleinen Leuten ein. In Hinsicht auf die Menschennatur ist der Bürger dem Fürsten gleich. Der Feudale sagte: Es kann nur tragische Könige geben, keine tragischen Dorfschulmeister. Der Bürger sagt: Wenn es tragische Könige gibt, gibt es auch tragische Dorfschulmeister. Sobald die Kunst die allgemeine Menschennatur inszeniert und nicht die Singularität der Großen der Geschichte, tritt sie aus dem Dienst an der feudalen Ordnung heraus und in den Dienst der ganzen Menschheit. Während wir in der alten Tragödie mit Schauder zusehen, wie es an den Höfen der Großen zugeht, sollen wir in der bürgerlichen Tragödie erkennen, daß überall die gleiche Menschennatur wirkt und handelt. Die hierarchisch motivierte Gegensätzlichkeit weicht einer grundsätzlichen Egalität.

Der feudalen Kategorie der Größe gegenüber hat das bürgerliche Denken nur zwei Möglichkeiten: Es spricht sie allen, auch den Feudalen, ab; oder es spricht sie allen, auch den Bürgerlichen, als Möglichkeit zu. Das eine unternimmt Stifter in seiner Größentheorie, das andere unternimmt am großartigsten Balzac. Bei ihm gewinnt ein Mehlhändler die Statur von König Lear, und prompt taucht da auch die Größe des Lasters und Verbrechens wieder auf, die Cléopâtre-Silhouette, vom Pomp der Höfe verschoben in die Unterwelt der Großstadt.

Was Lessing in bahnbrechender Weise vornimmt, ist die Intimisierung und Familiarisierung der Macht und der alten Grandeur. Die Frauentheorie ist dabei so wichtig wie die Konstruktion einer allgemeinen Menschennatur. Genau von da aus aber rückt nun die Differenz zwischen Corneilles »Rodogune« und Schillers »Maria Stuart«, von der schon einmal kurz die Rede war, neu ins Licht. Man fühlt sich wie bei einem Experiment, wenn man die Ausgangsfrage stellt: Was geschieht bei Schiller mit Lessings Ablehnung der Ausnahme in der Kunst, seiner Ablehnung des »neuen Ruhms« und der Größe im Verbrechen? Was geschieht bei Schiller mit Lessings Frauentheorie, die mit jenen Ablehnungen eng verknüpft ist? Führt Schiller Lessing weiter oder greift er über ihn zurück auf die Ästhetik der Corneilleschen Grandeur?

Daß er vier Tage vor dem Beginn der Niederschrift seiner »Maria Stuart« eine heftige Attacke gegen Corneille reitet, kann beides sein: ein Bekenntnis zur bürgerlichen Ästhetik Lessings oder aber das Zeugnis einer vor sich selbst verleugneten Bindung an die vorbürgerliche Ästhetik des Franzosen. Vielleicht sogar beides zugleich. Das würde die Sache noch spannender, wenn auch nicht einfacher machen. Man muß genauer hinsehen.

In der Anlage führt Schillers Stück den Konflikt zwischen zwei Herrscherinnen vor, die nichts als herrschen und die Gegnerin beseitigen wollen. Beide stellen ihre weibliche Attraktivität, ihren Eros, ihre »Liebkosungen«, um mit Lessing zu reden, in den Dienst ihrer politischen Ziele. In der Anlage dreht sich das Stück also um das, was es nach Lessing auf der Bühne nicht geben darf: große Frauen, die das Herrschen über die Liebe stellen. Das hat Schiller fasziniert. Er wollte tatsächlich zwei Wesen auf die Bühne bringen, die weder Sympathie noch Mitleid erwecken. Schauder ja, Furcht und Schrekken ja, aber nicht das Lessingsche Mitleid als Zentraleffekt. In diesem Sinne rühmte er Shakespeares »Richard III.«: »Es ist gleichsam die reine Form des tragisch Furchtbaren, was man genießt.«[494] So plante er in dieser Zeit auch eine »Agrippina«, ein Stück um Nero und seine Mutter, zwei gleichermaßen lasterhafte, zu jedem Verbrechen bereite Figuren; die Mutter sucht den Sohn in ihr Bett zu locken, der Sohn bringt die Mutter um. Es ist ganz deutlich: Schiller suchte aus Bühneninstinkt eine Dramaturgie der Ausnahmen, der Größe im Verbrechen. Das machte ihm den Kampf der zwei machtgierigen Frauen um den englischen Königsthron als Stoff so verlockend.

Dann aber vollzieht er im Verlauf der Arbeit an dieser Königinnentragödie den von Lessing geforderten Paradigmenwechsel eigenhändig nach. Gegen seine erklärte Intention betreibt er eine gewaltige Intimisierung, Familiarisierung und Sentimentalisierung der einen Frau, Marias, während die andere, Elisabeth, einer vernichtenden Kritik gerade deshalb unterzogen wird, weil sie in ihrem Machtwillen unerbittlich verharrt. Der fünfte Akt der »Maria Stuart« ist eine Symphonie der weichen Gefühle. In diesem fünften Akt verwandeln sich die zwei Cléopâtres, als welche Maria und Elisabeth entworfen sind, von Gleichbeschaffenen in Kontrastgestalten. Bei Maria entsteht ein Monstrum des flutenden Sentiments und der umfassenden Zärtlichkeit. Der Machtverzicht im Sinne jener »Natur« des weiblichen Geschlechts gewinnt hier Denkmalcharakter. Maria wird »groß« in der Ablehnung aller feudalen Größe.

Elisabeth hingegen wächst jetzt zum Schreckbild einer Frau heran, die sich gegen die weibliche »Natur« sperrt. Sie will ein Leben wie die Männer führen. Wie die Männer ihre Mätressen, hält sie sich ihre Geliebten, daneben aber herrscht sie und vernichtet alles, was dieser Herrschaft entgegensteht. Elisabeth ist sich dieser Geschlechterthematik verblüffend klar bewußt. Als Talbot ihr einmal entgegenhält: »Denn ein gebrechlich Wesen ist das Weib«, reagiert sie scharf und pointiert feministisch:

> Das Weib ist nicht schwach. Es gibt starke Seelen
> In dem Geschlecht – Ich will in meinem Beisein
> Nichts von der Schwäche des Geschlechtes hören.[495]

Talbot ist nun aber das leibhaftige Gewissen des Stücks, dessen sittliche Meßlatte. Wenn gerade er dies zu hören bekommt, wenn *seine* Äußerung damit bestritten wird, dann soll Elisabeths Frauentheorie als Verkehrtheit und Unnatur erscheinen. Talbot meinte die Natur der Frau schlechthin. Die Frau sei als schwaches Wesen geschaffen; sie solle sich dazu bekennen und den Starken, also den Männern, überlassen, was der Stärke bedarf. Vor dem mentalitätsgeschichtlichen Hintergrund des 18. Jahrhunderts inszeniert dieser Auftritt auf kleinstem Raum den Umschlag von der feudalen Bestimmung der Frau durch Rang und Größe zur bürgerlich-naturrechtlichen Bestimmung der Frau als des reinen Liebes- und Familienwesens. Wie ausgeprägt das Geschlechterbewußtsein bei Elisabeth ist, zeigt übrigens auch der interessante Satz, den sie Leicester, ihrem heimlichen Geliebten, gegenüber äußert: »So sind die Männer. Lüstlinge sind alle!«[496]

Mit Überlegung und Entschiedenheit besteht diese Elisabeth darauf, daß sie als Frau so gut und gültig wie nur je ein Mann über das Königreich herrschen kann. Es gibt erstaunlich viele Stellen in dem Stück, in denen sie dies anspricht. » ... ich meine doch, regiert zu haben, wie ein Mann und wie ein König«,[497] stellt sie einmal fest, und wenig später erklärt sie, es möge ja sein, daß die Ordnung der Natur von der Frau die Ehe verlange und die Mutterschaft, was dann identisch sei mit dem dienenden Gehorsam unter einem gebietenden Mann. Dennoch müsse es die Ausnahmen geben, handelnde Herrscherinnen wie sie selbst:

> Doch eine Königin, die ihre Tage
> Nicht ungenützt in müßiger Beschauung
> Verbringt, die unverdrossen, unermüdet,
> Die schwerste aller Pflichten übt, die sollte
> Von dem Naturzweck ausgenommen sein,
> Der *eine* Hälfte des Geschlechts der Menschen
> Der andern unterwürfig macht –[498]

Die Stelle ist ein Testfall für die literarische Interpretation. Man könnte nämlich die Hypothese aufstellen, daß Schiller hier eine Frau zeige, die als Feministin der ersten Stunde auf den Grundrechten der Frau besteht, vorbildlich und pionierhaft. Im Kontext signalisiert das Stück jedoch das Gegenteil. Elisabeths Forderung nach Macht und Entscheidungskompetenz wird explizit als Verstoß gegen die natürliche Ordnung gedeutet. Der ganze Hof, heißt es, werde durch die Weiberherrschaft verseucht, geschwächt, zerrüttet. Graf Leicester, der heimliche Liebhaber, den sich Elisabeth hält, spricht es aus:

> Wißt Ihr, wie's steht an diesem Hof, wie eng
> Dies Frauenreich die Geister hat gebunden?
> Sucht nach dem Heldengeist, der ehmals wohl
> In diesem Land sich regte – Unterworfen
> Ist alles, unterm Schlüssel eines Weibes,
> Und jedes Mutes Federn abgespannt.[499]

Das heißt nichts anderes, als daß die zivilisatorische Katastrophe eines Matriarchats, eines »Frauenreichs«, eingetreten sei. Tatkraft und Heldengeist, das spezifisch Männliche also, seien erlahmt. Die phallischen Implikationen in Leicesters Ausfall sind nicht zu überhören. Die Frauenmacht hat die Männer um die »gespannten Federn« ihrer Männlichkeit gebracht.

Nun ist dieser Leicester allerdings kein verläßlicher Zeuge. Ein Windhund ist er, ein Schürzenjäger und Doppelintrigant. Man könnte also aufgrund der Antipathie, die er weckt, die allgemeine Verbindlichkeit seiner Äußerung in Frage stellen und sogar eine indirekte Bestätigung Elisabeths darin lesen. Dem widerspricht die Tatsache, daß Elisabeth am Schluß von Talbot, dem Gewissen des Stücks, als Person verworfen wird und über den gezielten Kontrast zur verklärten Maria alle Antipathien des Publikums auf sich zieht.

Wie kam Schiller zu einer solchen Wende? Wie konnte ihm das Stück unter den gestaltenden Händen zum Gegenteil dessen werden, was ihn am Plan fasziniert hatte? Zwei Raubkatzen wollte er aufeinander loslassen; am Schluß stand eine tränenweiche Heilige einer Teufelin gegenüber. Schiller bediente das moralische Begehren des zeitgenössischen Publikums. Zu seinem Genie gehörte das instinktive Wissen um den theatralischen Effekt. Er wollte beides, das reine Kunstwerk und die hingerissenen Zuschauer. Das reine Kunstwerk hätte er über das ursprüngliche Konzept wohl gewinnen können, nicht aber die hingerissenen Zuschauer. Die waren durch die große Schule der bürgerlichen Empfindsamkeit gegangen, die die literarische Aufklärung in Deutschland veranstaltet hatte, und konnten anders nicht mehr denken und fühlen. Man spürt beim Lesen des Stücks die Lust des Autors, die Gefühle des Publikums zu wecken, zu steigern, über sie zu verfügen wie der Orgelspieler über seine Pfeifenreihen. Schiller war ein Unternehmer; er wollte ankommen, wollte den Erfolg, den großen Applaus und das auf den Tisch gezählte Geld. Das darf keinesfalls abwertend verstanden werden, als Verrat oder übler Kompromiß. Es ist eine wesentliche Dimension seiner Kunst als eines der ersten freien Schriftsteller Deutschlands. Die von Lessing deklarierte Natur des weiblichen Geschlechts war so sehr zur unreflektierten Überzeugung des Publikums geworden, daß jedes Werk scheitern mußte, welches eine Gegenposition gesucht und vertreten hätte. Deshalb blieb auch die gefährliche »Agrippina« im Entwurf stecken.[500]

Der Vergleich zwischen »Rodogune« und »Maria Stuart« zeigt den praktischen Vollzug des von Lessing formulierten und eingeforderten Paradigmenwechsels, was die Frau als Täterin, als große Handelnde auf der Bühne betrifft. Während der Feudalismus jede Person, auch die weibliche, von ihrem Rang her begreift und danach beurteilt, ob sie diesem gerecht wird, begreift die bürgerliche Welt jede Person, auch die weibliche, von ihrer »Natur« her, und beurteilt sie danach, ob sie dieser gerecht wird. Wenn eine Frau einmal Königin ist, sagen die Feudalen, ist das hohe Amt ihr Wesen, und sie hat nur noch den Vergleich mit den andern Königinnen und Königen zu bestehen, nicht mehr den mit den andern Frauen. Ihre Weiblichkeit wird belanglos angesichts des Ranges. Wenn eine Frau einmal Königin ist, sagen die Bürger, bleibt sie doch immer das Wesen, das seine weibliche Natur leben soll, und ihr Rang als Königin wird belanglos angesichts dieser Natur. Das scheint ein einfaches Muster zu sein, aber es prägt und durchzieht alles, was wir als neuere Literatur, d. h. als Literatur von Bürgern für Bürger, d. h. als Literatur seit dem mittleren 18. Jahrhundert, bezeichnen.

Wie diese Geschlechterkonzepte auch die Aufnahme und Bewertung der Weltliteratur prägen, ließe sich studieren an der unterschiedlichen Karriere, die Racines »Britannicus« und Corneilles »Rodogune« auf dem deutschen Theater durchlaufen haben. Nero, die Hauptfigur in Racines Stück, ist in seiner Grausamkeit und mörderischen Praxis durchaus der Cléopâtre verwandt (obwohl er einen noch schurkischeren Helfer zur Seite hat, während Cléopâtre ganz allein denkt und handelt), aber da Nero ein Mann ist, wurde gegen das Stück nie so argumentiert wie gegen die »Rodogune«. »Britannicus« erscheint immer wieder auf dem deutschen Theater, wird in den Schulen gelesen und steht lebendig im literarischen Bewußtsein, während es schon schwierig ist, eine deutsche Übersetzung der »Rodogune« auch nur antiquarisch aufzutreiben.

XLII
Der polemische Höhepunkt

Ein Stück deutscher Prosa, deutscher Polemik, deutscher Intrigentheorie. Die theatralische Anlage. Virtuose Ironie. Das System von Lessings Witz. Der Herzgedanke des 18. Jahrhunderts. Vision einer »natürlichen Intrige«. Die erotische Verführung als Beispiel. Literarischer Boom. Die Heldinnen im Diminutiv.

Der Text gehört in dieses Buch. Lückenlos. Auch wenn er das übliche Maß eines Zitates sprengt. Zu vollendet ist er als ein Stück deutscher Prosa, zu effektvoll als ein Stück deutscher Polemik, zu wichtig als ein Stück deutscher Intrigentheorie, als daß man auf ihn bloß verweisen könnte. Es geht um den Teil von Lessings Corneille-Vendetta, in dem er sich die Intrige der »Rodogune« als solche vornimmt. Das Verfahren ist eindrücklich, ein Kunststück schon in der Anlage.

Wie analysiert man eine Intrige? Man muß sie, denkt man, irgendwie beschreiben und dann irgendwie beurteilen. Lessing tut dies, aber in einer verblüffenden Inszenierung. Inszenierung im wörtlichen Sinn. Die Passage streift tatsächlich an eine Theaterszene. Der bürgerliche Dramatiker demontiert die Intrige des feudalen Dramatikers, indem er uns diesen beim Ausdenken seiner Intrige vorführt. So gewinnt der Text den Charakter eines Monologs, aber immer eines von Lessing dem Franzosen in den Mund gelegten, von Lessing gesteuerten, von Lessing mit hundert indirekten Bosheiten gespickten Monologs. Virtuose Ironie. Je beflissener der von Lessing inszenierte Corneille an seiner Intrige arbeitet, je scharfsinniger er Verwicklungen anlegt, Effekte berechnet, Varianten erfindet, um so unwiderstehlicher wird die Komik seines schöpferischen Tuns. Diese Komik ist Lessings Werk. Seine Waffe. Es gelingt ihm, Corneilles vielbewunderten Plot durch die pure Schilderung des angeblichen Produktionsprozesses als verstiegenen Nonsens erscheinen zu lassen. Das ist ungerecht in jeder Hinsicht, aber unwiderstehlich. Lessing schreibt:

Aber nicht genug, daß Cleopatra sich an Rodogunen rächet: der Dichter will, daß sie es auf eine ganz ausnehmende Weise tun soll. Wie fängt er dieses an? Wenn Cleopatra selbst Rodogunen aus dem Wege schafft, so ist das Ding viel zu natürlich: denn was ist natürlicher, als seine Feindin hinzurichten? Ginge es nicht an, daß zugleich eine Liebhaberin in ihr hingerichtet würde? Und daß sie von ihrem Liebhaber hingerichtet würde? Warum nicht? Laßt uns erdichten, daß Rodogune mit dem Demetrius noch nicht völlig vermählet gewesen; laßt uns erdichten, daß nach seinem Tode sich die beiden Söhne in die Braut des Vaters verliebt haben; laßt uns erdichten, daß die beiden Söhne Zwillinge sind, daß dem ältesten der Thron gehöret, daß die Mutter es aber beständig verborgen gehalten, welcher von ihnen der älteste sei; laßt uns erdichten, daß sich endlich die Mutter entschlossen, dieses Geheimnis zu entdecken, oder vielmehr nicht zu entdecken, sondern an dessen Statt denjenigen für den ältesten zu erklären, und ihn dadurch auf den Thron zu setzen, welcher eine gewisse Bedingung eingehen wolle; laßt uns erdichten, daß diese Bedingung der Tod der Rodogune sei. Nun hätten wir ja, was wir haben wollten: beide Prinzen sind in Rodogune sterblich verliebt; wer von beiden seine Geliebte umbringen will, der soll regieren.

Schön; aber könnten wir den Handel nicht noch mehr verwickeln? Könnten wir die guten Prinzen nicht noch in größere Verlegenheit setzen? Wir wollen versuchen. Laßt uns also weiter erdichten, daß Rodogune den Anschlag der Cleopatra erfährt; laßt uns weiter erdichten, daß sie zwar einen von den Prinzen vorzüglich liebt, aber es ihm nicht bekannt hat, auch sonst keinem Menschen es bekannt hat, noch bekennen will, daß sie fest entschlossen ist, unter den Prinzen weder diesen geliebtern, noch den, welchem der Thron heimfallen dürfte, zu ihrem Gemahle zu wählen, daß sie allein den wählen wolle, welcher sich ihr am würdigsten erzeigen werde; Rodogune muß gerächet sein wollen, muß an der Mutter der Prinzen gerächet sein wollen; Rodogune muß ihnen erklären: wer mich von euch haben will, der ermorde seine Mutter!

Bravo! Das nenne ich doch noch eine Intrigue! Diese Prinzen sind gut angekommen! Die sollen zu tun haben, wenn sie sich herauswickeln wollen! Die Mutter sagt zu ihnen: wer von euch regieren will, der ermorde seine Geliebte! Und die Geliebte sagt: wer mich haben will, ermorde seine Mutter! Es versteht sich, daß es sehr tugendhafte Prinzen sein müssen, die einander von Grund der Seele lieben, die viel Respekt für den Teufel von Mamma, und eben so viel Zärtlichkeit für eine liebäugelnde Furie von Gebieterin haben. Denn wenn sie nicht beide sehr tugendhaft sind, so ist die Verwicklung so arg nicht, als es scheinet; oder sie ist zu arg, daß es gar nicht möglich ist, sie wieder aufzuwickeln. Der eine geht hin und schlägt die Prinzessin tot, um den Thron zu haben: damit ist es aus. Oder der andere geht hin und schlägt die Mutter tot, um die Prinzessin zu haben: damit ist es wieder aus. Oder sie gehen beide hin, und schlagen die Geliebte tot, und wollen beide den Thron haben: so kann es gar nicht auswerden. Oder sie schlagen beide die Mutter tot, und wollen beide das Mädchen haben: und so kann es wiederum nicht auswerden. Aber wenn sie beide fein tugendhaft sind, so will keiner weder die eine noch die andere tot schlagen; so stehen sie beide hübsch und sperren das Maul auf, und wissen nicht, was sie tun sollen: und das ist eben die Schönheit davon. Freilich wird das Stück dadurch ein sehr sonderbares Ansehen bekommen, daß die Weiber darin ärger als rasende Männer, und die Männer weibischer als die armseligsten Weiber handeln: aber was schadet das? Vielmehr ist dieses ein Vorzug des Stückes mehr; denn das Gegenteil ist so gewöhnlich, so abgedroschen! –[501]

Wie ist das alles rhythmisch organisiert! Und wie präzis wird mit der Interpunktion gearbeitet! Hier kann man lernen, was ein Strichpunkt bedeutet in einem deutschen Satz und was ein Doppelpunkt bewirkt. Die Demontage von Corneilles musikalischer Dramaturgie der Symmetrien und Kontraste geschieht über eine Prosa, die nicht minder musikalischen Regeln folgt. Jene Musikalität ist feierlich-repräsentativ, diese ist individuell, wendig, tänzerisch wie die Beinarbeit eines Boxers.

Entscheidend für das Desaster, das Corneille und seinem Stück hier bereitet wird, ist der Witz. Gegen den Witz in der Kritik ist schwer aufzukommen. Bevor wir überlegen können, haben wir schon gelacht. Und Sieger ist bekanntlich, wer die Lacher auf seiner Seite hat. Deshalb sind die erfolgreichsten Kritiker immer auch die witzigsten – Friedrich Schlegel, Heinrich Heine, Karl Kraus, lauter Lessing-Söhne. Witz ist aber nicht einfach ein Ereignis, Witz hat stets System. Wir erleben ihn als Abfolge von Plötzlichkeiten; die Analyse aber zeigt, daß er entwickelt wurde. Das Plötzliche ist geplant.

Welches System hat Lessings Witz in diesem Prosastück? Witz setzt eine Fallhöhe voraus. Eine Anstrengung des Geistes, ein Vorgang von Würde und Gewicht wird blitzschnell als unnötig entlarvt. Wir fallen zurück auf den Boden des Alltäglichen. Die Banalität der Welt stellt der Feierlichkeit ein Bein, befreit uns jäh vom Aufwand des ernsten Denkens – und schon zuckt das Zwerchfell. Schopenhauer, Bergson und Freud haben dies in unterschiedlichen, aber verwandten Modellen gezeigt. Mit solcher Fallhöhe operiert Lessings Witz bei der Attacke auf Corneilles Intrigenfuge. Alle Verwicklungen werden als unerhörte Denkanstrengungen des Dichters hingestellt, die gleichzeitig gänzlich unnötig sind. Den ganzen Text hindurch platzt eine Blase nach der andern. Was aber erweist die Denkanstrengungen als unnötig? Was läßt die Blasen platzen? Es ist der Common sense, der gesunde Menschenverstand, das alltägliche Denken, die bürgerliche Raison. Wie genau Lessing das feudale Pathos der Corneille-Tragödie in polemischen Kontrast zum bürgerlichen Common sense bringt, läßt sich am sprachlichen Detail zeigen. »Es versteht sich, daß es sehr tugendhafte Prinzen sein müssen, die viel Respekt für den Teufel von Mamma haben …« Die dämonische Königin als »Teufel von Mamma«: da wird die Fallhöhe zwischen dem hohen

Pathos der Tragödie und der bürgerlichen Alltagssprache frappantes Ereignis. Wir erleben sie und müssen lachen. Lachen wir, weil sie uns einleuchtet, oder leuchtet sie uns ein, weil wir lachen?

Nun ist die Berufung auf den »gesunden Menschenverstand« nie unproblematisch. Oft genug wird sie zum populistischen Trick. Dann erscheint dahinter der Spießer, der eine schwierige Welt auf seine schlichten Maßstäbe reduziert. Cléopâtre als »Teufel von Mamma« –, könnte ich da nicht auch den König Lear als »ollen Opa« bezeichnen und Hamlet als »Weichei«, und Ophelia hat »nicht alle Tassen im Schrank«? Verfügt Lessing über keine bessern Argumente als solchen rhetorischen Populismus? Er verfügt sehr wohl über sie, und sie stecken gerade in der Spannung zwischen dem Feierlichen und dem Alltäglichen. Dieses Alltägliche nämlich ist in Wahrheit eine Gestalt des »Natürlichen«, und bei genauem Zusehen ist das »Natürliche«, Lessings höchste ästhetische Norm, in diesem Text überall präsent. Alles was Corneille »erdichtet«, verurteilt sich vor unseren Augen selbst, weil es sich wegbewegt vom Maß des »Natürlichen«. Dieses verlangt, daß das dramatische Handeln nicht als Ausnahme erscheine, sondern uns vor Augen führe, wie jeder von uns in dieser Situation handeln würde. »Natürlich« ist, was alle betrifft. Wenig später stellt Lessing dies endgültig klar. Das Kunstwerk, fordert er, soll so beschaffen sein, »daß wir bei jedem Schritte, den [der Poet] seine Personen tun läßt, bekennen müssen, wir würden ihn, in dem nämlichen Grade der Leidenschaft bei der nämlichen Lage der Sachen, selbst getan haben.«[502]

Das also ist der Prüfstein, mit dem der Bürger vor die Weltliteratur tritt: »Würde es mir auch so gehen? Würde ich es auch so machen?« Die Begründung dafür steckt im Herzgedanken des 18. Jahrhunderts: der allgemeinen Menschennatur. Diesem Herzgedanken verdanken wir die Menschenrechte und die Präambeln der demokratischen Verfassungen auf der ganzen Welt. Und also sind die Verfahren von Lessings Witz in der Corneille-Polemik mit dem Herzgedanken seines Zeitalters aufs engste verknüpft.

Was heißt das nun für Gestalt und Geschichte der Intrige? Es läuft auf einen Begriff hinaus, den Lessing zwar nicht gebraucht, der aber unabweisbar erscheint: die »natürliche Intrige«. So wie er als Dramatis personae die »natürliche Frau« und den »natürlichen Mann« fordert – Schiller wird ihm die entsprechenden Bestimmungen noch im »Lied von der Glocke« bestätigen –, fordert er in seiner Polemik gegen Corneille unausgesprochen die »natürliche Intrige«.

In der »Rodogune« geraten die verketteten Intrigen – wer den

Thron will, muß die Geliebte töten; wer die Geliebte will, muß die Mutter töten; wer herrschen will, muß den vergifteten Becher trinken – zur großartigen Veranschaulichung des Kampfes um die Macht, zur Veranschaulichung des feudalen Hofes als eines Ortes der Listen und Ränke einerseits, der Großmut und des Edelsinns andererseits. Das eine vertritt Cléopâtre (und eine Zeitlang auch Rodogune), das andere das Brüderpaar. Nicht einfühlbar für alle soll das Planen und Handeln der Protagonisten zunächst einmal sein, sondern ein gewaltiges Geschehen, eine dröhnende Sequenz von Verstellungen und Aufdeckungen. Schrecken und Erbarmen sollen durch die Brust des Zuschauers schießen; das blanke Entsetzen vor dem Ungeheuerlichen hier, die Rührung über Liebe und Selbstlosigkeit dort.[503] Die Ereignisse um Macht, Herrschaft und große Passion entfalten sich vor dem Zuschauer, der ja nicht König oder Fürst ist, als das Andere seiner eigenen Welt und keineswegs als die Erscheinung dieser seiner eigenen Welt in etwas vornehmeren Kostümen.

Wenn wir also Lessings implizite Theorie einer »natürlichen Intrige« rekonstruieren wollten, müßten wir sagen: Die natürliche Intrige spielt im familiär-intimen Bereich; sie zeigt die Frau als das auf Liebe angelegte Wesen und trennt sie vom sozialen und politischen Treiben der Männer. Frauen intrigieren nur aus Liebe; wenn Männer und Frauen in eine einzige Intrigenhandlung verwickelt sind, muß diese eine Verstellungsaktion um der Liebe willen enthalten, ein Unternehmen also der erotischen Verführung.

Tatsächlich entsteht um die Mitte des 18. Jahrhunderts eine Literatur, in der die Intrige im engen Kreis der bürgerlichen oder kleinadligen Familie die Handlung bestimmt. Der weltliterarisch sensationellste Intrigant dieser Richtung war der Verführer Lovelace im mehrbändigen Roman »Clarissa« (1747/48, deutsch 1748) von Samuel Richardson. Noch 1790, als Schiller theoretisch zu klären versucht, warum das Böse in der Literatur Vergnügen bereiten kann, ist sein Hauptbeispiel Richardsons Lovelace. Ihn setzt er bei allen Lesern als bekannt voraus. Eine ganze Generation von literarischen Verführern stammt von diesem Lovelace ab. Alle stellen sie mit tückischem Charme wohlerzogenen, gefühlsbewegten bürgerlichen Mädchen nach und bringen sie ins Unglück auf eine Art, die die Leser und Zuschauerinnen, die Zuschauer und Leserinnen endlos weinen läßt. Das von Lessing geforderte Primat des Eleos über den Phobos in der Tragödie, des Mitleids über den Schrecken, regiert auch hier die neue Ästhetik und zeigt, daß Lessing mit seinen Thesen nicht der einsame Prophet, sondern die Stimme der Epoche war. Mit dem Stück »Miß Sara Sampson« hat er selbst eine Variante der »Clarissa« auf das deutsche Theater gebracht. Hier kann man des Genaueren studieren, was er unter einer natürlichen Intrige verstanden haben muß. Von dem, was uns im 21. Jahrhundert als »natürlich« vorkommt, liegt das Stück allerdings so weit ab wie Corneilles »Rodogune«.

Mit diesem Wechsel der ästhetischen Normen und der theoretischen Bestimmung der Frau hängt es zusammen, daß die weiblichen Hauptfiguren auf dem deutschen Theater nun zusehends im Diminutiv auftreten, als Gretchen, Klärchen, Gustchen, Käthchen ... In den kindlichen Namen der Protagonistinnen spiegelt sich die Intimisierung und Familiarisierung der Tragödie. Was das bedeutet, kann uns in dem kleinen Schock bewußt werden, der entsteht, sobald wir versuchen, auch die entsprechenden Männer in die Verkleinerungsform setzen: Fäustchen, Egmontchen, Läufferchen, Wetterchen vom Strahl...

XLIII
Zwei Haß-Arien im Vergleich

Die Rückkehr feudaler Formen am Ende der bürgerlichen Kunst. Die Frau als Monstrum in der frühen Moderne. Hofmannsthals Elektra gegen Goethes Iphigenie. Elektras Haß-Arie als Echo auf Corneilles Cléopâtre. Der Haß als allnächtlicher Lover. Ende des »Natürlichen« als ästhetischer Norm. Der alte Phobos kehrt zurück. Cléopâtres Hymne an den Haß. Ich hasse, also herrsche ich. Verstellung als höfische Kultur. Norbert Elias und die »höfische Rationalität«. Funktion der Intrige im Modernisierungsprozeß. Verwandlung der direkten Gewalt in die Taktik der »haine dissimulée«.

Bei der Skizzierung der Probleme, die die bürgerliche Literatur mit der ästhetischen und anthropologischen Kategorie der Größe hat, wurde die These aufgestellt, daß jede Epoche der Kunst sich selbst nur verstehen könne aus der polemischen Abgrenzung von den ästhetischen Normen des vorhergehenden Zeitalters. Daher tauchen in der frühen Moderne, also am Ende der bürgerlichen Kunst, Figuren wieder auf, die einst, beim Aufbruch der bürgerlichen Kunst in der Lessing-Zeit, als überholt und ästhetisch unerträglich verworfen wurden. Zu ihnen gehört die Frau als unbedingte Hasserin. Die Frau, die aus blankem Haß besteht, es weiß und will und gutfindet. Ihr Umriß ist monströs, soll monströs sein. Er zeigt, was das Monstrum per se ist: die schreckliche Ausnahme. Nicht was wir alle auch sein könnten, erscheint in dieser Gestalt, sondern das Unglaubliche, nicht Einfühlbare, aus allem Gewohnten Aufschreckende.

So tritt Hofmannsthals Elektra auf die deutsche Bühne. Die Vorarbeiten des Autors zeigen, daß sie gezielt gegen das Frauen- und Griechenbild von Goethes »Iphigenie« entworfen wurde – ein Paradefall polemischer Abgrenzung im Epochenwechsel.[504] Diese Elektra setzt mitten in dem Stück, das ohne Akt- und Szeneneinteilung abläuft, zu einer Rede an über den Haß, aus dem sie einzig noch bestehe, und es klingt wie ein Echo, über die bürgerliche Epoche hinweg, auf die Haß-Rede von Corneilles Cléopâtre. Bei beiden erscheint der Haß in einer großen Allegorie. Auch das rhetorische Verfahren stellt sich also gegen die bürgerliche Ästhetik. Diese wollte von Allegorien wenig wissen; sie galten als unnatürlich. Walter Benjamin hat dazu das Nötige gesagt. Es ist möglich, daß Hofmannsthal sich des Bezugs der Szene zur »Rodogune« bewußt war: er war studierter Romanist und hat Corneille mit Gewißheit gelesen, auch wenn ihm Calderón näherstand. Vom Intrigenmodell her gesehen, entspricht dieser Haß der Notsituation als der Voraussetzung zur Planszene.

Die zwei Reden sollen nacheinander vorgestellt werden, zuerst, gegen die Chronologie, der moderne Text. Elektra, die Tochter Agamemnons, hat mitansehen müssen, wie ihre Mutter mit dem Geliebten zusammen den Vater tötete. Seitdem wartet sie auf den Tag der Rache. Ihre ganze Existenz ist Haß auf die Mutter und Warten auf den Rächer. Der Tag kommt. Elektras Bruder Orest kehrt zurück und führt aus, was Elektra bis zum Wahnsinn ersehnt. Zu ihrer Rede setzt sie an, als der Bruder sich zu erkennen gibt. Die Frage lautet nun also, ob diese Leidenschaft der Elektra immer noch so »natürlich« ist, wie Lessing und das bürgerliche Zeitalter es vom weiblichen Fühlen auf der Bühne verlangten. Ob jede Frau im Publikum gemäß der Faustregel, die seit Lessing galt, sagen könnte: »Genau so würde auch ich empfinden und handeln.« Auf den Größendiskurs bezogen, lautet die Frage: Ist diese Elektra groß als Verkörperung eines anthropologischen Typus oder ist sie groß als Verkörperung einer schrecklichen Ausnahme. Sie spricht zu Orest:

> Ich bin nur mehr der Leichnam deiner Schwester,
> mein armes Kind. Ich weiß, es schaudert dich
> vor mir. Und war doch eines Königs Tochter!
> Ich glaube, ich war schön: wenn ich die Lampe
> ausblies vor meinem Spiegel, fühlte ich
> mit keuschem Schauder, wie mein nackter Leib
> vor Unberührtheit durch die schwüle Nacht
> wie etwas Göttliches hinleuchtete.
> Ich fühlte, wie der dünne Strahl des Monds
> in seiner weißen Nacktheit badete
> so wie in einem Weiher, und mein Haar
> war solches Haar, vor dem die Männer zittern,
> dies Haar, versträhnt, beschmutzt, erniedrigt, dieses!
> Verstehst du's, Bruder! diese süßen Schauder
> hab' ich dem Vater opfern müssen. Meinst du,
> wenn ich an meinem Leib mich freute, drangen
> nicht seine Seufzer, drang sein Stöhnen nicht
> bis an mein Bette? Eifersüchtig sind
> die Toten: und er schickte mir den Haß,
> den hohläugigen Haß als Bräutigam.
> Da mußte ich den Gräßlichen, der atmet
> wie eine Viper, über mich in mein
> schlafloses Bette lassen, der mich zwang,
> alles zu wissen, wie es zwischen Mann

und Weib zugeht. Die Nächte, weh, die Nächte,
in denen ich's begriff! Da war mein Leib
eiskalt und doch verkohlt, im Innersten
verbrannt. Und als ich endlich alles wußte,
da war ich weise, und die Mörder hielten –
– die Mutter mein' ich und den, der bei ihr ist, –
nicht einen meiner Blicke aus![505]

Der Text hat seine schwererträgliche Seite. Die Art wie Elektra, die jetzt häßliche, frühgealterte Elektra, ihre einstige Schönheit beschreibt, ist nicht ohne modischen Einschlag nach der Art des Wiener Jugendstils. Es erinnert an Bilder von Klimt oder Klinger, wenn sie die verlorene Vollkommenheit ihres Körpers feiert und diese heraufbeschwört im Bilde des nackten Dastehens vor dem Spiegel, nachts und im Mondschein. Das ist, spurenweise, Kitsch. Aber der Kitsch hat seine Funktion. Elektra muß sich die liebesbereite, über ihren schönen Leib glückliche junge Frau, die sie einmal war, wieder vergegenwärtigen, um dem Bruder die Zerstörung, der sie unterworfen wurde, begreiflich zu machen. Der Grund dieser Zerstörung erscheint in ihrer Rede nun aber als eine phantastische Allegorie. Die junge Frau im einsamen Bett wird vom Haß als einem gespenstischen Liebhaber besucht. Er schläft mit ihr, allnächtlich. Geschickt hat ihn der ermordete Vater, der so mit seiner Tochter verkehrt. Und was bei anderen Menschen die personale Verwandlung durch die erfüllte Sexualität ist, wird hier zur perversen Umschaffung Elektras durch den wiederkehrenden Coitus mit dem Haß. Ihr Leib wird kalt und verbrannt zugleich. An die Stelle der genossenen Lust tritt die Zerstörung von Körper und Seele. Diese Erfahrung, meint Elektra, sei ihre Erkenntnis, ihr Wissen, ihre Weisheit geworden.

Die Allegorie vom Haß als dem allnächtlichen Lover sprengt alle Normen des Natürlichen und Einfühlbaren. Hier wird die übermenschliche Passion wieder zum Ereignis auf der Bühne. Der alte Phobos im Sinne des grauenhaften Schreckens triumphiert über den milden Eleos, das Mitleid, die empfindungsreiche Empathie. Und dies ist denn auch die Voraussetzung für die extrem verkürzte Intrige des Stücks. Gleich nach dieser Begegnung mit der zerstörten Schwester geht Orest ins Haus, und schon hört man die Todesschreie der Klytämnestra. Die Begegnung mit der Schwester war das Moment, das den zögernden Orest zur sofortigen Tat trieb.

Das Übermenschliche, das Außermenschliche, das mythisch Ragende, die Grandeur der hohen Tragödie, all dies, was Hofmannsthal hier sucht und gestalten will, wird zugleich von einer Psychologie genährt, die ihrerseits die Alltagspsychologie der bürgerlichen Welt sprengt. Wenn Elektra mit dem Haß als ihrem Bettgenossen schläft und dieser Haß vom Vater geschickt ist, dann eignet den Gefühlstumulten dieser Frau auch ein inzestuöses Element. Über den Haß bleibt sie in Kommunikation mit dem Vater. Und diese Kommunikation, das zeigt die Beschreibung, geht weit über die Kindesliebe hinaus. Sie ist ein erotisches Geschäft. Insofern ist Hofmannsthals Versuch, die Passionen und Laster der alten Tragödien wiederzugewinnen, alles andere als ein bloßes Remake. Er ereignet sich auf dem Fundament der neuen, vernunftkritischen Anthropologie des doppelten Bewußtseins, die von Nietzsche entworfen und von Freud ausformuliert wurde.

Im Monolog der Cléopâtre wird der Haß einer Frau ebenfalls allegorisch personifiziert und zum Lebenspartner erklärt. Während Elektra ihr Innerstes ihrem Bruder zu erkennen gibt, tut es die syrische Königin ad spectatores. Dem Publikum enthüllt sie ihre Verstellung, ihm teilt sie mit, was sie in Wahrheit fühlt und was sie als nächstes plant. Ihr Haß ist nicht sexualisiert wie bei Hofmannsthal. Er ist reiner Wille zur Macht, zur Herrschaft, zum politischen Rang. Daß dies alles nur Männersache sein könnte, käme ihr nie in den Sinn.

Fort mit der Verstellung, sagt sie zuerst, fort mit der Heuchelei, fort mit dem erstickenden Verstecken einer unzähmbaren Wut. Nur unter politischem Druck habe ich mich versöhnlich gegeben. Jetzt ist der Druck weg. Ich kann wieder sein, die ich bin. Und dieses ihr Sein ist der Haß, den sie nun anredet als ihren hohen Partner:

> Et vous, qu'avec tant d'art cette feinte a voilée,
> Recours des impuissants, haine dissimulée,
> Digne vertu des rois, noble secret de cour,
> Éclatez, il est temps, et voici notre jour.
> Montrons-nous toutes deux, non plus comme sujettes,
> Mais telle que je suis et telle que vous êtes.
> Le Parthe est éloigné, nous pouvons tout oser;
> Nous n'avons rien à craindre, et rien à déguiser.
> Je hais, je règne encore. Laissons d'illustres marques
> En quittant, s'il le faut, ce haut rang des monarques,
> Faisons-en avec gloire un départ éclatant,
> Et rendons-le funeste à celle qui l'attend.[506]

Was in der Übersetzung heißt:

> Und du, den meine Verstellung mit so großer Kunst verschleiert hat,
> Du Zuflucht aller Schwachen, heimlich-versteckter Haß,

Du würdige Tugend der Könige, du nobles Geheimnis des Hofes,
Brich aus, erscheine, es ist Zeit, unsere Stunde ist gekommen.
Wir wollen uns beide zeigen, nicht mehr als Untergebene,
Sondern so, wie ich bin und wie du bist.
Der politische Feind, der Parther, ist weg, wir können alles wagen,
Nichts haben wir zu fürchten und nichts zu verbergen.
Ich hasse, ich regiere noch. Glänzende Zeichen wollen wir zurücklassen,
Falls wir beide unseren hohen Rang als Könige verlassen müssen.
Einen leuchtenden Abgang wollen wir veranstalten, ruhmvoll,
Und für jene andere Frau, die hinauf will, soll er zum Untergang werden.

Hier ist alles Gefühl öffentlich. Die große Passion ist nicht intim und privat, sondern ein aufstrahlendes Ereignis: »éclatez«, »éclatant«, das Wort fällt zweimal. Zur feudalen Größe gehört die Sichtbarkeit der Passionen; wo sie nicht sichtbar sind, gehorchen sie einer gebotenen Strategie der Verstellung. Dieses Verhältnis zum eigenen Gefühl ist heute, nach dem Einfühlungskult der bürgerlichen Jahrhunderte und ihrem maßlosen Ausstoß an Psychologie, nicht mehr nachvollziehbar. So wie wir eben auch Schwierigkeiten haben mit der Allegorie als einem möglichen Ausdruck innerster Gefühle. Auch die Allegorie will Öffentlichkeit. Sie ist ein Gestus, der gesehen sein will, auf große Distanz, wie ein königlicher Mantel. Für die Ästhetik der feudalen Tragödie, die diese Rede der Cléopâtre bis zum letzten Wort bestimmt, ist es ganz ausgeschlossen, daß daraus hervorgeht, was nach Lessing aus dem Tun und Lassen einer tragischen Königin hervorgehen soll, der Wink ans Publikum nämlich: »Seht her, auch eine Königin fühlt wie alle andern Frauen!« Vielmehr geht daraus der konträre Wink hervor: »Seht her, so fühlt eine Königin!«

Eine ganze Abhandlung aber könnte man allein dem dritten Vers widmen, der den *versteckten* Haß anspricht, die »haine dissimulée«. Als »digne vertu des rois, noble secret de cour« wird er bezeichnet. Rudolf Alexander Schröder hat das übertragen als: »Des Herrschers höchste Kraft, des Hofs geheimster Rat.«[507] Die Übersetzung bemüht sich allerdings mehr um das korrekte Versmaß als um die inhaltlichen Nuancen; von der Sache bleibt fast nur die superlativische Gebärde übrig. Tatsächlich ist der Vers zum Zerreißen gespannt von Widersprüchen. Eine Tugend, vertu, sei der versteckte Haß. Das läuft dem christlichen Liebesgebot schroff entgegen, ist ein Affront gegenüber den Göttlichen Tugenden Glaube, Hoffnung und Liebe. Aber diese schockierende Gegentugend ist eben die Eigenschaft der Könige, ist *ihre* sittliche Pflicht. Deshalb darf das Geheimnis, das der versteckte Haß an den Höfen darstellt, »noble« genannt werden, edel und vornehm, der Würde jener entsprechend, die das Geheimnis in der Brust bergen. Schwer entscheiden läßt sich allerdings, was da nun die Hauptsache ist, die Passion des unbedingten Hasses oder die Kunst des Verbergens. Der bei allen Ungeheuerlichkeiten, an die uns das Stück gewöhnt hat, immer noch verblüffende Satz, der wenig später fällt: »Je hais, je règne encore« – »Ich haß', ich herrsche noch« (ins Cartesianische pointiert könnte man die Formulierung wagen: »Ich hasse, also herrsche ich«), dieser Satz scheint dafür zu sprechen, daß Cléopâtre den ungehemmten Haß als das Insigne des Herrschers schlechthin versteht. Das Handlungsgefüge der Tragödie rückt dagegen den Akt der großen Dissimulation ins Zentrum, das vollkommene Verstecken des Gefühls. Tatsächlich wird ja die Wahrheit erst im tobenden Finale des Stücks für den ganzen Hof offenbar. Erst dann trifft die Aussage des vierten Verses zu: »Éclatez, il est temps.« Beim Monolog sind nur die Zuschauer Zeugen.

Wenn man also entscheiden müßte, ob die Tragödie mehr als Spectaculum des großen Hasses zu betrachten sei oder als Spectaculum der großen Verstellung, würde man zuletzt wohl auf das zweite kommen. Der Haß als königliches Privileg verweist auf die Distanz zwischen der Gefühlskultur der Herrschenden und jener der Bürger; er lokalisiert das Werk in einer Ästhetik, die den Begriff des Allgemeinmenschlichen im Sinne der Aufklärung, Kants wie auch der deutschen Klassik, noch nicht kennt. Die Kultur der Verstellung aber und deren dramatische Steigerung nach der Regel: je heftiger die verborgene Leidenschaft, um so virtuoser die Dissimulation, verweist auf den zivilisationsgeschichtlich prägenden Prozeß, den Norbert Elias mit den Begriffen der »höfischen Rationalität«[508] und der »Distanzierung«[509] erfaßt hat.

Das Machtgefüge des Hofes, insbesondere des französischen mit seiner unbedingten Dominanz über den ländlichen Adel, hat nach Elias die Streitkultur in der führenden Gesellschaftsschicht fundamental verändert. Wo vordem der Zweikampf mit Säbel und Degen über den Vorrang entschied, tut es jetzt die Kunst der Intrige mit ihrer Selbstbeherrschung und Verstellung, mit Pokerface, geheimer Planung und versteckter Einfädelung. Die körperliche Gewalt wird ersetzt durch andere Verfahren. In seinem Buch über den Prozeß der Zivilisation formuliert es Elias so:

> Spielt der Degen als Mittel der Entscheidung keine so große Rolle mehr, so treten Intrigen, Kämpfe, bei denen um Karriere und sozialen Erfolg mit Worten gestritten wird, an ihre Stelle. Sie verlangen und züchten andere

Eigenschaften, als die Kämpfe, die mit der Waffe ausgefochten werden können: Überlegung, Berechnung auf längere Sicht, Selbstbeherrschung, genaueste Regelung der eigenen Affekte, Kenntnis der Menschen und des gesamten Terrains werden zu unerläßlichen Voraussetzungen jedes sozialen Erfolges.[510]

Der Hof als geschlossenes System, wo alle um die Gunst des Herrschers buhlen und wo der Herrscher, um seine eigene Position zu sichern, die Höflinge immerzu gegeneinander ausspielt, entwickelt eine neue Kultur der sozialen Maske. Diese Undurchdringlichkeit des höfischen Gesichts ist nur zu gewinnen durch Distanz zur eigenen Passion. Nicht daß Liebe und Haß, Neid, Ehrgeiz, Rachsucht und was die edlen Damen und Herren sonst noch alles umtreibt, dadurch gedämpft, gemindert und zum Verschwinden gebracht würden, im Gegenteil, die Maske verstärkt die Passionen noch, die sie versteckt. Aber das Subjekt tritt zu ihnen in eine neue, epochenprägende Distanz. Was schon Baldassare Castiglione, der Zeitgenosse Machiavellis, in seinem »Libro del Cortegiano«, dem »Buch vom Hofmann«, vom idealen Höfling forderte, daß er sein Herz nicht auf der Zunge trage und immer sein Gesicht zu wahren, seine Gefühle zu dissimulieren wisse, das wird bei Elias zu einem die europäische Zivilisation verändernden Gefüge von Verhaltensweisen, die alle hinauslaufen auf das Ereignis der Bändigung der Affekte.

Der Panzer der Selbstzwänge, die Masken, die alle einzelnen Menschen der höfischen Eliten nun in höherem Maße als zuvor als Teil ihres Selbst, ihrer eigenen Person entwickeln, distanziert auch in höherem Maße als zuvor die Menschen voneinander. Verglichen mit der vorangehenden Periode sind nun am Hof – und gewiß nicht nur am Hofe allein – die spontanen Impulse der Menschen beim Verkehr miteinander in höhererm Maße gezügelt.[511]

Das darf aber nicht zur Meinung führen, der Kampf unter den Menschen sei zurückgegangen, das Potential des Streits auf Tod und Leben habe sich vermindert und der Friede auf Erden habe also zugenommen. Der Hof als die Spitze des sozialen Entwicklungsprozesses war ein lautloses Schlachtfeld der eleganten Maskierten. Noch heute nennen wir »höflich«, was einst die Umgangsformen am Hof charakterisierte. Von diesem Hof und solcher Höflichkeit aber sagt Elias:

Das Leben in der höfischen Gesellschaft war kein friedliches Leben. [...] Die Affären, Intrigen, Rang- und Gunststreitigkeiten brachen nicht ab. Jeder hing vom andern ab, alle vom König. Jeder konnte jedem schaden. Wer heute hoch rangierte, sank morgen ab. Es gab keine Sekurität. Jeder mußte Bündnisse mit andern Menschen, die möglichst hoch im Kurs standen, suchen, unnötige Feindschaften vermeiden, die Taktik des Kampfes mit unvermeidlichen Feinden genau durchdenken, Distanz und Näherung im Verhalten zu allen übrigen entsprechend dem eigenen Stand und Kurswert aufs genaueste dosieren.[512]

Von da her gesehen, erscheint der Monolog der Cléopâtre mit dem personifizierenden Ansprechen der »haine dissimulée«, des verheimlichten Hasses, und mit der extremen Spannung zwischen einer rasenden Passion und einer souveränen Kunst der Verstellung nicht als ein bizarrer Sonderfall, wie Lessing ihn diagnostizierte, sondern als ein exemplarisches Ereignis höfisch-feudaler Gefühlskultur und Machtstrategie. Die Vorstellung aber, dies alles sei mit dem Niedergang der Adelsherrschaft und dem Verschwinden der absolutistischen Höfe aus der Welt verschwunden, wäre naiv. Wo immer es weltweit hierarchische Machtstrukturen gibt, in Politik und Wirtschaft, an Universitäten und Spitälern, in Armeen und Beamtenapparaten, reproduzieren sich die Verfahren des Kampfes hinter den Masken des Höfischen, der Höflichkeit. Und da und dort wird es geschehen, daß einer heimlich zu sich selber sagt: »Je hais, je règne encore«.

XLIV
Das Endspiel der höfischen Intrige

Der Hof als Experimentalsituation für die Genese von sozialer Ordnung. Goethes Tasso und die höfische Affektkontrolle. Tasso lernt, und wie! Die Intrige der Sanvitale. Tassos phantastische Gegenintrige. Intrigenstimmen überall. Wahnsinn als letzter Ausweg. Ein verschwiegener Skandal der deutschen Literaturgeschichte: Ächtung einer großen Tragödie. Schillers Satz und Goethes Schweigen. Der Hof als Ort der Handlung wird obsolet. Die moderne Metropole als Tragödienschauplatz in Schillers Vision. Schiller denkt filmisch vor der Erfindung des Kinos. Verwandlung der Intrige in den Überwachungsapparat des modernen Staates. Der Kriminalroman als Nebenprodukt.

Daß Etikette und Zeremoniell des Hofes nicht preziöser Schnickschnack oder barockes Ornament waren, sondern die Erscheinungsform gebändigter Affekte, die Verhüllung furchtbarer, in der Tiefe tobender Wünsche, ist ein so einfacher wie bestechender Gedanke. Der Hof läßt sich lesen als Experimentalsituation für die Genese von Ordnung in der menschlichen Gesellschaft überhaupt. Machtverteilung und Hierarchie sind völlig klar. So klar sind sie, daß alles zu ruhen scheint. Diese Ruhe ist die gleichzeitig sanfte und schreckliche Gestalt verbotener und verschobener Kämpfe. Während in den Städten und Dörfern die Ordnung nur aufrechterhalten werden kann durch große Überwachungssysteme und Strafapparate, Polizei und Richter und Henker und Gefängniswärter, kontrolliert am Hof jeder den andern. Jeder kennt die Regeln bis hin zum richtigen Knicks im richtigen Moment, bis hin zur richtigen Knopfgröße am jeweils angezeigten Rock. Alles ist Zeichen. Deshalb kann eine einzige falsche Geste das Lebensglück, den Reichtum, die Zukunft vernichten. Wer aber vollkommen kontrolliert innerhalb der Etikette bleibt, mit keinem Knicks und Knopf dagegen verstößt und stets das richtige Wort weiß für die gegebene Situation, der kann Gegner ausschalten, Frauen gewinnen, Reichtümer an sich reißen, kann Verbrechen begehen nach Belieben – es darf nur die Etikette nicht gestört werden.

Als Probe aufs Exempel kann Goethes Tragödie »Tasso« dienen. Sie ist die Tragödie eines Mannes, der zweimal die Etikette verletzt und dadurch sich selbst zerstört. Einmal zieht er seinen Degen, ein anderes Mal küßt er eine Frau. Beides ist in der gegebenen Situation verboten. Beides ist »an sich« eine Belanglosigkeit, die jedoch »am Hof« zum Verbrechen wird. Jene Frau, die Tasso küßt, hat ihm vorher mit Worten, die sich haargenau an die Etikette hielten, ihre Liebe erklärt. Und der Mann, gegen den er den Degen zieht, hat ihn vorher mit Worten, die sich haargenau an die Etikette hielten, schwer beleidigt. Beides erlebt er als eine Wahrheit, die ihn ins lebendige Herz trifft. Er antwortet auf der Stelle, mit Leib und Seele, sofort. Er zieht den Degen gegen den Beleidiger. Er küßt die liebende Frau. Damit zerreißt er die Etikette. Er verstößt gegen die »höfische Rationalität« und wird ausgestoßen. Denn das delikate Uhrwerk des Hofes könnte schon wegen einer einzigen winzigen Störung ganz zerstört werden.

Wenn man die Tasso-Tragödie als ein Stück über die Affektkontrolle an den Höfen liest, über deren Regeln und Spielformen, vor allem aber über das Weiterwirken der radikalen Wünsche hinter der Etikette und die mörderischen Spannungen, die sich daraus ergeben, wird sie weit faszinierender, als wenn man, wie es meist geschieht, den Konflikt im Kontrast der Charaktere sucht. Das System des Hofes schafft nämlich auch die Charaktere um. Tasso, der Ahnungslose, beginnt nach dem ersten Streit mit Antonio, dem Virtuosen der Etikette, zu erkennen, daß am Hof alles anders läuft. Gefühl und Wort, Trieb und Zeichen treten hier auseinander. Die Worte und Gesten haben nicht zu eröffnen, sondern zu verbergen, was der Fall ist. Gleichzeitig treten sie auf andere Art wieder in den Dienst dieses Verborgenen. Tasso erlebt, wie Antonio seinen Neid und seine Eifersucht über das Glück des Dichters bei den Frauen in genau kontrollierte Beleidigungen umsetzt, bis der Verletzte nicht mehr an sich halten kann. Er erkennt, daß das System der Affektkontrolle hinter der Zeremonialität Formen des Affektvollzugs gestattet, die so grausam sind wie jede offene Attacke auf den ungeschützten Leib. Weil er selbst aber dieses System nicht beherrscht, ist er der maskierten Bosheit gegenüber hilflos. Das zeigt sich augenfällig an den unterschiedlichen Selbstverteidigungen Tassos und Antonios, des Dichters und des Höflings, nach der Degenaffäre. Dem Herzog gegenüber denunziert Tasso das Verhalten Antonios als Verlogenheit und Tücke. Antonio hingegen wird eine Arie anstimmen auf das Ordnungssystem des Hofes. So redet Tasso:

> Ja, es ist wahr, ich drohte, forderte,
> Ich zog. Allein wie tückisch seine Zunge
> Mit wohlgewählten Worten mich verletzt,

Wie scharf und schnell sein Zahn das feine Gift
Mir in das Blut geflößt, wie er das Fieber
Nur mehr und mehr erhitzt – Du denkst es nicht!
Gelassen, kalt, hat er mich ausgehalten,
Aufs höchste mich getrieben. O! du kennst,
Du kennst ihn nicht und wirst ihn niemals kennen![513]

Daß es hier um ein Regelwerk des höfischen Benehmens geht und nicht um die naiven Kategorien von Ehrlichkeit und Offenheit, hat Tasso noch nicht begriffen. Wenn er den Gegner »gelassen, kalt« nennt, bezeichnet er als negativ, was nichts anderes ist als die vorgeschriebene Affektkontrolle. Wenn er den Fürsten warnt, er kenne Antonio nicht, warnt er ihn vor der höfischen Maske, die für den Fürsten ein zwingendes Verhaltensmuster ist.

Antonio hingegen stimmt vor dem Fürsten eine Schmeichelrede an auf den Hof als den Ort der bezähmten Leidenschaft und des Friedens; wer sich gegen diese Ordnung vergehe, sei sittenlos und müsse bestraft werden. Für den Höfling ist die Affektkontrolle identisch mit dem sittlich richtigen Verhalten. »Höfische Rationalität« ist Ethos, für Tasso ist sie ein unsittliches, weil unehrliches Gebaren. So redet Antonio:

Die Majestät verbreitet ihren Schutz
Auf jeden, der sich ihr wie einer Gottheit
Und ihrer unverletzten Wohnung naht.
Wie an dem Fuße des Altars, bezähmt
Sich auf der Schwelle jede Leidenschaft.
Da blinkt kein Schwert, da fällt kein drohend Wort,
Da fordert selbst Beleid'gung keine Rache. [...]
Hier diese Mauern haben deine Väter
Auf Sicherheit gegründet, ihrer Würde
Ein Heiligtum befestigt, diese Ruhe
Mit schweren Strafen ernst und klug erhalten; [...]
Nun sehen wir nach langem schönem Frieden
In das Gebiet der Sitten rohe Wut
Im Taumel wiederkehren. Herr, entscheide,
Bestrafe![514]

Das Stichwort »Ruhe« ist uns als politischer Begriff nur noch aus dem klischierten Ausdruck »Ruhe und Ordnung« bekannt. Es meint indessen weit mehr als den diffusen Gegensatz zu Lärm. »Unruhiger Kopf« war noch im 19. Jahrhundert die Bezeichnung für einen Revolutionär oder einen politisch unbotmäßigen Intellektuellen. »Ruhe« im streng politischen Sinn ist der Friedenszustand im Innern, sei es eines Landes, sei es eben des Hofs. Wenn Antonio den Hof als »das Gebiet der Sitten« erklärt, meint er damit die Unterdrückung aller spontanen Leidenschaft.

Tasso hat nun, so würde man denken, nur zwei Möglichkeiten: Er kann das System studieren, es lernen und eines Tages den Gegnern auf gleiche Art begegnen, oder er verharrt in seinem – darf man sagen: »natürlichen«? – Verständnis von Ehrlichkeit und Offenheit und tappt über kurz oder lang in die nächste Falle. Tatsächlich geschieht aber ein Drittes, und dadurch erst wird das Stück außerordentlich, wird es zu einer psychologischen Studie, für die erst das 20. Jahrhundert die Begriffe finden wird. Tasso lernt in der Tat, tut es aber mit einer Radikalität und Konsequenz, aus der zuletzt die endgültige Katastrophe entspringt.

Als er merkt, daß am Hofe alles, was er für private Tücke gehalten hat, einer allgemeinen Norm entspricht und also das für ihn Unsittliche für die anderen sittlich ist, deutet er konsequent das Verhalten sämtlicher Menschen am Hof als Maske. Alle lügen. Alle heucheln. Alle meinen stets das Gegenteil. Folgerichtig hört Tasso nun in jeder Rede den Gegensinn, und in jedem Lächeln sieht er eine Berechnung. Gut, sagt er, dann mache ich es eben auch so. Vom Extrem einer naturhaften Unmittelbarkeit der Gefühle kippt er ins Gegenextrem der radikalen Verstellung. Doch was für ihn von zwingender Logik ist, erscheint den anderen pathologisch. Für Verfolgungswahn halten sie das, paranoid würden sie ihn nennen, wäre ihnen das Wort schon vertraut. Daß sich Tasso tatsächlich diesem kranken Fühlen nähert, beruht weniger auf einer unglücklichen Anlage als auf seiner scharfsinnigen und folgerichtigen Reaktion auf das Hofsystem. Das Wort »verstellen« beginnt seine Monologe zu besetzen. »Ich lerne mich verstellen«, sagt er und gibt gleich den Grund an: »Deutlich seh' ich nun / Die ganze Kunst des höfischen Gewebes!«[515] Und später erklärt er seinen Lernprozeß als fortgeschritten, ja, es sei sogar ein Vorteil, daß er erst jetzt soweit gelangt sei. Nun würden ihn die anderen um so weniger durchschauen. Und er wolle sein Training fortsetzen:

> Es wird dir schwer, es ist das erste Mal,
> Daß du dich so verstellen magst und kannst. [...]
> Wer spät im Leben sich verstellen lernt,
> Der hat den Schein der Ehrlichkeit voraus.
> Es wird schon gehn, nur übe dich mit ihnen.[516]

Was er hier meint als sein eigenes Tun und Treiben ist die Gegenintrige, die er sich ausgedacht hat als Antwort auf eine vermeintliche Intrige des ganzen Hofes gegen ihn. Von der naiven Offenheit in die totale Verstellung gestürzt, ist er nicht imstande, im Reden und Handeln der anderen Wahrheit und Lüge, Ehrlichkeit und Hintergedanken zu unterscheiden.

In Wirklichkeit ist da nur eine verhältnismäßig harmlose und leicht durchschaubare Intrige angelaufen. Leonore Sanvitale, eine der beiden Frauen, die für ihn schwärmen, verheiratet, nicht mehr ganz jung, möchte ihn von Ferrara weg an den eigenen Hof nach Florenz holen. Die ihn wirklich liebt, ist die andere Frau, die Prinzessin, und auch Tasso liebt diese andere unbedingt. Leonore Sanvitale aber will, daß der berühmte Sänger um sie sei, daß er sie in seinem Werk erscheinen lasse, daß sie mit ihm zusammen unsterblich werde. So wird sie, denkt sie, das eigene Alter besiegen; ihre Schönheit wird weiterleben in Tassos Versen. Der Monolog der Sanvitale ist die Planszene der einzigen wirklichen Intrige des Stücks:

> Alsdann vermag die Zeit, das Alter nichts
> Auf dich, und nichts der freche Ruf,
> Der hin und her des Beifalls Woge treibt:
> Das was vergänglich ist, bewahrt sein Lied.
> Du bist noch schön, noch glücklich, wenn schon lange
> Der Kreis der Dinge dich mit fortgerissen.
> Du mußt ihn haben, und ihr nimmst du nichts.[517]

»… ihr nimmst du nichts« – damit beruhigt sie ihr Gewissen gegenüber der Freundin, der sie, wenn das Mechanema gelingt, tatsächlich das Glück des Lebens raubt. Die Intrige der Leonore Sanvitale ist zwar ein psychologisch beachtliches Frauenstrategem, aber sie wäre doch die eingehendere Betrachtung in dieser Studie nicht wert, wenn sie nicht Tassos phantastisch-paranoide Gegenintrige zur Folge hätte. Diese ist das zugleich sensationelle und tragische Ereignis. Durch sie wird ein Stück mit einem konventionellen Mechanema – Frau will großen Dichter als Statuszeichen an sich binden – zur Tragödie der Intrigenerfahrung schlechthin.

Als Leonore Sanvitale dem umworbenen Tasso nahelegt, für einige Zeit zu ihr nach Florenz zu ziehen, um sich dort zu erholen, riecht er auf der Stelle Lunte. Völlig zu recht vermutet er eine List, eine gezielte Verstellung mit ihm selbst als Intrigenopfer. Aber statt diesen Einzelvorgang und dessen Betreiberin zu analysieren und die Zumutung kurzerhand abzulehnen, sieht er dahinter eine Verschwörung aller gegen ihn. Die erste Diagnose – die Sanvitale treibt ein Ränkespiel – ist völlig richtig. Genau das aber macht es Tasso unmöglich, die zweite Diagnose – es sei das Ränkespiel auch aller anderen – als falsch zu erkennen. Wo es nur noch Intrigenstimmen gibt, und so erfährt er ja den Hof (»die ganze Kunst des höfischen Gewebes«), ertönen in *einer* falschen Zunge auch alle anderen. Es beginnt ein schrecklicher Tanz der Fehldeutungen. Er ist überzeugt: Alle wollen mich weghaben. Also will ich selber gehen, aber nicht, wohin sie wollen, sondern wohin ich will, nach Rom oder nach Sorrent. Das ist mein Gegenzug. Sobald einer kommt und ihn zu bleiben bittet (tatsächlich will ihn ja außer der Sanvitale niemand weghaben), erkennt er darin einen weiteren Beweis für die geplante Vertreibung. Alle stecken sie unter einer Decke, selbst, und das ist nun wirklich schrecklich, selbst die Geliebte, die Prinzessin. So glaubt er nun, glaubt er, glauben zu müssen:

> Auch Sie! auch Sie! Entschuldige sie ganz,
> Allein verbirg dir's nicht: auch Sie! auch Sie![518]

Dies ist vielleicht der entsetzlichste Moment des Stücks, schlimmer als die Katastrophe am Schluß. Denn in diesem Moment verwandelt sich für einen vertrauensvollen Menschen die ganze Welt in einen einzigen Zusammenhang der Täuschung und Hinterlist. Wenn sogar die Prinzessin in die Intrige verwoben ist, wenn ihre Stimme ebenfalls Intrigenstimme ist, ihr Gesicht ebenfalls Maske und ihre ganze Person Intrigenhelferin, dann ist alle Liebe in der Welt nur Lüge und Betrug. Dann bleibt nur noch der Weg in Wahn und Wahnsinn. Tasso schildert ihn symbolisch als seine Reise nach Sorrent: »Die Kinder laufen nebenher und schauen / Das wilde Haar, den düstern Fremdling an …«[519]

Nur diese Erfahrung des Äußersten vermag zu erklären, warum Tasso, als er im letzten Gespräch mit der Prinzessin erkennt, daß sie ihn dennoch liebt und wirklich hierbehalten möchte, alle Fassung verliert, alle eben gelernte Etikette vergißt und die Frau in seine Arme reißt. Die Totalität der Lüge und Verstellung, auf die er aus der kleinen Frauenintrige der Sanvitale geschlossen hat, das Verschatten der ganzen Welt, das er darüber erlebt hat, hebt sich plötzlich wieder auf. Und wie ihm vorher alles, alles von Übel schien, scheint ihm nun alles, alles gut, und er handelt entsprechend und küßt, weil doch die Welt jetzt wieder gut ist, küßt die geliebte Frau, denn was sonst wäre zu tun in der neuen Herrlichkeit, und so, heimkehrend im Jubel, vertreibt er sich auf Dauer aus dem Glück.

Man könnte die These wagen, mit Goethes »Tasso« sei die naive Selbstverständlichkeit der höfischen Intrige als eines effektvollen Mittels für das deutsche Trauerspiel vorbei. Und dies, obwohl Schillers »Don Karlos« in den gleichen Jahren entstand: die gewaltigste Orgie vernetzter Hofintrigen in der ganzen deutschen Literatur. Als ihre gezähmte Form darf »Maria Stuart« gelten. Auch sie ist ein Gefüge von Hofintrigen, aber was im »Don Karlos« ins Maßlose wucherte, ist nun souverän komponiert. »Don Karlos« erschien 1787. Da arbeitete Goethe schon sieben Jahre an seinem »Tasso«, der erst 1790 in Druck ging; fertiggestellt wurde er im Sommer 1789, zeitgleich mit dem Ausbruch der Französischen Revolution. »Maria Stuart« wurde 1800 vollendet; fünf Tage nach dem letzten Federstrich war die Uraufführung. Damals lag der »Tasso« seit zehn Jahren vor, aber zu einer Aufführung war es noch nicht gekommen, und niemand schien darauf erpicht zu sein.

Man kann es nicht einfach und deutlich genug sagen: Daß »Torquato Tasso« erst 17 Jahre nach Erscheinen, 1807, erstmals aufgeführt wurde, überdies in einer verharmlosenden Bearbeitung, ist einer der größten und verschwiegensten Skandale der deutschen Literaturgeschichte.

Auch Schiller, der Bühnenstar, muß das Stück unmöglich gefunden haben. Im Briefwechsel mit Goethe, der unter anderem eine systematische Analyse von Goethes bisherigem Schaffen enthält, erwähnt er »Torquato Tasso« ein einziges Mal, und man erschrickt wahrhaftig, wenn man die Stelle liest. Sie besteht aus einem einzigen Satz. Er lautet: »Von dem Tasso will ich gar nicht reden.«[520] Das ist, in aller Freundschaft und Sachlichkeit, der Todesstoß des alles beherrschenden Dramatikers, vollzogen an einem Stück, das für Goethe immer zum Wichtigsten zählte, was er geschrieben hatte. Schiller erläutert in jenem Brief die grundsätzlichen Unterschiede zwischen dem epischen Gedicht und der Tragödie. Er fordert, daß die beiden Formen nicht ineinander übergehen dürften, und erklärt, warum die »Iphigenie« unter diesen Aspekten ein fehlerhaftes Stück sei. Mitten in diesen Ausführungen fällt, fast nebenbei, jener Satz: »Von dem Tasso will ich gar nicht reden.« Er besagt: Wenn »Iphigenie« eine mißratene Arbeit ist, über die sich noch diskutieren läßt, ist »Tasso« in einem Maße mißglückt, daß man darüber nur noch gnädig schweigen kann.

Mit seinem leidenschaftlichsten Stück ist Goethe nicht nur an Schiller, sondern am ganzen deutschen Publikum gescheitert. Das unvergleichliche Werk war wie ins Leere geschrieben. Mehr als ein

Schulterzucken bewirkte es nicht, und noch heute wird diese Raserei hinter Schleiern gerne als »klassizistisch« abgetan. Goethe nahm die Niederlage stumm entgegen. Auch auf jenen Schiller-Brief gab er keine Antwort. Erst viele Jahre später, im hohen Alter, bekannte er, daß dieser Mißerfolg einen Bruch in seinem ganzen Schaffen zur Folge hatte. Er sei damals im Begriff gewesen, eine neue deutsche Theaterkultur zu begründen, meinte er zu Eckermann, aber niemand habe davon etwas wissen wollen. Die Passage muß hier zitiert werden. Sie bebt noch immer von Bitterkeit:

> Ich hatte wirklich einmal den Wahn, als sei es möglich, ein deutsches Theater zu bilden. Ja ich hatte den Wahn, als könne ich selber dazu beitragen und als könne ich zu einem solchen Bau einige Grundsteine legen. Ich schrieb meine Iphigenie und meinen Tasso und dachte in kindischer Hoffnung, so würde es gehen. Allein es regte sich nicht und rührte sich nicht und blieb Alles wie zuvor. – Hätte ich Wirkung gemacht und Beifall gefunden, so würde ich Euch ein ganzes Dutzend Stücke wie die Iphigenie und den Tasso geschrieben haben. An Stoff war kein Mangel. Allein, wie gesagt, es fehlten die Schauspieler, um dergleichen mit Geist und Leben darzustellen, und es fehlte das Publikum, dergleichen mit Empfindung zu hören und aufzunehmen.[521]

Kurz zuvor war ein »englischer Ingenieuroffizier« in Weimar auf Besuch gewesen. Man sprach über Literatur, und der Engländer berichtete, wie er in Deutschland überall Verwunderung erwecke, wenn er erwähne, er lese den »Tasso«.[522] Das war 35 Jahre nach dessen Erscheinen. Das landläufige Goethe-Bild verdrängt diese Tragödie von Goethes Kreativität bis auf den heutigen Tag. Wenn man im Gespräch auf den Klassiker kommt, fällt immer wieder die Bemerkung, er habe in seiner olympischen Herrlichkeit das Genie Kleists nicht erkannt. Kleist sei sein Opfer gewesen. Daß man ihm selbst durch die kollektive Verachtung eines seiner vollkommensten Werke ein Vorhaben aus der Hand geschlagen hat, das die Geschichte der deutschen Literatur und des europäischen Theaters verändert hätte, wird vom Klischee seiner angeblichen Allmacht verdeckt.[523]

Intrigengeschichtlich ist »Tasso« deshalb besonders wichtig, weil Goethe darin die Intrige vom zentralen dramatischen Motor, als den sie Schiller weiterhin verstand, verschoben hat zu einem seelischen Ereignis. Das Mechanema der Leonore Sanvitale ist nur von Belang durch die Art, wie es Tassos Bild von Welt und Gesellschaft erschüttert. Sobald er die Intrige erkennt, wird sie ihm zum Beweis für die umfassende Verlogenheit der Welt. Ein Sturz ist das aus aller Sicherheit des zwischenmenschlichen Verstehens, der verglichen werden darf mit dem Kollaps des Weltvertrauens bei Kleist. Die Intrige wird damit auf ganz neue Weise intimisiert; nicht ihr Vollzug ist wichtig, sondern ihre Erfahrung. Als Element der Handlung im Sinne der harten Action wird sie nebensächlich. Die Frage, ob Tasso schließlich nach Florenz gelangt (das Intrigenziel der Sanvitale), wird gar nicht mehr beantwortet. Sie verflüchtigt sich angesichts der inneren Umstürze. Darüber wird deutlich, daß dieser Dramatiker die Intrige als dramatischen Motor im Grunde nicht mehr braucht. Er hat sie aus der Tradition übernommen, mehr spielerisch denn aus Notwendigkeit, und sublimiert sie zum Faktor einer seelischen Tragödie, die sich auch ohne sie entfalten könnte. Wie hätte Schiller das verstehen sollen! Dieser Goethe wird dann mit den »Wahlverwandtschaften« einen tragischen Roman schreiben, der gänzlich intrigenfrei ist. Noch im »Wilhelm Meister« hatte er, selbst ein Mitglied des Illuminatenordens, die Romanhandlung in das weitläufige Mechanema einer Geheimgesellschaft gebettet.

Im großen Überblick über die Geschichte der Intrige in der Literatur erscheint der historische Zufall, daß die Vollendung des »Torquato Tasso« zusammenfällt mit dem Sturm auf die Bastille, merkwürdig aussagekräftig. Mit der Französischen Revolution wurde der Hof als selbstverständlicher Schauplatz der Tragödien obsolet. Auch wenn die reale Theaterpraxis dem Befund zu widersprechen scheint, wenn Schillers »Maria Stuart«, Kleists »Homburg« und viele Stücke Grillparzers und Hebbels weiterhin so selbstverständlich an Höfen spielen, als wäre dies ein Naturgesetz des Theaters, kann doch die feudale Hofwelt mit ihrer Affektkontrolle und der entsprechenden Intrigenkultur nicht länger der unbezweifelte Ort sein, an dem die welthistorischen Würfel fallen. Schon in Büchners »Leonce und Lena« dient der Hof nur noch zum Schauplatz einer Farce; die wahre Tragödie spielt sich auf den Gassen von Leipzig ab, durch die der gequälte Woyzeck hetzt.

Schiller, der Fellini des deutschen Theaters, konnte sich eine Bühne ohne schmetternde Effekte nicht denken. Vom Publikumserfolg her hatte er recht. Damit die für drei Stunden zusammengeworfene Masse der Zuschauer zu einer fühlenden Gemeinschaft wurde, brauchte es Mittel der Erschütterung, die auch in dumpfe Seelen fuhren und durch lederne Ohren schrillten. Das beherrschte der Württemberger, der das Theater einst mit genialen Trash-Dramen erobert hatte. Wohl ging er in seinem späteren Werk den Weg einer formalen Läuterung, aber auf Donnerblech und Magnesiumblitze hat er doch nie ganz verzichtet. Diese Lautstärke setzte das

Maß für die dramatische Kunst der Zeit, und Goethes Projekt eines leisen, musikalisch gefügten Theaters von extremer seelischer Intensität, das mit »Torquato Tasso« zum Durchbruch hätte kommen sollen, erlitt das Schicksal von Beethovens späten Quartetten. Man wollte davon nichts wissen.

Auf seine Weise besaß allerdings auch Schiller die Witterung für den Gang der Geschichte und dessen Auswirkungen auf die Literatur. Wenn im »Wallenstein« keine einzige Szene am Kaiserhof zu Wien spielt, obwohl alle Intrigen gegen den Feldherrn dort gesponnen werden, kann dies als Symptom dafür gelesen werden, daß auch für ihn der Hof als naturgegebener Schauplatz der Tragödie zweifelhaft wurde. Seine Entwürfe und Fragmente zeigen das noch deutlicher. So dachte er zum Beispiel an ein Piratenstück, »Die Flibustiers«, das durchweg auf einem Schiff gespielt hätte. Und einer der heute faszinierendsten Pläne heißt »Die Polizey«. Das Stück hätte zum Schauplatz die ganze Stadt Paris gehabt und als Schlüsselfigur den obersten Chef der Polizei. Er ist geformt nach dem legendären Polizeiminister Marc-René d'Argenson, der seit 1697 an der Spitze des Pariser Sicherheitswesens stand, direkt dem König unterstellt und versehen mit nahezu unbegrenzten Vollmachten. Von ihm ging die Rede, daß kein Verbrechen seinen Augen, das heißt: seinem riesigen Überwachungssystem, entgehen konnte. Auch Schillers »Polizeylieutenant«[524] hätte Argenson geheißen. Was den Dramatiker faszinierte, war die Riesenstadt mit ihrem finstern Untergrund als Ort der Handlung. Er will das menschliche Panorama der Metropole auf die Bühne holen, von den Gaunern und Huren bis zu den Bürgern und Adligen. Da die Polizei überall in der Stadt präsent ist, kenntlich oder verkleidet, bildet sie die Einheit, die das chaotische Ganze für die Zuschauer zusammenhält, und diese Einheit verdichtet sich in Argenson. In seinem Audienzsaal soll das Stück beginnen. Bei der morgendlichen Befehlsausgabe vor den Funktionären und »Kommis«[525] wird der Zuschauer »schnell mitten ins Getreibe [sic!] der ungeheuren Stadt versetzt und sieht zugleich die Räder der großen Maschine in Bewegung«.[526] [Zu lesen: sieht die Räder alle zugleich in Bewegung.] Schiller, der Paris nie gesehen hatte – ein Defizit, das er mit Goethe teilte – stützte sich hinsichtlich der sozialen Wirklichkeit dieser Großstadt auf Louis-Sébastien Merciers berühmtes Werk »Tableau de Paris«, dessen zweite Auflage in acht Bänden (Amsterdam 1782/83) ihm in Weimar zur Verfügung stand.

Was diesen Dramenplan, von dem 17 Seiten mit Notizen vorhanden sind, so aufregend macht, ist die wahre Tollkühnheit, mit der

Schiller sich zutraut, eine so unabsehbare Materie dramatisch zu organisieren. Heute wissen wir, daß nur der Film das leisten könnte. Schillers urtümlichste Leidenschaft, die verworrene Tiefe der Welt in Klarheit zu übersetzen, den Sumpf zum Kristall zu machen, sah sich hier der größten denkbaren Herausforderung gegenüber. Das ist der ästhetisch-dramaturgische Aspekt des Unternehmens. Neben ihn tritt der zivilisations- und literaturgeschichtliche: Schiller erkennt, daß die Metropole in ihrer breiten Wirklichkeit zum Brennpunkt der Weltgeschichte aufrückt. Er hat Mercier schon in den 1780er Jahren gelesen; die Vorgänge der Französischen Revolution müssen ihm die Einsicht bestätigt und verdeutlicht haben. 1799 sind die ersten Gespräche mit Goethe über den »Polizey«-Plan dokumentiert. Daß er nicht verwirklicht wurde, hängt mit den ungeheuerlichen Dimensionen des Projekts zusammen. Sie haben wohl verhindert, daß Schiller den Schritt wagte, den Büchner später in seinem »Danton« tat: die Weltgeschichte auf den Straßen von Paris zu zeigen. Die Notizen machen aber deutlich, wie konkret dies alles schon vor Schillers innerem Auge stand. Eine Auswahl:

Poetische Schilderung der *Nacht* zu Paris, als des eigentlichen Gegenstandes und Spielraumes der Polizey.

Der Mensch wird von dem PolizeyChef immer als eine wilde Thiergattung angesehen und eben so behandelt.

Geheime Gesellschaften.

Ein Leichnam wird von jungen Aerzten gestohlen. Ein künstlich veranstalteter Leichenzug.

[Der Polizeyminister] läßt nicht nur den Verbrechern sondern auch solchen Unglücklichen, die es durch Verzweiflung werden könnten, Kundschafter folgen.

Die Polizey erscheint hier in ihrer Furchtbarkeit, selbst der Ring des Gyges scheint nicht vor ihrem alles durchdringenden Auge zu schützen.

Ein ungeheures, höchst verwickeltes, durch viele Familien verschlungenes Verbrechen, welches bei fortgehender Nachforschung immer zusammengesetzter wird, immer andre Entdeckungen mit sich bringt, ist der Hauptgegenstand. Es gleicht einem ungeheuren Baum, der seine Äste weit herum mit andren verschlungen hat, und welchen auszugraben man eine ganze Gegend durchwühlen muß. So wird ganz Paris durchwühlt, und alle Arten von Existenz, von Verderbniß etc werden bei dieser Gelegenheit nach u. nach an das Licht gezogen.

Die äußersten Extreme von Zuständen und sittlichen Fällen kommen zur Darstellung [...] Die einfachste Unschuld wie die naturwidrigste Verderbniß, die idyllische Ruhe und die düstre Verzweiflung.

Druck geheimer Schriften unter den Holzbeugen. Drucker als Holzsäger.

Paris der Frauen Paradies, der Männer Fegefeuer, Hölle der Pferde.

Paris unterhöhlt, die Steine sind über der Erde, es steht auf Höhlen.

Unaufhörliche Verkleidungen der Polizeyspionen.

Polizeyspionen werden wieder durch andre beobachtet.

Man duldet kleine Filoux und läßt unbedeutende Diebstähle geschehen, um den größern auf die Spur zu kommen.[527]

Hier verschiebt sich nicht nur der Schauplatz der Tragödie vom Fürstenhof in die Eingeweide der Metropole, hier verwandelt sich auch die Intrige von einer charakteristischen Ausdruckform der höfischen Rationalität in die Beobachtungs-, Überwachungs- und Verfolgungstätigkeit eines modernen Justizapparats. Schiller nennt diesen eine »Maschine«, mit dem gleichen Wort, das er oft auch für die Intrige braucht. Das organisierte Verbrechen und die organisierte Polizei stehen einander gleichermaßen verkleidet und unablässig beobachtend gegenüber; oft genug verwischt sich die Grenze in unterschiedlichen Formen der Doppelspionage. Hier wird bereits sichtbar, was Bianchon, der Arzt und Wissenschaftler, der in vielen Romanen Balzacs als unbestechliche Instanz erscheint, einmal mit dem schlichten, und dennoch gewaltigen Satz benennt: »La moitié de la société passe sa vie à observer l'autre.«[528] – »Die Hälfte der Gesellschaft verbringt ihr Leben damit, die andere Hälfte zu beobachten.«

In szenischer Form wäre, wie gesagt, nur der Film diesem Stoff gewachsen gewesen, in epischer Form nur der Roman. Von diesem aber hatte sich Schiller, seit er mit dem »Geisterseher« nicht zurande gekommen war, verabschiedet. Ob man in Weimar, dem Residenzdorf, überhaupt einen Großstadtroman hätte schreiben können, ist eine weitere Frage. Tatsache ist jedoch, daß im neuen Jahrhundert, dem neunzehnten, dessen Beginn Schiller noch erlebte, der Roman die Vision von der Metropole als tragischem Schauplatz und Ort neuer Intrigen in gewaltiger Produktion verwirklicht. Balzac kann hier für alle andern stehen. Bei ihm ist die Überlegung, mehr noch: das Programm immer neu zu vernehmen, daß die großen Figuren von Shakespeares Tragödien wiederkehren können und sollen als Gestalten der »Comédie humaine«. So wird eine von Balzacs konsequentesten und grausamsten Intrigantinnen, die alte Jungfer (»vieille fille«[529]) Bette oder Lisbeth im Roman »La Cousine Bette«, explizit mit den zwei berüchtigtsten Intriganten Shakespeares verglichen: »Et Madame Marneffe avait eu peur en trouvant tout à la fois un Iago et un Richard III dans cette fille en apparence si faible, si humble et si peu redoutable.«[530] – »Und Madame Marneffe hatte sich gefürchtet, als sie in dieser äußerlich so schwachen, so bescheidenen und so wenig furchterregenden Frau gleichzeitig einen Jago und einen Richard III. erkannte.« Das triumphale Gefühl, als Romancier mit Shakespeare gleichziehen und dessen szenische Gewalt im eigenen Erzählen erreichen zu können, ist eine dauernde Triebkraft hinter Balzacs zyklopischer Produktion.

Die Verlagerung der Intrige vom Schauplatz des Hofes zum Schauplatz der Metropole ermöglichte die Genese einer der bis heute fruchtbarsten und beliebtesten literarischen Formen, des Kriminalromans. Mögen noch so viele Krimis tief in der Provinz spielen, auf Dörfern oder in englischen Landhäusern, mögen noch so viele Detektive außerhalb des Polizeisystems operieren, es laufen doch immer irgendwelche Fäden zwischen diesem privaten Treiben und dem ausgedehnten Überwachungs- und Verfolgungsapparat, der sich im Verlauf der Neuzeit in den großen Städten entwickelt hat und als deren nahezu mythische Gründergestalten die Pariser Polizeichefs Marc-René d'Argenson im frühen 18. und Eugène François Vidocq im frühen 19. Jahrhundert gelten dürfen.

Sechster Teil

DIE INTRIGE AUF DEM WEG IN DIE MODERNE

XLV
Der weibliche Jago

Balzacs Roman »La Cousine Bette«. Ein Bauerntrampel kommt nach Paris. Affektkontrolle und Intrigengeduld. Scheinbare Zähmung einer Wilden. Raserei der Betrogenen. Zielphantasie und Vernichtungsplan. Von der Helferin zur Intrigenschwester: ein Frauenbündnis. Erotische Fixierungen.

An drei Verkörperungen weiblicher Hinterlist sollen im folgenden die Wandlungen der Intrige und ihrer Protagonisten auf dem Weg in die literarische Moderne aufgezeigt werden, an Balzacs Bette, Strindbergs Laura und Thomas Bernhards Vera. Einmal mehr wird sich das Epochenspezifische im Widerspiel mit den intrigenästhetischen Konstanten zeigen.

Lisbeth Fischer, Bette genannt, auch la Bette oder – halb liebevoll, halb verächtlich – notre Chèvre, unsere Ziege, lebt in der angesehenen Familie des Barons Hulot in Paris, eines Aufsteigers aus der napoleonischen Zeit, einst Protégés des Kaisers und jetzt noch, 1838, hohen Staatsbeamten. Dieser hat Bettes Cousine Adeline geheiratet, eine jener betäubenden Schönheiten, die außerhalb des trivialen Erzählens fast nur in den Romanen Balzacs anzutreffen sind. Die beiden Frauen sind zusammen aufgewachsen, bäuerlich, im äußersten Lothringen, am Fuß der Vogesen. Vor 20 Jahren hat die Baronin ihre arme, wenig attraktive Cousine nach Paris geholt, um sie dem ländlichen Elend zu entreißen und irgendwann in ansprechenden Verhältnissen unterzubringen. Diese weigert sich indessen, einen der Männer, die der Baron Hulot für sie aussucht, zu heiraten, verdient ihr eigenes Geld mit Bortensticken und lebt mit den Hulots als Vertraute nicht nur der ganzen Familie, sondern auch der Dienerschaft und des Bekanntenkreises. Sie erfährt alles, weiß alles, niemand hält sich ihr gegenüber zurück, da niemand sie als Nebenbuhlerin erfährt. Lachend nennt man sie den weiblichen Beichtvater der Familie.

Der Kern der Romanhandlung besteht darin, daß Bette sich eines Tages entschließt, diese ganze Familie, zu der sie gehört und mit der sie fast täglich lebt, zu ruinieren. Und sie betreibt dies, ohne daß ihr jemand je auf die Spur kommt. Immer bleibt sie die gutmütige Ziege, die jeder mag. Sie versteht alle, berät alle und stößt alle ins immer größere Unheil. Genau wie Jago, ihre literarische Präfiguration, als Vertrauter und Ratgeber Othellos immer um seinen Chef ist, mitfühlend und einflüsternd, scheinbar abratend, wo er in Wahrheit aufhetzt, nur von dem einen Gedanken besessen, den Chef in die Zerstörung zu treiben, hält die unscheinbare Bette ihr böses Spiel mit ungeheurer Willenskraft durch.

Es sind Gewalt und Gestalt ihrer Passion, die diese Bette intrigentheoretisch so aufschlußreich machen, und zwar, überraschenderweise, gerade auf dem Hintergrund von Norbert Elias' Theorie der feudalen Intrige als eines Produkts höfischer Affektkontrolle. Diese Theorie ist zwar auf den absolutistischen Hof fokussiert, der den Landadel an die Residenz band und seine Wildheit durch Zeremonien zähmte, aber die anthropologische Basis des Vorgangs kann sich auch anderswo zeigen. Ein schlagenderes Beispiel als das Psychogramm, das Balzac von Bette gibt, ist kaum zu denken. Die Intrige erscheint hier als das genaue Produkt des Verzichts auf die raubtierhafte Aggression. Diese verwandelt sich im Mechanema vom Plötzlichen ins Dauernde, vom Sprung an die Kehle in ein lautlos-beharrliches Unternehmen der Verstellung. Es drängt sich auf, hier einen Begriff zu lancieren, der bisher nicht diskutiert wurde und der doch wesentlich ist für die Psychologie des Intriganten: die *Intrigengeduld*. Auch sie gehört zum Intrigenmodell. Als Phänomen ohne Namen ist uns die Intrigengeduld allerdings schon mehrfach begegnet, von den Umständlichkeiten, mit denen der Schakal seine zahlreichen Identitäten präpariert, bis zur wartenden Elektra. Und der Fuchs, der sich totstellt, mit verdrehten Augen und hängender Zunge, stundenlang, bis die Vögel angeflogen kommen, ist auch hierfür ein Paradebeispiel. Geduld meint im allgemeinen Sprachgebrauch etwas Gutes und Richtiges. Im Kontext der Intrige gewinnt der Begriff einen so negativen Einschlag, daß man die Wortwahl bedenklich finden könnte. Und doch geht es auch hier um die Willensleistung einer beharrlichen Affektkontrolle, und dafür ist kein anderes Wort so geeignet wie eben Geduld.

Das neunte Kapitel des Romans ist überschrieben mit »Un caractère de vieille fille«[531] – »Der Typus einer alten Jungfer«. Balzac liefert darin ein nuanciertes Porträt dieser Frau. Obwohl es mit dem Handlungsverlauf vernetzt ist, mutet es wie eine selbständige Studie an. Das Stichwort »Caractère« in der Kapitelüberschrift verweist unübersehbar auf die literarische Tradition solcher Porträtstudien. Sie begann einst mit der Schrift »Charaktere«, des griechischen Autors und Wissenschaftlers Theophrast um 319 vor Christus, einem schmalen Werk mit großer Wirkung,[532] hundertfach übersetzt, hundertfach auf die jeweilige Gesellschaft hin aktualisiert. Diese Tradition fand ihren Höhepunkt 1688 in den »Caractères« des französischen Moralisten und Aphoristikers Jean de La Bruyère und führte noch in jüngerer Zeit zu den glänzenden, zwischen Scharfsinn und Absurdität flackernden Prosaminiaturen in Elias Canettis Buch »Der Ohrenzeuge«. Untertitel: »Fünfzig Charaktere«.

Balzac entwickelt den Charakter Bettes ganz aus ihrer ursprünglichen bäuerlichen Wildheit heraus. Er nennt sie »la sauvage Loraine«,[533] und zeichnet sie als ein Wesen, das einst, bevor sie nach Paris kam, seine Aggressivität unmittelbar auszuleben pflegte. In ihrer Jugend war sie bitter eifersüchtig gegen die schöne, überall bevorzugte Cousine, und einmal geschah es, daß sie dieser plötzlich die Nase aus dem Gesicht reißen wollte. Dafür wurde sie geprügelt, konnte es aber nicht lassen, der Beneideten heimlich die feinen Gewänder zu zerschneiden. Als sie nach Paris kam, verschwanden die Symptome dieser gelebten Aggressivität. Die sozialen Regeln der Stadt veränderten das äußere Verhalten der Frau: »la capitale l'avait changée à la surface«.[534] Aber wie beim gezähmten Adel am Hofe Ludwigs XIV. war die Gewaltbereitschaft nur in die Tiefe gesunken. Insgeheim, meint Balzac, war Bette das Kind geblieben, das der beneideten Cousine die Nase aus dem Gesicht reißen wollte, und wäre sie nicht mit den städtischen Lebensformen in Berührung gekommen, hätte sie die Rivalin vielleicht in einem Anfall von Eifersucht getötet. Darauf folgt ein Satz, der wörtlich bei Norbert Elias stehen könnte:

> Elle ne domptait que par la connaissance des lois et du monde, cette rapidité naturelle avec laquelle les gens de la campagne, de même que les Sauvages, passent du sentiment à l'action. En ceci peut-être consiste toute la différence qui sépare l'homme naturel de l'homme civilisé.[535]

Nur durch ihre Kenntnis der Gesetze und der gesellschaftlichen Sitten, heißt das, zähmte sie jene natürliche Raschheit, mit welcher die Landbewohner, genau wie die Wilden, vom Gefühl zur Tat übergehen. Darin besteht vielleicht der einzige Unterschied zwischen dem natürlichen und dem zivilisierten Menschen.

Das ist eine veritable Zivilisationstheorie. Sie läuft auf ein einziges Prinzip hinaus: die Verlangsamung der Übergänge zwischen Fühlen und Handeln. In der Wildnis, meint Balzac, beim Menschen im Naturzustand, schlägt alles Gefühl in Tat um, sofort. Die Kultur bremst diesen Ablauf und verwandelt ihn. Dompter: zähmen, bändigen – das Wort fällt mehrmals, wenn von Bette und Paris die Rede ist. Die Stadt hat die Wilde gebändigt, nicht aber ihren gefährlichen Kern entschärft. Der schlummert weiterhin in der Tiefe wie, mit Balzacs Worten, »ein Pestkeim, der an den Tag kommen und eine Stadt heimsuchen kann, wenn man den Packen Wolle öffnet, in dem er eingeschlossen ist«.[536]

Das geschieht tatsächlich, und wie es geschieht, macht eine große Romanhandlung aus. Was in der Wildnis der schnelle Tatzenschlag des Raubtiers an den Hals des Feindes gewesen wäre, wird hier, in der urbanen Gesellschaft, zum Planen und Handeln in der Intrigengeduld.

Bette, die in einem Winkel von Paris wohnt, aber die reichen Verwandten laufend besucht und ganz zur Familie gehört, hat einen jungen polnischen Flüchtling, einen Künstler, unter ihre Fittiche genommen. Er hatte sich in der Mansarde über ihrer Wohnung umbringen wollen. Sie rettete ihn, und er wurde das Zentrum ihres Lebens. Nicht ihr Geliebter ist er, sondern eine seltsame Mischung von Kind und gehätscheltem Haustier. Einmal sagt sie halb scherzend, sie habe weder Katze noch Singvogel noch Hund noch Papagei; eine alte Schachtel wie sie müsse aber etwas Kleines haben zum Lieben und Plagen.[537] Der Vergleich verharmlost die Gewalt der seelischen Bindung. Ihre Liebe ist Herrschaft, ihre Herrschaft Liebe. Sie hält ihren kleinen Künstler aus, füttert ihn, regelt jede Stunde seines Tages und treibt ihn zur Arbeit. Denn von Natur aus ist er faul wie ein Molch. Niemand weiß von dem Verhältnis. Nur Hortense gegenüber, der Tochter ihrer Cousine, macht sie gelegentlich geheimnisvolle Andeutungen. Eines Tages bekommt diese Hulot-Tochter den hübschen Polen zu sehen – und die beiden verlieben sich. Bette ist ahnungslos. Hortense fürchtet sich, sie aufzuklären. Die Heirat wird in die Wege geleitet. Da der junge Künstler nun protegiert wird und Aufsehen macht – wovon Bette auch nichts zu hören bekommt –, ist er durchaus eine Partie für das Haus Hulot.

Der Moment der Entdeckung kann nicht ausbleiben. Er wird fürchterlich. Bette erfährt die Wahrheit von einer Bekannten, die nebenan wohnt, Madame Marneffe. Der Schock erfaßt Leib und Seele. Balzac scheut kein Mittel, um uns das schauerliche Spektakel der gepeinigten Frau vorzuführen, als stände sie im Scheinwerferlicht an der Bühnenrampe. Vom Prozeß der Intrige her gesehen, ist dies die Notsituation, aus der kurz danach, explosiv, die Zielphantasie entspringt:

Das Gesicht der Lothringerin war schrecklich geworden. Ihre schwarzen, durchdringenden Augen hatten die Starre eines Tigerblicks angenommen. Sie sah aus, wie wir uns die Seherinnen vorstellen. Die Zähne preßte sie zusammen, um sie am Klappern zu hindern, und ein schrecklicher Krampf lief durch ihre Glieder. Sie hatte die verkrümmte Hand unter das Häubchen geschoben, um ihr Haar zu packen und den Kopf aufrecht zu halten, der zu schwer geworden war. Sie stand in Flammen! Der Rauch des Brandes, der sie verzehrte, schien durch ihre Runzeln zu schlagen wie durch die Erdrisse bei einem Vulkanausbruch. Es war ein gewaltiges Schauspiel.[538]

Man darf sich von den scheinbar billigen Effekten dieser Stelle nicht täuschen lassen. Die Tier- und Feuerbilder mögen trivial anmuten; sie erinnern aber auch an die Malerei von Delacroix, dem Altersgenossen Balzacs, und bringen einen Reflex der zeitgenössischen Kunst und ihres Exotismus in die Szene. Vor allem jedoch darf man die pathognomische Genauigkeit nicht übersehen, mit der geschildert wird, wie die von der Nachricht Gefolterte die Hand unter ihr Häubchen schiebt und ins Haar greift, nicht um es, nach dem konventionellen Ausdruck, zu raufen, sondern damit der plötzlich schwer gewordene Kopf nicht vornüber sinkt. In dieser stummen Geste erscheint die ganze Not der Seele. Das Bild von der Seherin aber oder Hexe oder Magierin, »pythonisse« im Original, deutet voraus auf das, was jetzt folgt: eine Zukunftsvision.

Denn nun schießt die Zielphantasie in ihr hoch: »Adeline! se dit Lisbeth. Oh! Adeline, tu me le payeras, je te rendrai plus laide que moi! ...«[539] Nicht der verräterische Mann ist ihr erster Gedanke, auch nicht dessen Geliebte, Hortense, die Tochter der schönen Cousine, sondern diese selbst Adeline, die Rivalin der frühen Kindheit. Für einen Moment ist Bette wieder die Wilde, die jener das Gesicht verstümmeln wollte. Häßlich machen will sie sie nun, töten wäre zu wenig, häßlich machen und erniedrigen will sie diese andere, die immer im Licht stand, geliebt wurde, im Luxus lebte. Und sie weitet die Zielphantasie aus: »Adeline! ... Adeline, je te verrais dans la boue et plus bas que moi!«[540] »Ich will dich häßlicher machen, als ich bin!« lautete der erste Ausruf; der zweite nun: »Ich will dich im Kot sehen und niedriger als, ich bin!«

Aber als stünden wir vor einer Versuchsanordnung, können wir nun auch verfolgen, wie diese Raserei, die zu einer jähen Tat drängt, gebändigt wird, nicht vermindert, sondern verlangsamt, verwandelt in die Intrigengeduld. Das Potential der Gewalt bleibt erhalten; was sich verändert, ist deren Dynamik. Elias hat von der höfischen Rationalität gesprochen; man darf den Begriff abwandeln zur Rationalität der urbanen Gesellschaft. Diese Bändigung gewinnt hier die Gestalt eines sakralen Rituals. Es erinnert an die christliche Taufe, nur taucht jetzt nicht ein erlöster Mensch aus dem Wasser, sondern eine selbstbeherrschte Intrigantin:

»Wasser! … Wasser! verlangte Lisbeth […] Wasser! mein Kopf brennt, ich werde verrückt! …
Madame Marneffe brachte Wasser, die alte Jungfer nahm das Häubchen ab, löste ihr schwarzes Haar und steckte den Kopf in die Waschschüssel, die ihre neue Freundin ihr hinbot; sie tauchte mehrmals die Stirn hinein und brachte so die ausgebrochene Entzündung zum Stillstand. Nach diesem Eintauchen gewann sie die Herrschaft über sich selbst zurück.[541]

Die dergestalt im wörtlichen Sinne Abgekühlte geht rasch zur konkreten Planung über und zu den ersten Akten der Verstellung. Dabei weitet sich auch das Zielgebiet aus. Wohl bleibt die Baronin, Adeline, der Hauptgegenstand des Hasses, aber die Vernichtungsabsicht umfaßt die ganze Familie, den abtrünnigen Polen ebenso wie dessen junge Frau und nicht zuletzt den Vater, Baron Hector Hulot. Alle sollen sie zuschanden werden, langsam, Zug um Zug, und dabei immer glauben, der einzige Mensch, der mitfühle und helfe, sei sie, la Bette, die brave Familienziege.

Wär's ein Stück, dann könnten wir jetzt den Handlungsbogen skizzieren und darauf zur Analyse schreiten. Ein Roman von Balzac aber entwickelt sich nicht entlang einer gestreckten Linie vom Ausgangs- zum Schlußpunkt. Er weist vielmehr die Struktur eines Netzes auf, wo von jeder Stelle weitere Fäden und Verknüpfungen abzweigen können. Das geht zwar nicht ziellos in die Breite; es bleibt durchweg organisiert und wird regiert vom immerwachen Gehirn des Autors. Aber wenn die höfische Intrigentragödie auf *einer* Achse spielte, in der gestuften Anordnung gewissermaßen von Vorzimmer, Kabinett und Thronsaal, gewinnt der städtische Intrigenroman zunehmend die räumliche Gestalt der Metropole selbst. Die Schauplätze vervielfachen und verteilen sich von den Palästen des reichen Adels und der bürgerlichen Emporkömmlinge über die Prachtwohnungen der Luxushuren zu den immer einfacheren, immer ärmlicheren Behausungen des restlichen Romanpersonals, bis schließlich irgendwann auch die Höhlen und Spelunken der Pariser Unterwelt und die Überwachungszentralen der Geheimpolizei ins Blickfeld geraten. Diese netzartige Anlage macht eine adäquate Nacherzählung unmöglich. Man gerät stets wieder in ein lineares Berichten und verfälscht damit die Vielfalt des Gleichzeitigen. Es ist kein Zufall, daß die Titelfigur dieses Romans mehrfach mit einer Spinne verglichen wird, die in einem weitgespannten Netz sitzt und auf die Fliegen wartet.[542]

Ist dies alles einmal eingestanden, können die Besonderheiten des Intrigentreibens der »sauvage Lorraine« aus der Romanlandschaft hervorgehoben werden. Drei Dinge sind dabei von spezieller Bedeutung: ihre Helferin, ihr Intrigengenuß und das Ausbleiben der Anagnorisis nach dem gewaltigen Verstellungshandeln.

Es dürfte in der Weltliteratur wenige Paarungen von Intrigant und Helfer, Helferin und Intrigantin geben, die so dramatisch gefügt sind und so komplex in der seelischen Verknüpfung wie die zwei Frauen, die sich in Balzacs Cousinenroman zusammenfinden, genauer gesagt: zusammentun. Das Bündnis übertrifft in seiner Vielschichtigkeit noch die Verbindung von Volpone und Mosca, obwohl einiges an diese erinnert, nicht zuletzt die schleiernde Erotik zwischen den beiden Frauen. Bette ist zwar die Titelfigur des Romans, doch ihre Intrigenschwester – so muß man sagen, denn Helferin ist jede der andern und keine der andern Herrin – gewinnt im Gesamtgefüge den gleichen Rang. Es ist jene Madame Marneffe, deren Name schon gefallen ist. Sie wohnt in dem gleichen Winkel von Paris wie Bette, nur haust diese im Hinterhof (und über ihr der hübsche Pole), die Marneffes aber leben vorn an der Straße. Valérie Marneffe ist so jung und schön, wie ihr Mann alt und häßlich ist. Sie arbeitet gelegentlich in Zonen, die sich mit einer Ehe eigentlich nicht vertragen, gewinnt so aber die Möglichkeit, sich stets nach der Mode zu kleiden und ihren natürlichen Reizen den angemessenen Rahmen zu geben. Eines Tages läßt der Baron Hulot seine Cousine Bette vor dem Haus der Marneffes aus der Kutsche steigen. Dabei sieht er Valérie, und sie sieht ihn, und beide merken auf. Sie, weil er reich ist, und er, weil ihn jede Schöne reizt und diese hier wieder einmal ganz besonders. Und da Bette gleich hinter den Marneffes wohnt, ist der Baron nun häufiger in dem Winkel zu sehen. Er hält die Cousine an, sich mit Valérie Marneffe anzufreunden, und ihm alles über sie zu berichten. Valérie wiederum sucht den Kontakt zu Bette, um von ihr alles über die Hulots zu vernehmen. Bald ist der Baron rauschend verliebt, und die junge Frau wittert die Möglichkeit zu einer großen Maitressenkarriere. Bette, die Unscheinbare, gerät so in ihre erste Rolle als Doppelspionin.

Diese Frauenfreundschaft führt zu jener furchtbaren Stunde der Wahrheit und zu Bettes Verwandlung in den weiblichen Jago. Valérie hat vom Baron gehört, daß seine Tochter sich mit dem Polen verlobt hat, und klärt die neue Vertraute darüber auf. Diese gerät in die geschilderten Zustände des Entsetzens, vollzieht das Ritual der Mäßigung und schließt nun, durchaus als Teil der Intrigenplanung, einen eigentlichen Pakt mit der schönen Valérie. Er wird besiegelt mit Zeichen der Liebe, mit Küssen und Zärtlichkeiten. Eine Aufklärung über die innerste Beschaffenheit dieser Frauenliaison bleibt Balzac aber in auffälliger Weise schuldig. Bald betont er die erotischen Einschläge, bald gibt er wieder Gegensteuer. Es kann zu eindeutigen Liebesbekenntnissen kommen, so wenn Bette die Valérie einmal um die Taille faßt, auf die Stirn küßt und sagt: »Wie schön du heute Morgen bist! Ich freue mich über alle deine Freuden, deinen Reichtum, deine herrlichen Kleider… Ich lebe erst wirklich seit dem Tag, da wir uns zu Schwestern machten.«[543] Andererseits sagt sich Valérie schon nach dem ersten Abschiedskuß: »Wie sie nach Ameisen riecht! – Oft werde ich sie nicht küssen! Aber ich muß behutsam mit ihr umgehen. Sie wird mir nützlich sein und zu Reichtum verhelfen.«[544]

Tatsächlich hat Valérie der seltsamen Freundin den Pakt zu gegenseitigen Spionagediensten schon angeboten, bevor sie ihr den Liebesverrat des Polen zur Kenntnis brachte. Ob sie (»ma chère petite Cousine Bette«) wohl fähig sei zu einer unbedingten Freundschaft, fragte sie da, ob sie beide wie zwei Schwestern sein wollten und einander schwören, keine Geheimnisse vor einander zu haben, und jede diene der andern als Spionin …?[545] Balzac erklärt es sogar für wahrscheinlich, daß Valérie die tödliche Information anschließend gezielt vorgebracht habe, um Bettes Leidenschaft zu prüfen und sie an sich zu binden.

Und doch ist es dann wieder so, daß man in Paris über das seltsame Paar zu munkeln beginnt und eine lesbische Beziehung zwischen der reizenden Schönen und der »männlichen, trockenen« Lothringerin vermutet.[546] Auch wenn der Autor dies ausdrücklich als Verleumdung (calomnie) bezeichnet, setzt er den Hinweis eben doch in den Text, und man muß annehmen, daß das Verhalten der beiden jene Deutung mindestens nicht ausschließt. Und wenn Bette zu der besorgten Valérie einmal sagt: »Sei ruhig, mein entzückender lieber kleiner Teufel, solange die Liebe und die Rache gemeinsam jagen, ziehen sie nie den Kürzeren«, und sie dabei auf die Stirn küßt,[547] dann darf man daraus wohl doch auf eine heftigere Seelenverknüpfung schließen, als es die reine gegenseitige Berechnung wäre. Könnten die beiden Frauen sonst je als ein einziges Wesen bezeichnet werden, wie es zu Beginn der gemeinsamen Intrigenarbeit geschieht: »Ces deux femmes n'en faisaient qu'une«?[548]

Die Liebe und die Rache, »l'amour et la vengeance«, sie sind die

Kräfte, die in naturhafter Verknüpfung hinter Bettes unerbittlichem Treiben stehen. Daß sich die seltsame Form der Liebe zu dem jungen Polen in eine ebenso seltsame Form der Liebe zu Valérie verwandelt, ist bei der ewig jungfräulichen, starrsinnig jungfräulichen Bette nicht überraschend. In beiden Fällen ist die erotische Fixierung nicht genau definierbar. Balzac beschreibt ein Phänomen, für das die psychologischen Begriffe fehlen. Es stellt aber mit Sicherheit eine Variante des gewaltigsten sowohl seelischen als auch sozialgeschichtlichen Komplexes dar, von dem Balzacs Lebensarbeit handelt, seines Primum movens: der wechselseitigen Durchdringung von Liebe und Geld – Liebe als großer Passion und Geld als der neuen, alles überstrahlenden Gestalt der Macht. Darin decken sich im letzten die Ziele der verschwisterten Frauen. Im letzten, muß man sagen. Denn vordergründig wollen beide so sehr etwas ganz anderes, daß die Differenz jede Eifersucht ausschließt. Ja, diese scharfe Differenz der Ziele ermöglicht überhaupt, was Balzac das rührende Schauspiel einer unwahrscheinlichen Frauenfreundschaft nennt: »le touchant spectacle d'une de ces amitiés si vives et si peu probables entre femmes.«[549]

XLVI
Die zwei Ziele der Intrigenschwestern

Reichtum und Rache. Balzacs Haßtheorie und Bettes Intrigengenuß. Differenz zu Volpone. Wenn die Anagnorisis ausbleibt. Die napoleonische Natur der Familienziege. Der Roman als Geschichtsschreibung.

Was will die eine, und was will die andere, und wie geht es zu, daß die beiden so verschiedenen Ziele erreicht werden über eine einzige Intrige? Denn eine solche, »une prodigieuse machine«, haben die zwei Frauen nach den Worten des Romans gemeinsam erfunden.[550] Diese Einheit von Planen und Handeln bei divergenten Absichten ist in der Geschichte der literarischen Intrige so einzigartig wie das Intrigantinnenpaar selbst.

Die unterschiedlichen Absichten? Valérie will reich werden. Eine jener blendenden Maitressen will sie sein, die von ihren Liebhabern mit Kostbarkeiten überschüttet werden, in luxuriösen Häusern wohnen und Gastmähler geben für die besten Köpfe von Paris.[551] Baron Hulot hat sein Vermögen bereits an ein solches Wunderweib verschwendet. Sie hat ihn vor kurzem auf die Straße gestellt, weil sie einen noch reicheren Liebhaber fand, und er, unfähig anders zu leben, will jetzt Valérie in diesen Status bringen. Das Geld, maßlose Summen, treibt er auf krummen Wegen auf und zum Schaden der eigenen Familie – das heißt nicht zuletzt seiner Frau Adeline, eben jener Adeline, an der sich die Cousine Bette rächen, die sie häßlich machen und in den Kot treten will.

Genau hier liegt der Punkt, wo die Strategien der Intrigenschwestern zur Deckung gelangen: Valérie will Hulots Geld, und Bette will Hulots Ruin. Je reicher Valérie wird, um so tiefer gerät die Familie Hulot in die Misere. Je mehr die eine Intrigantin das Projekt der andern fördert, um so mehr fördert sie damit das eigene. Wenn Valérie Bette bei ihrer Vendetta hilft, wird sie selbst immer reicher; wenn Bette Valéries Vermögen mehrt, wird ihre Rache immer schrecklicher. Wie eine Schlange mit zwei Köpfen bewegt sich vor unseren Augen eine einzige Intrige mit zwei Zielen, betrieben von zwei Frauen, die wie eine einzige Person agieren.

Zwei Köpfe, zwei Ziele, zwei Genüsse. Daß Valérie ihre strahlende Kokottenkarriere genießt, versteht sich. Das braucht nicht weiter geschildert zu werden. Wichtiger, spektakulärer ist der Intrigengenuß der Cousine Bette. Bei ihr ist der Vollzug des Mechanemas auch schon das Ziel. Jede der vielen Einzelkatastrophen, die durch das Verschwendungstreiben des zuchtlosen Hulot über dessen Familie und die schöne Adeline hereinbrechen, ist ein neuer Glücksmoment für die Sauvage Lorraine. Stets ist sie in der Nähe, gibt sich mitfühlend, trägt ihre Hilfe an, will ihr kleines Vermögen opfern: der Engel der gequälten Sippe. Noch und noch wird sie so genannt, »le bon ange de la famille«.[552] An ihrer Brust weint man sich aus – und jede Träne ist ihr eine Delikatesse. Von Genuß und Genießen, jouissance, ist dabei immer wieder die Rede. Bette fährt zur Familie Hulot, wie man ins Theater fährt, um sich dort an ihren Gefühlen zu berauschen: »comme on va au spectacle, pour s'y repaître d'émotions«.[553] Auf Tiere angewandt, heißt »se repaître« sich vollfressen. Wie eine Katze die Milch, wird einmal gesagt, lecke Bette mit ihrem Blick die Tränen der Hulot-Tochter auf.[554] Alle vertrauen ihr, alle bitten sie um ihre Spitzeldienste, und immer steigern sich darüber Valéries Luxus und Bettes Intrigengenuß.

Die Heuchelreden, die dabei erklingen, könnten das Material liefern zu einer eigenen Studie über die Phänomenologie der Intrigenstimme und der verbalen Verstellung.

Der Haß, meint Balzac, verschaffe, wenn er befriedigt werde, dem Herzen die stärksten Genüsse.[555] Unter diesem Aspekt rückt die Frau in eine bedenkenswerte Beziehung einerseits zurück zu Corneilles Cléopâtre, andererseits vorwärts zu Hofmannsthals Elektra. Mit der einen hat sie den Willen zum zielgerechten Verstellungshandeln gemein, mit der andern die erotischen Implikationen des Hasses.

Nach der Anlage des Romans entspringen auch aus Bettes Intrigentreiben immer neue Seitenlinien. So führt sie ihrer Valérie einen zweiten reichen Liebhaber zu, um den ersten, den gehaßten Baron Hulot, zu noch größerer Verschwendung zu treiben und überdies zum jämmerlich Betrogenen zu machen. Und desgleichen verkuppelt sie sogar ihren einstigen Schoßhund und Schoßknaben, den hübschen Polen, mit der Intrigenschwester, um dessen Frau, die Hulot-Tochter, elend zu machen. Das Ganze läuft langsam, läuft mit furchtbarer Unerbittlichkeit ab. Es ist nicht die Unerbittlichkeit des blinden Schicksals, sondern die einer gekränkten Frau, die sich selbst zum Schicksal einer Familie macht. »Nous remplaçons le Destin«, »Wir ersetzen das Schicksal« – daß dieser schon einmal zitierte Satz in dem Roman von der Cousine Bette fällt,[556] wenn auch nicht aus ihrem Munde, ist kein Zufall. Auch Bette könnte ihn aussprechen, wäre sie ein reflektierteres Wesen und nicht eine in der urbanen Kultur zur Intrigengeduld gezwungene Raubkatze.

Und hier muß man denn auch anmerken, daß der Triebverzicht, der gemäß Norbert Elias die Verwandlung der schnellen Attacke in die langsame Intrige ermöglicht, keineswegs zusammenfällt mit einem Verlust an Genuß. Dies nämlich unterstellt Freud mit seiner berühmten Formel vom Kulturgewinn aus Triebverzicht, welche er dem ebenso berühmten Unbehagen in der Kultur zu Grunde legt. Das Unbehagen in der Kultur ist in Freuds Theorie nichts anderes als die Summe der durch den Triebverzicht verlorenen Genüsse. An Bette kann man nun studieren, daß der Verzicht auf die schnelle Attacke (zum Beispiel also darauf, der Rivalin die Nase aus dem Gesicht zu reißen) keine Einbuße an Genuß, an den »jouissances de la haine«,[557] bedeutet. Verwandlung wohl, nicht aber Minderung, vielmehr eine jahrelange Folge immer neuer Lust.

Bettes Intrigengenuß ist zu unterscheiden von der ebenso ausgeprägten Gestalt dieses Vergnügens bei Volpone. Der Venezianer schwelgt in seiner Kunst; er ist der Artist, dem es um nichts anderes geht als um seine Vollkommenheit als Intrigenkünstler. Bette ist eine Virtuosin gleichen Ranges, aber ihr fehlt das Bewußtsein der Form. Sie will nur das krude Resultat: die Qual der Verhaßten. Wenn sie sich winden, genießt sie.

Obwohl es noch weitere Varianten gibt, ist der Intrigengenuß doch kein unabdingbares Ingrediens der Intrige. Oft genug schenkt nur das Ende des ganzen Unternehmens dem Machinator so etwas wie Befriedigung, nicht aber die Intrigenarbeit selbst. Es lohnt sich indessen, auf die Spuren dieses Gefühls zu achten. Irgendwo kann es jederzeit aufblitzen. Mozart hat es in Musik verwandelt, als er Figaros Liedchen komponierte: »Se vuol ballare Signor Contino ...« Etwas an diesem Gefühl führt zurück bis in die vorzivilisierten Lüste des Tricksters.

Merkwürdig ist, und nicht das geringste Zeichen von Balzacs Kunst, daß am Ende von Bettes Laufbahn die Anagnorisis ausbleibt. Nie kommt, was sie so fein gesponnen, an die Sonnen. Als sie stirbt, stehen alle Opfer, denen sie in zäher Ausdauer Leid über Leid, Schaden über Schaden zugefügt hat, weinend um das Totenbett und klagen über den Verlust ihres Engels. Tränennaß folgt die ganze geschundene Familie dem Sarg.

Seltsam! Ist denn die Anagnorisis, die finale Aufdeckung der Verstellung, für die Intrige nicht so unabdingbar wie die Notsituation und die Planszene? Erträgt man das überhaupt bei der Lektüre, das Ausbleiben des uralten Spektakels der fallenden Maske? Muß sich nicht jeder ärgern über das fehlende Gericht? Kann man sich denken, daß Tartuffe im hohen Alter wie ein Heiliger stirbt? Wer den Roman auf diese Fragen hin studiert, steht staunend vor Balzacs Kunst der Balance. Denn daß Bettes schreckliches Wirken unentdeckt bleibt, wird kompensierend ermöglicht durch die Entlarvung Valéries und deren entsetzliche Bestrafung. Drei reiche Liebhaber hält sich die Luxusmaitresse zuletzt gleichzeitig (immer mit Hilfe Bettes); jeden wiegt sie in der Überzeugung, er sei der einzige. Dann aber lanciert der Sohn eines dieser begeisterten Opfer eine Gegenintrige, aus Angst um die Erbschaft. Hier spielt nun jene früher erwähnte Tante des Großkriminellen und Polizeichefs Vautrin, die den Satz: »Nous remplaçons le Destin« fallen läßt, die Schlüsselrolle. Valérie wird gezielt mit einer exotischen Krankheit infiziert, die sie in kurzer Zeit bei lebendigem Leibe verfaulen läßt. Ihr Ende ist von barocker Drastik, am Rande der Kolportage, gewiß, oder auch etwas über diesen Rand hinaus, aber versetzt mit Momenten hinreißenden Erzählens. Dieses Gericht über die eine der Intrigenschwestern erlaubt es dem Erzähler, die andere unentdeckt zu lassen, ohne das Gerechtigkeitsgefühl des Lesers, die sogenannte poetische Gerechtigkeit, zu verletzen. Dazu kommt, daß sich die Familie, der Bettes Rache gilt, nach dem Ende Valéries finanziell wieder erholt. Die Ziege muß also zusehen, wie das Glück derer zurückkehrt, an deren Unglück sie sich so lange erfreut hat. Das gibt ihr sogar den Todesstoß. Eine Lungenkrankheit (»phtisie pulmonaire«) wird schubhaft letal. So erlebt sie sich zuletzt doch als Besiegte: »vaincue au bout de cette longue lutte marquée pour elle par tant de victoires«,[558] besiegt am Ende dieses langen Kampfes mit so vielen Siegen.

In dem Satz steckt fast unsichtbar ein historisch wichtiger Verweis. Er verknüpft für eine Sekunde die Sterbende mit Napoleon. Geschlagen nach so vielen Siegen – auf wen trifft das genauer zu als auf den Korsen? Und hier erinnert sich der Leser vielleicht, daß Bettes Natur schon gleich zu Beginn des Romans, in dem famosen Kapitel über den »Caractère de vieille fille«, mit der Natur der Korsen verglichen wurde: »Cette fille, dont le caractère ressemblait prodigieusement à celui des Corses ...«[559] Das naturhaft Ungezähmte in ihr ist für Balzac, so müssen wir annehmen, verwandt mit der elementaren Wildheit, dem »Korsischen« eben, bei Napoleon. Und tatsächlich sind sowohl ihre lothringischen Verwandten als auch der Baron Hulot, der Bettes Cousine, die schöne Adeline geheiratet hat, Aufsteiger unter Napoleon. Sie sind alle napoleonisch geprägt, die einen, positiv, was die Zucht und Geradheit betrifft, die andern, negativ, was die rücksichtslose Durchsetzung der eigenen Wünsche betrifft. Mehr als dreißig Jahre nach Napoleons Sturz geschrieben und zwanzig Jahre danach spielend, stellt dieser Roman auch eine psychosoziale Studie über das Weiterleben und den Zerfall der napoleonischen Grandeur dar. Daß Balzac seiner furchtbaren Lothringerin zuletzt die Erniedrigung der Anagnorisis erspart, könnte sogar eine geheime Reverenz vor ihrem napoleonischen Einschlag sein.

Auch der größte Lump des Romans, der wüste Baron Hulot, kommt übrigens ungestraft davon. Das ist der weit größere Skandal als das umschluchzte Sterben des weiblichen Jago. Am Ende lebt er mit einer neuen Geliebten, einem prallen Bauerntrampel, fernab in der Normandie. In Isigny. »Beurre renommé«, sagt der kleine Larousse über die Vorzüge dieser Gegend.

XLVII
Die Krise des Intrigensubjekts in der frühen Moderne

»Je t'aime comme un million!« Die Subjektstruktur des hochbürgerlichen Intriganten und ihre Krise in der frühen Moderne. Der Rittmeister in Strindbergs Stück »Der Vater«. Ein Mann im Frauenreich. Weiblicher Jago zum zweiten. Strindbergs Frauenhaß verwandelt sich in Kunst. Das Werk korrigiert die Ideologie seines Autors. Eine Intrige, wie es sie noch nie gegeben hat. Das Opfer lenkt die Intrigantin. Selffulfilling prophecy. Eine Gender-Tragödie. Terror der Männerrolle über den Mann. Die Uniform und die Zwangsjacke.

Bei Balzac taucht der Intrigant in die Schluchten der Metropole. Er wird ein Motor des bürgerlichen Erzählens, das sich seit der Erfindung der Zylinderdruckpresse mengenmäßig immer gewaltiger entfaltet und immer schneller wird. Denn die Zeitungen verlangen Fortsetzungsgeschichten und reißen die Kapitel den Autoren vom Pult. Der Roman des 19. Jahrhunderts entspringt aus der neuen Gefräßigkeit der Medien, diese aus den neuen Drucktechniken. Bald wird die Rotationspresse die Zylinderdruckpresse ablösen. Die Autoren müssen schreiben, daß die Federn rauchen.

Der Roman des bürgerlichen Jahrhunderts handelt weithin vom Machtgewinn des Bürgertums. Macht in Gestalt des Geldes. Heine, in Paris lebend wie Balzac, den er einmal seinen Freund nennt, schildert die europäischen Könige mit grimmigem Vergnügen als Hampelmänner der Rothschilds. Der Unternehmer, der Bankier, der Aufsteiger nach dem Prototypus Napoleon (aus einem fernen Winkel stammend und zum hohen Herrn in Paris geworden) ist erfüllt vom Bewußtsein dessen, der sich selbst gemacht hat. Sich selbst gemacht heißt: ein Vermögen gewonnen. Ein Vermögen gewonnen heißt: ein Mensch geworden. Jetzt ist einer, was er hat. »Je t'aime comme un million!«[560] sagt der Aufsteiger Crevel, erfolgreicher Parfumeur, zu seiner Geliebten Valérie (von der er nicht weiß, wen alles sie neben ihm noch zärtlich empfängt). »Je t'aime comme un million!« besagt: Ich liebe dich wie das, was mich selbst im Innersten ausmacht, meine Seele, mein Wesen, mein Selbst. Was mich zum Menschen macht. Der Satz ist keine Beleidigung, sondern ein feierliches Kompliment. Die Ironie, die dabei aufschrillt, kommt nicht vom Parfumeur, sondern von Balzac. Balzac nämlich haßt diese Aufsteiger, verachtet sie, stellt sie bloß, wo er kann, aber als Romancier, der die Chronik seiner Zeit schreibt, räumt er ihnen zähneknirschend die Stellung ein, die sie sich errungen haben.

Auch die Subjektstruktur der Intriganten in den Schluchten der Metropolen ist von diesem – im Grunde napoleonischen – Modell des Selbstmachers bestimmt. Plan und Durchführung, Denken und Handeln, Wille und Tat greifen ohne Reibung ineinander. Bette und Valérie, Vautrin und Jacqueline Collin sind als Subjekte so souverän wie einst die Intriganten der Hoftragödien, wie der dritte Richard oder Cléopâtre oder deren spanisches Gegenstück, die Semiramis in Calderóns »Tochter der Luft«. Das ändert sich, als die bürgerliche Literatur in die Verwerfungszonen der frühen Moderne gerät. Studieren kann man es an der Differenz zwischen Bette bei Balzac und Laura in Strindbergs Stück »Der Vater« von 1887. Beide werden vom jeweiligen Autor mit Jago verglichen.

Die Handlung dieses »Trauerspiels in drei Akten« nimmt sich auf den ersten Blick so eindeutig aus, daß man sie für einen epigonalen Aufguß aus der Tradition der Intrigenästhetik halten könnte. Es geht um ein Ehepaar, den Rittmeister und seine Frau Laura. Sie haben eine halbwüchsige Tochter. Auch die alte Amme des Rittmeisters lebt noch im Haus und seine Schwiegermutter. Etwas viele Frauen auf einen Mann, findet der Rittmeister. Zwischen den Eheleuten gibt es Streit. Er betrifft die Zukunft der Tochter. Der Vater meint, sie solle Lehrerin werden; die Mutter will aus ihr eine Künstlerin machen. Nichts Weltbewegendes also, eine landläufige Familiendebatte; irgendwann lösen sich solche Probleme von selbst. Denkt man. Aber wir sind bei Strindberg, und da gehen Mann und Frau miteinander um wie Hyäne und Tiger, die eine Höhle teilen. Ein Kampf auf Leben und Tod wird daraus. Die Frau siegt. Der Mann geht zugrunde, verendet wahrhaftig auf dem Familiensofa, in einer Zwangsjacke, die heimlich aus der Irrenanstalt beschafft wurde.

Das setzt List voraus bei der Siegerin, Planung, ein Mechanema. Dieses ist fast überdeutlich nach dem Muster von Jagos Intrige gegen Othello zugeschnitten. Jago bringt seinem Chef, Othello, den Verdacht bei, dessen Frau, Desdemona, sei untreu. Dieser Verdacht zerfrißt ihn langsam, wie eingeträufeltes Gift, und führt zu seinem Untergang. Ähnlich Strindberg: Laura bringt ihrem Mann, dem Rittmeister, den Verdacht bei, sein Kind, Bertha, sei nicht von ihm. Dieser Verdacht zerfrißt auch ihn, führt auch zu seinem Untergang. Denn in einem zweiten Schritt deklariert die Frau diese Obsession des Rittmeisters als Symptom einer schweren seelischen Störung. Sie läßt es sich medizinisch bestätigen, reizt ihn, bis er tätlich wird und eine brennende Lampe nach ihr wirft. Jetzt hat sie den Beweis, daß er gemeingefährlich ist. Sie leitet die Entmündigung in die Wege und die Einweisung in eine Klinik. So gewinnt sie das alleinige Verfügungsrecht über die Tochter. Die letzte Frage ist praktischer Art: Wie bringt man einen kampferprobten Offizier und Jäger ins Irrenhaus? Laura setzt eine Intrigenhelferin ein: Schmeichelnd-listig, mit hypnotischer Intrigenstimme, wiegt die alte Amme den Rittmeister in die Geborgenheit seiner frühen Kindheit zurück, als er bei ihr Trost und Ruhe fand, und zieht ihm dabei sachte, sachte die Zwangsjacke an. Die Ärmel zurrt sie hinter dem Rücken fest. Als er zu sich kommt und zuckend, ruckend, reißend auffährt, ohne sich befreien zu können, trifft ihn der Infarkt. Vielleicht stirbt er gleich, vielleicht vegetiert er mit zerstörtem Geist noch eine Weile dahin.

So läuft das also ab, grob nachberichtet, und es ist niemandem zu verdenken, wenn er findet, Strindberg habe kurzerhand Jago und Othello als Frau und Mann ins Schweden des späten 19. Jahrhunderts versetzt, um noch einmal eine ausgewachsene Intrige über die Bretter donnern lassen zu können. Strindberg schreibt denn auch in einem Brief über sein Stück: »Die Intrige ist nicht wahnwitziger als Jagos Seelenmord an Othello.«[561]

Wenn man die gleichzeitige Essayistik Strindbergs in Betracht zieht, die von einer wilden Frauenverachtung und tobendem Haß auf die Emanzipationsbewegung zeugt, ist es zudem niemandem zu verdenken, falls er findet, Strindberg habe das Jago-Modell benutzt, um seine Überzeugung von der natürlichen Niedertracht der Frauen wirkungsvoll zu inszenieren. Wer das Gruseln lernen will, mag dazu Strindbergs Aufsatz: »Die Frauenfrage im Licht der Evolutionstheorie« lesen.[562]

Und doch ist alles anders. Erst das Studium des Stücks im Kontext der Intrigenästhetik und auf dem Hintergrund der Intrigantinnentradition zeigt, wie sehr alles anders ist. Dieses Trauerspiel ist der Beweis dafür, daß man das Werk eines großen Autors nicht von den Meinungen und Theorien her deuten darf, die er gleichzeitig anderswo verbreitet. Jahrzehntelang wurde der »Vater« als Illustration von Strindbergs Frauenhaß gelesen und inszeniert. Wenn aber ein Künstler vom Range Strindbergs an einem konkreten Werk arbeitet, das sich unter seinen Händen bildet, wenn er so daran arbeitet, daß er dem Geschehen ebensosehr zuschaut, wie er es steuert, dann gewinnt, was entsteht, eine Eigengesetzlichkeit, die alle nebenher verkündeten Thesen und Glaubenssätze übersteigt. Wahrheiten können sich in diesem Werk verkörpern, die jenen Thesen und Glaubenssätzen schroff widersprechen. Die Literaturwissenschaftler und Kritiker schätzen das allerdings gar nicht. Sie wollen beim Autor Klartext lesen, und zwar außerhalb des Werks, in Aufsätzen, Briefen und Tagebüchern. Dieser Klartext sagt ihnen, was der Autor denkt, und nun brauchen sie seine Werke nur noch daraufhin durchzusehen. Irgendwo finden sich immer Spuren des Klartexts, und schon ist das Werk durchschaut. Dies ist die weitestverbreitete Verblendung auf dem Gebiet der literarischen Kritik. Sie verhindert noch und noch, daß ohne die farbigen Brillen des Vorwissens gelesen, beobachtet und geurteilt wird.

Je schärfer man Strindbergs Stück »Der Vater« ins Auge faßt, um so mehr lösen sich die Eindeutigkeiten des Plots und der Figuren auf. Die Intrige als strategische Aktion verschwimmt höchst seltsam in ihren Konturen. Der weibliche Jago Laura wird immer weniger eindeutig, was seine Verwandtschaft mit den Vorläufern bei Shakespeare und Balzac betrifft. Das bestätigt sich am nachdrücklichsten vor dem Hintergrund des Intrigenmodells.

Zugegeben, mehrere Basiselemente der Intrige sind in dem Stück nachweisbar vorhanden. Da ist die Intrigantin, und da ist das Intrigenopfer: Laura und der Rittmeister. Da ist das Intrigenziel: die Verfügungsgewalt über das Kind. Da sind die Intrigenhelfer: die Amme und der junge Doktor, der Laura die gewünschten Zeugnisse ausstellt. Da sind Szenen der Verstellung, etwa wenn sich Laura diesen Doktor zum Helfer gewinnt. Da sind Intrigenrequisiten, verheimlichte Briefe zum Beispiel oder, hervorstechend, die Zwangsjacke. Da ist die Intrigenstimme der Amme am Schluß, eine fabelhafte Variante der uralten Redeform. Sobald wir aber nach dem Elementarsten fragen, nach der Planszene und ihrem Gegenstück, der Anagnorisis, fällt die Antwort schwer. Man sollte ja wohl denken, die Eindeutigkeit des Intrigenziels hätte die entsprechende Eindeutigkeit eines durchdachten Plans zur Folge. In Wahrheit aber ereignet sich hier etwas, das es in der literarischen Intrigenkultur noch nie gegeben hat.

Alles, was den erwarteten Plan der Intrigantin ausmachen würde, das Grundkonzept und die imaginäre Vorwegnahme der einzelnen Intrigenschritte, erscheint im Stück nicht als das Produkt Lauras, nicht als die Leistung ihres Gehirns, sondern als die Erfindung des Intrigenopfers selbst. Der Rittmeister teilt den Plan der Intrigantin mit, indem er ihr unterstellt, dies sei ihre Absicht. So braucht die

Frau nur noch auszuführen, was der Mann ohnehin erwartet. Sonst verhält es sich bei der literarischen Intrige immer so, daß wir zusehen müssen, wie ein ahnungsloses Opfer in die Schlingen tritt, die der Intrigant gelegt hat. Hier aber haben wir einen argwöhnischen Mann vor uns, der von Anfang an überzeugt ist, es werde gegen ihn »etwas eingefädelt«,[563] und überall Schlingen wittert. Er beschuldigt die Frau, sie zu legen, bevor ihr so etwas überhaupt in den Sinn kommen kann. Sein Schicksal als Intrigenopfer gewinnt auf verblüffende Weise die Struktur einer Self-fulfilling prophecy. Die Frau tut, was der Mann behauptet, daß sie tun werde. Die Frau wird, was er erklärt, daß sie sei. Als wären's Befehle.

Gleich zu Beginn des Stücks vergleicht der Rittmeister seine Stellung in dem frauenreichen Haus mit derjenigen eines Dompteurs im Raubtierkäfig: »Es ist wie in einem Tigerkäfig, und hielte ich ihnen nicht meine rotglühenden Eisen unter die Nase, sie würden mich bei der ersten Gelegenheit zerreißen!«[564] Er gibt Laura gar keine Chance, ihm gegenüber anders zu sein als ein fauchender Tiger vor dem Dompteur. Dabei macht sowohl sie wie die Amme den Vorschlag, sich über die Ausbildung der Tochter gütlich zu einigen. Er weist das schroff zurück. Eine Unmöglichkeit. Und er spricht ihr zu ihrer eigenen Verblüffung eine satanische Macht zu: »Ja, du hast eine satanische Macht, deinen Willen durchzusetzen, aber das hat immer derjenige, der keine Mittel scheut.«[565] Das Stichwort vom »Satanischen« ist hier wichtig. Es beschwört den diabolischen Einschlag von Verstellung und Verführung, den mythischen Hallraum der Intrige. Der Satz *macht* die Frau zu einem weiblichen Jago.

Genau deshalb kann es in dem Stück auch nie eine wirkliche Anagnorisis geben. Der Rittmeister prophezeit ja jede mögliche Intrige gegen seine Person und erwartet sie entsprechend. Was immer geschieht, ist eine Bestätigung. Selbst als er sich in die Zwangsjacke geknüpft sieht, erlebt er das nicht als eine Überraschung von der spektakulären Art, wie sie sonst eintritt, wenn ein Intrigant entlarvt wird. Er nimmt es zur Kenntnis als einer, der es längst gewußt hat. Paradoxerweise ist hier die Überraschung eher bei der Frau. Gefesselt, krumm auf dem Sofa liegend, beschuldigt er sie noch einmal der tödlichen Feindschaft von Anfang an, während sie staunend erkennt, daß im Rückblick tatsächlich alles wie geplant und berechnet aussieht. Es gibt keinen Grund, an der Wahrhaftigkeit ihrer Antwort auf seine Anklage zu zweifeln:

Ich weiß nicht, ob ich je etwas gedacht und gewollt habe von dem, was du annimmst. Es kann schon sein, daß eine unbestimmte Lust in mir war, dich wie ein Hindernis loszuwerden, doch willst du einen Plan in meinem Handeln sehn, so ist es möglich, daß es ihn gab, selbst wenn ich ihn nicht sah. Ich habe nie nachgedacht über das was geschah, sondern es rollte alles ab auf Geleisen, die du selbst gelegt hattest [...][566]

Hier erlebt die Intrigantin selbst die Anagnorisis, daß sie eine Intrigantin sei. Das tönt absurd, und doch ist es der Fall. Am besten kann man es nachweisen am zentralen Mechanema, dem Zweifel des Mannes an seiner Vaterschaft. In der klassischen Intrige würde dieser Zweifel dem Rittmeister von der Intrigantin planvoll eingeflüstert. Hier aber ist er es, der seiner Frau das, was ihn selbst aufreiben wird, beibringt. Er legt, um ihre Worte zu zitieren, das Geleise. Das läuft in zwei Schritten ab. Zunächst reden die beiden Eheleute darüber, wie das Gesetz die elterliche Verfügungsgewalt über ein Kind regelt. Man muß bei dem Gespräch auf die Schroffheit achten, mit der der Rittmeister argumentiert und bestimmt, was Sache ist:

RITTMEISTER: Bertha kommt in die Stadt in Pension und reist in vierzehn Tagen.

LAURA: Zu wem kommt sie in Pension, wenn ich fragen darf?

RITTMEISTER: Zu Gerichtsrat Säfberg.

LAURA: Dieser Freidenker!

RITTMEISTER: Kinder sind im Glauben des Vaters zu erziehen, bestimmt das Gesetz.

LAURA: Und die Mutter hat in dieser Frage nichts zu bestimmen.

RITTMEISTER: Gar nichts! Sie hat ihr Erstgeburtsrecht gesetzmäßig verkauft, sie hat ihre Rechte abgetreten, während der Mann sich verpflichtet, für sie und ihre Kinder zu sorgen.

LAURA: Also kein Recht auf ihr Kind?

RITTMEISTER: Nein, gar keins! Hat man einmal eine Ware verkauft, so kann man sie nicht zurückbekommen und dazu noch das Geld behalten.

LAURA: Aber wenn der Vater und die Mutter gemeinsam beschließen würden...

RITTMEISTER: Was würde dann werden. Ich will, daß sie in der Stadt wohnt, du willst, daß sie zu Hause wohnt. Nach der Arithmetik müßte sie auf der Bahnstation bleiben, mitten zwischen der Stadt und dem Haus. Diese Frage läßt sich nicht lösen. Siehst du![567]

Schon in diesem Dialog kann man den Mechanismus der Self-fulfilling prophecy studieren. Die Haltung der Frau steht für den Rittmeister so unbedingt fest, daß sie selbst gar keine Möglichkeit hat, anders zu sein. Der Gedanke einer friedlichen Übereinkunft, den sie ins

Spiel bringt, wird von ihm mit einem höhnischen Argument vom Tisch gewischt. Damit hämmert er ihr aber auch die Autorität des »Gesetzes« ein, das in Sachen Elternrecht das letzte Wort habe. Er weiß nicht, daß er sie dadurch geradezu zwingt, ihre anbefohlene Gegnerschaft auch auf dieser Ebene zur Wirkung zu bringen.

Anschließend drückt er ihr das Mittel dazu in die Hand. Sie reden über einen Soldaten, der eine Magd geschwängert hat und jetzt vor einer Vaterschaftsklage steht. Laura bemerkt, der Fall sei ja wohl klar, das Urteil stehe im Gesetz. Damit bezieht sie sich auf seine eben gefallene Aussage, daß der Vater von Gesetzes wegen für sein Kind sorgen müsse. Und in diesem Moment kann man mit Augen und Ohren verfolgen, wie er ihr das Giftfläschchen überreicht, das ihn selbst vergiften wird:

RITTMEISTER: Und hast du das Urteil schon fertig?
LAURA: Es steht im Gesetz!
RITTMEISTER: Es steht nicht im Gesetz, wer Vater des Kindes ist.
LAURA: Nein, aber das pflegt man zu wissen.
RITTMEISTER: Kluge Leute behaupten, daß man so was nie wissen kann.
LAURA: Das ist merkwürdig! Kann man nicht wissen, wer der Vater eines Kindes ist?
RITTMEISTER: Nein, so wird behauptet.
LAURA: Das ist merkwürdig! Wie kann der Vater dann solche Rechte haben über das Kind?
RITTMEISTER: Er hat sie einzig, wenn er die Verpflichtungen auf sich nimmt, oder die Verpflichtungen ihm auferlegt werden. Und in der Ehe gibt es ja keine Zweifel an der Vaterschaft.
LAURA: Gibt es keine Zweifel?
RITTMEISTER: Nein, das hoffe ich nicht.
LAURA: Und falls die Frau untreu gewesen ist?
RITTMEISTER: Ein solcher Fall liegt hier nicht vor! Hast du sonst noch was zu fragen?
LAURA: Gar nichts![568]

Man beachte das doppelte Staunen und Aufhorchen Lauras. Zweimal sagt sie: »Das ist merkwürdig!« Man spürt förmlich, wie sie sich die Sache »merkt«. Nachdem ihr der Rittmeister vorher die Strenge des Gesetzes eingehämmert hat, zeigt er ihr jetzt die Stelle, wo dieses Gesetz in ihrem Interesse manipulierbar wäre.

Und so dauert es dann nicht lange, bis Laura sich der geschenkten Waffe bedient und dem Rittmeister von möglichen Zweifeln an seiner Vaterschaft spricht. Sie bringt dies nicht mit gezielten Formulierungen vor, sondern eher nebenhin. Ihm aber fährt der Verdacht durch Herz und Nieren. Er kommt nicht mehr los davon, ist wie besessen. Als sie erschrocken versichert, natürlich sei er der Vater, glaubt er es nicht. Er wittert in der Erklärung vielmehr eine Strategie, die darauf abzielt, ihn auszubeuten, ihn zahlen zu lassen für ein Kind, das nicht seines ist. Da legt sie sogar einen feierlichen Eid ab: »Ich schwöre bei Gott und allem, was mir heilig ist, daß du Berthas Vater bist«.[569] Diesen Schwur nimmt er sofort als Beweis für das Gegenteil. Ein falscher Eid ist ein Verbrechen, und da er ihr jedes Verbrechen zutraut, muß der Schwur ein Meineid sein. Das alte Axiom, daß die Vaterschaft nie sicher sei – pater semper incertus –, ein menschheitsgeschichtlich ehrwürdiger Grundsatz, der erst durch die DNA-Analyse außer Kraft gesetzt wurde, wächst sich für den Rittmeister zu einer Art Netz aus, in dem er sich immer hilfloser verstrickt. Die tatsächliche Zwangsjacke am Schluß ist nicht mehr als eine Bekräftigung.

Man sieht, die Erfindung der Intrige und ihre Logik und ihre Konsequenz, alles also, was Laura zu einer wirklichen Schwester Jagos und Bettes machen würde, stammt gar nicht von ihr. Es wird ihr in die Hand gedrückt, und sie läßt es wirken. Nicht ohne ein wenig nachzuhelfen, gewiß, denn es geht ja um ihr Kind, bei dessen Lebensplan sie mitreden will, aber insgesamt stehen wir hier doch vor einer tödlichen Frauenintrige ohne Plan, ohne Anagnorisis und, genau genommen, auch ohne Intrigantin. Das Mechanema entspringt und wuchert in der Imagination des Opfers, und von da aus lenkt es die Handlung bis zur Katastrophe. Nach der Regel, daß wir werden, wofür die anderen uns halten, wird Laura zu der Intrigantin, als die der Rittmeister sie definiert. Mit jener »satanischen« Willenskraft, die er der Frau zuschreibt, zwingt er sie, ihm das Genick zu brechen. Er verdächtigt sie, mit dem Doktor zusammenzuspannen, und stiftet so eine komplottähnliche Situation, die die beiden nur noch durchzuführen brauchen. Er erklärt sich für krank und ermöglicht mit dieser Aussage, daß alles, was er tut, als pathologisches Symptom hingestellt werden kann. Er beschuldigt Laura und ihre Helferinnen, sie behandelten ihn wie ein Kind, und diktiert ihnen damit den Trick, mit dem sie ihn am Ende in die Zwangsjacke stecken.

Hätte »Der Vater« tatsächlich ein frauenfeindliches Manifest sein sollen, eine große Diffamierungsaktion gegen das weibliche Geschlecht, Strindberg hätte es sich weiß Gott leichter machen können. Dann hätte er Laura tatsächlich als planende Täterin entworfen, wie Bette eine ist oder Valérie oder ihrer beider adlige Vorgängerin im französischen Roman, die Madame de Merteuil der »Liaisons dangereuses« – Balzac nennt seine Valérie tatsächlich einmal »cette madame de Merteuil bourgeoise«.[570] Ein effektvolles Stück um eine weibliche Schreckgestalt wäre so entstanden, gebaut mit den Mitteln der herkömmlichen Intrigendramaturgie und zu den Zwecken einer polemisch-propagandistischen Misogynie bestens geeignet. Aber selbst wenn er das gewollt hätte (was nicht ganz ausgeschlossen ist), Strindberg war ein zu großer Künstler und zu weit vorgerückt in die literarische Moderne, um ein kompaktes Intrigantensubjekt auftreten zu lassen, als wär's ein Shakespearescher Richard oder ein Schillerscher Franz Moor, eine Person also, die denkt und fühlt und will und handelt aus ihrer gesicherten Mitte heraus, souverän durchaus, frei unter dem gestirnten Himmel und das moralische Gesetz in der Brust. Ein solches Subjekt auftreten zu lassen, war dem Dramatiker, der für das europäische Theater werden sollte, was Munch für die europäische Malerei wurde, unmöglich.

Statt dessen entsteht ein Stück, das die Geschichte der Intrige in der Literatur verändert. Was den großen Intriganten bisher bestimmt hat, was die mächtige Intrigantin prägte – der intellektuell brillante Entwurf und seine unerbittliche Durchführung in den kunstreichen Operationen der Verstellung – ist hier aufgelöst in eine geisterhafte Interaktion zwischen Mann und Frau. Aus der Angst vor ihrem zielgerichteten Willen, aus der Angst, die eigene Macht zu verlieren, phantasiert der Mann diese Ziele und diesen Willen herbei und erschafft so eigenhändig, was er fürchtet: Macht und Herrschaft der Frau.

In der Optik einer Psychologie, die mit der Dynamik des Unbewußten arbeitet, versteckt sich hinter der Angst dieses Mannes ein verborgener Wunsch. Was er als weibliche Macht fürchtet und haßt, das ersehnt er gleichzeitig als mütterliche Geborgenheit, als Befreiung von der patriarchalen Herrscherpflicht. Das wird von mehreren Stellen im Stück bestätigt. Man könnte sagen: Was hier vorliegt, ist eine Gender-Tragödie. Es ist die Tragödie eines Mannes, der Mann sein zu müssen, den die Gesellschaft seiner Zeit als Norm entwirft und in Szene setzt. Er muß die vorgegebene Rolle ausfüllen, sonst verliert er sich selbst. Die Rolle schreibt vor, daß er über die Frauen herrsche. Um sich beweisen zu können, daß er dies tut, muß er die Frauen dazu bringen, gegen ihn zu revoltieren. Er muß ihnen den Willen zur Macht beibringen, damit er zeigen kann, wie er ihn bricht. Dies alles steckt in dem Bild vom Dompteur im Tigerkäfig, der die Raubkatzen mit dem glühenden Eisen in Bann hält. Je mehr sich der Mann danach sehnt, von der Rolle des eisernen Herrn und

Meisters befreit zu sein, um so größer wird seine Angst, diese Rolle und also sein Ich zu verlieren, um so mehr muß er die Frauen zur Intrige gegen sich selbst drängen. Besiegt er sie aber einmal, steigt sein Leiden an der patriarchalen Rolle nur noch weiter an. Also muß er den Machtwillen der Frauen erneut fördern. Bis sie ihn zuletzt in der Zwangsjacke haben. Diese ist beides, der endgültige Beweis für seinen Verdacht und der definitive Verlust seiner Herrschaft. Seine Gefangenschaft ist seine Freiheit. Nur geht er an dem Paradox kaputt.

Das hat zur Konsequenz, daß wir nicht mehr genau wissen, wer eigentlich handelt. Wer da will und plant und ausführt. Auf ungeheuerliche Weise liquidiert in diesem Stück die jahrtausendealte Männerrolle des Herrn und Familienregenten sich selbst.

Nichts kann das besser veranschaulichen als das Zeichenfeld der Uniform und der Waffen auf der Bühne. Gleich zu Beginn wird dadurch die Genderrolle vergegenwärtigt. »Der Rittmeister trägt Dienstuniform und Reitstiefel mit Sporen«, heißt es, und die Bühnenanweisung verlangt: »Waffen an den Wänden, Gewehre und Jagdtaschen. Neben der Tür ein Kleiderständer mit Uniformröcken.«[571] Das ist die vor Augen gerückte Existenz des bewehrten, uniformierten, gepanzerten Mannes, des Kämpfers und Jägers, der sich von dieser seiner Rolle her definiert. Das genaue Gegenbild dazu ist die Zwangsjacke am Schluß, in der und an der er umkommt. In der Uniform kann er nicht leben, in der Zwangsjacke muß er sterben. Dieses Dilemma macht das Stück zur Tragödie. Es ist eine Tragödie von der Unausweichlichkeit der Geschlechterrollen. Ob nicht auch etwas anderes denkbar wäre, eine offene, bewegliche Existenz in einem lebendigen Körper, der keinen Panzer braucht – das ist die Frage, mit der uns das Stück zurückläßt.

Wenn man Strindbergs erwähnten Aufsatz »Die Frauenfrage im Lichte der Evolutionstheorie« liest, in den gleichen Jahren geschrieben wie »Der Vater«, kann man den Gedanken nicht abwehren, in der Tragödie habe der Dichter August Strindberg, ohne es zu wissen, über den Geschlechtertheoretiker Strindberg zu Gericht gesessen.

Die Differenz zwischen den Intrigantinnen Bette und Laura, von der hier ausgegangen wurde, erweist sich jetzt als ein Epochensprung. Bette war, was der Rittmeister auf Laura nur noch projiziert. Das Zeitalter aber, das mit Strindbergs Paar eröffnet wurde, ist noch nicht zu Ende.

XLVIII
Die Täter im Hades

Das »Täterprofil« als Begriff der Literaturwissenschaft. Drei Geschwister in verriegelter Wohnung: Thomas Bernhards »Vor dem Ruhestand«. Die Existenzregel der »Verschwörung«. Paradoxe Strukturen. Die Frage nach den Elementen des Intrigenmodells. Die Verstellungsarbeit. Das pervertierte Abendmahl. Warten und Wiederholen als elementare Gesten der Moderne. Anagnorisis als latente Bedrohung. Die Rolle regiert das Subjekt, das Spiel die Spieler. Ein Hadesritual. Der historische Hintergrund. »Von deutscher Seele«. Kläglichkeit des Kaputtgehens. Deckt die Krise des autonomen Subjekts in der Literatur der Moderne die Wahrheit über den Menschen auf?

In der Kriminalistik spricht man vom Täterprofil. Man könnte den Begriff auch in die Literaturwissenschaft übernehmen. Nicht um einen bestimmten Täter zu charakterisieren, sondern um die epochenspezifischen Täter der verschiedenen literarischen Zeitalter zu erfassen. Literatur ist Gesang oder Handlung. Handlung dreht sich um Taten, vollzogene oder erlittene. Drama, das griechische Wort, kommt von *drao*: tun, handeln, vollbringen, und ist verwandt mit *dromenon*: Tat, Unternehmung, Plan. Daß Plan und Tat in einem Wort zusammenfallen können, ist für diese Studie nicht ohne Bedeutung. Ein Täter ist nicht immer Intrigant, ein Intrigant aber ist immer auch Täter. Wenn es denn also ein epochenspezifisches Täterprofil gibt in der Literatur, betrifft dies immer auch den Intriganten.

Wie kann ein Täter zeitbedingt sein? Der Dolch, der in die Brust des Gegners versenkt wird, bewirkt im dritten Jahrhundert vor Christus dasselbe, was er im zweiten Jahrtausend nach Christus bewirkt. Die Intrigenstimme tönt in der Antike nicht anders als in der Gegenwart, auch das Lächeln dabei ist austauschbar. Hamlets Satz: »... daß einer Lächeln kann und immer lächeln, und doch ein Schurke sein«,[572] ist als Erkenntnis nicht an das elisabethanische Zeitalter gebunden. Und wenn es das Wort Mobbing damals noch nicht gab, gab es doch das Phänomen und die physiognomischen Begleiterscheinungen. Was also soll da zeitbedingt sein?

Wenn Menschen einander im wirklichen Leben täuschen, betrügen, verraten, schädigen, zerstören, tun sie es so, wie sie es immer getan haben. Nur die Waffen wechseln, die Gifte und die schönen Worte. Wenn Menschen einander in der Literatur täuschen, betrügen, verraten, schädigen, zerstören, ist ihr Treiben zugleich symbolisch, also ein Zeichen, das auf anderes verweist. Dieses Andere ist ein charakteristischer Teil des Denkens, Empfindens und Urteilens der Epoche. Wenn Balzac der Cousine Bette, der Familienziege, der unscheinbaren Frau mit dem Haßpotential einer Cléopâtre, Größe zuspricht, die Größe einer unbedingten Leidenschaft, verweist dies auf den literaturgeschichtlich kardinalen Vorgang, daß in Balzacs Romanen die feudalen Passionen, welche einst die Tragödien Shakespeares, Corneilles, Calderóns in Bewegung setzten, in die Antriebskräfte bürgerlichen Handelns und Begehrens, bürgerlichen Machtgewinns und Scheiterns verwandelt werden. Damit verbunden ist das Konzept des autonomen Subjekts, das noch im Untergang weiß und will, was es tut. Wenn Bettes Intrigenschwester Valérie stirbt, durch exotische Gifte bei lebendigem Leibe in Verwesung versetzt, ist das letzte Wort der großen Verführerin und Maitresse: »Oui, il faut que je fasse le bon Dieu!«[573] – »Nun werde ich eben den Lieben Gott herumkriegen müssen!« Der energische Geist, mit dem sie ihre Karriere betrieb und das Kunststück fertigbrachte, drei reiche Liebhaber gleichzeitig und überdies in der Überzeugung zu halten, jeder sei der einzige, dieser Geist ist auch noch bei ihren letzten Atemzügen wach und wendig wie je. Bei Strindberg indessen, in der Tragödie vom Jäger- und Kriegermann, der nur noch von seinen Uniformen und Waffen in der Herrenrolle gehalten wird und ohne diese zum Kind regrediert, das zu den Frauen kriecht, um an großen warmen Brüsten zu schlafen, bei ihm sind die letzten Worte des Helden ein Kindergebetchen: »Lieber Gott, mach mich fromm, daß ich in den Himmel komm!« Und da er ja im Schoß der alten Amme liegt, ergänzt er den Spruch, der ein reines Ritual der Verkindlichung ist und keine Anrufung des Himmels, mit dem Satz: »Gute Nacht, Margret, und gesegnet seist du unter den Frauen!«[574] Er steht dem eigenen Tod nicht in Freiheit gegenüber – was die schlechthin überragende Verdeutlichung des autonomen Subjekts in aller Literatur ist –, sondern vergräbt sich einerseits in eine absurde Infantilität, andererseits zitiert er den Anruf des Engels[575] und der Frommen an die Gottesmutter Maria: benedicta tu in mulieribus. Kurz zuvor hat er sich noch als Herakles phantasiert, der nach der mythischen Überlieferung von der schönen Omphale in Frauenkleider gesteckt und seiner Keule beraubt wurde. Er kann sich selbst wie die andern nur noch in Rollen und Draperien denken. Die Mitte seiner Existenz ist fluktuierend, diffus; erst wenn sie in eine Uniform gefaßt wird, gewinnt sie Konsistenz.

Diese Auflösung des alten Täterprofils gehört als hervorstechendes Element in die ästhetische Zeichenlehre der Moderne. Sie gewinnt daher auch für die Erforschung der Intrigantinnen und Intriganten ein besonderes Gewicht. Wir sind schon bei den Überlegungen zur Psychologie des talentierten Mr. Ripley darauf gestoßen. Allerdings ereignet sich die Auflösung des alten Täterprofils nicht in einer einzigen und feststehenden Weise, gemäß dem Muster etwa von Strindbergs Rittmeister oder seiner Frau. Vielmehr muß in jedem einzelnen Fall nach der spezifischen Gestalt des Profilzerfalls gefragt werden. Dies soll exemplarisch an Thomas Bernhards Stück »Vor dem Ruhestand« geschehen.

Eine deutsche Stadt um 1975. Drei Geschwister in einer Wohnung. Vera, Clara, Rudolf. Rudolf Höller ist Gerichtspräsident kurz vor dem Ruhestand. In der NS-Zeit war er SS-Offizier und Lagerkommandant; er hat das Leben Tausender auf dem Gewissen. Wobei »Gewissen« das falsche Wort ist. Denn es gibt kein Unrechtsempfinden bei ihm, auch nicht bei der Schwester Vera. Beide leben weiterhin in den begeisterten Überzeugungen der Hitler-Jahre; beide finden weiterhin richtig, was damals geschah und was Rudolf getan hat. Clara, gelähmt im Rollstuhl sitzend, ist die Gegenstimme. Sie sieht lauter Verbrechen, wo die andern lauter historischen Glanz sehen. Eine klare Konfliktsituation, könnte man denken. Zwei alte Nazis und ein Widerpart – das muß ausgefochten werden. Die eine Seite wird siegen, die andere untergehen. Clara, die Hilflose, dürfte am Ende das Opfer sein. Das muß man annehmen nach all den Erfahrungen, die man mit so vielen Expositionen der dramatischen Weltliteratur gemacht hat. Was sonst könnte denn bei dieser Ausgangslage auf der Bühne überhaupt geschehen? Was sonst, als daß Rudolf, der Täter, der Nazi in der demokratischen Richterrobe, immer unterstützt von seiner fanatischen Schwester Vera, irgendwann die schwache, widerspenstige Clara liquidiert? Erschießen wird er sie wohl und damit dem Stück zu einem effektvollen Ende verhelfen.

In einem traditionell gebauten Drama mit herkömmlichem Täterprofil wäre dieser Verlauf unausweichlich, höchstens daß Clara im letzten Moment durch einen Zufall oder einen Helfer von außen gerettet würde. In ihrem hilflosen Widerstand erinnert sie an Elektra am Hof des verliebten Mörderpaars Klytaimnestra und Aigisth. Dieser Anklang wird auch dadurch bestätigt, daß Vera und Rudolf in einem inzenstuösen Verhältnis leben; sie schlafen miteinander, ohne sich vor Clara zu schämen. Es ist nicht nur die Liebe, was die Schwester ins Bett des Bruders treibt. Vera will auch eine mögliche andere Geliebte verhindern. Keine weitere Frau, überhaupt kein anderer Mensch darf in die abgekapselte Gemeinschaft treten. Man hält sich zwar ein Dienstmädchen, aber es ist eine taubstumme Analphabetin, die nichts versteht und nichts ausplaudern kann. Doch Gemeinschaft? Wieso Gemeinschaft, wenn eine explosive Gefechtsanlage von zweien gegen eine vorliegt?

Tatsächlich wird die Konfliktstruktur des Geschwistertrios – Clara gegen Vera und Rudolf – überlagert von einer zweiten, weit stärkeren Existenzregel. Diese ist die Hauptsache des Stücks. Sie macht das Werk zum wirkungsstarken Bühnenereignis und verkörpert zugleich sein Geheimnis. Über sie verwandelt sich die herkömmliche Konfliktanlage auch formal in eine beispielhafte Gestalt modernen Theaters.

Man kann dieser alles beherrschenden Existenzregel des Geschwistertrios, die im gleichen Maße Inhalt ist wie dramaturgische Form, nur näherkommen über die Äußerungen der Beteiligten. Das Schlüsselwort ist »Verschwörung«. Insgesamt fünf Mal fällt dieser Begriff im Verlauf des Stücks, bald aus Veras, bald aus Rudolfs Mund, und nie meint er nur die zwei Bösen, den Kryptonazi und seine verliebte Schwester, immer schließt er ganz selbstverständlich auch die Gute ein, Clara, die Widerständlerin im Rollstuhl. Jedesmal verbindet sich mit dem Wort Verschwörung das Personalpronomen in der ersten Person Plural: wir, unser. »Wir sind ja eine Verschwörung.«[576] – »Wir sind eine Verschwörung.«[577] – »So sind wir erst das geworden was wir sind / eine Verschwörung gegen den Ungeist des Lebens.«[578] – »So zahlt jeder seinen Preis / damit das Gleichgewicht unserer Verschwörung / nicht gestört wird.«[579]

Nun ist »Verschwörung« ohne Zweifel ein Begriff aus dem Kernbereich der Intrigenforschung. Verschwörung oder Komplott ist eine Intrige, betrieben von einem Kollektiv. Verschwörung setzt voraus, daß nicht ein einzelner Intrigant mit seinen Helfern am Werk ist, sondern eine Gruppe, die gleichberechtigt und gemeinsam die zielgerichtete Verstellung betreibt. Verschwörer treffen sich heimlich, gerne bei Nacht, um den Plan zu entwerfen, um die nächsten Schritte abzusprechen, um Zeitpunkt und Umstände der großen Tat zu bestimmen. Wenn König Claudius mit Rosencrantz und Guildenstern seine Gegenintrige gegen den Stiefsohn Hamlet einfädelt, ist das keine Verschwörung; auch nicht wenn Hamlet selbst mit den Schauspielern zusammen das Stück mit dem Namen »The Mousetrap« entwirft, das den König zu einer unwillkürlichen Reaktion bewegen und als Brudermörder entlarven soll. Hier wie dort sehen wir einen Intriganten mit seinen Helfern am Werk. Verschwörer hingegen sind die Cäsar-Mörder in Shakespeares »Julius Caesar«, die in Brutus' Garten nächtlich zusammenkommen.[580] Verschwörer sind in Schillers »Tell« die Eidgenossen auf der nächtlichen Wiese am See, wo sie dann auch, als müßten sie den Begriff bestätigen, tatsächlich die Schwurhand heben. Eine Zwischenform stellt Wallenstein mit seinen Getreuen dar, den Generälen Terzky, Illo, Isolani, Buttler (dem späteren Verräter). Diese Krieger sind mehr als nur Intrigenhelfer, und doch ragt Wallenstein als Entscheidungsträger (und Zauderer) so mächtig über sie hinaus, daß man wieder zögert, von einem Komplott der Militärs zu reden, dem Putsch einer Junta, wie er im 20. Jahrhundert blutige Politfolklore geworden ist. Zum Begriff der Verschwörung gehört ein Einschlag von republikanischer Gleichheit der Beteiligten, die ihren Führer gemeinsam wählen, ihr Ziel gemeinsam wollen.

Wenn also in Bernhards Stück »Vor dem Ruhestand« wiederholt und mit Nachdruck von einer »Verschwörung« die Rede ist, bestimmt das alle Beteiligten zu gleicherweise Mitwollenden und Mithandelnden. Nicht nur Vera und Rudolf, sondern auch Clara, die Gute, die Sozialistin, das Ärgernis im Rollstuhl. Das ist schwer zu begreifen. Wie kann diese Clara eine Verschworene sein, wenn sie der Schwester so kommt:

> Mich ekelt vor dir
> aber ich höre dir zu [...]
> ich bin euch ausgeliefert
> Es ist ganz klar
> daß ihr auch an Himmlers Geburtstag
> miteinander ins Bett geht
> nach der zweiten Flasche Sekt
> Ich schäme mich nicht einmal [...]
> Du bist ja noch viel ärmer als ich
> und nur weil du so verlogen bist
> hältst du es aus
> noch perverser als dein Bruder
> noch niederträchtiger als er
> noch viel gemeiner[581]

Wie kann sie eine Verschworene sein, wenn zwischen ihr und dem Bruder das folgende Wortgefecht möglich ist:

> CLARA: Ihr seid mir widerlich
> ich hasse euch

ich habe euch immer gehaßt
Deine Rücksichtslosigkeit
deine Heuchelei
deine Gemeinheit

RUDOLF: Das muß ich mir gefallen lassen
von einem Krüppel
der die Zeit damit verbringt
sich den Kopf mit Bücherunrat vollzustopfen
mit verrückten widernatürlichen Ideen
mit perverser Literatur
die ich verabscheue

CLARA: Ich verabscheue *dich*
dich und alles was du tust
alles was du bist
alles was du getan hast
und ich verabscheue Vera

RUDOLF: Wir hätten dich allein lassen sollen
dann wärst du gar nicht mehr da
du wärst verreckt

CLARA: Das ist deine Sprache
das ist die Sprache des Richters
des Gerichtspräsidenten

RUDOLF: Du hast es notwendig
solche wie du
hätten wir in unserer Zeit ganz einfach vergast

CLARA: Du ja deinesgleichen ja
Du redest dauernd vom Abschaum
und was bist du[582]

Die Luft ist wahrhaftig vergiftet zwischen den Geschwistern. So vergiftet wie zwischen den Eheleuten Strindbergs, zwischen Jason und Medea, zwischen Elektra und Klytaimnestra, zwischen Franz und Karl Moor. Es ist das Gift, aus dem die großen Bühnenspektakel entstehen, die splitternden Clashs und Crashs im Theater aller Zeiten. Und doch sollen nun diese entzweiten Geschwister alle drei zusammen eine Verschwörung betreiben! Ein Komplott sollen sie bilden, vereint, seit Jahren und vielleicht noch jahrelang! Wie löst sich dieses Rätsel?

Über die psychologische Einfühlung in die Figuren ist keine Klärung möglich. Das mochte bei Strindberg noch knapp gehen;

Bernhard aber operiert abseits eines Realismus, der mit vertrauten Seelenmustern und Charakterbildern arbeitet. Um auf sicherem Boden zu bleiben, müssen wir auf das Intrigenmodell zurückgreifen. Auf seinem Hintergrund müssen wir diese »Verschwörung« studieren und jene Elemente des Modells herausgreifen, die in der Bühnenhandlung sichtbar werden. Gibt es also eine Notsituation, eine Zielphantasie, einen Plan? Gibt es eine Praxis der Verstellung? Wird ein Ziel erreicht und ereignet sich am Ende die Anagnorisis, sei's im Triumph, sei's im Untergang?

Wenn der Begriff der Verschwörung, den die Beteiligten gebrauchen, gerechtfertigt ist, müssen diese Elemente deutlich oder spurenweise vorhanden sein. Die philologische Arbeit kann das abklären, sachlich, ohne in Spekulationen zu verfallen. Daß in dem Stück Verstellungsarbeit geschieht, ist offensichtlich. Das Bewußtsein der Verstellung lädt die Atmosphäre von Anfang an auf. Worin aber besteht die Verstellung? Sie besteht nicht einfach darin, daß ein alter Chef-Nazi darum besorgt ist, nicht als solcher entlarvt zu werden. Die Vergangenheit Rudolfs scheint in der Stadt nämlich nicht ganz unbekannt zu sein. Er lebt auch nicht unter falschem Namen wie etwa jener famose Germanist Hans-Ernst Schwerte an der Universität Aachen, der unter seinem wahren Namen Hans Schneider SS-Mann und Mitarbeiter Himmlers war und nach 1945 einen perfekten Identitätswechsel zustandebrachte. Im Deutschland und Österreich der Nachkriegszeit haben es zahlreiche notorische Nazis zu neuem Glanz gebracht, und man ließ viel grünes Gras über die gar nicht so alten Geschichten wachsen. Rudolf wird zwar gelegentlich auf der Straße angepöbelt, aber an seinem Ansehen als Gerichtspräsident ändert das nichts.

Die Verstellungsarbeit, über der sich das Stück wesentlich aufbaut, betrifft also nicht die Tatsache der Nazi-Vergangenheit des Richters Höller im allgemeinen. Sie betrifft vielmehr ein ganz besonderes Geschehen. Alljährlich am 7. Oktober, dem Geburtstag Heinrich Himmlers, des Reichsführers der SS, Organisators der Konzentrationslager und obersten Leiters der Massenmorde, wird in der Wohnung der drei Geschwister ein Erinnerungsritual abgehalten. An diesem Datum und in dieser Wohnung spielt denn auch das Stück, vom späten Nachmittag bis gegen Mitternacht. Und diese Feier mit ihrem ganzen Dekor ist es nun, was nicht bekannt werden darf, was verborgen bleiben muß, was die Verstellungsarbeit erfordert. Sie ist der Höhepunkt des Jahres, analog zu einem christlichen Hochfest wie Ostern oder Weihnachten. An diesem Tag zieht Rudolf seine SS-

Uniform wieder an und Vera kleidet sich nach der Frauenmode der Nazi-Zeit, mit Zöpfen und Gretchenfrisur. Clara spielt meistens einen weiblichen Häftling; die entsprechende Kleidung liegt bereit. Gelegentlich erläßt ihr Rudolf die Maskerade und beläßt es bei Beschimpfungen; im Jahr zuvor aber mußte Vera der Schwester sogar den Kopf scheren. Am Abend dieses Tages (und also auch im Schlußteil des Stücks) setzen sich die drei gemeinsam an den Tisch zu einem feierlichen Mahl unter dem silbergerahmten Bild Himmlers, einem Mahl des Gedenkens. Es trägt alle Zeichen eines pervertierten Abendmahls. Sie zelebrieren das Andenken Himmlers und die Erwartung einer Wiederkehr des Dritten Reichs, so wie die Christen in ihren Kirchen das Andenken Jesu und die Erwartung seiner Wiederkehr feiern. Haec in mei memoriam facietis, heißt es im Text der Messe – Tut dies zu meinem Andenken. Und: Et iterum venturus est cum gloria – Er wird wiederkommen in Herrlichkeit. Der Höhepunkt der Messe ist der erhobene Kelch; dem entspricht im Ritual der Geschwister die folgende Szene:

> [Rudolf] *steht plötzlich auf und hebt sein Glas*
> *Vera steht auch auf*
> *Rudolf mit dem Blick auf das Himmlerbild auf der Kommode*
> Ich hebe mein Glas
> auf diesen Mann
> auf diese Idee[583]

Es ist das einzige Mal im Jahr, daß Rudolf Wein trinkt, immer den Champagner der Marke Metternich, den sie damals im Lager getrunken haben: »Darauf habe ich immer größten Wert gelegt / daß immer genug Metternich da war / sonst hätten wir es gar nicht aushalten können.«[584] Kurz nach Beginn des Mahls holt Vera »ein größeres Album« aus der Kommode und macht auf dem Tisch den Platz dafür frei. Es enthält die Fotos aus der Nazizeit. Wie die Bibel oder das Meßbuch begleitet nun dieser Band das feierliche Essen. Seite um Seite wird betrachtet und besprochen; alle Verbrechen der Hitlerzeit tauchen hier in scheinbar zufälligen Beispielen auf und werden in furchtbarer Verkehrung der Gefühle als schöne Erinnerungen genossen. Rudolf benennt das Glück dieses feierlichen Gedenkens im hermetisch geschlossenen Raum:

> Es ist schön diesen Tag
> mit euch zu verbringen
> in aller Stille

wenn von draußen kein Laut hereindringt
kein Geräusch nichts von draußen
Mit euch zusammensein
in Gedanken an die Erinnerung[585]

Man muß bei all dem genau aufpassen. Die Verschwörung und die Verstellungsarbeit zielen nicht darauf ab, die Wiederkehr der Nazizeit vorzubereiten, heimlich erste Schritte zu tun und die Voraussetzungen für einen Umsturz zu schaffen. Das wäre ein Komplott nach alter Theatermanier. Ein Reißer könnte so entstehen, die Darstellung vielleicht, wie eine Untergrundbewegung gegründet wird, wie führende Köpfe zusammentreten, wie sie Gefolgsleute rekrutieren und Anschläge planen. Wenn Rudolf Höller dabei der Chef wäre, würde er genau dem Täterprofil des vormodernen Theaters und der Intrigentradition entsprechen: ein Dritter Richard im Deutschland der 1970er Jahre. Ein Stück à la Zuckmayer könnte das sein, und es müßte die Wirklichkeit des Nationalsozialismus so eklatant verfehlen, wie »Des Teufels General« es tat.

Bernhard aber verwandelt die Aktion in Repetition. Die singuläre Tat wird zu einem Drehen im Kreis. Was wir im Stück verfolgen, ist nur einer dieser endlosen Rotationsvorgänge. Seit drei Jahrzehnten[586] leben die Geschwister auf den alljährlichen 7. Oktober zu. Mit allen Seelenkräften klammern sie sich an den Tag, an dem sie ihre Erinnerungen feiern und sich gegenseitig ihrer Hoffnung auf die Wiederkehr der Herrlichkeit versichern:

Es kommt die Zeit sagt Rudolf
wo er nicht mehr gezwungen ist Himmlers Geburtstag in seinem Hause
versteckt feiern zu müssen
sondern offen ganz offen mein Kind offen
vor allen Leuten
Natürlich ist es eine Verrücktheit
daß er daran festhält
aber warum sollte ich ihm das Spiel verderben
Wir müssen zu ihm halten
wer weiß was noch kommt
Wir sind eine Verschwörung[587]

Die zweite Zeile des Zitats ist der längste Vers des ganzen Stücks. Er sprengt demonstrativ den Duktus der knappen, durchrhythmisierten Sprachstöße, als sollte das Verquere dieser Hoffnung auch graphisch veranschaulicht werden.

Der 7. Oktober ist das Herz des Jahres; was an ihm geschieht, pulsiert durch alle zwölf Monate. Die Wiederkehr des pervertierten Abendmahls bestimmt durchweg die Existenz der drei Geschwister. Deshalb zieht sich auch die Aktivität der Verstellung durch das ganze Jahr. Deshalb leben sie abgeschlossen, in einem Huis clos. Deshalb muß das Dienstmädchen eine taubstumme Analphabetin sein, ein lebendiges Intrigenrequisit. Der Auftakt des Stücks handelt eingehend von diesem hilflosen Geschöpf und veranschaulicht in einer gezielten Exposition die Verstellungsarbeit der Familie. »Wir brauchen keine Zeugin am siebten Oktober«,[588] heißt es zunächst, dann allgemeiner und programmatisch:

> Kein Mensch weiß was wir tun
> kein Mensch weiß was wir denken
> kein Mensch weiß was wir sind[589]

Das ist die Verstellung als Daseinsform. Ihr Ziel aber, im Sinne der Zielphantasie des Intrigenmodells, ist allein, diesen Zyklus Jahr für Jahr leben zu können, immer auf die große Zelebration am 7. Oktober hin. Die Anagnorisis, von deren drohender Möglichkeit gelegentlich die Rede ist, wäre also die Aufdeckung dieses Lebens als einer Geheimgesellschaft zu dritt. Darin besteht die größte denkbare Gefahr; sie ist allen bewußt. Clara sagt zu Vera über das Dienstmädchen:

> sie weiß genau
> würde sie plötzlich hören
> und reden
> du würdest sie sofort umbringen[590]

Als Rudolf im Verlauf des Erinnerungsmahls eine Herzattacke erleidet, in voller SS-Uniform, bricht Vera in Panik aus; er könnte ja vom Arzt, der jetzt gerufen werden muß, so gesehen werden. Wie Urchristen in der Katakombe haben sie ihren Gottesdienst gefeiert, und nun drohen die Verfolger hereinzubrechen. Es ist keine wirkliche Anagnorisis, was da zuletzt passiert, aber die plötzliche schrille Steigerung ihrer Gefahr. Der Vorgang schließt das Stück ab, als Gegenstück zum Anfang, der die Verstellungsarbeit vor Augen rückte. Damit bestätigt sich die Intrigenstruktur des Ganzen.

Doch wie nun aber? Soll das jetzt auch die Lösung der Rätsel sein? Soll das erklären, warum die bittere Feindschaft zwischen Clara und den andern vereinbar ist mit einer gemeinsamen Verschwörung aller drei? Nein. Das eigentliche Geheimnis des Stücks ist damit nicht gelüftet. Nur die Voraussetzung für eine Klärung ist geschaffen.

Wenn nämlich das Ziel der Verstellungsarbeit darin besteht, die rituelle Gestalt des Geschwisterlebens zu sichern, ihr travestiertes Kirchenjahr zu ermöglichen, dann muß das Geheimnis des Stücks in der spezifischen Beschaffenheit dieser Ritualität liegen.

In der Tat gibt es neben den Einzelheiten der Vergangenheit, die mit immer neuer Hingabe erinnert werden, nichts in dem Stück, auf dem so insistiert würde, wie auf der Eigenart der rituellen Wiederholung, die sich seit dreißig Jahren abspielt. Entscheidend ist dabei, daß der Zwang zu dieser Wiederholung über dem Willen der einzelnen steht. Das Ritual geschieht, und die Geschwister sind sein Teil. Der Fall Clara zeigt, daß es abläuft, auch wenn ein Mitglied sich nicht einverstanden erklärt. Dieser Tatbestand sperrt sich schroff gegen unsere Gepflogenheit einer psychologischen Lektüre. Er kann daher zunächst nur zur Kenntnis genommen werden, und zwar so, wie das Stück selbst ihn darstellt.

Wie aber wird er dargestellt? Kaum ist zum ersten Mal das Wort von der »Verschwörung« gefallen, fällt auch der Begriff »Mechanismus«: »Wir sind ja eine Verschwörung [...] Im Grunde ist es ein idealer Mechanismus / du und ich und Rudolf.«[591] Nun ist »Mechanismus« gewiß keine sehr klare Metapher, aber das Wort verschiebt doch die Verschwörung vom freien Akt einer entschlossenen Gruppe in die Richtung eines zwingenden Ablaufs. Dieser wird in der Folge immer direkter als ein Rollenspiel bezeichnet, bei dem die Rolle die Person regiert: »So viele Jahre spielen wir unsere Rolle / wir können nicht mehr heraus«.[592] Das sagt Vera zur Schwester. Und sie verknüpft sogar in einem Wortspiel den *Roll*stuhl, in dem Clara sitzt, mit diesem *Rollen*begriff:

> Wir sind ganz einfach in diese Situation hineingekommen
> Du mußt deine Rolle spielen
> im Rollstuhl verstehst du
> Vor dem siebten Oktober ist es am schlimmsten
> aber es ist auch sehr schön
> findest du nicht[593]

So flüchtig das Wortspiel erscheint, es ist doch ein Signal, das den Widerspruch zwischen Claras scharfer Opposition und ihrem selbstverständlichen Mitmachen auflösen hilft. Könnte diese Opposition einfach zur »Rolle« gehören? Wenn man die entsprechenden Stellen heraushebt, ist die Vermutung schwerlich abzuweisen. Wiederum Vera:

Aber es geht darum
die Rolle die wir spielen
zu perfektionieren [...]
Wir können nicht anders
wir belügen uns
aber wie schön ist letzten Endes das
was wir tun
indem wir es spielen
und das was wir spielen
indem wir es tun
Gegen unsere Gesetze verstoßen
geht nicht mehr[594]

Die »Rolle« hat die Freiheit der Spielenden, sie zu spielen oder das Spiel abzubrechen, längst absorbiert. Die drei Geschwister sind in einen Ablauf eingebunden, für den sich verschiedene Metaphern anbieten, aber keine von ihnen läßt sich unzweideutig auflösen. Wofür sie im letzten stehen, bleibt ungesagt. Allerdings spitzt sich das Reden von den »Rollen« und vom »Spiel« immer stärker auf den Vergleich mit dem Theater hin zu:

Wir haben unser Theaterstück einstudiert
seit drei Jahrzehnten sind die Rollen verteilt
jeder hat seinen Part
abstoßend und gefährlich
jeder hat sein Kostüm
wehe wenn der eine in das Kostüm des andern schlüpft
Wann der Vorhang zugemacht wird
bestimmen wir drei zusammen
Keiner von uns hat das Recht
den Vorhang zuzuziehen wann es ihm paßt
das verstößt gegen das Gesetz [...]
Wir existieren nur
weil wir uns gegenseitig die Stichwörter geben[595]

Man beachte, wie der Vergleich mit dem Theater, sobald er gezogen wird, auch schon über die konventionelle Form des Bühnenspiels hinausgeht. Zur konventionellen Form würde nicht nur das Bewußtsein der Rolle gehören, sondern auch die Freiheit, sie zu spielen oder das Spiel nach Belieben abzubrechen. Hier aber gilt ein »Gesetz«, dem alle unterworfen sind. Keiner kann seine Rolle wechseln, und keiner kann dem eigenen Spiel ein Ende setzen. Die Freiheit eines gemeinsamen Schlußmachens wird zwar unterstellt: »Wann der Vorhang zugemacht wird, bestimmen wir drei zusammen.« Der imaginierte Akt hat allerdings einen ominösen Anstrich. Denn wenn alle drei nur im Spiel existieren, wie der Schluß des Zitats deutlich macht, wäre das Ziehen des Vorhangs auch das Ende der Existenz des Geschwistertrios. Es wäre der gemeinsame Suizid. In Wahrheit sind die drei zum Spiel auf Gedeih und Verderb verdammt.

Und dafür ist nun gerade Clara der Beweis. Sie haßt die Geschwister, sie haßt das Spiel, und sie muß doch mitspielen. Das gibt dem Geschehen den Charakter eines Hadesrituals. So müssen die Verdammten im Hades immerzu einen Stein wälzen oder ein Faß ohne Boden füllen oder nach der Traube schnappen, die vor ihrem lechzenden Munde zurückweicht. Die drei Geschwister mit dem Namen Höller sind also bereits in der Hölle, ihr Jahresritual ist das monotone Treiben von Verdammten. Dieser mythische Aspekt verbindet sich mit dem religiösen Aspekt des travestierten Abendmahls. Die schwarze Messe der Geschwister ist ein Stück Inferno, aber ohne danteske Kulissen, in einem grauen deutschen Bürgerhaus:

> es ist ein altes Haus
> Die Vorhänge grau
> alles grau und schmutzig
> seit Jahren haben wir keinen Besuch[596]

Dieser Charakter einer Hadesexistenz wird vom Stück nur angedeutet. Würde er explizit benannt, wäre die Symbolik zu penetrant. Deshalb treibt der Text mit der wahren Beschaffenheit des Geschwisterrituals, ihres »Spiels«, selbst ein Spiel. Oft verharmlost er die Sache und wiegt uns in der Illusion, eine psychologisch-sozialkritische Lektüre reiche aus. Und wenn diese Illusion dann gebrochen wird, kann es immer noch auf eine so lockere Art geschehen, daß wir die reale Dämonie erst beim Nachdenken erkennen. So in Veras zweitem großem Theatervergleich:

> Es ist ja nur ein Spiel
> es ist nicht ernst
> es *kann* nicht ernst sein
> Es ist eine richtige Komödie
> manchmal vergessen wir das
> warum sollten wir gerade heute
> diese Komödie *nicht* spielen
> Ich bewundere Clara
> sie spielt den schwierigsten Part
> Wir sind nur die Stichwortgeber

Indem sie schweigt
hält sie die Komödie in Gang[597]

Die Frage: »Warum sollten wir gerade heute diese Komödie *nicht* spielen?« unterstellt eine Freiheit, die längst widerlegt ist. Die Verdammten reden sich ein, freiwillig im Hades zu sein. Als ob Sisyphos erklärte, er wälze seinen Stein aus Lust und Laune. Dabei verhöhnt Vera insbesondere Clara, die ja ihren Part spielen muß, wie alle andern. Ihr Widerstand wird als besondere schauspielerische Leistung hingestellt: der »schwierigste Part«. Ihr Schweigen bei der Schwarzen Messe, das wir psychologisch als Protest lesen, gefährdet nicht etwa das Spiel, sondern hält es in Gang. Es ermöglicht Rudolf und Vera, die Schwester zu beschimpfen und sich im Verlauf dieser verbalen Mißhandlung der eigenen Glaubenssätze zu versichern. Wenn Clara auf der Bühne geschoren und in die bereitgelegten Häftlingskleider gesteckt würde, wäre das nichts wesentlich anderes. Bernhard hat auf die szenische Verwirklichung dieser effektvollen Variante, die als Möglichkeit angekündigt wird, verzichtet, weil sie zu einer Trivialisierung hätte führen können. Die bloße Erwähnung ist beklemmender.

Der eben zitierte Passus beweist also, was er zu widerlegen vorgibt, den Zwangscharakter des Geschwisterrituals und der Geschwisterintrige. Veras munterer Satz: »Es ist eine richtige Komödie«, schlägt dabei einen unheimlichen Bezug zum ursprünglichen Untertitel: »Eine Komödie von deutscher Seele«.[598] Diese Bezeichnung, die später – auf wessen Veranlassung? – gestrichen wurde, verallgemeinert das Hadesritual der drei Geschwister zum Psychogramm eines ganzen Volkes. Das ist objektiv anstößig und in der plakativen Geste auch falsch. Verstanden werden kann der böse Akt nur vom entstehungsgeschichtlichen Hintergrund her. Am 7. August 1978, ein knappes Jahr vor der Uraufführung von Bernhards Stück, mußte der baden-württembergische Ministerpräsident Hans Filbinger zurücktreten. Er war von Rolf Hochhuth, mit einem inzwischen berühmten Ausdruck, als »furchtbarer Jurist« bezeichnet worden, weil er in der Endphase der Nazizeit als Militärrichter gewirkt hatte und an Todesurteilen beteiligt gewesen war. Auch die Mitgliedschaft Filbingers bei der SA und in der NSDAP wurde in der Folge aufgedeckt. Dieser Fall gab das Modell her für Bernhards Gerichtspräsidenten Höller, wobei allerdings der württembergische Politiker Filbinger noch mit anderen rehabilitierten und zu neuen Ehren gekommenen Nazis überblendet wurde. Auch Rudolf Höß, der

Kommandant von Auschwitz, der sich nach 1945 unter falschem Namen versteckt hielt, scheint partiell in die Figur Rudolf Höllers eingegangen zu sein.[599] Im Stück wird wiederholt erwähnt, daß Rudolf sich zehn Jahre lang im Keller habe verbergen müssen und dort von Vera am Leben erhalten worden sei.[600] Dann aber, also etwa 1955, sei plötzlich alles ganz leicht gegangen und einer neuen Karriere als Richter habe nichts mehr im Wege gestanden. Es war wohl diese verbreitete Toleranz gegenüber nationalsozialistischen Funktionären, was zu Bernhards pauschalem Urteil über die »deutsche Seele« geführt hat.

Damit aber stellt sich erneut und verschärft die Frage, von der wir ausgegangen sind, die Frage nach dem »Täterprofil«. Rudolf Höller verkörpert ohne Zweifel den Typus des nationalsozialistischen Täters. Er hat vielfach gemordet, wußte, was er tat, wollte es so und findet es immer noch richtig. Nun wird er vom Stück als eine Figur vorgeführt, die in ein endloses Ritual eingebunden ist und dieses durchführen muß, ob er will oder nicht. Verharmlost dies nicht die tatsächliche Tat, das vom Verbrecher zu verantwortende Verbrechen? Wird da nicht einer, der wissentlich das Böse wollte und vollbrachte, von seiner Schuld entlastet? Unterstellt das nicht: Er mußte eben so handeln, auch damals, selbst wenn er es gar nicht gewollt hätte; er war schon damals Teil eines Apparats, eines »Mechanismus«? Man könnte die Frage vom Tisch wischen mit der Feststellung, daß ja nur das Hadesritual *nach* der Zeit der Verbrechen gezeigt werde, als eine Höllenstrafe, welche die Verdammten selbst nicht begreifen (in Analogie etwa zu Sartres Stück »Huis Clos«[601]). Auf der Bühne erscheine also die Vergeltung der bösen Tat und nicht die Tat selbst.

Wer so argumentiert, verharmlost die Sache. Schon der erwähnte ursprüngliche Untertitel »Eine Komödie von deutscher Seele« gestattet es nicht, die Befindlichkeit dieser Nazis nach dem Untergang des Reichs von ihrer Befindlichkeit während der zwölf Herrschaftsjahre zu trennen. Das Stück rückt die ganze Hitlerei in das fahle Licht dessen, was man den kaputten Menschen nennen muß. Dieser Rudolf kann nicht fühlen, was zu fühlen wäre, nicht lieben, wie zu lieben wäre, nicht denken und reden, wie zu denken und zu reden wäre. Damit steht er repräsentativ für Millionen von Anhängern des Regimes. Eingebunden in den wahnhaften Apparat des Systems, war er tatsächlich Teil eines »Mechanismus« und wollte, was er mußte, und mußte, was er wollte. Wie in den alten Geschichten, in denen böse Menschen nach dem Tod umzugehen gezwungen sind und immerzu wiederholen, was sie im Leben getan haben, muß dieser Rudolf im geheimen, hinter der Fassade des angesehenen Gerichtspräsidenten, weiterhin wollen, was er wollte, fühlen, was er fühlte, denken, was er dachte. Er ist ein Automat, der läuft, bis eines Tages etwas bricht, ein Rädchen, eine Feder, dann wird er zusammenklappen, jämmerlich. Das spricht ihn nicht frei, reduziert nicht seine Zurechnungsfähigkeit, es stellt eine Diagnose.

Tatsächlich endet das Stück mit diesem Kaputtgehen. Ob der Richter daran stirbt oder nochmals davonkommt, ist gleichgültig; beides mag sein. Wichtig ist das Triste, das Klägliche der Panne, die ihn umlegt. Die Freiheit dem eigenen Tod gegenüber, in der sich einst das souveräne Subjekt der großen Tragödien seiner selbst versicherte und aus der heraus es auch die letzten Sätze sprechen konnte, das hochgemute Wort, das alles besiegelt, sie weicht hier dem peinlichen Treiben eines Betrunkenen. Als Vera das Album zuklappt und das Ende des pervertierten Abendmahls anzeigt, ist Rudolf unbeholfen mit seiner Pistole beschäftigt. Er bringt sie kaum aus dem Halfter und beginnt nun grundlos und lallend, die Schwestern zu bedrohen. Es ist kein Handeln, es ist die Panne eines Apparats. »Ich könnte euch umlegen«, stammelt er, »*alle* könnte ich umlegen«.[602] Er hält Clara die Pistole ans Genick, richtet sie dann wieder taumelnd auf die abwehrende Vera:

> Du hast mir nichts zu verbieten
> auch du nicht
> niemand
> *nimmt die Pistole und fuchtelt damit wild herum*
> Ich gebe euch noch eine Chance
> eine Chance gebe ich euch noch
> eine Chance
> *greift sich an die Brust und fällt mit dem Kopf auf die Tischplatte*[603]

In der Pistole steckt nicht einmal eine Kugel. Das ganze Verhalten ist unsinnig, würdelos, dumm. Der Satz, der vielleicht sein letzter ist: »Ich gebe euch noch eine Chance«, ist ohne Bedeutung. Welche Chance sollte das denn sein? Ob er mit oder ohne diese Phrase zusammenklappt, macht keinen Unterschied. Ein Motor gerät ins Stottern und setzt aus.

Dann beginnt Vera, ihm die SS-Uniform vom Leib zu zerren, ein Stück nach dem andern, alles, was sie vorher so feierlich für das große Ereignis zurechtgemacht und bereitgelegt hat. Ob ihn der Arzt, den sie anruft, noch retten wird, ist belanglos.

Vera selber aber, die hier nach Balzacs Bette und Strindbergs Laura vorgestellt werden sollte, steht als Intrigantin in ähnlich charakteristischem Abstand zu der furchtbaren Täterin Bette wie Laura. Lauras Intrige wird ihr vom Rittmeister, dem Intrigenopfer, förmlich diktiert, wird ihr so fieberhaft zugeschrieben, daß sie nicht mehr anders kann, als sie zu vollziehen. Veras Intrige steht unter dem kollektiven Handlungszwang der Geschwisterverschwörung, ist gleichfalls nicht ihr freies Wollen, Planen und Vollziehen. Nicht zufällig spielt auch in Bernhards Stück die Uniform eine beherrschende Rolle. Strindbergs Rittmeister fand nur im militärischen Outfit den Halt, der ihn seiner Männlichkeit versicherte und das Phantasiespiel nährte, er bändige die Frauen wie Raubtiere. Die Zutaten machen die Person, beim Rittmeister wie bei Rudolf Höller. Dessen Richtertalar und SS-Uniform sind im Stück so wichtig wie eine weitere Dramatis persona. Wenn der Vorhang aufgeht, hängt der Richtertalar an der Wand. Vera beginnt ihn zu bügeln, und sie wird das ganze Stück hindurch, bis zum Beginn des Gedenkmahls, immer mit Rudolfs Richter- und SS-Monturen beschäftigt sein. Das Kommen und Gehen dieser Requisiten bestimmt die optische Ebene des Stücks durchaus, macht es überhaupt erst zu einem Schau-Spiel.

Wenn man feststellt und nachweist, daß das Drama der Moderne jene Freiheit des selbstbestimmten Subjekts, auf der das alte Trauerspiel beruhte, als illusionär hinstellt, als gesellschaftliches Dekor wie eine tressenbesetzte Uniform, dann darf daraus nicht geschlossen werden, dieses Drama der Moderne decke endlich die volle Wahrheit über den Menschen auf, und das fremdbestimmte Subjekt sei die überragende anthropologische Tatsache, die sich als gültiges Resultat aus aller Bühnenarbeit der Moderne ergebe. Das würde heißen, daß Richard III. und Cléopâtre und Madame de Merteuil und die Cousine Bette auf einem Irrtum hinsichtlich der Natur des Menschen beruhten, einem Irrtum, der erst in der Literatur der Moderne überwunden worden sei. Shakespeare und Corneille und Balzac wußten eben noch nicht, was wir heute wissen. Diese Meinung ist tatsächlich verbreitet. Sie gehört zum prahlerischen Wahn einer Gegenwart, die sich der Vergangenheit grundsätzlich überlegen fühlt. In Wahrheit inszeniert die Moderne das Problem der menschlichen Freiheit und Selbstbestimmung nur anders, als die Vergangenheit es tat. Konkret gesagt: Sie stellt den Satz von Lessings Nathan: »Kein Mensch muß müssen«,[604] den Schiller so begeistert aufgriff, auf ihre Weise zur Debatte, wie Lessing es im Moment der Formulierung auf die seine tat. Es gibt kein Drama, hat nie ein Drama gegeben, das nicht im tiefsten von dem handelte, was dieser Satz behauptet, und das sich nicht abquälte, herauszufinden, ob er stimmt. Die Antwort ist verwandt mit der Antwort auf die Frage nach der Existenz Gottes.

Nachspiel mit dem Secret Intelligence Service

Der Begriff »Moderne« in der deutschen Literaturwissenschaft und Kritik. Die Intrigenkultur des Spionageromans. Intrigenhandeln des Autors. Warum »plot« und »intrigue« sowohl Intrige wie Handlungsanlage bedeuten. Die Intrigenpotenzierung im Spionageroman. Graham Greenes »The Human Factor«. Moral und politische Loyalität. Mit der Liebe beginnt das Verderben. Seitenblick auf den historischen Hintergrund. Greene als Moralist. Der Mensch kann sich selber nicht am Denken hindern.

»Ulysses« ist ein »moderner Roman«. »Der Proceß« ist ein »moderner Roman«. »Berlin Alexanderplatz« ist ein »moderner Roman«. »To the Lighthouse« ist ein »moderner Roman«. »Sanctuary« ist ein »moderner Roman«. »Das Kalkwerk« ist ein »moderner Roman«. »Malina« ist ein »moderner Roman«. »Pale Fire« ist ein »moderner Roman«. »Malone meurt« ist ein »moderner Roman«. »Gravity's Rainbow« ist ein »moderner Roman«... Niemand wird diese Zuweisungen bestreiten. Man wird höchstens da und dort sagen: »Eher postmodern«. Aber kann ein Roman über einen Doppelspion im Zentrum des britischen Geheimdienstes, ein Roman, der seine Spannung aus dem Versteckspiel bezieht, aus der immer drohenden Entdekkung und dem dramatischen Finale einer Flucht um Haaresbreite, kann Graham Greenes »The Human Factor« ein »moderner Roman« sein? Und falls er keiner ist, was ist er dann?

Die literarische Diskussion in Deutschland, in allen deutschsprachigen Ländern, lebt seit hundert Jahren mit dem Handicap, daß ihr das Wort fehlt, das den Angelsachsen und Franzosen, den Italienern und Spaniern dieses Problem erspart: Modernismus. Wohl taucht der Begriff da und dort auf, aber er hat sich im deutschen Kulturgespräch nie als selbstverständlicher Terminus etabliert. Wo die andern zwischen »Moderne« und »Modernismus« unterscheiden können, muß im Deutschen »Moderne« für beides stehen, sowohl für eine Epoche als auch für eine Kunst von spezieller Beschaffenheit. Wenn Modernismus als eine literarische Strömung innerhalb der Moderne betrachtet wird, sind daneben noch andere Strömungen möglich, die gleicherweise zur Moderne gehören und auf ihre Weise modern sind. Wenn es das Wort Modernismus im trennscharfen Sinn aber nicht gibt, besteht die Gefahr, daß nur das als modern gilt, was in den andern Sprachen dem Modernismus zugeschlagen wird. Der nächste Schritt kann dann nicht lange ausbleiben, daß nämlich »modern« mit dem historisch Berechtigten gleichgesetzt wird, »nicht modern« aber mit allem, was veraltet ist, überlebt und ohne Notwendigkeit für die kulturelle Gegenwart. Auch die Diskussion über die Postmoderne hat hier keine größere Klarheit geschaffen. Deshalb ist sie wohl auch rascher im Sande verlaufen, als der hitzige Anfang erwarten ließ. Außerhalb der Architektur blieb der Begriff ziemlich unproduktiv.

Modernismus in der Literatur und also im deutschen Diskurs das Moderne der modernen Literatur, sie meinen die Fülle jener ästhetischen Verfahren, die sich überall ergeben, wo von der als normativ begriffenen Kunst des bürgerlichen 19. Jahrhunderts abgerückt wird, bald polemisch-schockhaft, bald in subtilen Prozessen. Da aber diese verworfene und zu überwindende Kunst ihrerseits eine vielfältige Angelegenheit war, wurden auch die Möglichkeiten und Formen des Gegenspiels so mannigfach, daß es nicht möglich ist – obwohl es immer wieder versucht wurde – das Moderne der Moderne modellhaft zu erfassen und seine eigentümlichen Verfahren systematisch darzustellen. So deutlich sich einzelne Spezifika herausarbeiten lassen – das Epische auf dem Theater, die offene Form, die Krise des autonomen Subjekts, das Aufbrechen sprachlicher Strukturen, parole in libertà… – so wenig lassen sie sich doch zu einer Summe vereinigen und klassifizieren. Bei Teilströmungen wie dem Futurismus, dem Expressionismus, dem Dadaismus, dem Surrealismus oder der Fluxusbewegung ist dies möglich, nicht aber bei dem imaginären Ganzen dessen, was als literarische Moderne gilt.

Das ist alles einigermaßen bekannt. Was aber hat es mit dem Spionageroman im allgemeinen und Graham Greenes »The Human Factor« im besonderen zu tun? Während der literarische Modernismus die Intrige in Roman und Drama zu den exemplarischen Verfahren der vormodernen Literatur zählt und davon abrückt – um seiner neuen Ästhetik willen davon abrücken muß –, lebt der Spionageroman seit dem grandiosen Auftakt mit Joseph Conrads »Der Geheimagent« von 1907[605] von einer hochelaborierten literarischen Intrigenkultur. Das Intrigenmodell wird in diesem Genre bis in die feinsten Verästelungen verwirklicht und aktualisiert. In dem Maße, in dem die Intrige in der modernistischen Literatur zum Rudiment schrumpft, expandiert sie im Spionageroman ins Monumentale. Das hatte Folgen für die Wissenschaft. In dem Maße, in dem die moderne Literatur von der Literaturwissenschaft, insbesondere der Germanistik, mit der Literatur des Modernismus und der Avantgarden gleichgesetzt wurde, mußte eine Gattung wie der Spionageroman den Rang verbindlicher Literatur verlieren. Sie wurde pauschal zur »Unterhaltungsliteratur« erklärt und dem Trivialen zugeschlagen. Auch wenn Autoren wie Eric Ambler oder John Le Carré besser schrieben als ein beträchtlicher Teil der von der Literaturwissenschaft kanonisierten Romanciers. Die Tatsache, daß es innerhalb des Spionageromans die ganze Spannweite vom Spitzenwerk bis zum kommerziellen Ramsch gibt, wurde unterschlagen; der kommerzielle Ramsch galt als Beweis für die kulturelle Belanglosigkeit der Gattung überhaupt. Beim Wort Intrige denken daher auch heute noch die meisten Germanisten nur an die Schurken im bürgerlichen Trauerspiel des 18. Jahrhunderts, an Karikaturen wie Wurm und Marinelli.

Literaturwissenschaftlich gesehen, beruht sowohl die Kunst des Spionageromans wie auch die Faszination, die von ihm ausgeht, nicht unwesentlich auf dem, was man *die Intrigentätigkeit des Autors selber* nennen könnte. Einerseits erzählt dieser nämlich – schematisch gesprochen – die Geschichte von einem Mann, der sich verstellt, um zu politisch wichtigen Nachrichten zu gelangen und diese an seinen Arbeitgeber, die Geheimdienstzentrale im Ausland, zu übermitteln. Das ist – weiterhin schematisch gesprochen – eine klare Situation mit einem klaren Verstellungsziel, einem differenzierten Verstellungshandeln, mit der Anagnorisis als andauernder Gefahr und ihrem tatsächlichen Eintreten am Schluß. Andererseits aber erfährt auch der Leser die volle Wahrheit über das Verstellungshandeln, das er mitverfolgt, erst am Schluß. Was der Erzähler ihm mitteilt und was er verschweigt, ergibt eine dynamische Struktur, aus der die genretypische Spannung überhaupt erst entsteht. Wie der Spion seiner Umgebung gegenüber verdeckt, was er treibt, verdeckt der Erzähler dem Leser gegenüber wesentliche Teile dessen, was sein Held oder dessen Gegner wissen – und was ihm selbst als dem Erfinder der Story erst recht bekannt ist. Wenn er die Geschichte durchweg aus der Perspektive des Spions erzählt, muß er dem Leser das Treiben von dessen Widersachern vorenthalten, die Planung und Realisierung der Gegenintrige. Und wenn die Erzählperspektive hin und her wechselt, wie es in Greenes »The Human Factor« der Fall ist, wenn wir also mitverfolgen, wie beide Seiten ans Werk gehen, muß er uns um der Spannung willen viele Informationen über die Akteure verweigern. Sowohl der Erzähler wie seine Figuren verfügen also über Kenntnisse, die dem Leser verborgen bleiben. Sie gelangen nur partiell, durch Signale und Andeutungen, ins Leserbewußtsein.

Der Spionageroman teilt diese Prozeduren des Verschweigens mit dem Kriminalroman, dessen Untergattung er ja darstellt. Das »Whodunit«, die Frage, wer der Mörder sei, und die Antwort darauf nach vielen Umwegen und Red herrings, ist demnach ebensosehr ein Versteckspiel des Mörders, also ein Element der Romanhandlung, wie sie ein Versteckspiel des Autors oder der Autorin ist, also ein Element der Erzählstrategie. Beide ziehen Red herrings über den Weg, das heißt, sie inszenieren kunstreiche Ablenkungen, legen falsche Spuren und wecken irrige Vermutungen. Der Mörder lenkt den Verfolger von sich ab; der Erzähler verhindert, daß der Leser frühzeitig den Täter erkennt. Im klassischen Detektivroman, etwa bei Agatha Christie, gehört es bekanntlich zum Reiz der Sache, daß jede auftretende Figur einmal in den Kreis der Verdächtigen gerückt wird.

Diese schriftstellerische Praxis hat ohne Zweifel Intrigencharakter. Ihr Ziel ist ein ästhetischer Reiz. Wir verlangen das Verstellungsspiel von jedem Kriminalroman. Wenn die Red herrings nicht funktionieren und am Ende jener Mann der Mörder ist, den wir schon immer dafür gehalten haben, sind wir enttäuscht. Ein Kunstfehler. Der Autor hat versagt. In der überraschenden Anagnorisis auf den letzten Seiten eines Kriminalromans scheitert also die Verstellungsstrategie des Verbrechers und die des Autors triumphiert.

Daß der Verfasser eines Werks im gleichen Maße Intrigenbauer ist wie der Intrigant innerhalb der Handlung, hat die Sprache schon immer gewußt. Das englische Wort »plot« und das französische Wort »intrigue«[606] besitzen beide den doppelten Sinn eines Handlungskonzepts und einer zwischenmenschlichen Verstellungsaktivität. Der Plot von Shakespeares Tragödie »Macbeth« ist die Geschichte vom Aufstieg und Fall eines Adligen, der durch Königsmord selber König wird, dessen Schuld aber durchsickert und schließlich auf dem Schlachtfeld geahndet wird. Der Plot dieses Adligen Macbeth selbst aber besteht in der mit seiner Frau zusammen unternommenen Planung und Durchführung des Königsmords. Im ersten Fall meint Plot das, was Schiller und Goethe die »Fabel« eines Stücks nannten; im zweiten Fall meint Plot ein Mechanema. Der erste Fall zeigt die Erfindungskunst eines Autors, der zweite die Erfindungskunst einer literarischen Figur. Ein Stück besitzt einen Plot im ersten Sinn auch dann, wenn in ihm kein Plot im zweiten Sinn vorkommt. Auch Becketts »Endspiel« hat einen Plot, obwohl es den Paradefall eines intrigenfreien Theaters darstellt. Dennoch sind die Veranstaltungen der zielgerichteten Verstellung in der Literatur insgesamt so zahlreich, daß sich der beschriebene Doppelsinn der Wörter plot und intrigue daraus ergeben konnte.

Die weitgehende Vertreibung der klassischen Intrige aus der modernen Literatur (im Sinne des Modernismus) hat den beispiellosen Aufstieg des Kriminal- und Spionageromans im 20. Jahrhundert ermöglicht. Die Intrige ist ein universales Element der erzählenden Menschheit. Wo sie zur Vordertür hinausgeworfen wird, kehrt sie durch die Hintertür zurück. Die Menschen lassen sich ihre Genüsse nicht nehmen. Das wäre überwältigend an der Geschichte des Films zu zeigen, wo es schlechthin unsinnig ist, einen kulturell wichtigen »modernen« von einem kulturell belanglosen »nichtmodernen« Film zu unterscheiden. Gute und schlechte Filme bemessen sich nicht an der Kategorie der Modernität. Das sollte der Literaturwissenschaft zu denken geben. Der Film hat sich von Anfang an der wirkungsästhetischen Elemente aller literarischen Gattungen aus jeder Epoche bemächtigt und die Intrige ohne Bedenken zu einem Kerngeschäft seiner Kunst gemacht.

Im üblichen Kriminalroman, ob er nun zum harten Typus der amerikanischen (Dashiell Hammett, Raymond Chandler ...) oder zum weichen Typus der englischen und französischen Tradition (Agatha Christie, Georges Simenon ...) gehört, geht es stets um mindestens einen Mord und dessen Aufklärung. Der Intrigencharakter ist dadurch gegeben, daß der Mörder sich verbirgt und verstellt, daß die Fahndung eine Gegenintrige entwickelt, daß wir die Anagnorisis erwarten und zuletzt auch bekommen. Aus der Krimi-Anagnorisis entspringt der gattungsspezifische Erkenntnisgenuß, dem als Vorlust das Erlebnis der Spannung vorausgeht. Der Spionageroman ist nun aber deshalb für die Intrigenforschung von noch höherem Interesse als der Kriminalroman, weil er seinem Wesen nach zwei große Gruppenintrigen gegeneinander laufen läßt. Diese könnte man als Dauerkomplotte bezeichnen. Ihre zeitliche Konstanz ergibt sich aus der Tatsache, daß stets zwei weltweit agierende Institutionen im lautlosen Kampf miteinander liegen, der Geheimdienst A und der Geheimdienst B, im Falle des Greene-Romans der British Secret Intelligence Service und der sowjetische KGB. Während im üblichen Kriminalroman ein einzelner Täter einem einzelnen Detektiv gegenübersteht, mit Intrigenhelfern hier wie dort, ist im Spionageroman der Einzelne nur ein winziges Element im übergreifenden Widerspiel großer Systeme. Dadurch entstehen einander überlagernde Schichten des Intrigenhandelns, bei denen eine alles umfassende Anagnorisis gar nicht mehr möglich ist. Nur für die konkrete

Unternehmung des Spions, der im Zentrum der Handlung steht, gibt es Verstellung und Aufdeckung im üblichen Sinn und also auch eine vollständige Anagnorisis. Sobald es aber um die Frage geht, wie weit dieser einzelne Spion über sein eigenes Wissen hinaus seinerseits ein Instrument der Institutionen sei, verliert sich die letzte Aufklärung im Nebel. Sehr oft wird der Spion zum Doppelspion, und diese Aktivität kann wiederum ohne sein Wissen beiden Systemen bekannt sein, so daß die Nachrichten, die er guten Glaubens seiner Zentrale schickt, vielleicht getürkte Erkenntnisse sind, über die der eine Geheimdienst den andern in die Irre führt. Wenn also schon der Übergang vom Spion zum Doppelspion eine Potenzierung der Intrigenstrukturen zur Folge hat, kann dies nochmals potenziert werden dadurch, daß der Doppelspion selbst zum ahnungslosen Intrigenrequisit auf höherer Ebene wird.

So geschieht es etwa in einem der berühmtesten Spionageromane des 20. Jahrhunderts, John Le Carrés »The Spy who Came In from the Cold«, »Der Spion, der aus der Kälte kam«, von 1963. Da läuft ein Mann des britischen Geheimdienstes in Berlin zum Geheimdienst der DDR über, aber nur, um auf diese Weise in die Nähe von dessen Chef zu kommen und diesen für die Briten auszukundschaften. Er wird also Doppelspion. Jener Chef aber arbeitet, wie sich zuletzt zeigt, seinerseits bereits als Spion für die Briten, und der Überläufer ist für die Zentrale in London nur ein Mittel, um die Tarnung jenes Chefs zu verstärken. Denn wenn die Briten einen Doppelspion auf ihn ansetzen, kommt in Ostberlin niemand auf den Gedanken, er selber könnte einer sein. Diese Taktik der Zentrale kann nur aufgehen, wenn der Überläufer entdeckt wird. Er muß daher von der eigenen Seite verraten werden, damit die höhere Intrige, in der er unwissentlich steckt, ihr Ziel erreicht. So tauchen im Spionageroman uralte Elemente des Intrigenerzählens wie die überlistete List oder der Fuchs in der eigenen Falle, the fox outfoxed, auf ganz neue Weise wieder auf.

Man könnte nun annehmen, das alles zeuge von einer zunehmenden Mechanisierung und Schematisierung des Intrigenbaus im modernen Spionageroman. Um der Routine zu entgehen, müsse die Erfindung von Verstellungsprozessen eben immer weitergetrieben werden. Dies geschah ja, wie hier mehrfach erwähnt wurde, tatsächlich einst in der Boulevardkomödie des 19. Jahrhunderts in Paris, wo die Intrigenhandlung um ihrer selbst und insbesondere um des knallenden *dénouements* am Schluß willen zur technischen Perfektion getrieben wurde. Jeder dieser Autoren schrieb hunderte von Stücken, in einer fabrikmäßigen Produktion, die ohne Schematisierungen und vorgefertigte Effekte nicht möglich gewesen wäre. Im ökonomischen Kampf der Pariser Theater, der sich in der Unterhaltungsindustrie in Wien und Berlin fortsetzte, konnte jeder neue Trick, jedes unerwartete Intrigenrequisit, jede innovative Heuchelei auf der Bühne für das Überleben eines Theaters ausschlaggebend sein. Nie wurde mit der Erfindung von literarischen Intrigen mehr Geld verdient als im Paris des 19. Jahrhunderts, in der ersten Hälfte durch Eugène Scribe, in der zweiten durch Eugène Labiche und Victorien Sardou. Sie stellten sich unter die ästhetische Forderung der *pièce bien faite*, des gut gebauten Stücks, einer Dramaturgie also, die sich im geölten Ablauf erfüllte und die man lernen konnte wie den Bau der zeitgenössischen Eisenkonstruktionen. Der Eiffelturm ist auf seine Art ein Boulevardstück.

Treibt es denn der Spionageroman nicht ähnlich? In vielen Fällen sicher. Gegen leere Routine ist keine Kunstform gefeit. Dennoch entstehen gerade aus der beschriebenen Intrigenpotenzierung im Spionageroman Möglichkeiten einer humanen Vertiefung und genuinen Tragik, welche die in literaturwissenschaftlichen Kreisen verrufenen Thriller zu faszinierenden Studienobjekten für die politische Ethik machen. Allerdings muß der Autor danach sein.

Dies ist der Fall bei Graham Greene. Der Held seines Romans »The Human Factor«, Maurice Castle, arbeitet in London beim British Secret Intelligence Service, dem Auslandgeheimdienst, abgekürzt MI6, nicht zu verwechseln mit MI5, dem British Office of Counter Intelligence, dem Inlandgeheimdienst. Einst war Castle in Südafrika tätig; das Apartheid-Regime ist zur Zeit der Romanhandlung immer noch an der Macht. Eine junge Afrikanerin, Sarah, diente ihm damals als Kontaktperson zu seinen Unteragenten. Die beiden verliebten sich. Ihre Liebe verstieß gegen die Rassengesetze. Der südafrikanische Geheimdienst BOSS begann, sie zu überwachen. Damit geriet Castles Agententätigkeit in Gefahr. Er meldete das Problem nach London, versteckte Sarah und setzte sich über die Grenze ab. Die Leute von BOSS suchten nach der Frau. Ein Bekannter von Castle, Carson, ein bekennender Kommunist und im Untergrund organisiert, half Sarah außer Landes. Sie gelangte sicher zum verzweifelt wartenden Castle in der Stadt Lourenço Marques (Maputo), gleich außerhalb der Grenze Südafrikas im Nachbarstaat Moçambique. Aus Dankbarkeit begann Castle, der die Angst um Sarah und das Glück der Rettung nie vergessen konnte, dem russischen Geheimdienst Nachrichten zuzuspielen, die Südafrika und das verhaßte Regime betrafen. Carson hatte ihn darum gebeten; ihm konnte er nicht nein sagen. So machten ihn Liebe und Treue, machte ihn der »menschliche Faktor« zum Doppelspion. Sarah, jetzt seine Frau, weiß davon nichts.

Die moralischen Konflikte liegen auf der Hand. Der britische Geheimdienstmann, selbst keineswegs Kommunist, verstößt in schwerwiegender Weise gegen seine Pflicht. Er ist ein Verräter um der guten Sache willen, obwohl er weiß, daß er sich und seine Frau gefährdet. Die extreme Beobachtung der winzigsten Einzelheiten seiner Umgebung und die scheinbar absurden Sicherheitsmaßnahmen, die er laufend trifft, schaffen von der ersten Seite an eine Atmosphäre der Bedrohung. Der innere Konflikt steigert sich, als Castle merkt, daß auf der Chefetage ein Leck in der Afrikaabteilung von MI6 entdeckt wurde. Er wird von den eigenen Leuten überwacht. Ein junger Kollege, ein liebenswerter, etwas nachlässiger Typ, aber loyal durch und durch, gerät in Verdacht. Da ein Verrat nicht an die Öffentlichkeit und ein Verräter deshalb nicht vor Gericht kommen darf, wird der arme Kerl vom Chef der chemisch-medizinischen Abteilung des britischen Geheimdienstes, einer unheimlichen Trickster-Figur, umgebracht. Es ist ein schneller Tod mit einwandfreiem Totenschein. Castle weiß, daß er mitschuldig ist. Der andere stirbt an seiner Stelle.

Nun will er aufhören und meldet das an die Verbindungsleute. Damit wäre das Leck geschlossen, die Schuld des Kollegen schiene bewiesen, und er selbst bliebe dadurch gedeckt. Da geraten ihm Informationen in die Hände über eine Geheimaktion der USA, Großbritanniens und Südafrikas zum Schutz des Apartheidstaates gegen Rassenunruhen. Es ist der Plan »Uncle Remus«, der gegebenenfalls eine »Final Solution« vorsieht, eine »Endlösung« in bewußter Anlehnung an die deutsche Bedeutung des Wortes.[607] Zur Sicherung der weißen Herrschaft und ihrer ökonomischen Verknüpfung mit den USA und Großbritannien sollen im Fall einer Revolution in Südafrika kleine Atomschläge die schwarze Bevölkerung einzelner Gebiete auslöschen. Und Castle tritt noch einmal an. Er ist es seiner Liebe zu Sarah schuldig, die ihn, wie er einmal sagt, zu einem »naturalisierten Schwarzen«[608] gemacht habe. Indem er die Meldung über »Uncle Remus« nach Moskau schickt, führt er aber nicht einfach seine bisherige Tätigkeit noch etwas weiter; er macht damit auch klar, daß das Leck immer noch besteht. Daß also der Kollege unschuldig war. Und daß nur er, Castle, der Schuldige sein kann. Die Meldung ist das Gnorisma, von ihm selbst verfertigt.

Das Ganze ist von reißender Spannung. Der 74jährige Graham Greene zieht noch einmal alle Register seiner Erzählkunst. Da er selbst zeitweise für den Geheimdienst tätig war, kennt er das System, seine Verfahren und Denkweisen, seine gefährlichen und skurrilen Seiten. Zum Fachmann in Sachen Geheimdienst tritt der Fachmann in Sachen Plotting. Die Präzision, mit der er die Romanhandlung anlegt und auf immer weiteren Ebenen entwickelt, mit der er Spannung schafft und sie ständig noch steigert, mit der er jeder Figur, auch den Nebengestalten, ein unverwechselbares Gesicht gibt und eine eigene Sprache, mit der er vom bittersten Ernst in komödiantische Szenen, vom Gelächter wieder in die Trauer überspringt, dies alles beweist eine schriftstellerische Meisterschaft, die einem, das Klischee sei erlaubt, beinahe den Atem nimmt. »Raconteurship« sagen die Amerikaner dazu. Es ist eine Könnerschaft, die ihrer selbst so sicher ist, daß sie in die effektvolle Routine abgleiten könnte, wenn ihr nicht die Substanz elementarer Not und Lust zuwüchse und die Grundfärbung eines unbestechlichen politischen Urteils.

Das Motto von Joseph Conrad, das dem Roman vorangestellt ist, zeigt den Horizont, vor dem sich der Thriller abspielt: »I only know that he who forms a tie is lost. The germ of corruption has entered into his soul.«[609] – »Ich weiß nur, daß einer, der sich bindet, verloren ist. Der Keim des Verderbens ist in seine Seele eingedrungen.« Ein schreckliches Wort. Es setzt die Liebe mit dem Verderben gleich, mit *corruption*, was auch Fäulnis heißen kann, Zerstörung, moralischen Zerfall. Im *status corruptionis* befindet sich die Welt nach dem Sündenfall. Also wäre die Liebe selber eine Gestalt der Ur-Schuld. Wobei Liebe hier nicht nur die erotische Beziehung meint, sondern jede emotionale Bindung an einen andern Menschen, an eine Idee, eine Aufgabe – he who forms a tie ... Wer liebt, fühlt, sich hingibt, ist angesteckt wie von einer Krankheit. Der Keim, *germ*, ist das Winzige eines Anfangs, das ins Immense wachsen kann. Würde statt von Verderben von Unfreiheit gesprochen, von Fesselung und Gefangenschaft, der Satz wäre kaum anstößig. Daß Bindung eben bindet, ist ja ein vertrauter Gedanke und eine Allerweltserfahrung. Nun aber soll sie verderben, zersetzen, soll zerstören, was gut ist.

In welchem Zusammenhang die Aussage bei Conrad steht, ist hier gleichgültig. Was zählt, ist ihre Bedeutung für den Roman von Graham Greene. Da tritt sie in Korrespondenz mit dem Titel. Der »menschliche Faktor« ist, genau wie der »Keim«, ein Teilelement, das ins Ganze wirkt. Zerstört also auch die Menschlichkeit das bestehende Gute, wie die Liebe es tut und alles, was Menschen verbindet?

Reden wir ganz einfach. Wenn Böses das Gute zerstört, ist das ein schlimmer Vorgang, der geahndet werden muß. Wenn aber Gutes das Gute zerstört, was ist dann? Dann zeichnet sich ab, was einst, als der Begriff noch ernst genommen wurde, tragisch hieß. In der Lektüre Greenes zielt die Formel von Joseph Conrad daher nicht auf Herzenskälte und *désinvolture*, sondern auf eine Möglichkeit tragischer Erfahrung. Sie bildet die schlagende Mitte des Romans und gibt dem Reißer eine Tiefe, welche die Routine der Gattung sprengt. Sie konfrontiert uns mit der Frage, ob die Liebe das Recht zum Bösen gibt und die Treue das Recht zum Verrat. Das sind alte Rätsel. Aus ihnen sind einst große Tragödien entstanden. Eine große Tragödie im emphatischen Sinn ist »The Human Factor« nicht, wohl aber ein Roman, der scharf und genau aufzeigt, daß man aus sittlicher Überzeugung unsittlich handeln und um des Guten willen schuldig werden kann.

Das setzt einen Täter voraus, der weiß, was er will, und sich in Freiheit dafür entscheidet. Einen Täter von der Beschaffenheit des vormodernen Subjekts. Macht das den Roman altmodisch? Wenn man die Moderne im Sinne des Modernismus absolut setzt und ihre Regeln, zu denen die Implosion des autonomen Subjekts gehört, für zwingend erklärt, ist die Diagnose unausweichlich. Wenn man aber davon ausgeht, daß verbindliche Literatur sich nicht daran mißt, *wie* sie die Frage, ob der Mensch müssen muß, beantwortet, sondern daran, *daß* sie diese Frage ungeschönt aufwirft – mit welchem Resultat auch immer –, dann muß man den Roman als ein Stück heißer Gegenwart gelten lassen. Wie der Spionageroman mit seiner hochentwickelten Intrigenkultur nicht kompatibel ist mit der Ästhetik der Moderne im Sinne des Modernismus und eben trotzdem existiert und von Millionen gelesen wird, kann auch der Umriß alter tragischer Schrecken in den abschätzig behandelten Genres der auf Spannung und Aufdeckung, Verstellung und Anagnorisis angelegten Literatur (und des entsprechenden Films) fortleben.

Die ganze Spannung zwischen Liebe und Gesetz, die durch den Roman vibriert, kommt zum Ausbruch in der Szene, als Maurice seiner Frau den politischen Verrat gesteht und ihr mitteilt, er habe den Bericht über »Uncle Remus« an den Verbindungsmann des KGB weitergegeben. Sarah erkennt sofort, was das bedeutet: »Warum hast du das getan? Es ist Selbstmord.«[610] Und nun folgt eine Szene, die alles verdeutlicht, was Bindung, *tie* im Conrad-Zitat, und also den menschlichen Faktor als den einen Pol der tragischen Entscheidung ausmacht. Maurice antwortet auf das Stichwort Selbstmord und meint zu seiner Tat:

»Es kann viele Leben retten – Leben deines Volkes.«
»Sprich mir nicht von meinem Volk. Ich habe kein Volk mehr. Du bist ›mein Volk‹«. Er dachte, das ist gewiß etwas aus der Bibel. Ich habe das auch schon gehört. Nun, sie war ja bei den Methodisten zur Schule gegangen.
Sie legte ihren Arm um ihn und hielt das Glas mit dem Whisky an seinen Mund. »Ich wünschte, du hättest nicht all die Jahre gewartet, um es mir zu sagen.«
»Ich fürchtete mich – Sarah.« Jetzt tauchte der Name aus dem Alten Testament in ihm auf, zusammen mit dem ihren. Es war eine Frau namens Ruth gewesen, die gesagt hatte, was sie eben gesagt hatte – oder etwas sehr Ähnliches.[611]

Meint Greene wirklich, seine Leser kennten die Stelle, die auch sein Held nur ungefähr in Erinnerung hat? Es ist nicht anzunehmen. Dennoch teilt er sie nicht mit. Wer es wissen will, muß das Buch Ruth nachschlagen. Dort findet er die folgenden Sätze aus dem Mund einer jungen Frau: »Wo du hin gehst, da will ich auch hingehen; wo du bleibst, da bleibe ich auch. Dein Volk ist mein Volk, und dein Gott ist mein Gott. Wo du stirbst, da sterbe ich auch, da will ich auch begraben werden.«[612] Das ist die Bindung, *tie*, als unbedingte, höchste Norm. Hier fällt die Liebe zusammen mit dem Gesetz, und es gibt kein anderes. Maurice ist überrascht, daß für Sarah das so selbstverständlich ist. Er fragt nach:

»Du hast kein vorwurfsvolles Wort gesagt, Sarah.«
»Welche Art Wort?«
»Nun, ich bin, was man allgemein einen Verräter nennt.«
»Wen kümmert's?« sagte sie. Sie schob ihre Hand in die seine: es war intimer als ein Kuß – küssen kann man auch einen Fremden. Sie sagte: »Wir haben unser eigenes Land. Du und ich und Sam. Dieses Land hast du nie verraten, Maurice.«[613]

Das ist schön, und die Behutsamkeit, mit der der Autor die Haltung Sarahs in die Nähe jener Frau aus dem Alten Testament rückt, verleiht ihr das Gewicht, das nötig ist für den vollen Gegenpol zum politischen Verrat. Für Sarah gibt es keine Tragik, nur Angst und mögliches Leid. Sie ist in der Liebe ganz geborgen, in einer Liebe, die sie will und lebt – frei, ohne müssen zu müssen. Daß der Verrat des Mannes sie nicht kümmert, schafft ihn für diesen allerdings nicht aus der Welt. Und die Liebe schafft auch die schwere Gefahr nicht aus der Welt, in die der Mann sich selbst, die Frau und ihr Kind bringt. Am Ende des Romans sitzt er zwar gerettet in Moskau, aber Sarah und Sam sind noch in England. Wann und ob sie nachreisen können ist ungewiß, ungewiß auch, ob nicht jene chemisch-medizinische Abteilung des MI6, die schon den jungen Kollegen beseitigt hat, nun auch den beiden Schutzlosen ihre spezielle Aufmerksamkeit schenken wird. Dies alles muß Maurice ertragen, als Sorge im Bereich der Liebe und als Schuld im Bereich der Pflicht.

Die berühmten Fälle der historischen Doppelspione im britischen Geheimdienst der 1940er und 50er Jahre, Donald Maclean, Guy Burgess und Kim Philby,[614] die als schattenhafte Vorläufer im Hintergrund des Romans spürbar sind, lassen die Annahme zu, daß die Familie eines Tages wieder zusammenfindet. Es bleibt allerdings eine Spekulation außerhalb der Romanhandlung. Ausgeschlossen ist auch eine Katastrophe nicht. Würde sie eintreten, würden Frau und Kind zu Opfern eines Racheakts am Verräter, müßte dies die Last auf dessen Seele vervielfachen.

Diese Überlegung, die in etwas fragwürdiger Weise über das Ende des Romans hinausdenkt, ist dadurch gerechtfertigt, daß bei einer tödlichen Verschärfung des Finales, an die uns der Roman mindestens zu denken zwingt, der politische Hintergrund des Ganzen um vieles heftiger vergegenwärtigt würde. Castles Konflikt ist ja nicht einfach der zwischen seiner Liebe zu Sarah und seiner Treuepflicht dem Amt und der Heimat gegenüber. Die Liebe zu Sarah verstärkt nur einen Entscheid, der entschieden politisch ist. Castle handelt aus Überzeugung gegen die Vertreter des Apartheid-Regimes und die Vernichtungspläne der Aktion »Uncle Remus«. In ähnlicher Weise hat Graham Greene 23 Jahre vor »The Human Factor«, im bereits erwähnten Roman »The Quiet American« von 1955, den Journalisten Fowler seinen amerikanischen Freund in den Tod schicken lassen, weil dieser in Indochina, dem späteren Vietnam, das Ideal der Demokratie durch gezielte Terroranschläge der Verwirklichung näher bringen wollte.[615] Die USA-Kritik jenes Romans ist in jüngster Zeit wieder aktuell geworden.

Greenes Schreiben zielte schon immer auf weltpolitische Analysen, je anders von Jahrzehnt zu Jahrzehnt, und weigerte sich stets hartnäckig, das politische Handeln vom moralischen zu trennen. Das Wort vom »human factor« meint also ebensosehr das politische Gewissen des einzelnen wie seine private Liebe und Anhänglichkeit. Und weil es Greene um das moralische Gewissen in der politischen Aktion geht, kann er seine Geschichte gar nicht anders schreiben denn als ein Intrigengefüge mit allen Elementen, die in der Literatur und in der Wirklichkeit dazu gehören. Ohne Verstellung gibt es keine Politik, und ohne Sensorium für das, was zielgerichtete

Verstellung, also Intrige ist, kann niemand die Weltpolitik verstehen. Die Fuchsregel des alten Machiavelli hat ihre Aktualität nie verloren.

Die in diesem Buch mehrfach wiederholte Behauptung, daß jede Intrige Grundfragen der Moral aufwerfe, bestätigt sich damit ein weiteres Mal. Diese Tatsache ist allein schon Grund genug, die Kultur des Spionageromans im 20. und 21. Jahrhundert ernst zu nehmen. Der literarische Intrigenbau mit dem Schauspiel seiner Auflösung ist verkörperlichte Moralphilosophie. Man braucht die Bücher und Geschichten zwar nicht so zu lesen. Man kann sich ohne Bedenken allein der Spannung und ihrer wohligen Angstlust hingeben. Da zur Natur des Menschen aber die Merkwürdigkeit gehört, daß er sich selbst nicht am Denken hindern kann, wird ihn auch der unbekümmerte Nachvollzug der Intrigenspektakel früher oder später in jene fruchtbare Tätigkeit versetzen, die ihm einst den Zunamen *sapiens* eingetragen hat.

Anmerkungen

1 Franz Grillparzer: Weh' dem der lügt! Erster Aufzug. Vers 144ff. In: Franz Grillparzer. Sämtliche Werke. Hrsg. von Peter Frank und Karl Pörnbacher. Zweiter Band. München 1961, S. 189

2 Vgl. dazu: Carsten Colpe: Aus der Geschichte des Teufels im Abendland. In: Carsten Colpe und Wilhelm Schmidt-Biggemann (Hrsg.): Das Böse. Eine historische Phänomenologie des Unerklärlichen. Frankfurt am Main 1993, S. 63–89, sowie Jeffrey Burton Russell: Biographie des Teufels. Wien, Köln, Weimar 2000, engl. Originaltitel: The Prince of Darkness. Radical Evil and the Power of Good in History. Cornell University Press 1988

3 Joh. 8. 44

4 Die Frage nach den biologischen Grundlagen erzählter Geschichten stellt mehrfach Walter Burkert: Kulte des Altertums. Biologische Grundlagen der Religion. München 1998

5 Vgl. dazu Peter Sitte: Die »listenreiche« Evolution: Täuschung bei Tieren, Pflanzen, Bakterien und Viren. In: Harro von Senger (Hrsg.): Die List. Frankfurt am Main 1999, S. 475ff. Zum Kuckuck S. 483. Überdies aus anthropologisch-biologischer Sicht: Volker Sommer: Lob der Lüge. Täuschung und Selbstbetrug bei Tier und Mensch. München 1992

6 In Homers Ilias wird die Eroberung Trojas nicht berichtet. Die Überlieferung geht auf zum Teil verschollene Berichte zurück, von denen sich auch Vergils Aeneis nährte. In der späteren Antike (4. Jh. n. Chr.) wurde der Fall Trojas vom griechischen Autor Quintus Smyrnaeus breit dargestellt. Vgl. Quintus Smyrnaeus: The Fall of Troy. Cambridge MA, 1913. Für die Umstände der Eroberung vgl. insbesondere das Buch XII.

7 Homer: Ilias. Neue Übersetzung, Nachwort und Register von Roland Hampe. Stuttgart 1999, S. 170 (9. Gesang, Vers 312f)

8 Im 26. Gesang von Dantes »Inferno«. Vgl. dazu unten Kapitel XXVI.

9 Vgl. unten Kapitel XX.

10 Die breit entfaltete Kultur der List in der chinesischen Tradition ist in jüngster Zeit vor allem durch die Forschungen Harro von Sengers bekannt geworden. Besonders faszinierend ist das System der »36 Strategeme«. Vgl. dazu den ausgezeichneten Überblick: »Die List im chinesischen und im abendländischen Denken«, den Harro von Senger im Einleitungsessay zu dem von ihm herausgegebenen Band »Die List«, a.a.O., S. 9–49, gibt. Das Standardwerk ist: Harro von Senger: Strategeme. Lebens- und Überlebenslisten aus drei Jahrtausenden. Bern, 2 Bände, 2000

11 Euripides: Iphigenie bei den Taurern. Übersetzung von J. J. C.

Donner. Neubearbeitet von Curt Woyte. Nachwort und Anmerkungen von Hans Strohm. Stuttgart 1999, S. 41 (Vers 874ff)

12 Ebd. (Vers 881f)

13 Euripides: Taurische Iphigenie. A.a.O., S. 46 (Vers 991, 995ff)

14 Euripides: Taurische Iphigenie. A.a.O., S. 47 (Vers 1029)

15 Euripides: Taurische Iphigenie. A.a.O., S. 48 (Vers 1032)

16 Homer: Odyssee. Übersetzt von Roland Hampe. Stuttgart 1998 (erstmals 1979), S. 221 (13. Gesang, Vers 372f).

17 Ebd. (13. 375f)

18 Ebd. (13. 386ff)

19 Ebd. (13. 394f)

20 Odyssee. A.a.O., S. 222 (13. 411)

21 Ebd. (13. 429ff)

22 Botho Strauß: Ithaka. Schauspiel nach den Heimkehr-Gesängen der Odyssee. München 1998 (erstmals München 1996), S. 18. Der Begriff des Interregnums ist bei Homer undenkbar. Er verweist auf die politische Allegorie, als die Strauß sein Stück begreift und die nach der Uraufführung zu einigen Diskussionen führte. Das Element der moralischen Reflexion innerhalb der Planszene erscheint damit viel prägnanter als bei Homer und in einem modernen Sinn politisch.

23 Strauß, Ithaka. A.a.o., S. 18ff

24 Euripides: Taurische Iphigenie. A.a.O., S. 27 und 32 (Vers 570ff und 711)

25 Patricia Highsmith: The Talented Mr Ripley. London 1999 (erstmals publiziert in den USA 1955), S. 68

26 Patricia Highsmith: Der talentierte Mr. Ripley. Roman. Aus dem Amerikanischen von Barbara Bortfeldt. Zürich 1979. S. 88

27 Highsmith: Der talentierte Mr. Ripley. A.a.O., S. 88f

28 Highsmith: Der talentierte Mr. Ripley. A.a.O., S. 89

29 Highsmith: The Talented Mr Ripley. A.a.O., S. 68

30 Highsmith: Der talentierte Mr. Ripley. A.a.O., S. 89

31 Highsmith: Der talentierte Mr. Ripley. A.a.O., S. 90

32 Highsmith: The Talented Mr Ripley. A.a.O., S. 69

33 Ebd.

34 Zur artistischen Dimension der Intrige und dem entsprechenden Selbstgefühl vgl. unten Kapitel XXXVI.

35 Zum Begriff »Narzißmus der Gegenwart« vgl. Peter von Matt: Öffentliche Verehrung der Luftgeister. Reden zur Literatur. München 2003, S. 49f

36 Kinder- und Hausmärchen, gesammelt durch die Brüder Grimm. Vollständige Ausgabe, mit einer Einleitung von Herman Grimm und der Vorrede der Brüder Grimm zur ersten Gesamtausgabe 1819. Darmstadt 1991 (erstmals München 1949), S. 301f

37 Highsmith: Der talentierte Mr. Ripley. A.a.O., S. 113

38 Ebd.

39 Highsmith: Der talentierte Mr. Ripley. A.a.O., S. 114

40 Highsmith: The Talented Mr. Ripley. A.a.O., S. 87

41 Boileau: L'Art poétique. Hrsg. von F. Brunetière. Paris 1898, S. 28. Das einflußreiche Lehrgedicht erschien erstmals 1674. Die

zitierten Verse sind Vers 47f des Dritten Gesangs.

42 Kinder- und Hausmärchen. A.a.O., S. 308

43 A.a.O., S. 372

44 A.a.O., S. 373

45 Ebd.

46 A.a.O., S. 376

47 Homer: Odyssee: A.a.O., S. 369 (Vers 22. 239f)

48 Homer: Odyssee. A.a.O., S. 293 (Vers 17. 483ff)

49 Sigmund Freud: Das Unbehagen in der Kultur. In: Sigmund Freud: Studienausgabe. Band IX. Frankfurt am Main 1982, S. 222

50 Balzac präzisiert einmal in Klammern den geläufigen Begriff »chef de la Sûreté« mit: »chef de la brigade de police de sûreté«. Honoré de Balzac: Splendeurs et misères des courtisanes. Préface et notes de Pierre Barbéris. Paris 1973, S. 364

51 Balzac: Splendeurs et misères des courtisanes. A.a.O., S. 104 (Erster Teil. Kapitel: Deux fameux chiens de garde)

52 Balzac: Le père Goriot. Préface de Félicien Marceau. Notice et notes de Thierry Bodin. Paris 1971, S. 267

53 Einige dieser Details werden erst aus dem dritten Teil des Romans ersichtlich, in dem langen Prozeß der Aufdeckung von Vautrins wahrer Identität im Pariser Polizeigefängnis.

54 Übersetzt nach: Balzac: Splendeurs et misères. A.a.O., S. 123f

55 Balzac: Splendeurs. A.a.O., S. 391

56 Sie ist in Wahrheit seine Tante Jacqueline und die einstige Maitresse Marats. Vgl. unten Kap. XLVI.

57 Frederick Forsyth: Der Schakal. Thriller. Ungekürzte Taschenbuchausgabe. 13. Aufl. München 1998, S. 73. Englische Erstausgabe London 1971. Deutsche Erstausgabe München 1972

58 A.a.O., S. 78

59 Ebd.

60 A.a.O., S. 81f

61 1. Moses 3. 7

62 1. Moses 3. 8–11

63 1. Moses 3. 20

64 In »Totem und Tabu«, Kapitel IV. 5. In: Sigmund Freud: Studienausgabe. Band IX. Frankfurt am Main 1982, S. 425. Vgl. dazu Peter von Matt: Literaturwissenschaft und Psychoanalyse. Stuttgart 2001, S. 32ff

65 1. Moses 3. 8

66 Im sechsten Buch von Ovids »Metamorphosen« wird ein Zweikampf der Weberinnen beschrieben. Die Göttin Athene beneidet die einfache Frau Arachne um ihren Ruf als kunstreichste Weberin. Diese scheut sich nicht, die Göttin zum Wettweben herauszufordern. Die zwei Werke, die dabei entstehen, werden ausführlich beschrieben. Weil die Göttin das Werk aus Menschenhand als vollkommen anerkennen muß, verwandelt sie Arachne aus Rache in eine Spinne, die immerzu in ihrem eigenen Gewebe hängen und immerzu weiterspinnen muß.

67 Forsyth: Der Schakal. A.a.O., S. 371

68 Shakespeare: Macbeth. Erste Szene des ersten Akts, Vers 10

69 Homer: Ilias. A.a.O., S. 170 (Neunter Gesang. Vers 312f.)

70 Sophokles: Philoktet. Übertragen von Wolfgang Schadewaldt. Hrsg. von Hellmut Flashar. Frankfurt am Main und Leipzig 1999, S. 15

71 Homer: Odyssee. A.a.O., S. 325. (19. Gesang, Vers 395–398)

72 Sophokles: Philoktet. A.a.O., S. 75 (Vers 1356)

73 Sophokles: Philoktet. A.a.O., S. 57 (Vers 985)

74 Sophokles: Philoktet. A.a.O., S. 29 (Vers 417)

75 Vgl. dazu den Artikel »Sisyphus« in: Pierre Brunel (Ed.): Companion to literary Myths, Heroes and Archetypes. London and New York 1996 (erstmals Paris 1988), S. 1044–1053

76 Sophokles: Philoktet. A.a.O., S. 73 (Vers 1310ff)

77 William Shakespeare: Troilus and Cressida. Troilus und Cressida. Englisch-deutsche Studienausgabe. Hrsg. von Werner Brönnimann-Egger. Tübingen 1986, S. 113 (Szene I.3) Diese krasse Abwertung des Ajax ist bei Homer noch nicht faßbar, wohl aber bei Ovid im 13. Buch der »Metamorphosen«, wo der Streit zwischen Odysseus und Ajax um die Waffen Achills geschildert wird.

78 Archilochos: Gedichte. Griechisch und deutsch. Übertragen und hrsg. von Kurt Steinmann. Frankfurt am Main 1998, S. 81

79 Baltasar Gracián: Hand-Orakel und Kunst der Weltklugheit. Übersetzt von Arthur Schopenhauer. Zürich 1993, S. 232 (Aphorismus Nr. 297)

80 Max Frisch: Mein Name sei Gantenbein. Roman. Frankfurt am Main 1964, S. 29f

81 Philip Roth: Der menschliche Makel. Aus dem Amerikanischen von Dirk van Gunsteren. München 2002, S. 124

82 Roth: Makel. A.a.O., S. 126–129

83 Roth: Makel. A.a.O., S. 128

84 Roth: Makel. A.a.O., S. 128f

85 Thomas Mann: Die Geschichten Jaakobs. Roman. Berlin 1933, S. 175

86 Thomas Mann: Jaakob. A.a.O., S. 176

87 Vgl. 1. Moses 23

88 1. Moses 27. 28f

89 Diese Geliebte ist Semele. Hera, wütend über das Liebesverhältnis, erscheint der Menschenfrau in Gestalt von deren alter Amme und macht sie zweifeln, ob ihr Geliebter wirklich Zeus sei. Semele solle diesen schwören lassen, ihr einen Wunsch zu erfüllen, und dann verlangen, daß der Gott ihr in seiner wahren Gestalt erscheine. Semele tut es, und obwohl Zeus sie anfleht, nicht auf dem Wunsch zu bestehen, gibt sie nicht nach und muß an der ungeheuren Lichterscheinung des Gottes verbrennen. Dieser Brand ist zugleich die Geburt des Dionysos, mit dem Semele schwanger geht. Vgl. dazu Hölderlins Gedicht »Wie wenn am Feiertage ...«

90 Thomas Mann: Jaakob. A.a.O., S. 176

91 Nathan der Weise. Erster Akt, dritter Auftritt

92 Homer: Ilias. (Sechster Gesang. Vers 153)

93 Das Gilgamesch-Epos. Übersetzt und mit Anmerkungen versehen von Albert Schott. Neu hrsg. von Wolfram von Soden. Stuttgart 1988/2001, S. 93f

94 Thomas Mann: Jaakob. A.a.O., S. 182f

95 Balzac: Splendeurs et misères des courtisanes. A.a.O., S. 519

96 Zu Sherlock Holmes' Verkleidungstechnik vgl. etwa die Bahnhofszene in der Geschichte »The Final Problem«, wo der verkleidete Holmes im gleichen Abteil eines Zuges sitzt wie sein Freund Dr. Watson, ohne daß dieser ihn erkennt. The Penguin Complete Sherlock Holmes. Harmondsworth 1981, S. 474f

97 1. Moses 27. 22

98 Zu den zwei Begriffen vgl. u. a. Kap. XXXV und XLVI.

99 1. Moses 27. 24

100 Thomas Mann: Jaakob. A.a.O., S. 184

101 1. Moses 27.22

102 Vgl. dazu unten Kap. XV.

103 Wolfgang Amadeus Mozart: Le nozze di Figaro / Die Hochzeit des Figaro. KV 492. Opera buffa in vier Akten. Libretto von Lorenzo da Ponte. Textbuch Italienisch/Deutsch. Übersetzt und hrsg. von Dietrich Klose. Stuttgart 1990, S. 22

104 Thomas Mann: Jaakob. A.a.O., S. 188

105 Zur Theorie der Schadenfreude vgl. Peter von Matt: Schadenfreude. Die Auskunft der Literatur über die Regeln eines zwielichtigen Gefühls. In: Peter von Matt: Öffentliche Verehrung der Luftgeister. Reden zur Literatur. München 2003, S. 202–214.

106 Thomas Mann: Jaakob. A.a.O., S. 188

107 Thomas Mann: Jaakob. A.a.O., S. 190

108 Ebd.

109 Max Frisch: Mein Name sei Gantenbein. A.a.O., S. 309f

110 Max Frisch: Mein Name sei Gantenbein. A.a.O., S. 485

111 Molière: Tartuffe. Akt IV, Szene 8, Vers 1555f

112 Aristoteles: Poetik. Griechisch/Deutsch. Übersetzt und hrsg. von Manfred Fuhrmann. Stuttgart 1994. S. 33. Es ist bezeichnend, daß die deutsche Übersetzung dieser sehr sorgfältigen Ausgabe die aristotelischen Wörter Peripeteia und Anagnorisis mit »Peripetie und Wiedererkennen« übersetzt. Peripetie wird dadurch als deutscher Fachausdruck anerkannt und als bekannt vorausgesetzt, während Anagnorisis übersetzt werden muß. Das charakterisiert sehr schön die unterschiedliche Diskussion der beiden Kategorien im Verlauf der Theoriegeschichte.

113 Ebd.

114 Ich verändere in diesem Zitat die benutzte Übersetzung insofern, als ich für »Wiedererkennung« den aristotelischen Ausdruck »Anagnorisis« einsetze. So auch bei den späteren Zitaten aus der »Poetik«.

115 Aristoteles: Poetik. A.a.O., S. 35 und 37

116 Vgl. dazu Volker Klotz: Gegenstand als Gegenspieler. Widersacher auf der Bühne: Dinge, Briefe, aber auch Barbiere. Wien 2000, S. 22f

117 Aristoteles: Poetik. A.a.O., S. 53

118 Aristoteles: Poetik. A.a.O., S. 97

119 Aristoteles: Poetik. A.a.O., S. 79

120 Sophokles: Ödipus. Vers 1183

121 1. Moses 3.5

122 Homer: Ilias. A.a.O., S. 3

123 1. Moses 27. 5–10

124 1. Moses 27. 13

125 1. Moses 28. 14

126 Frauenreden über die Condition féminine finden sich etwa bei Boccaccio in der 7. Novelle des 6. Tages, in Shakespeares »Othello«, in Wielands »Agathon«, in Goethes »Tasso«, in Balzacs »Père Goriot«, in Fontanes »Stine«.

127 Der Text ist eine Paraphrase des Verf. nach den drei Übersetzungen von J. J. C. Donner (Euripides: Medea. Tragödie. Stuttgart 1985, S. 13), Gustav Ludwig (Euripides Werke, metrisch übersetzt und mit Anmerkungen begleitet von Gustav Ludwig. Sechstes Bändchen. Medea. Stuttgart 1838, S. 723f) und Karl Heinz Eller (Euripides. Medea. Griechisch/Deutsch. Übersetzt und hrsg. von Karl Heinz Eller. Stuttgart 1992). Eine metrische Übertragung führt in jedem Fall dazu, daß Bedeutungsnuancen um der Form willen verwischt werden.

128 Paraphrasiert vom Verf. nach den Übersetzungen von Donner (a.a.O., S. 27f), Ludwig (a.a.O. S. 738) und Eller (a.a.O., S. 49f).

129 Die ganze Stelle umfaßt im »Hippolytos« die Verse 616–625

130 Hesiod: Theogonie. Vers 570–612

131 Jeremias Gotthelf: Wie Anne Bäbi Jowäger haushaltet und wie es ihm mit dem Doktern geht. Zweiter Teil. Zürich 1978, S. 48

132 Vgl. Euripides, Medea. Ausgabe Eller. A.a.O., Verse 37–43

133 Vgl. Euripides, Medea. Ausgabe Eller. A.a.O., Verse 373–375

134 Vgl. Euripides, Medea. Ausgabe Eller. A.a.O., Verse 376–385

135 Vgl. Euripides, Medea. Ausgabe Eller. A.a.O., Verse 401ff

136 Paraphrasiert vom Verf. nach den Übersetzungen von Donner (a.a.O., S. 33f), Ludwig (a.a.O., S. 750f) und Eller (Verse 764–810)

137 Vgl. Euripides, Medea. Ausgabe Eller. A.a.O., Verse 889f und Vers 928

138 Vgl. Euripides, Medea. Ausgabe Eller. A.a.O., Verse 1136–1230

139 Goethe: Faust II. 2. Akt, Vers 8479

140 Ovid: Metamorphosen. A.a.O., S. 176

141 Euripides: Medea. Ausgabe Eller. A.a.O., S. 32, Vers 330

142 Vgl. Euripides, Medea. Ausgabe Eller. A.a.O., Verse 526–535

143 Vgl. dazu unten Kap. XXV.

144 Jakob Michael Reinhold Lenz: Werke und Briefe in drei Bänden. München 1987, Band 2. S. 932

145 Aristoteles: Poetik. A.a.O., S. 29

146 Vgl. das Zitat im vorhergehenden Kap. XVI, S. 151f.

147 Vgl. Lukas 23. 43

148 Euripides: Hippolytos. Übersetzt und Nachwort von Ernst Buschor. Stuttgart 1981. S. 59. – Aufschlußreich ist in diesem Zusammenhang das Kapitel II.3, »Der moderne Ruhm«, in Jacob Burckhardts »Die Kultur der Renaissance in Italien«, wo

die Interferenzen des neuentdeckten antiken Ruhmesbegriffs mit dem christlichen Konzept der Hinfälligkeit allen irdischen Ruhms im 16. Jahrhundert beschrieben werden. Vgl. dort auch Kapitel VI. 5: »Erschütterung des Glaubens überhaupt«.

149 »Die Ballade von der sexuellen Hörigkeit« in Brechts »Dreigroschenoper«.

150 Die Plautinischen Lustspiele, im Trimeter übersetzt von Karl Moriz Rapp. Zehntes Bändchen. Curtisanenstreiche (Truculentus). Stuttgart 1852, S. 1094f

151 PLAUTI TRUCULENTUS. COM PROLEGOMINIS, NOTIS CRITICIS, COMMENTARIO EXEGETICO EDIDIT P. J. ENK. LUGDUNUM BATAVORUM (Leiden) 1953, Vers 853

152 Jakob Michael Reinhold Lenz: Werke und Briefe in drei Bänden. München 1987, Band 2. S. 204

153 Lenz: Werke. Band 2. A.a.O., S. 244

154 Zum Problem der unbekannten Vorlage vgl.: Die Komödien des Plautus. Übersetzt von Ludwig Gurlitt. Viertar Band. Berlin 1922, S. 280ff

155 PLAUTI TRUCULENTUS. A.a.O., Vers 855

156 Lenz: Werke. Band 2. A.a.O., S. 244

157 Lenz. Werke. Band 2. A.a.O., S. 227

158 Lenz: Werke. Band 2. A.a.O., S. 228

159 Ebd.

160 Alle Zitate Lenz: Werke. Band 2. A.a.O., S. 229f

161 PLAUTI TRUCULENTUS. A.a.O., Vers 867f

162 Calderón de la Barca: Dame Kobold. Deutsch von Hans Schlegel. Stuttgart 1989, S. 66 (III. Aufzug, 11.Bild)

163 Calderón: Dame Kobold. A.a.O., S. 17 (I. Aufzug, 2.Bild)

164 William Shakespeare: King Richard III., König Richard III. Englisch und deutsch. Übersetzt und hrsg. von Herbert Geisen. Stuttgart 1978, S. 10

165 Creon bei Seneca zu Medea: tu, tu malorum machinatrix facinorum, / cui feminae nequitia ad audenda omnia, / robur virile est. – Du, du, die Anstifterin aller üblen Taten, die du, um alles zu wagen, sowohl die seelische Niedertracht der Frauen wie auch die physische Kraft der Männer besitzest. L. Annaeus Seneca: Medea. Lateinisch / Deutsch. Übersetzt und hrsg. von Bruno W. Häuptli. Stuttgart 1993, S. 28 (Vers 266–268)

166 Shakespeare: Richard III. A.a.O., S. 8

167 Shakespeare: Richard III. A.a.O., S. 10

168 »Präzipitation« ist der Begriff, den Schiller für die unaufhaltsame Vorwärtsbewegung einer dramatischen Handlung gebraucht. Vgl. dazu Schillers Brief an Goethe vom 2. 10. 1797 während der Arbeit am »Wallenstein«: »Zugleich gelang es mir, die Handlung gleich vom Anfang an in eine solche Präzipitation und Neigung zu bringen, daß sie in stetiger und beschleunigter Bewegung zu ihrem Ende eilt.«

169 Shakespeare: Heinrich VI., Dritter Teil, Szene III. 2; Heinrich VI., Dritter Teil, Szene V. 6; Richard III. Szene I.1
170 Shakespeare: Richard III. Szene V. 3
171 Vgl. das folgende Zitat.
172 William Shakespeare: The Third Part of King Henry the Sixth. Edited by Norman Sanders. Harmondsworth 1981, S. 161 (Szene V. 6)
173 Gottfried Benn: Ein Wort. In: Sämtliche Werke. Stuttgarter Ausgabe. Band I. Gedichte 1. S. 198
174 Georg Christoph Lichtenberg: Schriften und Werke. Hrsg. von Wolfgang Promies. Zweiter Band. Sudelbücher II, München 1971. S. 149
175 Shakespeare: King Henry VI. A.a.O., S. 108 (Szene III. 2)
176 Das Mittelalter glaubte, daß die jungen Bären als Klumpen auf die Welt kämen, ohne Form und Glieder, und daß die Bärenmutter sie erst zurechtlekken müsse zur definitiven Bärengestalt. Daher heute noch der Ausdruck: »ein ungeleckter Bär«.
177 Shakespeare: King Henry VI. A.a.O., S. 108
178 Shakespeare: Richard III. A.a.O., S. 198
179 Shakespeare: King Henry VI. A.a.O., S. 109 (Szene III. 2)
180 Vgl. oben »Vorspiel mit der Teufelsmantis«.
181 Richard ist darin der Semiramis in Calderóns »Tochter der Luft«, einer ähnlich monumentalen Intrigantin, verwandt.
182 Shakespeare: Heinrich VI. A.a.O., S. 160
183 Ebd.
184 Shakespeare: Richard III. A.a.O., S. 194
185 Ebd.
186 Übersetzt in Anlehnung an die Übersetzung der englisch-deutschen Ausgabe a.a.O. Dies gilt von allen hier vorgelegten Übersetzungen aus »Richard III.«
187 Richard III. A.a.O., S. 238
188 Richard III. A.a.O., S. 246
189 Shakespeare: Richard III. A.a.O., S. 250 (Szene V. 4, Vers 7)
190 Richard III. A.a.O., S. 238
191 Shakespeare: Richard III. A.a.O., S. 240
192 Ebd.
193 Ebd.
194 »So macht Gewissen [›conscience‹] Feiglinge aus uns allen.« Shakespeare: Hamlet Prinz von Dänemark. Englisch und Deutsch. Hrsg. von L. L. Schücking. Hamburg 1957. S. 98 (Szene III.1). Bei Hamlet meint »conscience« eher das Denken, das Bewußtsein überhaupt, bei Richard deutlicher nur das Gewissen.
195 Johannes 20. 24–29
196 Heinrich von Kleist: Sämtliche Werke und Briefe. Hrsg. von Helmut Sembdner. Erster Band. München 1965, S. 217
197 Shakespeare: Richard III. A.a.O., S. 198 (Szene IV. 4)
198 Vgl. Graham Greene: The Quiet American [Der stille Amerikaner]. London 2002 (erstmals 1955), S. 180
199 Friedrich Schiller: Sämtliche Werke in 5 Bänden. Hrsg. von

Peter-André Alt, Albert Meier und Wolfgang Riedel. Zweiter Band. München 2004, S. 171 (Verse 4220–24)

200 Christopher Marlowe: Tamburlaine the Great. Erster Teil, 1. Akt, 2. Szene, Verse 174–177.

201 Vgl. dazu. unten die Kapitel XXXIX–XLIII.

202 Hans Magnus Enzensberger: Die Tochter der Luft. Ein Schauspiel. Nach dem Spanischen des Calderón de la Barca. Frankfurt am Main 1992.

203 Zu der Aufführung in Wien ist Enzensberger nicht hingefahren.

204 Schauspiele von Don Pedro Calderon de la Barca. Übersetzt von J. D. Gries. Zweite Ausgabe. Vierter Band. Berlin 1840, S. 41. Damit verwandt sind die Äußerungen von Semiramis S. 51 und 59.

205 Enzensberger/Calderón: Die Tochter der Luft. A.a.O., S. 16f

206 Noch im deutschen 18. Jahrhundert, bei Goethe und Schiller, ist das Wort »Maschine« auch ein Ausdruck für die Intrige.

207 Zur Geschichte und den Mutationen des Teufels vgl. Carsten Colpe: Aus der Geschichte des Teufels im Abendland. In: Carsten Colpe und Wilhelm Schmidt-Biggemann: Das Böse. Eine historische Phänomenologie des Unerklärlichen. Frankfurt 1993, S. 63–89

208 Der Ausdruck wird Tertullian (ca. 155–220 n. Chr.) zugeschrieben.

209 William Shakespeare: Othello. Englisch/Deutsch. Hrsg. von Dieter Hamblock. Stuttgart 1985. S. 220 (V. 2, Vers 287f)

210 Ebd. (Vers 299)

211 Shakespeare: Othello. A.a.O., S. 96 (II.3, Vers 362)

212 Friedrich Schlegel: Kritische Schriften und Fragmente. Studienausgabe in sechs Bänden. Hrsg. von Ernst Behler und Hans Eichner. Band I. Paderborn, München, Wien, Zürich 1988, S. 240

213 Pierre-Ambroise Choderlos de Laclos: Les Liaisons dangereuses. Introduction, notes et bibliographie par René Pomeau. Paris 1996, S. 126 (Lettre XXIII).

214 »Frei wie ein Gott« ist der Ausdruck von Goethes Tasso in der Liebesszene im fünften Akt (V. 4), seinem höchsten Glücksmoment, der zugleich zur Katastrophe wird. Goethes Werke. Münchner Ausgabe. Band 3.1, S. 514

215 Choderlos de Laclos: Les Liaisons dangereuses. A.a.O., S. 211

216 Vgl. dazu Luthers Begriff von »Gottes Mummerey«, unten Kap. XXVII.

217 »C'est de vous seule que j'attends quelque consolation«. Choderlos de Laclos: Liaisons dangereuses. A.a.O., S. 211

218 Balzac: La Cousine Bette. Préface et notes de Pierre Barbéris. Paris 1972, A.a.O., S. 390

219 Balzac: La Cousine Bette. A.a.O., S. 391f

220 Der Pakt in deutlicher Anspielung auf die literarische Tradition des Teufelspaktes ist ein wiederholtes Ereignis in der Vita Vautrins. Er versichert sich in den »Illusion perdues«

seines jungen Freundes Lucien de Rubempré über ein feierliches Abkommen. Durch ihn, auf den er auch homoerotisch bezogen ist, will er seine Fäden bis in die oberste Gesellschaft von Paris spinnen. Das gleiche versucht er schon im »Père Goriot« mit dem jungen Rastignac. Dieser widersteht allerdings dem Versucher und betreibt seinen Aufstieg auf eigene Faust. In den betreffenden Szenen im »Goriot« ist von Vautrin explizit als »démon«, »tentateur« und »diable« die Rede. Balzac: Le Père Goriot. A.a.O., S. 215

221 Friedrich Schiller: Sämtliche Werke. Hrsg. von Peter-André Alt, Albert Meier und Wolfgang Riedel. Erster Band. München 2004, S. 133.

222 Anselm Schott O.S.B: Das Meßbuch der heiligen Kirche. Freiburg im Breisgau 1941, S. [135]

223 Schiller: Werke. Erster Band. A.a.O., S. 130

224 Schiller: Werke. Erster Band. A.a.O., S. 133

225 Schiller: Werke. Zweiter Band. A.a.O., S. 343

226 Schiller: Werke. Zweiter Band. A.a.O., S. 347

227 Ebd.

228 Schiller: Werke. Zweiter Band. A.a.O., S. 416

229 Friedrich Nietzsche: Über Wahrheit und Lüge im außermoralischen Sinn. In: Friedrich Nietzsche: Sämtliche Werke. Kritische Studienausgabe in 15 Bänden. Hrsg. von Giorgio Colli und Mazzino Montinari. München 1980, Band 1, S. 876

230 Im Abschnitt »Streifzüge eines Unzeitgemäßen« der »Götzen-Dämmerung«. Nietzsche: Sämtliche Werke. A.a.O., Band 6, S. 111

231 Vgl dazu: Der neue Pauly. Enzyklopädie der Antike. Stuttgart 1998, Spalte 1049 und: Handbuch der Altertumswissenschaften. Hrsg. von Walter Otto. Siebente Abteilung: Geschichte der griechischen Literatur von Wilhelm Schmid und Otto Stählin. Erster Teil: Die klassische Periode der griechischen Literatur. Zweiter Band: Die griechische Literatur in der Zeit der attischen Hegemonie vor dem Eingreifen der Sophistik. München 1934, S. 113

232 Diese Aussage ist insofern ungenau, als etwa in der Wiener Tradition der Nestroy und Raimund, aber auch in Grillparzers heute so kraß unterschätztem Stück »Weh' dem, der lügt!«, der Typus des bald schlauen, bald treuen, bald so schlauen wie treuen Dieners als imponierende Tradition fortlebt, bis hin zum »Unbestechlichen« Hofmannsthals.

233 Diese Legende spielt auch in Goethes Helena-Tragödie in Faust II eine Rolle; dort weiß Helena selbst plötzlich nicht mehr, ob sie nun die wirkliche sei oder das Phantom.

234 Elias Canetti: Nachträge aus Hampstead. In: Werke. Band V. München 2004, S. 166

235 Friedrich Nietzsche: Die Geburt der Tragödie aus dem Geiste der Musik. In: Sämtliche Werke. Band 1. A.a.O., S. 77

236 Friedrich Nietzsche: Socrates und die Tragoedie. In: Sämtliche Werke. Band 1. A.a.O., S. 546

237 Friedrich Nietzsche: Sämtliche Werke. Band 14 (Kommentarband). A.a.O., S. 100

238 Friedrich Nietzsche: Sämtliche Werke. Band 7. A.a.O., S. 17

239 Friedrich Nietzsche: Sämtliche Werke. Band 7. A.a.O., S. 22

240 Friedrich Nietzsche: Sämtliche Werke. Band 7. A.a.O., S. 27

241 Friedrich Nietzsche: Die Geburt der Tragödie. A.a.O., S. 35

242 Friedrich Nietzsche: Die Geburt der Tragödie. A.a.O., S. 39

243 Friedrich Nietzsche: Die Geburt der Tragödie. A.a.O., S. 109

244 Friedrich Nietzsche: Socrates und die Tragoedie. Werke Band I. A.a.O., S. 545

245 Friedrich Nietzsche: Sämtliche Werke. Band 7. A.a.O., S. 11

246 Friedrich Nietzsche: Sämtliche Werke. Band 7. A.a.O., S. 12f

247 Friedrich Nietzsche: Sämtliche Werke. Band 7. A.a.O., S. 17

248 Friedrich Nietzsche: Sämtliche Werke. Band 7. A.a.O., S. 21

249 Friedrich Nietzsche: Sämtliche Werke. Band 7. A.a.O., S. 40

250 Friedrich Nietzsche: Sämtliche Werke. Band 7. A.a.O., S. 27f

251 Das Wort Dialektik meint hier den logischen Scharfsinn in Argumentation und Gesprächsführung.

252 Vgl. Robert von Ranke-Graves: Griechische Mythologie. Quellen und Deutung. Reinbek bei Hamburg 1984, S. 128

253 La Divina Commedia di Dante Alighieri. A cura di Siro A. Chimenez. Torino 1975, S. 252

254 Dante: Göttliche Komödie. 27. Gesang, Verse 73–78. Nach der Übersetzung von Ida und Walther von Wartburg. Zürich 1963

255 Heinrich Heine: Sämtliche Schriften. Hrsg. von Klaus Briegleb. Dritter Band. München 1978, S. 677f

256 J. W. Goethe: Noten und Abhandlungen zu besserem Verständnis des West-östlichen Divans. In: Goethes Werke. Münchner Ausgabe. Band 11.1.2., S. 216

257 Ebd.

258 Dante: Göttliche Komödie. A.a.O., 26. Gesang, Vers 58

259 Vgl. dazu Peter von Matt: Liebesverrat. Die Treulosen in der Literatur. München 1989, S. 80–91

260 Vgl. den Kommentar des Herausgebers in Dante: Göttliche Komödie. A.a.O., S. 306f und 316ff

261 Dante: Göttliche Komödie. 26. Gesang, Vers 129

262 Dante: Göttliche Komödie. 26. Gesang, Vers 134f

263 Ebd. Verse 137–142

264 Ebd. Vers 109

265 Martin Luther: Weimarer Ausgabe. WA 15, 373. Den Hinweis auf die Stelle verdanke ich Eberhard Jüngel.

266 Jes. 45.15 lautet in Luthers Bibelübersetzung: »FVRwar du bist ein verborgen Gott / du Gott Jsrael der Heiland.«

267 The Poems of William Blake. Ed. by W. H. Stevenson. Text by David V. Erdman. London 1971, S. 155

268 Friedrich Nietzsche: Morgenröthe. Erstes Buch, Nr. 91. In: Nietzsche: Studienausgabe. A.a.O., Band 3, S. 85.

269 Vgl. oben Kap. VI.

270 Vgl. dazu die Strophe 10 des 16. Gesangs, wo es heißt, der Garten habe ausgesehen, als ob die Natur sich bemüht hätte, die Kunst nachzuahmen, während es sonst immer so sei, daß die Kunst die Natur nachahme. Emil Staiger äußert sich darüber in seiner anregenden Skizze: »Armida in der Goethezeit«, in: TYPOLOGIA LITTERARUM. Festschrift für Max Wehrli. Hrsg. von Stefan Sonderegger, Alois M. Haas und Harald Burger. Zürich 1969.

271 Opere di Torquato Tasso. A cura di Bortolo Tommaso Sozzi. Volume primo. Torino 1974, S. 173

272 Torquato Tassos Befreites Jerusalem in zwei Teilen. Übersetzt von J. D. Gries. Stuttgart o.J. Erster Teil, S. 105

273 Georg Lukács: Die Theorie des Romans. Ein geschichtsphilosophischer Versuch über die Formen der großen Epik. Neuwied und Berlin 1971, S. 32

274 Der häufig zitierte Ausspruch geht auf Hugo Grotius zurück, der mit seinem Werk »De Jure Belli ac Pacis«, Paris 1625, erstmals ein unbedingt geltendes, nicht aus göttlichen Geboten, sondern aus der Natur allein sich ergebendes Völkerrecht begründete.

275 Vgl. oben Kap. XXVII.

276 Der Name Moriarty erinnert nicht zufällig an den Namen Voldemort in den Harry-Potter-Romanen. Auch dort geht es um den großen Bösewicht. Anklänge an das französiche Wort »mort« resp. das deutsche »Mord« sind in den Namen herausragender Übeltäter mit konspirativen Neigungen nicht selten. Auch Choderlos de Laclos' Madame de Merteuil weist einen Anklang auf.

277 The Penguin Complete Sherlock Holmes. Harmondsworth 1981, S. 771

278 The Penguin Complete Sherlock Holmes. A.a.O., S. 769

279 In den deutschen Übersetzungen »Die Geheimnisse des Dr. Fu-Manchu«. In den USA lautet der Titel »The Insidious Dr. Fu-Manchu«.

280 Armin Arnold und Joseph Schmidt (Hrsgg.): Reclams Kriminalromanführer. Stuttgart 1978, S. 298

281 Robert Shea und Robert A. Wilson: Illuminatus! Das Auge in der Pyramide. Reinbek bei Hamburg 2003 (erstmals 1980; erste deutsche Ausgabe Basel 1977). Amerikanische Originalausgabe: Illuminatus! The Eye in the Pyramid. New York 1975. Die Anschlußbände sind: Illuminatus! Der goldene Apfel, und: Illuminatus! Leviathan.

282 2. Moses 20.16

283 Es handelt sich um die Schriften »De mendacio« und »Ad Consentium contra mendacium«.

284 Kant in: Berlinische Blätter, September 1797, S. 302. Der ganze Aufsatz auch in: Kants Werke. Akademie Textausgabe. Band VIII. Berlin 1968, S. 423–430

285 Kant in: Berlinische Blätter, September 1797, S. 305

286 Kant in: Berlinische Blätter, September 1797, S. 307

287 Kleist: Werke. Zweiter Band. A.a.O., S. 276f

288 Goethe: Iphigenie auf Tauris. Münchner Ausgabe Band 3.1, S. 212 (5. Aufzug, 3. Auftritt)

289 Ebd.

290 Goethe: Iphigenie. A.a.O., S. 213

291 In überwältigender Fülle ist dies dokumentiert in den Fuchs-Artikeln in: Enzyklopädie des Märchens. Handwörterbuch zur historischen und vergleichenden Erzählforschung. Hrsg. von Kurt Ranke et al. Berlin, New York. Band 5. 1986, Spalte 447–537.

292 Hans Joachim Schädlich: Gib ihm Sprache. Leben und Tod des Dichters Äsop. Reinbek 1999.

293 Elias Canetti erwähnt eine ostkirchliche Tradition, wonach Jesus häßlich gewesen sei. Elias Canetti: Aufzeichnungen 1942–1985. Werke. Band IV. München 1993, S. 289

294 Martin Luther: Weimarer Ausgabe WA 50, 453

295 A.a.O., S. 454

296 Lessings Übersetzung erschien 1757, Richardsons »Aesop's Fabels« 1740.

297 Äsopische Fabeln. Aus dem Englischen übertragen und mit einer Vorrede von Gotthold Ephraim Lessing nach der Ausgabe von Samuel Richardson. Zürich 1999, S. 153

298 Die Fabeln der Collectio Augustana sind 2005 auf griechisch und deutsch neu erschienen unter dem Titel: Äsop. Fabeln. Übersetzung und Anmerkungen von Thomas Voskuhl. Stuttgart 2005. Darin der Text vom Fuchs und den Trauben S. 23

299 Kinder- und Hausmärchen, gesammelt durch die Brüder Grimm, Darmstadt 1991, S. 433. Es handelt sich um die Nummer 86 der Grimm-Sammlung, »Der Fuchs und die Gänse«.

300 Vgl. Archilochos. Gedichte. Griechisch und deutsch. Übertragen und hrsg. von Kurt Steinmann. Frankfurt am Main 1998. Dort insbesondere S. 128.

301 Der Physiologus. Tiere und ihre Symbolik. Übertragen und erläutert von Otto Seel. Zürich und München (5.Auflage) 1987, S. 26f

302 Russische Naturwissenschaftler sollen dieses Verhalten bei freilebenden Füchsen tatsächlich beobachtet und 1961 auch gefilmt haben. Vgl. dazu den illustrierten Bericht in Kenneth Varty: Reynard the Fox. A Study of the Fox in Medieval English Art. Leicester 1967. Ich verdanke den Hinweis dem Buch von Paul Michel: Tiere als Symbol und Ornament. Möglichkeiten und Grenzen der ikonographischen Deutung, gezeigt am Beispiel des Zürcher Großmünsterkreuzgangs. Wiesbaden 1979, S. 52f

303 Der Physiologus. A.a.O., S. 26 – Der Hinweis auf Christus und Herodes bezieht sich auf Lukas 13. 32. Jesus wird von den Pharisäern gewarnt, daß der König Herodes ihn ermorden wolle. Darauf antwortet er: »Gehet hin und antwortet diesem Fuchs: Siehe, ich treibe Teufel aus und mache gesund heut

und morgen, und am dritten Tage werde ich ein Ende nehmen.« Die Stelle ist insofern interessant, als Jesus mit dem Fuchs offensichtlich nicht die List und Schlauheit verbindet, sondern eher das Raubtierhafte. Auch das deutet darauf hin, daß die List sich erst im Mittelalter als ausschließliche Eigenschaft des Fuchses herausgebildet hat. Da Lukas 13. 32 die einzige Stelle in der ganzen Bibel ist, wo der Fuchs als Metapher erscheint, bleibt die Deutung prekär.

304 Vgl. dazu Max Wehrli: Geschichte der deutschen Literatur vom frühen Mittelalter bis zum Ende des 16. Jahrhunderts. Stuttgart 1980, S. 204–213 und 809–812. Und Christian Scheffler: Die deutsche spätmittelalterliche Reineke-Fuchs-Dichtung und ihre Bearbeitungen bis in die Neuzeit. In: Aspects of the Medieval Animal Epic. Hrg. von E. Rombauts und A. Welkenhuysen. Leuven 1975.

305 Goethe von Friedrich Gundolf. Berlin (9. Auflage) 1920, S. 494

306 Band II. 1958, S. 598

307 Goethe: Faust I. Prolog im Himmel. Vers 340ff

308 Goethe: Faust I. Studierzimmer (II). Vers 1692f

309 Goethe: Faust I. Studierzimmer (I). Vers 1335f

310 Goethe: Faust I. Studierzimmer (I). V.1338ff

311 Goethe: Reineke Fuchs. Verse 50-83. Goethes Werke. Münchner Ausgabe. Band 4.1, S. 358f.

312 »Was kann der Mensch im Leben mehr gewinnen, Als daß sich Gott-Natur ihm offenbare?« Goethe: »Im ernsten Beinhaus war's...« (meistens zitiert unter dem Editorentitel »Bei Betrachtung von Schillers Schädel«). Goethes Werke. Münchner Ausgabe. Band 13.1, S. 189

313 Schiller: Sämtliche Werke. Fünfter Band. A.a.O., S. 370. Vgl. dazu auch Lessings Überlegungen zum gleichen Problem im 79. Stück der Hamburgischen Dramaturgie.

314 Ebd.

315 Ebd.

316 Schiller: Sämtliche Werke. Fünfter Band. A.a.O., S. 371

317 Schiller: Sämtliche Werke. Fünfter Band. A.a.O., S. 379

318 Goethes Werke. Münchner Ausgabe. Band 4.1, S. 435

319 Auch Goethes »Faust« ist in diesem Sinne eine Psychomachie.

320 Vgl. die Reproduktion eines Ausschnitts in: C. G. Jung, Karl Kerényi, Paul Radin: Der göttliche Schelm. Ein indianischer Mythenzyklus. Zürich 1954, nach S. 108.

321 Jung et al.: Der göttliche Schelm. A.a.O., S. 185

322 Dies trotz der breiten Trickster-Deutung etwa bei Norbert Bischof: Das Kraftfeld der Mythen. Signale aus der Zeit, in der wir die Welt erschaffen haben. München, Zürich, 1996

323 Jung et al.: Der göttliche Schelm. A.a.O., S. 7

324 Ebd.

325 Jung et al.: Der göttliche Schelm. A.a.O., S. 8

326 Es handelt sich um die 34. Episode des Trickster-Zyklus. Jung

et al.: Der göttliche Schelm. A.a.O., S. 61f

327 Jung et al.: Der göttliche Schelm. A.a.O., S. 87f

328 Vgl. dazu den Aufsatz von C.G. Jung: »Zur Psychologie der Schelmenfigur« in Jung et al.: Der göttliche Schelm. A.a.O., S. 183–207. Vgl. auch Joseph L. Henderson: Ancient Myths and Modern Man. In: Man and his Symbols. Edited with an introduction by Carl G. Jung. New York 1968. S. 95–156. Darin weitere Ausführungen zur Theorie des Individuationsprozesses.

329 Bischof: Das Kraftfeld der Mythen. A.a.O., S. 517. Der ganze vierte Teil des Buches, S. 437–519, ist unter dem Titel »Der Schelm« dem Trickster gewidmet.

330 Bischof: Das Kraftfeld der Mythen. A.a.O., S. 516

331 Elias Canetti: Aufzeichnungen 1942–1985. Werke. Band 4. München 1993, S. 230f

332 Machiavelli: Der Fürst. Übersetzt und hrsg. von Rudolf Zorn. Stuttgart (6. Auflage) 1978, S. 71

333 Ebd.

334 Ebd.

335 Machiavelli: Der Fürst. A.a.O., S. 71f

336 Machiavelli: Der Fürst. A.a.O., S. 72

337 Ebd.

338 Machiavelli: Der Fürst. A.a.O., S. 68f

339 Ebd.

340 Ebd.

341 Machiavelli: Der Fürst. A.a.O., S. 73

342 Machiavelli: Der Fürst. A.a.O., S. 74

343 Ebd.

344 Max Weber: Politik als Beruf. Nachwort von Ralf Dahrendorf. Stuttgart 1992, S. 67

345 Ebd.

346 Weber: Politik als Beruf. A.a.O., S. 6

347 Ebd.

348 Weber: Politik als Beruf. A.a.O., S. 67f

349 Ebd.

350 Eines der Gebote der Bergpredigt, vgl. Matthäus 5.39.

351 »Wenn die Folgen einer aus reiner Gesinnung fließenden Handlung üble sind, so gilt ihm nicht der Handelnde, sondern die Welt dafür verantwortlich, die Dummheit der anderen Menschen oder – der Wille Gottes, der sie so schuf.« Weber: Politik als Beruf. A.a.O., S. 71. Gesinnungsethisch wäre in diesem Sinne auch Kants Lügenbegriff, der oben Kap. XXIX dargestellt wurde.

352 Weber: Politik als Beruf. A.a.O., S. 81

353 Acht Seiten vorher heißt es allerdings: »Es ist nicht möglich, Gesinnungsethik und Verantwortungsethik unter einen Hut zu bringen…«

354 Weber: Politik als Beruf. A.a.O., S. 73

355 Weber: Politik als Beruf. A.a.O., S. 74

356 Weber: Politik als Beruf. A.a.O., S. 78

357 Weber: Politik als Beruf. A.a.O., S. 79

358 Weber: Politik als Beruf. A.a.O., S. 79f

359 Vgl. oben Kap. XXVIII.

360 Diese Fabel gehört zum äsopischen Kernbestand. Vgl. Äsop. Fabeln. Griechisch/Deutsch. A.a.O., S. 139.

361 Vgl. oben Kap. XXX.

362 Ben Jonson: Volpone, or The Fox / Volpone oder Der Fuchs. Englisch und deutsch. Übersetzt von Walter Pache und Richard C. Perry. Erläutert und mit einem Nachwort hrsg. von Walter Pache. Stuttgart 1989 (erstmals 1974), S. 16

363 Volpone. A.a.O., S. 22

364 Ebd.

365 Ebd.

366 Friedrich Nietzsche: Zur Genealogie der Moral. In: Sämtliche Werke. A.a.O., Band 5. Vgl. dazu auch den Aphorismus: Doppelte Vorgeschichte von Gut und Böse in: Menschliches, Allzumenschliches. Sämtliche Werke. A.a.O., Band 2, S. 67f

367 Schiller: Sämtliche Werke. Zweiter Band. A.a.O., S. 416 (Wallensteins Tod I. 4)

368 Im Stück »Die Kassette«.

369 Volpone. A.a.O., S. 22

370 Volpone. A.a.O., S. 26

371 Ebd.

372 Ebd.

373 Ebd.

374 Volpone. A.a.O., S. 24

375 Volpone. A.a.O., S. 34

376 Ebd.

377 Ebd.

378 Die Stellen finden sich in der zitierten Reihenfolge in: Volpone. A.a.O., S. 44, 56, 66, 100, 218, 218, 230, 232, 232, 234

379 Volpone. A.a.O., S. 118

380 Zur Theologie Luzifers und des Engelssturzes vgl. den Aufsatz: Woher der böse Wille der bösen Engel? Zur augustinischen Theorie des Bösen in ›De Civitate Dei XII‹ in: Georg Kohler: Über das Böse, das Glück und andere Rätsel. Zur Kunst des Philosophierens. Zürich 2005, S. 169–184.

381 Diese Doppelung der Intriganten wäre zu vergleichen mit dem Paar Valérie und Bette in Balzacs Roman »La Cousine Bette«. Vgl. unten Kap. XLV.

382 Volpone. A.a.O., S. 118

383 Honoré de Balzac: La Cousine Bette. Préface et notes par Pierre Barbéris. Paris 1972, S. 92

384 Bei Plautus erscheint der Parasit oft nur unter diesem Namen selbst, zum Beispiel in der »Asinaria«, oft wird er, unter einem eigenen Komödiennamen auftretend, als Parasit zusätzlich charakterisiert, zum Beispiel in den »Menaechmi«. Dort heißt er, mit einem hübschen obszönen Einschlag, Peniculus.

385 Volpone. A.a.O., S. 256

386 Vgl die Hinweise zur der Stelle in Albrecht Schönes Kommentar zur »Faust«-Ausgabe des Deutschen Klassiker Verlags, Frankfurt am Main 1994, S. 251.

387 Enzyklopädie des Märchens. A.a.O., Band 5, Spalte 467

388 Lessing: Werke. A.a.O., Erster Band. S. 251

389 Volpone. A.a.O., S. 260

390 Volpone. A.a.O., S. 249

391 Volpone. A.a.O., S. 154

392 Volpone. A.a.O., S. 156

393 Volpone. A.a.O., S. 206f

394 Volpone. A.a.O., S. 216

395 Volpone. A.a.O., S. 218

396 Volpone. A.a.O., S. 264

397 Volpone. A.a.O., S. 274

398 Im 19. Jahrhundert berühmt und sogar sprichwörtlich war die Anagnorisis-Szene des Räubers Jaromir gegenüber seiner Geliebten in Grillparzers »Ahnfrau« mit ihrer Kaskade von repetierten »Ich bins«:
Ja, ich bins, du Unglückselge,
Ja, ich bins, den du genannt!
Bins, den jene Häscher suchen,
Bins, dem alle Lippen fluchen,
Der in Landmanns Nachtgebet
Hart an an dem Teufel steht;
Den der Vater seinen Kindern
Nennt als furchtbares Exempel,
Leise warnend: Hütet euch,
Nicht zu werden diesem gleich!
Ja, ich bins, du Unglückselge,
Ja, ich bins, den du genannt!
Bins, den jene Wälder kennen,
Bins, den Mörder Bruder nennen,
Bin der Räuber Jaromir!
Franz Grillparzer: Sämtliche Werke. Hrsg. von Peter Frank und Karl Pörnbacher. Erster Band. München 1960, S. 663. – Wie allgemein bekannt die Stelle war, zeigt ihre Parodie am Schluß der »Fledermaus« von Johann Strauß mit dem mehrfach repetierten Satz:
Ja, ich bin's, den ihr belogen,
Ja, ich bin's, den ihr betrogen.
Aber rächen will ich mich
Jetzt fürchterlich!
Johann Strauß: Die Fledermaus. Operette in drei Aufzügen. Hrsg. von Wilhelm Zentner. Stuttgart 1997, S. 82f

399 Volpone. A.a.O., S. 118f

400 Volpone. A.a.O., S. 26

401 Volpone. A.a.O., S. 118f

402 III. Akt, 4. Auftritt. In: Friedrich Schiller: Sämtliche Werke. A.a.O., Erster Band, S. 704

403 Walter Benjamin: Ursprung des deutschen Trauerspiels. Frankfurt am Main 1972, S. 135

404 Friedrich Schiller: Sämtliche Werke. A.a.O., Band II, S. 640

405 Lessing: Werke. A.a.O., Zweiter Band, S. 204

406 Vgl. die umfassend dokumentierte Darstellung des Falles auf der Website: censusdiggins.com/bonnie_and_clyde

407 Orest zu Klytaimnestra: »Du liebst den Mann? So magst du teilen seine Gruft.« Aeschylos' Werke, Sechstes Bändchen. Die Todtenspenderinnen [Zweiter Teil der Orestie, in anderen Übersetzungen »Das Totenopfer«]. Übersetzt von Johannes Minckwitz. Stuttgart 1845, S. 654

408 Elektra ruft der abwesenden Klytaimnestra, unmittelbar bevor Orest sie tötet, zu: »Im Hades buhle dann mit ihm, bei dem du schliefst im Lichte.« Euripides Werke. Vierzehntes Bändchen. Elektra. Übersetzt von Gustav Ludwig. Stuttgart 1852, S. 1536

409 William Shakespeare: Macbeth. Edited by Kenneth Muir. London 2002, S. 140

410 Aeschylos: Die Todtenspenderinnen. A.a.O., S. 608

411 Seneca: Agamemnon. In: Seneca in Nine Volumes. IX. Tragedies II. With an english translation by Frank Justus Miller. Cambridge, Massachusetts/London 1987, S. 78 (»manus recenti sanguine etiamnunc madent«)

412 Was geschehen wäre, wenn nur Eva zugebissen und Adam sich geweigert hätte, ergäbe eine zusätzliche, vor allem für Theologen attraktive Frage.

413 1. Moses 3.6

414 Die Bibel oder die ganze Heilige Schrift des Alten und Neuen Testaments nach der deutschen Übersetzung Martin Luthers mit erklärenden Anmerkungen. Württembergische Bibelanstalt Stuttgart. Neu durchgesehen nach dem vom Deutschen Evangelischen Kirchenausschuß genehmigten Text. Stuttgart 1964, S. 6

415 Hugo von Hofmannsthal: Elektra. Tragödie in einem Aufzug. Hrsg. von Andreas Thomasberger. Stuttgart 2001, S. 13

416 Vgl. Sophokles: Tragödien. Deutsch von Emil Staiger. Zürich 1944, S. 85

417 In Elektras Schmährede an den toten Aigisth. Euripides: Elektra. A.a.O., S. 1527

418 Seneca: Agamemnon. A.a.O., S. 74

419 Homer: Odyssee. Übersetzt von Roland Hampe. A.a.O., S. 39

420 Shakespeare: Macbeth. A.a.O., S. 82

421 Shakespeare: Macbeth. A.a.O., S. 83

422 Shakespeare: Macbeth. A.a.O., S. 84

423 Shakespeare: Macbeth. A.a.O., S. 60

424 Shakespeare: Macbeth. A.a.O., S. 49

425 Shakespeare: Macbeth. A.a.O., S. 41

426 Shakespeare: Macbeth. A.a.O., S. 30

427 Ebd.

428 Shakespeare: Macbeth. A.a.O., S. 27

429 Shakespeare: Macbeth. A.a.O., S. 152f

430 Shakespeare: Macbeth. A.a.O., S. 154

431 Shakespeare: Macbeth. A.a.O., S. 44

432 James M. Cain: The Postman Always Rings Twice. New York 1992, S. 16

433 Ebd.

434 Cain: Postman. A.a.O., S. 17

435 Vgl. Cain: Postman. A.a.O., S. 85f

436 Nach der Übersetzung von Ernst Buschor. Aischylos: Die Orestie. Drei Tragödien. Frankfurt am Main 1958, S. 60

437 Nikolaj Leskow: Die Lady Macbeth aus dem Landkreis Mzensk. Russisch/Deutsch. Übersetzung und Nachwort von Bodo Zelinsky. Stuttgart 1980, S. 51

438 1. Moses 3.16

439 Sigmund Freud: Massenpsychologie und Ich-Analyse, Kapitel VIII: Verliebtheit und Hypnose. Studienausgabe Band IX. Frankfurt am Main 1982, S. 106

440 Der Satz wird meistens nicht in der originalen, sondern in einer eingängigeren Form zitiert: Ama et fac quod vis. Er stammt aus den Vorträgen des Augustinus zum Johannes-Brief an die Parther (In epistolam Ioannis ad Parthos tractatus 7,8) Vgl. Augustinus-Lexikon. Hrsg. von Cornelius Mayer. Band 2. Basel 1996–2002, S. 453–455. Die Augustinus-Forschung schreibt dem Satz aus seinem Kontext heraus

einen engeren Sinn zu, als er in seinem Gebrauch als geflügeltes Wort besitzt. Dieser radikale Sinn ist also das Ergebnis der Rezeption, des Erlebens und Weitersagens durch viele. Er ist so legitim wie der Sinn, den er beim Autor selbst ursprünglich gehabt haben mag.

441 Vgl. Schillers Brief an Körner vom 22. April 1787. Nationalausgabe Band 24, S. 93.

442 Shakespeare: Macbeth. A.a.O., S. 53f

443 Shakespeare: Macbeth. A.a.O., S. 141

444 Hofmannsthals Bühnenanweisung macht aus dem ersten Auftritt der von Schlaflosigkeit und bösen Träumen gequälten Klytaimnestra ein farbenglühendes Bild wie aus dem Atelier eines Wiener Symbolisten: »In dem breiten Fenster erscheint die Gestalt der Klytämnestra. Ihr fahles, gedunsenes Gesicht, in dem grellen Licht der Fackeln, erscheint noch bleicher über dem scharlachroten Gewand. Sie stützt sich auf eine Vertraute, die dunkelviolett gekleidet ist, und auf einen elfenbeinernen, mit Edelsteinen geschmückten Stab. Eine gelbe Gestalt, mit zurückgekämmtem schwarzem Haar, einer Egypterin ähnlich, mit glattem Gesicht einer aufgerichteten Schlange gleichend, trägt ihr die Schleppe. Die Königin ist über und über bedeckt mit Edelsteinen und Talismanen. Ihre Arme sind voll Reifen, ihre Finger starren von Ringen. Die Lider ihrer Augen scheinen übermäßig groß und es scheint ihr eine furchtbare Anstrengung zu kosten, sie offen zu halten.« Hofmannsthal: Elektra. A.a.O., S. 20

445 Hofmannsthal: Elektra. A.a.O., S. 26

446 Vgl. den letzten Brief des Buches, Nr. 175. Pierre Choderlos de Laclos: Les Liaisons dangereuses. Introduction, notes et bibliographie par René Pomeau. Paris 1996, S. 511

447 Émile Zola: Thérèse Raquin. Édition présentée et annotée par Robert Abirached. Paris 2001. Die Entstehung des Mordplans aus der Liebe heraus in Kapitel 9 (A.a.O., S. 87ff) wäre zu vergleichen mit dem beschriebenen Geschehen bei James M. Cain. Es gelingt Zola, erste Idee und Planung so subtil auf die beiden zu verteilen, daß es nicht möglich ist, eines der beiden als Initiator zu bezeichnen.

448 Shakespeare: Macbeth. A.a.O., S. 141

449 Eine Ausnahme bilden höchstens reine Räuber- und Killerpärchen wie Bonnie und Clyde.

450 Zola: Thérèse Raquin. A.a.O., S. 301

451 Ebd.

452 Lessing: Werke. A.a.O., Vierter Band: Dramaturgische Schriften (1973). S. 379

453 Schillers Werke. Nationalausgabe. 30. Band, S. 53

454 Vgl. das gleichnamige Buch von Harold Bloom, das 1973 erstmals erschien und vielfach wieder aufgelegt wurde.

455 Schillers Werke. Nationalausgabe. Dreißigster Band, S. 51f

456 Vgl. das entsprechende Zitat in der Vorrede der Herausgeberin in: Corneille: Théâtre complet. Tome II. Texte établi par Liliane Picciola. Paris 1996, S. 407

457 Corneille: Polyeucte. Rodogyne. Die Fischer Bibliothek der hundert Bücher. Exempla Classica. Hrsg. von Walther Killy et. al. Band 55. Frankfurt am Main und Hamburg 1962, S. 99 (Szene III. 6) Die Übersetzung von »Rodogune« stammt von Rudolf Alexander Schröder, ebenso die deutsche Schreibweise »Rodogyne«.

458 Corneille: Théâtre complet. Tome II. A.a.O., S. 461

459 Corneille: Théâtre complet. Tome II. A.a.O., S. 469

460 Ebd.

461 Corneille: Théâtre complet. Tome II. A.a.O., S. 480

462 Corneille: Théâtre complet. Tome II. A.a.O., S. 484

463 Corneille: Théâtre complet. Tome II. A.a.O., S. 485

464 Am Münchner Residenztheater wurde »Rodogune« im Februar 2002 auf die Bühne gebracht, in einer sehr sorgfältigen Aufführung unter der Regie von Elmar Goerden. Die Kritik zeigte sich dem Stück gegenüber hilflos. Daher unterblieben wohl auch weitere Inszenierungen an anderen Theatern, die eine neue Präsenz Corneilles in Deutschland hätten begründen können.

465 Corneille: Théâtre complet. Tome II. A.a.O., S. 407

466 Lessing: Werke. A.a.O., Vierter Band. S. 616 (83. Stück der Hamburgischen Dramaturgie)

467 Jacob Burckhardt: Die Kultur der Renaissance in Italien. Leipzig 1928, S. 132–143

468 Niccolò Machiavelli: Discorsi. Gedanken über Politik und Staatsführung. Deutsche Gesamtausgabe. Übersetzt, eingeleitet und erläutert von Rudolf Zorn. Stuttgart 1977, S. 79

469 Machiavelli: Discorsi. A.a.O., S. 80

470 Machiavelli: Discorsi. A.a.O., S. 79

471 Jacob Burckhardt: Über das Studium der Geschichte. Der Text der »Weltgeschichtlichen Betrachtungen«, nach den Handschriften hrsg. von Peter Ganz. München 1982, S. 394

472 Burckhardt: Studium der Geschichte. A.a.O., S. 396

473 Friedrich Nietzsche: Sämtliche Werke. Band 12. A.a.O., S. 388. Vgl. dazu S. 405 des gleichen Bandes: »... daß alle großen Menschen Verbrecher waren, [...] daß das Verbrechen zur Größe gehört«.

474 Goethe zu Riemer, Februar 1807

475 Goethe zu Eckermann am 17. Januar 1827

476 Lessing: Werke. A.a.O., Vierter Band, S. 364

477 Ebd.

478 Lessing: Werke. A.a.O., Vierter Band, S. 368

479 Ebd.

480 Lessing: Werke. A.a.O., Vierter Band, S. 598

481 Lessing: Werke. A.a.O., Vierter Band, S. 368

482 Ebd.

483 Ein ähnlicher Fall ist die Beschreibung und Kommentierung des ersten abstrakten Bildes der Kunstgeschichte im Kapitel IV.1 von Gottfried Kellers »Grünem Heinrich« (erste Fassung).

484 Lessing: Werke. A.a.O., Vierter Band, S. 369

485 Ebd.

486 Lessing schrieb a.a.O., S. 367: »Ohne Zweifel folgte ein Verbrechen aus dem andern, und sie hatten alle im Grunde nur eine und eben dieselbe Quelle. Wenigstens läßt es sich mit Wahrscheinlichkeit annehmen, daß die einzige Eifersucht ein wütendes Eheweib zu einer eben so wütenden Mutter machte.« Diese zwei Sätze sind ein Dokument der dramatischen Gestaltungskraft Lessings. Der historische Bericht weiß nichts von einer solchen Einheitsleidenschaft.

487 Lessing: Werke. A.a.O., Vierter Band, S. 369

488 Ebd.

489 Lessing: Werke. A.a.O., Vierter Band, S. 370

490 Lessing: Werke. A.a.O., Vierter Band, S. 370f

491 Stifter reagierte auf Hebbels Gedicht »Die alten Naturdichter und die neuen«, das im Untertitel auch Stifter erwähnt. Es beginnt mit der Frage: »Wißt ihr, warum euch die Käfer, die Butterblumen so glükken?« und schließt mit den Worten: »damit ihr das Kleine vortrefflich / Liefertet, hat die Natur klug euch das Große entrückt.« Friedrich Hebbel: Werke. Hrsg. von Gerhard Fricke et al. Dritter Band. München 1965, S. 122

492 Adalbert Stifter: Gesammelte Werke. Frankfurt am Main 1959, Dritter Band, S. 8

493 Stifter: Werke. Dritter Band. A.a.O., S. 10

494 Schiller an Goethe am 28. November 1797

495 Friedrich Schiller: Sämtliche Werke. Zweiter Band. Hrsg. von Peter-André Alt, Albert Meier und Wolfgang Riedel. München 2004, S. 593

496 Schiller: Werke. Zweiter Band. A.a.O., S. 613.

497 Schiller: Werke. Zweiter Band. A.a.O., S. 587

498 Ebd.

499 Schiller: Werke. Zweiter Band. A.a.O., S. 611

500 Vgl die umfassende Dokumentation zum Agrippina-Projekt im 12. Band der Nationalausgabe von Schillers Werken.

501 Lessing: Werke. A.a.O., Vierter Band, S. 372ff

502 Lessing: Werke. A.a.O., Vierter Band, S. 377

503 Deshalb konzentriert sich Lessings Kampf gegen Corneilles Dramentheorie später kapitellang und obsessiv auf die Widerlegung von dessen Verständnis und Deutung des aristotelischen Phobos-Begriffs und auf die Intimisierung dieses Begriffs durch seine Reduktion auf das erregte Mitleid. Dabei bekämpft Lessing zuerst philologisch die Übersetzung von Phobos durch das deutsche Wort Schrecken. Nicht Schrekken, sondern Furcht sei die

richtige Übertragung des einen Hauptbegriffs in Aristoteles' berühmter Bestimmung der tragischen Wirkung in Kapitel 13 und 14 seiner »Poetik«. Und als er den Begriff der Furcht damit gesichert hat, weist er nach, daß dieser seinerseits mit dem Begriff des Mitleids zusammenfalle. So am deutlichsten im zweiten Abschnitt des 75. Stücks der »Hamburgischen Dramaturgie«. Eleos und Phobos, Mitleid und Schrecken resp. Jammer und Schauder resp. Erbarmen und Entsetzen, die beiden gemäß Aristoteles von der Tragödie im Zuschauer hervorgerufenen Affekte, werden bei Lessing also zum einen und einzigen Affekt des Mitleids erklärt.

504 Hofmannsthal schreibt über seine »Elektra«: »Als Stil schwebte mir vor, etwas Gegensätzliches zur Iphigenie zu machen, etwas worauf das Wort nicht passe: ›dieses gräcisierende Product erschien mir beim erneuten Lesen verteufelt human‹. (Goethe an Schiller)« – Interessanterweise sucht sich also Hofmannsthal bei Goethe selbst abzusichern, wenn er es unternimmt, die Heilige der Humanität mit einer monströsen Gegengestalt zu konfrontieren. Hugo von Hofmannsthal: Sämtliche Werke. Kritische Ausgabe. Band VII (Dramen 5). Hrsg. von Klaus E. Bohnenkamp und Matthias Mayer. Frankfurt am Main 1997, S. 305. – Vgl. dazu auch die Notiz Hofmannsthals über seinen gegenklassischen Mythosbegriff a.a.O., S. 101: »Wir müssen uns den Schauer des Mythos *neu* schaffen. Aus dem Blut wieder Schatten aufsteigen lassen.«

505 Hofmannsthal: Elektra. A.a.O., S. 49f

506 Corneille: Théâtre complet. Tome II. A.a.O., S. 440

507 In: Corneille: Polyeukt. Rodogyne. Frankfurt am Main 1962, S. 80

508 Zum Begriff der »höfischen Rationalität« vgl. Norbert Elias: Über den Prozeß der Zivilisation. Soziogenetische und psychogenetische Untersuchungen. Zweiter Band. Frankfurt am Main 1976, S. 384ff sowie Norbert Elias: Die höfische Gesellschaft. Frankfurt am Main 1983, S. 140ff und S. 168ff.

509 Zum Begriff der »Distanzierung« vgl. Norbert Elias: Die höfische Gesellschaft. A.a.O., S. 358ff

510 Elias: Prozeß der Zivilisation. Zweiter Band. A.a.O., S. 370

511 Elias: Höfische Gesellschaft. A.a.O., S. 359f

512 Elias: Höfische Gesellschaft. A.a.O., S. 158

513 Goethe: Torquato Tasso. 2. Aufzug, 4. Auftritt, Vers 1467–1475 (Münchner Ausgabe, Band 3.1, S. 465f.)

514 Ebd., S. 466f.

515 Goethe: Tasso. 4. Aufzug, 5. Auftritt. A.a.O., S. 500

516 Goethe: Tasso. 5. Aufzug, 3. Auftritt. A.a.O., S. 510

517 Goethe: Tasso. 3. Aufzug, 3. Auftritt. A.a.O., S. 479

518 Goethe: Tasso. 4. Aufzug, 5. Auftritt. A.a.O., S. 502

519 Goethe: Tasso. 5. Aufzug, 4. Auftritt. A.a.O., S. 512

520 Schiller an Goethe, 26. Dezember 1797

521 Goethe: Gespräche mit Eckermann. Dritter Teil. Sonntag, den 27. März 1825

522 Goethe: Gespräche mit Eckermann. Erster Teil. Montag, den 10. Januar 1825

523 Vgl. dazu auch den Brief an Schultz vom 10. 1. 1829, wo sich Goethe fast vierzig Jahre nach dem Erstdruck des »Tasso« spürbar verletzt an den schlechten Absatz des Werks im Buchhandel erinnert und sagt: [Ich habe doch damals] »in meinem Tasso des Herzblutes vielleicht mehr, als billig ist, transfundiert«. Verwandt damit die Stelle in einem Brief an Rochlitz vom 30. 1. 1812, wo es heißt: »... wie denn ja mein ›Tasso‹ über 20 Jahre alt werden mußte, ehe er in Berlin aufgeführt werden konnte.«

524 Schillers Werke. Nationalausgabe. Zwölfter Band. Dramatische Fragmente. In Zusammenarbeit mit Klaus Harro Hilzinger und Karl-Heinz Hucke hrsg. von Herbert Kraft. Weimar 1982, S. 91. Textstand und Kommentar dieser Ausgabe sind unverzichtbar für jede Beschäftigung mit Schillers Dramenplänen. – Das Wort »Lieutenant« meint keine untergeordnete Charge, sondern den unmittelbaren Stellvertreter des Königs.

525 Ebd.

526 Ebd.

527 Friedrich Schiller: Sämtliche Werke. Dritter Band. Hrsg. von Peter-André Alt, Albert Meier und Wolfgang Riedel. München 2004, S. 191f. Hier zitiert nach: Schiller. Nationalausgabe, Zwölfter Band. A.a.O., S. 93–98

528 Balzac: La Cousine Bette. A.a.O., S. 435

529 Das 9. Kapitel des Romans trägt den Titel: »Un caractère de vieille fille«. Balzac: La Cousine Bette. A.a.O., S. 56

530 Balzac: La Cousine Bette. A.a.O., S. 134

531 Die deutsche Übersetzung von Arthur Schurig, Frankfurt am Main 1996, unter dem verfälschenden Titel »Tante Lisbeth«, eliminiert alle Kapitelüberschriften. Dadurch geht nicht nur die Einheit des Porträts verloren, sondern auch der wichtige Hinweis auf das literarische Genre der »Charaktere«.

532 Theophrast: Charaktere. Griechisch/Deutsch. Übersetzt und hrsg. von Dietrich Klose. Mit einem Nachwort von Peter Steinmetz. Stuttgart 1981. Der originale griechische Titel lautet: ΧΑΡΑΚΤΗΡΕΣ ΗΘΙΚΟΙ, ethische oder sittliche Charaktere. Theophrast war der erste, der das Wort »Charakter«, das Prägestempel oder Prägung bedeutet, auf die seelische Struktur der Menschen angewendet hat. Interessanterweise ist der erste von Theophrasts insgesamt dreißig vorgestellten Charakteren »Der Unaufrichtige«.

Er wird beschrieben als »einer, der mit seinen Feinden, wo er sie trifft, zu reden, nicht ihnen seinen Haß zu zeigen pflegt« (A.a.O., S. 5). Er verfügt also sowohl über Dissimulationskraft wie über Intrigengeduld.

533 Balzac: La Cousine Bette. A.a.O., S. 62 (Kap. 9)

534 Balzac: La Cousine Bette. A.a.O., S. 59 (Kap. 9)

535 Balzac: La Cousine Bette. A.a.O., S. 62 (Kap. 9)

536 Vgl. Balzac: La Cousine Bette. A.a.O., S. 58 (Kap. 9)

537 Vgl. Balzac: La Cousine Bette. A.a.O., S. 69 (Kap. 11)

538 Vgl. Balzac: La Cousine Bette. A.a.O., S. 127 (Kap. 26)

539 Balzac: La Cousine Bette. A.a.O., S. 128 (Kap. 26)

540 Balzac: La Cousine Bette. A.a.O., S. 129

541 Vgl. ebd.

542 Vgl. etwa den Anfang des 44. Kapitels.

543 Vgl. Balzac: La Cousine Bette. A.a.O., S. 228 (Kap. 53)

544 Vgl. Balzac: La Cousine Bette. A.a.O., S. 133 (Kap. 27)

545 Vgl. Balzac: La Cousine Bette. A.a.O., S. 127 (Kap. 26)

546 Vgl. Balzac: La Cousine Bette. A.a.O., S. 181 (Kap. 40)

547 Vgl. Balzac: La Cousine Bette. A.a.O., S. 208 (Kap. 47)

548 Balzac: La Cousine Bette. A.a.O., S. 186 (Kap. 41)

549 Balzac: La Cousine Bette. A.a.O., S. 181 (Kap. 40)

550 »Lisbeth et Valérie avaient inventé à elles deux une prodigieuse machine« – Balzac: La Cousine Bette. A.a.O., S. 179f (Kap. 39)

551 Vgl. die Beschreibung eines solchen Maitressenpalais in Kapitel 19.

552 Balzac: La Cousine Bette. A.a.O., S. 155 (Kap. 32)

553 Balzac: La Cousine Bette. A.a.O., S. 188 (Kap. 42)

554 »Quelques larmes vinrent dans les yeux d'Hortense, et Bette les lapa du regard comme une chatte boit du lait.« Balzac: La Cousine Bette. A.a.O., S. 230 (Kap. 54)

555 Balzac: La Cousine Bette. A.a.O., S. 187 (Kap. 41)

556 Balzac: La Cousine Bette. A.a.O., S. 391 (Kap. 107)

557 Balzac: La Cousine Bette. A.a.O., S. 187 (Kap. 41)

558 Balzac: La Cousine Bette. A.a.O., S. 458 (Kap.131)

559 Balzac: La Cousine Bette. A.a.O., S. 59 (Kap. 9)

560 Balzac: La Cousine Bette. A.a.O., S. 331 (Kap. 90)

561 August Strindberg: Werke in zeitlicher Folge. Frankfurter Ausgabe. Hrsg. von Angelika Gundlach et. al. Fünfter Band 1887–1888. Hrsg. von Wolfgang Butt. Frankfurt am Main 1984, S. 841. Das Stück selbst steht am Anfang dieses Bandes.

562 Strindberg: Werke. Fünfter Band. A.a.O., S. 609–633

563 Strindberg: Werke. Fünfter Band. A.a.O., S. 27

564 Strindberg: Werke. Fünfter Band. A.a.O., S. 14f

565 Strindberg: Werke. Fünfter Band. A.a.O., S. 30

566 Strindberg: Werke. Fünfter Band. A.a.O., S. 62

567 Strindberg: Werke. Fünfter Band. A.a.O., S. 19

568 Strindberg: Werke. Fünfter Band. A.a.O., S. 20

569 Strindberg: Werke. Fünfter Band. A.a.O., S. 46

570 Balzac: La Cousine Bette. A.a.O., S. 280 (Kap. 73)

571 Strindberg: Werke. Fünfter Band. A.a.O., S. 11. Eine umfassende Untersuchung des Stücks müßte neben die Rollen von Jäger und Krieger auch die des Wissenschaftlers stellen. Der Rittmeister ist auch ein offenbar erfolgreicher Physiker und Geologe, dessen Arbeit von seiner Frau teilweise sabotiert wird. Für die implizite Männertheorie des Stücks ist der Aspekt des Wissenschaftlers von Bedeutung.

572 Shakespeare: Hamlet. 1. Akt, 5. Szene, Vers 108

573 Balzac: La Cousine Bette. A.a.O., S. 442 (Kap.122)

574 Strindberg: Werke. Fünfter Band. A.a.O., S. 64

575 Lukas 1. 28

576 Thomas Bernhard: Vor dem Ruhestand. In: Stücke 3. Frankfurt am Main 1988. S. 20. Die textgleiche Erstausgabe erschien Frankfurt am Main 1979. Die Uraufführung unter Claus Peymann war Ende Juni 1979 in Stuttgart.

577 Bernhard: Ruhestand. A.a.O., S. 30 und S. 37

578 Bernhard: Ruhestand. A.a.O., S. 61

579 Bernhard: Ruhestand. A.a.O., S. 80

580 Shakespeare: Julius Cäsar. In der ersten Szene des zweiten Akts.

581 Bernhard: Ruhestand. A.a.O., S. 30f

582 Bernhard: Ruhestand. A.a.O., S. 82

583 Bernhard: Ruhestand. A.a.O., S. 93f

584 Bernhard: Ruhestand. A.a.O., S. 98

585 Bernhard: Ruhestand. A.a.O., S. 91

586 Vgl. Bernhard: Ruhestand. A.a.O., S. 39: »Seit drei Jahrzehnten sind die Rollen verteilt«.

587 Bernhard: Ruhestand. A.a.O., S. 30

588 Bernhard: Ruhestand. A.a.O., S. 21

589 Bernhard: Ruhestand. A.a.O., S. 37

590 Bernhard: Ruhestand. A.a.O., S. 14

591 Bernhard: Ruhestand. A.a.O., S. 20

592 Bernhard: Ruhestand. A.a.O., S. 37

593 Bernhard: Ruhestand. A.a.O., S. 23

594 Bernhard: Ruhestand. A.a.O., S. 38

595 Bernhard: Ruhestand. A.a.O., S. 39

596 Bernhard: Ruhestand. A.a.O., S. 27

597 Bernhard: Ruhestand. A.a.O., S. 75

598 In der Erstausgabe, Frankfurt am Main 1979

599 Höß wurde allerdings früh entdeckt, verhaftet und 1947 auf dem Lagergelände von Auschwitz gehängt.

600 Vgl. Bernhard: Ruhestand. A.a.O., S. 77

601 Sartres »Huis Clos« entstand und wurde uraufgeführt in Paris 1944. In den deutschen

Übersetzungen heißt das Stück »Geschlossene Gesellschaft« oder »Hinter geschlossenen Türen«. Der im Französischen geläufige Ausdruck »à huis clos« bedeutet: unter Ausschluß der Öffentlichkeit, im geheimen, in geheimer Sitzung; wörtlich bedeutet er: bei geschlossener Tür.

602 Bernhard: Ruhestand. A.a.O., S. 111

603 Bernhard: Ruhestand. A.a.O., S. 113

604 Lessing: Nathan der Weise. Erster Akt, dritter Auftritt, Vers 385. Schiller beginnt mit diesem Zitat seinen Aufsatz »Über das Erhabene«.

605 Spionageromane gab es zwar schon vor Joseph Conrad. Dieser setzte aber mit seinem »The Secret Agent« den bis heute gültigen Maßstab des Genres.

606 Der »Grand Dictionnaire Universel du XIXe Siècle« von Pierre Larousse, 1873, benennt diese zweite Bedeutung des Wortes intrigue im 9. Band, S. 763, so: »Dans le sens le plus général du mot, l'intrigue d'une pièce ne diffère pas de son action; c'est l'ensemble des ressorts qui font mouvoir les personnages, les péripéties par lesquelles l'auteur éveille la curiosité et soutient l'intérêt.«

607 Vgl. Graham Greene: The Human Factor. New York 1979 (erstmals 1978), S. 195

608 »I became a naturalized black when I fell in love with Sarah.« Greene: Human Factor. A.a.O., S. 131

609 Die Sätze stammen aus Conrads Roman »Victory«.

610 Vgl. Greene: Human Factor. A.a.O., S. 210

611 Vgl. ebd.

612 Ruth 1. 16f

613 Vgl. Greene: Human Factor. A.a.O., S. 211

614 Die drei werden im Roman erwähnt. Vgl. G. Greene: Human Factor. A.a.O., S. 85. Sie gehörten zu den berühmten Cambridge Five oder Cambridge Spies, einer Gruppe von Spionen in den obersten Chargen des britischen Geheimdienstes, die als vom Kommunismus begeisterte Studenten 1934 von den Sowjets angeworben worden waren. Philby arbeitete wie Greenes Maurice Castle bei der Abteilung MI6. Maclean und Burgess entkamen 1951, Philby 1963 nach Moskau. Als Greene den Roman schrieb, lebte Philby noch in Moskau.

615 Vgl. dazu oben Kap. XXII.

Register

Abel 355
Abraham 110
Achill 26, 95f, 98, 111, 141, 232, 243
Adam 67, 82ff, 99, 103, 333f
Agamemnon 39f, 141, 331, 335
Aigisth 331, 335f, 437
Aischylos 135, 138, 220, 224, 230, 331f, 334f, 338, 341f, 344
Ajax 95, 98
Alkmene 64
Ambler, Eric 455
Amphitryon 64
Andromeda 159
Antonius 353
Aphrodite 154f, 205
Apollo 44, 141, 258
Appianus Alexandrinus 367
Archilochos 98, 262
Argenson, Marc-René d' 405, 408
Ariadne 240
Aristoteles 133–136, 157, 229, 288, 362, 369
Artemis 34f, 44, 159
Äsop 257ff, 261
Athene 39–42, 64, 68, 94, 232
Augustinus 234, 253, 343

Bachmann, Ingeborg 453
Bacon, Francis 196f, 206, 234, 289
Balzac, Honoré de 33, 69ff, 88, 117, 186, 209f, 214, 246f, 315, 377, 407f, 411–419, 420–424, 425f, 428, 432ff, 436, 451
Barrow, Clyde 331, 339, 346
Beatty, Warren 331
Beckett, Samuel 453, 456f
Beethoven, Ludwig van 405
Benjamin, Walter 327, 388
Benn, Gottfried 183
Bergson, Henri 384
Bernhard, Thomas 411, 437–452, 453
Bin Laden, Usama 250
Bischof, Norbert 283f
Blake, William 238f
Blowsnake, Sam 279
Bogart, Humphrey 330
Boileau-Despréaux, Nicolas 60
Bonaparte, Napoleon 213, 215ff, 366, 423–426
Brecht, Bertolt 133, 163, 280, 305
Brunhild 61
Büchner, Georg 162, 404, 406
Buonarroti, Michelangelo 211
Burckhardt, Jacob 364f, 375
Burgess, Guy 464
Bush, George W. 250

Cain, James M. 340, 342
Calderón de la Barca, Pedro 168, 170–174, 202, 206, 360, 388, 426, 436
Camus, Albert 340
Canetti, Elias 220, 284ff, 288, 325, 413
Cäsar, Gaius Julius 353
Castiglione, Baldassare 394
Castorf, Frank 203
Cervantes, Miguel de 131, 247
Chandler, Raymond 340, 457
Chaplin, Charles 280
Cherubini, Luigi 241
Choderlos de Laclos, Pierre-Ambroise 206ff, 214, 334, 343, 345, 432f, 451
Christie, Agatha 456
Coleridge, E. P. 155
Collodi, Carlo 280
Conrad, Joseph 454, 461f
Constant, Benjamin 253
Corneille, Pierre 45, 202, 275, 311, 350–361, 362–365, 370f, 372–375, 377, 380f, 382–387, 388, 391ff, 395, 421, 426, 436, 451

Dante Alighieri 27, 228f, 232–235
Da Ponte, Lorenzo 121, 129, 142, 143, 422
Defoe, Daniel 247
Delacroix, Eugène 415
Diderot, Denis 315
Dido 240
Diomedes 232
Dionysos 187
Döblin, Alfred 453
Don Quijote 131, 247
Donner, J. J. C 155, 158
Dostojewski, Fjodor 73
Doyle, Arthur Conan 69, 117, 135, 246ff
Dunaway, Fay 331
Dürer, Albrecht 145
Dvorák, Antonín 241

Ea 115
Eckermann, Johann Peter 366
Eco, Umberto 250
Elektra 61, 135, 331, 335, 338, 388ff, 412, 437, 440
Elias, Norbert 393f, 412f, 415, 422
Elisabeth I. 61
Eller, Karl Heinz 155, 158
Enzensberger, Hans Magnus 202f
Eros 155
Esau 109–115, 118ff, 122, 124, 128, 143, 355
Eulenspiegel, Till 280
Euripides 33–37, 44, 91, 144–153, 154–159, 171, 205, 218, 220ff, 224f, 230, 305, 330f, 334f, 364, 374f, 437, 440
Europa 64
Eva 67, 82f, 333

Faulkner, William 453
Faust, Dr. Johann 233
Fellini, Federico 310, 404
Filbinger, Hans 448
Fontane, Theodor 331
Forsyth, Frederick 72–79, 87, 89–93, 99, 104f, 117, 120, 124, 128, 257, 412
Franklin, Benjamin 164
Freud, Sigmund 53, 66, 84, 91, 225, 239, 301, 342, 384, 391, 422
Frisch, Max 101–105, 124–128

Gable, Clark 330
Galilei, Galileo 234, 369
Gaulle, Charles de 73
Gluck, Christoph Willibald 241
Goethe, Johann Wolfgang 36, 38, 44, 68, 95f 164, 231, 233, 246, 255f, 265f, 267–272, 275f, 277, 279f, 311, 314f, 351, 366, 388, 396–406, 456
Goeze, Pastor 363
Goldoni, Carlo 168
Goliath 98
Gotthelf, Jeremias 149
Gottsched, Johann Christoph 266
Gracián, Baltasar 99, 100
Grass, Günter 280
Greene, Graham 73, 105, 199f, 154f, 457–464
Grillparzer, Franz 21f, 404
Grimm, Jakob und Wilhelm 55f, 60–63,118
Gryphius, Andreas 360
Gundolf, Friedrich 267

Hammett, Dashiell 340, 457
Händel, Georg Friedrich 241
Harun Ar Raschid 64f
Haydn, Joseph 241
Hebbel, Friedrich 375, 404
Heidegger, Martin 141
Heine, Heinrich 229ff, 239, 384, 425
Heinrich der Glichezaere 266
Hekate 145
Helena 28, 220, 233, 330
Helios 145, 158
Herakles 187, 234
Hesiod 148
Highsmith, Patricia 46–53, 54, 57–

59, 63, 69, 75f, 92, 104f, 119, 124f, 128, 437
Himmler, Heinrich 441
Hinrek van Alckmer 266
Hippolytos 159, 205
Hitchcock, Alfred 73
Hitler, Adolf 195
Hobbes, Thomas 293
Hochhuth, Rolf 448
Hoffmann, Ernst Theodor Amadeus 237, 280
Hofmannsthal, Hugo von 335, 344, 388–391, 421
Homer 26f, 29, 36, 39–42, 44, 46, 94–98, 115, 141, 159, 185f, 233, 241, 280, 330, 335f
Höß, Rudolf 448f
Hugo, Victor 69

Iphigenie 28, 34ff, 44, 95f, 255f, 269, 291
Isaak 110ff, 119, 143

Jakob 109–116, 118ff, 122, 128, 143f, 355
Jarry, Alfred 280
Jason 145–153, 155, 440
Jesus 235, 258
Jomelli, Niccolò 241
Jonson, Ben 71, 304–312, 313–322, 323f, 328, 346, 417
Joyce, James 453
Julius II., Papst 364
Jung, C. G. 278–287

Kafka, Franz 453
Kain 355
Kalchas 25, 28
Kalypso 240
Kant, Immanuel 53, 114, 182, 253–256, 301, 370, 393
Karloff, Boris 248
Kassandra 28
Katharina die Große 373
Kennedy, John F. 249
Kerényi, Karl 278f, 284
Kirke 145, 240, 330
Kleist, Heinrich von 73, 102, 159f, 168, 173f, 196f, 199, 254, 305, 403f
Kleopatra 353
Klytaimnestra 61, 331f, 334ff, 338, 344, 390, 437, 440
Kolumbus 233
Kopernikus, Nikolaus 234, 289, 292
Kovacs, David 155
Kraus, Karl 384
Kreon 145, 150f, 155
Kriemhild 61

La Bruyère, Jean de 413
La Fontaine, Jean de 259, 317
Labiche, Eugène 459
Laclos s. Choderlos de Laclos
Laios 133
Laokoon 28
Le Carré, John 455, 458
Leibniz, Gottfried Wilhelm 369
Lempicka, Tamara de 333
Lenz, Jakob Michael Reinhold 156, 162–168
Leskow, Nikolaj 334, 340, 342, 345
Lessing, Gotthold Ephraim 114, 202, 259, 261, 316f, 328, 350ff, 362f, 366–371, 372–378, 380, 382–387, 388f, 395, 451, 455
Leto 141
Lichtenberg, Georg Christoph 183
Loki 272
Louis XIV. 373, 413
Ludwig, Gustav 155
Lukács, Georg 244
Lully, Jean-Baptiste 241
Luther, Martin 236–239, 243, 245, 259f, 289

Machiavelli, Niccolò 96, 98, 186, 289–296, 297–300, 323, 364ff, 394, 465
Maclean, Donald 464
Mann, Heinrich 164

Mann, Thomas 110–124
Maria Stuart 61
Maria Theresia 373
Marlowe, Christopher 202, 364
May, Karl 92
Medea 33, 91, 144–156, 162, 171, 177, 240, 330, 353, 374f, 440
Menander 220
Menelaos 28
Mercier, Louis-Sébastien 405f
Michelangelo Buonarroti 211
Molière 27, 37, 94, 98, 129–134, 168, 220, 309, 423
Monteverdi, Claudio 241
Mozart, Wolfgang Amadeus 220, 246, 325f, 354, 422
Munch, Edvard 433
Münchhausen, Baron von 280
Musil, Robert 52f, 349

Nabokov, Vladimir 453
Neoptolemos 26, 95ff, 118
Nero 378
Newton, Isaac 234, 369
Nietzsche, Friedrich 156, 218–228, 230, 239, 319, 391
Noah 115

Ödipus 133, 135, 137
Odysseus 25–29, 37–42, 46, 64, 68, 94–98, 115, 118, 185, 227, 232–235, 280
Orest 34ff, 44, 135, 331, 389f
Orion 159
Ovid 64, 91, 154

Paganini, Niccolò 324
Pagolo, Giovanni 364f
Paris 111
Parker, Bonnie 331, 339, 342
Pasiphaë 145
Penelope 38, 41, 91, 232, 233
Perseus 159
Phädra 154, 205, 240, 305
Phaedrus 259, 261, 263
Philby, Kim 464
Philoktet 26, 96
Pinocchio 280
Plautus 98, 161–169, 220
Poe, Edgar Allan 69, 135f
Polyphem 115, 232
Poseidon 115, 232,
Prometheus 115, 226f, 235, 280
Proteus 186, 280
Publilius Syrus 148
Pynchon, Thomas 453

Racine, Jean 381
Radin, Paul 278ff, 284, 286
Rebekka 110–114, 116, 118f, 143f
Richardson, Samuel 261, 386
Richelieu, Kardinal 373
Rimbaud, Arthur 86
Robinson Crusoe 247

Rohmer, Sax 248
Roth, Philip 105f
Rothschild, Brüder 425
Rousseau, Jean Jacques 70, 293

Sade, Marquis de 182
Salieri, Antonio 241
Sartre, Jean-Paul 449
Schädlich, Hans Joachim 258
Schikaneder, Emanuel 325f,
Schiller, Friedrich 95, 119, 202, 208, 211–217, 220, 273ff, 301, 308, 311, 326ff, 343, 351–355, 366, 377–380, 385f, 402–407, 433, 439f, 451, 455f
Schlegel, Friedrich 205f, 213, 384
Schneider, Hans 441
Schopenhauer, Arthur 223, 370, 384
Schröder, Rudolf Alexander 392
Schwerte, Hans-Ernst 441
Scribe, Eugène 459
Semele 64
Seneca 177, 305, 332, 335f, 341
Shakespeare, William 20, 23, 27, 33, 37, 45, 64, 95, 98, 118, 120, 129, 134, 144, 156, 168, 175–186, 187–192,

195–198, 202, 204f, 210, 214, 259, 275, 278, 304, 308f, 315, 319f, 324, 326, 331f, 334, 336–339, 344f, 350, 360, 363, 367, 371, 375, 377, 385, 407f, 411, 426, 428, 432f, 435f, 438f, 451, 456
Shea, Robert 249
Simenon, Georges 457
Sindbad 280
Sisyphos 97, 115, 448
Sokrates 221, 224–227, 230, 233, 258
Sophokles 27, 95ff, 118, 220, 272, 335
Spinoza, Baruch 271
Sternheim, Carl 309
Stifter, Adalbert 375ff
Strauß, Botho 41f, 46
Strindberg, August 147, 411, 426–434, 436f, 440f

Tantalos 115
Tasso, Torquato 240–243, 250
Terenz 220
Tezcatlipoka 272
Theophrast 412
Thomas von Aquin 234
Thomas, Apostel 196–199
Tiepolo, Giambattista 241
Tolstoj, Leo 331

Utnapischtim 115

Velasquez, Diego Rodriguez 259
Verdi, Guiseppe 218
Vidocq, Eugène François 69, 408
Voltaire, François 250

Weber, Max 297–302
Weishaupt, Adam 249
Willem 266
Wilson, Robert A. 249
Woolf, Virginia 453

Zeus 64, 141, 158, 186, 227, 262
Zola, Emile 70, 334, 345f
Zuckmayer, Carl 443